Uwe Altrock

Büroflächen in Berlin

Stadtentwicklung und Politik

Reimer

Der Verfasser dankt der BTU Cottbus für ihre Unterstützung.

Bibliografische Information Der Deutschen Bibliothek
Die Deutsche Bibliothek verzeichnet diese Publikation in der Deutschen Nationalbibliografie; detaillierte bibliografische Daten sind im Internet über http://dnb.ddb.de abrufbar.

Umschlaggestaltung: Nicola Willam, Berlin

Umschlagabbildungen

Karte auf der Vorderseite
Auszug aus dem Planwerk Innenstadt: Senatsbeschluss vom 18.05.1999,
Teilplan Breitscheidplatz
© Senatsverwaltung für Stadtentwicklung Berlin

Umlaufende Abbildungen
Bolle-Block, Zoofenster-Entwurf von Richard Rogers,
Konzept von Benzmüller und Wörner für das Kranzler-Eck, Neues Kranzler-Eck,
Entwurf Spree-Sinus von Axel Schultes, Entwurf von Helmut Jahn zum Kranzler-Eck,
Dresdner Bank am Ostbahnhof, Zentrenkonzept von 1993 (Senatsverwaltung für Stadtentwicklung, Berlin Auszug aus »Projekte der räumlichen Planung, Berlin 1993«), Uferbereich an den Treptowers

Zimmerstraße 26–27
10969 Berlin
www.dietrichreimerverlag.de

Printed in Germany
Gedruckt auf alterungsbeständigem Papier

ISBN 3-496-01285-4

Inhaltsverzeichnis

Vorwort

Die vorliegende Arbeit beschäftigt sich mit der Büroflächenpolitik des Landes Berlin von 1981 bis 1999 anhand der Untersuchung von sechs größeren Neubauvorhaben aus dem genannten Zeitraum. Im Mittelpunkt steht dabei das Zustandekommen von Entscheidungen über die städtebaulichen Charakteristika der Vorhaben und mithin das Zusammenwirken der an Stadtentwicklungspolitik beteiligten Akteure. Die Arbeit will ein Beitrag zur lokalen Politikforschung sein, versucht aber, dabei über häufig in vergleichbaren Studien gewählte politik- oder verwaltungswissenschaftliche Ansätze insofern hinauszugehen, als Teilentscheidungen über städtebauliche Details ebenfalls zum Gegenstand gemacht werden. Damit wird eine Verzahnung mit der städtebaulichen Leitbildforschung angestrebt.

Die Stadt im rapiden Umbruch bietet sich als Studienobjekt geradezu an, da an ihr Übergangsphänomene von „beschaulichen", eher auf sich selbst bezogenen Entscheidungszusammenhängen in die Weltmarktorientierung des Vereinigungsbooms und seiner Konsequenzen bis hin zu Überproduktion und politischer Ernüchterung studiert werden können, mit allen Konsequenzen für die beteiligten Akteure, deren Ziele und Strategien sowie deren Interaktionsformen. Neben vielen anderen Fragen verwundert dabei immer wieder die nach den Gründen für einen erheblichen Büroflächenleerstand, die bei oberflächlicher Betrachtung überhaupt nicht mit planerischer Steuerung in Einklang zu bringen scheint. Weiter verwundert die Widersprüchlichkeit der vorliegenden Bewertungen der Berliner Stadtentwicklungspolitik nach der Vereinigung. Auf der ablehnend-konfrontativen Seite reicht sie von einer Kritik an der investorennahen, Bewohnerinnen nur unzureichend berücksichtigenden, geradezu „maschinenhaften" Entscheidungslogik bis hin zur Kritik an Entscheidungsblockaden. Auf der wohlwollend-entwicklungsoffenen Seite trägt sie eine Vielzahl von Einzelindizien für die Popularität der geschaffenen neuen Stadträume zusammen, um vermeintlich „ewige Nörgler" ruhig zu stellen.

Seit der Etablierung der räumlichen Planung als Profession in Deutschland hat die Planungsforschung eine überbordende Fülle von Erkenntnissen und Erfahrungen geliefert, doch unterliegt Planung — insbesondere in Situationen wirtschaftlichen Booms — im politischen Alltag starken Einschränkungen ihrer Wirkungsmächtigkeit. Die Realentwicklung ist, so die häufig zu vernehmende Einschätzung, weit entfernt von „Nachhaltigkeit", und das trotz ausgefeilter Leitbilder und Instrumente. Wenn diese die Voraussetzungen für rationales Handeln einer Gesellschaft in Bezug auf die Verteilung von Nutzungen im Raum darstellt, stellt sich die Frage, warum sie nur zögerlich zur Umsetzung kommen.

Die vereinfachende und verkürzte Schuldzuweisung lautet häufig, dass die „Interessen der Wirtschaft" dies so mit sich brächten, ohne genauer zu spezifizieren, warum eine Gesellschaft, die über politische Entscheidungsmechanismen bis hin zur räumlichen Planung verfügt, diesen Interessen jeweils den Vorrang einräumt. Offenbar spielt jedoch die Durchsetzung von Partikularinteressen eine wesentliche Rolle im politischen Prozess. Welche Interessen zum Zuge kommen und auf welche Weise, ist in Bezug auf die Stadtplanung Gegenstand der lokalen Politikforschung. Über das Zustandekommen von Entscheidungen Klarheit zu besitzen, heißt einen notwendigen Schlüssel zum Tor der Erkenntnis der Planungswissenschaften zu erwerben: Neben der Erkenntnis über angemessene planerische Ziele kann so über die Anwendung von sinnvollen Instrumenten hinaus Auskunft darüber gegeben werden, inwieweit die genannten Ziele durchgesetzt werden könnten und auf welche Weise.

Der Einwand liegt nahe, danach zu fragen, ob nicht die zahlreichen Studien zum Entscheidungsprozess in der Stadtentwicklungspolitik, die bis in die 1970er Jahre erarbeitet worden sind, hinreichende Kenntnisse über die politische Realität von Planung vermitteln. Die seit damals raumrelevanten gesellschaftlichen Rahmenbedingungen, die planerischen Leitbilder und Ziele sowie die Instrumente haben sich aber so stark verändert, dass nicht davon ausgegangen werden kann, dass die alten Schlüssel weiterhin passen.

Vor diesem Hintergrund ergeben sich für die vorliegende Untersuchung die drei folgenden Leitfragen:

1. Wie könnte unter den Rahmenbedingungen des ausgehenden 20. Jahrhunderts eine angemessene empirisch fundierte, aus einer politikwissenschaftlichen Herangehensweise entwickelte Theorie der Entscheidungen über Stadtplanung aussehen?

2. Wie können die vorliegenden Theorieansätze der lokalen Politikforschung sinnvoll mit den Planungswissenschaften verknüpft werden und die Spezifika der Stadtentwicklungspolitik als *policy* berücksichtigen?

3. Wie ist die Berliner Stadtentwicklungspolitik der vergangenen Jahre vor diesem Hintergrund einzuschätzen?

Diesen drei Fragen wendet sich die diesem Buch zugrunde liegende Dissertation an der TU Berlin[1] zu. Die vorliegende gekürzte Buchfassung legt in diesem Rahmen ihren Schwerpunkt auf einer Analyse der Berliner Stadtentwicklungspolitik und versucht das Zusammenspiel der beteiligten Akteure sowie die Entscheidungsfindung über städtebauliche Merkmale in den Mittelpunkt zu stellen.

Nach einigen methodischen Vorbemerkungen wird auf die besonderen Rahmenbedingungen des Untersuchungsgegenstandes eingegangen. Daran schließen sich die Fallstudien an, die das empirische Material liefern. Sie sind aus zwei Gründen relativ ausführlich dargestellt. Zum einen sollen sie einen plastischen Einblick in die Berliner Situation anhand von konkreten Beispielen geben, der in der Abstraktheit der späteren Analysen möglicherweise untergehen würde. Zum anderen wird darauf Wert gelegt, der Leserin eine zumindest assoziative Prüfung der Untersuchungsresultate am empirischen Material zu erlauben. Die Fallstudien gehen von einer Chronologie aus, auf die eine Analyse der Akteure, ihrer Ziele und der auftretenden Konflikte folgt.

1 Die vollständige Arbeit lässt sich downloaden (edocs.tu-berlin.de/diss/2001/altrock_uwe.htm, etwa 29 MB). Dort finden sich auch eine tiefergehende theoretische Diskussion und weitere Literaturhinweise.

Die darauf folgenden Kapitel versammeln die aus den Fallstudien und anderen Quellen generierten Analysebausteine, die ein fallstudienübergreifendes Bild von der Entscheidungswirklichkeit Berliner Stadtplanung zeichnen wollen. Zunächst werden die Akteure im Hinblick auf ihre Motivationen und die Einschätzung ihres Einflusses auf die Entscheidungsprozesse behandelt. Dann steht der Entscheidungsprozess selbst im Mittelpunkt. Es wird den Fragen nachgegangen, wie Ziele sich im Verlauf des Prozesses verändern, wie Konflikte bewältigt werden und auf welche Weise dabei die Beteiligten interagieren. Schließlich werden die städtebaulichen Charakteristika eines Projekts in der Entscheidungsfindung fokussiert, um die besondere Spezifik der Stadtentwicklungspolitik zu erfassen. Abschließend werden im Zusammenhang mit einer Zusammenfassung einige Vorschläge zu einer Weiterentwicklung des Entscheidungssystems gemacht.

Zwangsläufig widmet sich die vorliegende Untersuchung eingehend Konflikten und Konfliktbewältigung. Dies löst häufig bei Akteuren reflexartige Reaktionen aus, wenn sie mit diesem Thema konfrontiert werden. Einige Akteure versuchen, das Zustandekommen von Entscheidungen als gar nicht so sehr konfliktiv darzustellen, vielleicht sogar, ihm seinen politischen (hier nicht: parteipolitischen!) Charakter abzusprechen. Die Folge sind Darstellungen des Prozessablaufs, die von einem hohen Maß an Zusammenarbeit und Zielübereinstimmung zwischen den Akteuren geprägt sind. Mit Sicherheit sind diese Darstellungen gar nicht „falsch", geben aber lediglich einen bestimmten Zugang zur Wirklichkeit wider. Andere Akteure werden vorsichtig und versuchen, die tatsächlichen Konflikte vor der Öffentlichkeit und damit der Untersuchung zu verbergen, da sie mit Konflikthaftigkeit etwas assoziieren, was ihrem Ruf als (Mit-) Entscheiderin schaden könnte. Dennoch werden hier gerade Konflikte thematisiert, ohne damit darauf abzuzielen, Entscheidungsträger oder gar die Stadtentwicklungspolitik in Berlin zu „denunzieren" oder „vorzuführen". Vielmehr soll es darum gehen, die produktive Seite von Konflikten und ihrer Bewältigung als gesellschaftlichem Problemlösungsmechanismus herauszustellen und Hinweise für zukünftig anstehende Verfahren abzuleiten, um Konfliktbewältigung stärker als Problemlösung denn als rüde Durchsetzung von Partikularinteressen zu begreifen:

> If we conclude, on the basis of the ideas of ... nineteenth-century thinkers, that conflict is necessarily destructive, we miss the point ... First, conflict is the seedbed that nourishes social change. ... A second positive function of social conflict is to facilitate the reconciliation of people's legitimate interests. ... The third positive effect is that by virtue of its first two functions, conflict fosters group unity. Without the capacity for social change or the reconciliation of individual interests, group solidarity is likely to decline ... The eventual result is often group disintegration." (Rubin/Pruitt/Kim 1994, S. 7 f)

Wie bereits aufgefallen sein dürfte, versucht der Autor der Problematik eine Hälfte der Gesellschaft ausschließender Geschlechterendungen in der deutschen Sprache durch die alternierende Anwendung männlicher und weiblicher Formen zu entgehen. Denjenigen Personen, die durch das etwas unkonventionelle Vorgehen ab und zu beim Lesen irritiert sind, möchte der Autor entgegenhalten, dass er ihnen ansonsten unweigerlich schwer leserliche Wortungetüme zumuten hätte müssen, auf die er lieber verzichten wollte.

Der Autor ist einigen Personen zu besonderem Dank verpflichtet. Zu ihnen zählen etwa 130 Gesprächspartner, die ihre Zeit für eine Studie opferten, die ihr eigenes Wirken in einer für sie damals noch gar nicht abschätzbaren Weise beleuchtet. Die Gespräche mit ihnen werden als Quelle genutzt, sind aber verschlüsselt worden, um Anonymität sicherzustellen[2]. Weiterhin sei einer Reihe von Mitarbeiterinnen und Mitarbeitern Berliner Verwaltungen gedankt, die den für diese Studie unerlässlichen Zugang zu schriftlichen Quellen oder zu bestimmten Personen ermöglichten. Insbesondere ohne sie wäre diese Untersuchung zum Scheitern verurteilt gewesen. Die Quellenangaben wurden bei nicht öffentlichen Quellen ebenfalls verschlüsselt[3]. Wertvolle Unterstützung als Betreuer, inspirierende Gesprächspartnerin oder Gesprächspartner bzw. moralische Stütze in schwierigen Zeiten leisteten folgende Personen, denen allen an dieser Stelle ebenfalls herzlich gedankt sei:

Karin Blaschka, Harald Bodenschatz, Martin Daub, Dieter Frick, Karolus Heil, Karin Lenhart, Gertrud Napiontek, Jörg Nothacker, Hermann-Lambert Oediger, Ulrich Schubert, Werner Sewing.

Uwe Altrock

2 Dies wird kenntlich gemacht durch die folgenden Anfangsbuchstaben zu Beginn des Codes: A Architekt, B Bürgerin, E Angehörige der Exekutive, G Gesprächspartner, I Investor, J Journalist, L Angehöriger der Legislative (einschließlich BVV), Ö Öffentlichkeit außer unmittelbar betroffene Bürger, P Planer oder Verfahrensbetreuer, S Senatsmitarbeiterin. Jedes Gespräch ist doppelt codiert worden, um die Anonymität zu wahren (einmal mit „G“, einmal mit der Akteursgruppenbezeichnung).

3 Dies wird kenntlich gemacht durch ein „Q“ zu Beginn des Codes.

Untersuchungsgegenstand, Methode und Fragestellungen

Abgrenzung des Untersuchungsgegenstands

Die vorliegende Arbeit untersucht am Beispiel von Berlin das Zustandekommen von Entscheidungen über Investitionsvorhaben im Bürodienstleistungsbereich und ihre städtebaulichen Charakteristika im zeitlichen Umfeld der Wiedervereinigung der beiden Stadthälften. Die Betrachtung der Situation in Westberlin vor der Vereinigung dient dabei vorwiegend zur Kontrastierung der Ergebnisse mit anderen sozioökonomischen Rahmenbedingungen, um Hinweise darauf herauszuarbeiten, welcher Einfluss letzteren auf die Entscheidungsfindung zuzumessen ist. Besonderer Fokus der Analyse sind dabei Motive und Ziele der an der Entscheidung im weitesten Sinne beteiligten Akteure im Zusammenhang mit deren Interaktion im Entscheidungsfindungsprozess sowie die dabei entstehenden Konflikte und ihre Bewältigung.

Es wird davon ausgegangen, dass es sich in der Stadtentwicklungspolitik um ein Bündel von Aktivitäten der öffentlichen Verwaltung handelt, die nicht im Sinne von Konditionalprogrammen unmittelbar durch Anwendung von Verfahrensschritten aus den vorliegenden Gegebenheiten abzuleiten sind. Grundsätzlich hängen sie von politischen Erwägungen sowie der Zielbestimmung von und den Aushandlungsprozessen zwischen den Beteiligten ab, zu denen neben den Vertretern der öffentlichen Hand insbesondere Bauherren, Eigentümerinnen, Investoren und Developer sowie Architektinnen, Planer, Bürger, Beobachterinnen aus der Fachöffentlichkeit, Medien usw. zählen.

Die Untersuchung legt ihren Schwerpunkt auf innerstädtische Neubauinvestitionen im Bürodienstleistungsbereich. Diese Festlegung erlaubt einen sinnvollen Quervergleich hinsichtlich der Aussagekraft der Fallstudien. Der derzeit ablaufende Tertiärisierungsprozess ist bereits so weit vorangeschritten und hat Berlin seit der Vereinigung der Stadthälften so massiv erfasst, dass die Untersuchung von Büroflächenprojekten für die ökonomische Entwicklung eine der aktuellsten Fragestellungen ist. Die bauliche Dynamik ist seit 1989/90 so ausgeprägt gewesen, dass eine Fülle von Untersuchungsmaterial vorliegt, das im Hinblick auf den Zusammenhang zu Entscheidungsprozessen bisher nur in Ansätzen ausgewertet ist[4]. Im Gegensatz zu anderen Nutzungsarten sind Büroflächenprojekte hinsichtlich ihrer

4 Vgl. Acker 1995 oder die Büroflächenberichte des Senats (SenStadtUm 1993b, SenStadtUm/IHK 1995, SenSUT/IHK 1996, SenSUT/IHK 1998).

Akteurskonstellationen vielversprechend, da sie bisher im Detail kaum empirisch untersucht wurden, für den städtebaulichen Alltag der „Nachmoderne" prägend sind und davon auszugehen ist, dass die drei Akteursgruppen „Öffentliche Hand", „Investoren/Developer" und „Betroffene"[5] unterschiedliche Grundpositionen und Ansprüche zur Entwicklung des Stadtzentrums aufweisen, in dem sich ein großer Teil der Bürobautätigkeit abspielt (SenStadtUm/IHK 1995).

Die vorliegende Untersuchung versucht eine Vertiefung der lokalen Politikforschung im Hinblick auf die Städtebaupolitik, die in der Vergangenheit kaum in vergleichbaren Untersuchungen thematisiert worden ist[6]. Diese Vertiefung soll dazu dienen, einerseits bewusst den Ablauf von Entscheidungsfindungsprozessen in Finalprogrammen aufzuhellen und andererseits Auskunft zu geben über die Realität stadtentwicklungspolitischer Prozesse. Die Entscheidungsvorbereitung wird damit also begriffen als ein aktiver Alternativengenerierungs- und Alternativenabwägungsprozess (vgl. Rittel 1992, S. 75 ff). Nicht die normative Aussage über die Frage nach der „richtigen" oder „angemessenen" Entscheidung steht hierbei im Mittelpunkt, sondern die Analyse des Aufeinandertreffens der verschiedenen Akteure, die mit je eigenen Rationalitäten in die Auseinandersetzung gehen.

Um eine Einschätzung über die Bedeutung dieses gesamtwirtschaftlichen Umfelds für die Entscheidungsfindung abgeben zu können, sollen als Kontrast auch Entscheidungsprozesse aus der Zeit vor der Vereinigung in West-Berlin herangezogen werden. Vor dem Hintergrund der angeführten Erwägungen erfolgt die Festlegung des Untersuchungszeitraums auf die Jahre von 1981 bis 1999 pragmatisch. Er ist durch den politischen Wechsel im Jahre 1981 von der SPD zur CDU gekennzeichnet, der mit einigen für die Stadt bedeutsamen Veränderungen in der Stadtentwicklung zusammenfällt. Mit dem Jahre 1999 ist das Ende einer Legislaturperiode bezeichnet, mit der auch die Koexistenz einer Senatsbauverwaltung und einer Stadtentwicklungsverwaltung zu Ende geht. Die Vereinigung liegt etwa in der Mitte der beiden gesetzten Endpunkte. Ost-Berlin in der Zeit vor der Vereinigung bleibt wegen seines kaum vergleichbaren Planungssystems ausgespart.

Die Untersuchungsindikatoren

Im Folgenden wird ausgeführt, anhand welcher Merkmale von Projekten im Büroflächensektor der Untersuchungsgegenstand und Indikatoren für eine Evaluierung des Entscheidungsfindungsprozesses herangezogen werden sollen. Dabei ist zu beachten, dass der Untersuchungsrahmen eine Reduzierung von Komplexität auf handhabbare Indikatoren erfordert, um die Konstituierung von Zielen der Akteure klar nachzeichnen zu können.

5 Eine genauere Einschätzung der beteiligten Akteure erfolgt im Laufe dieser Arbeit. Für die Darstellung des Untersuchungsrahmens genügt jedoch die verkürzende Zuspitzung auf die drei genannten Gruppen.

6 Die gesamte Literatur der Community-Power-Forschung und der „New Urban Politics" blendet die städtebaulichen Details der Stadtentwicklungspolitik weitgehend aus. Explizit zum Thema gemacht wird sie dagegen beispielsweise in Sewing 1995.

Städtebauliche Konfiguration

Unter der städtebaulichen Konfiguration soll die Anordnung der Baumassen zueinander und im Verhältnis zum Außenraum sowohl im Grundriss als auch in Bezug auf die Höhenentwicklung verstanden werden. Sie spiegelt deutlich die herrschenden Leitbilder bzw. gängigen Ideen wider, ist aber stark von der Größe, dem Zuschnitt und der Ausnutzung des Grundstücks sowie von den Anforderungen der geplanten Nutzungsart geprägt.

Art der baulichen Nutzung

Trotz des Schwerpunkts auf Büronutzungen ist zu unterscheiden, ob die Büronutzung im Bestand durch größeren Umbau bzw. andere Umnutzungsvoraussetzungen vorbereitet wird, ob es sich um ein Neubauvorhaben handelt oder ob eine Mischform vorliegt. Hieran knüpfen vielfältige Fragen hinsichtlich der Einfügung in das städtebauliche Umfeld, möglicher Konflikte mit benachbarten Nutzern oder die verkehrliche Erschließung an. Weiterhin ist darauf einzugehen, welche anderen Nutzungstypen im Rahmen des Projekts eine Rolle spielen. Die Nutzungen, die hierbei klassischerweise, aber nicht ausschließlich auftreten, sind Wohnen, Einzelhandel und Stellplätze.

Dichte

Die Grundstücksausnutzung als wichtigster Indikator für das Maß der baulichen Nutzung ist stark an die Lage eines Vorhabens im Stadtraum und damit an den Bodenpreis gekoppelt. Da im Berlin der Vereinigungszeit aufgrund spekulativer Erwartungen an die Vermarktbarkeit von Büroimmobilien und des im Verhältnis dazu relativ geringen Angebots das Bodenpreisgefüge nicht mehr die tatsächliche Lagequalität abzubilden schien und wegen des fehlenden Planungsrechts im Ostteil der Stadt noch nicht abzusehen war, inwiefern die Umwälzung der Standortstruktur und der metropolitane Anspruch im Aufeinanderprallen mit „nachmodernen" Leitbildern der Stadtentwicklung zu revidierten Ausnutzungsziffern führen würden, muss jedoch die Frage aufgeworfen werden, welche Faktoren ursächlich für die Genehmigung bzw. Realisierung veränderter — in der Regel erhöhter — Dichtekennziffern sind.

Höhe

Die Gebäudehöhe spielt bei der Zulässigkeit von Bauvorhaben üblicherweise eine geringere Rolle als die Ausnutzungsmaße Grund- oder Geschossflächenzahl. Trotzdem oder vielleicht gerade deswegen spielt die Gebäudehöhe bzw. die Geschosszahl in der Wahrnehmung von Auseinandersetzungen über Stadtentwicklung eine äußerst große, wenn nicht die größte Rolle unter den behandelten Indikatoren. Bürogebäude tendieren eher als andere dazu, in hohen Geschoßzahlen realisiert zu werden und ihre Umgebung wenn möglich zu überragen. Im Aushandlungsprozess über die Höhe stehen Akteuren auf der Seite der Bauherren die differenziert zu betrachtende öffentliche Verwaltung und die vermutlich in weiten Teilen Hochhäuser ablehnenden Betroffenen gegenüber.

Einordnung in das städtebauliche Umfeld

Die Einordnung in das städtebauliche Umfeld wird nach dem Bauplanungsrecht im Wesentlichen durch die Orientierung an rein städtebaulichen Größen bestimmt. Der angesprochene Indikator soll im Zusammenhang dieser Arbeit aber eine Auffanggröße für die Thematisierung weiterer Gründe sein, die für oder gegen die Beurteilung eines Projekts als „sich einordnend" sprechen[7]. Insbesondere wird betrachtet, ob im Rahmen der Debatte über ein Projekt soziale und umweltrelevante Verträglichkeitsaspekte wie Verdrängungsbefürchtungen, Zerstörung von Kiezstrukturen u. ä. einerseits, kleinklimatische, bodenökologische u. ä. andererseits eine Rolle spielen oder gar die Entscheidungsfindung beeinflussen.

Umgang mit dem Bestand

Der Umgang mit dem Bestand stellt einen Sonderfall des soeben behandelten Themas dar. Wegen seiner besonderen Spezifik wird er hier als eigener Indikator aufgeführt. Die vorhandene Substanz ist im Falle ihrer Erhaltungswürdigkeit unter Umständen Gegenstand denkmalpflegerischer Überprüfung, die den Ablauf der Entscheidungsfindung deutlich beeinflusst. Aus der institutionalisierten bestandswahrenden Haltung eines Teils der öffentlichen Verwaltung (z. B. Denkmalbehörden) und vermutlich der meisten Betroffenen, sei sie nun aus Sentimentalität, aus Orientierungsbedürfnis oder aus anderen Gründen gespeist, und der Verwertungsorientierung der Bauherren bzw. Investorinnen, die Bestand nur in seltenen Fällen für eine bessere Vermarktbarkeit einzusetzen weiß, resultiert eine grundsätzliche Konfliktkonstellation.

Freiraum

Die Nutzung des Freiraums um oder in einem Bürokomplex wirkt sich in der Regel unmittelbar auf seinen wirtschaftlichen Erfolg und auf die Qualität seiner Einbindung in den Stadtraum aus. Während der öffentlichen Verwaltung an einer Belebung des öffentlichen Raums und häufig an der Zugänglichkeit bestimmter Bereiche wie Uferzonen von Gewässern gelegen ist, verfolgen die Investoren bekanntermaßen in zunehmendem Maße Mall-Konzepte, die darauf ausgelegt sind, innenliegende und überdachte Einkaufsbereiche zu schaffen und damit die Aufenthaltsbereiche für die Kunden weg von der Straße in den privaten Freiraum zu legen. Die Gestaltung des Außenraums, also das Verhältnis von Flächen verschiedener Oberflächen (versiegelte, gepflasterte, bepflanzte Bereiche usw.) im Hinblick auf ihre Größen und ihre Anordnung zueinander sowie ihre Bepflanzung mit Bäumen und Sträuchern, hat Auswirkungen auf Nutzbarkeit und Zugänglichkeit des Freiraums für die Öffentlichkeit.

7 Deshalb ist an dieser Stelle auch bewusst die Formulierung aus dem BauGB, das von „Einfügen" spricht, vermieden worden.

Fassade

An der Fassadengestaltung endet die städtebauliche Relevanz eines Projekts. Mit der Sichtbarkeit aus dem öffentlich zugänglichen Freiraum wirkt sich die Gestaltung der Fassade durchaus auf den städtebaulichen Gesamteindruck aus, während hinter ihr architektonische und raumausstatterische Fragen im Mittelpunkt stehen. Fassaden werden von den Benutzern der Stadt intensiv wahrgenommen und in ihrer Qualität beurteilt, in einer Weise, die durchaus erheblich von der Beurteilung des Fachpublikums abweichen kann. Damit ist die Fassadengestaltung vermutlich eines der konfliktträchtigsten Merkmale eines Gebäudes.

Anmerkungen zur Untersuchungsmethode

Einordnung

Die vorliegende qualitative Studie ist als Ex-Post-Analyse angelegt, versucht aber dennoch, durch eine Vielzahl von Expertengesprächen eine Annäherung an ethnologische Methoden zu erreichen, ohne jedoch an den untersuchten Prozessen teilzunehmen. Die Stärke eines solchen Ansatzes liegt darin, aus der Distanz argumentieren und Dinge im Zusammenhang sehen zu können. Ein Versuch, Entscheidungsfindung zu erklären, erfordert eine in mehrere Stränge aufgefächerte Vorgehensweise. Die verstreuten Ansätze zur Erklärung von Entscheidungen existieren nebeneinander her, ohne sich gegenseitig zu befruchten oder aneinander zu prüfen. Die vorliegende Arbeit versucht, einige unterschiedliche Betrachtungsweisen zur Abbildung der Entscheidungswirklichkeit in einen Erklärungszusammenhang zu stellen. Es wird dabei davon ausgegangen, dass eine Verengung auf einen Erklärungspfad der Komplexität des Untersuchungsgegenstandes nicht gerecht wird. Dabei sind Schwerpunktsetzungen dennoch unabdingbar.

Quellen

Für die Untersuchung waren schriftliche Zeugnisse und Interviews die maßgeblichen Informationsquellen. Zu den schriftlichen Zeugnissen zählen Zeitungsberichte, Plenar- und Ausschussprotokolle des Abgeordnetenhauses und der Bezirksverordnetenversammlungen, Parlamentsdrucksachen, Presseerklärungen und Veröffentlichungen der Senatsverwaltungen, Gutachten, Wettbewerbsauslobungen und Ergebnisprotokolle, Senatsvorlagen und Senatsbeschlüsse, Verfahrensakten der Stadtplanungsämter und Senatsverwaltungen, Materialien der Investoren sowie bereits existierende Abhandlungen über das Bürobaugeschehen in Berlin. Ergänzend wurden mit über 120 Akteuren Interviews geführt, unter ihnen die ehemaligen Senatoren Wittwer, Nagel und Hassemer sowie Hans Stimmann und Barbara Jakubeit. Es ist davon auszugehen, dass die öffentlich zugänglichen Quellen nur einen Teil der Verfahrenswirklichkeit widerspiegeln. Darüber hinaus gibt es eine Fülle von internen und von informellen Verfahrensbausteinen, die durch die Auswertung interner Akten und die Aussagen der Beteiligten eingekreist werden.

Anmerkungen zur Methode

Informationsgrenzen und Zugänglichkeit der Materialien

Eine Untersuchung, die explorativ einen Interaktionszusammenhang einer relativ großen Zahl von Akteuren aufzuklären und zu verstehen versucht, stößt an eine Reihe von methodischen Grenzen, die nur z. T. überwindbar sind. Um den Interaktionszusammenhang weitgehend verstehen zu können, ist eine möglichst umfassende Recherche erforderlich, um überhaupt die Interaktionen und entscheidungsprozessrelevanten Vorgänge identifizieren zu können. Die Erschließung der untersuchten Vorgänge kann dabei nur annäherungsweise über die Kombination mehrerer Methoden und die Variation der Untersuchungsperspektive geschehen (Kleining 1982, 1995). Abbruchkriterium ist „nach unten" (in Richtung auf abnehmende Bedeutung) wegen der unüberschaubaren Vielfalt vorhandener Informationsquellen die Identifikation des Übergangs vom Finalprogramm in das Konditionalprogramm, d. h., dass Vorgänge, die lediglich ausführend sind und Vorgänge, die offensichtlich keinen Einfluss auf die Zielfindung von Akteuren haben, außen vor bleiben. „Nach oben" (in Richtung auf zunehmende Bedeutung) ergibt sich zwangsläufig im Falle eines verschlossenen Informationszugangs z. B. bei politischer Brisanz eine Begrenzung für die Recherche, die in der Untersuchung kenntlich gemacht wird. Nicht alle Dokumente über einen Vorgang sind der Forschung zugänglich. Dies liegt zum einen an der Bereitschaft verschiedener Akteure und Institutionen, Einsicht zu gewähren. Zum anderen ist nicht immer hinreichend bekannt, wo Dokumente, z. B. private Aufzeichnungen, über Vorgänge vorhanden sind. Selbst zugängliche Dokumente unterscheiden sich im Informationsgrad erheblich.

Befangenheitsproblematik, Dokumentation und Wirklichkeit, Stimmigkeit verschiedener Aussagen zum gleichen Vorgang, Veröffentlichbarkeit

Angesichts des langen Untersuchungszeitraums war eine durchgehende Begleitung der Verfahren allein aufgrund des Umfangs der Interaktionen unmöglich. Dies führte zu der Entscheidung, auf teilnehmende Beobachtung interner Vorgänge praktisch vollständig zu verzichten und lediglich auf Gutachten, Untersuchungen, Dokumente, Zeitungsartikel, Protokolle und Interviews zurückzugreifen. Der Rückgriff auf Texte als Grundlage qualitativer Methoden birgt dessen Probleme. Die Exploration verschiedener Akteurstypen und ihrer Arbeitsweisen ist überdies damit konfrontiert, dass diese unterschiedlich gründlich Weise ihre Tätigkeit dokumentieren und die Recherche auf diese Dokumente angewiesen ist. Durch die Heranziehung verschiedenster zugänglicher Quellen soll dieses Problem zumindest entschärft werden. Im Resultat folgt die Notwendigkeit einer Erschließung des Interaktionszusammenhangs im Zusammenspiel von Dokumentenanalyse und Interviews mit den Akteuren. Der Gefahr widersprüchlicher oder zumindest nicht deckungsgleicher Aussagen verschiedener Informationsquellen wird durch Plausibilitätsprüfungen soweit als möglich begegnet.

Interviews

Wie Dokumente, so sind auch Gesprächspartner nicht beliebig verfügbar. Auf die Gründe hierfür soll hier nicht näher eingegangen werden. Durch den umfassenden Ansatz der Untersuchung standen aber zumeist eine Reihe von Beteiligten aus dem Umfeld des jeweiligen Entscheidungsprozesses zur Verfügung, so dass ein weitreichendes Bild über die analysierten Prozesse entstehen konnte. Zentrale Entscheidungsträger konnten nur sehr kurze Zeit für Gespräche zur Verfügung stehen. Punktuell litt darunter die Untersuchungstiefe. Die Rekonstruktion des Interaktionszusammenhangs über die Selbstwahrnehmung und das Selbstbild des jeweiligen Gesprächspartners gehören zur qualitativen Methode und sind nicht nur unvermeidbar, sondern geradezu Forschungsgegenstand. Eine „objektive" Annäherung an die Wirklichkeit ist nicht möglich (Flick 1995, S. 11 f). Dabei treten sicherlich Einschätzungen der Akteure auf, die mehr oder minder stark von der anderer Beteiligter abweichen. Lediglich durch den Vergleich aller verfügbaren Informationen kann es gelingen, subjektiv gefärbte Einschätzungen zu entdecken und durch eine Gegenüberstellung widersprüchlicher Informationen zu relativieren. Tatsächlich wurde allerdings in den Gesprächen ein überraschend hohes Maß an Konsistenz und Offenheit beobachtet, das im Widerspruch zu einer großen Bedeutung von vorgeschobenen Erklärungen zu stehen scheint. Da viele Beteiligte selbst nur einen Bruchteil der relevanten Vorgänge kennen, sind Spekulationen einzelner Gesprächspartner über den tatsächlichen Hergang eines Geschehens unvermeidlich.

Zusammenfassung

Im Bewusstsein über die genannten methodischen Einschränkungen wurde versucht, einen möglichst kritischen Umgang mit qualitativen Methoden zu pflegen und besondere Sorgfalt auf die geführten Interviews zu legen. Dabei schien eine problemzentrierte Herangehensweise in halbstrukturierten Interviews als angezeigt, die die Ziele der einzelnen Akteure, ihre Genese sowie ihre Weiterentwicklung und das Zustandekommen von Entscheidungen bei Konfliktsituationen in den Mittelpunkt stellen.

Begriffe und Leitfragen

Für das Verständnis der gesamten Arbeit sind einige durchgehend verwendete Begriffe Voraussetzung. Auf sie soll in diesem Abschnitt in aller Kürze eingegangen werden.

Entscheidung und Entscheidungsprozess

Eine Theorie der Entscheidungen soll im Idealfall das Zustandekommen von Entscheidungen über Projekte aus den bekannten Rahmenbedingungen und Einflussfaktoren erklären. Dabei wird davon ausgegangen, dass nur unvollständige Information vorliegt, dass die Entscheidung nicht komplett rational erklärbar ist und dass Entscheidungsfindung ein Prozess und kein einmaliger Akt ist. Eine Entscheidung über ein stadtplanerisches Projekt soll die getroffene Auswahl von verschiedenen Alternativen über planerische Spezifika des Projekts bezeichnen. Damit wird klar, dass

- eine Entscheidung in der Regel ein Bündel von einzelnen Teilentscheidungen ist,

- einer Entscheidung immer ein Entscheidungsvorbereitungsvorgang vorausgeht, der mehr oder weniger sorgfältig Argumente für die Wahl zwischen den Alternativen bereitstellt,
- eine Entscheidung immer einen Prozess darstellt, nicht eine punktuelle Angelegenheit wie eine Abstimmung über Alternativen,
- eine Entscheidung im Zusammenhang mit der für sie aufgewendeten Zeit zu untersuchen ist (also die Geschwindigkeit der Auswahl Untersuchungsgegenstand ist),
- im Fall der Untersuchung von privaten Büroflächenprojekten mindestens zwei verantwortliche Entscheidungsträger existieren, nämlich der Grundstückseigentümer, der seine „Baufreiheit" ausschöpft, und der Vertreter der gesetzlich vorgesehenen Institution, die über öffentlich-rechtliche Aspekte der Bodennutzung in die Entscheidung eingreift, also in der ursprünglichen Form die gewählte Volksvertretung auf Gemeindeebene. In vielen Fällen wird die Volksvertretung durch die Exekutive ersetzt.

Eine Trennung zwischen planerischem Handeln und Entscheidungsfindung ist nur ansatzweise sinnvoll. Planung ist immer Abwägung und damit immer auch Zusammenstellung von Entscheidungsvorbereitungsmaterial bzw. Wertung dieses Materials mit dem Ziel der Auswahl der Alternative.

Akteur (und Ziel)

Ein Akteur ist ein Beteiligter an Entscheidungsprozessen, der in diese eingreift oder potentiell eingreifen könnte, weil er über rechtlich verankerte oder politisch wirksame Ansprüche der Beteiligung verfügt. Eine Person oder eine Organisation wird also zur Beteiligten, wenn die anderen bereits am Entscheidungsprozess beteiligten Akteure, ausgehend von einer Initiatorin von Veränderung und einem Zuständigen für die Herbeiführung der erforderlichen (rechtlichen, politischen, wirtschaftlichen) Voraussetzungen für eine Realisierung von Veränderung, sie in ihrem weiteren Vorgehen berücksichtigen, sei es antizipierend, weil sie um Klagemöglichkeiten, Abstimmungsnotwendigkeiten oder die Mobilisierbarkeit der Medien wissen, weil sie an einer bestimmten Stelle aufgrund von Verfahrensvorschriften o. ä. beteiligt werden oder weil sie sich aus eigenem Antrieb einschalten. Ziele sind die von den Akteuren vorgebrachten oder verfolgten Absichten im Hinblick auf die Ausgestaltung der anstehenden stadtentwicklungspolitischen Veränderung.

Konflikt und Konsens

Unter Konflikt soll hier der Fall verstanden werden, in dem Ziele verschiedener Akteurinnen voneinander abweichen und diese Abweichung einem für die Entscheidung wesentlichen Teil der Prozessbeteiligten bekannt wird. Dem Begriff soll a priori kein Geruch von Entscheidungsunfähigkeit, Zwist oder unproduktiver Vielstimmigkeit anhaften, sondern vielmehr soll er den einem Abstimmungsvorgang der Akteurinnen vorausgehenden Zustand erfassen, in dem Handlungsbedarf für Anpassung der Ziele zumindest einer Akteurin erkannt wird. Konsens ist dementsprechend ebenso wie Konflikt an die Voraussetzung gebunden, dass Ziele überhaupt bekannt werden. Ein Konsens soll also dann vorliegen, wenn die Akteure in ihren Zielen übereinstimmen. Dies kann grundsätzlich auf zwei Wegen geschehen, wenn zuvor der Zustand des Konflikts geherrscht hat. Erstens können Akteure ihre Ziele verändern bzw. an die Situation anpassen. Zweitens kann Konsens entstehen, weil die Explizitheit von Zielen verloren geht, beispielsweise, weil ein Akteur nicht mehr am Prozess teilnimmt.

Macht und Durchsetzung

Der Begriff „Macht" wird in dieser Untersuchung nicht definiert. Die Versuche, ihn definitorisch zu fassen, sind unüberschaubar und lassen sich kaum produktiv für diese Untersuchung nutzbar machen[8]. Ausgehend von Weber (1972, S. 28) genügt es in einer auf die Stadtentwicklungspolitik ausgerichteten Untersuchung, unter Macht bilanzierend die Fähigkeit zur Durchsetzung von Zielen in Entscheidungsprozessen zu verstehen. Damit wird Macht nicht zu einer Eigenschaft, die einer Person oder einer Organisation gewissermaßen als „Eigentum" zugeschrieben werden muss, sondern retrospektiv als ein Sammelbegriff für „überdurchschnittlichen Erfolg" im lokalen Politikfeld Stadtentwicklung. Es wird von „Machtressourcen" gesprochen, wenn Akteure aufgrund gewisser Konstellationen über größere Durchsetzungsmöglichkeiten für ihre Ziele verfügen als andere, ohne dass damit prospektiv und abschließend auf den Interaktionsprozess der Beteiligten bezogen ausgedrückt werden kann, wer über diese bis zu welchem Grad verfügt.

Leitfragen

Folgende Leitfragen lagen der Untersuchung zugrunde:

Prozessbezogene Leitfragen

- Wer ergreift die Initiative für einen Entscheidungsprozess und warum?
- Wann erfolgen im Prozess Vorentscheidungen oder Vorabeinigungen?
- Wie sind diese Zeitpunkte mit dem formalen Entscheidungsprozess in Beziehung zu setzen?
- Wie lassen sich Teilentscheidungen absichern oder wodurch werden sie wieder in Frage gestellt?

Zielbezogene Leitfragen

- Wodurch kommen die Ziele der Akteure zustande?
- Wer bringt welche Ziele wann in den Prozess ein?
- Wann und wodurch werden die Ziele der Akteure im Prozess modifiziert?
- In welchen Phasen konkretisieren sich Teilziele wodurch wie stark und was bewirkt das?

8 Für eine Übersicht vgl. Müller 1985, Greif/Holling/Nicholson 1989, March 1990 (insbesondere S. 131 ff), Schumaker 1993.

- Welche Ziele sind demnach „hart“, welche „weich“ und warum?
- Welche Verhandlungsspielräume gibt es für die Akteure bei der Durchsetzung ihrer Ziele?
- Welche Gründe sind ausschlaggebend für die Durchsetzung von Teilzielen und warum?
- Welchen Einfluss haben exogene Faktoren wie die wirtschaftlichen oder politischen Rahmenbedingungen auf die Durchsetzung bestimmter Ziele?

Akteursbezogene Leitfragen

- Welche Akteure greifen in den Entscheidungsprozess ein und auf welche Weise?
- Welche Bündnisse bilden sich zwischen den Akteursgruppen und warum?
- Wie sind die Akteursgruppen in sich strukturiert und welche Auswirkungen hat das?
- Wie wird von den Akteuren Handlungsfähigkeit hergestellt?

Konfliktbezogene Leitfragen

- Wie entstehen Konflikte?
- Wie werden Konflikte ausgetragen?
- Wie werden Konflikte bewältigt?
- Wer wird dabei beteiligt und warum?
- Lassen sich dabei Typen oder Muster identifizieren?
- Gibt es Defizite der Entscheidungsfindung im Hinblick auf die Konfliktlösung?

Politikfeldbezogene Leitfragen

- Wie ist die Überproduktionskrise auf dem Büroflächenmarkt in Berlin zu erklären und welchen Beitrag leisten dazu die verschiedenen Akteursgruppen?
- Ist in einer Zeit wirtschaftlicher Probleme „Wachstumsmanagement“ möglich und ggf. inwieweit?
- Werden die Haltungen der Bürger durch die Verfahren bei der Produktion von Büroflächen berücksichtigt?
- Inwieweit werden fachliche Themen fachlich kompetent verhandelt und welcher Begriff von fachlicher Expertise herrscht unter den Akteuren vor?

Die Rahmenbedingungen

Stadtentwicklungspolitik in Deutschland

Im Folgenden kann und soll keine Gesamtschau der Stadtentwicklungspolitik in Deutschland betrieben werden. Es erscheint jedoch unerlässlich, die Bedeutung von Citypolitik auch im Rahmen der städtebaulich-stadtplanerischen Leitbilder, Oberziele und Trends zu reflektieren, um die Produktionsbedingungen von Büroflächen angemessen einschätzen zu können. Im Mittelpunkt der folgenden Ausführungen stehen daher die Konsequenzen — weithin als bekannt anzusehender — grober Linien der Stadtentwicklungspolitik für diese Produktionsbedingungen.

Leitbilder

Bereits in den 1970er Jahren wird ein Niedergang der städtebaulichen Leitbilder der Moderne konstatiert. Parallel deutet sich in der architektonischen Formensprache eine Periode der „Postmoderne" an, die in den 1980er Jahren eine Blüte erlebt, aber bereits in den 1990er Jahren wieder auf dem Rückzug ist. Für die Stadtentwicklung sind die Ziele Behutsamkeit, verdichtete Innenentwicklung, Begrenzung des Stadtwachstums in die Fläche, Ökologisierung der Stadtplanung, Wohnumfeldverbesserung und Verkehrsberuhigung prägend, die jedoch nur zum Teil für Arbeitsplatzstandorte maßgeblich werden. Die vielfach genannten Einzelentwicklungen, die das Konglomerat des sich formierenden „nachmodernen" Städtebaus bilden, lassen offenbar zwei entscheidende Feststellungen zu.

Erstens drücken sie eine Bedeutungssteigerung des existierenden Lebensraums in der Stadt aus. Damit rückt das Wohnumfeld in den Mittelpunkt einer stärker bestandsorientierten Politik, während lediglich ein Teil des erwähnten Ziel-Konglomerats für Arbeitsplatzstandorte im tertiären Sektor relevant wird, die sich von den in den 1970er und 1980er Jahren noch die planerische Debatte prägenden Arbeitsplatzstandorten im sekundären Sektor durch die weitgehende Abwesenheit von Schadstoffemissionen unterscheiden, dafür aber wegen ihrer potentiell hohen Dichten stärker im Hinblick auf ihre verkehrlichen Anforderungen und Auswirkungen planungsrelevant zu werden scheinen. Der Primat der Innenentwicklung verbindet sich so im Gegensatz zur planerischen Behandlung von Wohngebieten (vgl. „Neue Vorstädte", Stimmann 1993) ohne weitgehende Berücksichtigung der übrigen Oberziele mit den von den Promotoren einer Büroflächenentwicklung vorgebrachten Anforderungen zu einem neuen Verdichtungsmodell, das sich nicht zufällig zügig postmoderner Anklänge entledigt.

Zweitens bilden sie kein geschlossenes Leitbild, wie dies vielleicht noch für die ersten

Nachkriegsjahrzehnte zumindest im Wohnungsbau gegolten hat. Ein Rückzug auf Qualitätsziele, die aber in ihrer Operationalisierung mitunter bis zur Projektplanung unscharf bleiben, überwindet zwar die städtebaulich-raumkompositorische Reduzierung älterer Herangehensweisen, öffnet aber einer Beliebigkeit im argumentativen Einsatz der Einzelziele Tür und Tor, sofern diese im Einzelfall widersprüchlich sind oder sich einer Objektivierung entziehen, zumindest aber der Primat der Behutsamkeit aufgrund des Nichtvorhandenseins von planungsbetroffenen Bürgern (oder deren geringer Zahl) in für Bürobauvorhaben ausersehenen Umstrukturierungsgebieten an Bindungswirkung einbüßt[9].

Raumkompositorisch bleiben die Entwicklungen der „Nachmoderne" nicht ohne Auswirkung auf den Bereich der Büroflächen. Weiterhin konkurrieren jedoch Ansätze der solitären Ausprägung von Büroflächenanordnungen (Hochhäuser, freistehende Bürokomplexe; Bsp. Messeturm Frankfurt/Main) mit integrativen, die sich in die „europäische Stadt" mit ihrer klaren abgrenzend-formenden Zuordnung von privaten und öffentlichen Räumen (Paradigma: Die Außenhaut des privaten Gebäudes ist gleichzeitig eine Wand des öffentlichen Platzes) einordnen (Baulückenschließung, parzelläre Entwicklung, Einpassung in umgebende Bebauung; Bsp. Gruner&Jahr-Hauptverwaltung Hamburg). Die privatwirtschaftliche Dynamik der Büroflächenentwicklung und die Eigengesetzlichkeiten der sozialmarktwirtschaftlich-kapitalistischen Wirtschaftsordnung lösen eine Inkorporierung von projektübergreifend und gesellschaftlich schwer implementierbaren Zielen in das eigene Handeln aus, die einer Verbindung aus gesellschaftlicher Verantwortung, Eigenvermarktung und betriebswirtschaftlicher Logik dienen und in den unternehmensspezifischen Möglichkeiten durch technische Optimierung neue Potentiale freisetzen und aktivieren (Paradigma: innerbetriebliche Umsetzung von Energiesparzielen durch architektonisch-bautechnische Weiterentwicklung von Bürogebäuden).

Auf Seiten der rechtlichen Grundlagen brechen sich in den 1980er Jahren Entwicklungen Bahn, die die Durchsetzung „nachmoderner" Leitbilder und Oberziele zumindest erleichtern, während in den 1990er Jahren die Beschleunigung von Genehmigungsverfahren und eine Rücknahme staatlicher Eingriffsmöglichkeiten im Mittelpunkt steht. Für die Innenstädte ist von Bedeutung, dass bereits in den 1980er Jahren Voraussetzungen für die engere Verzahnung von Nutzungsarten geschaffen werden, dagegen für herausragende Standorte bzgl. der — ohnehin erhöhten zulässigen — Dichte eine Öffnungsklausel eingeführt wird, die über den Bodenpreismechanismus eine enge Verzahnung der Nutzungsarten nicht gerade erleichtert, jedenfalls mit der Rücknahme auch naturschutzrechtlicher Regelungen die rechtlichen Voraussetzungen für Citybildung und Verdichtung stärkt. Wenngleich der Primat der Funktionstrennung (städtebauliche Moderne) überwunden scheint, lassen die rechtlichen Regelungen doch eine Neusortierung städtischer Nutzungszonen zu, bei denen Stadtentwicklung als Bereitstellung von Flächen vorwiegend für Nutzungen im tertiären Sektor und mit einem Schwerpunkt im Büroflächenbereich verstanden werden kann.

9 Wie die hier abstrakt formulierten Mechanismen die Planungspraxis beeinflussen oder in ihr zum Tragen kommen, ist u. a. Gegenstand dieser Untersuchung und kann am Beispiel Berlins nachvollzogen werden.

Trends

Der Trend zur „Festivalisierung der Stadtpolitik“ (Häußermann/Siebel 1993) der öffentlichen Hand scheint sich inzwischen auf privatwirtschaftliche Aktivitäten zu übertragen. Kürzer werdende Verwertungszyklen städtischer Standorte, die zunehmende Zeitverfügbarkeit der Stadtbevölkerung bei parallelem Rückzug der „fordistischen“ bisweilen gleichmacherischen öffentlichen Versorgungsmodelle und die damit einhergehende Ausdifferenzierung der Konsumgewohnheiten (Paradigma: Ablösung des Hallenbads durch das „Spaßbad“) überformt den von gesamtwirtschaftlichen Konjunkturzyklen und Entwicklungen stark mitbestimmten Büroflächenmarkt, die sich teilweise auf den gleichen Flächen (City-Bereiche, Kerngebiete, Gewerbegebiete in der verkehrsgünstigen Peripherie) niederschlagen und sich wandelnde tertiäre Nutzungsmischungsmuster produzieren, die klassische Trennung des Erdgeschossbereichs für Einzelhandel und die Obergeschosse für Büronutzung weiter differenzierend und verändernd.

Diese schnellen Nebenkonjunkturen können bisweilen noch im Planungsstadium eines Büroflächenprojekts zu Buche schlagen und sollen die Vermarktungsfähigkeit des Standorts für den Investor bei abflauender Konjunktur für seine ursprünglich geplanten Nutzungen sichern, stellen für die planende Verwaltung jedoch einen zusätzlichen Unsicherheitsfaktor bei der Bestimmung eines rechtsverbindlichen Nutzungsgerüsts dar. Ausgehend von der Identifikation eines Standorts als Zentrum stehen Politik und Verwaltung unter dem selbstgemachten Druck, diesen auch vorrangig zu entwickeln. Sich wandelnde Konjunkturen und das Risiko, das ursprünglich anvisierte Nutzungsgeflecht durch einen (Teil-) Rückzug von Investoren nicht umsetzen zu können und dabei mit der Entwicklung des zentralen Standorts insgesamt zu scheitern, erhöhen tendenziell die Akzeptanz von konzeptionellen Veränderungen auf weniger dynamischen Standorten. In den 1990er Jahren sind in diesem Zusammenhang zumindest kommerzielle spektatorische Nutzungen (Musical-Theater, Multiplex-Kinos) und gewisse Formen des Einzelhandels (*shopping malls*, großflächiger Einzelhandel in Konkurrenz zu benachbarten „gewachsenen“ Strukturen) zu nennen (während Nebenkonjunkturen im Hotelbereich traditionell zum City-Bereich gehören).

Die Entwicklung der Stadt Berlin im Untersuchungszeitraum

Die politische Entwicklung

West-Berlin in den 1980er Jahren

Befördert durch die „Garski-Affäre“ um eine Landesbürgschaft geht die langjährige SPD-Herrschaft in Berlin Anfang der 1980er Jahre ihrem Ende zu. Die nachfolgende CDU bildet unter Richard von Weizsäcker eine Regierung und geht schließlich eine Koalition mit der FDP ein. Auf Weizsäcker folgt 1984 Eberhard Diepgen (CDU). Bauskandale können seine Regierung zunächst nur eingeschränkt erschüttern. Volker Hassemer gelingt es als CDU-Senator zunächst, die „entwickelnden“ und „schützenden“ Kompetenzen (Bsp. Denkmalschutz, Umweltschutz) zur Senatsverwaltung für Stadtentwicklung und Umweltschutz zusammenzuführen. Damit werden insbesondere die Kompetenzen für die Flächennutzungsplanung (Stadtentwicklungsverwaltung) und für die Bebauungsplanung sowie das Baugenehmigungsverfahren (Bauverwaltung) auf Senatsebene getrennt, was jahrelange Abgrenzungs- und Koordinationserfordernisse nach sich zieht, aber der Stadtentwicklungs- und Umweltpolitik zusätzliches, eigenständiges Gewicht verleiht. Im Zuge der Koalitionsbildung mit der FDP wechselt Hassemer in das Kulturressort, während Horst Vetter von der FDP sein Nachfolger im Stadtentwicklungsressort wird. Die Abgeordnetenhauswahl vom 10.03.1985 bestätigt Diepgens Koalition. Bei der Umbildung des Senats im Zuge des Bauskandals wird der zunächst parteilose Georg Wittwer (später CDU), vorher Beamter in der Stadtentwicklungsverwaltung, zum neuen Bausenator. Sein Kollege Jürgen Starnick ist als Stadtentwicklungssenator ebenfalls parteilos.

Die Abgeordnetenhauswahlen vom 29.01.1989 bringen eine knappe absolute Mehrheit nach Mandaten für eine rot-grüne Koalition, der Walter Momper (SPD) vorsteht. Sein Wahlkampfmanager Wolfgang Nagel, langjähriger SPD-Bezirkspolitiker im Stadtbezirk Charlottenburg, wird Bausenator, während die parteilose Michaele Schreyer (später AL) für den Landesverband der Grünen, die „Alternative Liste", Stadtentwicklungssenatorin wird. Auch die neue politische Situation konserviert also die Teilung der stadtentwicklungspolitischen Kompetenzen in zwei Senatsverwaltungen. Die rot-grüne Koalition zerbricht schnell. Kurz vor den aufgrund der deutschen Vereinigung anberaumten Abgeordnetenhauswahlen im Dezember 1990 verlässt die AL die Koalition nach längeren Auseinandersetzungen mit der SPD.

Während der 1980er Jahre bleibt das Amt des „Senatsbaudirektors", der traditionell die landeseigene Bautätigkeit unter dem Bausenator gestaltend leiten soll, unbesetzt. Mit dem Bedeutungsverlust der hoheitlichen Bautätigkeit, den ambivalenten Erfahrungen beamteter Gestalter z. B. im U-Bahn-Bau der 1970er Jahre, der Abgrenzung zur spätmodernen Baupolitik der in Bauskandalen und der Hausbesetzerszene niedergehenden SPD-Regierungen und mit der Internationalen Bauausstellung 1984/87 scheint das Amt überflüssig.

Die West-Berliner Bezirke spiegeln einerseits die Wählerbewegungen auf Abgeordnetenhausebene und andererseits ihre Lage im Stadtkörper und das damit einhergehende Milieu wider. Für die folgende Untersuchung ist lediglich der Stadtbezirk Charlottenburg von Bedeutung, da die vor der Vereinigung der Stadt untersuchten Projekte (Kant-Dreieck und Victoria-Areal) beide dort liegen. Der Bezirk ist ein Konglomerat aus gutbürgerlichen bis wohlhabenden Vierteln und innerstädtischen Quartieren, die in der Nähe des Kurfürstendamms teilweise zu den eleganten Bereichen der westlichen Halbstadt gehören, im Umfeld des barocken Charlottenburger Kerns aber mit kaiserzeitlichen Sanierungsgebieten ein alternatives, (ehemals) studentisches Umfeld aufweisen. Die Wahlen zur Bezirksverordnetenversammlung, die parallel zu den Abgeordnetenhauswahlen stattfinden, bringen in Charlottenburg 1981 und 1985 ein fast identisches Ergebnis wie auf Landesebene hervor. Die AL legt dagegen auf Bezirksebene überdurchschnittlich zu und kommt auf fast 15 % der Stimmen. Trotzdem gelingt es der SPD und der AL (wie übrigens auch auf Landesebene) nicht, gemeinsam die CDU zu überflügeln. Das Bezirksamt als Kollegialgremium spiegelt zwar die Machtverhältnisse in der BVV wider, doch sind auch die kleineren Parteien mit Stadtratsposten zu versehen. Der für diese Untersuchung zentrale Baustadtratsposten wird allerdings aufgrund der großen Bedeutung für die Lokalpolitik in der Regel von einer „großen" Partei eingenommen. In Charlottenburg hat Wolfgang Antes (CDU) in der ersten Hälfte der 1980er Jahre das Bauressort inne. Nach seinem korruptionsbedingten Sturz im Jahre 1985 wird Jürgen Laschinski (CDU) zu seinem Nachfolger gewählt. Der Machtwechsel 1989 bringt auch in Charlottenburg eine Veränderung in der Abteilung Bau- und Wohnungswesen, die ab dann Claus Dyckhoff (SPD) leitet.

Das vereinigte Berlin

Bei der Wahl zum Gesamtberliner Abgeordnetenhaus am 02.12.1990 verzeichnet die CDU im Westteil der Stadt so hohe Gewinne, dass sie trotz ihres schwachen Abschneidens im Ostteil gestärkt gegenüber dem letzten West-Berliner Abgeordnetenhaus hervorgeht. Die Ausgrenzung der SED-Nachfolgepartei PDS führt zu einer politischen Teilblockade, die nur durch eine große Koalition aus CDU und SPD zu überwinden ist. Eberhard Diepgen wird erneut Regierender Bürgermeister, während Wolfgang Nagel weiter Bausenator bleibt und Volker Hassemer ein zweites Mal Stadtentwicklungssenator wird. Die große Koalition ist in der schwierigen Anpassungsphase insbesondere der Haushaltspolitik aneinander gebunden und übersteht die gesamte auf fünf Jahre verlängerte Legislaturperiode bis zu den Neuwahlen am 22.10.1995. Sowohl die CDU als auch die SPD verlieren dort, letztere als kleinerer Partner der Koalition sogar deutlich. Die zweite große Koalition ist aufgrund innerparteilicher Querelen der SPD und dem Abschied Hassemers vom Senatorenamt zu einer Neubestimmung der Bau- und Stadtentwicklungspolitik gezwungen. Schließlich werden die Ämter zwischen den beiden Parteien getauscht. Bausenator wird Jürgen Klemann (CDU), vorher bereits als Schulsenator tätig und als Kreisvorsitzender in der CDU-Hochburg Zehlendorf lange Zeit im engeren Kreis um Diepgen, der für die stärker „konservative" historisierende Linie steht, die in der CDU im Rahmen der Entwicklung des Stadtzentrums an Boden gewinnt. Der vormalige Kreuzberger Bezirksbürgermeister Peter Strieder (SPD) nutzt die Gunst der Stunde und wird Stadtentwicklungssenator.

Durch Nagel, selbst nicht Architekt, wird angesichts der enormen baulichen Aufgaben nach der Wiedervereinigung das Amt des Senatsbaudirektors mit Hans Stimmann, vorher Senator in Lübeck, als Staatssekretär neu besetzt. Unter Klemann wird Barbara Jakubeit seine Nachfolgerin, Architekturprofessorin in Karlsruhe und seit 1990 Leiterin der Bundesbaudirektion. Stimmann wechselt als Staatssekretär ins Stadtentwicklungsressort.

Die Bezirke im vereinigten Berlin

Die Systematik der Vereinigung bringt die klare Regelmäßigkeit und die Kopplung von BVV- und Abgeordnetenhauswahlen vorübergehend ins Wanken. In den Bezirken Ost-Berlins werden am 06.05.1990 freie Wahlen zu „Stadtbezirksversammlungen" abgehalten. Sie bleiben bis zu den gemeinsamen BVV-Wahlen im gesamten Stadtgebiet am 24.05.1992 im Amt. Erst am 22.10.1995 finden wieder gemeinsame Wahlen in den Bezirken und auf Landesebene statt. Die Ergebnisse differieren bezirksbezogen erwartungsgemäß erheblich.

Im Bezirk Mitte (ehemals Osten) dominiert die PDS vor SPD, CDU und Bündnisgrünen. Das Ergebnis schwankt von 1990 bis 1992 kaum, doch 1995 kann die PDS ihre Dominanz noch ausbauen[10]. Bis 1995 können die Bündnisgrünen unter sieben Stadträten pro Bezirk mit Dorothee Dubrau die Baustadträtin stellen, doch mit der Reduzierung von deren Anzahl auf fünf geht das Amt an die PDS, zunächst an Karin Baumert und dann an den parteilosen Thomas Flierl[11].

Ganz anders ist die Situation im angrenzenden, städtebaulich überwiegend kaiserzeitlich geprägten Innenstadtbezirk Tiergarten (ehemals Westen). Die SPD liegt 1989 knapp vor der CDU, die AL kommt auf über 20 %. Drei Jahre später hat die AL die beiden großen Parteien praktisch eingeholt, während sich die CDU 1995 mit über 35 % deutlich absetzt, die Bündnisgrünen aber die SPD bereits knapp überrundet haben und mit ihnen auf eine absolute Mehrheit kommen. Im Untersuchungszeitraum gelingt es dem SPD-Politiker Horst Porath, über die beiden Wahlen hinweg das Amt des Baustadtrats zu besetzen.

Friedrichshain als untypischer (östlicher) Innenstadtrandbezirk, in dem kaiserzeitliche Quartiere und DDR-Neubauviertel eng aufeinandertreffen, weist zunächst zwei Paare von jeweils etwa gleich starken Parteien auf, nämlich die PDS und die SPD mit knapp über 30 % sowie die CDU und die Bündnisgrünen mit etwa 15 %. Nach 1995 setzt sich die PDS mit 40 % deutlich von der SPD ab, während die Bündnisgrünen in den einstelligen Bereich zurückfallen. Bis 1992 ist Hannemann von der CDU Baustadtrat und wird dann von der parteilosen Martina Albinus-Kloss abgelöst.

Das bereits oben betrachtete Charlottenburg, in dem 1989 CDU und SPD mit etwa 35 % noch gleichauf liegen, erlebt 1992 nur geringfügige Veränderungen zugunsten der CDU, während die Verhältnisse sich 1995 stark verschieben. Die CDU kommt nun auf über 40 %, während die SPD unter 30 % und die Bündnisgrünen über 20 % erreichen. Zunächst kann Claus Dyckhoff eine Wiederwahl erreichen, obwohl die rot-grüne Mehrheit gebrochen ist. Ab 1995 hat Rot-Grün wieder eine rechnerische Mehrheit, und die Bündnisgrünen stellen mit Beate Profé erstmals im Bezirk die Baustadträtin.

Der (östliche) Bezirk Treptow, an dessen äußerstem nördlichen Rand ein Projekt dieser Untersuchung liegt, vereinigt auf sich ein Spektrum von kaiserzeitlichen Innenstadtrandgebieten bis hin zu sämtlichen Ausprägungen der Peripherie. Er ist allerdings kein typischer DDR-Neubaubezirk, was mit ausschlaggebend dafür sein dürfte, dass die SPD 1990 deutlich vor PDS, CDU und Bündnisgrünen abschneidet. An dieser Konstellation ändert sich 1992 kaum etwas, während es der PDS 1995 gelingt, die SPD zu überrunden. Zu allen Zeitpunkten kommen SPD und CDU gemeinsam auf die rechnerische absolute Mehrheit. Der Baustadtrat Schmitz (SPD) kann sich über die gesamte Zeit im Amt halten.

Ähnlich stellt sich die Ausgangssituation im (östlichen) Lichtenberg dar, das allerdings stärker von DDR-Neubaugebieten geprägt ist und an seinem äußersten Rand ein Projekt dieser Untersuchung aufweist. Politisch ist die Situation eher der in Friedrichshain zu vergleichen. Die PDS liegt anfangs knapp vor der SPD, aber diese deutlich vor CDU und Bündnisgrünen. Im Jahre 1995 erreicht sie sprungartig über 40 %, während SPD und CDU

10 Die Dominanz der PDS ist insofern in dieser Untersuchung praktisch bedeutungslos, weil der im Bezirk liegende Pariser Platz als Teil des Entwicklungsbereich Hauptstadt vom Senat beplant wird. Auch die übrigen Großbauvorhaben in der Friedrichstadt werden im Wesentlichen vom Bausenat planerisch betreut.

11 Dorothee Dubrau wird kurz vor Ende der Legislaturperiode von den anderen Parteien so weit als möglich entmachtet und geht daraufhin nach Prenzlauer Berg. Karin Baumert wird von ihrer eigenen Partei gestürzt.

bei etwa 20 % fast gleichauf landen und die Bündnisgrünen bei etwa 10 %. Der SPD-Baustadtrat Hirsch wird von dem CDU-Politiker Krautzig abgelöst, dem wiederum der SPD-Mann Geisel folgt.

Zusammenfassend lässt sich feststellen, dass durch den Wahlmodus des Kollegialgremiums Bezirksamt trotz des großen Stellenwerts des Baustadtratspostens diesen bisweilen unerwartete Parteien einnehmen, um dafür Bürgermeisterposten für andere Parteien zu ermöglichen oder zu verhindern. Tragfähige Koalitionen entstehen im Bezirksamt nicht, und die Stadträte weisen — auch wegen der geringen Möglichkeiten der BVV — eine weitgehende Autonomie in ihrem Handeln auf. Versucht man, die Stadträte vorläufig grob zu klassifizieren, so lassen sich neben entwicklungsorientierten CDU- und SPD-Stadträten wie Hannemann, Krautzig und Schmitz auch managementorientierte Stadträte der beiden Parteien nachweisen, während im Westen mit Dyckhoff und Porath eher rot-grün orientierte sowie mit den beiden Bündnisgrünen Profé und Dubrau auch stärker ökologisch-bewahrende Fachfrauen auftreten. Die PDS-Stadträte sind von ihrem Handeln den lokal orientiert, müssen sich aber einer erheblichen Dynamik in ihrem Bezirk stellen.

Die ökonomische Entwicklung

Ausgangsbedingungen

Die ökonomische Situation in West-Berlin baut zwar auf der traditionellen Stärke der Berliner Industrie vor dem Zweiten Weltkrieg auf, ist aber durch die Kriegszerstörungen und die Abwanderung von Unternehmenssitzen nach dem Bau der „Mauer“ stark geschwächt. Während die Industrieunternehmen durch die „Berlin-Förderung“ teilweise gehalten und neue insbesondere im Nahrungs- und Genußmittelbereich angesiedelt werden, wird die isolierte Insel als „verlängerte Werkbank“ Deutschlands bezeichnet, da von den Fördermaßnahmen insbesondere kapitalintensive Wirtschaftszweige profitieren. Die dominierende Position der Stadt im tertiären Sektor ist nach dem Krieg verloren. Die wenig dynamische Situation in der freien Wirtschaft wird teilweise durch den Ausbau der öffentlichen Verwaltung kompensiert, um für zusätzliche Beschäftigung zu sorgen. Der im Vergleich zu anderen Großstädten aufgeblähte Verwaltungsapparat ist nur durch die Finanzhilfen des Bundes zu finanzieren, die etwa die Hälfte des Landeshaushalts ausmachen, geht aber auch auf die in der Stadt überdurchschnittlich vorhandenen Bundeseinrichtungen zurück.

West-Berlin in den 1980er Jahren

West-Berlin vollzieht auch zu Beginn der 1980er Jahre die bundesdeutsche konjunkturelle Entwicklung tendenziell nach (DIW 11/81, S. 119 ff). Die Entwicklung in West-Berlin ist von einer starken Verflechtung mit der Konjunktur in der BRD geprägt. Die geopolitische Lage der Stadt resultiert aber in Schwächen in den meisten Industriebranchen sowie einem deutlichen Rückstand bei den privaten Dienstleistungen. Das Arbeitslosenproblem wird in den 1980er Jahren trotz einiger Aufschwungtendenzen zu einem bestimmenden politischen Faktor. Wirtschaftspolitische Versuche des Senats, an traditionelle Stärken der Stadt oder vermeintliche endogene Potentiale anzuknüpfen, bringen lediglich kleinere Erfolge wie in der Softwarebranche. In der öffentlichen Wahrnehmung beginnt zwar der tertiäre Sektor an

Bedeutung, doch werden die „Krankheiten des Patienten West-Berlin“ weiterhin anhand seiner „Schmerzen“ im verarbeitenden Gewerbe diagnostiziert. Dies spiegelt sich in der Stadtentwicklungspolitik wider, die lange Zeit auf Flächenbereitstellung für Gewerbe und Industrie orientiert ist, während Versuche, die Stadt offensiv in überregional bedeutsamen Dienstleistungsfunktionen zu positionieren, eher Selbstbeschwörungsformeln darstellen und symbolischen Charakter besitzen. Dementsprechend scheitern projektorientierte politische Ansätze häufig am Rückzug der Investoren.

Entwicklung in den 1990er Jahren

Vor diesem Hintergrund trifft der Fall der Mauer die beiden Teilstädte unvorbereitet und unerwartet. Zunächst profitiert West-Berlin in seinen letzten Monaten von den unerwarteten Zuströmen aus Ost-Berlin und den anderen Teilen der DDR. Die wirtschaftlichen Perspektiven für den entstehenden Großraum lassen dennoch schnell ein Wiedererstarken des früheren Stadtzentrums und eine Zunahme der Arbeitsplätze im Dienstleistungssektor erwarten (DIW 22/90, S. 295 ff). Der Rückstand West-Berlins gegenüber der alten Bundesrepublik bei den produktionsorientierten Dienstleistungen, insbesondere den höherwertigen (Management, Forschung und Entwicklung, Unternehmensberatung) ist zwar erheblich und hat sich teilweise in den 1980er Jahren aufgrund der Standortnachteile noch vergrößert, doch ist bereits 1990 ein Aufholprozess zu konstatieren (DIW 9/92, S. 97 ff). Dagegen droht ein erheblicher Arbeitsplatzabbau im industriellen Sektor im Osten der Stadt, der sich sogar noch dramatischer gestaltet als zunächst befürchtet und den Westen mit dem Abbau der Berlin-Förderung mit erfasst. Hoffnungen, die sich aus Ansiedlungswünschen großer Konzerne ergeben und durch Vergleiche mit den Strukturdaten anderer deutscher Großstädte genährt werden, nehmen aber bald überhand und erzeugen insbesondere für den Dienstleistungssektor eine euphorische Stimmung. Diese erreicht im Jahre 1991 mit der Umzugsentscheidung des deutschen Bundestags und optimistischen „Prognosen“ über die künftige Bevölkerungs- und Büroflächenentwicklung ihren Höhepunkt. Der einsetzende Boom macht sich zunächst in einer Flächenknappheit zahlreicher Unternehmen bemerkbar, die vor Ort nicht expandieren können. Im Ostteil der Stadt ist die Situation gespalten. Der etablierte Dienstleistungssektor muss mit erheblichen Anpassungen und Arbeitsplatzverlusten leben, die vor allem Verlage, Wissenschaft und Datenverarbeitungsbereich betreffen. Daneben kommt es zu einer Gründungswelle bei kleinen Dienstleistern und einem nachholenden Aufschwung im Bankensektor, dem Bildungsbereich und in der Marktforschung. Schon deutlich vor der Rezession 1993 wird aber durch den scheinbar ungebremsten Arbeitsplatzabbau im sekundären Sektor im Ostteil der Stadt das Arbeitslosenproblem unübersehbar. Das von einer scharfen Rezession im Westteil der Stadt geprägte Jahr 1993 bringt ein weiteres Wachstum im Dienstleistungssektor, im Baugewerbe und auf niedrigem Niveau im Ostteil der Stadt. Obwohl in der BRD bereits eine konjunkturelle Erholung zu verzeichnen ist, spürt gerade West-Berlin nun den vollen Anpassungsdruck mit dem Abbau alter Subventionstatbestände und erreicht erstmals eine höhere Arbeitslosenquote als Ost-Berlin. Auch in den darauf folgenden Jahren setzt sich der Beschäftigungsabbau in beiden Teilen der Stadt weiter fort. Ungebrochen ist der Wachstumsprozess im tertiären Sektor, doch kann er die wechselhafte Entwicklung im sekundären Sektor nicht auffangen.

Als Fazit lässt sich festhalten, dass die äußerst labile und von Anpassungsproblemen geprägte Berliner Wirtschaft über die gesamte Untersuchungsperiode von gravierenden Arbeitsmarktproblemen gezeichnet ist. Darüber hinaus resultiert aus einem komplexen Ursachengeflecht (Vereinigungsfolgen, Abbau von Subventionierung, schwache Wirtschaftslage, hohem Sozialhilfeempfängeranteil usw. ein strukturelles Defizit im Landeshaushalt, das trotz eines vor allem in der zweiten Hälfte der 1990er Jahre deutlichen Personalabbaus der öffentlichen Hand und einer Privatisierung öffentlicher Betriebe nicht merklich abgebaut werden kann. Trotz einiger kleinerer Ansiedlungserfolge ist die Berliner Wirtschaft weiterhin arm an Unternehmenssitzen und an produktionsorientierten Dienstleistungen.

Stadtentwicklungspolitik

Leitlinien, Planungskultur und Planungsalltag in den 1980er Jahren

Die 1980er Jahre sind in West-Berlin von einem Paradigmenwechsel geprägt, der weg von der Abriss-Neubau-Politik der Nachkriegsmoderne und hin zu einem „behutsameren" Umgang mit städtebaulichen Beständen und zur Innenentwicklung geht. Vorbereitet in den 1960er und 1970er Jahren (Flecken 2000), findet er seinen Niederschlag in den Plänen und Leitprojekten der 1980er Jahre (Flächennutzungsplanung, Stadtentwicklungsplanung) und mit der „Postmoderne" auch einen architektonischen Ausdruck. Um die Entwicklung von innerstädtischen Bereichen zu stärken, wird die „Internationale Bauausstellung 1984"[12] (IBA) ins Leben gerufen, die unter den oben beschriebenen gewandelten planerischen Prämissen schwerpunktmäßig in der „Südlichen Friedrichstadt" (Bauliche Ergänzung als „Kritische Rekonstruktion" und im östlichen Teil Kreuzbergs (Behutsame Stadterneuerung) tätig ist. Ein großer Teil der Architekten- und Planerszene in West-Berlin ist im Rahmen der IBA aktiv. Neben der IBA findet in der zweiten Hälfte der 1980er Jahre auch in Berlin ein Schub der „Festivalisierung der Stadtpolitik" statt, der erneut stadtentwicklungspolitische Dynamik erzeugen soll. Mit der Bundesgartenschau 1985 im südlichen Teil der Stadt ist ein Anfang gemacht, der in der 750-Jahr-Feier 1987 — nun gleichzeitig das Datum der IBA — und den Ereignissen der „Kulturhauptstadt Europas" 1988 kulminiert. Parallel dazu gibt es auf privatwirtschaftlicher Ebene tatsächlich mittelbare Folgen, die sich aber weniger im Bereich der Bürogebäude als in einem kleinen Hotelplanungsboom zeigen.

Die Stadtentwicklungspolitik hat also einen starken Schwerpunkt in der Wohnungsbaupolitik gehabt und sich in den 1980er Jahren ökologisch neu ausgerichtet. Zweiter Schwerpunkt ist die festivalisierungsorientierte Kulturpolitik. Das dritte Standbein, die Wirtschaftsförderung, baut zunächst für lange Zeit auf dem sekundären Sektor auf. Planerische Initiativen zur Entwicklung von Büroflächen bleiben projektbezogen und insulär.

12 Trotz des großen Aufwands wird das offizielle Datum auf 1987 verlegt, um einen größeren Umfang baulicher Resultate präsentieren zu können.

Abbildung: Plan der AGS für Entwicklungsschwerpunkte in West-Berlin („Ring-Konzept"). Quelle: Berlinische Galerie 1991, S. 27.

Erst in der zweiten Hälfte der 1980er Jahre beginnen sich allmählich städtebauliche Potentialuntersuchungen (City-Leitlinien unter Bernd Faskel in der Stadtentwicklungsverwaltung) mit Hoffnungen auf eine Tertiärisierung zu verbinden, die einerseits aus dem Bereich „Forschung und Entwicklung" (F+E)[13] und andererseits aus den Potentialen des Standorts an der Schwelle zu Osteuropa für City-Funktionen im engeren Sinne erwartet wird. Die weitreichendste Untersuchung mündet in das sogenannte „Ring-Konzept", das Potentiale am West-Berliner S-Bahn-Ring, die für eine Umstrukturierung und Nutzungsverdichtung geeignet scheinen, für die Aufnahme von tertiären Nutzungen ins Auge fasst und schließlich nach der Vereinigung mit Abwandlungen auf die Gesamtstadt übertragen wird.

Erstmals scheint die langjährige Planungspraxis für die City-West tatsächlich überholt. Zwischen den Aussagen des auf dem auf planerischen Leitbildern der Moderne mit einer Entdichtung der Innenstadt fußenden Baunutzungsplans, der formalrechtlich für große Teile der Innenstadt den Rechtscharakter eines Bebauungsplans besitzt, und städtebaulichen Ergänzungen (Baulückenschließungen usw.), die eine wesentlich höhere Dichte produzieren, hatte sich ein Widerspruch herausgebildet. Dieser wurde durch den inflationären Einsatz von Befreiungsregelungen aufgelöst, der zwar Investoren keinen Anspruch auf höhere bauliche Dichte sicherte, aber der öffentlichen Hand zunehmend die Möglichkeit einer Einflussnahme insbesondere auf gestalterische Fragen im Gegenzug zu einer projektbezogenen Genehmigung einer höheren Dichte erlaubte. Mit dem erwarteten Aufkommen von

13 Für eine Analyse der Entwicklung im Charlottenburger Spreebogen vgl. Sewing 1996.

Investitionen, die sich aufgrund ihrer Baumasse nicht mehr in das städtebauliche Umfeld einfügen, werden daher auch neue planerische Ansätze zur Überwindung des Baunutzungsplans erprobt, die zwar einerseits in einer Erhöhung des Wohnanteils in Kerngebieten bewahrend wirken, andererseits aber vor allem die städtebaulichen Ergebnisse der 1950er Jahre in Frage stellen (vgl. Fallstudie Kranzler-Eck).

Vereinigung und Boomphase

Die Vereinigungszeit ist stadtentwicklungspolitisch zunächst von der Suche nach einem angemessenen Verhältnis zwischen Kernstadt und Agglomeration bestimmt. Parallel dazu werden projektbezogene Vorhaben wie am Potsdamer Platz oder dem Zoofenster vorbereitet, während Überlegungen zur Zentrenstruktur noch in Erarbeitung sind. Die Fülle planerischer Ideen wird bald unübersehbar und lässt sich kaum einem klaren Leitbild zuordnen. Einer drohenden Übernutzung der Ost-Berliner Innenstadt, der in der Barockzeit entstandenen, aber in der Vorkriegszeit bereits intensiv überbauten und tertiärisierten Friedrichstadt, soll durch Entlastungsstandorte am S-Bahn-Ring entgegengewirkt werden, während ungeklärte Eigentumsverhältnisse die Umstrukturierung der City ohnehin zu verzögern drohen.

Die ersten Überlegungen werden überlagert von euphorischen Prognosen für die Entwicklung der Stadt und insbesondere ihrer Einwohnerzahl (Altrock 1997). Erstmals wird das Thema der Büroflächen durch eine Büroflächenprognose in den Mittelpunkt der Stadtentwicklungspolitik gestellt, die der Stadt einen enormen Boom vorhersagt, auf den sie planerisch durch die Produktion von Büroflächen in vorher ungekanntem Ausmaß zu antworten habe. Szenarien und Prognosen sprechen teilweise von einem starken Wachstum bei der Bevölkerung und beim Büroflächenbedarf[14].

Die Stadtpolitik antwortet mit einem Feuerwerk planerischer Vorhaben auf allen Ebenen. Bereits früh entsteht aufgrund der Nichtüberleitung des Ost-Berliner Planungsrechts für den Ostteil der Stadt ein Vakuum, das zunächst lediglich Entscheidungen nach § 34 BauGB, der „Einfügungsklausel", erlaubt, weitergehende Planungsvorhaben aber erschwert und überdies die Gefahr von Fehlentwicklungen mit sich bringt. Daher wird die Aufstellung eines neuen Flächennutzungplans mit Nachdruck verfolgt, der die Prinzipien des letzten West-Berliner Plans zwar ansatzweise weiter verfolgt, aber die Konsequenzen der Vereinigung mit einer Neudefinition des Standortgefüges und der erwarteten Investitionsdynamik offensiv aufgreift.

14 Das IfS geht in seinem Szenario „Berlin 2010" von einem Bevölkerungswachstum bis 2010 auf etwa 6 Mio. Einwohner aus. Vgl. SenStadtUm 1991a. Die empirica-Studie „Berlin 2005" (empirica 1991) sagt in ihren verschiedenen Szenarien einen Büroflächenbedarf von bis zu 16,4 Mio. m² Bruttogeschossfläche und damit weit mehr als eine Verdopplung des Bestands von 1990 voraus (SenStadtUm 1994, S. 95), empfiehlt aber ein vorsichtiges mittleres Szenario, eine Empfehlung, die angeblich von Stadtentwicklungssenator Hassemer in der euphorischen Stimmung der Zeit ignoriert wird (so der empirica-Geschäftsführer Pfeiffer auf dem „Architekturgespräch" am 23.01.2001).

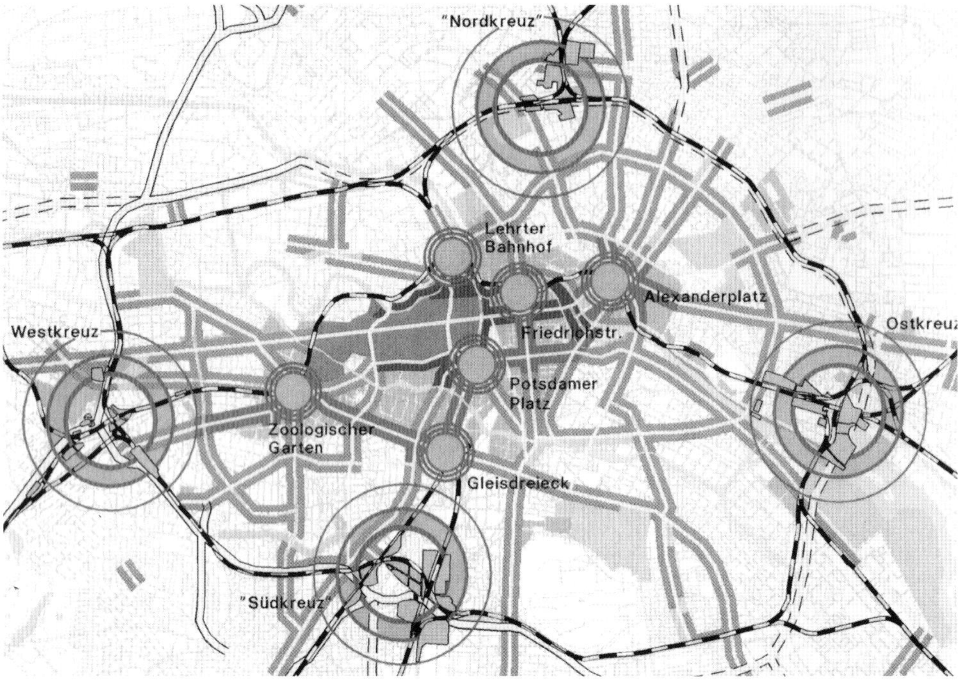

Abbildung: Entlastungszentren am Ring im sogenannten „Ring-Konzept“, einer „Weiterentwicklung“ des AGS-Konzepts aus West-Berliner Tagen (siehe vorangehende Abbildung). Deutlich wird die Konzentration auf vier „Kreuze“ an wichtigen Knoten von S-Bahn-Ring und Radialstrecken der Bahn. Quelle: SenStadtUm 1993a, S. 18.

Dies hat eine Darstellung von Zentren zur Folge, die in der Innenstadt um den Breitscheidplatz, den Potsdamer und Leipziger Platz, die Friedrichstraße und den Alexanderplatz liegen, darüber hinaus aber von einigen Entlastungsstandorten am S-Bahn-Ring und dezentralen Nebenzentren ergänzt wird. Bewusst entfällt die Darstellung einer Dichteobergrenze und die Zuschreibung von Büronutzungen zu einer Flächenkategorie (S01). Die Leitprojekte der Stadtentwicklungspolitik werden parallel entwickelt und im FNP lediglich nachvollzogen. Von erheblicher zumindest medialer Bedeutung ist das von Stadtentwicklungssenator Volker Hassemer im April 1991 eingerichtete Beratungsgremium „Stadtforum“, in dem die wesentlichen Projekte der Stadtentwicklungspolitik diskutiert werden[15].

15 Der Einfluss des Stadtforums auf die Entscheidungsfindung wird unterschiedlich bewertet (Einem/Fassbinder 1992, Fassbinder 1993, 1996, Kleger 1996b, Kleger/Fiedler/Kuhler 1996, Strauch 1996, Wékel/Schlusche 1996). Vgl. dazu die Ausführungen im Kapitel „Akteure“. Hassemer betont, dass insbesondere die Entscheidungsfindung für den Potsdamer Platz vom Stadtforum beeinflusst wurde. U. a. die Chronologien dieser Untersuchung werden zeigen, dass der Einfluss auf die Projekte der „2. Reihe“ gering ist. Das von Senatsbaudirektor Stimmann gewissermaßen in Konkurrenz eingerichtete Gesprächsforum „Architekturgespräche“ wirkt in Details auf die hier untersuchten Projekte (vgl. die Fallstudien).

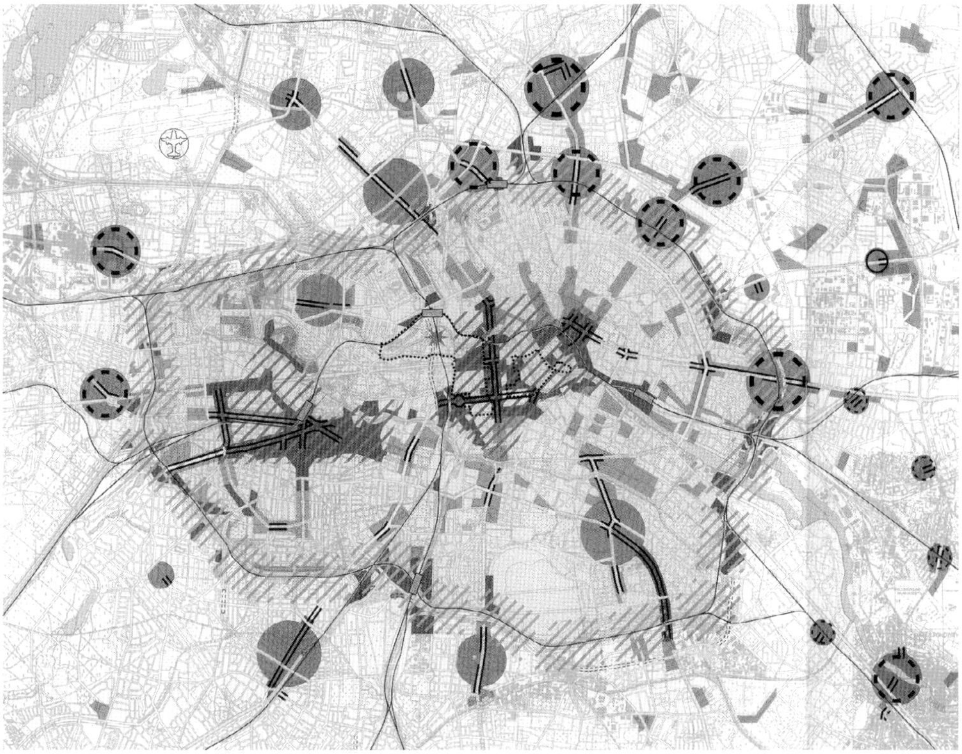

Abbildung: Die Zentrenstruktur im Flächennutzungsplan Berlin 1994 (Ausschnitt). Deutlich zu erkennen ist, dass die vier „Kreuze" am Ring in ihrer Bedeutung wieder zurückgenommen sind, während eine Vielfalt von zusätzlichen Zentren dargestellt wird. Der S-Bahn-Ring wird durch die Schraffur symbolisch als Ort für Zentrumsentlastungsfunktionen ausgemacht. Besondere Bedeutung scheint den traditionellen Zentren in Berlin-Mitte (einschließlich der „Arrondierung" um den Potsdamer Platz am südwestlichen Ende des Bereichs) und im weiteren Umfeld des Breitscheidplatzes zuzukommen. Die hohe Gewichtung der Nebenzentren ist nicht zuletzt darauf zurückzuführen, dass der Flächennutzungsplan die Zentrenfunktion stark durch Einzelhandelskonzentrationen bestimmt sieht. Quelle: Flächennutzungsplan Berlin 1994, Erläuterungsplan Zentren.

Die Weiterentwicklung der Cityfunktionen wird in einer Reihe von städtebaulichen Wettbewerben für Großstandorte vorbereitet (Potsdamer Platz, Alexanderplatz, Papestraße, Gesundbrunnen usw.), während in der Innenstadt Ost aufgrund der eigentumsrechtlichen Situation und der städtebaulichen Vorgaben Investorenauswahlverfahren und Realisierungswettbewerbe für Einzelstandorte bevorzugt werden (Friedrichstraße, ehemaliger Mauerstreifen zwischen den Bezirken Mitte und Kreuzberg). Von den städtebaulichen Wettbewerben werden aufgrund der nachlassenden Dynamik nur Vorhaben auf Topstandorten, die zudem früh beplant worden sind, relativ zeitnah realisiert. Daneben entwickelt sich eine Reihe von kleineren Standorten auf Initiative von Eigentümern und Developern.

Abbildung: Konzentration der Investitionstätigkeit im Büroflächensektor in der Berliner Innenstadt Mitte der 1990er Jahre (graue Kreisflächen, im Original farbig). Die Karte dient lediglich der Erläuterung der Tatsache, dass das Strukturbild der Investitionen von den Strukturbildern der Planung deutlich abweicht. Deshalb wurde auf eine Legende verzichtet. Besonders augenfällig ist die Tatsache, dass sich die Investitionsvorhaben um einige Zentrenkerne herum konzentrieren und überdies in der Innenstadt weit streuen, aber an den „Entlastungszentren" am S-Bahn-Ring im Vergleich dazu nur eine quantitativ untergeordnete Entwicklung stattfindet. Erkennbar ist weiterhin, dass einige Bauvorhaben in Gewerbe- und Industriegebieten stattfinden, insbesondere im Bereich Tempelhof/Neukölln und im nördlichen Charlottenburg.
Quelle: SenSUT/IHK 1996, o. S..

Krise und Normalisierung ab 1993

Mit der Rezession des Jahres 1993 lösen sich die Euphorie-Träume auf. Das Scheitern der Olympia-Bewerbung — später tritt in Bezug auf das Image noch das Scheitern der geplanten Vereinigung mit Brandenburg hinzu — wird häufig als Schlüsseldatum hierfür genannt, doch die Ursachen liegen tiefer. Die Prognosen stellen sich als vorschnell und überzogen heraus, die erste Welle der „Schnupperer" auf dem Berliner Büroflächenmarkt ist mit Flächen ausgestattet, hochfliegende Projekte werden an die Realität angepasst, die geplanten Projekte werden schließlich realisiert und die Mieten auf dem Büroflächenmarkt sinken, ohne steigenden Leerstand vermeiden zu können. Die Möglichkeiten des Landes schrumpfen mit der zunehmend prekäreren Haushaltslage mit der Ablösung der Bundeshilfen durch den Länderfinanzausgleich, dem Verfall der Steuerbasis durch Suburbanisierung und Abwanderung und der Verzögerung des Regierungsumzugs, und Schwierigkeiten mit dem Bau eines Großflughafens vor den Toren der Stadt wirken sich auf die Standortgunst aus. Zahlreiche Projekte müssen auf die lange Bank geschoben oder erheblich gestreckt werden. Hiervon sind auch die privatwirtschaftlichen Investitionen betroffen, mit Ausnahme von Großkonzernen, die sich langfristig gebunden haben und einen hohen Eigennutzungsanteil aufweisen. Auf den Industrieflächen vor allem in der Innenstadt wirkt das Sicherungsprogramm lähmend für neue Ansiedlungen im tertiären Sektor, ohne dass eine erhoffte „Reindustrialisierung“ eintritt. Der Markt für Büroflächen scheint übersättigt, und die Anbieter müssen sich durch besondere Konzepte und eine geschicktere Vermarktung an die gewandelten Verhältnisse anpassen, während vor allem kostenaufwendige Projekte scheitern und einzelne Developer sogar vom Markt verschwinden. Während die in der Planung und Realisierung befindlichen Projekte umgeplant werden und insbesondere höhere Anteile an Kino- und Unterhaltungsflächen sowie Wohnen anpeilen, sinken mit einer zeitlichen Verzögerung gegenüber den Büroflächen auch die Verwertungschancen auf dem Wohnungsmarkt, auf dem sich zunehmende Suburbanisierungstendenzen und die Fertigstellungen der 1990er Jahre sowie die anhaltenden wirtschaftlichen Probleme der Berliner Privathaushalte bemerkbar machen. Eine gewisse „Normalisierung“ des Marktes tritt ein, obgleich die Neuvermietungszahlen im Büroflächenbereich durchaus beachtlich sind (SenSUT/IHK 1998). Zwischen den vorhandenen City-Standorten beginnt ein Wettbewerb um Kunden, der einerseits eine Profilierung der Standorte zur Folge hat, andererseits aber zum Zwecke einer Vermarktung von etablierten Großstandorten zu konzertierten Aktionen der ansässigen Investoren und Eigentümern führt, die auch auf eine Zunahme des vorhandenen Büro- und Einzelhandelsflächenangebots abzielen.

Vorstellung der Fallstudien

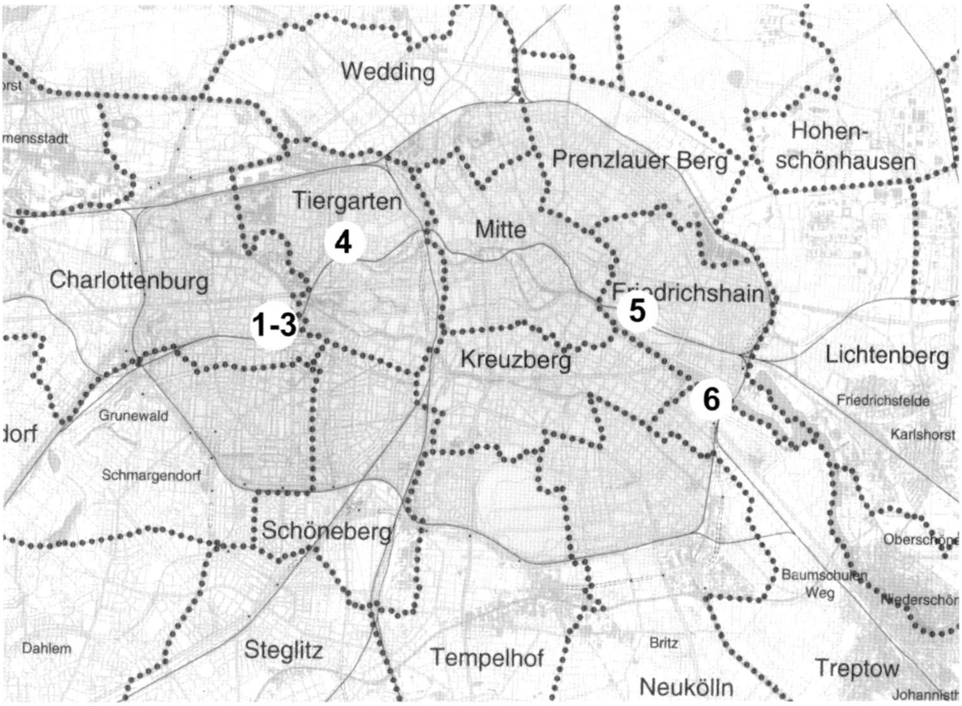

Abbildung: Lage der Fallstudien in der Berliner Innenstadt. Kartengrundlage: Übersichtskarte der Berliner automatischen Liegenschaftskarte (alte Bezirksgliederung), ohne Maßstab. 1: Kantdreieck, 2: Kranzler-Eck, 3: Zoofenster-Block, 4: Bolle-Block, 5: Ostbahnhof-Umfeld, 6: Treptowers

Die im Folgenden analysierten sechs Fallstudien sind bedeutende Projekte „aus der zweiten Reihe", die sowohl eine Analyse des stadtentwicklungspolitischen „Alltagsgeschäfts" als auch eine analytische Ergiebigkeit hinreichend großer Planungszusammenhänge erreichen. Dabei unterscheiden sich die acht Fallstudien erheblich im Hinblick auf ihre Konfliktträchtigkeit, die Standortqualität, die Investitionssumme, das angestrebte Nutzungsgefüge sowie die politischen und wirtschaftlichen Rahmenbedingungen.

Kant-Dreieck

Das Projekt „Kant-Dreieck" ist das städtebaulich herausragende Büroflächenprojekt im West-Berlin der 1980er Jahre. Die geringe Investitionsdynamik hat zur Folge, dass es nur wenige Projekte gibt, die der Vorwendezeit zuzurechnen sind. Dennoch soll mit dem Kant-

Dreieck versucht werden, ansatzweise einen breiteren Vergleich der politischen und wirtschaftlichen Rahmenbedingungen zu ermöglichen und die Entscheidungsträger der öffentlichen Hand und ihr Zusammenspiel mit den Investoren über einen längeren Zeitraum zu verfolgen[16]. Die öffentliche Aufmerksamkeit ist in der westlichen Teilstadt wegen der Auseinandersetzung um die Durchbrechung der Berliner Traufhöhe und der Lage in unmittelbarer Nähe des West-Berliner Zentrums beachtlich. Das Projekt steht überdies für den Versuch der öffentlichen Hand, widerstreitende Ziele in einer Stadt an der Schwelle zur postindustriellen Gesellschaft eher zaghaft-suchend an einem ganz konkreten Standort auf einem landeseigenen Grundstück zu verwirklichen. Es gibt daher auch Auskunft darüber, welche Chancen sich die öffentliche Hand im Stadtentwicklungsprozess selbst zuerkennt, eine Frage, die angesichts der weit verbreiteten Lähmung der öffentlichen Entscheidungsträger und ihres Versteckspiels hinter der Kombination aus leeren Kassen und der geringen Verfügung über Eigentum an Grund und Boden an der Schwelle zum 21. Jahrhundert aktueller ist denn je.

Kranzler-Eck

Das Projekt der Victoria-Versicherungen auf dem Kranzler-Eck stellt ein Bindeglied zwischen der West-Berliner und der Vereinigungszeit dar. Bereits in den 1980er Jahren hat es zahlreiche Anläufe für eine Verdichtung des nie komplett realisierten 1950er-Jahre-Ensembles gegeben, die sich alle im Sand verlaufen haben. Schließlich stabilisieren sich die Verwertungsbemühungen der Versicherung Anfang der 1990er Jahre und münden schließlich in eines der umstrittensten Investitionsvorhaben, das im Jahre 2000 nach Verkauf des Grundstücks an eine Fondsgesellschaft realisiert wird. Neben den Wechselwirkungen zum Projekt auf dem Kant-Dreieck ist das Vorhaben als Testfall für die Konfrontation auswärtiger Architekten mit der einheimischen Szene und als ein komplexes Gefüge von Teilzielen zwischen Attraktivitätssteigerung, städtebaulicher Einbindung, Denkmalschutz, Höhenentwicklung und City-Bildung bedeutsam und hat trotz seines vergleichsweise konventionellen Standorts und Nutzungsmixes bis in das Landesparlament (Abgeordnetenhaus von Berlin) Wellen geschlagen. Die mannigfachen Konfliktlinien zwischen den Beteiligten geben zu Spekulationen über die Verfasstheit der Berliner Politik Anlass, die es allein Wert wären, genauer untersucht zu werden.

Zoofenster und Schimmelpfenghaus

Das Bürobauvorhaben der Brau und Brunnen, bekannt geworden unter dem Begriff „Zoofenster", bildet hinsichtlich der Entwicklung der City-West um den Breitscheidplatz in Konkurrenz zu den neu entstehenden Zentren (Potsdamer Platz, Friedrichstraße, Alexan-

16 Dies ist insbesondere wegen der Bezugnahme dieser Arbeit auf die Theorie der Urbanen Regime notwendig, vgl. dazu insbesondere Stone 1989.

derplatz) zusammen mit dem Victoria-Projekt gewissermaßen die Speerspitze der Entwicklung, in deren Windschatten andere Projekte um den Breitscheidplatz folgen, deren Prozesse nicht ohne die beiden Pioniere erklärbar sind. Der Versuch, gegen Widerstände einen markanten Höhenakzent zu setzen, hat neben dem Verfahren selbst und der architektonischen Einbindung zu erheblichen Konflikten geführt, die bis heute nicht vollständig bewältigt sind. Durch die Verquickung der Entscheidung über das inzwischen weiterentwickelte Projekt mit dem ebenfalls umstrittenen Abriß des sogenannten Schimmelpfenghauses, einer inzwischen denkmalgeschützten Straßenüberbauung aus den 1950er Jahren am Breitscheidplatz, erlangt der Planungsprozess zusätzliche Brisanz. Der Planungsprozess macht einige der Charakteristika der Berliner Stadtentwicklungspolitik deutlich, auch wenn er in mancherlei Hinsicht einzigartig sein dürfte. Das Zusammenspiel der öffentlichen und der privaten Akteure wie auch die vielfältigen und bisweilen fehlinterpretierten Gründe für das Scheitern von Projekten können an seinem Beispiel studiert werden.

Bolle-Block

Die Errichtung des heute als Bundesinnenministerium genutzten Bürogebäudes ist ein Beispiel für Industrieflächenkonversion, die zunächst aufgrund der unterschiedlichen Entwicklungsvorstellungen stark konfliktiv verlaufen ist, deren Realisierung aber schließlich aufgrund der Verhandlungsstrategien der Akteure vergleichsweise kooperativ stattgefunden hat. Die Bildung von Vertrauen zwischen einigen Beteiligten ist wohl mit dafür verantwortlich, dass die Zusammenarbeit von den Akteuren als beispielhaft dargestellt wird. Tatsächlich ist der entstandene Komplex heute aufgrund seiner ungewöhnlichen Gestalt weithin bekannt, da er in verschiedensten Zusammenhängen in Broschüren von öffentlichen und privaten Einrichtungen als Imageträger genutzt wird. Der Prozess zeigt weiter, wie unter Zurkenntnisnahme und sogar unter Beteiligung einer aktiven Nachbarschaft Kompromisse zwischen Vermarktungsinteressen und lokalen Belangen möglich sind und an welche Grenzen sie stoßen. Ein Vergleich mit dem Planungs- und Entscheidungsprozess am Potsdamer Platz, im gleichen Stadtbezirk Tiergarten gelegen, aber sehr weitgehend in der Regie der Landesregierung (Senat) und ohne ernstzunehmenden Einfluss des Bezirks durchgeführt[17], bietet sich an.

Ostbahnhof-Umfeld

Der Bereich des ehemaligen Hauptbahnhofs in Ost-Berlin, eine stark durch Kriegsschäden und die Teilung bestimmte untergenutzte Fläche, weist einerseits nach der Vereinigung

17 Dabei sollten allerdings nicht die beachtlichen Leistungen des Stadtplanungsamts im Rahmen der Bebauungsplanung am Potsdamer Platz übersehen werden. Wenngleich das Bebauungsplanverfahren an ein privates Planungsbüro abgegeben wurde, kam dem Amt eine wesentliche Rolle bei der Vermittlung von Verfahrensroutinen zu, die das damals noch kaum mit Bebauungsplanung befaßte Büro sich erst erarbeiten musste.

große unausgeschöpfte Potentiale (Lage an der Spree), andererseits schwer überwindliche Entwicklungshemmnisse auf (Barrieren). Das riesige Areal kommt früh in den Blick der Entscheidungsträger, bleibt aber im Schatten der Großstandorte wie des nahegelegenen Alexanderplatzes. Die vielschichtigen Probleme und Konflikte bei dem Versuch der Wiedergewinnung eines nahezu vollständig verlorenen bzw. überprägten Stadtraums können ausgehend von einem städtebaulichen Ideenwettbewerb am Beispiel des Standorts von Anfang an studiert werden. Dabei sind — trotz der geringen öffentlichen Wahrnehmung des Standorts — eine Vielzahl von Einzelprojekten zu koordinieren, so dass ein äußerst komplexes Geflecht sowohl von privaten als auch von öffentlichen Beteiligten entsteht. Das Gelände im Stadtbezirk Friedrichshain, an anderen Stellen aktiv und erfolgreich in der Akquisition von Büroinvestitionen, gerät schließlich in den Strudel des darniederliegenden Büroflächenmarktes der zweiten Hälfte der 1990er Jahre. Damit lässt sich an ihm studieren, wie die Beteiligten auf sich erheblich verschlechternde wirtschaftliche Perspektiven planerisch reagieren.

Treptowers

Die „Treptowers" sind bei allen Unterschieden in den Dimensionen gewissermaßen das Ost-Berliner Gegenstück zum Bolle-Gelände. Die Konversion des ehemals bedeutenden innerstädtischen Produktionsstandorts des EAW-Kombinats ist gleichzeitig von der Papierform her eine seltene Erfolgsgeschichte für eine beachtliche Wiederbelebung eines niedergehenden DDR-Arbeitsorts. Mit der Allianz kommt ein Weltkonzern ins Spiel, der zwar nicht als Developer auftritt, aber dessen Verhandlungsmacht durchaus spürbar ist. Der wie das Ring-Center am S-Bahn-Ring gelegene Standort wird beinahe komplett umstrukturiert, wobei eine ehrgeizige bezirkliche Wachstumskoalition in Treptow eine bedeutende Rolle spielt und interessanterweise die Mitwirkung des ansonsten bei Mega-Projekten beinahe omnipräsenten Senats im Prozess eindämmt. Für die Einschätzung der Verfahrensbeteiligten ist interessant, wie bei der relativ zügigen investorengetriebenen Entwicklung eines neuen Stadtteils unter weitgehendem Ausschluss der (wenig an Beteiligung an einem mit Ausnahme des Eingangsbereichs wenig im Blickfeld liegenden Standorts interessierten) Öffentlichkeit Qualitätsstandards definiert werden. Wie das Umfeld des Ostbahnhofs spielt dabei die Krise am Büroflächen- und insbesondere am Wohnflächenmarkt eine gewisse Rolle, allerdings in einem wesentlich geringeren Ausmaß.

Ungeachtet der Vertiefung der benannten sechs Fallstudien werden im Laufe dieser Untersuchung weitere Fälle beobachtet. Dies spielt insbesondere in den Gesprächen mit Akteuren eine Rolle, die für eine Plausibilitätsprüfung und eine Einordnung des Wirkens der Akteure punktuell weitere Verfahren heranziehen. Ansatzweise sind darüber hinaus öffentlich zugängliche schriftliche Materialien verarbeitet worden. Hier finden auch die für eine vertiefende Betrachtung ausgeschiedenen „Mega-Projekte" Berücksichtigung.

Fallstudie „Kant-Dreieck“

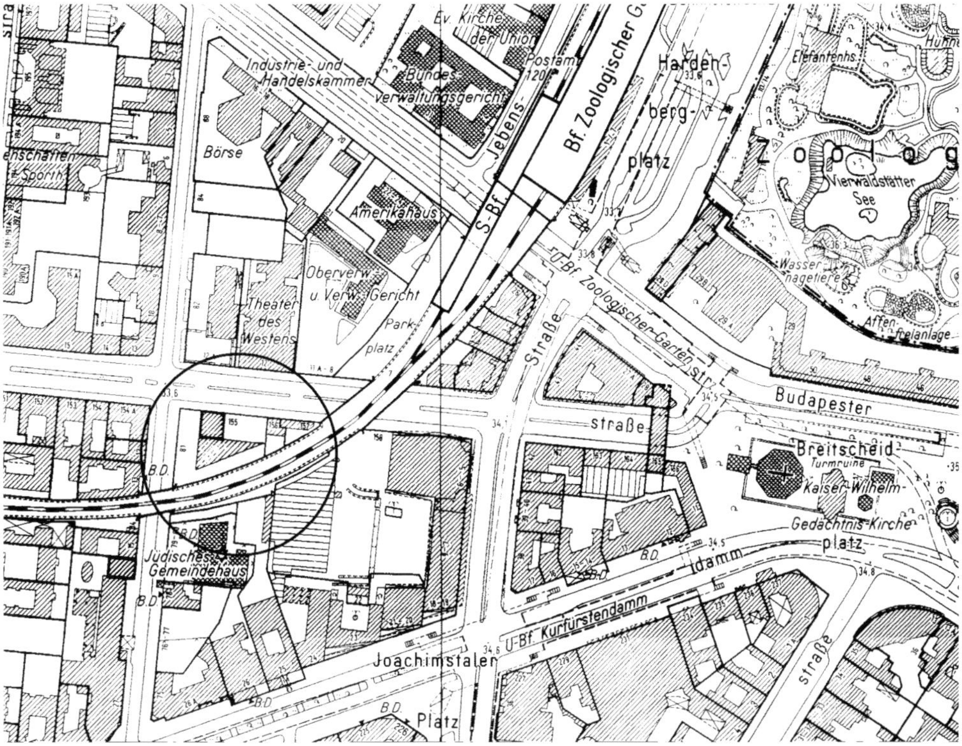

Abbildung: Die Lage des „Kant-Dreiecks“ in Charlottenburg. Karte von Berlin (auch die folgenden Karten), Maßstab ca. 1 : 5.000, Stand 1998.

Chronologie

Lage und Vorgeschichte

Das sogenannte „Kant-Dreieck“ ist eine etwa 3.700 m² große annähernd dreiecksförmige Fläche in unmittelbarer Nähe der Berliner „City-West“. Es liegt an der Kantstraße direkt gegenüber dem „Theater des Westens“, einem prunkvollen Gebäude aus der Jahrhundertwende, in dem heute vorwiegend Musicals veranstaltet werden. Die außergewöhnliche Form des Kantdreiecks entstand im 19. Jahrhundert im Rahmen der Ausbildung der Stadtbahntrasse als Hochbahn. Diese zerschnitt, vom Bahnhof Zoologischer Garten nach Südwesten schwenkend, einen Block, dessen größerer Südteil bis an den Kurfürstendamm reicht und von dem Areal des sogenannten „Victoria-Geländes" mit dem Café Kranzler eingenommen wird. Während der Hobrecht-Plan an der westlich angrenzenden Fasanenstraße nördlich und südlich der Kantstraße eine platzartige Verbreiterung vorsah, die heute noch am Zurückweichen des westlich des Theaters des Westens gelegenen Delphi-Kinos von der Straßenflucht der Fasanenstraße abzulesen ist, erschwerte die ungewöhnliche Form die Bebaubarkeit des Grundstücks zusätzlich. Die im Krieg zerstörte Vorkriegsbebauung wurde in der Nachkriegszeit durch eingeschossige Behelfsbauten im schmalen östlichen Teil und eine Tankstelle an der Ecke zur Fasanenstraße ersetzt. Im Flächennutzungsplan 1965 ist der Bereich der Fasanenstraße von ehrgeizigen Straßenbauplänen betroffen. Ein dichtes Netz von Stadtautobahnen sah auch den Ausbau der Fasanenstraße vor. Obwohl die Planung nicht realisiert wurde, war die Fläche des Kant-Dreiecks wie andere Grundstücke an der Fasanenstraße über Jahre nicht für eine Neubebauung zugänglich, was sich negativ auf deren Nutzungsstruktur auswirkte.

Ein „Rollback" in der innerstädtischen Verkehrsplanung: der Fasanenstraßenwettbewerb und seine Folgen

Der städtebauliche Wettbewerb für die Fasanenstraße

Anfang der 1980er Jahre besteht im Senat informell bereits Konsens darüber, dass der Ausbau der Fasanenstraße nicht mehr stattfinden soll. Damit ist der Weg für Überlegungen zu einer Aufwertung frei, die Anfang 1982 durch eine sogenannte „City-Kommission" erarbeitet, aber nicht weiterverfolgt werden (SenStadtUm 1988, S. 127). Durch die Bereichsentwicklungsplanung (BEP) des Bezirks Charlottenburg werden die Nutzungsüberlegungen für einen Teilbereich Charlottenburgs im Laufe des Jahres 1982 konkretisiert. Das betreffende Arbeitspapier beabsichtigt eine Verzahnung von kleineren Freiflächen entlang der Stadtbahn zu einem System von Grünzügen (G051), die als innerstädtische Ausgleichsräume verstanden werden können. Das schwer zu bebauende Kant-Dreieck soll dabei zu einem „Stadtplatz" werden.

Vor dem Hintergrund der laufenden Planungsüberlegungen und dem Wunsch nach einer Aufwertung des Bereichs sind die Auseinandersetzungen um seine Bebauung in den frühen 1980er Jahren zu sehen. Eine sechs- bis siebengeschossige Wohnbebauung steht im Widerspruch zur Stadtplatzidee und wird abgelehnt. Der Bezirk setzt sich für eine maximal viergeschossige Bebauung ein. Für eine Aufwertung des Areals setzt er sich folgende Ziele: Berücksichtigung der städtebaulichen Strukturen der Umgebung, Schaffung einer „Promenade" entlang der S-Bahntrasse als Teil einer Fußwegeverbindung, Herstellung eines attraktiven Stadtplatzes als Entrée zu dieser Promenade mit Durchgang zum südlich angrenzenden Innenhofbereich des Victoria-Geländes sowie Einhaltung einer GFZ von 1,5 beim Bau eines architektonisch hochwertigen Gebäudes mit Gewerbe- und Wohnnutzung.

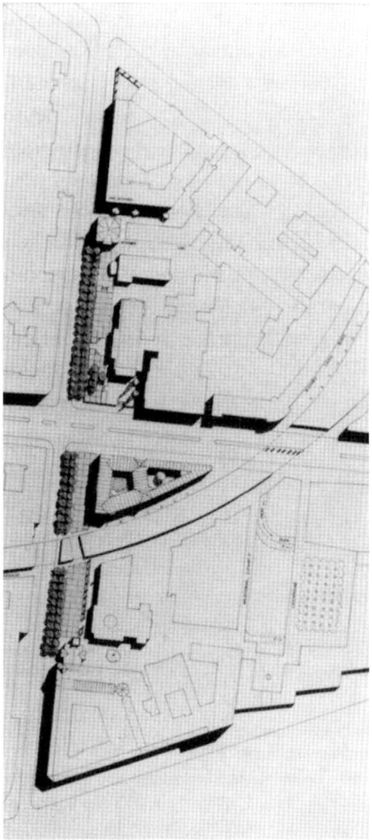

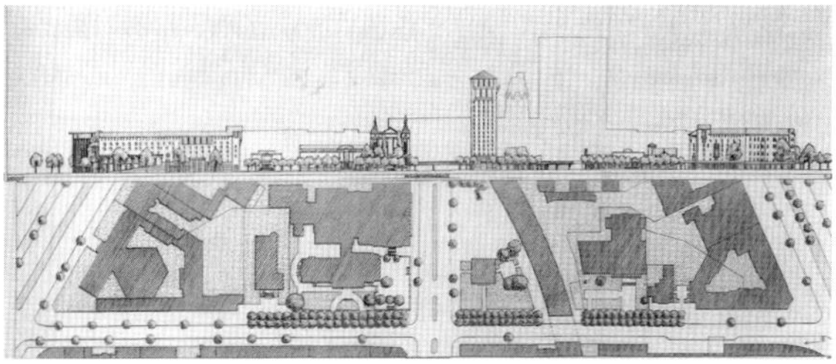

Abbildungen: Der Siegerentwurf im Fasanenstraßenwettbewerb von Müller/Rhode (links) und die Überarbeitung mit dem Campanile (rechts). Quelle: SenStadtUm 1988, S. 33 und S. 39.

Verhandlungen mit der Senatsverwaltung für Stadtentwicklung und Umweltschutz bringen eine Einigung auf ein konkurrierendes Bauträger-Wettbewerbsverfahren für die Jahreswende 1982/83. (QK01-K04, Dubach / Kohlbrenner 1982) Zur Überraschung des Bezirks schreibt die Senatsverwaltung für Stadtentwicklung und Umweltschutz kurz vor der Einleitung des Bauträgerwettbewerbs einen städtebaulichen Ideenwettbewerb für die gesamte Fasanenstraße aus. Der Wettbewerb ist Ausdruck der inzwischen vom Senat gesehenen Chance, durch eine bauliche Verdichtung auch für die Fasanenstraße neue Nutzungsperspektiven zu eruieren. Seine Durchführung steht gewissermaßen als Ausdruck für das gewandelte städtebauliche Leitbild des Senats, das erst einige Jahre später durch den Flächennutzungsplan 1984 seinen politisch verbindlichen Niederschlag erhält.

Während die Art und das Maß der Nutzung Teil der Wettbewerbsaufgabe sind, werden bereits die Öffnung der S-Bahn-Bögen und die Durchgängigkeit zum Victoria-Gelände als Rahmenbedingungen für eine Neubebauung formuliert. In der vorausgehenden Diskussion noch als offene Alternative zwischen der Anlage eines Stadtplatzes und einer stärkeren Betonung auf Bebauung formuliert, macht die Wettbewerbsausschreibung deutlich, dass das Kantdreieck „räumlicher Dreh- und Angelpunkt des Wettbewerbsgebiets ... mit den sich hier kreuzenden, räumlich zu entwickelnden Achsen der Fasanenstraße und der Stadtbahnbögen“ (SenStadtUm 1983b, S. 13) ist, fordert klare Aussagen zum Stadtgrundriss und nennt als Programm ein Wohn- und Geschäftshaus neben der Gestaltung des Freiraums und der Fußgängerverbindung an der S-Bahn (S. 13, S. 19)[18]. Den bezirklichen Planungszielen des BEP-Arbeitspapiers misst die Auslobung nur eine geringe Bedeutung zu (SenStadt-Um 1983a).

Der Wettbewerb bringt Mitte Juni 1983 drei Typen von Arbeiten hervor. Der erste Typ orientiert sich an dem vom Hobrecht vorgegebenen Muster mit einer Aufweitung des Straßenraums an der Fasanenstraße und einer Bebauung des Kantdreiecks entlang der abgewandelten Fluchtlinien, der zweite bebaut das Kantdreieck entlang der vorliegenden Straßenbegrenzungslinie, und die Arbeiten des dritten Typs behandeln das Gelände als spezifische Einzelsituation beispielsweise mit Solitären. Die „an Hobrecht orientierten“ Entwürfe liegen in der Jury-Beurteilung weit vorn. Schließlich verständigt sich das Preisgericht, die Weiterentwicklung einer solchen Arbeit (Architekten Müller/Rhode) und die Ausbildung von Kopfbauten als Begrenzung des aufgrund der Aufweitung entstehenden neuen Freiraums zu empfehlen (SenStadtUm 1983d). In der Presse wird die Fixiertheit der Teilnehmer auf Hobrecht und ihre Ideenarmut scharf kritisiert, womit bereits die folgende Auseinandersetzung um die Bebauung angedeutet wird (Tagesspiegel 09.08.1983).

Die Vertiefung des Ergebnisses am Kantdreieck

Auf Anregung des Preisgerichts werden vertiefende Wettbewerbe für die einzelnen Teilbereiche vorbereitet, zu denen die Preisträger aus dem Ideenwettbewerb eingeladen werden. Während hierfür die Jury nach Teilbereichen gesonderte Bearbeiter vorschlägt, lässt die Senatsverwaltung für Stadtentwicklung und Umweltschutz alle Bearbeiter zu, die in mindestens einem Teilbereich empfohlen worden waren. Erst auf diese Weise gelangt auch der spätere Wettbewerbssieger Kleihues, der lange Zeilen parallel zur S-Bahn und einen halbkreisförmigen Solitär vorgeschlagen hatte, in den Kreis der Teilnehmer.

Die Überarbeitung von Testentwürfen durch Müller/Rhode sieht einen Hochhaus-Solitär vor, der sich auf die gegenüberliegenden Gebäude (Theater des Westens, Delphi) in seiner Lage bezieht. Bei einer Grundfläche von 16 m x 16 m und einer an der Ruine der Kaiser-Wilhelm-Gedächtniskirche orientierten Gebäudehöhe von zwischen 60 und 70 m soll die Bruttogeschossfläche maximal 6.000 m² betragen, um eine GFZ von 2,4 im Kerngebiet zu erreichen. Die Auslobung hält streng an den Ideen der Testentwürfe fest, während im Hinblick auf die Art der Nutzung ein Hotel, ein Büro- oder ein Wohnhaus bei Präferenz für eine Mischnutzung für denkbar erachtet werden. (SenStadtUm 1983d, SenStadt-Um 1984a)

18 Bereits hier werden später konkreter verhandelte Ziele wie eine Breite von zehn Metern für den Fußgängerstreifen an der S-Bahn sowie eine Nutzung in Richtung Film oder Kino für die Bebauung formuliert.

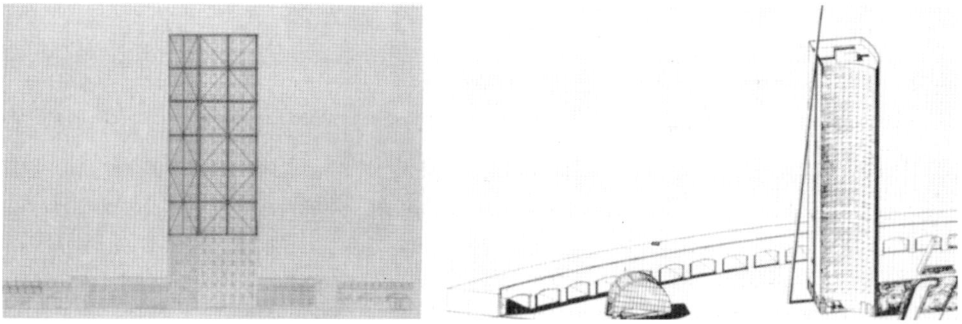

Abbildung: Die beiden favorisierten Entwürfe von Kleihues (links) und Haus-Rucker (rechts).
Quelle: Bauwelt 13/1985, S. 499.

Auch im Rückfragenkolloquium wird klar gemacht, dass „die stadtgestalterischen Ziele (schlanke turmförmige Bebauung ...; Freiraum vor dem Theater des Westens; Offenhaltung einer Bebauung ... an den Stadtbahnbögen ...) zur Zeit deutlichen Vorrang haben gegenüber Versuchen einer Nutzungsoptimierung, die nur mit den Bauinvestoren zu abschließenden Ergebnissen führen können.“ Selbst Abweichungen beim Standort des Turms werden wegen der Anordnung der Freiflächen nicht für sinnvoll erachtet. Lediglich die Ablehnung eines „Hochhausfußes“ wird schließlich zurückgenommen. (QK05, S. 4 f)

In diesem engen Rahmen sind Arbeiten chancenlos, die stärker von den Vorgaben abweichen. Schließlich setzen sich bei einer generellen Ablehnung historisierender und 1950er-Jahre-Architektur die Projekte von Haus-Rucker (versetzter, „collagierter“ Turm) und von Kleihues (strenger Turm und zweigeschossige Ladenzeile in Bogenform parallel zur S-Bahn) im März 1985 durch. Während zunächst der Entwurf von Haus-Rucker vorne liegt, gelingt es offenbar Kleihues durch nachhaltige Überzeugungsarbeit, seinen Entwurf stärker ins Gespräch zu bringen (G031, G040, G053, G128)[19].

Dem Bauwettbewerb folgt bis Juli 1985 eine Überarbeitungsphase, die die beiden Entwürfe auf ihre Realisierungsfähigkeit in Zusammenarbeit mit Bauträgern prüfen soll. Parallel dazu versucht der Bauträger Klingbeil in Vorbereitung der 750-Jahr-Feier 1987 mit dem Hotelbetreiber Holiday Inn, für eine Realisierung des anvisierten Turmhochhauses in seiner Regie zu werben, wird aber im Juni von einer Entscheidung des Senatsausschusses für Stadtentwicklung gegen das vorher favorisierte Turmhochhaus überrascht. (QK06, QK07)

19 Die Vorgänge sind nicht vollständig aufklärbar. Durch Vergleich mehrerer Quellen scheint jedoch der oben dargestellte Ablauf unbestritten zu sein. Die Vorentscheidung für Kleihues innerhalb der CDU erfolgt nach innerparteilichem Widerstand gegen eine Hochhauslösung schließlich in einer Sitzung im Senatsgästehaus in einem internen Nachgespräch im kleinen Kreis um Diepgen, Wittwer und Laschinski, in dem Kleihues Diepgen mit Blick auf die Höhe der Gedächtniskirche von einer begrenzten Turmhöhe überzeugen kann. Die Entscheidung für Kleihues scheint eine Art Kompromiss darzustellen, da er im Gegensatz zu Haus-Rucker sowohl eine blockrandartige Fußbebauung als auch einen modular gegliederten Turm anbietet und damit in einer Zeit, in der Hochhäuser als schwer durchsetzbar gelten, die Höhe im Gegensatz zum Entwurf von Haus-Rucker noch im Nachgang modifizierbar bleibt (G031, G040, G053).

Umsetzungsversuche

Das Kantdreieck als „Dauerbrenner" im Senat

Während sich der CDU-Bezirksbürgermeister im Bauausschuss der BVV bei der Präsentation der Entwürfe von Kleihues und Haus-Rucker für die Hochhauslösung eingesetzt hatte, wird Klingbeil nach Kritik innerhalb der CDU am Bebauungsvorschlag schließlich mitgeteilt, dass die städtebaulichen Prämissen für die Bebauung des Kantdreiecks grundlegend verändert werden sollen. Trotzdem endet das bis zum 20.09.1985 hinausgezögerte Überarbeitungsverfahren mit einer einstimmigen Prämierung der Hochhauslösung von Kleihues. Klingbeil versucht schließlich, den Bezirk mit 150 Arbeitsplätzen und einer Investitionssumme von 55 Mio. DM zu locken, die bei einer Realisierung des Turms als Hotel zu verzeichnen seien. (Q007, Mündliche Anfrage Dagmar Tanuschev BVV Charlottenburg vom 21.11.1985) Der Senatsausschuss für Stadtplanung lehnt am 08.10.1985 weiterhin trotz der Empfehlungen des Preisgerichts den Turm ab. (QK08)

Die Auseinandersetzung über den Entwurf innerhalb des Senats führen Mitte 1986 dazu, dass nun „eine etwa 5-geschossige Bebauung mit integriertem Hallenneubau und Palmengarten geplant ist", zu denen sich insbesondere der Regierende Bürgermeister Eberhard Diepgen und die Senatsverwaltung für Bau- und Wohnungswesen positiv geäußert hatten. (Senatsbeschluss 896/86 vom 03.06.1986) Auch eine persönliche Intervention von Kleihues bei Diepgen scheitert, in der er darauf hinweist, dass die „grüne Insel" an der Fasanenstraße und die „schöne Platzbildung" gegenüber dem Theater des Westens für die Turmlösung sprächen und die Blockrandbebauung „weniger signalhaft die Besonderheit des Ortes" betone. Diepgen macht deutlich, dass er selbst die Blockrandlösung bevorzugt und es für „falsch [hält, an dieser Stelle] ... weitere stadtbildprägende Dominanten zu setzen, die in Widerstreit mit dem Turm der Kaiser-Wilhelm-Gedächtniskirche treten müßten." (QK09-K11)

Nach einer Fernsehdiskussion mit den nach den Wahlen von 1985 schließlich ins Amt gekommenen Senatoren Starnick (SenStadtUm) und Wittwer (SenBauWohn) machen Investoren deutlich, dass sie beide Entwürfe realisieren würden und drängen auf Entscheidungen (QK12). Die Pläne zur Realisierung eines Hotels im Rahmen einer Blockrandschließung werden von SenStadtUm als „voreilig" bezeichnet und „aus „städtebaulichen Gründen" abgelehnt", da inzwischen auf dem benachbarten Areal der Victoria-Versicherung ebenfalls ein Hotel geplant sei, dessen Realisierung ein Hotel am Kantdreieck ausschließe. (Tagesspiegel 13.11.1986) Tatsächlich erfolgt durch den Senat eine völlige Neuorientierung hin zu Kultur, gehobener Unterhaltung, Dienstleistungen und Einzelhandel. Erst nach weiteren Abstimmungen wird im September 1987 die städtebauliche Position des Senats zugunsten einer reduzierten Hochhausbebauung mit 36 m Höhe und Freihaltung des östlichen Grundstücksteils aufgegeben, zu einer Zeit, da sich auf dem Nachbargrundstück, dem Kranzler-Eck, erstmals eine deutliche Abweichung von der noch aus den 1950er Jahren stammenden Konzeption eines 16-geschossigen Hochhauses im Blockinnern abzeichnet, damals mit einem um fünf Geschosse höher geplanten Hotelgebäude. (QK08)

Die parallele Einleitung des Bebauungsplanverfahrens

Am 20.01.1986 wird das Bebauungsplanverfahren VII-238 für das Areal eingeleitet. Der Entwurf des Preisträgers im Bauwettbewerb und in der Überarbeitung, Josef Paul Kleihues, liegt ihm zugrunde. Er geht von einer GRZ von 0,4 und einer GFZ von 3,5 aus, die deutlich über dem damals nach BauNVO zulässigen Wert von 2,4 liegt, aber bereits eine Reduzierung von einem zwischenzeitlich im Entwurfsstadium erreichten Wert von 4,0 darstellt. Die Traufhöhe wird gestaffelt von 70 m im Turmgebäude mit einem Grundriss von 18 m x 18 m auf 20 m in dem angrenzenden Flachbau sowie 10 m an der S-Bahn-Promenade. Ein 10 m breiter Weg an der S-Bahn ist als Straßenverkehrsfläche vorgesehen. Die Planer im Bezirk bewerten den Entwurf als eine Neubebauung, die „sich mit ihrer zur Fasanenstraße orientierten Freifläche in ihrer Charakteristik in die historisch bedingte Mischbebauung — geschlossene Blockrandbebauung und heterogene Einzelbebauung — der Fasanenstraße ein[paßt]. Sie betont diesen Duktus und erhält den Stadtgrundriß.“ (QK13)

Schließlich antwortet SenBauWohn im Rahmen des Bebauungsplanverfahrens auf das Informationsschreiben des Bezirks vom Februar 1986 Anfang Oktober mit der Nachricht, dass wegen der Kritik am 70 m hohen „Campanile“ eine Blockrandbebauung am aussichtsreichsten und der Bebauungsplan in diesem Sinne aufzustellen sei. Die Senatsverwaltung für Bau- und Wohnungswesen und der Bezirk Charlottenburg erörtern gemeinsam mit Kleihues einen überarbeiteten Kompromissentwurf, der einen geringfügig größeren Turmgrundriss, dafür aber lediglich eine Höhe von 28 m aufweist und damit lediglich eine Akzentuierung der Ecke in einem Blockrandkonzept darstellt, das sich ansonsten durch eine Orientierung an der Berliner Traufhöhe und Arkaden an der Kantstraße auszeichnet. Diese Lösung mit einer GFZ von etwa 4,55 soll nun Grundlage der Bebauungsplanung werden. (QK14-QK18)

David gegen Goliath: Umsetzungsversuche im Bezirk

Der Bebauungsplanentwurf vom 05.01.1987 zeichnet sich durch eine Baugrenzenfestlegung mit einer GFZ von 4,0 aus, die durch unterirdische Bauten bis auf einen rechnerischen Wert von 4,6 erhöht werden kann. Die Begründung vom 08.01.1987 weist darauf hin, dass einer GFZ von 4,0 öffentliche Belange nicht entgegenstehen, „da diese auch in dieser Höhe der der umliegenden Blöcke entspricht. ... Der höhere Wert ... ist Voraussetzung für die Verbesserung des City-Charakters in diesem Bereich.“ Weiter wird angemerkt, dass eine allgemeine Zulässigkeit von Wohnnutzungen oberhalb des IV. Obergeschosses und die gute innerstädtische Erschließung durch den öffentlichen Verkehr die Überschreitung ebenfalls ausgleiche.

Die Bezirksamtsvorlage Nr. 205 für die Sitzung vom 13.01.1987 wird vom Rechtsamt des Bezirks nicht mitgezeichnet. Da es sich beim Kantdreieck um ein Schlüsselgrundstück handele, „müssen die Alternativen in ihren positiven und negativen Auswirkungen dargestellt werden“, um dem Bezirksamt eine Entscheidung zu ermöglichen. Die Begründung sei unzureichend, da ihre Wertungen nicht nachvollziehbar seien. Insbesondere die Rechtfertigung der Eckbetonung fehle, ebenso wie der Bezug zu den Baudenkmalen in der unmittelbaren Umgebung. Der Beschluss wird vom Bezirksamt nichtsdestoweniger gefaßt. (QK19)

Parallel setzt sich die Bezirksverordnetenversammlung von Charlottenburg auf Ersuchen der Alternativen Liste (AL) — in abgeänderter Fassung — dafür ein, die vorgezogene Bürgerbeteiligung im Bebauungsplanverfahren erst dann durchzuführen, wenn das vom Abgeordnetenhaus eingeforderte City-Konzept vorliegt. Dessen Ergebnisse sollen als Alternativen im Beteiligungsverfahren in räumlicher Nähe zum Kantdreieck ausgestellt werden. Das Bezirksamt folgt dem so am 26.03.1987 gefassten Beschluss 464 mit der Begründung nicht, er sei erst gefasst worden, als die Durchführung der Bürgerbeteiligung bereits auf dem Weg gewesen sei. Die Ergebnisse des City-Konzepts würden gegebenenfalls trotzdem berücksichtigt. Der ebenfalls von der BVV auf Empfehlung der AL gefasste Beschluss 467, der das Bezirksamt auffordert, „bei den zuständigen Senatsstellen darauf hinzuwirken, dass ein Bauherrenwettbewerb erst nach Festsetzung des Bebauungsplans durchgeführt wird“, hat dagegen diesbezügliche Aktivitäten des Stadtplanungsamts zur Folge. (Schlussbericht zum BVV-Beschluss 464 24.08.1987, QK20)

Zur Umsetzung des Ziels, den 10 m breiten Weg entlang der S-Bahn-Trasse einzurichten, sind die Verwaltungen entschlossen, alle rechtlichen Mittel auszuschöpfen, da dieser im Ostteil die privaten Grundstücke Kantstraße 156 und 157 tangiert. In diesem Zusammenhang wird auf Bemühungen von Klingbeil, das Grundstück Kantstraße 157 zu erwerben, der Wille zur Ausübung des Vorkaufsrechts bekräftigt[20]. Im Rahmen der vorgezogenen Bürgerbeteiligung im April/Mai 1987, die kaum substantielle Anregungen und Bedenken zum Verfahren bringt, macht die Eigentümerin des Grundstücks Kantstraße 156 zum ersten Mal deutlich, dass sie Nutzungseinschränkungen ihres Grundstücks ablehnt. Das Bezirksamt beharrt allerdings auf einer Abwägung zu Lasten der Privateigentümer und sieht die öffentlich-rechtlich gesicherte Erschließung eines für die Allgemeinheit zugänglichen 10-m-Streifens als notwendig zur Aufwertung des Bereichs und zur Nutzung der Stadtbahnbögen an. (QK21-QK23)

Weiter als das Bezirksamt geht die BVV im Juli 1987 angesichts der neuen Pläne für das angrenzende Victoria-Gelände. Auf Antrag der SPD und der AL wird gefordert, unter dessen Berücksichtigung ein neues Nutzungskonzept zu erarbeiten, das einen großzügigen Stadtplatz vorsieht. Ein neuer Wettbewerb soll dazu bei der zuständigen Senatsverwaltung angestrebt und der Bebauungsplanentwurf diesbezüglich abgeändert werden. Das Bezirksamt lehnt dies u. a. mit dem Hinweis ab, dass „die Planung für das Victoria-Gelände noch nicht abgeschlossen [ist] und der Bebauungsplanentwurf die Phase alternativer Planungsmöglichkeiten durchlaufen hat.“ (BVV-Beschlüsse 546 vom 06.07.1987, 617 vom 22.10.1987, QK24)

Die Senatsentscheidungen für die Realisierung eines Vorplatzes mit Durchwegung zum Victoriagelände im Sommer 1987 — die für die Senatsverwaltung für Stadtentwicklung und Umweltschutz eine größere Höhe des Baukörpers impliziert — und schließlich eine Orientierung an dem in unmittelbarer Nähe gelegenen Bettenhaus des Kempinski-Hotels (36 m) mit viergeschossigem Anbau verändern im Herbst 1987 die Rahmenbedingungen im Bebauungsplanverfahren grundlegend. Im Rahmen der Trägerbeteiligung wird daraufhin der Bezirk angewiesen, im Verfahren weiterhin von der von Kleihues angebotenen Alterna-

20 Klingbeil erwirbt das Grundstück schließlich dennoch.

tive (wegen ihrer Grundrissform „Haifischflosse“ genannt) mit einem Platz auf dem östlichen Grundstücksteil auszugehen und auf die Blockrandbebauung zu verzichten. Der Platz wird als ein „für die Planung unumgänglicher, gesamtstädtebaulicher Zwang“ angesehen und eine zehn- bis zwölfgeschossige Turmvariante verfolgt. Trotz erkennbarer Widerstände in der BVV sowie im Stadtplanungsamt folgt der Charlottenburger Baustadtrat im Dezember der Weisung. (QK08, QK26-K30)

Der Investorenwettbewerb und der Weg zur Realisierung

Was lange währt, wird endlich gut?: Der Investorenwettbewerb

Mit Bezug zu einem Grundsatzbeschluss des Abgeordnetenhauses, der bei einer Privatisierung landeseigener Grundstücke Investorenwettbewerbe vorschreibt, leitet die Senatsverwaltung für Bau- und Wohnungswesen schließlich im September 1987 parallel zum Bebauungsplanverfahren ein zweistufiges Verfahren für das Kantdreieck ein, dessen erste Stufe mögliche Nutzungskonzepte behandeln und dessen zweite Stufe detaillierte Nutzungs- und Rentabilitätskonzepte erbringen soll. Obwohl die Auslegung des Bebauungsplanentwurfs für Ende 1987 erwartet wird, soll der Investorenwettbewerb erst im Frühjahr 1988 abgeschlossen werden. Kleihues als Vater der städtebaulichen Figur auf dem Grundstück wird mit der Formulierung der baulichen Vorgaben für die erste Stufe betraut. (Presseerklärung SenBauWohn 04.09.1987) Der Bezirk Charlottenburg wird offensichtlich nicht in das Verfahren einbezogen (z. B. Antwort auf Mdl. Anfrage Herbert Blume vom 15.10.1987).

In der Vorbereitung des Investorenwettbewerbs wird die „abschließende städtebauliche Figur“ durch die Beteiligten festgelegt. Sie geht vom überarbeiteten Kleihues-Entwurf mit 36 m Höhe und einer Nutzfläche von 4.000 m^2 aus[21]. Der Stadtplatz soll angehoben werden, um auch das Untergeschoss noch sinnvoll nutzen zu können. Während das Scheitern des parallel vorbereiteten Hotelprojekts auf dem Victoria-Gelände bereits absehbar ist, wenden sich die Senatsvertreter wegen der Unvereinbarkeit mit den städtebaulichen Vorgaben einhellig gegen ein Hotel auf dem Kantdreieck und haben neben Büroflächen eher kulturelle Nutzungen im Sinn, die allerdings ihrerseits ebenfalls mit dem Kleihues-Entwurf zu kollidieren drohen. (QK31)

Im Rückfragenkolloquium wird deutlich, dass die städtebauliche Lösung über die Höhenentwicklung — nicht jedoch die Geschosszahlen — sowie die Freiflächenkonzeption mit Platz und S-Bahn-Durchgang sehr präzise festliegt und lediglich „in Abhängigkeit vom Nutzungskonzept ... im Detail Änderungen noch in Abstimmung mit Herrn Prof. Kleihues möglich“ sind. Trotzdem gehen die Auslober von einer Nutzfläche von 5.500 m^2 aus, befürworten fremdenverkehrsbezogene Nutzungen ausdrücklich, lehnen aber Wohnen deutlich ab. (QK32)

21 Das im späteren Verlauf auf dem Gebäude angebrachte drehbare Windsegel, das die Grundstücksform aufnimmt, ist damals noch nicht Gegenstand des Verfahrens, wenngleich der Ursprungsentwurf von Kleihues bereits mit einem „Haifischflosse“ genannten Flachbau auf dem Grundstück Versuche macht, die besondere Form des Grundstücks im Entwurf aufzunehmen. Vgl. dazu Menges 1996, S. 120.

Das Verfahren wird gegen die Kritik der BVV fortgesetzt, die ein städtebauliches Gesamtkonzept unter Einschluss des Victoria-Geländes fordert und die Durchführung ohne planreifen Bebauungsplan kritisiert. (Beschlüsse 700, 718 vom 25.02. und 10.03.1988) Lediglich sechs Unternehmen reichen einen Konzeptvorschlag ein. Vielfalt, Attraktivität und Eignung für den Standort sowie das Gebäudekonzept und die Tragfähigkeit als wichtigste Kriterien deuten bereits früh auf den späteren Wettbewerbssieger FHAG (später KapHag) hin, der ein differenziertes „Haus der Medien und Dienste" mit Buchhandlung, Pressecenter, Berlin-Shop, Medienkaufhaus, Literarischem Café, Filmverleih, Kunstverlag, Buchverlag und Finanzdienstleister-Büros anbietet und damit die Konkurrenten mit weniger komplexen Mischungsansätzen aussticht. Ende der 1980er Jahre ist den Juroren allerdings bereits klar, dass jeglicher Nutzungsdruck auf dem Grundstück fehlt und bei Vermietungsschwierigkeiten eine Änderung des Nutzungskonzepts zu befürchten ist. (Protokoll Sitzung Auswahlgremium 19.04.1988) Erst nach längerer interner Abstimmung bestätigt der Senat am 06.09.1988 die Auswahlentscheidung der Wettbewerbsjury.

Als im November auf dem benachbarten Victoria-Grundstück ein 136 m hohes Gebäude von Helmut Jahn Favorit der Eigentümerin wird, empfehlen die Obergutachter im Verfahren eine neuerliche Prüfung der Höhe des Kantdreieck-Projekts, doch das bezirkliche Planungsverfahren wird ohne Änderungen fortgesetzt. (QK33)

Rot-Grün, Irritationen über die Realisierung und die „schnellstmögliche Planreife"[22]

Erst die Wahl von Wolfgang Nagel zum Bausenator nach dem Regierungswechsel Anfang 1989 bringt das Verfahren in Schwierigkeiten. Obwohl Kleihues inzwischen für die KapHag die Bauantragsunterlagen vorbereitet und kurz vor Ablauf des Jahres 1988 ein Bauantrag gestellt worden ist, deutet Nagel an, dass er auf dem Grundstück auch eine unbebaute Stadtplatzfläche für sinnvoll hält und diese zunächst prüfen will. Das prämierte Haus der Medien und Dienste sei „nicht die Idealvorstellung" (Tagesspiegel 21.03.1989). Ende Mai entscheidet er sich nach Abstimmung mit den Beteiligten schließlich doch für eine Realisierung (QK34).

Sowohl der Bezirk Charlottenburg als auch der Bausenator beabsichtigen nach der Entscheidung für den Entwurf, das Bebauungsplanverfahren und die Realisierung des ausgewählten Konzepts zügig weiterzubetreiben, obwohl ein länger angekündigtes Gutachten über das Grundstück im Zusammenhang mit der sich konkretisierenden Planung auf dem Victoria-Gelände zunächst nicht erarbeitet wird (BVV-Ausschuss für Bebauungspläne 20.09.1989).

Die Senatsverwaltung für Stadtentwicklung und Umweltschutz befürwortet das Projekt Kantdreieck in ihrer Stellungnahme unter der Voraussetzung, dass ein Mindestabstand von 10 m zur S-Bahntrasse und die Öffnung der S-Bahn-Bögen gewährleistet ist, um die lange angestrebte Wegeverbindung zum Victoria-Gelände realisieren zu können, eine Orientierung der Bauflucht in der Fasanenstraße an dem im Hobrechtplan verzeichneten Rücksprung stattfindet, sich die Gebäude zu den Freiflächen hin öffnen und die Stellplatzerfor-

22 Vgl. BVV-Beschluss 149 vom 21.09.1989.

dernisse minimiert werden. Weiter fordert sie attraktive Grün- und Freiflächen mit dem verbindenden Stadtplatz. (QK35)

Schließlich wird Ende 1989 die Auslegung des Plans vorgenommen, während sich zur gleichen Zeit die Optionsvergabe an den Investor in Vorbereitung befindet. Der Planungsstand reflektiert die inzwischen integrierten städtebaulichen Qualitätsmaßstäbe, die sich auf die Freiflächengestaltung mit Durchgrünung, Bepflanzung, Vorgartennutzung, Entsiegelungsmaßnahmen und Dachbegrünung beziehen. Die Maßüberschreitung mit einer GFZ von inzwischen 2,8 erscheint „aufgrund der zentralen Funktion dieses innerstädtischen Bereiches städtebaulich gerechtfertigt. ... Der höhere Wert, bezogen auf das Maß der Nutzung, ist Voraussetzung für die Verbesserung des City-Charakters in diesem Bereich.“ Als Begründung für ihre Vertretbarkeit werden vor allem die Dachbegrünung und die gute ÖPNV-Erschließung angeführt. Entgegen der früheren Ablehnung von Wohnnutzungen sollen diese nun ab dem IV. Obergeschoss allgemein zulässig sein. (Auslegungsbegründung vom 01.11.1989)

Obgleich sich im Rahmen der Auslegung bereits zum ersten Mal Unbehagen über den Kompromiss bzgl. der Turmhöhe andeutet, steht die Grundstückssituation im Mittelpunkt der Realisierungsprobleme. Die Eigentümer der durch die Stadtplatzfläche überplanten Nachbargrundstücke im Block machen geltend, dass ihre wirtschaftlichen Interessen durch den Bebauungsplanentwurf vernachlässigt würden. Angesichts der Rechtslage, die eine Enteignung für die Realisierung öffentlicher Verkehrsflächen grundsätzlich ermöglicht, richtet sich die Argumentation der Eigentümer gegen die Erforderlichkeit einer groß dimensionierten Durchwegung an den S-Bahn-Bögen und die Sinnhaftigkeit eines Stadtplatzes an dieser Stelle. (QK36-K38) Das Verfahren verzögert sich weiter. Bemühungen der KapHag, eines der Nachbargrundstücke zu erwerben und den dortigen Laden in einem S-Bahn-Bogen unterzubringen, scheitern an der Weigerung des Eigentümers. Der Kauf des zweiten Nachbargrundstücks, das inzwischen für die Klingbeil-Gruppe keine Bedeutung mehr hat, gelingt dagegen. (QK39)

Der Versuch des Investors, währenddessen eine Planreife für sein Vorhaben zu erlangen, kommt durch einige kleinere entwurfliche Veränderungen deutlich voran. Der im Mai 1990 gestellte Bauantrag stößt allerdings weiter auf Bedenken. Die Senatsverwaltung für Stadtentwicklung und Umweltschutz will einer abschnittsweisen Realisierung des Vorhabens ohne den Zugriff auf die für den Stadtplatz anvisierten Grundstücke nicht zustimmen (QK40). Die am 20.09.1990 beantragte Planreife wird von der BVV Charlottenburg durch ihre Zustimmung zum überarbeiteten Bebauungsplanentwurf im Oktober unterstützt, die Planreife schließlich am 29.11.1990 trotz kleinerer Unstimmigkeiten hinsichtlich der Unterbauung eines Nachbargrundstücks erklärt (BVV-Beschluss 468 vom 18.10.1990). Damit ist der Weg frei für eine Teilbaugenehmigung.

Die zweifache Eskalation — Entrüstung über das Grundstücksgeschäft und Nachbarklage

Mit dem fortschreitenden Verfahren zeichnet sich auch der Vollzug des Grundstücksgeschäfts zwischen dem Land Berlin und der KapHag ab, der bis ins Abgeordnetenhaus Wellen schlägt. Nach mehrjährigen Verhandlungen zwischen dem Senat und dem Investor, die auf dem Nutzungskonzept des Investorenwettbewerbs aus dem Jahr 1988 aufbauen, wird das 2.300 m² große Grundstück[23] Kantstraße 155 (westlicher Teil des Blocks) ohne den 10 m breiten Streifen an der S-Bahn schließlich im August 1991 für 13,4 Mio. DM verkauft. Die Opposition im Abgeordnetenhaus spricht angesichts von Gerüchten über einen anderen Kaufinteressenten, der bereit sein soll, über 20 Mio. DM für das Grundstück zu zahlen, von „Dumpingpreisen". Kritik wird aus Reihen der SPD, der FDP und von Bündnis 90 / Die Grünen laut. Finanzsenator Pieroth (CDU) äußert sich zu dem Vorgang, bei dem das Grundstück zunächst im Erbbaurecht vergeben werden sollte und schließlich zum Verkehrswert veräußert wurde, mit dem Tenor, es sei unseriös, drei Jahre mit einem Investor über einen Verkauf zu verhandeln und dann mit einem anderen Investor den Vertrag abzuschließen. (Neues Deutschland 07.08.1991, tageszeitung 05.07.1991, 06.07.1991)

Mit der Klage[24] gegen die Teilbaugenehmigung durch die Eigentümerin des Nachbargrundstücks, die vor dem OVG verhandelt wird, ist das Bauvorhaben grundsätzlich ins Stocken geraten. Versuche des Investors, Kompromisslösungen mit der Eigentümerin des Nachbargrundstücks zu erwirken, die ihrerseits Bebauungsvorschläge für das wesentlich kleinere Grundstück vorlegt, werden vom Bezirk abgelehnt, für den eine Bebauung des anvisierten Stadtplatzgrundstücks nicht in Frage kommen kann. Auch die Senatsverwaltung für Bau- und Wohnungswesen schließt sich dieser Haltung an. Im Dezember 1991 wird die Klage zurückgewiesen, da die Nachbarin durch das Bauvorhaben in ihren Rechten nicht eingeschränkt sei. (QK41, QK42)

Bauliche Veränderungen, Überarbeitung des Bebauungsplanentwurfs und die Realisierung des Neubaus

Damit ist der Weg zur Realisierung zumindest des Neubauvorhabens nach einigen durch das Gericht ausgelösten Irritationen frei. Kleinere Änderungen an der Konzeption erfordern die Anpassung des Bebauungsplaninhalts. Insbesondere wird an der „Hobrecht-Tasche", dem Rücksprung der Bebauung in der Fasanenstraße, der als Grünfläche vorgesehen ist, eine Brunnenanlage unter dem Straßenniveau geplant. Sie integriert die Tiefgarageneinfahrt in eine schachtartige, beinahe rechteckige Vertiefung, in der Wasser auf einer schiefen Ebene zum Neubau hin fließt. Darüber hinaus soll das 2. UG als Tiefgaragenanlage festgesetzt und der Fußgängerbereich des Grundstücks teilweise unterbaubar werden. Nach Aufgabe der Tiefgarage bleibt die Brunnenplanung als Lichtschacht für die gewonnene unterirdische Hauptnutzfläche erhalten und durchschneidet die westliche Freifläche. (QK43, QK44)

Im Rahmen des Beteiligungsverfahrens schlägt der Investor erneut eine größere Turmhöhe vor und beruft sich dabei auf ästhetische und städtebauliche Gründe. Der Bezirk betrachtet die Änderung als Eingriff in die Grundzüge der Planung und lehnt sie ab. Als selbst eine Intervention bei Bausenator Nagel nicht zum Erfolg führt, beschließt die KapHag, die Gründung des Gebäudes für eine spätere Aufstockung auszulegen. (QK45-K49)

23 Andere Quellen sprechen von 2.100 m² (vgl. Neues Deutschland vom 07.08.1991).

24 Die näheren Einzelheiten der Verwaltungsstreitsache sind nicht von Belang für den Entscheidungsprozess.

Abbildung: Die realisierte Variante des Kant-Dreiecks mit dem „Segel“. Quelle: Foyer 3/1993, S. 6.

Nach erfolglosen Versuchen des Architekten, weitere kleine Änderungen durchzusetzen, erfolgt die Festsetzung des Plans schließlich am 17.08.1993. Nach Grundsteinlegung am 24.07.1992 erreicht das Gebäude im April 1994 durch ein von Kleihues entworfenes „Aluminiumsegel“, das auf dem Gebäude angebracht wird, wieder die Höhe von 54 m. Die Form des 23 m x 12,5 m großen und 24 t schweren drehbaren Segels entspricht der Form des Grundstücks und findet bei Architekturkritikern Anklang, so dass das Bürohaus mit dem Berliner Architekturpreis 1994 ausgezeichnet wird. (QK50, QK51, tageszeitung vom 24.07.1992, 13.04.1994, 15.11.1994)

Die offene Zukunft des Stadtplatzes

Durch den Widerstand der Nachbarin ist an eine einfache Herstellung des Stadtplatzes auf der Osthälfte des Grundstücks nicht zu denken. Gemäß Kaufvertrag bemüht sich die Eigentümerin des Bürohauses weiter um den Erwerb des Nachbargrundstücks, der aber nicht gelingt. Nach der Verkehrswertermittlung nimmt der Bezirk das Enteignungsverfahren unter Berufung auf die Festsetzungen des Bebauungsplans (öffentliche Platzfläche) auf, nachdem die Eigentümerin einem Verkauf an das Land für 2,5 Mio. DM vom Anfang 1993 nicht zustimmt. Der Enteignungsantrag vom September 1994, zu einem Zeitpunkt gestellt, da die Läden in den S-Bahn-Bögen bereits hergestellt sind und nur notdürftig über die ihnen vorgelagerte Fußwegeverbindung beliefert werden können, weist darauf hin, dass die Enteignung „auch deshalb dringend [sei], weil die provisorische und desolate Nachkriegsbebauung auf dem Kantdreieck abgerissen werden muß“, eine Formulierung, die den harten Voraussetzungen für eine Enteignung sicher nicht entspricht. Um deren Erforderlichkeit zu belegen, räumt der Antrag die Möglichkeit einer Teilenteignung lediglich eines 10 m breiten Streifens vor der S-Bahn auch auf dem Nachbargrundstück ein.

Das Umfeld des Kant-Dreiecks (02/2001). Abbildungen von links oben nach rechts unten: Die auf dem „Stadtplatz" stehenden eingeschossigen Gebäude vor ihrem Abriss mit dem Kranzler-Ecks-Neubau im Hintergrund, die Wegeverbindung am S-Bahn-Viadukt, der „Stadtplatz" mit dem Kant-Dreiecks-Hochhaus am rechten Bildrand.

Das Enteignungsverfahren gerät ins Stocken, worauf die Gewerbemieter in den S-Bahnbögen erfolglos ihren Unmut bei der Bezirksbürgermeisterin kundtun. Auf der anderen Seite scheitert allerdings das von der Nachbarin angestrengte Normenkontrollverfahren gegen den Bebauungsplan vor dem Oberverwaltungsgericht ebenfalls. (QK52, Tagesspiegel 26.08.1995) Der Stadtplatz ist weiterhin unvollendet, und die beiden eingeschossigen Gebäude aus der Nachkriegszeit stehen noch einige weitere Jahre. Die KapHag strebt weiter eine Erhöhung des Turms an, der von zahlreichen Beobachtern aus der Fachwelt als unproportioniert angesehen wird, doch steht diese nach wie vor aus und wird vom Bezirksamt — zumindest teilweise — abgelehnt. (QK53)

Akteure und Ziele

Planende Verwaltung

Bezirksamt

Der Bezirk ist zunächst zu einem Nachvollzug der auf Senatsebene getroffenen Entscheidungen gezwungen, ist aber in die Vorbereitung (G008) und in die Durchführung des Wettbewerbs einbezogen. Das Bebauungsplanverfahren für einen Hochhausturm kann wohl nicht als Widerspiegelung bezirklicher Initiative gewertet werden. Der Bezirk plädiert lange für einen „attraktiven Stadtplatz" gegenüber dem Theater des Westens. Mit dem CDU-Baustadtrat Laschinski gelangt ein Mann an die Spitze der Abteilung Bauwesen, der selbst Hochhäuser als städtebauliches Instrument der Metropolenbildung befürwortet (G040).

Dem Bezirk bleiben nur geringe Möglichkeiten, eigenständig seine Ziele zu verfolgen (Bsp. Bereichsentwicklungsplanung). Die früh verfestigten Ziele attraktiver Stadtplatz, Durchwegung und Ausbildung einer Scharnierfunktion werden als Konsens über den Jahre währenden Prozess aufrecht erhalten und transportiert. Als die Bebauung des Grundstücks unvermeidbar erscheint und im Bezirk zahlreiche Befürworter findet, setzt sich das Bezirksamt für eine möglichst geringe GRZ ein, um trotzdem an seinen Zielen festhalten zu können. Der Bezirk setzt sich weiter für die ursprüngliche Idee des Fasanenstraßenwettbewerbs ein und wendet sich gegen die nun dominierende projektorientierte Stadtentwicklung.

Erst bei der Weiterverfolgung des abgestimmten Entwurfs im Bebauungsplanverfahren kommt dem Bezirksamt erneut eine bedeutende, jedoch uneinheitliche Rolle zu. Der vorher unerwartete Widerstand der Grundstücksnachbarin gegen den Stadtplatz macht schließlich in aller Schärfe die unzulängliche Planabwägung deutlich, als sich die Enteignungsvoraussetzungen als unzureichend herausstellen. Das Bezirksamt muss vor Ort lange mit einem Torso leben.

Der Anspruch auf die Freiflächengestaltung wird zwar aufrecht erhalten, hat sich aber nur unzureichend einlösen lassen. Der Bezirk scheitert u. a. daran, dass die nur unzureichend ausformulierten Ziele hinsichtlich der Art der baulichen Nutzung durch den Prozess neu bestimmt werden. Das Ergebnis wird weder von den Befürwortern der Traufhöhe noch von denen eines Turmhochhauses als befriedigend anerkannt. Die Wegeverbindung entlang der S-Bahn-Bögen und der Stadtplatz sind auf Jahre nicht zu komplettieren.

Senatsverwaltung für Bau- und Wohnungswesen

Die Bauverwaltung tritt anfangs nicht für oder gegen die freiraumbezogenen Ziele des Bezirks auf, verwirft aber implizit die Idee des Stadtplatzes, da dieser mit einer Blockrandbebauung nicht zu vereinbaren ist. Die Entscheidung über den zu realisierenden Entwurf wird auf Senatorenebene von dem ehemaligen Vertreter der Stadtentwicklungsverwaltung Wittwer mitbeeinflusst.

Als die Einigung auf den modifizierten Turm stattgefunden hat, leitet die Bauverwaltung die Realisierung des Entwurfs über das Investorenauswahlverfahren ein, was ihr durch das Abgeordnetenhaus aufgegeben ist. Die dort vollzogene Einigung auf ein äußerst differenziertes Nutzungskonzept kann schließlich nicht implementiert werden, da Umsetzungsinstrumente fehlen und die veränderten Rahmenbedingungen nach der Vereinigung dieses stark in Frage stellen.

Die Haltung der Bauverwaltung zum Vorhaben ändert sich mehrfach erheblich (Blockrandlösung, Kleihues-Hochhausplanung, variierte Hochhauslösung mit Fuß). Mit seiner Amtsübernahme stellt Nagel die Planung grundsätzlich in Frage, um sie dann massiv zu vertreten. Es sind Veränderungen in den ökonomischen Rahmenbedingungen, die ein kaum auf seine Tragfähigkeit hin entwickeltes städtebauliches Projekt beeinflussen und auf die Bauverwaltung einwirken, die Einflussnahme des Architekten Kleihues und die starke Thematisierung des „Testfalls“ für einen Hochhausbau, die zu einer derart breiten Diskussion des Projekts beitragen.

Die Unsicherheit der Bauverwaltung bedingt ihren geringen Erfolg. Die einzige ansatzweise auf eine Initiative der Bauverwaltung zurückgehende inhaltliche Innovation, die

Nutzungsverteilung, die im Investorenauswahlverfahren bestimmt wird, scheitert an den gewandelten ökonomischen Rahmenbedingungen und muss im Nachhinein wohl als übertrieben ehrgeizig angesehen werden.

Senatsverwaltung für Stadtentwicklung und Umweltschutz

Bei der Aufwertung der Fasanenstraße versucht die Senatsverwaltung aufbauend auf der Qualität des Bestands (Villenbebauung) durch Wohnungsbau und Aufwertung der City West auf die wenig dynamische ökonomische Situation zu reagieren. Sie bekennt sich bereits zum Leitziel der innerstädtischen Nachverdichtung. Die Heraushebung des Kantdreiecks als Bindeglied zwischen den unterschiedlichen benachbarten Stadträumen zeigt die städtebaulich motivierte Herangehensweise, die auf die Zeichenwirkung von Gebäuden setzt. Die formulierten nutzungsstrukturellen Vorgaben sind Ausdruck der geringen Steuerungsfähigkeit der öffentlichen Hand.

Im Konkretisierungsprozess werden nur Nebenresultate des Wettbewerbs in das Zielrepertoire übernommen, die sich auf die Freiflächengestaltung beziehen, während die Debatte über die bauliche Nutzung weiterhin relativ offen geführt wird. Die Verwaltung kann es sich angesichts des geringen Investitionsdrucks auf dem öffentlichen Grundstück erlauben, sich in einem über mehrere Jahre dauernden Prozess schrittweise an eine Lösung heranzutasten, die zwar weitreichende Überlegungen integriert und auf ihre Durchsetzbarkeit im politischen Umfeld hin testet, aber die ursprünglich angestrebte Wirkung des „schlanken" Baukörpers nur noch ansatzweise transportiert. Der Einfluss wird in der Konkretisierungsphase deutlich geringer, und selbst der Versuch einer Sicherung von Freiflächen kann nur teilweise durchgesetzt werden.

Zusammenfassend ist es der Stadtentwicklungsverwaltung zwar gelungen, mit der Thematisierung der Fasanenstraße einen langfristigen Aufwertungsprozess einzuleiten, der allerdings wohl auch ohne den Wettbewerb stattgefunden hätte. Die getroffenen städtebaulichen Festlegungen lassen einen städtebaulichen Zusammenhang der inzwischen realisierten Projekte aber nur noch mit Mühe erkennen. Abstimmungsversuche waren also weitgehend erfolglos. Schließlich bestimmen das Engagement von Kleihues (Segel) und die Nutzungsanforderungen des Investors bzw. seiner späteren Mieter das heutige Erscheinungsbild des Gebäudes. Dennoch können einige Ergebnisse festgehalten werden, die keine Selbstläufer gewesen sind, so die markante Erscheinung des Gebäudes im Stadtbild (ohne sich jedoch als „Gelenk" im Stadtraum zu erschließen) und die Öffnung der Stadtbahnbögen für eine Wiedernutzung mit vorgelagerten Freiflächen.

Politische Gremien

Bezirksverordnetenversammlung (BVV)

Die BVV versucht als Kontrollgremium, Unstimmigkeiten in der Handlungsweise des Bezirksamts und des Senats aufzudecken und diese zum Handeln in einer bestimmten Richtung zu veranlassen. Erst ab der Mitte der 1980er Jahre hat der Planungsstand eine Konkretheit, die diese Rolle aktiviert. Die BVV trägt anfangs ein Hochhauskonzept mit. Aufgrund der Senatsentscheidung gegen das Hochhaus im Sommer 1986 kommt es durch den

Baustadtrat zur Abwandlung des Verfahrens hin zur Traufhöhenbebauung. Auf diese Beschlüsse kann die BVV keinen Einfluss nehmen. In der Folge ist die Abstimmung der verschiedenen Planungsprozesse aufeinander das grundlegende Ziel der BVV. Informationsnachteile und die Federführung durch den Senat in der Vorentscheidung überlassen der BVV dazu kaum wirksame Handlungsspielräume.

In der Kompromissfindung über die Gebäudehöhe spielen die BVV-Fraktionen der SPD und der AL zwar eine Rolle und versuchen, die Hochhausentwicklung einzudämmen, doch sind auch sie uneinig über die Bedeutung der Platzidee und die vertretbare Gebäudehöhe, so dass eine manifeste inhaltliche Position nicht gemeinsam vertreten wird (G024, G043). Die BVV hat keinen Einfluss auf die Politik des Bausenats, der aufgrund gewandelter Investoreninteressen seine Planungsaktivitäten keinem Gesamtkonzept unterstellt. Die Durchsetzung inhaltlicher Ziele der BVV kann angesichts der bis in die einzelnen Fraktionen hineinreichenden Unstimmigkeiten nicht beurteilt werden. Die BVV hat hier erst gar keine starke Verhandlungsposition aufgebaut, aber wohl immerhin entscheidend zur Durchsetzung einer niedrigeren Höhe beigetragen (G053).

Abgeordnetenhaus

Das Einwirken einzelner Abgeordnetenhausmitglieder ist teilweise nur schwer zu rekonstruieren. Maßgebliche Kreise des Abgeordnetenhauses und insbesondere der CDU wenden sich gegen ein Hochhausprojekt, obwohl der Konflikt über die Gebäudehöhe alle Fraktionen beschäftigt (G053). Vor allem für die Oppositionsfraktionen, allen voran die AL, stellt das Projekt eine Gelegenheit der Profilierung dar. Der Erfolg dieser Aktivitäten bleibt angesichts der von Nagel beabsichtigten Beendigung des Verfahrens gering.

Investoren

Interessenten im Vorfeld und im Bauträgerwettbewerb

Für die Investoren im West-Berlin der 1980er Jahre stellt das Kantdreieck trotz seiner geringen Größe einen herausragenden Standort in unmittelbarer Nähe des Zentrums dar. Die Versuche einiger Investoren, die als unverrückbar dargestellte Position des Senats durch überraschende Konzepte auszuhebeln, schlagen fehl, wohl auch wegen des hohen Drucks, unter dem der Senat angesichts des bereits seit langer Zeit laufenden Planungsverfahrens steht.

Die fünf schließlich im Wettbewerb behandelten Arbeiten unterscheiden sich im Hinblick auf ihre Nutzungsvielfalt deutlich. Der späteren KapHag gelingt es wohl auch über die durchweg vorhandene Darstellung als innovatives und besonders tragfähiges Konzept hinaus, das Selbstverständnis der Stadt als Medien- und Kulturmetropole mit der als zukunftsfähig erscheinenden publikumswirksamen Nutzungsmischung im Dienstleistungssektor zu verbinden. Obwohl die Ausdifferenzierung des Konzepts sehr weit geht und im Nachhinein nicht einmal im Ansatz realisiert worden ist, ist die Strategie erfolgreich.

Die KapHag als ausgewählte Investorin

Als die KapHag-Vorläuferin FHAG den Zuschlag erhält, stehen zwar die städtebaulichen Rahmenbedingungen grundsätzlich fest. Bis zur Realisierung treten allerdings noch zahlreiche Detailfragen auf, die vom Investor zu beeinflussen sind. Zunächst muss er nach dem Amtsantritt Nagels das Projekt überhaupt gegen Widerstände durchsetzen. Im Vergleich mit den vorausgehenden Konflikten bleiben die nun geführten Auseinandersetzungen Details. In direkten Verhandlungen mit dem Senat und dem Bezirksamt werden Kompromisse zur Stellplatzfrage erreicht. Nur mit der Nachbarin wird keine schnelle Einigung erzielt.

Ausgelöst durch die Entwicklungen auf dem benachbarten Victoria-Grundstück versucht die KapHag, eine höhere Dichte beim Bezirk einzufordern, stößt aber auf Ablehnung. Gegen die verfestigte Planung kommt sie kaum an und gibt das Nutzungskonzept weitgehend auf, als Interessenten abspringen und die Krise auf dem Büroflächenmarkt eine Vermietung erschwert. Insofern erscheint die öffentliche Resonanz auf das Gebäude und sein markantes „Segel“ als unverzichtbares Element einer Marketingstrategie.

Berater

Gutachter

BEP-Gutachter: Kohlbrenner formuliert für den Mittelbereich Anfang der 1980er Jahre in der Bereichsentwicklungsplanung die Aufwertungsstrategie im öffentlichen Raum, die das Kantdreieck als Stadtplatz freihalten will. Dieses Ziel muss hinter der Grundstücksverwertung zurückstehen, obwohl es sich um ein öffentliches Grundstück handelt. Über die BEP hinaus bestehen für Kohlbrenner kaum Möglichkeiten, die Planung auf dem Grundstück zu beeinflussen. Die freiflächenbezogenen Ziele des Bezirks werden aber zum planerischen Konsens für das nun zu bebauende Grundstück und lassen die Hochhausbebauung als vielversprechende Möglichkeit erscheinen, Bebauung und Freiflächengestaltung miteinander zu vereinbaren. Der schwierige Zuschnitt, die Eigentumssituation und die verkehrsbelastete Lage vereiteln später die Realisierung eines Stadtplatzes mit hoher Qualität und einen durchschlagenden Erfolg der Läden in den S-Bahn-Bögen.

Teilnehmer an den Wettbewerben im Umfeld der Fasanenstraße: Interessant ist die Wandlung des Wettbewerbssiegerteams Müller/Rhode, die im Nachgang zum Wettbewerb in Testentwürfen für den Senat Form und Begriff des Campanile entwickeln und damit sowohl der Postmoderne mit ihrer der Vergangenheit offen entlehnten Form Rechnung tragen als auch die Platzidee umzusetzen versuchen. Im weiteren Verfahren sind Müller/Rhode zwar als Teilnehmer an Vertiefungswettbewerben beteiligt (G031), können aber an ihren Erfolg aus dem städtebaulichen Wettbewerb nicht anknüpfen und verlieren so die Möglichkeit, den Campanile im späteren Verfahren aktiv zu vertreten. Früh wird der Begriff „Campanile“ wegen seiner eindeutigen Architektursprache auf Drängen von Kleihues entfernt (G031). Lediglich durch die Testentwürfe beeinflussen Müller/Rhode die Entwicklung des gesamten Bereichs mit. Günther Zamp Kelps für das Büro Haus-Rucker entwickelte innovative Wettbewerbsidee einer an das Hochhaus gelehnten Stange erregt zwar Aufmerksamkeit, doch gelingt es dem Düsseldorfer nicht wie Kleihues, durch gut entwickelte Kontakte für sein Projekt zu werben, und er unterliegt dem „Lokalmatador“ (G031).

Wettbewerbe und Jurys: Die in den Wettbewerben eingereichten Arbeiten geben im Wesentlichen architektonische Auffassungen wieder, während die städtebaulichen Unterschiede aufgrund der geringen Grundstücksgröße nicht so stark ins Gewicht fallen. Damit kommt den Phasen zwischen den Wettbewerbsstufen eine besondere Bedeutung für die Bestimmung der städtebaulichen Merkmale zu, wobei Höhe, Baumassenanordnung und Proportionen vor der zweiten Wettbewerbsstufe und in der Auseinandersetzung mit möglichen Investoren entstehen, der Nutzungsmix aber erst im Vorfeld des Investorenauswahlverfahrens vorentschieden und durch die Marktsituation schließlich auf andere Weise festgelegt wird. Beachtenswert ist im Auswahlverfahren die dominante Rolle von Fachgutachtern in der Jury, die die Tragfähigkeit der angebotenen Konzepte identifizieren sollen.

Entwurfsarchitekt

Kleihues erreicht im Fasanenstraßenwettbewerb lediglich einen Ankauf. Im Zusammenhang mit seiner parallelen Tätigkeit als Koordinator der „Neubau-IBA" erscheint sein Entwurf, der auf Hochhäuser verzichtet und die Baukörper an der Fasanenstraße in würfelförmige Abschnitte gliedert, als folgerichtige Reaktion auf die Rudimente einer dort überkommenen Villenstruktur.

Erst als der gesetzte Bauträgerwettbewerb bevorsteht, der die Entscheidung zwischen seinem überarbeiteten Entwurf und dem von Zamp Kelp bringen soll, kann er durch die Kenntnis der Szene vor Ort Einfluss geltend machen. In den nachfolgenden Schritten zeigt er sich in der Verwaltung durch verschiedene Varianten flexibel (Blockrand, Höhenreduzierung). Erst gegen Ende des Verfahrens beginnt er, seinen Entwurf durch die Aufsetzung des Segels und das nachdrückliche Eintreten für einen „Fuß" stärker zu individualisieren. Er muss sich an die sich wandelnden Rahmenbedingungen erheblich anpassen, um überhaupt eine Durchsetzungschance zu haben. Zwischen seinem Blockrandkonzept und dem Hochhausentwurf kann er offenbar ohne Probleme wechseln, ohne die eigene Position aufzugeben, nimmt die Höhenreduzierung aber schließlich nur widerwillig hin (G039).

Gegen die hochpolitisierte Entscheidung kann sich selbst Kleihues nicht durchsetzen. Dagegen gelingt es ihm, den mitfavorisierten Zamp Kelp aus dem Rennen zu werfen, die Veränderung der Baumassenverteilung zu bewirken, das Segel auf das Gebäude zu setzen und die Freiflächen nach seinen Prinzipien zu gestalten. Eine weitere Verwässerung seines Entwurfs durch ein mögliches Bauvorhaben auf dem Nachbargrundstück kann er mit verhindern. Für Kleihues ist das Bauvorhaben — auch durch die Zuerkennung des Berliner Architekturpreises — ein beachtlicher Teilerfolg.

Öffentlichkeit

Die Bürger spielen im Projekt kaum eine Rolle. Der vorsichtige Umgang der Politiker mit der Hochhausbebauung deutet zunächst darauf hin, dass die tendenziell eher als ablehnend gegenüber Hochhäusern wahrgenommenen Charlottenburger[25] wenigstens vor dem Fall der

25 Vergleiche dazu beispielsweise die vielfältigen Aktivitäten, die auch aus Initiativen im Bezirk im Rahmen der Fallstudie Kranzler-Eck entstehen.

Mauer berücksichtigt werden, doch steht dies im Widerspruch beispielsweise mit Wohnhochhäusern der IBA in Kreuzberg oder der Entwicklung auf dem Victoria-Gelände.

Lediglich die Nachbareigentümerin ist für das Projekt von entscheidender Bedeutung. Ihre Ablehnung richtet sich naheliegenderweise gegen den unterstellten Zwang zur Aufgabe des eigenen Grundstücks. Sie ist zu einer reaktiven Haltung gezwungen, weil ihr Grundstück von der öffentlichen Hand ohne vorherige Kommunikation für den Stadtplatz in Anspruch genommen wird und sie daher erst spät von den Plänen erfährt. Ihre Blockadehaltung erscheint schließlich irrational und erreicht lediglich die temporäre Verhinderung des Stadtplatzes, nicht aber eine Durchsetzung eigener Bauabsichten.

Auch die Fachöffentlichkeit greift kaum in den Prozess ein. Beinahe einhellig wird der Höhenkompromiss abgelehnt, der den Proportionen des Gebäudes abträglich sei. Interessanterweise gibt es eine große Anzahl von Akteuren, die ein höheres Hochhaus befürworten, insbesondere Architekten (verschiedene Gespräche).

Konflikte und ihre Bewältigung

Konflikte

Städtebauliche Komposition

Die mehrstufige Entscheidungsfindung erhöht die Anzahl der diskutierten Nutzungsalternativen auf mindestens drei, den Stadtplatz, die Blockrandlösung und die Turmhauslösung. Die mehrfache Überlagerung unvereinbarer Ziele trägt zu diesem Variantenreichtum bei, ohne dass sich früh eine konsensfähige Lösung abzeichnen würde. Grundsätzlich kollidieren hierbei die Absicht, das Grundstück überbauen zu lassen, und das Ziel der Schaffung eines Stadtplatzes. Im späteren Verlauf vermengt sich die Debatte hierüber zwar mit der über die angemessene Höhe einer Bebauung, doch stehen die Blockrand- und die Turmhauslösung auch für ein unterschiedliches Verständnis von dem Ort, der seit seiner Erschließung nach dem Hobrecht-Plan selbst nie mit klassisch-kaiserzeitlicher Blockrandbebauung überbaut war, aber in der Umgebung eines intakten und im Übergang zu einem durch Kriegsschäden und die Nachkriegszeit überformten kaiserzeitlichen Quartier liegt. Gleichzeitig befindet sich das Grundstück in einem Bezirk mit starkem links-alternativem Milieu und auf der anderen Seite in unmittelbarer Nähe der City-West, so dass wiederum völlig unterschiedliche Anforderungen an seine Rolle im städtischen Nutzungsgefüge gestellt werden.

Der Status als landeseigenes Grundstück erlaubt eine äußerst behutsame Vorgehensweise bei der Überplanung, so dass zu den unterschiedlichsten Zeitpunkten noch die Äußerung verschiedenster Positionen möglich ist. Die Kompromisslösungen werden jeweils durch wettbewerbsartige Verfahren mit Legitimation abgesichert, so dass das gesamte Verfahren eine offene und zum jeweiligen Zeitpunkt schwer vorhersagbare Auseinandersetzung zahlreicher Akteure in der Stadt ist, für die das Projekt zum Testfall der Stadtentwicklungspolitik wird. Die Auseinandersetzungen werden auf unterschiedliche Weise überwunden, lassen aber Änderungen im Konzept aufgrund der geringen Handlungsnotwendigkeit jeweils zu.

Gebäudehöhe

Die Auseinandersetzung hat ihren Ursprung auch in der Interpretation des Kantdreieck-Grundstücks als Scharnier zwischen den Bereichen der Charlottenburger Innenstadt, das es zu akzentuieren gelte. Die Umstrittenheit von Hochhausbauten wie die geringe Wirtschaftlichkeit des ersten Campanile-Entwurfs von Müller-Rhode stärken zunächst die grundsätzlichen Gegner einer Hochhausbebauung. Der Druck der möglichen Investoren und des Architekten Kleihues sowie die Haltung der Stadtentwicklungsverwaltung bringen schließlich doch ein Wiederaufgreifen der Auseinandersetzung in Gang.

Die stark polarisierten Positionen gehen auf die Problematik der Alternativen zurück. Die Platzlösung erhält durch die Verzahnung zum Victoria-Gelände Auftrieb, so dass sich innerhalb der politischen Parteien, insbesondere der CDU, ein Stimmungswandel abzeichnet. Die Möglichkeit der Einigung auf einen Kompromiss entsteht durch den modularen Aufbau der Fassadengliederung bei Kleihues und die Orientierung an Gebäudehöhen in der Umgebung. Er stellt den Versuch dar, alle vorhandenen Interessen ein Stück weit zufriedenzustellen. Angesichts des Fehlens einer Gesamtplanung für die Umgebung fällt dieser aber reaktiv aus, als sich auf dem Victoria-Gelände Veränderungen abzeichnen. Gegner der Hochhausbebauung wie Befürworter sind schließlich gleichermaßen unzufrieden.

Nutzungsart

Die Konkretisierung der Nutzungsarten spiegelt die Hoffnungen der Investoren und der Stadtentwicklungspolitik der 1980er Jahre wider, das Zentrum attraktiver und wirtschaftlich dynamischer zu gestalten. Die Unterschiedlichkeit der vorgeschlagenen Nutzungen resultiert dabei zunächst aus der ausstehenden Investorenauswahlentscheidung und der langen Zurückhaltung der öffentlichen Hand in Bezug auf mögliche Nutzungskonzepte, die erst nach Festlegung der städtebaulichen Hülle bestimmt werden sollen. Schließlich stabilisiert sich eine zunächst nicht genau definierte Kombination von Büros, Einzelhandel und Gastronomie praktisch von selbst. Die Konflikte können vom Eigentümer Land Berlin aus den oben geschilderten Plausibilitätserwägungen heraus im Alleingang durch die Setzung eigener Prämissen ausgeräumt werden. Die wettbewerbsartige Auswahl des Nutzungskonzepts scheint eine gewisse urbane Vielfalt sicherzustellen, wird durch die Vereinigung aber schnell obsolet. Der Standort hat bei weitem nicht die ihm zugemessene Bedeutung erlangt[26].

26 Es bleibt fraglich, ob er sie jemals selbst in der westlichen Halbstadt hätte erlangen können. Auch unter den Rahmenbedingungen der Teilung hätte die im Vergleich zum Breitscheidplatz bescheidene Baumasse diesem wohl kaum ernsthaft Konkurrenz gemacht. Angesichts der Fußgängerströme wäre sogar zu bezweifeln gewesen, ob dann der Standort für den damaligen Interessenten Hugendubel überhaupt günstig gewesen wäre.

Bebaubarkeit von Teilflächen

Die beiden Teilflächen westlich und östlich des Hochhauskomplexes werden unterschiedlich behandelt. Früh findet konfliktfrei und anhand von historischen Bezügen wie Fluchtlinien eine Einigung auf die Aufnahme der „Hobrecht-Tasche" statt. Dagegen bleibt der Umfang der freizuhaltenden Fläche östlich des Komplexes lange ungeklärt. Hierfür sind sowohl die Größe des Hochhausfußes als auch die Frage nach dem Stadtplatz ausschlaggebend, die beide maßgeblich von den Investoren bzw. Eigentümern mitbestimmt werden und im Rahmen der Realisierungsvorbereitung erforderliche Präzisierungen darstellen. Die Verbreiterung des Fußes ist ein Resultat der Herbeiführung eines Bebauungskompromisses und drückt den Versuch aus, trotz kleinflächigen Turmgrundrisses ein wirtschaftliches Gebäude zu planen. Die Bestimmung findet wohl maßgeblich im Kontakt zwischen Senatsverwaltungen und Kleihues statt. Die Bebaubarkeit der eigentlichen Platzfläche offenbart ein Verfahrensversäumnis. Der Konflikt wird teilweise stellvertretend durch den Senat im Rahmen seiner Kompromisslösung aufgelöst, die sich aus der Teilbefriedigung der verschiedensten Ansprüche ergibt, während er in Bezug auf die Nachbarin zwar gerichtlich klar gegen die Bebaubarkeit entschieden wird, dies aber den Bestandsschutz für die auf der anvisierten Platzfläche liegenden Gebäude nicht aufhebt.

Freiflächennutzung und -gestaltung

Die Nutzung und Gestaltung der Freiflächen am Bahnviadukt und in der „Hobrecht-Tasche" werden in der Konkretisierung des Projekts thematisiert. Dabei lösen die Nutzungsvorstellungen des Investors und die Gestaltungsziele des Architekten Veränderungen aus, während die Gestaltung der Fläche am Bahnviadukt durch die übergeordneten Entwicklungen bestimmt ist. Die Fußwegeverbindung am Bahnviadukt, wenngleich zunächst unvollständig realisiert, wird in Abstimmung über die technischen Anforderungen der Bahn ausgebildet. Über die „städtische" Gestaltung kommt es zu keinem ernsthaften Konflikt. Die Gestaltung der Fläche an der Fasanenstraße stößt wegen ihrer geringen Nutzbarkeit und ihrer „Zweckentfremdung" als Erschließungsfläche auf Widerspruch. Dieser entschärft sich durch den Verzicht auf eine Tiefgarageneinfahrt erheblich. Die Lösung ist eine Umsetzung der konzeptionellen Anforderungen (Belichtung des Untergeschosses) durch den Architekten. Dass dabei eine Schmucklösung und keine nutzbare Freifläche entsteht, wird angesichts der innerstädtischen Lage von den Entscheidungsträgern in Kauf genommen oder gar als positiver Umgang mit den Möglichkeiten einer winzigen Freifläche angesehen.

Konflikte über strategische Ziele

Die Anmahnung eines Gesamtkonzepts für den Bereich mag auf die negative Haltung des Bezirks gegenüber den anstehenden Veränderungen zurückzuführen sein. Ausschlaggebend erscheint allerdings die Tatsache, dass sich die Rahmenbedingungen in der Umgebung mehrfach ändern und mithin eine städtebauliche Abstimmung der Entwicklung des bedeutendsten Zentrumsbereichs in West-Berlin angebracht ist, wenn nicht Einzelfallentscheidungen die Stadtentwicklung prägen sollen. Das Ziel wird von den Senatsverwaltungen immer nur zögerlich verfolgt, und Initiativen verebben mit dem Wechsel von Senatoren und deren neuer Profilierung. Es ist nicht verwunderlich, dass sich der Bezirk mit seiner Forderung erst dann durchsetzt, als Senatsbaudirektorin Barbara Jakubeit ab Mitte der 1990er Jahre versucht, sich wiederum gegen ihren Vorgängersenator Nagel von der anderen Partei in der großen Koalition zu profilieren[27]. Insbesondere Stadtentwicklungssenator Hassemer kommt als Gegner eines Gesamtkonzepts in Frage (G086, G087) und verbindet damit eine investorenfreundliche Haltung am Breitscheidplatz mit einer kulturbürgerlich motivierten Offenheit für innovative Stadtentwicklungsideen, während der Bezirk in stärker empfundener Verantwortung für die Bewahrung des Wohnumfeldes seiner Bürger und aus Furcht vor einer schrittweisen Erosion städtebaulicher Maßstäbe für ein Gesamtkonzept eintritt.

Das Grundstücksgeschäft fällt in einen Zeitraum, der durch starke Verwerfungen auf dem Markt infolge der Vereinigung geprägt ist. Die problematische Handlungsweise des Senats im Falle des Potsdamer Platzes lässt erhebliche Zweifel daran aufkommen, ob er tatsächlich an einer betriebswirtschaftlich scharf kalkulierten Grundstücksverwertung interessiert ist. Gleichzeitig macht der Fall Potsdamer Platz klar, dass die Widerstände aus der Opposition hier vom Senat in der Abwägung der möglichen Folgen seines Handelns komplett ignoriert werden können[28].

Bündnisse und Gegnerschaften

Bündnisse

Die starke Zuspitzung, die die Auseinandersetzung genommen hat, macht die Identifikation eindeutiger Bündnisse für die Durchsetzung eines Konzepts schwierig. Im Folgenden soll versucht werden, nebeneinander stehende Gruppierungen zu charakterisieren, die jeweils einheitlich oder gar gemeinsam agieren.

Die „Blockrandfraktion" besteht im Wesentlichen aus Politikern, die aus ihrer Abneigung gegen Hochhäuser heraus die Alternative bevorzugen, sowie zahlreichen Teilfraktionen in verschiedenen Verwaltungseinheiten und in der Öffentlichkeit. In der Politik finden sich mindestens in der CDU und in der AL Vertreter dieser Linie. Von einem Bündnis kann hier also gar nicht gesprochen werden. Gleiches gilt für die Fachöffentlichkeit und die Gutachter, für die stellvertretend Müller/Rhode stehen[29]. Die „Platzfraktion" vereinigt vereinzelte Gutachter und Architekten, Bezirkspolitiker sowie Bürger und Verwaltungsleute auf sich, die punktuell und unabgestimmt agieren. Sie kann nicht als zusammenhängender Kreis von Akteuren betrachtet werden. Die „Turmhausfraktion" wiederum besteht aus Architekten, einigen Politikern von CDU über SPD bis zur AL, die sich mit unterschiedli-

27 Sie kann dabei einerseits auf die erhebliche Kritik an den in der weiteren Nachbarschaft liegenden Projekten (Zoofenster- und Victoria-Projekt, in dieser Untersuchung ebenfalls Gegenstand von Fallstudien) verweisen und hat andererseits die Möglichkeit, das Gesamtkonzept als — zwar gezähmtes, aber dennoch gegen scheinbare Berliner Tabus verstoßendes — Hochhauskonzept zu initiieren und inszenieren.

28 Es soll an dieser Stelle allerdings der Hinweis erlaubt sein, dass die starken Grundstückspreisschwankungen und die aus dem Verfahren der Verkehrswertermittlung resultierenden *time-lags* systembedingte Probleme mit sich bringen und sowohl bei steigendem als auch bei sinkendem Preisniveau immer wieder Anlass zur öffentlichen Kritik sind (G052).

29 Müller/Rhode liefern schließlich ja selbst die Campanile-Entwürfe und zeigen damit, dass sie auf eine eindeutige Fürsprache für die Blockrandlösung nicht festgelegt sind.

chem Nachdruck für das Projekt stark machen. Auch der Investor ist ihr schließlich zuzurechnen, wobei es fraglich bleibt, ob er je einen freistehenden schlanken „Campanile“ realisiert hätte[30]. Da die Turmhausvertreter von ihren eigenen politischen wie verwaltungsbezogenen Mitstreitern Widerstand spüren, kann sich selbst unter ihnen keine konsistente Strategie herausbilden. Lediglich die Zusammenarbeit des Investors mit dem Entwurfsarchitekten deutet auf eine enge Paarung hin, da beide eine Realisierung anstreben und dafür durchsetzungsfähige Alternativen entwickeln müssen[31].

Indifferente Akteure

Neben diesem Grundkonflikt treten die übrigen Akteure und ihre Teilziele in den Hintergrund. Indifferent bleiben aufgrund ihres Auftrags zwangsläufig die verfahrensdurchführenden Stellen des Bezirksamts und aus dem Spektrum der Gutachter. Ihre Haltung ist uneindeutig und spielt keine Rolle für die städtebauliche Lösung. Das Stadtplanungsamt verhält sich teilweise „antizyklisch“ und ist mitunter durch BVV und Baustadtrat gebunden, so dass auch hier keine explizite Einflussnahme abzuleiten ist (verschiedene Gespräche). Obwohl das Verfahren eine besondere Öffentlichkeit erlangt, ist nicht deutlich, dass sich in der Bevölkerung eine eindeutige Position herausbildet und für sie härter gekämpft würde. Damit muss selbst die Öffentlichkeit als indifferent betrachtet werden.

Gegnerschaften

Klare Gegner des Projekts finden sich verstreut in verschiedenen Akteurszusammenhängen, doch bleibt ihr Beitrag aufgrund ihrer beschränkten Handlungsmöglichkeiten gering. Lediglich die Nachbarin kann ihren Widerstand durch ihren Eigentumstitel massiv äußern. Dieser Widerstand ist partikularistisch und richtet sich nicht gegen das Bauvorhaben auf ihrem Nachbargrundstück. Er macht deutlich, dass die Voraussetzungen für die Alternativendiskussion falsch eingeschätzt worden sind und dem Traum, einen Stadtplatz und eine Bebauung gleichzeitig realisieren zu können, Prüfschritte hinsichtlich seiner Realisierbarkeit erst dann gefolgt sind, als die interne Entscheidung über die Bebauungsalternative längst gefallen ist.

30 Vgl. dazu Christian van Lessen: „10 Jahre Kantdreieck: Eine Leidensgeschichte“, in: Tagesspiegel 17.07.1992.

31 Eine vielfach kolportierte Szene, in der Kleihues von seinem Modulsystem einfach einen Oberteil abnimmt und so auf 54 m bzw. 36 m Gesamthöhe kommt, bringt dies exemplarisch zum Ausdruck. Zwar mit „Bauchschmerzen“, aber dennoch in der eigenen Entwurfslogik, hat er die Lösung parat, ohne sich selbst völlig untreu werden zu müssen. Die Bezeichnung des Eingehens auf die niedrigere Gebäudehöhe als „Zugeständnis“ des Investors stellt sich bei Betrachtung der Zeitschiene als Mythos heraus. Zwar kämpft er weiterhin für das höhere Gebäude, doch ist er bereits in das Investorenauswahlverfahren im Wissen um die Einigung auf eine Höhe von 36 m mit Haifischflosse gegangen.

Zusammenfassende Einschätzung des Entscheidungsprozesses

Konstellation

Die Entscheidungsfindung am Kantdreieck ist wesentlich von der Verfügung über Grundstücke, das politisch-planerische Umfeld, das ökonomische Umfeld, die Verwertungsstrategie des Developers und den Zugang von Kleihues zum engeren politischen Entscheidungszirkel geprägt. Da der Hauptteil der Fläche im Eigentum der öffentlichen Hand liegt und diese sich auf eine mittelfristige Bebauung festgelegt hat, kann die Idee eines Stadtplatzes nur noch symbolisch verfolgt werden. Die öffentliche Hand stellt vor der Vereinigung die Auswahl eines wegweisenden Konzepts über die schnelle Entscheidungsfindung und überfrachtet dabei das Projekt in nutzungsbezogener wie in städtebaulicher Hinsicht. Im späten West-Berliner Umfeld bedeutet Konfliktbewältigung nach den problematischen Erfahrungen der 1970er Jahre und der Hausbesetzerzeit tendenziell die Verarbeitung verschiedenster Ansprüche an Stadtentwicklung. Die geringe Dynamik erlaubt eine hochrangige Auseinandersetzung mit einem Einzelprojekt und erzwingt damit dessen Konfrontation mit „Laienmeinungen“ innerhalb der Politik, die bestimmte Strömungen in der Bevölkerung ansatzweise repräsentieren. Die Einigung auf einen städtebaulichen Kompromiss zeigt sich in allen Facetten des Projekts, scheint aber dem Selbstverständnis der Politik angesichts des hohen selbstgesetzten Legitimationsdrucks am ehesten gerecht zu werden. Ein „schwacher Bausenator“, der ein aus seiner Sicht in sich stimmiges Projekt nicht konsequent durchsetzt, ist dabei nicht allein einer, der nicht zu einer Durchsetzung in der Lage wäre, sondern einer, in dessen Entscheidungsdomäne aufgrund des starken innerpolitischen Echos auf das Projekt erheblich hineinregiert wird. Der Versuch einer ökonomischen Positionierung der Stadt durch ein überörtlich vorzeigbares Projekt bringt beinahe zwangsläufig die Vergabe an die unkonventionelle KapHag, die zwar den Entwurf im Detail weiter verfeinert, aber die im Investorenauswahlverfahren aufgemachten Ansprüche aufgrund der Marktsituation und der ohne ernsthafte Auseinandersetzung mit der Funktionalität des Gebäudes entwickelten baulichen Konfiguration schnell aufgeben muss. Wie die KapHag offensichtlich ideal zum hohen Nutzungsanspruch der öffentlichen Hand passt, so dient sich Kleihues in der Entscheidungsphase als derjenige an, der durch seinen Zugang zu den Entscheidungsträgern und die begriffliche Umdeutung des komplexen städtebaulichen Kompromisses am besten in der Lage scheint, auch dem überarbeiteten Projekt einen städtebaulichen Qualitätsanspruch zu verleihen (ein eigentlich verpönter „Hochhausfuß“ wird zur formal wichtigen „Haifischflosse“, die Modulstruktur erlaubt die sinnfällige Ableitung einer Kompromisshöhe, ein „Stadtplatz“ bleibt trotz vermeintlich vermarktbarer Nutzflächen mit markanter Form erhalten).

Bewertung

Das Projekt stellt das erste Paradebeispiel für den Versuch dar, Freifläche auf (mittelfristig) privatwirtschaftlich genutzten Grundstücken über Höhenentwicklung zu gewinnen. Dabei wird die Turmhauslösung aufgrund der ungeklärten Abgrenzungen zwischen „City“ und

„kaiserzeitlichem Charlottenburg“ modifiziert. Diese aus Unsicherheit innerhalb des politischen Raums gefällte Entscheidung kann nur ansatzweise mit einem Hochhaus-Tabu erklärt werden[32]. Gewichtig sind überdies das Gegenüber des Theaters des Westens, die nachwirkende Auseinandersetzung über die kleinteilige Struktur der aufzuwertenden Fasanenstraße und der symbolische Respekt vor der Kaiser-Wilhelm-Gedächtniskirche in der noch geteilten Stadt, in der die historischen Bezugspunkte von Berlin-Mitte als identitätsstiftende Orte nicht verfügbar sind. Gewissermaßen „unter Laborbedingungen“ des landeseigenen Grundstücks entsteht ein erster tastender Versuch der Politik, die von der Architektenschaft gemachten formalen Angebote für eine Überwindung der Blockrandtypologie zu erproben und dabei einen Ort neu zu definieren, der ohnehin aufgrund seines Umfelds und seines Grundstückszuschnitts für ein städtebauliches Experiment in Frage zu kommen scheint. Es entsteht ein Kompromiss, der beinahe alle Beteiligten unzufrieden macht. Die Unzufriedenheit ist wohl mit auf die geringe Größe des Projekts zurückzuführen, bei dem Kompromisse stets das ganze Grundstück betreffen und mithin in sich stimmige, voneinander unabhängige Teillösungen auf Grundstücksteilen nicht möglich sind. Das lange Zögern der Politik und das vorläufige Scheitern sowohl des Stadtplatzes als auch der Vermittelbarkeit einer Kompromisslösung kann als Wegbereiter für die spätere Stadtentwicklungspolitik gesehen werden, die wieder bewusst gegen Widerstände Projekte durchsetzt, die zumindest aus Sicht des engsten Kerns von Entscheidungsbeteiligten (Investor, Entwurfsarchitekt, Senatoren, oberste Ebene der Fachverwaltungen) aus einem Guss entwickelt scheinen. Ähnlich wie auf dem benachbarten Kranzler-Gelände scheinen sich die alternativen Entscheidungsmöglichkeiten aufgrund der durch den Bestand vorgegebenen komplexen Rahmenbedingungen gegenseitig zu blockieren. Die autonom durch das Land bestimmbare Kompromissformel lässt allerdings mit gewollter Integration vielfältiger Ansprüche eine „bescheidene“ Lösung zu, die nicht im Laufe des Verfahrens von einer steten Zunahme der realisierten Dichte geprägt ist.

32 Vgl. die parallel in der Südlichen Friedrichstadt im Rahmen der IBA geplanten „Wohnhochhäuser“.

Fallstudie Kranzler-Eck (Victoria-Areal)

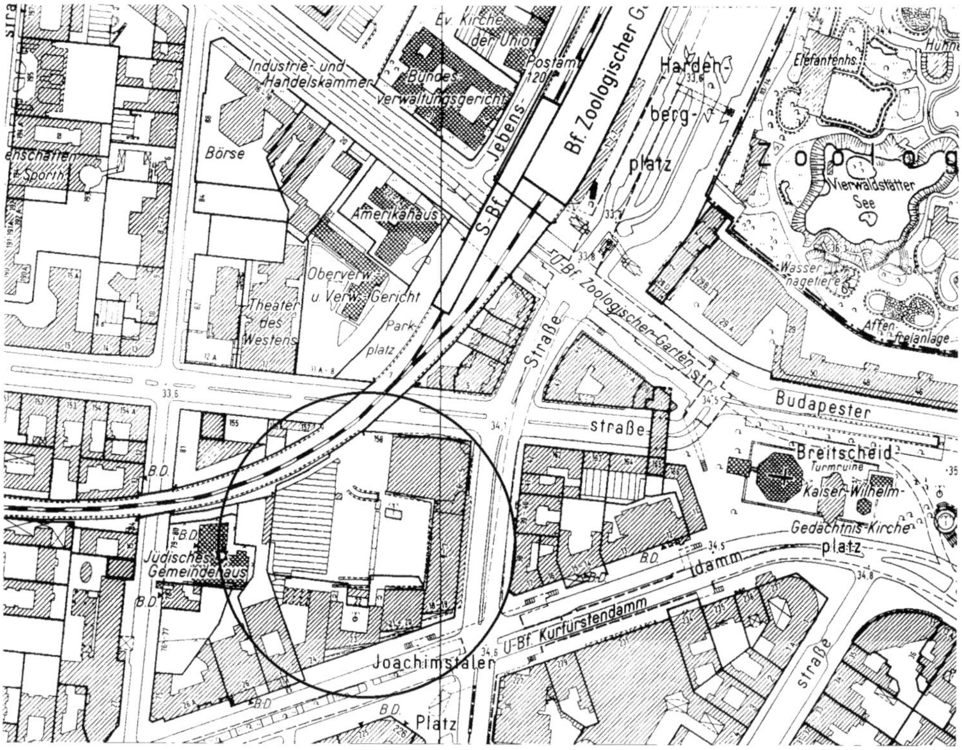

Abbildung: Die Lage des Kranzler-Ecks in Charlottenburg. Maßstab ca. 1 : 5.000, Stand 1998.

Chronologie

Lage und Vorgeschichte

Das Grundstück der Victoria-Versicherungen grenzt im Norden an die Kantstraße, im Osten an die Joachimstaler Straße und im Süden an den Kurfürstendamm. Es nimmt den gesamten östlichen Teil des Baublocks ein, der im Westen bis an die Fasanenstraße reicht. Der Baublock wird von der S-Bahn-Trasse durchschnitten. Nach der Zerstörung des westlichen Stadtzentrums im Krieg entstand in den 1950er Jahren durch mehrere Wettbewerbe und ihre teilweise Realisierung nordwestlich der Kaiser-Wilhelm-Gedächtniskirche ein 1950er-Jahre-Ensemble, das u. a. den vom Hausvogteiplatz in Berlin-Mitte abgewanderten

Bekleidungsherstellern ein neues Zentrum bieten sollte (AG Zentrum Berlin 1997, SenBauWohnVerk 1998a). Das für das Victoria-Gelände vorgesehene Konzept des bereits im III. Reich tätigen 1950er-Jahre-Architekten Dustmann wurde bis auf ein Hochhaus im Blockinnenbereich realisiert und über Baukörperfestsetzungen im Bebauungsplan VII-55 festgesetzt. Das legendäre „Café Kranzler“ fand an der Ecke Kurfürstendamm / Joachimstaler Straße in einem Rundbau seine dritte Bleibe und wurde für den Standort prägender als die übrigen Bauten (Bürogebäude der Victoria-Versicherung, Parkhaus, Kaufhaus, im Volksmund wegen seiner Form und Fassade sowie seines Warenangebots „Groschenmoschee“ genannt). Bei einer Grundstücksgröße von 19.961 m² erreichte die Bebauung eine Geschossflächenzahl (GFZ) von 1,58 und unterschritt den zulässigen Wert von 2,4 insbesondere wegen des fehlenden Hochhauses deutlich. Es hat in den vergangenen Jahrzehnten dann auch immer wieder Versuche gegeben, den Blockinnenbereich nachzuverdichten.

Die lange Vorgeschichte der Wettbewerbsverfahren auf dem Victoria-Areal kann nicht unmittelbar mit dem derzeitigen Planungsgeschehen in Zusammenhang gebracht werden, da verschiedene Investoren in der Regel an der Realisierung eines Hotels interessiert waren und sämtlich von ihren Absichten später zurücktraten. Diese frühen Verfahren nahmen im Wesentlichen 1978 ihren Ausgang, in dem der Hamburger Meinhard von Gerkan mit der Planung für einen Bauvorbescheidsantrag betraut wurde. Er sah einen würfelförmigen Neubau im Blockinnenbereich (heutige Freifläche) mit schmalen verbleibenden Fußgängerbereichen vor. Der Neubau hätte bei elf Vollgeschossen eine BGF von 23.000 m² bzw. 300 Hotelzimmer aufweisen können. Eine spätere Weiterentwicklung sah bei gleicher Geschossigkeit eine höhere Nutzungstiefe und eine Öffnung nach Südosten vor (QV01).

Die parallel im Auftrag der Senatsverwaltung für Stadtentwicklung und Umweltschutz durch das junge Berliner Architekturbüro Müller/Rhode erarbeiteten „grundstückübergreifende Denkmodelle“ sollten zu einer Abstimmung der in der Umgebung laufenden Entwicklungen beitragen. Sie gingen von einer Akzentuierung der Vertikale aus. Im Extremfall „Drei Türme“ wurden für das Kant-Dreieck, das Victoria-Gelände und den Parkplatz am „Theater des Westens“ Hochhäuser mit jeweils etwa 20-25 Geschossen vorgeschlagen. Der „Städtebauliche Wettbewerb Fasanenstraße“[33] in den Jahren 1983-85 ließ in seiner zweiten Stufe das Victoria-Areal unberücksichtigt. Im Auftrag der Senatsverwaltung für Stadtentwicklung und Umweltschutz legten Müller/Rhode 1984 erneut einen „Testentwurf“ vor, der am nördlichen Ende des bestehenden Parkhauses ein Hochhaus mit niedriger Fortsetzung nach Süden vorsah und den übrigen Bestand auf dem Gelände erhalten wollte.

Im Jahre 1985 kam es erneut zu der Planung eines Hotelneubaus, in deren Rahmen das Berliner Architekturbüro Nielebock&Partner ein Scheibenhochhaus bzw. Zwillingstürme vor oder auf dem Parkhausgelände entwarfen. Weitere „grundstücksübergreifende Denkmodelle“ des Büros Müller/Rhode zwischen dem Café Kranzler und dem Theater des Westens favorisierten einen an das Kolosseum in Rom erinnernden Rundbau (QV01), während die Hans Karl Herr GmbH 1986 den Bau eines „Großhotels auf dem Victoriagelände“ beabsichtigte. Die Architekten Zamp Kelp / Haus-Rucker & Co. entwarfen hierfür eine geschwungene 16-geschossige Scheibe, die dem Parkhaus vorgelagert werden sollte.

33 Vgl. Fallstudie „Kant-Dreieck“.

Erst durch eine von dem Architekturbüro Novotny/Mähner 1987 entworfene Hochhausscheibe mit einer Höhe von 21 Vollgeschossen bzw. 70 m für ein Projekt „5-Sterne Hotel de Luxe“ der Interconti-Gruppe wurde die geplante BGF auf etwa 31.000 m² zuzüglich der Überbauung des Parkhausgeländes und damit 510 Hotelzimmer sowie 430 Wageneinstellplätze erhöht. Die im September 1987 gestellte Bauvoranfrage beabsichtigte eine Überschreitung der planungsrechtlich festgesetzten Baugrenzen sowie des Maßes der baulichen Nutzung und beantragte hierfür eine Befreiung vom Bebauungsplan.

Im Herbst 1987 eruierten die Senatsverwaltung für Bau- und Wohnungswesen und der Bezirk die Genehmigungsfähigkeit des Projekts. Dabei wurde deutlich, dass die deutliche Überschreitung der Geschossigkeit aus dem festgesetzten Bebauungsplan die Frage nach der städtebaulichen Vertretbarkeit aufwarf. Die Beurteilungsgrundlage hierfür wurde in Kriterien der Senatsverwaltung für Stadtentwicklung und Umweltschutz sowie einem noch nicht existierenden City-Konzept gesehen, über das „auch in der Öffentlichkeit möglichst weitgehender Konsens bestehen sollte“. Konsequenterweise wurde aus dem Projekt eine Überschreitung des durch den Bebauungsplan gegebenen Befreiungsrahmens und damit ein Planungserfordernis gefolgert. (QV02) Die Möglichkeit der Befreiung blieb allerdings im Winter 1987/88 heftig umstritten, bis im März 1988 die Interconti von dem Vorhaben zurücktrat (QV01).

Im Frühjahr 1988 bestand die Victoria mit einem neuen Investor dennoch auf einer weiteren Prüfung der Bauvoranfrage (QV03). Zwischen Wittwer und der Victoria-Spitze wurde nicht zuletzt angesichts der gestalterischen Ablehnung des Novotny-Mähner-Entwurfs u. a. durch Wittwer (G053) bald Einvernehmen darüber erzielt, dass „sowohl die Victoria als auch Berlin eine Optimierung hinsichtlich der Gestaltung und der Gesamtnutzung dieses wichtigsten City-Grundstücks wünschen.“ (QV05) Damit wurde das Vorbescheidsverfahren obsolet und eine Bescheidung unterblieb.

Das Gutachterverfahren aus dem Jahre 1988 und sein Scheitern

Hoch hinaus – Helmut Jahns erster Vorschlag für Berlin

Im Herbst 1988 wird deshalb ein einstufiges konkurrierendes Gutachterverfahren durch die Senatsverwaltung für Bau- und Wohnungswesen vorbereitet. Es soll eine „städtebaulich attraktiv[e] und anspruchsvoll[e]“ Gestaltung gemäß den „Leitlinien zur Entwicklung der City“ des Senats hervorbringen (QV06, S. 1). Der „bauliche[n] Bestand“ soll „in sinnvoller Weise ergänzt und eingebunden werden“ (S. 1). Offen bleibt, „ob und inwieweit die bestehende Gebäudesubstanz auf dem Victoria Areal (Café Kranzler, Kaufhaus Bilka, Flachbauten von Hans Dustmann und das Parkhaus) sinnvoll einbezogen werden“ (S. 4) können. Ausdrücklich wird eine Änderung des rechtsgültigen Bebauungsplans als Bedingung für die „optimale Gesamtnutzung“ des Grundstücks und eine dem Ort angemessene baulich verdichtete und möglichst exklusive Nutzung genannt (S. 2). Erwartet würden im Verfahren „alternative Konzepte zum Neubau eines ... Hotels ... mit 510 Zimmern oder eines Gebäudes in entsprechender Größe für Büro- und Dienstleistungen.“ (S. 3) Mindestens 740 Parkplätze seien im Gebiet nachzuweisen (S. 3).

Die Ausschreibung für das Gutachterverfahren geht über die Interessen des Bezirks hinweg (QV07). Die BVV will zunächst eine städtebauliche Gesamtkonzeption zum engeren Citybereich erstellen lassen. „Die jetzt sich abzeichnende Situation, Einzelprojekte isoliert auszuloben, widerspricht entschieden einer umfassenden städtebaulichen Lösung" (ebd.) Später wird allerdings der Baustadtrat Laschinski als Mitauslober und Sachverständiger in das Verfahren integriert.

Im Gutachterverfahren sollen u. a. folgende Grundsätze für die Beurteilung der Arbeiten angewandt werden[34]:

„Das Victoria Gelände ist ein außerordentlich wichtiger Bereich in der Innenstadt Berlins, von dessen Bebauung wichtige Impulse auf andere Bereiche ausgehen können. Bei der Beurteilung ... muß mitbedacht werden, welche Auswirkungen und Vorbildwirkungen der Vorschlag ... haben würde. Das bezieht sich sowohl auf äußere Merkmale, wie auf die Grundmuster der Bebauung und ihre Höhe[,] ... auf die Bebauungsdichte und die Forderung nach notwendigen Stellplätzen. ... Das Grundmuster der Blockbebauung in Charlottenburg wird nicht in Frage gestellt. Es geht heute im Bereich des Gutachtengeländes in mehr oder weniger geregelte Solitärbebauung über. Es ist von großer Wichtigkeit, klare Abgrenzungen zu finden. Es ist kritisch abzuwägen, ob den bestehenden Grundmustern der Bebauung weitere hinzugefügt werden sollten. ... Sofern Hochhausbebauung vorgeschlagen wird, sollte diese nicht in der 'zweiten Reihe' versteckt werden und damit nur der Erhöhung der GFZ dienen, sondern sie sollte unmittelbare städtebauliche Wirkung entfalten können. ... Eine Durchwegung des Grundstückes in Nord-Süd-Richtung wird für sinnvoll gehalten, um die Bereiche an der Nordwest-Seite des Bahnhofs Zoo besser anzuschließen, und Beziehungen zum Theater des Westens und zu den geplanten Neubauten an der Kantstraße herzustellen. ... Die Haupterschließung für Kraftfahrzeuge ... sollte von der Kantstraße her so geführt werden, dass Fußgängerströme möglichst gering gestört werden. ... Die Kontinuität des Kurfürstendamms darf nicht gestört werden." (QV06, Grundsätze 1-6)

Als „besonders interessante Prototypen" werden im Verfahren die Entwürfe von Müller/Rhode, Nielebock&Partner, Sawade und Murphy/Jahn identifiziert, die sich untereinander deutlich unterscheiden (QV13). Während Müller/Rhode ein freistehendes Turmhochhaus in den Blockinnenbereich postieren, entwerfen Nielebock&Partner ein niedrigeres Zwillingshochhaus. Sawade gestaltet wie Jahn die Straßenfront zur Joachimstaler Straße komplett neu, wobei Jahn durch eine bis 136 m hohe Hochhauskomposition einen noch wesentlich stärkeren Kontrast zum Bestand in der Umgebung liefert (vgl. Abbildung).

34 Inwiefern der Auslobungstext als Ermunterung zum Entwurf von Hochhäusern zu verstehen ist, kann nicht eindeutig ermessen werden. Georg Wittwer widerspricht der Darstellung, er habe den Maßstabssprung selbst befürwortet (Gespräch Wittwer).

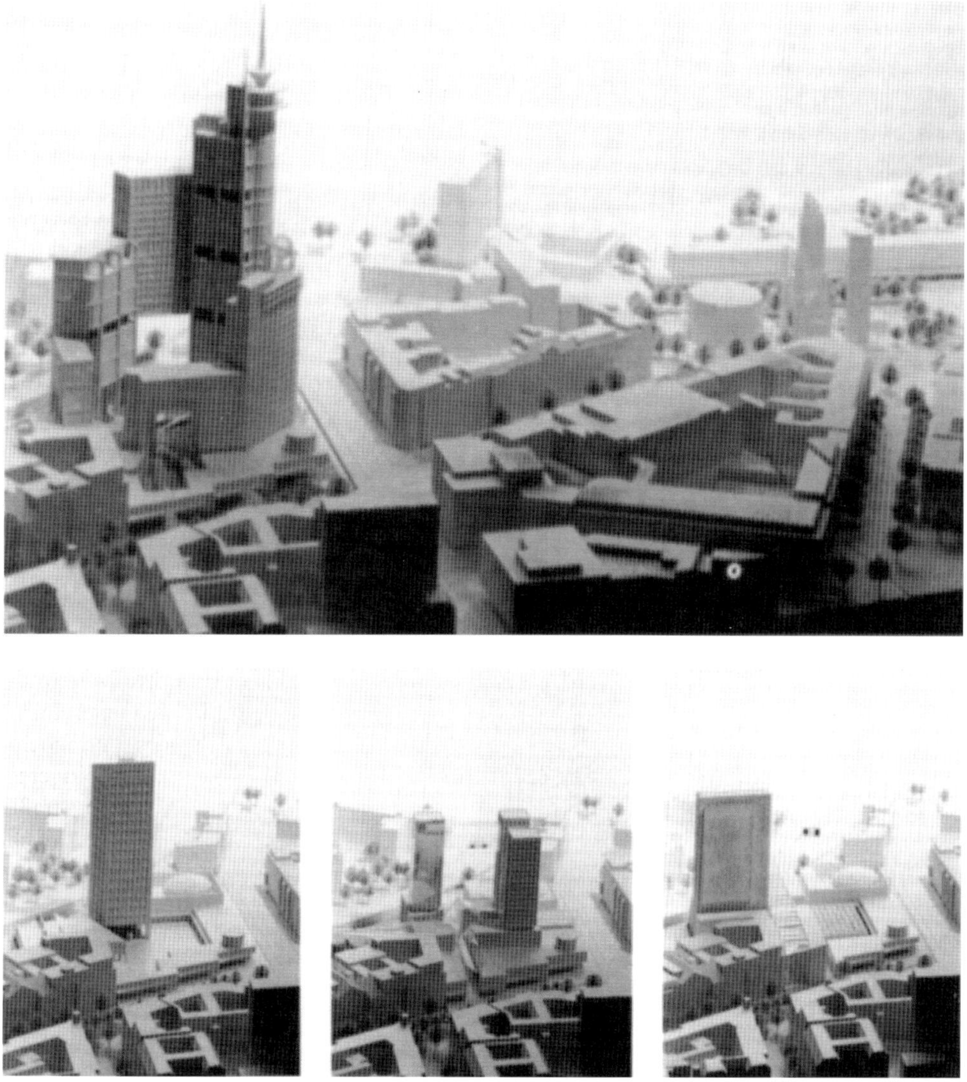

Abbildung: Das Ergebnis des Gutachterverfahrens. Oben der Entwurf von Helmut Jahn, unten von links nach rechts Müller/Rhode, Nielebock, Sawade.
Quelle: Bauwelt 1988, S. 2008.

Das Obergutachtergremium, in dem neben den Vertretern der Victoria-Versicherung und Bausenator Wittwer renommierte Städtebauer und Architekten aus dem Beraterumfeld Wittwers in den 1980er Jahren sitzen, kann sich nicht auf einen eindeutigen Sieger festlegen. Insbesondere der spektakuläre Entwurf von Jahn erscheint einigen vielversprechend, wird aber in seiner Höhe und Formensprache von den „Fachpreisrichtern" abgelehnt (G038, G053). Das Gremium versucht in seiner Beurteilung, der schwierigen Lage durch salomonische Formulierungen gerecht zu werden, die aber einen Konsens für eine über den Dustmann-Entwurf hinausgehende Verdichtung und Höhenentwicklung verdeutlichen[35]:

„Das Grundstück ist für hohe Bebauung geeignet. Hochhäuser sollten nicht als Solitär entwickelt, sondern in eine umgebende Struktur eingebunden werden. Hochhausensembles sind dominanten Gebäuden vorzuziehen. Ein Anstieg in neue Maßstäbe, der die Umwandlung weiterer Bereiche zur Folge hat, ist zu vermeiden. Der Anspruch der Bebauung soll Ort und Funktion entsprechen. Die GFZ soll bei durchaus möglicher hoher Dichte das im weiteren Bereich übliche Maß nicht überschreiten. ... Straßenräume sollen durch Blockdurchgänge nicht entwertet werden. Eine Fußwegverbindung vom Kurfürstendamm zum Kant-Dreieck ist zwar erwünscht, sollte jedoch den tatsächlichen Übergangsmöglichkeiten gerecht werden. Ein gegebenenfalls wettergeschützter, straßenähnlicher, offener Durchgang ist einer Ladenpassage vorzuziehen. ... Die überforderten Straßenräume zwingen zu einer Begrenzung der Einstellplatzverpflichtung. ... Die Planungen für die Nachbargrundstücke sind zu überprüfen (z. B. Kant-Dreieck).“ (QV13, Empfehlungen 1-4)

Darüber hinaus wird ein Bekenntnis zur Mischnutzung formuliert und vor einer Torsowirkung bei Bebauung in Abschnitten gewarnt. Die Arbeit von Müller/Rhode sei dabei die einzige, „die die vorhandene Bebauung von Dustmann vollständig respektiert und ohne jeden Abriß (außer des Parkhauses) auskommt.“ Das Turmhochhaus sei „sensibel placiert“. An der Arbeit von Murphy/Jahn wird die „konsequente Zukunftsorientierung“ als das „Leitmotiv“ herausgestellt, weswegen „[f]olgerichtig ... die Bewahrung vorhandener Bausubstanz und des historischen Maßstabes als sekundäres Problem bewertet“ werde.

„Durch die Schaffung eines überhöhten Akzents soll vielmehr die Chance einer neuen Dimension und damit neuer kommerzieller Impulse für Berlin eröffnet werden. Nur die Dustmann-Gebäude am Kurfürstendamm einschließlich des Café Kranzler bleiben erhalten, als Zugeständnis an gewachsene Affinitäten der Berliner Bürger. ... Das Projekt erhebt den Anspruch, zum neuen Symbol Berlins zu werden. Eine Rechtfertigung für diesen Anspruch begründet der Verfasser mit der Notwendigkeit nach größtmöglicher Ausnutzung des Grundstückes. Sie findet ihren baulichen Niederschlag in einer Höhenentwicklung ..., die alle bisherigen Dimensionen sprengt. Die Gutachterkommission vermag die Konsequenz dieser extremen Höhenentwicklung nicht nachzuvollziehen. Die Bedürfnisse des Kommerzes können zwar in verdichteter Bebauung ihren Niederschlag finden, hingegen sollten sie nicht dazu dienen, neue städtische Symbole zu schaffen.“ Die Bedeutung der Arbeit von Nielebock & Partner liege „in dem Versuch, die große notwendige Baumasse für diese Nutzungen (Hotel, Büros, Wohnungen) in mehreren Einzelbaukörpern unterzubringen.“

Trotz des „'Down-Town'-Charakters“ schätzt die Jury die „Türme [als] zu kleinmaßstäblich“ ein und bezweifelt, ob „diese Bescheidenheit ausreicht, um die Bedeutung des Standortes zu betonen“ Die Arbeit von Sawade besticht offenbar durch ihre passagenartige Blockdurchwegung:

„Unter den zahlreichen Beiträgen, die eine Passage anbieten, ist diese die konsequenteste. Im Sinne des Verfassers, der sie eher als eine überdachte Straße verstanden wissen will, bildet sie eine Ordnungslinie, die die Ostkante des Victoriahauses aufnimmt und damit (etwas unglücklich) vor das Brückenwiderlager an der Kantstraße führt.“

35 Auch Wittwer kritisiert nach eigener Aussage bereits früh die Höhe, nicht aber die grundsätzliche Aussage des Entwurfs. Da es sich formal um ein „Gutachterverfahren“ handelt, ist der Begriff Fachpreisrichter in Anführungszeichen gesetzt. Gemeint sind die freien Architekten in der Jury. Wegen dem aus dem alten Bebauungsplan resultierenden Baurecht mit erhöhter Dichte ist auch für die hochhausskeptischen Fachpreisrichter angesichts der angebotenen Alternativen ein Hochhaus unausweichlich (G050).

Kritisch wird die Blockrandbebauung beurteilt, die die Dustmann-Bauten ersetzen soll, und ebenso die zweite Hochhausscheibe als Pendant auf der Längsachse: „Hier lassen sich auch spannungsreichere Lösungen vorstellen."

Die Reaktion der Öffentlichkeit ist in der Mehrheit ablehnend gegenüber der Hochhausidee von Murphy/Jahn. Während die Presse die Äußerungen der politisch Verantwortlichen Bausenator Wittwer und Baustadtrat Laschinski verhalten positiv kommentiert[36], fallen die Leserbriefe drastischer aus: „Über ihren Bericht war ich wie vom Donner gerührt. Schon wieder ein Schlag ins Gesicht des Berliner Bürgers, der Größenwahn des Senats scheint keine Grenzen mehr zu kennen." „Mit Schrecken habe ich von der geplanten Neubebauung gelesen. ... [D]ie Erfahrung lehrt, wo erst einmal so ein Monster angesiedelt wurde, wachsen sehr schnell andere nach." (beide Tagesspiegel)

Obwohl die Obergutachter eine Überarbeitung der vier oben als „interessante Prototypen" bezeichneten Arbeiten für den Anfang des Jahres 1989 vorsehen (vgl. z. B. Berliner Morgenpost 22.11.1988, Tagesspiegel 22.11.1988), macht die Victoria-Versicherung bereits Ende 1988 deutlich, dass sie den Entwurf des Büros Murphy/Jahn bevorzugt (QV09).[37]. Der Vorsitzende des Obergutachtergremiums, Prof. Adrian, äußert sich kritisch zu dem in der Presse verbreiteten „fehlerhaften" Eindruck, das Gutachtergremium habe eine Weiterverfolgung des Entwurfes Jahn vorgeschlagen. Adrian habe während der Gutachtersitzung „mindestens zweimal mit dem Niederlegen des Vorsitzes" gedroht. Er sei sich sehr sicher,

> „dass die Fachleute im Gutachtergremium auf gar keinen Fall eine Weiterverfolgung des Entwurfes Jahn vorgeschlagen hätten. ... Er würde an dieser Stelle alle Maßstäbe sprengen — nicht nur durch die Höhe der Gebäude, sondern auch durch die gewählten Maßstäbe im einzelnen, z. B. der ‚Tore'. Er könnte einen neuen Schub der Stadtzerstörung auslösen. ... Er ... beginnt mit einer neuen, nicht integrierbaren Struktur. Er arbeitet mit einer Fülle architektonisch überaus trivialer Details." (QV10)

Damit bleibt zunächst der weitere Verlauf des Verfahrens unklar, da sich zwei voneinander abweichende Positionen gegenüberstehen und eine Realisierung ohne Bebauungsplanänderungsverfahren nicht möglich ist.

In einem Gespräch zwischen Vertretern von SenBauWohn, dem Bezirk und der Victoria-Versicherung in Anwesenheit von Architekt Jahn wird in Frage gestellt, ob die anderen drei Architektenteams ihre Entwürfe überhaupt überarbeiten wollen und der Wille von Senator Wittwer mitgeteilt, Jahn mit einer „Überarbeitung seines Entwurfs hinsichtlich der Höhenentwicklung ... aufzufordern" (QV11). SenStadtUm will „mit einer Umgebungsuntersuchung ... die Stadtraumverträglichkeit testen lassen" und gutachterlich die genehmigungsrechtlichen Voraussetzungen der Hochhausbebauung prüfen lassen (QV11).

36 Vgl. z. B. Berliner Morgenpost 22.11.1988 und positiver in einem Artikel von Jan Rave, einem der Obergutachter, am 15.01.1989, Tagesspiegel 22.11.1988.

37 Ein Beobachter behauptet, dass die Victoria und Helmut Jahn bereits vor dem Gutachterverfahren in Kontakt gestanden hätten. Demnach sei die Plazierung des Jahnschen Hochhauses auf der Fläche des unter Denkmalschutz stehenden Bilka-Kaufhauses von der Victoria veranlasst worden, da dies die am einfachsten durchsetzbare Möglichkeit eines Teilabrisses der unterausgenutzten Blockrandbebauung aus den 1950er Jahren gewesen sei (G031).

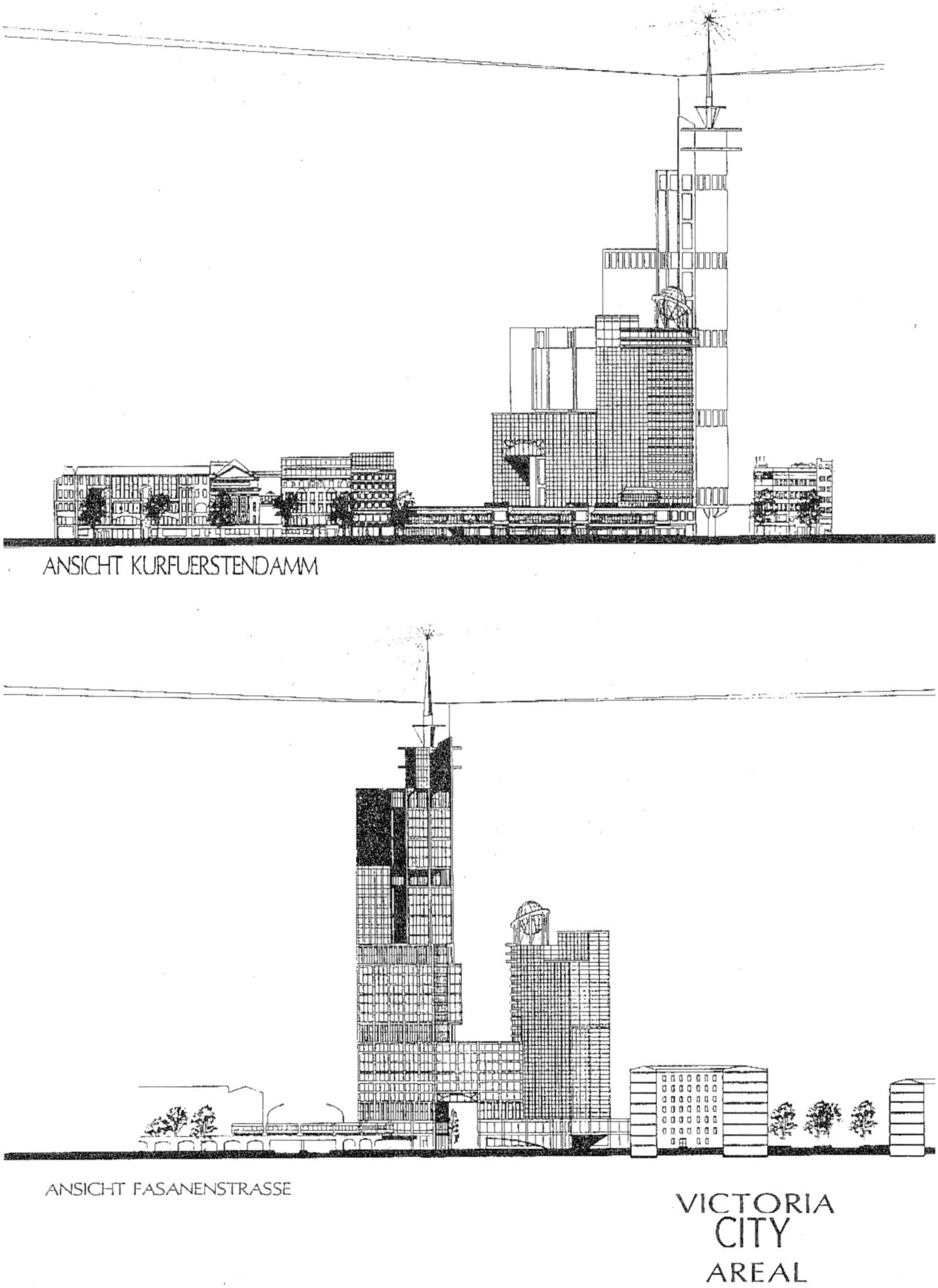

Abbildung: Der Entwurf von Helmut Jahn im Aufriss. Quelle: G040.

Rot-Grün und das Ende der Hochhauspläne

Die am 29.01.1989 stattfindende Wahl zum Abgeordnetenhaus bringt eine Niederlage der regierenden CDU/FDP-Koalition, so dass ein Machtverlust der im Verfahren beteiligten Senatoren und des Baustadtrats bevorsteht und SPD-Politiker an ihre Stelle treten[38]. Nichtsdestoweniger wird ein Überarbeitungsverfahren eingeleitet, das alle vier erwähnten Architektenteams einbezieht, um „Einvernehmen über ... [den] Inhalt“ des Bebauungsplans zu erzielen (QV12). Im Rahmen der Überarbeitung soll erst grundsätzlich über Art und Maß der künftigen Nutzung sowie den evtl. Abriss der Kranzler-Bebauung entschieden werden (Berliner Morgenpost 15.01.1989).

Ende Mai 1989 werden die Überarbeitungen vorgestellt. Sie lassen teilweise bereits erkennen, dass die Architekten dem Verfahren keine größere Bedeutung mehr zumessen (G031). Die Obergutachter sind in die Beurteilung nicht mehr einbezogen (QV13). Murphy/Jahn präsentieren einen höhenreduzierten Entwurf. In der anschließenden Erörterung ist der neue Bausenator Nagel von keiner der Lösungen überzeugt und erwägt, weitere Entwürfe aus der ersten Stufe des Wettbewerbs für eine Entscheidung heranzuziehen. Letztere wird von ihm grundsätzlich in Frage gestellt, da der „Entscheidungsdruck nicht mehr so groß“ wie am Ende der vorausgehenden Legislaturperiode sei. Deutlicher Widerstand gegen den als „völlig auswechselbar“ bezeichneten Entwurf von Jahn kommt von SenStadtUm. Auch andere Vertreter der Senatsverwaltungen und des Bezirks äußern sich kritisch und fordern eine öffentliche Diskussion, eine Begrenzung der Hochhausentwicklung am Kurfürstendamm und der Stellplatzzahl, eine Untersuchung über eine Entwicklung in moderater Höhe und ein Gesamtkonzept für den Bereich. Schließlich benennt Nagel die Kriterien des neuen Senats für ein weiteres Gutachterverfahren, nämlich eine Entwicklung auch unter ökonomischen Gesichtspunkten bei einer GFZ von maximal 3,5 und einer Respektierung der 1950er-Jahre-Bebauung, die von den gewachsenen Strukturen bestimmt sei und eine öffentliche Nutzung des Freiraums zulasse. Sie stellen das alte Verfahren völlig in Frage.

In einer weiteren Abstimmungssitzung wird deutliche Kritik am bis dahin abgelaufenen planerischen Verfahren laut (QV14). Insbesondere die mangelnde Beteiligung des Bezirks und die Überhastung einzelner Schritte werden dem alten Senat angelastet. Die Bezirksvertreter und Vertreter von SenStadtUm bemängeln, dass keine Gesamtplanung einschließlich kulturpolitischer und sozialer Ziele entwickelt worden sei und Nutzungsstrukturverbesserungen für das Zooviertel nicht deutlich genug geworden seien. Die Ballung mehrerer Einzelprojekte (vgl. Kantdreieck) hätte eine planerische Unsicherheit ausgelöst. Die Senatsbauverwaltung wendet sich aber gegen eine „Vollbremsung“ der Planung, und plädiert dafür, „dass nicht ständig alles neu in Frage gestellt [wird], sondern konstruktiv die mit der Fachöffentlichkeit und der Wirtschaft fair und transparent entwickelten Planungsverfahren vernünftig zu Ende gebracht werden.“ Die kurzfristige Ausarbeitung eines Rahmenplans als Entscheidungsgrundlage für die anstehenden Einzelprojekte wird vorgeschlagen.

38 Ergänzt um die AL-Senatorin Schreyer, die aber im Verfahren keine wesentliche Rolle spielt.

Kritische Rekonstruktion? — Der Senat als Initiator von Planungskonzepten

Während die Victoria-Versicherung zunächst nach der Vereinigung der beiden Stadthälften anderen Projekten Vorrang einräumt[39] und die Bebauung des Kranzler-Ecks nicht mit Nachdruck betreibt, beauftragt die Senatsverwaltung für Bau- und Wohnungswesen Ende 1991 die Berliner Architekten Barbara Benzmüller und Wolfgang Wörner mit der Ausarbeitung eines Bebauungsvorschlags für das Grundstück im Sinne des an anderer Stelle in der Stadt, insbesondere in der Friedrichstadt, verfolgten Ansatzes der „Kritischen Rekonstruktion", um dem „wahren Hochhaus-Horrorszenario" (Luther 1992, S. 964) aus dem Gutachterverfahren von 1988 eine Idee entgegenzusetzen, mit der „ein Stück Stadt wiederhergestellt werden" kann (ebd.). Das Konzept formuliert als städtebauliche Ziele die „Aufnahme der historisch gewachsenen Nutzungsmischung", „Respekt vor dem Stadtgrundriß", eine „Berücksichtigung der großen Neubauvorhaben an der Kantstraße"[40], eine öffentliche Durchwegung in Nord-Süd-Richtung und die Realisierbarkeit in mehreren Abschnitten.

Diese Ziele versuchen die Gutachter in einem Testentwurf umzusetzen, der den Komplex an der Joachimstaler Straße mit Kranzler und Bilka-Kaufhaus unangetastet lässt, aber den Westteil des Grundstücks im Blockinnern dicht überbaut. Dabei nehmen sie die am Kurfürstendamm vorhandene Traufhöhe auf und setzen sie nach Norden fort, akzentuieren aber an der Kantstraße den nördlichen Gebäudeabschluss mit einem als Merkzeichen gedachten Turmhaus, der sich in seiner Höhe auf das Projekt auf dem Kantdreieck bezieht. Durch die Öffnung des Blocks am Kurfürstendamm mit Abbruch eines Teils der dort vorhandenen Bebauung soll eine Passage realisiert werden, so dass de facto aus einem alten zwei neue Baublöcke entstehen. Das Gutachten wird zwar öffentlich vorgestellt, doch bleibt es zunächst folgenlos (Luther 1992, S. 964 f). Insbesondere Helmut Jahn fürchtet um den Geist seines Entwurfs und sperrt sich wie die Victoria-Versicherung zunächst vehement gegen die Idee des Gutachtens (G021, G089).

Mit der neuerlichen Beauftragung von Helmut Jahn durch die Victoria-Versicherung geht das Projekt schließlich in seine Realisierungsphase. In der im Mai 1993 vorgestellten Überarbeitung ist der öffentlichen Kritik Rechnung getragen, die sich gegen die Hochhäuser an der Joachimstaler Straße und den Abriss des Kranzler-Ensembles wendet. Der Entwurf bezieht nun in seiner Grundstruktur doch Anleihen aus dem Benzmüller-Wörner-Gutachten ein, so die Beibehaltung der Straßenrandbebauung an der Joachimstaler Straße und die Höhenakzentuierung direkt neben dem Kreuzungspunkt von Kantstraße und S-Bahn-Viadukt. Er sieht — aus Sicht des Kurfürstendamms — die Errichtung eines im Blockinnenbereich leicht nach Westen abgewinkelten Baukörpers vor, der senkrecht zum Kurfürstendamm steht. Westlich von ihm sind weitere parallel verlaufende Gebäude vorgesehen, die das Parkhaus ersetzen sollen und eine Passage durch den Block bilden. Die Traufhöhe der neuen Gebäude ist — bei Abstufungen — mit 53 m angesetzt.

39 Offenbar wird Helmut Jahn aber bereits 1991 mit einer Wiederaufnahme der Entwurfstätigkeit beauftragt, vgl. Bauwelt 1993, Heft 48, S. 2572.

40 Gemeint sind das Kant-Dreieck und das zu diesem Zeitpunkt ebenfalls geplante IC-Hotel, das zwischen dem Theater des Westens und der Stadtbahntrasse vorgesehen ist.

Abbildung: Das Konzept von Benzmüller-Wörner. Anstelle des Bilka-Kaufhauses ist ein Neubau vorgesehen. Quelle: Bauwelt 17/1992, S. 965.

Bei einem Abriss von etwa 10.000 m² BGF und einem Neubau im Umfang von etwa 88.000 m² sieht der Entwurf eine Erhöhung der GFZ auf 5,4 vor. Damit übersteigen Höhe und Dichte bei weitem die Aussagen des vom Senat eineinhalb Jahre zuvor initiierten Gutachtens. Aber auch dessen Idee, in Anlehnung an die „Methode" der „Kritischen Rekonstruktion" die Traufhöhe des Kurfürstendamms aufzunehmen und die Gestaltungsvorschriften des „Geschützten Baubereichs"[41] zu berücksichtigen, wird durch einen zum südlichen Grundstücksrand spitz zulaufenden gläsernen Baukörper mit einer Höhe von 15 Geschossen verlassen. (QV15)

Dem als „Planungsstudie 6" bezeichneten Vorschlag, der die bereits im Mai präsentierten Merkmale aufweist, stimmen die Senatoren Nagel und Hassemer im Juni 1993 trotz der geschilderten Abweichungen von den Vorschriften des „Geschützten Baubereichs" am Kurfürstendamm zu. (Abgh.Drs. 12/5863, S. 28)

Zähes Ringen — Die Auseinandersetzung mit dem Bezirk

Der neue Entwurf stößt in der Bezirksverwaltung immer noch nicht auf Zustimmung. Der Charlottenburger Baustadtrat Dyckhoff hält das Bauvolumen für zu groß sowie das vorgeschlagene Gebäude für zu hoch und zu dominant. Kritisiert wird im Wesentlichen das über 50 m hohe querstehende Gebäude und seine Länge, seine Verbindung mit der im Süden vorgesehenen scheibenförmigen Bebauung und die „Eckausbildung" am Kurfürstendamm, mit der die Randbebauung dort durchbrochen wird. Das Projekt verletze die City-Leitlinien[42] und die Gestaltungsziele des geschützten Baubereichs und sei daher inakzepta-

41 Der westlich an das Untersuchungsgebiet angrenzende Bereich des Kurfürstendamms ist am 01.07.1977 als „Geschützter Baubereich" festgesetzt worden. Bauvorhaben, die sich gestalterisch dort nicht einfügen, können abgelehnt werden.

42 Die Leitlinien des Bezirks Charlottenburg, von Dyckhoff nach der sich dort abzeichnenden Hochhaus-Entwicklung auf den Weg gebracht, sehen eine an der morphologischen wie nutzungsstrukturellen Weiterentwicklung des Bestands orientierte Strategie für den kaiserzeitlichen Bereich Charlottenburg vor, wohin-

bel. Die Höhe des vorgesehenen Wohngebäudes im Blockinnenbereich müsse auf die westlich benachbarte Bebauung Rücksicht nehmen, wenn auch Wohnen als Nutzung begrüßt werde[43].

Die Kritikpunkte werden am 08.06.1993 zwischen Vertretern des Bezirks, der Victoria-Versicherung und dem Architekten Helmut Jahn erörtert. Dabei macht Dyckhoff seine Ablehnung deutlich: Das Gebäude störe „das städtebauliche Gefüge der Nachbarschaft empfindlich", und die dreieckige Skulptur, die in einer Höhe von über 50 m über dem Kurfürstendamm die Neubauten von Jahn krönen soll, wirke „stadtbildzerstörend". Vom Architekten wird dagegen der „künstlerische Charakter" der Gebäudespitze am Kurfürstendamm betont, der mit Laserlicht, Transparenz und Verglasung sowie Stahlarchitektur erreicht werden soll. Die Kontrahenten vereinbaren eine Überarbeitung, die außerdem die Fußgängerpassage stärker herausarbeiten soll. (QV17)

Bausenator Nagel räumt dem Bezirk nun einen Verhandlungsspielraum in Gesprächen mit der Victoria-Versicherung über „Details" wie die Randbebauung am Kurfürstendamm ein. Er strebt eine zügige Einigung an und legt besonderen Wert auf eine verbesserte Freiflächengestaltung. Der klare, städtische Charakter des Entwurfs dürfe jedoch nicht verspielt werden. (QV18)

Die von Jahn vorgelegte Überarbeitung („Studie 7") wird am 08.07.1993 im Bezirk erörtert. Jahn liefert nun fünf Alternativen. Es stellt sich heraus, dass die zweite Alternative, die auf das verglaste Dreieck verzichtet und die transparente Gestaltung als Glaswand bis in das Hauptgebäude hineinzieht, als architektonisch unbefriedigend angesehen wird, aber den Vorstellungen des Bezirks nahekommt. Der Architekt und der Investor „verteidigen energisch ihre Vorzugsvariante" und berufen sich dabei auf Gespräche mit Nagel und Hassemer, die diese ebenfalls befürworten. Die Situation spitzt sich zu, es „entwickelt sich eine kontroverse Diskussionsrunde, an deren Ende die Investoren und der Architekt keine Einlenkungsbereitschaft signalisieren und betonen, unter diesen Umständen von eventuellen Investitionsabsichten Abstand zu nehmen." Trotz Kompromissvorschlag des Baustadtrats ergibt sich kein Konsens. Ein neuer Gesprächstermin wird für den August anberaumt. (QV19)

In einer am 15.07.1993 stattfindenden Abstimmungsrunde zwischen der Senatsbauverwaltung und der Bezirksvertretern beharren letztere auf ihrer bereits im Mai gegenüber der Victoria geäußerten Position. Verstärkt wird nun die Auseinandersetzung am Widerspruch des Entwurfs zu den Festlegungen des Geschützten Baubereichs festgemacht. Die gründerzeitliche Bebauung, die sich dort durch die Berliner Traufhöhe, die geschlossene Bauweise, eine parzellenweise Bebauung, eine GFZ zwischen 2,4 und 3,5 sowie eine Betonung der Blockecken auszeichnet, mache eine Einfügung des neuen Projekts erforderlich, doch selbst nach Überarbeitung blieben die „schon geäußerten Kritikpunkte ... bestehen", was sich vor allem auf die 50 m hohe Skulptur über dem Kurfürstendamm bezieht. Das Entwicklungspotential des Grundstücks wird von den Bezirksvertretern im Wesentlichen in seinem wenig genutzten Hofbereich gesehen. Die unterschiedliche Charakteristik der westlich bzw. öst-

gegen das unmittelbare Umfeld des Breitscheidplatzes als „Umstrukturierungsgebiet" im Rahmen von genaueren Untersuchungen für City-Entwicklung „freigegeben" wird.

43 Interessant erscheint, dass das Projekt trotzdem grundsätzlich akzeptiert und die zügige Vorbereitung eines Bebauungsplanänderungsverfahrens in Aussicht gestellt wird. (QV16)

lich angrenzenden Bereiche stelle besondere Anforderungen an die Veränderungen auf dem Grundstück. Zum Kern des Konflikts entwickelt sich die Massivität des Hauptgebäudes im Jahn-Projekt, das als „stadträumliche Barriere" bezeichnet wird. Seine „gebietsfremden Proportionen" berücksichtigen, so die Position, nicht die „für den City-Bereich charakteristischen Baustrukturen." Das an der Kantstraße geplante Gebäude stelle „durch Höhe und Volumen einen Bruch innerhalb des bestehenden Stadtgefüges dar, die benachbarten Bereiche werden durch die Baumassen förmlich erdrückt". Die Gegenposition wird allerdings nicht recht deutlich dargelegt: „Zur Vermeidung einer stadträumlichen Barriere sollte sich der Gebäudehaupttrakt an den für den City-Bereich charakteristischen Proportionen bei hohen Gebäuden — filigrane Scheibe — orientieren." (QV20)

Der Bezirk fordert zumindest eine Aufnahme der Traufhöhe, eine Verringerung des Bauvolumens auf ein „verträgliches Maß", einen „entschiedenen" Abbau der Barrierewirkung und eine Berücksichtigung der Wirkung des Bestands. Dyckhoff wendet sich an Nagel und Luther und erwirkt dort eine Fortsetzung der Verhandlungen. (QV21, QV22) Die Konfliktpunkte werden auch gegenüber der Victoria-Versicherung ein weiteres Mal schriftlich bekundet. Das Kranzler-Eck dürfe nicht „zu einer karikaturhaften Erscheinung der Vergangenheit gemacht werden". Die hohe GFZ von etwa 5,0 stehe im Widerspruch zu der von Nagel mündlich eingebrachten Größe von etwa 3,5. (QV23)

Die Victoria-Versicherung erklärt sich offenbar bereit, Jahn mit der Entwicklung weiterer Alternativen zu beauftragen (QV24, QV25). Schützenhilfe gegen die vorliegenden Entwürfe erhält der Bezirk durch die Denkmalschutzbehörde, die in ihrer Denkmalbegründung vom Oktober 1993 darauf hinweist, dass sich die Victoria-Versicherung im Vorfeld des Wettbewerbs von 1955 „ihrer produktiven Aufgaben und Verpflichtung als Bauherr bewußt war und sich nicht ausschließlich auf die maximale wirtschaftliche Verwertung des Besitzes konzentrierte." Nach geschichtlichen, wissenschaftlichen und künstlerischen Kriterien sei die Anlage denkmalwert, die „durch einen reizvollen und einprägsamen Akzent" die westliche City betone. Das (neue) Kranzler sei heute ein Wahrzeichen der Stadt. Die künstlerische Qualität liege „in der vielgestaltigen städtebaulichen Anlage und Baumassendisposition, die mit der einige Jahre vorher realisierten Allianz-Bebauung [südlich des Kurfürstendamms, U. A.] korrespondiert und den städtebaulichen Raum im Kreuzungspunkt vom Kurfürstendamm und Joachimstaler Straße in großzügigen Dimensionen weitet." (QV26).

Die von Jahn überarbeiteten Alternativen werden Mitte September vorgestellt („Studie 8"). Darin wird der Glaserker 10 m vom Kurfürstendamm zurückgenommen und die Trauflinie dort nicht unterbrochen. Im Entwurf wird an das bestehende Gebäude der Victoria-Versicherung am Kurfürstendamm angebaut und ein zurückliegendes, achtgeschossiges Appartementhaus ergänzt. Im Bezirksamt erscheint diese Variante als akzeptable weitere Verhandlungsgrundlage. (QV27) Schließlich geraten die Abstimmungen mit dem Bezirk dennoch in eine Sackgasse und werden von der Victoria vorläufig beendet. Der Bezirk will im Herbst 1993 nur noch auf Weisung des Senats ein Bebauungsplanverfahren einleiten. (QV28, QV29)

Abbildung: Das von den Senatoren favorisierte Projekt von Helmut Jahn für das Kranzler-Eck.
Quelle: SenBauWohn 1995, o. S. (Nr. 11).

Im November beschließt die BVV Charlottenburg die Ablehnung des „von Senator Nagel und Senator Hassemer unterstützte[n] Projekt[s] für das Victoria-Areal. Diese Ablehnung gilt sowohl für die Art und Weise der Entscheidung ohne Einbeziehung des Bezirks als auch für die ... Überschreitung der üblichen Bauhöhe an der Bauflucht Kurfürstendamm und der Baumasse in querliegender Riegelform." (Beschluss Nr. 519 vom 18.11.1993)

Durchsetzung und rechtliche Absicherung

Das Machtwort — Weisung und Eintritt des Senats in das Verfahren

Schließlich kommt es daraufhin am 07.01.1994 zur Weisung durch SenBauWohn, den Bebauungsplan VII-55 in Anpassung an die „Studie 7 der Architekten Murphy und Jahn" (vom 08.07.1993) zu ändern. Motivation für die Senatsverwaltung ist, dass „dabei das Denkmalschutz-Ensemble rund um das Kranzler-Eck fast vollständig erhalten bleiben kann." Das Bezirksamt beschließt ohne Gegenstimmen, dem nicht zu folgen (Beschluss Nr. 198). Ein umfangreicher Vermerk von Baustadtrat Dyckhoff erläutert die Haltung des Bezirksamts, die er noch am selben Tag an Nagel sendet. Der Bezirk weist darauf hin, dass die Befolgung der Weisung zu einem rechtswidrigen Bebauungsplan führen würde, da die Studie 7 zum Inhalt des Aufstellungsbeschlusses gemacht werden solle. Neben diesen formalen Problemen wird auf den Bebauungsplan von 1957 hingewiesen, der ein 16-geschossiges (und damit knapp über 50 m hohes) Hochhaus erst weit hinter der Straßenbegrenzungslinie des Kurfürstendamms und in einer Länge von etwa 90 m vorsieht. Dagegen will die Victoria-Versicherung eine dichtere Bebauung, die bis an den Kurfürstendamm heranreicht. Zur Realisierung dieser Lösung, auf die sich die Versicherung mit SenStadtUm und SenBauWohn verständigen konnte, ist der Abbruch der Straßenrandbebauung am Kurfürstendamm in einer Breite von 40 m erforderlich. Das dort zu errichtende Hochhaus soll bei einer Höhe von 54 m in einer Länge von 160 m bis zur Kantstraße durchlaufen, am Kurfürstendamm bekrönt von der umstrittenen 17 m hohen Lichtskulptur. Ein nach Osten reichender Anbau reicht dreigeschossig über das Bilka-Kaufhaus. Im Gegensatz dazu stehe die in den 1950er Jahren geplante Hochhausscheibe „mit ihrer Gestalt ... und ihrer freien Stellung im Blockinnern parallel zur Joachimstaler Straße in harmonischer Beziehung zu den genannten Hochbauten". Das zu lange und zu tiefe sowie diagonal angeordnete Hochhaus von Murphy/Jahn wirke „nicht wie eine Akzentuierung der Umgebungsbebauung ..., sondern [gleicht] einem Querriegel." Eine Bezugnahme auf das zu diesem Zeitpunkt bereits von der Senatsbauverwaltung positiv beschiedene „Zoofenster"-Projekt[44] wird zurückgewiesen, da

„seine stadträumliche und rechtliche Zulässigkeit ... in keinem Bebauungsplanverfahren geklärt und festgestellt worden [ist], so dass es als positives Vergleichsobjekt nicht herangezogen werden darf. Wegen seiner Höhe und Dominanz für die Umgebung dürfte aber der Schluß naheliegend sein, dass in der Umgebung nur Bauten mit der traditionellen Traufhöhe städtebaulich vertretbar sind."

Als weitere Gründe gegen das Projekt werden die Verletzung des Denkmalschutzes (Abbruch eines 40 m langen Abschnittes der Substanz am Kurfürstendamm und schwere Beeinträchtigung des verbleibenden Ensembles), der Geschützte Baubereich (Verteilung der Baumassen, Dachausbildung, Traufhöhe, architektonische Gliederung im Bruch zur vormodernen Bebauung am Kurfürstendamm) und die Misshandlung des Gleichbehandlungsgrundsatzes angeführt, da andere Bauherrn in der Umgebung keine Genehmigung für Hochhäuser erhalten hätten. Interessanterweise wird die „Studie 8" von Victoria und Jahn als besser angesehen und vom Bezirk akzeptiert. Der Senat habe aber „eine Darlegung ihrer [Studie 8] Vorteile verweigert". Darauf wird die Vermutung geäußert, dass damit eine bereits im Februar 1993 gefallene Entscheidung durchgesetzt werden solle[45]. (QV30)

Erwartungsgemäß zieht die Senatsverwaltung für Bau- und Wohnungswesen darauf Ende Februar 1994 das Bebauungsplanverfahren an sich (QV31). Die Bürgerinitiative „Charlottenburger Modell" leitet parallel mit einer öffentlichen Diskussionsveranstaltung den Widerstand in der Öffentlichkeit ein. Sowohl Bürger als auch die Fachöffentlichkeit lehnen dort den Murphy/Jahn-Entwurf völlig ab. Dyckhoff kündigt darauf ein Hearing mit den Jurymitgliedern von 1988 an (Presseerklärung BA Charlottenburg vom 23.02.1994).

44 Vgl. die betreffende Fallstudie.

45 Als die wesentlichen Vorteile der Studie 8 werden das Zurücktreten des Hochhauses hinter die Straße, die Freistellung seiner Spitze und damit die Verzichtbarkeit der Lichtskulptur sowie die weitgehende Anknüpfung an den festgesetzten Bebauungsplan angesehen, während an der Kantstraße kaum eine Änderung gegenüber Studie 7 auszumachen ist. Erkauft wird das Zurücktreten des Gebäudes im Entwurf mit einem Abriss weiterer denkmalgeschützter Substanz am Kurfürstendamm. Lediglich die Straßenrandbebauung an der Joachimstaler Straße einschließlich des Kranzlers würde erhalten, doch die Erhaltung eines „Stumpfes" am Kurfürstendamm wie in Studie 7 sei ohnehin „nicht konsequent".

Die ersten formalen Schritte des Bebauungsplanverfahrens und die Detailabstimmung

Am 15.04.1994 fasst SenBauWohn den Beschluss zur Aufstellung des Bebauungsplans. Die frühzeitige Bürgerbeteiligung wird im Frühsommer 1994 durchgeführt und bringt Einwendungen zur städtebaulichen Struktur und Gestaltung, zum Denkmalschutz, zum Maß der baulichen Nutzung und zum Verkehr. Erneut stehen die bereits in der vorangegangenen Auseinandersetzung erwähnten Kritikpunkte im Mittelpunkt. Tatsächlich weist der schließlich festgesetzte Entwurf eine GFZ von 3,89 auf und liegt damit zumindest gegenüber dem ersten Jahn-Konzept von 1988 mit einer GFZ von 4,4 etwas niedriger[46]. (Abgh.Drs. 12/5863, S. 2 ff) Auch der AIV und der Deutsche Werkbund melden sich nun zu Wort. Letzterer spricht im Zusammenhang mit dem Projekt von „rigoroser Belanglosigkeit“:

> „Die Bemühungen ..., gegen x-beliebige Investoren-Architektur, Identitätsverlust und Unangemessenheit anzukämpfen, werden ... desavouiert. ... [Das] Ergebnis ...[steht] in totalem Widerspruch zu allen Ihren erklärten Zielen und Maßstäben, die auf diese Weise an Glaubwürdigkeit verlieren.“ (QV33)

Parallel zum Verfahren ergeht am 25.07.1994 die Anordnung der Fachabteilung Baudenkmalpflege bei der Senatsverwaltung für Stadtentwicklung und Umweltschutz zur Eintragung des Komplexes in das Baudenkmalbuch von Berlin wegen seiner Bedeutung für das Stadtbild. Das Ensemble wird schließlich in die Denkmalliste des Landes aufgenommen. (Abgh.Drs. 12/5863, S. 26)

Die im Herbst 1994 stattfindende Detailabstimmung des Entwurfs mit dem Bausenator im Beisein des Charlottenburger Baustadtrats und des Landeskonservators sieht eine GFZ von 4,0, die Einrichtung einer Verbindung auch durch das S-Bahn-Viadukt zum Kantdreieck und die Realisierung von Wohnungen in den Obergeschossen eines achtgeschossigen Baukörpers im Nordwesten des Grundstücks vor. In der Abstimmung wird u. a. beschlossen, das Baudenkmal um das Café Kranzler nicht an seiner Rückseite anzubauen und die Höhe der Neubauten mit Ausnahme des Hochhausriegels auf die Höhe des Victoria-Verwaltungsgebäudes aus den frühen 1960er Jahren am Kurfürstendamm zu begrenzen. (Abgh.Drs. 12/5863, S. 28 f)

Die Auseinandersetzung im Abgeordnetenhaus

Aufgrund der Kritik der Fachöffentlichkeit schaltet sich schließlich das Abgeordnetenhaus ein, das aufgrund der Bearbeitung des Verfahrens durch den Senat zuständig für die Festsetzung des Bebauungsplans ist. Dort beantragt die Fraktion der FDP, den Senat zu erneuten Verhandlungen mit dem Grundstückseigentümer zu bewegen. Es wird auf ein Konzept abgezielt, „das sich in das städtebauliche Erscheinungsbild des Kurfürstendamms einfügt“. Der „Denkmalschutz für die in den fünfziger Jahren errichteten Flachbauten“ sei aufzuheben, „um die Voraussetzungen für eine geordnete städtebauliche Entwicklung ... zu schaf-

46 Über die tatsächlichen Dichtewerte liegen teilweise widersprüchliche Aussagen vor. Aus den vorliegenden Informationen lässt sich folgendes Bild rekonstruieren: GFZ 1988: 4,4, GFZ 1993 Studie 6: 5,4, GFZ Bebauungsplan: 3,89. Inwiefern der Wert der Studie 6 korrekt berechnet ist, lässt sich nicht ermitteln.

fen" (Abgh.Drs. 12/4796 vom 21.09.1994) Die FDP-Vertreter werfen dem Senat vor, trotz veränderter Rahmenbedingungen an einem Erhalt des Kranzler-Ecks festzuhalten und damit die Verdichtung auf dem Grundstück nur über einen Teilabriss erzielen zu können. Auf den „städtebaulich besonders sensiblen Standort" werde sich dies sehr ungünstig auswirken.

Der Antrag wird im Ausschuss für Bau- und Wohnungswesen behandelt, wo die FDP präzisiert, dass sie die „Billigbauten der Nachkriegszeit, ... die dort eigentlich auch nichts zu suchen haben", entfernen möchte. Die von Seiten der Denkmalbehörde vorgebrachte Denkmalbegründung wird zwar auch durch die Vertreter der Fachöffentlichkeit relativiert, doch drückten die Bauten den „bescheidenen Wunsch nach großstädtischer Eleganz" aus, die durch eine nicht denkmalgerechte Neuplanung der Lächerlichkeit preisgegeben werde. Vertreter der Fachöffentlichkeit bezeichnen die Architektur von Helmut Jahn als „geltungssüchtig und vordergründig". Der geplante Riegel werde in den Block „hineingeschlagen" und trenne den Block in „merkwürdiger Richtung". Ein „Abrutschen" der städtebaulichen Qualität durch die zweigeschossige Nachkriegsbebauung wird befürchtet und eine Wiederherstellung der kaiserzeitlichen Ecke gefordert. Für den Bezirk weist Baustadtrat Dyckhoff auf die gutachterliche und durch Beschlüsse abgesicherte Ablehnung des Neubauvorhabens hin. Auch er fordert, der Denkmalschutz solle besser oder gar nicht berücksichtigt werden. Ein SPD-Abgeordneter Edel spricht sich gegen die „egoistischen Motive des Architekten" aus. Die Dominante widerspreche dem geschützten Baubereich, mit dem Projekt Zoofenster sei ein „Wettlauf der Dominanten" zu befürchten. Die CDU-Fraktion ist sich noch nicht im Klaren über ihre Position, doch ihr (Charlottenburger) Abgeordneter Goetze äußert sich kritisch gegenüber dem Projekt und hält die östlich angrenzende Joachimstaler Straße für eine sinnfällige Grenze für die Genehmigung von Hochhäusern. Er plädiert für ein höheres, aber kürzeres Gebäude. (63. Sitzung ABauWohn, 19.10.1994)

Bausenator Nagel verweist darauf, dass der Entwurf „weitgehendst" dem Bestandsensemble Rechnung trage und daher die Zustimmung der Denkmalpflege habe. Im Gegensatz zur „Kritischen Rekonstruktion" in der Friedrichstadt biete sich aufgrund der baulichen Struktur im Zooumfeld eine Solitärbebauung zur Weiterentwicklung des Bestands an. Der Entwurf von Jahn vermittle zwischen der Gründerzeitbebauung westlich des Grundstücks und der 1950er-Jahre-Bebauung im Ostteil des Grundstücks. (QV34) Stadtentwicklungssenator Hassemer verteidigt im Stadtentwicklungsausschuss das Projekt damit, dass zehn Entwürfe bereits verworfen worden seien, es aber „jetzt stark" sei und dem Denkmalschutz am besten gerecht werde, so dass das Denkmal unter dem modernen Partner nicht leiden müsse. „Es tue dem Kranzler gut, dass es nicht einen 'labberigen' und es imitierenden Partner bekomme." Mit der Architektur von Helmut Jahn werde dem Kurfürstendamm durch einen „bemerkenswerten Akzent" zu stärkerer Attraktivität verholfen, der im Senat „einhellig begrüßt" worden sei. Die von ihm abgelehnte Überschreitung der Traufhöhe betreffe lediglich eine „Skulptur". (Protokoll 60. Sitzung AStadt vom 02.11.1994, S. 1 f)

Der FDP-Antrag wird schließlich im Stadtentwicklungsausschuss abgelehnt, da die fraktionsinterne Meinungsbildung inzwischen fortgeschritten ist. (68. Sitzung AStadt, 31.05.1995) Abschließend wird er im Bauausschuss behandelt. Dort wiederholen die Beteiligten die Argumente mit Variationen, und schließlich wird der Antrag der FDP abgelehnt. (75. Sitzung ABauWohn, 07.06.1995)

Die Trägerbeteiligung

Auch die Träger öffentlicher Belange greifen im Frühjahr 1995 die Kritik der frühzeitigen Bürgerbeteiligung wieder auf und beziehen sich dabei im Wesentlichen auf die Art der Nutzung, die Gebäudestellung, Baumasse, Höhe und Baustruktur, den Denkmalschutz, Ökologie und Freiraumgestaltung sowie den Verkehr. (Abgh.Drs. 12/5863, S. 3 ff).

Der Bezirk Charlottenburg und die Bereichsplaner der Senatsverwaltung für Stadtentwicklung und Umweltschutz fordern einen Wohnanteil von 30 % (Abgh.Drs. 12/5863, S. 35). Aufgrund der schwierigen Abstandsflächensituation im Block unterbleibt jedoch eine Mindestfestsetzung. Kritik am Maß der Nutzung und der riegelartigen Anordnung der Baumasse wird mit dem Hinweis auf den geltenden Bebauungsplan zurückgewiesen, der im Blockinnenbereich — wenn auch auf geringerer Grundfläche — eine Gebäudehöhe von über 50 m zugelassen hätte. Überdies bestreitet die Senatsverwaltung für Bau- und Wohnungswesen die stadträumliche Unverträglichkeit des Komplexes (Abgh.Drs. 12/5863, S. 13). Weiter wird darauf verwiesen, dass der Komplex bewusst den „städtebauhistorischen Bruch" und die neugeschaffene Passage — nicht zuletzt durch den umstrittenen gläsernen Vorbau am Kurfürstendamm — akzentuiere. Auch die Eingriffe in denkmalwerte Substanz und die Veränderung des Mikroklimas, die vom Planungsträger als marginal angesehen werden, führen zu keiner Änderung des Planentwurfs (Abgh.Drs. 12/5863, S. 3 f, S. 40 ff). Wegen einer unzumutbaren Lärmbelastung der einseitig zur Stadtbahntrasse ausgerichteten Wohnungen werden diese bis zu einem Abstand von 20 m ausgeschlossen, als die Immissionsschutzabteilung der Senatsverwaltung für Stadtentwicklung und Umweltschutz aktiven Lärmschutz fordert (Abgh.Drs. 12/5863, S. 43 f, S. 49).

Die bezirkliche Forderung nach Begrenzung des Individualverkehrs (BVV-Beschluss Nr. 376 vom 07.11.1994) wird durch Begrenzung der Stellplatzzahl auf die im Bestand vorhandenen 600 berücksichtigt (Abgh.Drs. 12/5863, S. 44 f). Eine Veränderung der Passage, die der Bezirk und die Senatsverwaltung für Stadtentwicklung und Umweltschutz anregen, um Fußgänger- und Lieferverkehr zu entflechten, wird zunächst zurückgewiesen (Abgh.Drs. 12/5863, S. 46).

Die öffentliche Auslegung

Die wenigen eingehenden schriftlichen Stellungnahmen im Rahmen der im Juli 1995 stattfindenden Auslegung wiederholen im Wesentlichen die bereits zuvor gebrachten Einwände (Abgh.Drs. 12/5863, S. 8). In ihrer Abwägung weist die Senatsverwaltung erneut die Kritikpunkte zurück. Insbesondere bekräftigt sie, dass der inzwischen beachtlich angestiegene Büroflächenleerstand in der Stadt kein Argument gegen die hohe bauliche Dichte des Projekts sei, da dieses durch die Eigentümerin, die Victoria-Versicherung, selbst genutzt werde (Abgh.Drs. 12/5863, S. 9 ff)[47].

Der Idee einer Akzentuierung an der Ecke Kurfürstendamm / Joachimstaler Straße er-

47 Erstaunlich ist allerdings, dass mit Verweis auf „die privaten Interessen, ... die in der Erhaltung einer Dichte entsprechend des rechtskräftigen Bebauungsplanes ... von 1957 ... bestehen", eine Erhöhung der damals zulässigen GFZ von 2,4 auf nunmehr etwa 4,0 gerechtfertigt wird (Abgh.Drs. 12/5863, S. 10).

teilt die Senatsverwaltung mit Bezug auf die identitätsstiftende Wirkung des Kranzler-Gebäudes aus den 1950er Jahren eine Absage. Ebenso hält sie die Mischstruktur Charlottenburgs durch das Projekt für nicht gefährdet, das inzwischen u. a. aufgrund der Abstandsflächen- und Lärmprobleme kaum für Wohnen geeignete Geschossflächen enthält. (Abgh.Drs. 12/5863, S. 11 ff, S. 24) Mit der Aufnahme vorgeschlagener Ausgleichsmaßnahmen (Begrünung des Innenhofs) zieht das Naturschutz- und Grünflächenamt Charlottenburg seine Bedenken zurück. (Abgh.Drs. 12/5863, S. 17 f)

Festsetzung des Bebauungsplans, Verkauf des Grundstücks und die Debatte im Abgeordnetenhaus

Der Entwurf zum Bebauungsplan wird erneut im September 1995 im Bauausschuss des Abgeordnetenhauses verhandelt. Die Sitzung gerät zu einem letzten Austausch der verfestigten Positionen. Während sich die SPD mit dem Entwurf versöhnt hat und sogar das Arbeitsplatzargument zur Rechtfertigung benutzt, vergießt die CDU ein letztes Mal Krokodilstränen, um sogleich ihre Zustimmung zum Bebauungsplanentwurf anzukündigen, da sie die Investition nicht verhindern wolle. Die FDP zweifelt an einer Aufwertung der City-West durch das Projekt und kritisiert die Überschreitung der Traufhöhe wie den „vermeintlichen" Denkmalschutz. Die Bündnisgrünen weisen auf alternative Möglichkeiten hin, Arbeitsplätze auf dem Grundstück zu schaffen, und äußern sowohl gestalterische (geschützter Baubereich, Dichte) als auch ökonomische Bedenken (Leerstandsbefürchtung). Auch die PDS hält den Entwurf für keine Aufwertung. Gegen seine Fraktion äußert sich lediglich der Charlottenburger CDU-Abgeordnete Goetze, der die Einwände des Bezirks gegen das Projekt wiederholt und explizit darauf hinweist, dass die Höhe des Gebäudes auf den Wunsch von Victoria zurückzuführen ist. Schließlich wird dem Entwurf durch die Koalitionsmehrheit mit Ausnahme einiger CDU-Mitglieder im Ausschuss zugestimmt. (77. Sitzung ABauWohn, 06.09.1995)

Kurze Zeit danach verkauft die Victoria-Versicherung das Grundstück an die Fondsgesellschaft DIFA. Darauf greift die Fraktion der Bündnisgrünen das Thema im Abgeordnetenhaus wieder auf und beantragt eine Änderung des Bebauungsplans (Abgh.Drs. 13/88). Mit der Begründung, dass alle Fraktionen den geplanten Hochhausriegel als problematisch ansähen und die Zustimmung zum Bebauungsplan daher nur aufgrund der Zusicherung der Victoria-Versicherung erfolgt sei, dort ihre Zentrale für die neuen Bundesländer zu errichten und Arbeitsplätze zu schaffen, was in den Zielen des Plans seinen Niederschlag gefunden habe, will die Abgeordnete Schillen über die Ziele des Bebauungsplans, den Denkmalschutz und die bauliche Dichte neu diskutieren. Die SPD fühlt sich angesichts des Grundstücksverkaufs „nicht mehr gebunden" (2. Sitzung AStadt, 06.03.1996, S. 7) und schließt sich inhaltlich den Bündnisgrünen an (3. Sitzung ABauWohn, 13.03.1996). Selbst Staatssekretär Stimmann, inzwischen für den neuen Stadtentwicklungssenator Strieder tätig, räumt ein, dass das Denkmal Café Kranzler „durch die von Helmut Jahn vorgeschlagene Bebauung sehr stark beeinträchtigt werde" (2. Sitzung AStadt, 06.03.1996, S. 6) und plädiert mit Strieder dafür, „das Projekt in bezug auf eine größere Rücksichtnahme auf die denkmalpflegerischen Eigenschaften ... nochmals zu überprüfen" (S. 7). Lediglich die CDU hofft auf eine Realisierung des Entwurfs und hält ihn — wie das Projekt „Zoofenster" — für verträglich (S. 8). Nach drei Monaten wird der Antrag endgültig behandelt und abgelehnt. Die SPD ist zwar inhaltlich gespalten, doch es zeigt sich, dass — gestützt durch einige vorgeschobene Argumente — die Planungssicherheit für den Investor von der Koalitionsmehrheit für am wichtigsten eingeschätzt und eine Verzögerung des Verfahrens nicht mehr akzeptiert wird. (8. Sitzung ABauWohn, 05.06.1996)

Daran ändern auch mehrfache Bekundungen von Widerstandsgeist durch die BVV Charlottenburg nichts mehr (Drs. Nr. 60 und 182 vom 18.01. und 25.04.1996), die „alle rechtlichen und politischen Möglichkeiten ausgeschöpft" wissen will, um das Projekt „in der vorliegenden Fom ... zu verhindern" (Drs. Nr. 60). Die Festsetzung erfolgt dessen ungeachtet am 14.06.1996. Die Zurückweisung der Einwände aus der Fachöffentlichkeit bleibt nun lediglich Formsache und hält sich an die auch in der Abwägung des Bebauungsplanentwurfs zum Ausdruck gebrachte Position, die auf die Chancen eines neuen architektonischen Akzents verweist. Die vorhandene Bebauung werde dem „Leitbild der nutzungsintensiven City zur Zeit nicht gerecht." (QV35)

Ende August 1996 werden die Bauanträge für die Errichtung eines neun- und eines 16-geschossigen Büro- und Geschäftsgebäudes mit Tiefgarage gestellt. Bausenator Klemann tritt nach weiterem Widerstand des Bezirks (Schlussbericht Profé vom 03.12.1996) auch in das Genehmigungsverfahren ein und erteilt die Baugenehmigung. Die DIFA errichtet das Bauvorhaben schließlich in den Jahren 1999-2001 mit kleinen Änderungen im Detail, die die Attraktivität der Anlage weiter erhöhen sollen. Die städtebauliche Einschätzung bleibt weiter umstritten[48].

Akteure und Ziele

Planende Verwaltung

Bezirksamt

Bei der Analyse der bezirklichen Ziele ist zunächst der festgesetzte Bebauungsplan zugrunde zu legen, der von einem ergänzenden 16-geschossigen Scheibenhochhaus im Block ausgeht und dabei eine GFZ von 2,4 ermöglicht. Obwohl eine Neuüberplanung des Grundstücks aufgrund des über viele Jahre nicht ausgeschöpften Baurechts der Victoria eine Einschränkung der Verwertung evtl. entschädigungsfrei möglich gemacht hätte, kommt es nicht zuletzt aufgrund des durch die vergleichsweise geringe Dichte im Bestand ausgelösten Konsenses über die grundsätzliche Möglichkeit einer Nachverdichtung nicht hierzu. Die geringe Attraktivität der Innenhofsituation hinter dem Café Kranzler wird früh erkannt und löst das Streben nach einer Belebung und stärkeren Öffnung des Hofs mit aus. Die Initiativen für eine Bebauung gehen von der Victoria-Versicherung aus und werden über die Senatsverwaltungen aufgenommen (SenStadtUm 1988, S. 34).

48 Vgl. insbesondere die öffentliche Diskussionsveranstaltung „Planen und Bauen im Zooviertel" am 13.10.1998, auf der sich u. a. Stimmann von dem Projekt distanziert.

Das Kranzler-Eck (02/2001).
Abbildungen: Der Glaserker am Neubau des Kranzler-Ecks (links), die neu entstandene Nord-Süd-Verbindung durch den Block (oben rechts), die Überkragung des ehemaligen Bilka-Kaufhauses durch den „Riegel" von Jahn (unten rechts).

Die im Lauf der 1980er Jahre diskutierten Hotelprojekte werden als Abwandlungen des geltenden Bebauungsplans gesehen. Der Bezirk prüft also lediglich die Genehmigungsfähigkeit eines Einzelprojekts. Erst die Überschreitung der zulässigen Geschosszahl im Projekt von Novotny/Mähner 1987 wird von Senat und Bezirksamt als nicht mehr durch Befreiungen genehmigungsfähig angesehen[49]. Ein städtebauliches Gesamtkonzept für den Citybereich wird eingefordert, das jedoch nicht durch den Bezirk erarbeitet werden soll. Der Baustadtrat der CDU wagt schließlich im Alleingang einen Vorstoß für eine Befreiung, wird aber noch im Bezirksamt gestoppt. Das Bezirksamt kann in dieser Phase also keine gemeinsamen Ziele formulieren. Lediglich der Verfahrensweg über eine Genehmigung ist umstritten, so dass die dahinter liegenden Ziele der einzelnen Akteure nicht explizit werden. Der Baustadtrat kann sich im Gutachterverfahren für das von der Victoria befürwortete Jahn-Hochhaus begeistern und gibt damit ein Bekenntnis zu einer erheblichen Höhenentwicklung auf dem Grundstück sowie einer Umstrukturierung des gesamten Geländes ab

49 Dabei handelt es sich um eine rechtliche Position, während der damalige Baustadtrat Laschinski durch sein Handeln — nicht zuletzt sogar den unten erwähnten Befreiungsvorstoß — deutlich macht, dass er inhaltlich nichts gegen 21 Geschosse einzuwenden hat.

(Berliner Morgenpost 22.11.1988, G040). Er wird nach den Abgeordnetenhaus- und BVV-Wahlen jedoch abgelöst.

Erneut in Reaktion auf die Initiative der Senatsverwaltung für Bau- und Wohnungswesen sowie der Victoria-Versicherung wird angesichts des überarbeiteten Jahn-Projekts eine einhellige Ablehnung im Bezirksamt deutlich, die vom SPD-Stadtrat Dyckhoff auch öffentlich massiv vorgebracht wird. Die vom Bezirksamt negativ formulierten Ziele gehen dabei zwar von einer Bebaubarkeit des Grundstücks aus, wenden sich in Orientierung am Bestand aus verschiedenen baulichen Epochen aber letztlich gegen eine akzentsetzende Überprägung des Areals, die im Gutachterverfahren von 1988 vom vorausgehenden Bezirksstadtrat noch befürwortet wurde. Die Verhandlungen Dyckhoffs mit Jahn bringen unter dem Druck der Einigung auf Senatsebene erstmals eine wirklich aktive Weiterentwicklung der Ziele des Bezirks und Kompromisse beim Denkmalschutz und beim Verhältnis der Bebauung zum Kurfürstendamm mit sich[50].

Das Bezirksamt reagiert also über lange Zeit auf sich wandelnde äußere Rahmenbedingungen und neue Initiativen des Investors. Dabei scheinen in der Zeit vor der Vereinigung zumindest auf politischer Ebene die Hoffnungen auf eine Attraktivierung des Standorts so groß, dass eigene Positionen zu Dichte, Höhe und Art der Nutzung nicht wirklich entwickelt werden. Während das Bezirksamt lange im Hintergrund bleibt, schaltet es sich aktiv in die Qualifizierung des konkretisierenden Entwurfsprozesses ein, bleibt aber angesichts der starken Politisierung und erheblichen Konfliktträchtigkeit erfolglos.

Mit dem Eintritt des Senats in das Verfahren wird der geringe Einfluss des Bezirksamts deutlich. Einige öffentliche Veranstaltungen des Bezirksamts bleiben erfolglos. Dass die zunächst von Jahn ins Spiel gebrachte Hochhauslösung in Übereinstimmung mit den Zielen des Bezirksamts nach der Vereinigung abgelehnt wird, ist wohl eher auf die jahrelange Initiativlosigkeit der Victoria-Versicherung und die inzwischen eingeschlagenen Eckpunkte der Senatsverwaltung für Bau- und Wohnungswesen zurückzuführen als auf den Einsatz des Bezirks.

Senatsverwaltung für Bauen, Wohnen und Verkehr

Auch die Senatsverwaltung geht von einer Attraktivierung des Innenhofs und seiner teilweisen Überbauung in Anlehnung an den rechtskräftigen Bebauungsplan aus. Die Initiative für die Weiterbearbeitung liegt bei SenStadtUm, während die Konkretisierung im Hotelprojekt von Novotny/Mähner zwar aufgrund ihrer als überholt angesehen Architektursprache vom Bausenat abgelehnt wird, aber grundsätzlich städtebaulich und nutzungsbezogen auf Zuspruch stößt (QV04, G053, Umgang mit der Bauvoranfrage). Die Überarbeitung betrifft im Wesentlichen gestalterische und Erschließungsfragen. Da eine Prüfung des Nutzungsmaßes durch die Bauverwaltung offenbar unterbleibt, muss davon ausgegangen werden, dass die Investitionstätigkeit am Standort so positiv eingeschätzt wird, dass verfahrensbezogene Hindernisse unter allen Umständen ausgeschaltet werden sollen (taz 24.02.1988,

50 Letztlich ist es die BVV, die mit ihrer ablehnenden Haltung die Entmachtung des Bezirks durch Bausenator Nagel mitbefördert. Ob dies taktisch motiviert ist, lässt sich nicht eindeutig rekonstruieren, scheint aber nicht abwegig.

Volksblatt 20.03.1988, Antworten Wittwer vom 21.04.1987 und 19.05.1988 auf die mündlichen Anfragen von Volker Härtig im Abgeordnetenhaus).

Mit der Einleitung des Gutachterverfahrens von 1988 formuliert der Bausenat seine Absicht, das Areal zu einem Entwicklungsschwerpunkt zu machen. Das Gutachterverfahren stellt den Teilnehmern den Umgang mit der baulichen Substanz frei (QV06) und formuliert damit ausdrücklich eine zurückhaltende Position des Auslobers. Dies ermöglicht erst die städtebauliche Anordnung des Jahn-Entwurfs, auf die Senator Wittwer allerdings mit Ablehnung der Höhenentwicklung und der Aufforderung zu einer Höhenreduzierung reagiert.

Die von Anfang an ablehnende Haltung des neuen SPD-Bausenators Nagel wird erst 1992 mit dem der Kritischen Rekonstruktion verpflichteten Testentwurf von Benzmüller/Wörner in eine neue Position der Bauverwaltung zur Entwicklung auf dem Grundstück umgemünzt. Während sich die Planungstätigkeit des Senats auf Berlin-Mitte konzentriert, stehen mit dem Entwurf für das Zoofenster in unmittelbarer Nachbarschaft neue bauliche Aktivitäten in der City-West bevor, die das Team um Senatsbaudirektor Stimmann in geordnete Bahnen lenken will. So entsteht die Position der Bauverwaltung zwar in Reaktion maßgeblicher Mitarbeiter auf die von ihnen abgelehnte Entwicklung am Zoofenster, doch schafft sie erstmalig aus der Verwaltung heraus einen konkreten städtebaulichen Orientierungsrahmen für das Victoriagelände, der den Verzicht auf eine Höhendominante jedoch mit einer durchgehenden Bebauung der westlichen Grundstückskante bezahlt.

Die neuerliche Initiative der Victoria-Versicherung greift diese Ordnungsvorstellung auf und verknüpft sie mit der auf den gesamten Riegel bezogenen, im rechtsgültigen Bebauungsplan vorgesehenen Gebäudehöhe und den gestalterischen Ideen des Architekten Jahn. Angesichts der Hoffnung auf eine Attraktivierung der West-City, die nun gegenüber den sich in Entwicklung befindlichen Zentren am Potsdamer Platz und in der Friedrichstraße zurückzufallen droht, und auf eine Ansiedlung der Victoria-Regionalverwaltung einigen sich die Senatoren Nagel und Hassemer auf einen Entwurf, der den radikalen Bruch mit der vorhandenen Struktur in freier Anlehnung an das Benzmüller/Wörner-Konzept scheinbar vermeidet. Erneut ist es also die Initiative des Investors, die die Ziele der Bauverwaltung diesmal auf höchster Ebene prägt, allerdings ausgehend von Vorüberlegungen, die im eigenen Hause entwickelt worden sind und eine Legitimationsbasis für die neue Konzeption darstellen.

Sowohl der CDU-Senator vor der Vereinigung als auch der SPD-Senator danach sehen in dem Grundstück ein Schlüsselareal für die Entwicklung der City West und nutzen dabei ihre Möglichkeiten, die Genehmigungsspielräume auszureizen. Um die Realisierung des Projekts nicht zu gefährden, werden Veränderungsspielräume im Detail schließlich ausgeblendet und das Bebauungsplanverfahren ohne nennenswerte Veränderungen „durchgezogen" (G102).

Reduziert man die Ziele des Bausenats auf die Attraktivierung des Standorts in Verbindung mit dem Grundkonsens über die Durchwegung des Grundstücks, so kann das Eingehen auf die im Lauf der Jahre vorgebrachten Investorenprojekte als konsequente Verfolgung dieser Ziele betrachtet werden, die eine Weiterentwicklung nicht zulassen und lediglich bei Überschreitung der gestalterisch-funktional als angemessen erscheinenden Bandbreite ein Eingreifen des Senats erfordern. Die Ziele des Bausenats folgen damit nutzungsbezogen weitgehend den sich verändernden Rahmenbedingungen auf dem Immobilienmarkt. Erst in der Konkretisierungsphase werden Detailziele durchdacht, deren Realisierung dann aber einer Vereinbarkeit mit dem ausgewählten Entwurf überlassen bleibt. Im Rahmen dieser Konkretisierung distanziert sich die Fachverwaltung von der politischen Spitze. Die Umsetzung erfolgt hierarchisch gegen Widerstand (G008, G032, G065, G089, G126).

In der Realisierung des 1993 beschlossenen Konzepts gelingt es durch den Schulterschluss der beiden Senatoren Nagel und Hassemer, eine hinreichende Mehrheit auch im Abgeordnetenhaus zu mobilisieren, wenn diese auch bis zum Schluss angesichts innerparteilicher Gegnerschaften bei der SPD und der CDU unsicher bleibt. Die Durchsetzung des Konzepts gegen breiten Widerstand zeigt den Handlungsspielraum der politischen Spitze der Exekutive in einer breiten Koalition, ist aber ohne die wirtschaftlichen Rahmenbedingungen auf der einen Seite (Arbeitsplatzargument mobilisiert den Gewerkschaftsflügel der SPD) und die lange planerische Vorgeschichte auf dem Grundstück (selbstformulierter Entscheidungsdruck der Politik angesichts weitreichender und seit langer Zeit diskutierter Vorwürfe schleppender Entscheidungsverfahren) auf der anderen Seite wohl nur schwerlich denkbar.

Senatsverwaltung für Stadtentwicklung, Umweltschutz und Technologie

Wie der Bezirk ist auch die Stadtentwicklungsverwaltung von Anfang an an einem Gesamtkonzept für die City West interessiert. Im Gutachterverfahren von 1988 trägt der FDP-Stadtentwicklungssenator Starnick den durch Jahn eingebrachten neuen Maßstab voll mit (Berliner Morgenpost und Tagesspiegel 22.11.1988). In der Überarbeitungsphase wird allerdings die aus fachlicher Sicht geäußerte Position gegen eine unkontrollierte Hochhausentwicklung und deren Festschreibung ohne feste Bauabsicht deutlich. Mit der Konkretisierung des Projekts wird die Denkmalpflege stärker einbezogen, die bei SenStadtUm angesiedelt ist. Ihr gerade in Berlin bekanntermaßen verstärkter Einsatz für das bauliche Erbe der 1950er Jahre mündet in eine Position, die möglichst den gesamten Bestand erhalten will. Die Einigung der beiden Senatoren auf den Jahn-Entwurf von 1993 hebelt die Mitwirkung der Fachebene an der Zielbestimmung weitgehend aus und generiert eine politisch bestimmte Position der Stadtentwicklungsverwaltung, die nur noch in Details flexibel scheint.

Die politische Spitze, die zusammen mit dem Koalitionspartner auch ohne das Vorhandensein eines Investors einen extremen Maßstabssprung noch vor der Vereinigung für die westliche Halbstadt befürwortet, agiert ohne Rückbindung an die zuvor angestellten städtebaulich-gutachterlichen Überlegungen. Eine Position zur Verträglichkeit von Verdichtungsstrategien existiert nicht wirklich. In diesem Vakuum kann die Victoria für ihre umstrittene Lösung beim Senator und einem Teil der Denkmalpflege werben.

Die häufigen Veränderungen an der Spitze der Verwaltung und unter den maßgeblichen Beamten bringen unterschiedliche Detailziele ans Licht. Die politische Spitze des Hauses scheint sich nicht zuletzt aufgrund der lange Jahre unbefriedigenden Situation im Innenbereich des Grundstücks und der planungsrechtlichen Gegebenheiten äußerst flexibel an Vorschläge der Victoria anzupassen, während auf der Fachebene einzelne Einwände ohne grundsätzliche Infragestellung eines Projekts eingebracht werden.

Von einer Durchsetzung der originären Stadtentwicklungsziele kann nicht gesprochen werden, da der Blockinnenbereich auch für die anderen Akteure der öffentlichen Hand von großer Bedeutung ist. Es ist immerhin gelungen, die Voraussetzungen für eine Individualität des Standorts zu schaffen, indem sowohl die prägende Architektur des Kranzler-Gebäudes erhalten als auch der neue Glaserker als Merkzeichen für das Jahn-Gebäude durchgesetzt wurde. Ob die Individualität die angemessene Strategie für eine Aufwertung des Zentrums City West gegen die entstandene Konkurrenz ist, muss vor dem Hintergrund der längerfristigen Akzeptanz bewertet werden. Die erhebliche Strukturveränderung in unmittelbarer Nähe des kaiserzeitlichen Kurfürstendamms kann aber wohl nicht als die einzig mögliche Alternative zur Attraktivierung angesehen werden. Schillernd bleibt eine Bewertung der Durchsetzung denkmalpflegerischer Belange wegen der Verbindung eines vergleichsweise weitreichenden Erhalts mit der Beeinträchtigung des „Geschützten Baubereichs" Kurfürstendamm und dem zumindest umstrittenen Kontrast zwischen Neu- und Altbauten (S12, S27).

Politische Gremien

Bezirksverordnetenversammlung

Die BVV verfolgt während der gesamten Planungsphase verfahrensbezogene Ziele, nach denen der Bezirk stärker in die Entscheidung über das Projekt einbezogen und ein integrierendes Gesamtkonzept erarbeitet werden soll (QV07, Drs. 1051, 16.05.1991). Konsequenterweise wird schließlich durch die BVV das von Nagel und Hassemer beschlossene Konzept wegen seiner Höhenentwicklung und der Nichtbeteiligung des Bezirks abgelehnt (Drs. 967, 18.11.1993). Diese inhaltliche Haltung spiegelt den breiten Konsens in der BVV über die Weiterentwicklung der nutzungsgemischten Struktur wider, die sich durch die Traufhöhenbebauung auszeichnet, und die durch die an ihrem östlichen Rand stattfindenden massiven Verdichtungen bedroht scheint. Die bewahrende Haltung wird auch für den Bereich des Kranzler-Ensembles bekräftigt (Drs. 1637, 08.12.1994). In Anpassung an die Dynamik um den Breitscheidplatz bekennt sich die BVV im Frühjahr 1994 knapp zu einer Abkehr von der „Traufhöhenideologie" und beschließt, auch Hochhäuser über zehn Geschosse zu erwägen. Die BVV kann also auf einen starken fraktionsübergreifenden Konsens rechnen, wenn es um Nutzungsmischung und die Rolle des Kurfürstendamms als in seiner Gestalt zu bewahrender aus der Kaiserzeit herrührender Boulevard geht, andererseits ist die Höhenentwicklung in Richtung Breitscheidplatz sowohl zwischen den Fraktionen als auch innerhalb von ihnen umstritten.

Die BVV hat während des Verfahrens mehrfach die Gelegenheit ergriffen, das Bezirksamt zu einer offensiven Haltung gegenüber dem Senat aufzufordern. Die Forderung eines Gesamtkonzepts für den Bereich erscheint aber inhaltlich diffus und entfaltet keine fundierte Gegenposition. Spätestens 1993 wird deutlich, dass eine verfahrensbezogene Herangehensweise als Verweigerungshaltung interpretiert wird. Die Ablehnung des Projekts durch die BVV im November 1993 ist ein politisches Signal, das die Verantwortung für die Entscheidung dem Senat zuspielt. Die BVV ist nicht in der Lage, dem Bezirksamt eine konkretere inhaltliche Position des Bezirks abzunötigen. Dies ist ihre strategische Schwäche.

Die verfahrensbezogenen Ziele der BVV sind nur insofern erreicht worden, als die

Charlottenburger City-Leitlinien den Versuch machen, das Gebiet im Zusammenhang zu betrachten. Der Versuch, die nicht geteilte Entscheidung des Senats über die Aufweichung der Koalition zu erreichen, scheitert angesichts der Entscheidungslogik des Abgeordnetenhauses knapp.

Abgeordnetenhaus

Das Abgeordnetenhaus wird zu einer Zeit beteiligt, als die Entscheidung im Senat zwischen Hassemer und Nagel längst gefallen ist. Das zuvor gänzlich an der Legislative vorbei gelaufene umstrittene Verfahren zum Zoofenster sensibilisiert die Abgeordneten, ihre Rolle ernst zu nehmen. Die Mobilisierung der Fachöffentlichkeit bringt die Chance und die Notwendigkeit der Profilierung und Positionsbestimmung. Während die FDP konsequent einen Abriss der 1950er-Jahre-Bebauung zugunsten einer Wiederherstellung der kaiserzeitlichen Traufhöhe betreibt und damit einer Position folgt, die Modernisierung und Restauration selektiv zu vereinigen versucht, versuchen die Bündnisgrünen und die PDS, ihre ablehnende Haltung gegenüber der nachträglichen Verdichtung, dem Abriss eines Teils der denkmalwerten Substanz und die unverträgliche städtebauliche Gestalt mit Riegelwirkung und Beeinträchtigung des Kurfürstendamms mit den Abtrünnigen der gespaltenen SPD-Fraktion zu einer starken Gegenposition zu bündeln. Die Charlottenburger Abgeordneten aus SPD und CDU stehen mit der Opposition auf der Seite des Bezirks, doch gelingt es Nagel, die Fraktionskollegen weitgehend „auf Kurs" zu bringen, so dass letztlich Arbeitsplatzargumente hier und die Förderung von Investitionen bei SPD und CDU dem Projekt eine Mehrheit sichern. Schließlich sind es alte Loyalitäten, die das Abstimmungsverhalten mit bestimmen: Gewerkschafter klammern sich an Arbeitsplatzargumente, und persönliche Gegner des allzu hemdsärmeligen Senators Nagel betrachten das Projekt als Gelegenheit, „mit ihm Kräfte zu messen".

Das Verfahren ist schließlich so weit fortgeschritten, dass lediglich das Bekenntnis für oder gegen das Projekt als solches — mit allen zu erwartenden Folgen für die Arbeit der Exekutive — in der Entscheidung der Abgeordneten liegt, nicht aber die Veranlassung weiterer Überarbeitungen. Nur eine Gruppe von verunsicherten Koalitionsabgeordneten verändert dabei ihre Ziele während des Prozesses noch. Diese Veränderung ist bei einigen als Abwägung für die Handlungsfähigkeit der Exekutive und gegen die Vermeidung möglicher Probleme des Entwurfs anzusehen. Das Verfahren kann hinsichtlich seiner medialen Wahrnehmung als Erfolg der Oppositionsfraktionen PDS und Bündnisgrüne angesehen werden, doch schwächt dieser die Mehrheit keineswegs an entscheidender Stelle. Damit stellt die Durchsetzung des Projekts trotzdem einen Erfolg der Mehrheitsfraktionen dar, wenn auch unter Inkaufnahme der Entfremdung eines bedeutenden Teils der Fachöffentlichkeit von der Politik, die zumindest bis Ende der 1990er Jahre anhält.

Investoren

Die geringe wirtschaftliche Dynamik der westlichen Teilstadt und wohl auch die geringe Bedeutung, die sie für die Aktivitäten der Victoria-Versicherung hat, sind mit ausschlaggebend dafür, dass der Blockinnenbereich lange nicht seiner Standortqualität entsprechend verwertet wird. Wohl spielen auch die schlechten Erfahrungen in Berlin mit Hochhäusern im Blockinnenbereich und mit Einkaufspassagen hier eine Rolle. Die Victoria ist in den 1980er Jahren selbst zwar einer Verwertung des Grundstücks nicht abgeneigt, steht aber offenbar unter keinem Verwertungsdruck. Im Zuge der Hotelplanungen werden Eckpunkte für das Nutzungsmaß festgelegt, die bereits deutlich über das geltende Planungsrecht hinausgehen und die Bereitschaft zu deren Veränderung testen. Mit dem Wettbewerbsverfahren 1988 wird dann klar, dass die regierende CDU/FDP-Koalition keine Probleme mit dem Nutzungsmaß hat.

Die Versicherung ist 1988 für den Jahn-Entwurf wohl nicht allein wegen dessen hoher Baumasse, sondern auch, um das Grundstück durch das Bauwerk eines international anerkannten Architekten besser vermarkten zu können und Durchsetzungshindernisse des Projekts auszuräumen[51]. Ausschlaggebend scheint das internationale Renommee des Architekten Jahn zu sein, das dem Grundstück eine gewisse Prominenz zu sichern scheint, so dass sie ihn auch Jahre später wieder mit der Entwurfsplanung beauftragt.

Erst mit dem Rückschlag nach dem Scheitern des Jahn-Hochhausentwurfs ist die Victoria bereit, stärker auf die Vorüberlegungen des Senats einzugehen, beharrt aber auf ihren inzwischen auf einer größeren Grundfläche angeordneten Baumassen, die schließlich dennoch vom Senat wieder reduziert werden. Dementsprechend ist der Glaserker am Kurfürstendamm als Vermarktungselement anzusehen, das die extreme Höhenorientierung ersetzt. Die Victoria scheint trotz ihrer bei den beiden Senatoren hoch angesiedelten Lobby-Arbeit dazu bereit, um einer schnellen Genehmigung willen auf Verhandlungen mit dem Bezirk einzugehen. Auch die von Jahn entworfene Glasspitze, die als Vermarktungselement für die blockdurchquerende Passage Bedeutung hat, ist dabei nicht tabu (G021). Erst als sich abzeichnet, dass der Widerstand der BVV nicht überwunden werden kann, wird der Senat stärker unter Druck gesetzt.

Wegen der großen Umstrittenheit und des Widerstands hält sich die Victoria zunächst im Hintergrund, während Nagel und Hassemer für die von ihr ins Spiel gebrachte Hoffnung auf die Verlegung der Regionalverwaltung öffentlich eintreten. Mit dem Verkauf des Grundstücks macht die Victoria schließlich klar, dass sie lediglich an einem hohen Verkaufspreis interessiert war und nicht an einer eigenen Nutzung. Da die übrigen beabsichtigen baulichen Aktivitäten in der Stadt bereits vollzogen sind, kann es sich die Versicherung leisten, die Senatoren und Abgeordnetenhausmitglieder, die sich für den umstrittenen Entwurf mit seiner hohen Baumasse eingesetzt haben, zu brüskieren.

Die Victoria kann ihre Ziele vor der Wende nicht durchsetzen, da sie sich selbst zunächst nicht mit dem nötigen Nachdruck für eine Bebauung einsetzt und im Gutachterverfahren 1988 den Bogen des West-Berliner Verträglichkeitskonsenses überspannt. Die lange währende Vorgeschichte des Projektes in Kombination mit der Wahl eines durchsetzbaren „internationalen" Architekten trifft nach der Vereinigung auf eine große Koalition, die auf Arbeitsplatzversprechungen positiv anspricht, Restriktionen einer Bebauung skeptisch gegenübersteht und an einer „Attraktivierung" des Standorts City-West brennend interessiert ist. Mit dem teilweisen Eingehen auf die öffentliche Hand gelingt es, dem Senat die überarbeitete Lösung von Jahn schmackhaft zu machen und die Senatoren unter Entschei-

51 Dies wird zumindest von mehreren Gesprächspartnern so vermutet.

dungsdruck zu setzen. Diese außergewöhnliche Kombination historischer Umstände charakterisiert einen Stimmungswandel, der eine Genehmigung des Projekts gerade in der vor ihrem Abflauen stehenden Büroflächenkonjunktur des Jahres 1993 gegen erhebliche Widerstände möglich macht. Mit der letztendlichen Vermarktung der Fläche hat die Victoria einen wesentlichen Teil ihrer Ziele erreichen können.

Berater

Gutachter

Die Gutachter, die im Auftrag des Bezirks und des Senats Testentwürfe und Wettbewerbsbeiträge produzieren, stammen im Wesentlichen aus der West-Berliner „Szene“, zu der neben etablierten Beratern wie Sawade einige damals jüngere Architekten und Planer wie Müller/Rhode und Kohlbrenner gehören. Ausgehend von der dominanten negativen Einschätzung über den Blockinnenbereich des Grundstücks und der Forderung nach einer frei interpretierten Komplettierung des Dustmann-Konzepts sind von Anfang an die West-Berliner Bedenken gegen Hochhäuser weitgehend bedeutungslos. Der architektonische Gestaltungswille produziert massige und teilweise sogar über die Dustmannsche Höhe von etwa 60 m hinausreichende Entwürfe. Dabei bleiben scheibenförmige Hochhäuser die Ausnahme, während die Geschosszahl der Entwürfe im Durchschnitt allmählich steigt.

Als die Entwürfe 1988 den Charakter von Testentwürfen verlassen, gibt die Auslobung die Baumasse und damit indirekt auch die möglichen Entwurfslösungen vor. Eine größere Höhenentwicklung ist angesichts des Wunsches nach „Betonung“ des Standorts fast zwingend und wird von den bereits vorher in das Verfahren involvierten Architekten in unterschiedlichem Grad nachvollzogen, je nachdem, auf welchen Anteil des Grundstücks ihr Bebauungsvorschlag zugreift.

Das von Benzmüller/Wörner erarbeitete Gutachten interpretiert das Ziel der „Kritischen Rekonstruktion“ insofern, als es die Bebauung der 1950er Jahre erhält und auf eine Rückführung an die kaiserzeitliche Struktur verzichtet, dafür aber eine vorher nie vorhandene Randbebauung weiter westlich vorschlägt. Ohne den Impuls der Senatsbauverwaltung wäre die Studie nicht zustande gekommen.

Die Gutachter versuchen in der Regel, die Baumassen in einen städtebaulichen Kontext mit der umgebenden Situation zu stellen. Damit beantworten sie den Auftrag des Bezirks und des Senats mit kompositorischen Mitteln. Die große Bandbreite der angebotenen Lösungen zeigt, dass daraus keine weitreichend konsensfähigen Ergebnisse erwachsen. Eine systematische Verträglichkeitsstudie, die Verkehrsbelastung, Bodenpreismechanismus, Erschließung und Tragfähigkeit für bestimmte Nutzungsarten untersucht, wird nicht erarbeitet. Die Architekten prägen also keine eigenständigen Ziele für den Bereich, sondern bieten lediglich raumkompositorische Ausformungen zur Veranschaulichung des Entwurfsspielraums unter bestimmten Rahmenbedingungen an. Die Architekten passen 1988 ihre Ziele den veränderten Rahmenbedingungen an und bringen dabei lediglich implizit ihre stadtentwicklungspolitischen Auffassungen ins Spiel, die von den auswärtigen Architekten wie Jahn in größerer Radikalität vertreten werden.

Angesichts der unterschiedlichen Ziele kann nicht von einer Durchsetzung der Berater gesprochen werden. Die Einführung des deutsch-amerikanischen Architekten Helmut Jahn und dessen Erfolg bei der Victoria wirft die einheimischen Berater trotz des formalen Überarbeitungsauftrags im Gutachterverfahren 1988 aus dem Rennen. Auch ihre städtebaulichen Lösungsansätze werden nicht weiter verfolgt. Einen Sonderfall stellen Benzmüller/Wörner dar, deren Überlegungen teilweise verwirklicht werden.

„Obergutachter"

Klare Vorgabe für die Obergutachter sind die in der Auslobung formulierten Ziele, die jedoch nur den Grundkonsens der damaligen Zeit für das Grundstück enthalten. Im Verfahren erarbeiten sie weitere Beurteilungskriterien, die wohl ihr städtebauliches Grundverständnis und die Standorteinschätzung widerspiegeln. Zwar wird die Vorbildwirkung einer Planung auf dem Grundstück für die Umgebung erkannt, aber offenbar unterschiedlich eingeschätzt. Die städtebauliche Übergangssituation, in der sich das Grundstück zwischen kaiserzeitlicher Bebauung und Nachkriegsbebauung befindet, ist zumindest ausschlaggebend für die reservierte Haltung gegenüber weiteren „Grundmustern" der Bebauung. Die Aussagen für die Kantstraße bleiben merkwürdig ambivalent: Einerseits soll sie aufgewertet werden, andererseits dient sie als Erschließungsstraße. Lediglich bei der Frage nach Hochhäusern setzt sich zumindest in den Beurteilungskriterien ein Bekenntnis zu einer städtebaulichen Wirkung von Hochhäusern durch, die in klarem Gegensatz zum Dustmann-Konzept mit seinem von der Straßenkante zurücktretenden Hochhaus steht.

Die Ziele der Obergutachter werden aber nur ansatzweise verfolgt. Die gutachterlichen Kommentare zu den vier völlig unterschiedlichen Arbeiten sind sämtlich verhalten positiv. Einhellig spricht sich die Jury für Mischnutzungen, eine Begrenzung der Einstellplatzverpflichtung, einen offenen Durchgang statt einer Ladenpassage und eine begrenzte GFZ aus. Ihre Ziele setzen sie nicht durch. Indirekt kann ihnen allerdings der Erfolg zugerechnet werden, mit der dezidierten Ablehnung des ersten Jahn-Konzepts dem späteren Bausenator Nagel eine Profilierungsmöglichkeit geboten und damit einen Beitrag zur Abwendung einer noch stärkeren Umstrukturierung des Grundstücks geleistet zu haben.

Entwurfsarchitekt

Helmut Jahn als Neuling in Berlin versucht mit einem städtebaulichen Paukenschlag auf sich aufmerksam zu machen und setzt sich deshalb bewusst von einer Bezugnahme auf den Charakter der Umgebung ab. Er postuliert ein „Signal" für Berlin, das der Berliner „Mauer" den Rang ablaufen soll. Angesichts dieses hohen selbstgesetzten Anspruchs ist die Radikalität des Entwurfs verständlich. Die von Glasfassaden geprägte Architektur ist durch ihren Materialkontrast zur Umgebung und das sich darin äußernde Bekenntnis zu einer bestimmten Form der Moderne nur dann hinreichend wirksam, wenn sie nicht versucht, eine Anpassung an die Überbleibsel der Kaiserzeit oder einer konservativen Spielart der 1950er-Jahre-Moderne in ihrer städtebaulichen Komposition zu erreichen. Der Entwurf stellt eine konsequente Umsetzung des Wunsches dar, eine andere Auffassung von Stadt und Architektur zu einem dafür besonders günstigen Zeitpunkt an der dafür geeignetsten Stelle in West-Berlin, der City West, zu realisieren und damit ein neues Marktsegment zu bespielen, in dem der Architekt vorher nicht erfolgreich war.

Jahn nutzt dazu sowohl die „Entwurfssprache" als auch die Möglichkeiten einer Entwurfsvorstellung, um seine abweichende Auffassung möglichst perfekt darzustellen und damit deren handwerkliche Qualität zu bekunden. In Überarbeitungsphasen und in Verhandlungen mit Akteuren der öffentlichen Hand liefert er eine große Anzahl von Studien, Modellen und Perspektiven, die auf Änderungswünsche eingehen, aber die grundsätzlich andere architektonische Auffassung nicht überwinden. Die schroffe Ablehnung des ersten Entwurfs durch den neu gewählten Senat zwingt die Victoria und damit letztlich Jahn zu einem Eingehen auf veränderte Rahmenbedingungen. Auch in seinen Studien, die dem Bebauungsplanänderungsverfahren unmittelbar vorangehen, versucht er, durch spektakuläre Elemente, die im Kontrast zur Umgebung und sämtlichen baulichen Zeitschichten stehen, auf seinen Gebäudekomplex aufmerksam zu machen.

Die Durchsetzung einer Architektur, die dem kontextorientierten Grundkonsens der West-Berliner Szene extrem widerspricht, muss als Erfolg Jahns angesehen werden, der allerdings ohne das Zusammenwirken der Victoria und der beiden Senatoren Hassemer und Nagel nicht möglich gewesen wäre. Die Victoria ist bereit, Jahn auf ein durchsetzbares Maß zurückzustutzen. Dessen Versuch, mit dem Projekt Signalwirkung für die ganze Stadt zu erzielen, erleidet damit Schiffbruch. Eine grundsätzliche Ablehnung, wie sie bis heute am Victoria-Gelände in weiten Teilen von Fachöffentlichkeit und Verwaltung besteht, ist jedoch an anderer Stelle in der Stadt nicht mehr zu erwarten.

Öffentlichkeit

Bewohner, Nachbarn, Bürger

Die Bewohner in der näheren Umgebung spielen im Planungsverfahren kaum eine Rolle. Im Bebauungsplanverfahren wird von ihnen die gesamte Bandbreite von Kritik auch an der Dimension des Projektes vorgetragen (zu hohe Dichte, Denkmalschutzprobleme, Höhe). Da eine intensive Rückkopplung oder Mobilisierung nicht erkennbar ist, muss davon ausgegangen werden, dass es sich um Grundeinstellungen der Bürger zu den vorgesehenen Verdichtungsmaßnahmen handelt.

Obwohl die Bewohner erhebliche Kritik an den Plänen äußern, ist zu keinem Zeitpunkt eine über Charlottenburg hinausgehende Mobilisierung wahrnehmbar. Lediglich im Rahmen von Veranstaltungen der Fachöffentlichkeit oder des Bezirksamts ist die öffentliche Kritik als Bestätigung der ablehnenden Haltung des Bezirks von Bedeutung. Während des Bebauungsplanverfahrens hat sich der Senat allerdings von der Öffentlichkeit abgeschottet.

Die Bürger leisten einen Beitrag zur Verhinderung der Hochhauspläne, da Nagel sich 1989 vor seiner Charlottenburger Klientel profilieren muss. Bei der später favorisierten Riegel-Bebauung ist diese einfache Ablehnung nicht erneut zur Legitimation politischen Handelns heranzuziehen, da Senator Nagel unter dem Druck steht, einen verbesserten und genehmigungsfähigen Entwurf mitzutragen, um die Victoria nicht von einer Investition abzuhalten. Die Einigung auf einen weitreichenden Erhalt des Kranzler-Ensembles ist insoweit den Bürgern zuzurechnen, als die Senatoren es offenbar nicht wagen, ein für die Identitätsbestimmung West-Berlins in der Nachkriegs- und Wiederaufbauzeit bedeutendes Gebäude abtragen zu lassen. Demnach ist es weniger der Denkmalschutz als die Symbolwirkung des Gebäudes, das sein Überleben sichert.

Fachöffentlichkeit

Auch wenn die Fachöffentlichkeit keineswegs eine monolithische Position vertritt, bildet sich doch als Konsens ein Bekenntnis zur kaiserzeitlichen Bebauungsstruktur mit „Charlottenburger Mischung" heraus, in der einige der Architekten und Planer selbst ihre Büros und damit ihr Arbeitsumfeld haben. Darüber hinaus versucht die Fachöffentlichkeit, sich als Qualitätswahrer architektonischer Aktivitäten darzustellen. Dies generiert quasi zwangsläufig eine Ablehnung des ersten Jahn-Entwurfs, der als Bedrohung der eigenen Stellung und der „Europäischen Stadt" sowie als „banale" Architektur, die an „jedem Ort der Welt" (G045) stehen könnte, gebrandmarkt wird[52]. Die Ziele der Fachöffentlichkeit verbinden sich mit denen der übrigen Charlottenburger Akteure und wenden sich gegen die Riegelwirkung und die Westverschiebung der „Umstrukturierungsgrenze" in der West-City, die vorher an der Joachimstaler Straße verortet gewesen zu sein scheint. Kritisch wird auch die Vorbildwirkung des Projekts für die Zukunft der City West gesehen. Die Herangehensweise ist weitgehend städtebaulich-kompositorisch und setzt sich nur in Einzelfällen mit der Dichte des Projekts, bisweilen auch mit der Nutzungsstruktur auseinander. In ihrer Haltung zum Kranzler-Ensemble ist die Fachöffentlichkeit gespalten zwischen den radikalen Befürwortern der kaiserzeitlichen Bebauung, die für eine Wiederherstellung der Blockecke unter Abriss des Kranzlers plädieren, und denen, die die Dustmann-Konzeption als gegeben akzeptieren.

Erst im Bebauungsplanverfahren wendet sich die Fachöffentlichkeit massiv gegen den überarbeiteten Jahn-Entwurf. In mehreren Fachveranstaltungen gelingt es, eine stabile Ablehnungsfront mit dem Bezirk aufzubauen, die aber von der Senatsbauverwaltung weitgehend ignoriert wird. Die Senatoren stehen unter dem Druck, das Projekt, für das Nagel das Bebauungsplanverfahren an sich gezogen hat und mit dem die Regionalverwaltung der Victoria entstehen soll, angesichts der realen Investitionsabsicht zu Ende zu bringen und ihre Entscheidungsfähigkeit zu beweisen. Gegen die Haltung des Senats ist die Fachöffentlichkeit machtlos, es gelingt ihr jedoch, das Projekt bis heute als einen der zentralen stadtentwicklungspolitischen Fehler des ersten Senats der Großen Koalition herauszustellen, eine Ansicht, der sich ein überwältigender Teil der Fachverwaltung anschließt und die dazu geführt hat, dass in Zukunft Einzelentscheidungen vermieden werden sollen.

Konflikte und ihre Bewältigung

Konflikte

Bebauungstyp

Der Konflikt über den Bebauungstyp kann nur über die Aufgabe des 1950er-Jahre-Konzepts für das Grundstück aufbrechen. Dies geschieht schrittweise in den 1980er Jahren

52 Vgl. auch die Kritik an der Politik städtebaulicher Dominanten von Peter Rumpf in Bauwelt 1989, Heft 4, S. 117.

durch Abgehen vom festgesetzten Bebauungsplan, den Wettbewerb von 1988 und schließlich in der Weiterbearbeitung. Dabei sind in den Phasen des Projekts alle Akteure einbezogen, der Konflikt wird sowohl öffentlich als auch politisch. Bis in die 1990er Jahre spielt sich die tatsächliche Auseinandersetzung trotz bekannter negativer Positionen beispielsweise in der Fachöffentlichkeit[53] im inneren Entscheidungszirkel um den Baustadtrat und den Bausenator ab. Die Bebauungsmodelle wechseln einander ohne großen Konkretisierungsgrad ab, und die Forcierung des Planverfahrens durch Investoren zwingt jeweils zu einer vorübergehenden Festlegung der öffentlichen Hand, die erst nach dem Wettbewerb 1988 zum Konflikt wird. Vor allem durch die Veränderung der politischen Verhältnisse im Bezirk und im Senat entstehen nachhaltige Verwerfungen, die den Bebauungstyp in Frage stellen. Nagel und Hassemer leisten formal ihren Beitrag zur Konsensfindung, indem das Benzmüller/Wörner-Gutachten die Position des Senats formulieren soll. Die negative Haltung der Öffentlichkeit kann möglicherweise mit einer tendenziellen Ablehnung von als zu erheblich empfundener Verdichtung erklärt werden, doch fußt die der Fachöffentlichkeit in der grundsätzlichen Gegenposition zu den als überwunden geglaubten Hochhäusern mit großflächigem Aufriss (z. B. G053), während Teile der Politik auf Abgeordnetenhausebene sich auch abweichende Positionen zur möglichen Wiederherstellung der kaiserzeitlichen Ecke zueigen machen.

Die Konflikte werden durch Entscheidung auf höchstem Niveau bewältigt. Die lange anhaltende Prozessphase und die darin angelegte Suchbewegung auf einen Kompromiss zwischen dem ersten Jahn-Entwurf und gegnerischen Positionen führen zwar letztlich zu einer behutsameren Entwicklung als 1988 noch befürchtet, doch ist lediglich mit Baustadtrat Dyckhoff eine Kompromissfindung versucht worden.

Gebäudehöhe

Während in den frühen Vorentscheidungsphasen eine mögliche Erhöhung ohne Veränderung des Planungsrechts von der öffentlichen Hand geprüft und damit eine Höhenzunahme positiv eingeschätzt wird, bildet der Höhensprung von 1988 wohl ein Hauptanlass zum Ausbruch des Konflikts, der in den Folgejahren zwischen Senat und dem CDU-Baustadtrat einerseits sowie der Öffentlichkeit und Opposition andererseits schwelt, aber zusehends auch weite Teile der Mehrheitsfraktionen im Abgeordnetenhaus und die Senatsverwaltungen selbst spaltet. In Reaktion auf die Kritik am ersten Jahn-Entwurf wird die Höhe bis zum Benzmüller/Wörner-Gutachten zurückgeschraubt, durch die Investorin dann aber wieder etwas erhöht. Die Problematik der Höhe ist dadurch entschärft. Die Hochhauslösungen werden auf eine Gebäudehöhe zurückgeführt, die sich in einer offenbar vertretbaren Abweichung gegenüber dem geltenden Planungsrecht bewegen. Die im Laufe des Prozesses bereits „entstandene“ BGF-Zunahme des Projekts macht die Auseinandersetzung über den Bebauungstyp („Riegelwirkung“) dafür umso heftiger, in der sich die Entscheidungsträger allerdings auf die Entschärfung des Höhenkonflikts berufen, wenn sie Kritik am Bebauungstyp abwehren.

53 Vgl. z. B. die negativen Kommentare in Bauwelt 47/1988, S. 2008 und 48/1993, S. 2572.

Umgang mit Baudenkmalen

Die bereits vor der Vereinigung euphorischen Hoffnungen auf ein bauliches Signal stellen das Kranzler-Eck und insbesondere das Bilka-Kaufhaus in den Schatten, so dass ein Abriss zugunsten der neuen Gebäude in Kauf genommen wird. Der Konflikt ist damit in seinen Grundzügen angelegt, erhält aber erst dann neue Nahrung, als die Denkmale ernsthafter bedroht sind. Inhaltlich ist er erst durch ein Zusammentreffen der unter einigen Akteuren negativen Einschätzung der 1950er-Jahre-Architektur mit einer schwach etablierten Tradition des Erhalts von Büro- und Industriegebäuden, einer extrem niedrigen Dichte im Citybereich, der angrenzenden identitätsstiftenden Kurfürstendamm-Bebauung mit kaiserzeitlichem Maßstab, der Umstrittenheit der Bebauungsalternativen für das Grundstück und der Zubilligung einen höheren Dichte durch die öffentliche Hand möglich. Er verliert seinen „fachlichen" und „ermessensfreien" Charakter und wird auf der offenen Bühne der Politik verhandelt, wobei die Denkmalschutzbehörde angesichts ihres bereits bekannten und umstrittenen Einsatzes für 1950er-Jahre-Architektur unter Rechtfertigungsdruck gerät. Die tatsächlichen Entscheidungen über den Denkmalschutz werden allerdings davon unabhängig auf Senatsebene gefällt.

Die gefundene Lösung rettet mehr denkmalwerte Substanz als Alternativkonzepte, die von Kritikern ins Feld geführt werden, seien es die der Traufhöhenbefürworter oder die des Bezirks. Damit vertritt der Senator eine Lösung, die von maßgeblichen Akteuren der Denkmalschutzbehörde mitgetragen werden kann (S27), auch wenn sie schließlich der Legitimation eines umstrittenen Konzepts dient. Der Konflikt um den Denkmalschutz wird also durch die Exekutive mit deutlichen Abstrichen beim Umgebungsschutz beendet.

Einfügung am Kurfürstendamm

Die Problematik ist mittelbar eine Konsequenz der Verbreiterung des Gebäudekomplexes im Blockinnenbereich. Sie wurzelt aber auch im Zusammentreffen des Anspruchs, eine Passage ohne Magneten an den Endpunkten zu beleben, mit dem Gestaltungswillen des Architekten Jahn, der den Passageneingang im Kontrast zum Kurfürstendamm akzentuiert. Die Gegner stammen aus dem Lager der Vertreter einer „Charlottenburger Mischung", die in der kaiserzeitlichen Hülle „urbane" Nutzungsvielfalt realisiert und von der dazu offenbar nicht passenden „amerikanischen" Moderne Jahns bedroht scheint. Die Verordnung über den „Geschützten Baubereich" bietet eine handfeste juristische Grundlage für die Position. Da die Architektur der 1950er Jahre auf dem Victoria-Gelände, vor der Ausweisung als Geschützter Baubereich errichtet, selbst im gestalterischen Widerspruch zu dessen Gedanken steht, kann die Entstehung des Glasspitzen-Konflikts auch als Folge unterschiedlicher Interpretationen und Auffassungen der Akteure über die Weiterentwicklung eines bereits bestehenden gestalterischen Bruchs aufgefasst werden.

Dyckhoff bringt den Konflikt insofern auf den Punkt, als die Glasspitze als ein von den übrigen architektonischen Elementen des Jahn-Konzepts abtrennbarer und nicht konstitutiver Bestandteil erfasst und verhandelt wird. Der Konflikt eskaliert erneut mit dem Eintritt Nagels ins Verfahren. Offenbar ist die Planungsphase des Projekts so weit vorangeschritten und die Identifikation der beiden Senatoren mit ihm so stark, dass Änderungen im hier angeführten Sinne nicht mehr denkbar scheinen. Mithin wird der Konflikt von den erwähnten Gegnern auf allen Bühnen erneut aufgenommen und als ein Hauptaspekt der Ablehnung des ganzen Projekts angeführt. Eine versöhnliche Einigung ist angesichts dieser so stark auseinander driftenden Positionen und der Rahmenbedingungen des Prozesses nicht möglich. Der Konflikt wird durch Entscheidung ohne Änderung auf höchster Ebene bewältigt.

Nutzungsart

Erst in den 1990er Jahren wird eine Wohnnutzung des konkreteren Projekts angestrebt. Die Vertreter einer Charlottenburger Mischung, also vor allem die bezirklichen Akteure, wenden sich deutlicher als die Senatoren gegen eine Preisgabe des gesamten Areals an eine City-Nutzung. Das Vorhandensein konkurrierender Interpretationen eines schwer einzuordnenden Grundstücks zwischen City West und kaiserzeitlich-intakter Welt Charlottenburgs zieht also einen Konflikt innerhalb der öffentlichen Hand nach sich. Die Wohnnutzung spielt angesichts der fortgeschrittenen Entwurfsplanung kaum eine Rolle. Weite Teile des Komplexes scheiden aufgrund der angestrebten Nutzungen bereits aus, ohne dass ein von der öffentlichen Hand aufgemachter quantitativer Anspruch an Wohneinheiten ernsthafter in Erwägung gezogen würde, und auf den Restflächen wird in der Prüfung der Wohnnutzung kurzzeitig symbolische Politik betrieben.

Der Konflikt wird durch Unterordnung des Belangs unter die übrigen konzeptionellen Bestandteile des Projekts bewältigt. Die Senatsbauverwaltung kann dabei auf ihre starke Stellung im Verfahren zurückgreifen und muss sich nicht für Charlottenburger Ziele rechtfertigen, sondern steht in der abstrakteren Rechenschaftspflicht vor der gesamtstädtischen Bedeutung des Standorts.

Bündnisse und Gegnerschaften

Bündnisse

Als bedeutender und exponierter Standort der City West stellt das Victoria-Areal einen bedeutenden Ort der Stadtentwicklung dar, dem besondere Aufmerksamkeit entgegengebracht wird. In den Jahren vor der Vereinigung ist insbesondere die Senatsbauverwaltung stets einer Verdichtung des Standorts aufgeschlossen. Die zahlreichen Verwertungsversuche der Victoria führen dabei zu einer Art informellem Zweckbündnis zwischen ihr und der öffentlichen Hand. Konkretisierende Planungsschritte werden von der öffentlichen Hand nicht vorrangig dazu genutzt, die Zukunft des Grundstücksinnern neu zu definieren, sondern die planungsrechtlichen Voraussetzungen für eine Verdichtung und Attraktivierung des Standorts durch zusätzliche Baumassen und zusätzliche Nutzungen auf einer im städtebaulich-fachlichen Sinn abgesicherten Basis zu schaffen. Der eingeleitete Planungsprozess sanktioniert eine weitere Steigerung der BGF und der Höhe. In ihm spiegelt sich eine architektonisch-fassadenbezogene Orientierung, die die Überarbeitung des Jahn-Entwurfs erzwingt. Nagel tritt schnell lose in das Bündnis ein, wenngleich die Eigentümerin ihre städtebauliche Komposition lose auf ihn abstimmen muss. Zusammen mit Hassemer bildet er ein neues Bündnis, das sich vor die Victoria-Versicherung stellt und erst dann kritische Töne zu akzeptieren bereit ist, als nach dem Verkauf des Grundstücks am Vertrauensbruch durch die Victoria nicht mehr zu deuteln ist.

Offensichtlich gehört der Entwurfsarchitekt in dieses Bündnis, hat aber zum damaligen Zeitpunkt in Berlin noch keinen so starken Stand, als dass er — wie von der Victoria vielleicht beabsichtigt — zu einer unmittelbaren Stärkung der Verhandlungsmacht beiträgt, sondern eher unnötige Angriffsflächen bietet. Den gemeinsamen Nenner des Bündnisses bildet die stadtentwicklungspolitische Hoffnung auf einen baulichen Impuls, der für die Eigentümerin Selbstdarstellung, Grundstücksaufwertung, vermietbare Fläche und möglicherweise einen selbst zu nutzenden zentralen Standort, für die Senatsseite die Hoffnung auf eine ökonomische Stärkung der City West und Arbeitsplätze bietet. Dementsprechend schließen sich je nach politischer Konstellation dem Bündnis weitere Akteure an, erreichen aber nie die tragende Rolle der oben erwähnten Akteure. Interessanterweise gelingt es nicht einmal, die Legislative hinreichend einzubinden.

Indifferente Akteure

Im Verlauf der Jahre sind die beteiligten Gutachter und Architekten als indifferent anzusehen. Sie stützen zwar nachdrücklich den Entwicklungsprozess, bleiben aber letztlich ohne größeren Einfluss. Sie lassen sich insofern in Dienst nehmen, als sie bei der Produktion von Entwurfsalternativen je nach Vorgaben bereit sind, jeden Verdichtungskurs mitzutragen. Ihre innere Heterogenität erscheint so groß, dass aus ihren angebotenen Varianten keineswegs eine eindeutige Befürwortung der Herangehensweise beispielsweise des Bausenats hervorgeht. Durchgehende Haltung ist allerdings eine äußerst freizügige, städtebaulich-kompositorische Herangehensweise an die zur damaligen Zeit angeblich tabuisierten Hochhäuser, die durch den unvollendeten Dustmann-Entwurf legitimiert wird.

Auch die Mitarbeiter der Senatsverwaltungen sind als indifferent anzusehen. In ihrem Wirken lassen sich sowohl Indizien für eine Befürwortung als auch für Kritik am Projekt in seinen verschiedenen Phasen ausmachen. Zunächst eingebunden in die hierarchisch verordnete Durchführung der Verfahren, bleibt insbesondere in der Bauverwaltung nur ein geringer Spielraum für Modifikationen. Selbst in der Senatsbaudirektion steht die Entwicklung des Standorts nicht in Frage. Der Versuch einer Ordnung im Sinne der „Kritischen Rekonstruktion" richtet sich zwar entschieden gegen Jahn, bietet aber durchaus Spielraum für eine weitere Verdichtung, wie im Nachhinein deutlich wird, aber bei der Entscheidung für ein assoziativ-städtebauliches, also Dichtewerte und Nutzungsarten in den Hintergrund der Betrachtung stellendes Vorgehen bei der Bestimmung der Nutzungsmöglichkeiten bereits hätte vorausgesehen werden können. Damit entsteht zumindest in der Senatsbaudirektion keine hinreichend hart formulierte Gegenposition. Die Mitarbeiter der Stadtentwicklungsverwaltung tragen durch Überlegungen zur Aufwertung der City West, die immer wieder in Auftrag gegeben werden, den grundsätzlichen stadtentwicklungspolitischen Weg mit. Eine Besonderheit stellt die Denkmalpflege dar, die hinsichtlich der Beurteilung des überarbeiteten Jahn-Entwurfs und seiner Denkmalverträglichkeit gespalten ist.

Gegnerschaften

Insbesondere ab den späten 1980er Jahren formieren sich vehemente Gegner des Projekts. Sie stehen aber in ihrer Gegnerschaft weder in Bezug auf ihre Mobilisierung noch auf ihre Ziele als monolithischer Block da, so dass sie unabhängig von einander zu behandeln sind.

Der Bezirk Charlottenburg, der von einem rot-grünen Milieu geprägt ist bildet für sich einen recht geschlossenen Block, der sowohl das Bezirksamt als auch die BVV und im Sinne einer Vertretung von Bezirksinteressen sogar CDU-Politiker umfasst[54]. Die Versuche zu einer Modifikation des Entwurfs geben einen weitreichenden Konsens innerhalb des Bezirks, der auch die engagierteren Bürger umfassen dürfte, über die Unverträglichkeit von Höhe, Riegelwirkung, Nutzungsspektrum, Einfügung am Kurfürstendamm und Verhältnis zum Kranzler wieder, doch muss betont werden, dass diesem Ablehnungskonsens keineswegs ein Konsens über die Ziele für das Grundstück gegenübersteht.

Starke Verflechtungen bestehen vom behandelten bezirklichen Bündnis zur Fachöffentlichkeit, die sich in einer teilweise gemeinsamen Ablehnungsstrategie niederschlagen. Dennoch ist die Fachöffentlichkeit klar vom Bezirk zu trennen und zerfällt in sich wiederum in mindestens zwei, wenn nicht drei Lager, die nur sporadisch zusammenwirken können. Die architektonische Ablehnungsfront gegenüber Jahn, die sich aus der West-Berliner Tradition speist und die „Banalität" und Bezuglosigkeit seiner Architektur im Allgemeinen und die „Verzwergung" des Kranzler-Gebäudes im Besonderen anprangert, formuliert ihre Kritik aus der Warte der kritischen architektonisch-städtebaulichen Fachöffentlichkeit, ist aber an anderer Stelle durchaus in den Verdichtungsprozess einbezogen (Ö07). Die städtebauhistorische Ablehnungsfront gegen die Massierung von Gebäuden im Blockinnern und den Erhalt der 1950er-Jahre-Bebauung versucht, die Wiederherstellung der kaiserzeitlichen Ecke mit moderner Architektur als angemessene Komplettierung des Kurfürstendamms zu propagieren. Die Infragestellung des Kranzlers, die sie betreibt, paart sich nicht mit dem ersten Lager. Die stadtökonomische Ablehnungsfront, deren Größe schwer abschätzbar ist, betrachtet die Verdichtung nicht nur implizit, sondern auch explizit als einen Schritt in einen Hochhausbau-Wettlauf in der City West, der durch einen „Dominoeffekt" ausgelöst werde. Nahrung erhält sie durch das Verhalten der Victoria, die sich als „schnöder Grundstücksverwerter" herausstellt und den Traum des Senats vom verantwortlichen Eigennutzer platzen lässt. Die Widersprüchlichkeit der Positionen dieser drei Fronten erlaubt dem Entscheidungsträger die Auslegung seines eigenen Handelns als Kompromiss, da eine Konsenslösung in der Fachöffentlichkeit überhaupt nicht auszumachen ist.

Zusammenfassende Einschätzung des Entscheidungsprozesses

Konstellation

Ähnlich wie im Falle des Kantdreiecks bildet sich auch am Kranzler-Eck aus einer Fülle von Einzelfaktoren ein komplexes Geflecht von Ansprüchen heraus, das kaum zufriedenstellend auflösbar ist. Für das Zustandekommen der Entscheidung selbst sind die Stadtentwicklungspolitik vor der Vereinigung, die politische Instabilität an der Schwelle zu den 1990er Jahren, die innere Struktur der Senatsbauverwaltung nach der Vereinigung, die

54 Beachte das Abstimmungsverhalten des CDU-Abgeordnetenhausmitglieds Goetze aus Charlottenburg.

wechselnde ökonomische Bedeutung des Standorts, die Standortpolitik der Eigentümerin und das politische Selbstverständnis der politischen Hauptakteure der Großen Koalition ausschlaggebend.

Die bereits am Kantdreieck begonnene tastende Suche der regierenden Koalition der 1980er Jahre nach einer Verbindung von erneuerter „Schaufensterpolitik" im Zeichen des sektoralen Strukturwandels und realistischer Investitionstätigkeit in einer vom Standortwettbewerb benachteiligten Großstadt scheitert an der Überschätzung der Nachfrage in Verbindung mit der Profilierung des neuen rot-grünen Senats. Die unklare Haltung der Victoria angesichts zu erwartender Widerstände innerhalb der Akteursgruppe öffentliche Hand deutet wie der spätere Verkauf massiv darauf hin, dass sich selbst die Versicherung noch nicht eindeutig auf einen baupolitischen Wachstumskurs eingestellt hat.

Der neue Anlauf umgeht die ursprünglichen Schwierigkeiten und erscheint „geschmeidiger", da das Kranzler-Gebäude selbst wegen seines Symbolwerts erhalten wird. Scheinbar bedient der Entwurf nun die Ansprüche der Kritischen Rekonstruktion, liefert gleichzeitig hinreichende Anknüpfungspunkte für eine Politik der Überwindung vermeintlicher Rückwärtsgewandtheit West-Berliner Kreise und lässt sich von den beiden neuen Senatoren als Resultat langwieriger Weiterentwicklungen verkaufen, die vor allem vor dem Hintergrund des grundsätzlichen Widerstands aus Charlottenburg in einer Zeit abebbenden Booms als Initialzündung für eine investorenfreundliche Attraktivierung der City West Handlungsfähigkeit der Politik demonstriert. Der engste Kreis der Senatoren und ihres Beraterumfelds kann bei der Entscheidungsfindung auf widersprüchliche und sich damit in der Entscheidungsfindung neutralisierende Auffassungen in Politik, Fachwelt und Bevölkerung verweisen und zumindest als eine mögliche Kompromisslösung präsentiert werden. Das Selbstverständnis der Senatoren lässt diese ihren eigenen Handlungsspielraum ausschöpfen und rechtfertigt ihre Entscheidung vor sich selbst als treuhänderischen, intensiven Bearbeitungsprozess in einer repräsentativen Demokratie, in der sich der politische Entscheidungsträger weniger der aktuellen „Stimmung" in der Öffentlichkeit verantwortlich fühlt als seiner interpretierenden Synthese dessen, was die Entwicklungsfähigkeit der Stadt mittelfristig benötige. Für die handlungsleitende Verbindung von Standortvermarktung in der Städtekonkurrenz mit einer auf Kontrast angelegten „überschichtenden" Städtebauauffassung spielt die politische Herkunft der beiden Senatoren eine zentrale Rolle.

Dass dabei in letzter Konsequenz Einzelpersonen gegen die höchst mobilisierte Öffentlichkeit handeln können, ist zunächst ernüchternd für die demokratische Einbindungsfähigkeit von Einzelentscheidungen. Der Widerstand aus den Parteien im Abgeordnetenhaus ist allerdings so vernehmlich, dass im Fall Kranzler-Eck der Entscheidungsspielraum der Exekutive bis aufs Äußerste ausgereizt sein dürfte. Die Zwitterrolle zwischen Landesparlament und Stadtrat tut ihr übriges, die Abgeordneten in ihrem Selbstverständnis zu irritieren. Konfrontiert mit dem Vorwurf, ihren Einfluss zu überziehen, wird ihre Kontrollfunktion tendenziell — und paradoxerweise durch die kritisch auf die Exekutive blickende Öffentlichkeit — amputiert.

Bewertung

Stellt man die Alternativen des zu realisierenden Projekts einander gegenüber, wird deutlich, dass miteinander unvereinbare Grundauffassungen von Stadtentwicklungspolitik im Widerstreit liegen. Die lokal motivierte Einfügungshaltung und die Orientierung am 1950er-Jahre-Entwurf sind für die standortbezogene Politik der Senatoren irrelevant. Stadtentwicklung als Standortmarketing schließt die Erhaltung des „Erinnerungspostens" Kranzler und seine Verbrämung als Denkmalschutz ein, kombiniert in komplexer Weise „Alt" und „Neu", um ein Maximum an Aufmerksamkeit zu errreichen, und ist dabei nicht zwangsläufig einem übergroßen Druck des Investors ausgesetzt, zumal in allen Phasen des Entscheidungsprozesses Dichteerhöhungen auf höchster Ebene dethematisiert werden und offenbar von Anfang an klar ist, dass die zu realisierenden Baumassen weniger aus einer Bedarfsrechnung der Victoria als aus einer gemeinsamen Suche mit dem Senat nach einer vertretbaren, aber auf städtebauliche Markanz orientierten Lösung hervorgehen.

Die Bereitschaft der Victoria, mit Dyckhoff weiter zu verhandeln und somit Realisierungshindernisse auszuräumen, scheitert erneut am Senat, der sich offen zur Glasspitze am Kurfürstendamm bekennt. Die Alternativen „Blockrandschließung" und „Wiederaufgreifen der 1950er-Jahre-Lösung" müssen angesichts ihrer Entwertung durch die Senatoren als „rückwärtsgewandt" scheitern, während mit der Victoria ein Abgehen von Jahn nicht zu machen ist und dieser Architekt zusätzliche Aufmerksamkeit auf das Projekt auch im Sinne des Senats zu lenken verspricht.

Dass im Nachgang zum Verkauf der Victoria eine Änderung des Bebauungsplans nicht stattfindet, obwohl dies andernorts ohne Schwierigkeiten möglich scheint, ist wohl damit zu erklären, dass Pläne so eingesetzt werden, dass Projekte durchgesetzt werden können, nicht aber verhindert oder verzögert. Die erhebliche Kritik, der das Projekt ausgesetzt war, lässt sich zusammenfassend in zwei Richtungen interpretieren. Erstens lehnt die lokale Architektenschaft das Eindringen einer gänzlich anderen Architektursprache aus mannigfachen Gründen ab, bleibt aber insofern nur teilweise überzeugend, als sich Bewertung von Architektur einer Überprüfung mit objektivierbaren Kriterien entzieht und auch die architektonischen Lokalmatadoren keineswegs unumstritten sind. Zweitens steht dem Senat eine lokalstädtebauliche Auffassung gegenüber, die er mit dem Primat global-wirtschaftspolitischer Überlegungen aushebelt.

Da sich der Senat jedoch — wenn auch unter Ausschluss der städtischen Öffentlichkeit — selbstgesetzter Qualitätsmaßstäbe bedient (das Paradigma ist die vom obersten Denkmalpfleger positiv sanktionierte „Verbindung von Alt und Neu"), fällt eine Ablehnung des Projekts stets auf eine andere politische Einschätzung der Spannungsfelder global-lokal und städtebaulich / integrierend — vermarktend / kontrastierend zurück. Das Nebeneinander verschiedenster fachlichen Deutungsangebote aus architektonisch-stadtplanerischer Sicht macht eine Ablehnung des Projekts als „fachlich unqualifiziert" dagegen problematisch, so lange gesellschaftlich weitgehend stabile Beurteilungskriterien fehlen. Fachliche Elitenbildung insbesondere in der Architektur, die eine für die Außenwelt nachvollziehbare Qualitätsbewertung verweigert, macht daher in letzter Konsequenz auch die Vielstimmigkeit der Deutungsangebote für die Politik möglich, da auch das alternative Deutungsangebot in der stadtöffentlichen Debatte nicht wirksam zu entkräften ist.

Fallstudie „Zoofenster“-Block

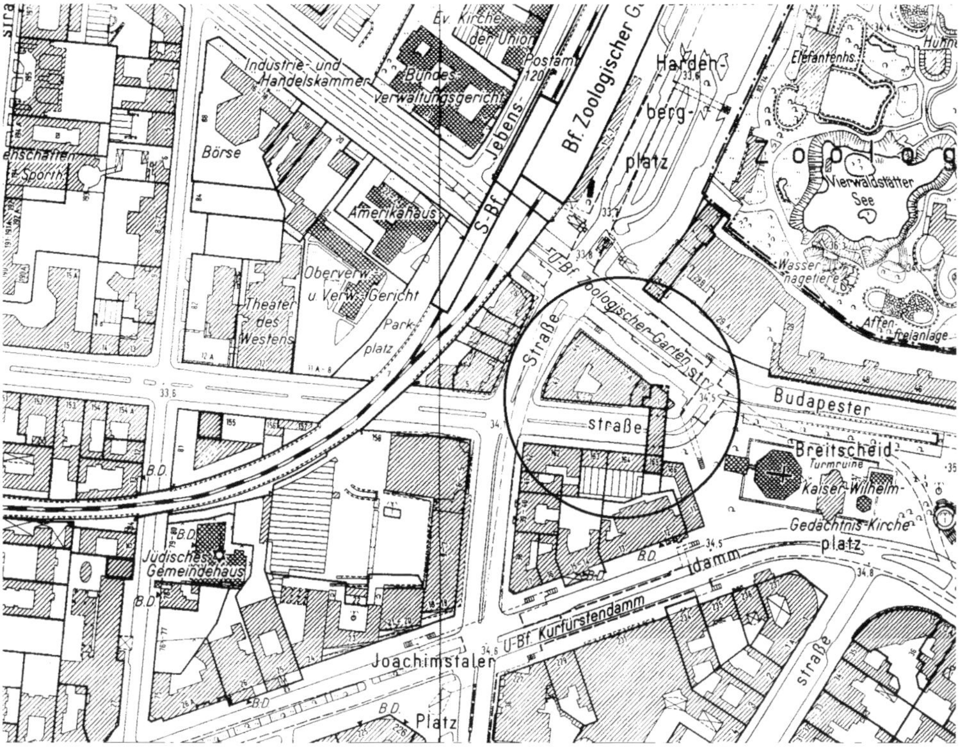

Abbildung: Die Lage des Zoofenster-Blocks in Charlottenburg. Maßstab ca. 1 : 5.000, Stand 1998.

Chronologie

Lage und Vorgeschichte

Der Block liegt inmitten der sogenannten „City-West“. Gewissermaßen als Übergang zwischen dem Breitscheidplatz und dem Gebiet um den Bahnhof Zoologischer Garten gelegen und von Hardenbergstraße (nördlich), Kantstraße (südlich) und Joachimstaler Straße (westlich) begrenzt, gehörte er in der geteilten Halbstadt West-Berlin damit zu den zentralsten Orten überhaupt. Infolge des Zweiten Weltkriegs war die Bebauung im Block fast vollständig zerstört. Der Wiederaufbau im Bereich um den Breitscheidplatz erfolgte in den späten 1940er und den 1950er Jahren u. a. nach Plänen von Paul Schwebes. In der Umgebung wurden in der Zeit der Teilung Berlins markante Hochhäuser[55] errichtet. Damit nahm die westliche City Abschied von der durchgängigen kaiserzeitlichen Struktur und wurde fortan mitgeprägt von der modernen Koexistenz von vertikalen und horizontalen Quadern, die ihre städtebauliche Spannung im Gegensatz zur Kaiserzeit aus einer starken grundstücksweisen Differenzierung der baulichen Dichte beziehen. Das Grundstück des späteren „Zoofensters" blieb bis zur Vereinigung Berlins im Schatten des Schimmelpfeng-Hochhauses, Teil der Konzeption von Schwebes, die nach dem Krieg die westliche Platzkante des Breitscheidplatzes bildete. Während von öffentlichen und privaten Akteuren über die Jahrzehnte zahlreiche Veränderungen vorgenommen wurden, blieb der Zoofenster-Block weitgehend unverändert (AG Zentrum Berlin 1997, S. 24 f).

Ein Dimensionssprung für die City-West: das Gutachterverfahren zum „Zoofenster"

Mit der Vereinigung Berlins und angesichts der umstrittenen Bauvorhaben auf westlich angrenzenden Nachbargrundstücken[56] rückt für die Eigentümerin der westlichen, an den Vorplatz des Bahnhofs Zoologischer Garten (Hardenbergplatz) angrenzenden Blockhälfte, die Brau und Brunnen AG[57], und die nun nach Jahren wieder von einem SPD-Politiker geführte Senatsbauverwaltung der Block ins Blickfeld. Während der östliche Blockteil mit dem „Schimmelpfenghaus" dicht bebaut ist, stellt der als wenig attraktiv geltende und teilweise aufgrund des 1950er-Jahre-Konzepts nur geringgeschossig bebaute westliche Teil ein Verdichtungspotential dar. Im Dezember 1990 wird aufgrund einer Initiative der Brau und Brunnen AG ein Gutachterverfahren mit fünf geladenen Architektenteams eingeleitet[58]. Die Eigentümerin gibt dabei zu verstehen, dass die „Rentabilität ... grundlegendes Kriterium der Realisierbarkeit" ist (ebd.).

Die Ausschreibung gibt eine klare Nutzungsverdichtung für den Standort in 1A-Lage vor. Eine höhere Grundstücksausnutzung mit Büros wird mit Bezug auf die „prominente städtebauliche Situation" gerechtfertigt (S. 35). Eckpunkte der Vorgaben sind der Öffentlichkeitscharakter der unteren Geschosse, die klare Begrenzung des Hardenbergplatzes, eine Einrichtung von Läden, Restaurants, Ausstellungsräumen und Galerien in dem öffentlich durchquerbaren unteren Bereich, eine direkte Anbindung des Erdgeschosses an den U-Bahnhof Zoologischer Garten und eine Überleitung der Einzelhandelsbereiche zur „Gloria-Passage" südlich der Kantstraße (S. 35 ff).

55 Diese Hochhäuser erreichten allerdings bescheidene Höhen, vergleicht man sie mit Städten, die für ihre „Skylines" bekannt sind. Für West-Berlin war die Ansammlung der um 60 m hohen Gebäude dennoch eine der bedeutenderen Hochhaus-Konzentrationen.

56 Vgl. die Fallstudien zum „Kant-Dreieck" und zum „Kranzler-Eck".

57 Der nordrhein-westfälische Brauereikonzern ist Eigentümer der in Berlin ansässigen Schultheiß-Brauerei. So erklärt sich auch, dass er bereits zum Zeitpunkt der deutschen Vereinigung Eigentümer eines innerstädtischen Schlüsselgrundstücks ist, das vor der Vereinigung aber im Rahmen der Konzernpolitik nur eine geringe Rolle gespielt hat.

58 Die Vorgeschichte der Auslobung lässt sich heute nicht mehr vollständig rekonstruieren. Der Beginn der Planungsüberlegungen liegt deutlich weiter zurück, als das Gutachterverfahren suggeriert.

Abbildung: Das Zoofenster-Projekt von Richard Rogers. Quelle: Bauwelt 46/1995, S. 2652.

Die ungeklärte Frage der Genehmigungsfähigkeit einer erheblichen Verdichtung macht die Forderung nach zwei Konzepten der Teilnehmer notwendig. Ein sogenanntes „Minimalkonzept“ soll bereits nach § 34 BauGB unter Bezugnahme auf die in den 1950er bis 1970er Jahren errichteten Hochhäuser genehmigungsfähig sein. Daraus abgeleitet sollen 16 Vollgeschosse nicht überschritten, aber einschließlich Dach- und Untergeschossen mindestens 30.000 m² BGF nachgewiesen werden[59]. Im zweiten, dem sogenannten „Optimalkonzept“, lässt die Ausschreibung das Volumen und die Höhe des Gebäudes nach oben offen (S. 37).

Die Diskussion der Entwürfe durch ein „Obergutachergremium“ im März 1991 führt zu

59 Das Minimum von 30.000 m² Bruttogeschossfläche, das schließlich mit ausschlaggebend für die Auseinandersetzung um die Genehmigungsfähigkeit des Projekts werden wird, ist dabei durch die Investorin eingebracht und offenbar von der Senatsbauverwaltung in der Vorbereitung des Gutachterverfahrens nicht in Frage gestellt worden. Die daraus resultierende GFZ von über 12 – das Rogers-Projekt wird schließlich eine von 14,1 erreichen – liegt offensichtlich weit über der in der näheren Umgebung. Sie liegt nicht zuletzt deshalb so hoch, weil ein mehrgeschossiges Gebäude aus der Nachkriegszeit abgebrochen werden muss, um Platz für die Neubebauung zu schaffen. Damit liegt die für die Investorin als tragfähig erachtete Mindestdichte höher als auf anderen Grundstücken, wenngleich die Kalkulation insofern fiktiv ist, als die Brau&Brunnen AG als Eigentümerin der Fläche nicht unter einem unmittelbaren Verwertungszwang steht wie etwa Grundstücksneuerwerber. An der Notwendigkeit einer derart hohen Dichte für die Tragfähigkeit eines Abriss-/ Neubaukonzepts sind erhebliche Zweifel geäußert worden, vgl. Eichstädt 1993, S. 26 f, dessen Darstellung klar vor Augen führt, dass sich mit der hohen Dichte eine erhebliche Wertsteigerung des Grundstücks erzielen lässt.

einer kritischen Hinterfragung des Baunutzungsplans von 1958, der für die Genehmigungsfähigkeit mit ausschlaggebend ist. Man kommt überein, dass „das Ergebnis des Verfahrens öffentlich präsentiert und erörtert werden" müsse. Die Obergutachter verengen die Diskussion auf die sich stark voneinander unterscheidenden Projekte von Martorell / Bohigas / Mackay und Rogers. Bei beiden könne die geforderte BGF „an diesem Standort ohne Beeinträchtigung der Umgebung und städtebaulich qualitätvoll" erreicht, „bedingt sogar überschritten werden". Die Orientierung der Entwürfe an der Höhe des Europa-Centers führe zu „einer wirkungsvollen Ensemblebildung im Umgriff des Breitscheidplatzes". Beide seien eine „wertvolle städtebauliche und architektonische Bereicherung des Standortes und können mit ihrer Architektur ... einen Anstoß zur weiteren Qualitätsverbesserung des Umfeldes" geben. Bei zwei Gegenstimmen gewinnt Rogers wegen seiner als besonders hervorgehobenen Gestaltqualität, Vorschlägen zur Integration des Hardenbergplatzes und der U-Bahn-Anbindung, besonders aber wegen des spezifischen Charakters als „intelligentes Bürogebäude".

Die Vorbereitung des Bebauungsplanverfahrens und die „City-Leitlinien" des Bezirks

Unmittelbar nach der Veröffentlichung des Wettbewerbsergebnisses kommt die Bezirksverwaltung zu der Erkenntnis, dass das anvisierte Projekt infolge „der Nutzungsmaßüberschreitungen hinsichtlich GFZ von ca. 12,0 [bei einer maximal zulässigen GFZ von 1,8 nach Baunutzungsplan, U. A.] mit 20 Geschossen [gegenüber fünf zulässigen im Baunutzungsplan, U. A.]" nur über eine Änderung des Planungsrechts zu realisieren sei. Ob die bezirklichen Gremien diese Verdichtung und Höhenentwicklung mittragen, sei ebenso zu klären wie die städtebauliche, klimatische und verkehrliche Verträglichkeit des Entwurfs. Diese Klärung sei jedoch Voraussetzung für eine Einleitung des Bebauungsplanverfahrens. (QZ01) Hieraus wird eine inhaltliche Ablehnung des Projekts deutlich, das erheblich von der planerischen Linie des Bezirks abweicht und im scharfen Kontrast zu den weiter westlich liegenden kaiserzeitlichen Quartieren steht[60].

Der Bezirk fordert eine „stadtverträgliche" Planung (BVV-Beschluss 593). Erst nach Abstimmung des Konzepts für die Umgebung mit dem Senat und der Einholung von Gutachten will er das Bebauungsplanverfahren beginnen. (Zwischenbericht des Bezirksamts vom 12.11.1991) Die Erteilung einer Befreiung wird wegen der starken Überschreitung des Maßes der baulichen Nutzung ausgeschlossen. Eine Genehmigung nach § 34 BauGB scheide aus, da sich das Projekt nicht in die Umgebung einfüge (QZ02).

Noch ist die Eigentümerin lediglich „leicht irritiert", aber optimistisch über den Fortgang des Verfahrens (Berliner Morgenpost 18.12.1991). Bausenator Nagel gibt zu bedenken, dass ein Abriss ohne spätere Verdichtung unwirtschaftlich sei (Tagesspiegel 05.12.1991: „Die Bedenkenträger sitzen im Bezirk"). Er hält das Vorhaben für einen Schlüssel zur weiteren Entwicklung der Umgebung: „Von hier aus können Kriterien für

60 Dennoch ist eine grundsätzliche Ablehnung des Projekts im Bezirk zumindest ex post nicht feststellbar (G021, G032, G033, G086).

ähnliche Entscheidungen entwickelt werden", da das Projekt die alte wie die neue Stadtentwicklung respektiere und sowohl Nutzungsvielfalt als auch „humane Nutzungsfähigkeit" gewährleiste. Die Genehmigungsfähigkeit sieht er als gegeben an: „Im wesentlichen kann nach § 34 entschieden werden." (Berliner Morgenpost 19.12.1991: „Zoo-Fenster: Größer, schöner, höher als das Europa-Center?", tageszeitung 19.12.1991)

Der Charlottenburger Baustadtrat Dyckhoff versucht indes durch eine Formulierung von „City-Leitlinien", dem Investitionsboom in der wiedervereinigten Stadt Herr zu werden und eine projektorientierte und unabgestimmte Entwicklung in der City West zu vermeiden. Dabei sollen die polyzentrische Struktur der Stadt und die Mischnutzung Charlottenburgs erhalten werden, der ÖPNV Vorrang bekommen und die Wohnfunktion in der City und an ihrem Rand gesichert werden. (QZ03, QZ04) Trotz eines Konsenses zwischen Senat und Bezirk über grundsätzliche Positionen in der zweiten Hälfte des Jahres 1991 (Erhalt der kaiserzeitlichen Quartiere) wird von ihnen die Bedeutung der City West unterschiedlich gesehen. (QZ05-Z10) Für diesen „Veränderungsbereich" werden nur sehr zurückhaltende Empfehlungen beschlossen (QZ11, QZ12, QZ13, Berliner Zeitung 12.12.1991, Berliner Morgenpost 12.12.1991, Tagesspiegel 12.12.1991, QZF1), und Testentwürfe für den Bereich Breitscheidplatz verschwinden schließlich in der Schublade, um bei anderen Investoren keine „schlafenden Hunde" zu wecken (G051). Trotz der vom Bezirksamt in sie gesetzten Hoffnungen können die Leitlinien schließlich keine maßgebliche Wirkung für die Entscheidungsfindung im Zoofenster-Block entfalten.

Der eingefügte Riese: das umstrittene Genehmigungsverfahren

Um die Jahreswende 1991/92 beginnt das Zoofenster-Projekt, Mittelpunkt einer Grundsatzdebatte um Hochhäuser in der Stadt zu werden. Dabei gehen die Fronten durch alle Akteursgruppen. In diese Phase fällt die Bauantragstellung vom Dezember 1991 durch die Brau und Brunnen AG, die sich im Wesentlichen an das Ergebnis des Gutachterverfahrens hält. Auch im Bezirksamt wird der Bauantrag kontrovers diskutiert. Der Baustadtrat wiederholt, dass das Bauvorhaben rechtswidrig sei und er nicht per Bezirksamtsbeschluss zur Erteilung einer rechtswidrigen Genehmigung gezwungen werden könne. (QZ16) Auch die Juristen im Bezirksamt halten das Vorhaben für „offensichtlich rechtswidrig". (QZ17) Der Bauantrag sei „unter keinem rechtlichen Gesichtspunkt genehmigungsfähig", Befreiungsvoraussetzungen seien nicht gegeben. Interessanterweise wird auch eine Genehmigungsfähigkeit nach § 34 BauGB abgelehnt. Die „beabsichtigte Geschoßflächenzahl von 15,07" finde „weder in der näheren noch in der weiteren Umgebung einen Bezugspunkt" — die höchste GFZ in der Umgebung (4,4) weist das Europa-Center auf. (QZ17)

Gegen die dann tatsächlich erfolgte Ablehnung des Bauantrags legt die Eigentümerin im März 1992 Widerspruch ein und versucht darin, die Argumentation des Bezirksamts zu widerlegen. Für die Genehmigungsfähigkeit nach § 34 BauGB spreche beispielsweise, dass im vorauslaufenden Gutachterverfahren die „Jury ... von einer städtebaulichen Einfügung der Bauprojektes ausgegangen [ist]." Die Setzung eines städtebaulichen Akzents, der die Höhe des Europa-Centers wieder aufgreift, sei ohne bodenrechtliche Spannungen möglich[61], eine Signalwirkung für weitere Hochhausprojekte nicht gegeben. Damit werde eine „sinnvolle Komplettierung“ mit Einfassung des Breitscheidplatzes erreicht, die die Überbetonung seiner Ostseite durch das Europa-Center ausgleichen könne. Die hohe GFZ wird als „automatisches“ Resultat der Setzung eines städtebaulichen Akzents mit entsprechender Höhe ausgemacht. (QZ18) Der Bezirk antwortet u. a., dass das Europa-Center als Fremdkörper in der Umgebung bei der Bildung eines möglichen Einfügungsrahmens im Sinn von § 34 BauGB außer Betracht bleiben müsse. (QZ19)

Baustadtrat Dyckhoff bezweifelt, „ob ein einzelner Investor per Willkürakt derart begünstigt werden darf, denn so viele Stockwerke bedeuteten schließlich bares Geld.“ Auf den Widerstand reagiert der Sprecher von Brau und Brunnen unter Verweis auf die ökonomische Tragfähigkeit: „Wenn uns jemand sagt, wie wir das finanzieren sollen, könnten wir auch von der Höhe abrücken. Es geht nicht um die Höhe, sondern um die Nutzfläche.“ (tageszeitung 06.04.1992, Tagesspiegel 07.04.1992)

Die Bezirksverwaltung will durch Einleitung des Bebauungsplanverfahrens VII-264 Rechtssicherheit herstellen. Es sei „der ausdrückliche Gestaltungswille der Gemeinde, an dieser Stelle eine neue Dominante zu schaffen.“ Allerdings wird darüber hinaus betont, dass „Untersuchungen des Stadtplanungsamtes ... ergeben [haben], dass eine Komplettierung des Block 221 durch eine Aufnahme und Weiterführung der charakteristischen Baustrukturen der Umgebung städtebaulich vertretbarer, sich besser in das Ensemble der 50er Jahre einfügen würden und somit von der Ableitung her konsequenter wären.“ Umfangreiche Verträglichkeitsuntersuchungen werden gefordert. (QZ21)

Schließlich weist die Senatsbauverwaltung das Bezirksamt an, den Bau zu genehmigen. Hintergrund ist die Befürchtung, durch ein Bebauungsplanverfahren könne sich die Realisierung unnötig verzögern (G096). Das Projekt löst allerdings im Bezirk sogar in der Partei des Bausenators Nagel so großen Widerstand aus, dass Teile der Charlottenburger SPD erfolglos versuchen, einen Parteitagsantrag durchzusetzen, der Nagel zum Rücktritt auffordern soll. (tageszeitung 22.08.1992) Der Bausenat zieht darauf das Genehmigungsverfahren an sich. Nach Prüfung von Gutachten zur erwarteten Verkehrsbelastung, Klima und Schattenwurf und nach Einigung des Eigentümers mit dem Nachbarn, dem Eigentümer des Schimmelpfenghauses, über die Unterschreitung von Abstandsflächen nach der Bauordnung erteilt sie im Jahre 1994 eine Baugenehmigung[62]. (tageszeitung 05.01.1995)

Ungeahnte Stolpersteine — Ein Investor in finanziellen Schwierigkeiten und ein „Rippenstoß“ gegen den Nachbarn

Obwohl die Baugenehmigung vorliegt, begibt sich die Eigentümerin zunächst auf Suche nach Partnern bei der Finanzierung des 250-Millionen-Projekts[63]. Der inzwischen in die

61 Vgl. dazu unten im Zusammenhang mit dem geplanten Abriss des Schimmelpfeng-Hauses.

62 Die Baugenehmigung ist offenbar wegen der zunächst nicht erteilten Nachbarzustimmung schwebend unwirksam (G022). Eine finanzielle Einigung mit der ITAG gelingt aber schließlich. Andere Quellen sprechen sogar von einer Nachbarklage (vgl. Eichstädt 1993, S. 26).

63 Andere Quellen sprechen von 350 Mio. DM, vgl. Berliner Kurier 07.03.1996, tageszeitung 05.01.1995, Berliner Zeitung 22.04.1994. Vgl. auch Lambrecht 1994, S. 44 f.

Krise geratene Berliner Büromarkt stellt das Unternehmen offenbar vor große Schwierigkeiten. (tageszeitung 05.01.1995) Nach Erteilung der Abrissgenehmigung für das Grundstück lässt der Investor im Sommer 1995 das Grundstück abräumen. Eine Einzelhandelsfiliale besitzt in den Vorgängerbauten noch bis zum Jahr 2000 einen Mietvertrag an der Ecke Kantstraße/Joachimstaler Straße, so dass sich Brau&Brunnen nach eigenen Angaben entschließt, das Hochhaus um die Filiale „herumzubauen". Als der nördliche Teil des Grundstücks an der Hardenbergstraße bereits weitgehend abgeräumt ist, rammt ein Baggerfahrer zwei tragende Stützen der Restbebauung. Während das Bauunternehmen und der Investor den Zwischenfall als Unfall darstellen, kommen unter Beobachtern Zweifel an dieser Darstellung auf, da ein Abriss die Baumaßnahmen für den Investor erheblich vereinfachen würde. (Berliner Zeitung 16.08.1995, 17.08.1995)

Brau & Brunnen wird schließlich staatsanwaltschaftlich angewiesen, alles zu unterlassen, was einer weiteren Mietnutzung schaden könnte, so dass ein weiterer Abriss zunächst unterbleibt. Daraufhin entlässt Brau & Brunnen seinen Generalunternehmer, nicht zuletzt, um nicht stärker in Verdacht zu geraten, selbst den „Rippenstoß" gegen das Gebäude veranlasst zu haben. Nach einer längerwährenden Auseinandersetzung und einem Vergleich zwischen Brau und Brunnen sowie dem Einzelhändler Teppich-Kibek bleibt die Filiale bis Herbst 1996 bestehen. (Berliner Zeitung 27.09.1995, 28.09.1995, 05.10.1995, 29.11.1995, 06.12.1995, 30.12.1995, 16.10.1996) Der angeschlagene Brau&Brunnen-Konzern macht im Jahr 1995 Verluste in dreistelliger Millionenhöhe. Die ins Stocken geratene Realisierung des Zoofenster-Projekts wird damit in Verbindung gebracht. Im Herbst 1996 verdichten sich Gerüchte über einen möglichen Verkauf des Grundstücks, die sofort dementiert werden. (Berliner Zeitung vom 30.10.1996)

Das verdrängte Gebäude: Überschwappen der Neuordnungspläne auf das benachbarte Schimmelpfeng-Haus

Während die Bautätigkeit für das Zoofenster lange Zeit ruht, beginnt der Eigentümer des direkt an den Breitscheidplatz angrenzenden Nachbargrundstücks seinerseits mit Planungen für eine Verdichtung seines Grundstücks. Das sogenannte Schimmelpfeng-Haus, Teil der 1950er-Jahre-Planung für das Zooumfeld und Ende der 1950er Jahre realisiert, überspannt die Kantstraße als 46 m hohes Brückenhaus und fasst die Ostseite des Breitscheidplatzes baulich ein. Seine bauliche Qualität wird bereits während der Entscheidung über das Zoofenster-Projekt unterschiedlich gesehen. Kritiker des Gebäudes beklagen die Abriegelung des letzten Abschnitts der Kantstraße, die zu deren geringer Attraktivität beigetragen habe, während der Status des Gebäudes als westliche Wand des Breitscheidplatzes und Baudenkmal im Zusammenhang mit der Zoorandbebauung aus der Nachkriegszeit von den Befürwortern angeführt wird.

Initiator und Ideengeber für eine Umstrukturierung der östlichen Blockhälfte ist der Architekt Christoph Langhof, der mit seinem Büro im Schimmelpfenghaus ansässig ist und daher den Standort genau kennt sowie bereits mit Sawade einer der beiden Gegner des Zoofenster-Projekts im Obergutachtergremium gewesen ist (G056). Während in der städtischen Politik das Schimmelpfenghaus als wichtiger Teil des 1950er-Jahre-Ensembles um den Breitscheidplatz angesehen und schließlich 1995 unter Denkmalschutz gestellt wird

(G066, SenSUT 1999, S. 72), stoßen Langhofs Ideen für eine Umgestaltung des südlich angrenzenden „Gloria-Blocks" wegen der geringen Attraktivität der dortigen Passage mit Parkhaus eher auf positive Resonanz.

Erst im Umfeld des „Workshops City-West" kommt stärkere Bewegung in die Diskussion. Der Workshop, von der Senatsverwaltung für Stadtentwicklung und Umweltschutz von Februar bis April 1995 angesichts der inzwischen dynamischen baulichen Entwicklungen in Berlin-Mitte und aus Angst vor einem Niedergang der West-City veranstaltet, beauftragt gutachterliche Untersuchungen zum Umfeld des Breitscheidplatzes. Die Ergebnisse bleiben punktuell. Die Beteiligten sehen allerdings Handlungsbedarf für eine Aufwertung des Bereichs, und einige bringen dafür den Abriss des Schimmelpfenghauses als Option erneut ins Gespräch. (SenBauWohnVerk 1998a, S. 24)

Die fernab der Öffentlichkeit stattfindenden Aktivitäten des Eigentümers sollen nun die öffentliche Hand zu einer schnelleren Entscheidungsfindung bewegen (G078). Er beauftragt den Stadthistoriker Wolfgang Schäche mit einem Gutachten, das eine Abwägung zwischen dem Denkmalschutz und einer möglichen Verbesserung der städtebaulichen Situation nach Abriss des Brückenbauwerks versucht. Die im Oktober 1995 vorgelegte Arbeit erinnert daran, dass das Schimmelpfenghaus nicht aus einem Guss geplant worden ist, sondern dass das Brückenhaus und seine südliche Fortsetzung zwei unterschiedliche Bauabschnitte darstellen. Der „Schimmelpfeng-Komplex" sei zwar „ein Denkmal erster Ordnung", seine städtebauliche Funktion aber „kontraproduktiv" für die Entwicklung des Umfeldes. Als Gründe werden nun u. a. auch die Verhinderung einer strukturellen „Vernetzung der östlichen mit den westlich angrenzenden Quartieren", die Unmöglichkeit einer Entwicklung und Durchwegung der Blöcke in Nord-Süd-Richtung und der Rückseitencharakter der Kantstraße mit Anlieferungszonen angegeben. Schäches Empfehlungen bringen einer Bewahrung „größte Skepsis" entgegen und stufen einen Totalabriss denkmalpflegerisch als problematisch ein. Er schlägt daher die Abtragung lediglich des Brückenbaus vor, fordert die Entscheidung aber bewusst von den Politikern ein (Schäche 1995, Punkt 4.0 Konsequenzen und Empfehlungen).

In anschließenden vertiefenden Untersuchungen entwickelt das Büro Hemprich/Tophof für den Senat eine Studie über eine Weiterentwicklung und Aufwertung der Kantstraße, während Christoph Langhof die Abrissvariante für den Eigentümer prüft. Hemprich/Tophof gehen von einer Reduzierung der Fahrstreifen im letzten Kantstraßenabschnitt auf die Hälfte aus und schlagen die gewonnene Fläche zum Gehweg im nördlich angrenzenden Block Zoofenster/Schimmelpfenghaus, um auf diese Weise den Bereich für Fußgänger aufzuwerten. Ein Hotelneubau in Nord-Süd-Richtung im Innern des „Gloria-Blocks" und eine Öffnung der daneben angeordneten „Gloria-Passage" sollen deren Attraktivität steigern. Langhof versucht, dem Gloria-Block durch ein sternförmiges überdachtes „Atrium" Individualität zu geben, der leichter als im Bestand von den angrenzenden Straßen- und Platzbereichen einsehbar sein soll. Neben einer wenig höhenbetonten Bebauung an der Platzkante zum Breitscheidplatz plaziert er ein dem Zoofenster in der Höhe entsprechendes Scheibenhochhaus an der Kantstraße und alternativ an der Joachimstaler Straße.

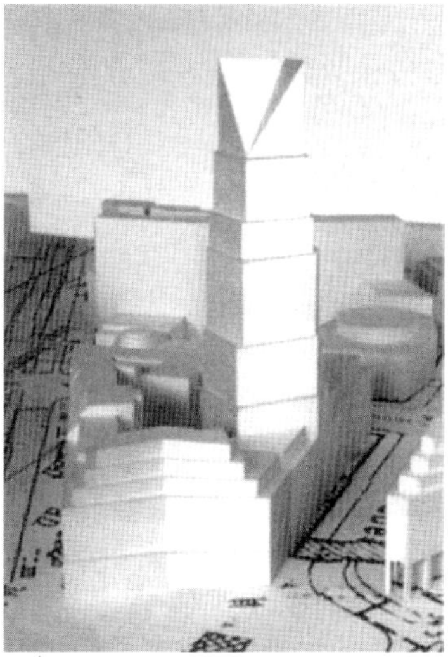

Abbildungen: Vorstudien von Christoph Langhof für den Gloria-Block mit sternförmigem Innenhof und für ein Hochhaus im Gloria-Block. Quellen: Christoph Langhof (links), Foyer 4/1999, S. 21.

„Neue Besen kehren gut"?: der neue Senat und die veränderte Planung für den Zoofenster-Block

Erst durch den neuen Senat wird ab 1996 die Planung für das inzwischen teilweise abgeräumte und dann längere Zeit als Brachfläche auffällige Zoofenster-Grundstück in Frage gestellt, während die Positionen zum Schimmelpfenghaus weiterhin kontrovers sind. Unbestritten für den Senat ist inzwischen die Notwendigkeit einer Aufwertung des Bereichs[64].

Der inzwischen zum Staatssekretär ins Stadtentwicklungsressort berufene ehemalige Senatsbaudirektor Stimmann (SPD) veranlasst Arbeiten an einem „Planwerk Innenstadt", die die vielfältigen Planungsaktivitäten in einen diskutierbaren Vorentwurf für einen städtebaulich geprägten Gesamtplan zusammenfassen und weiterentwickeln sollen[65]. Eine in diesem Zusammenhang im Juni 1996 veranstaltete „Bauherrenkonferenz" für die City West identifiziert die Hinterhofsituation an der Kantstraße ebenfalls als städtebauliches Problem und gibt dem von Stimmann beauftragten Planwerks-Team für den Westteil der Stadt (Fritz Neumeyer und Manfred Ortner) auf, Abriss und Erhalt des Schimmelpfenghauses zu unter-

64 Die City-West ist immer wieder Gegenstand von Planungsüberlegungen gewesen, die eine Aufwertung des Breitscheidplatzes zum Ziel haben. Bahnhofsmilieu, begrenzte wirtschaftliche Tragfähigkeit der Großstrukturen wie des Europa-Centers, allmähliche verkehrliche Rückbaumaßnahmen und die Unzufriedenheit mit der 1950er-Jahre-Architektur, die einem Teil der politischen und der Fachwelt als provinziell und in die Jahre gekommen erscheint, laden immer wieder zu einer planerischen Thematisierung ein (AG Zentrum Berlin 1997).

65 Die kontroverse Diskussion über das Planwerk selbst soll hier nicht geführt werden.

suchen. Während das Planwerk die Ergebnisse vorausgehender Planungsaktivitäten in weiten Teilen unverändert übernimmt[66], wird für die City West auf seiner ersten öffentlichen Präsentation im November 1996 ein Entwurf entwickelt, der die stadträumlichen Probleme des letzten Kantstraßenabschnitts durch die Schließung der Straße und deren Überglasung mit Zusammenfassung in eine von der Joachimstaler Straße bis zum Breitscheidplatz und zum Kurfürstendamm reichende Passage lösen soll (SenBauWohnVerk 1998a, S. 25). Der Entwurf lehnt eine überhohe Verdichtung in der Umgebung des Breitscheidplatzes aus städtebaulichen Gründen ab.

Parallel kommt allerdings, initiiert durch die neue Senatsbaudirektorin Barbara Jakubeit (CDU), eine Überarbeitung der Zoofenster-Planung selbst in Gang. Bereits früh erscheinen ihr städtebaulich die durch die vom Vorgänger-Bausenator Nagel (SPD) mitbestimmten Entscheidungen (Victoria-Gebäude, Zoofenster) sowie die in Vorbereitung und Diskussion befindlichen weiteren Projekte um den Breitscheidplatz unbefriedigend. Sie strebt eine Einrahmung des Breitscheidplatzes durch vier etwa gleich hohe Hochhäuser an und möchte einer unkontrollierten Hochhausentwicklung Einhalt gebieten (SenBauWohnVerk 1998a, S. 7 ff). Geleitet von einer Ablehnung des Rogers-Entwurfs vor allem wegen seiner Positionierung der Baumasse an der ohnehin schon engen Kantstraße und der dort auf Straßenniveau konzentrierten Gebäudeerschließung greift Jakubeit überdies die Kritik an der beabsichtigten — und überdies durch die veränderte Marktsituation in Frage gestellten — Büroflächenkonzentration im Bezirk Charlottenburg auf, dessen gemischt genutzte Struktur von allen Akteuren vor Ort immer wieder als Stärke betont wird. Sie beauftragt den Frankfurter Hochhaus-Architekten Christoph Mäckler mit einer „Verträglichkeitsstudie“, die das aufwendige Zoofenster-Hochhaus durch ein an der Hardenbergstraße angeordnetes, durch seine Form und seine Geschosszahl wesentlich zu einer zusätzlichen Verdichtung auf dem Grundstück beitragendes Wohnhochhaus ersetzt und den Abriss des Schimmelpfenghauses propagiert. Zum Ausgleich der dadurch verlorenen Baumasse stellt die Studie im Gloria-Block ein vergleichbares Hochhaus an die Kantstraße, das die Vorstudien von Langhof aufgreift und modifiziert (SenBauWohnVerk 1998a).

Die Mitte 1997 der Öffentlichkeit vorgestellte Studie stößt auf scharfe Kritik bei der Stadtentwicklungsverwaltung und insbesondere Staatssekretär Stimmann (BDA-Veranstaltung 13.10.1998, IHK-Veranstaltung 27.09.1999), die es ablehnen, die Gedächtniskirche „zwischen Hochhäusern zu erdrücken“ (Berliner Zeitung 13.06.1997). Während sich die

66 Diese Übernahme ist allerdings dem Stellenwert des Planwerk-Prozesses geschuldet. Für das Victoria-Grundstück stellen Neumeyer und Ortner sogar eine Alternative dar, die den Eingriff in die Bebauung am Kurfürstendamm minimiert und eine weniger hohe beidseitige Bebauung einer Fußgängerdurchwegung vorschlägt (SenSUT 1997, S. 34 f). In ihrer Analyse machen sie deutlich, wie kritisch sie die Projekte Zoofenster und Victoria sehen: „Zoo-Fenster und Victoria stellen sich in der jetzigen Form als unintegrierbare, radikal-autonome, wenn nicht gar autistische Objekte dar, die ohne jeden Bezug zum Kontext bleiben. Die Sprengkraft dieser Objekte könnte ... also nur ... durch Hinzufügen eines weiteren Hochhauses auf der östlichen Seite des Breitscheidplatzes aufgefangen werden, um die Gewichte der Stadtkomposition rund um die Gedächtniskirche in ihrer räumlichen Spannung wieder ins Gleichgewicht zu bringen.“ (AaO., S. 29) Der letzte Satz macht überdies deutlich, auf welche Weise der durch die Genehmigung der beiden Bauvorhaben befürchtete „Domino-Effekt“ tatsächlich durch die Herangehensweise der Städtebauer mitbestimmt wird.

Position der CDU zugunsten des Schimmelpfenghaus-Abrisses verfestigt, setzt sich der neue Stadtentwicklungssenator Strieder (SPD) weniger eindeutig als sein CDU-Vorgänger Hassemer für den Erhalt des Gebäudes ein, so dass Staatssekretär Stimmann sich einer Rückendeckung nicht mehr sicher sein kann. Im Laufe der Jahre 1997/98 lässt er sowohl Abriss als auch Erhalt erneut prüfen (SenSUT 1999, S. 76 ff), bezeichnet schließlich den Mäckler-Entwurf als „unverträglich“ (S. 79) und optiert weiterhin für einen Erhalt des Schimmelpfenghauses aus „Gründen der architektonischen und stadträumlichen Bedeutung des Denkmal- und Ensembleschutzes für den Breitscheidplatz“ (S. 76).

Kompromiss oder Deal?: der schwierige Weg zum Senatsbeschluss

Weiterhin scheint eine Einigung aufgrund des politischen Konflikts zwischen den Koalitionspartnern damit offen. In die Debatte schaltet sich im Laufe des Jahres 1998 erneut mehrfach die Fachöffentlichkeit ein, nachdem mit der Umstrittenheit von Planwerk und Verträglichkeitsstudie noch Spielraum für eine Änderung der Planung zu bestehen scheint. Sowohl der Architekten- und Ingenieurverein (Berliner Zeitung 05.03.1998) als auch der Hochhaus-Kritiker Falk Jaeger (Berliner Zeitung 07.04.1998) und eine Initiative von Architekten (Berliner Zeitung 29.09.1998) wenden sich scharf gegen den Mäckler-Entwurf für das Zoofenster-Hochhaus und richten sich sogar an den Regierenden Bürgermeister Diepgen.

Gleichermaßen stimmt die rot-grüne Mehrheit im Bauausschuss der BVV Charlottenburg im März gegen den Mäckler-Entwurf. Baumasse und Höhe des Gebäudes erscheinen der grünen Baustadträtin Profé zu hoch, doch die Eigentümerin Brau und Brunnen behauptet, eine „abgespeckte Variante würde sich ... nicht rentieren.“ Einen Monat später lehnt sie auch die von der Eigentümerin gestellte Bauvoranfrage ab und erregt damit den Unmut der CDU Charlottenburg, die befürchtet, bei einer Entscheidung im Senat keinen Einfluss mehr auf das Projekt zu behalten und von Brau und Brunnen versprochene Zahlungen in eine geplante Stiftung „Pro City“ erhofft, mit der stadtgestalterische Maßnahmen finanziert werden sollen. (Berliner Zeitung 27.03.1998, 30.04.1998, 09.09.1998, 28.10.1998)

Nach Eintritt der Senatsbauverwaltung in das Verfahren gelingt es der Brau&Brunnen AG aber, für den inzwischen um weitere zehn auf 118 m Höhe gewachsenen Entwurf mit nunmehr bereits 37 Geschossen, in denen nunmehr neben Wohnungen auch ein Fünf-Sterne-Hotel untergebracht werden soll, einen Bauvorbescheid durch Senator Klemann zu erwirken (Berliner Zeitung 18.07.1998, 03.09.1998).

Doch die Stadtentwicklungsverwaltung hat im gesamten Prozess mit dem Denkmalschutz noch einen Trumpf in der Hinterhand, um ihre Position durchzusetzen. Senator Strieder will einem Abriss des Schimmelpfenghauses nur dann zustimmen, wenn die beiden Eigentümerinnen, Brau&Brunnen und ITAG, ihre geplanten Gebäudehöhen von jeweils etwa 120 m auf 60 m reduzieren und sich mit ihren Vorhaben in die denkmalgeschützte Umgebung einpassen. Auch der Landesdenkmalrat hat sich inzwischen deutlich für einen Erhalt des Schimmelpfenghauses ausgesprochen. (Berliner Zeitung 02.11.1998) Ende 1998 verdichten sich Gerüchte über einen Rückzug von Brau&Brunnen (Berliner Zeitung 19.11.1998, 27.11.1998). In den weiteren Verhandlungen zwischen den beiden Senatsverwaltungen wirft die angestrebte Einigung über das Planwerk Innenstadt ihren Schatten voraus.

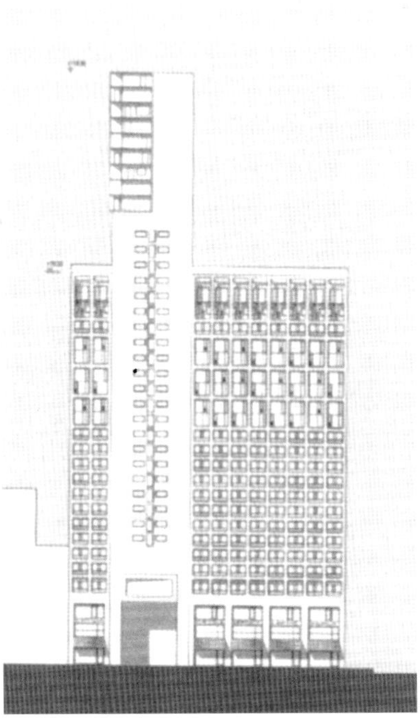

Abbildung: Der Entwurf von Mäckler für die Weiterentwicklung des Zoofenster-Hochhauses.
Quelle: SenBauWohnVerk 1998a, S. 62.

Während die SPD-geführte Stadtentwicklungsverwaltung im Bereich des Molkenmarkts im Bezirk Mitte eine drastische Reduzierung von Straßenbreiten beabsichtigt, stellt sich die CDU-geführte Bau- und Verkehrsverwaltung dagegen. Eine Zustimmung zum Straßenrückbau kann die SPD in Verhandlungen offenbar nur erreichen, indem sie auf der anderen Seite der von der CDU favorisierten Strategie in der City West mit Abriss des Schimmelpfenghauses zustimmt. (SenSUT 1999, S. 70 ff, S. 126, G083)

Mit einer Initiative von Bündnis 90 / Die Grünen zum Erhalt der denkmalgeschützten Architektur am Breitscheidplatz erreicht die Kontroverse darauf schließlich das Abgeordnetenhaus. Es beschließt im Winter 1999 mit der Koalitionsmehrheit eine Aufforderung an den Senat, „für den gesamtstädtisch bedeutsamen Bereich Breitscheidplatz das zwischen der SenSUT und den SenBauWohnV abgestimmte städtebauliche Konzept kurzfristig vorzulegen und umzusetzen." Der Beschluss enthält Kriterien, unter denen das Schimmelpfenghaus abgerissen werden kann: „Die Neubebauung mit einem Hochhauspendant muss sich in die Struktur einfügen und eine städtebauliche Ergänzung zur geplanten Bebauung von Brau und Brunnen ... darstellen. ... [Die] Straßenraum- und Aufenthaltsqualität [ist] deutlich zu verbessern. ... Eine neue Bebauung muss ein schlüssiges und attraktives Nutzungskonzept beinhalten." Eindeutige Restriktionen für weitere Hochhausbebauungen im Bereich Breitscheidplatz sollen planungsrechtlich gesichert werden. (Abgh. Drs. 13/3227 und 13/3512)

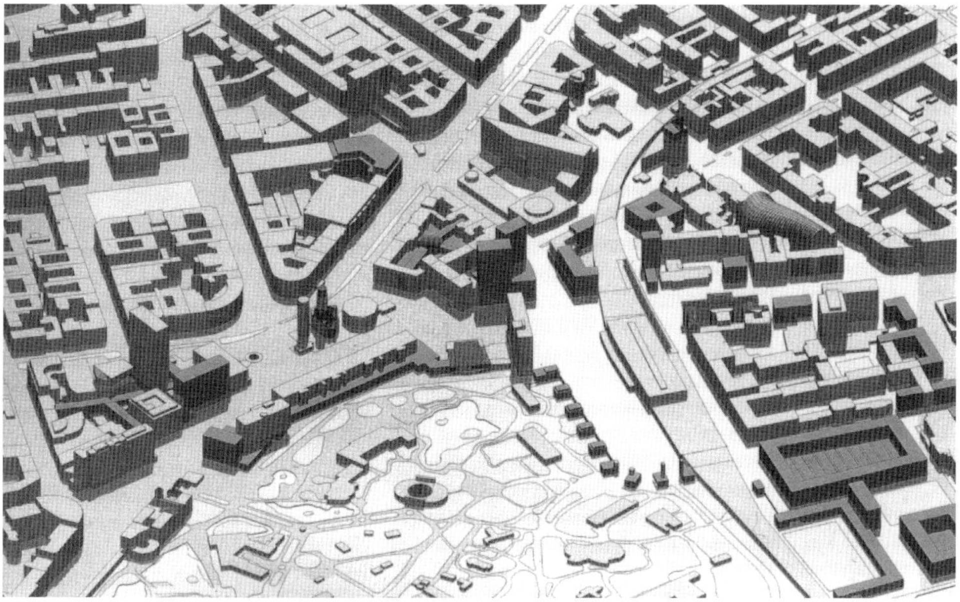

Abbildung: Die Vertiefung im Planwerk (Erhalt des Schimmelpfenghauses). Quelle: SenSUT 1999, S. 75.

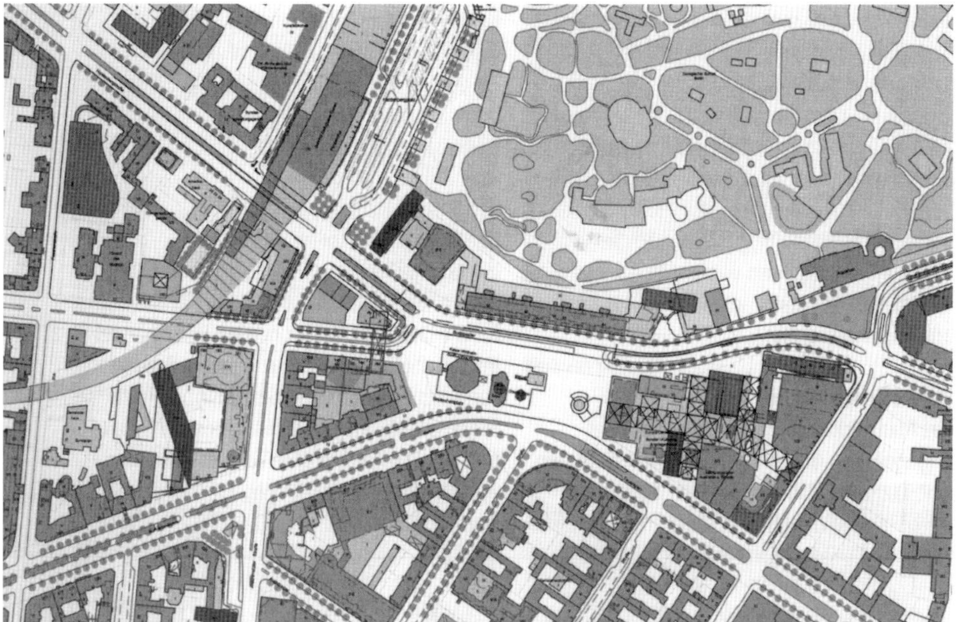

Abbildung: Der Senatsbeschluss zum Bereich Breitscheidplatz. Quelle: SenSUT 1999, S. 80.

Der Zoofenster-Block (02/2001).
Abbildungen: Blick auf das Zoofenster-Grundstück vom Hardenbergplatz aus (oben) und Blick durch die Kantstraße von Westen auf das Schimmelpfenghaus (unten).

Akteure und Ziele

Planende Verwaltung

Bezirksamt

Die planerischen Ziele des Bezirksamts für den in West-Berlin herausragenden Bürostandort konsolidieren sich in den ausgehenden 1980er und frühen 1990er Jahren mit der Beauftragung einer Reihe von Gutachten und städtebaulichen Testentwürfen. Sie sind geprägt von einer Orientierung an der Berliner Traufhöhe, aber gleichzeitig von einer Unsicherheit gegenüber der Zukunft des heterogenen und von Hochhäusern mitgeprägten Bereichs in Zeiten hoher baulicher Dynamik. Der Baustadtrat aus dem rot-grünen Milieu der IBA-Zeit bekennt sich zu Nutzungsmischung, Förderung des öffentlichen Nahverkehrs und einer bestandsorientierten Weiterentwicklung der „intakten" kaiserzeitlichen Quartiere in Charlottenburg. Hochhäuser werden sowohl aufgrund ihrer städtebaulichen Wirkungen als auch wegen ihrer zumeist „stadtzerstörenden“ Großstrukturen abgelehnt.[67] Durch das Gutachterverfahren überrascht, plädiert er zwar für den Entwurf von Mackay, kann aber die Vorgaben nicht grundsätzlich in Frage stellen.

Die Einleitung eines Bebauungsplanverfahrens soll wohl auch den eigenen Druck gegen das Projekt verstärken (B08). Die bauordnungsrechtliche Ablehnung des Bauvorhabens ist schlüssig begründet und diskreditiert den Versuch, ohne Bebauungsplanverfahren eine Baugenehmigung zu erhalten, in großer Deutlichkeit[68]. Die Erarbeitung der City-Leitlinien stellt einen interessanten Versuch der informellen Konsensplanung dar, doch bleibt der Prozess schwerfällig und in seinen Ergebnissen unscharf. Konsensfähige und zugleich durchsetzbare Vorstellungen über eine Strategie des gezügelten Wachstums werden nicht entwickelt (G112).

Die unter Senatsbaudirektorin Jakubeit neu aufgenommene Gesamtplanung für den Breitscheidplatz, die mit einer allmählichen Vergrößerung des Kreises der Befürworter eines Abrisses am Schimmelpfenghaus einhergeht, stößt mit ihrer weiteren GFZ-Zunahme im Bezirk auf Ablehnung. Mit der Genehmigung des Zoofensters erleidet der Bezirk eine seiner heftigsten Niederlagen gegen die Senatsbauverwaltung. Die differenzierten Positionen des Bezirks werden im Planungsprozess praktisch nicht berücksichtigt, auch wenn die Überarbeitungen des Senats sich ihnen allmählich annähern.

Senatsverwaltung für Bauen, Wohnen und Verkehr

Die Senatsbauverwaltung reagiert auf ein Berliner Traditionsunternehmen zur Zeit der sich entfesselnden Boomhoffnungen. Der stadtentwicklungspolitisch eher verhaltene grüne Koalitionspartner der SPD definiert 1990 zunächst die Stadt-Umland-Beziehungen[69] neu, von denen sich die Aufbruchstimmung des Investorenbetreuers Hanno Klein und seines Bausenators Nagel deutlich absetzt. Die bewusste Überwindung der als „provinziell“ gebrandmarkten kleinteiligen Haltung durch neue, „zeichensetzende“ Architektur international bekannter Architekten wird von Klein wie von Nagel vertreten und zeigt sich zum ersten Mal in der Gutachterverfahrensvorbereitung für das Zoofenster.

Die Bauverwaltung nutzt sie zur Neudefinition des städtebaulichen Rahmens für das Grundstück, der weit über das im Umfeld Übliche hinausgeht, und vernachlässigt etwaige spätere Umsetzungshindernisse. Nagel persönlich wendet sich dabei gegen Widerstand aus der Öffentlichkeit, dem Bezirk und seiner eigenen Verwaltung (G008, BDA-Veranstaltung 13.10.1998). Gutachterlich werden nur die für Hochhäuser üblichen Absicherungen eingeholt und Klagemöglichkeiten von Nachbarn entkräftet.

67 Interessant an der Position des Bezirksamts ist die Haltung innerhalb der Verwaltung. Das Stadtplanungsamt beharrt formal auf einem Bebauungsplanverfahren und tendiert teilweise zu einer negativen inhaltlichen Positionen. Deutlicher Widerstand gegen das Hochhausprojekt kommt aus dem Rechtsamt, das starken Einfluss auf Dyckhoff hat. (B01, B03, B05, B07, B08, B09)

68 Politische Kreise im Bezirk, die Investitionen durchsetzen wollen, nutzen allerdings eine schnelle Ablehnung von Projekten auch dazu, deren Genehmigung an den Senat abzugeben und damit zu beschleunigen, ohne im Bezirk Verantwortung tragen zu müssen (G036).

69 Diese Schwerpunktsetzung zeigt sich beispielweise in den Diskussionen der „Planungsgruppe Potsdam“ im Jahre 1990.

Für die aufkeimenden Hochhausprojekte in der City West und insbesondere um den Breitscheidplatz liegt kein hinreichendes städtebauliches Bewertungskriterium vor[70]. Mit der Beauftragung der „Verträglichkeitsstudie" ist damit Jakubeit die Mitinitiatorin einer Weiterentwicklung der Ziele der Senatsbauverwaltung. Die erhöhte Dichte, veränderte Nutzung, Fassadengestaltung und Erdgeschosszone reagieren auf die uneingelösten städtebaulichen Anforderungen, die in Teilen der Fachwelt diskutiert werden (EG), sowie die Marktentwicklung (Nutzung), während überdies die veränderten Gestaltungsvorstellungen (Fassade[71]) und ein Zugeständnis an den Umplanungsaufwand der Eigentümerin (Dichteerhöhung) berücksichtigt werden. Die Gesamtkonzeption für den Umbau des Breitscheidplatzes beschränkt sich weitgehend auf die städtebauliche Komposition und setzt sich mit weitergehenden Fragestellungen wie Nutzungen oder Verträglichkeit im öffentlichen Raum nur ansatzweise auseinander[72].

Der Abriss des Schimmelpfenghauses wird über die Verträglichkeitsstudie eines vorher als Abrissbefürworter feststehenden Teams offensiv ins Gespräch gebracht (Schäche 1995), ein Sinneswandel der Bauverwaltung, der nur durch den Wechsel in der politischen Spitze zur CDU bzw. Barbara Jakubeit erklärbar ist (S20, BDA-Veranstaltung 13.10.1998). Die Neuplanung des Brau&Brunnen-Grundstücks und der Abriss des Schimmelpfenghauses dienen nicht ausschließlich einer intensiveren Grundstücksverwertung[73], sondern werden als notwendige Voraussetzungen für eine Verbesserung der Situation im öffentlichen Raum insbesondere am letzten Kantstraßenabschnitt und für eine Attraktivierung des benachbarten Gloria-Blocks mit seiner unwirtschaftlichen Passage vorgeführt. Damit verbinden sich Ziele der öffentlichen Hand mit Gestaltungsvorstellungen einzelner Architekten, die die Verwertungsinteressen der Investoren antizipieren und bedienen, ohne dass auf dem Brau-und-Brunnen-Grundstück eine ernsthafte Bauabsicht zu erkennen ist. Die bereits in den 1980er Jahren erkennbare Politik des Senats, die in vielfältiger Weise eine Attraktivierung der City West stützt und befördert, findet hier ihre folgerichtige Fortsetzung mit anderen Protagonisten, baut aber auf einem Anknüpfen an lange Zeit ungelösten Problemen auf (nicht funktionierende Passagen, unattraktive öffentliche und halböffentliche Räume). Sie

70 Die vom damals bereits aus dem Amt geschiedenen Charlottenburger Baustadtrat Dyckhoff auf den Weg gebrachten „City-Leitlinien" fordern für das Umfeld des Breitscheidplatzes lediglich eine umfassende Würdigung des Einzelprojekts, was auf die Veranstaltung eines Wettbewerbs zu jedem Projekt hinausläuft, ohne dass dafür vorab städtebaulich-inhaltliche Kriterien existieren würden.

71 Das Einschwenken von Jakubeit weg von der „innovativen" Architektur des Briten Rogers und hin zur „preußischen Strenge" von Mäckler stellt dabei ein Paradox dar, das wohl mit den persönlichen Kontakten im Vorfeld am besten erklärt werden kann. Es zeigt, dass Jakubeit trotz aller Bekundungen, die vor ihr ausgetragenen Auseinandersetzungen um Architektur zu überwinden („Ich will nicht, dass man über Berlin lacht"), sich nicht vor klaren Bekenntnissen zu Einzelpositionen in diesen scheut.

72 Es soll allerdings nicht bestritten werden, dass die Umplanung auch solche Aspekte bewusst berührt, wenn sie auch in der Verträglichkeitsstudie nicht explizit behandelt werden.

73 Die mit der Straßenüberbauung extrem hohe Dichte des Schimmelpfenghauses im Bestand und die ungeklärte Durchsetzbarkeit lassen Hans-Karl Herr lange Zeit an der Sinnfälligkeit eines Abrisses zweifeln. Die Entmietung ist überdies nicht, wie zuweilen behauptet, Ausdruck der Unvermietbarkeit oder schlechten Nutzbarkeit des Gebäudes, sondern bewusste Entscheidung des Eigentümers, um im Fall einer Abrissentscheidung handlungsfähig zu sein (G078).

legitimieren gestalterische Initiativen mit ungewissem Resultat, die durch eine erhebliche Verdichtung erkauft werden.

In einem Rückblick kann Bausenator Nagel als Politiker, der Handlungsfähigkeit demonstrieren will und dem gebauter Raum als ein Indikator für die Verwirklichung seiner Ziele dient, die Genehmigung des Zoofensters als Beweis seiner Durchsetzungsfähigkeit, seines Bekenntnisses zu moderner Architektur sowie der wirtschaftspolitischen Handlungsfähigkeit der SPD verbuchen[74], muss aber eine Beschädigung seines Rufes in Kauf nehmen. Senatsbaudirektor Stimmann als vehementer Kritiker einer Hochhausentwicklung erleidet eine Niederlage gegenüber politischen Zielen (Signal für die Metropolenbildung / Nagel; Herstellung von Handlungsfähigkeit in einer machtpolitisch blockierten Situation / Strieder). Senator Klemann hat sich am Breitscheidplatz wenig profiliert. Barbara Jakubeit hingegen ist es gelungen, den zunächst erheblichen Widerstand gegen eine Hochhausentwicklung am Breitscheidplatz mit dem Versprechen auf eine Gestaltung im Gesamtzusammenhang, der Diskreditierung der Bestandsstrukturen, dem Anspruch auf deren positive Weiterentwicklung in ihrer Benutzbarkeit und der wirtschaftspolitisch motivierten Rhetorik, neue Baurechte seien für die Konkurrenzfähigkeit der City West erforderlich, zu marginalisieren und sogar die Opposition für Teile der Planung zu interessieren.

Senatsverwaltung für Stadtentwicklung, Umweltschutz und Technologie

Stadtentwicklungspolitische Ziele sind im Prozess nur selten explizit wahrnehmbar. Selbst innerhalb der Verwaltung stehen sich „Städtebauer", die an den „richtigen" Stellen Hochhäuser befürworten, und „Stadtplaner", die diese eher reserviert betrachten, gegenüber, ohne dass die Grundsatzpositionen an konkreten Projekten gemessen werden müssen[75]. Die ablehnende Haltung zum Abriss des Schimmelpfeng-Hauses entsteht aus der Zuständigkeit für den Denkmalschutz und ist nur konsequent (G066). Die Ideen der von SenStadtUm veranstalteten Workshops und des Planwerks Innenstadt für den letzten Kantstraßenabschnitt zeigen, dass diese Verwaltung Aufenthaltsqualität und Attraktivität im Umfeld des Breitscheidplatzes als ernsthaftes und drängendes planerisches Problem begreift.

Sie vernachlässigt eine mögliche Weiterentwicklung der City-Leitlinien für längere Zeit. In das Genehmigungsverfahren für das Zoofenster kann sie aus Kompetenzgründen nicht eingreifen, doch aufgrund der besonderen Bedeutung des Projekts ist davon auszugehen, dass Nagel nicht ohne Zustimmung Hassemers handeln kann[76]. Erst als die City West gegenüber Berlin-Mitte ins Hintertreffen zu geraten droht, veranlasst letzterer eine Intensivierung der Gutachtertätigkeit, die bis hin zum Planwerk Innenstadt auf dem Niveau von Ideen bleibt, ohne eine stabile Strategie für die Beurteilung künftiger Projekte zu produzieren. Eine offensiv-gestaltende Haltung zu den Entwicklungspotentialen am Breitscheidplatz

74 Vgl. die tageszeitung vom 08.07.1993: „Nagel sieht „Baublockade" beseitigt."

75 Die zeitlich parallel stattfindenden Planungsprozesse am Potsdamer Platz und am Alexanderplatz sind stark von der politischen Spitze Hassemer beeinflusst, der im ersten Fall die weit fortgeschrittenen Vorbereitungen des Vorgängersenats modifiziert und im zweiten Fall einen dem Zoofenster vergleichbaren möglichst restriktionsfreien städtebaulichen Wettbewerb einleitet (G087).

76 Vgl. die im Konsens zwischen den beiden Senatoren gefällte Entscheidung am Kranzler-Eck.

ist dabei nur selten zu erkennen. Die Stadtentwicklungsverwaltung handelt lange Zeit reaktiv.

Die Denkmalschutzbehörde kann über eine Verdeutlichung des Schutzauftrags für das Schimmelpfenghaus hinaus kaum verwaltungsinterne Macht ausüben. Die öffentliche Bedeutung des Breitscheidplatzes ist allerdings so groß, dass der Abriss öffentlich thematisiert wird. Mit der von Schäche formulierten Abwägungsnotwendigkeit zwischen Denkmalschutz und städtebaulicher Gestaltung wird die Begrenzung der Handlungsmöglichkeiten der Denkmalschützer auf den Punkt gebracht, denen es in einer derart prominenten Lage und angesichts rechtlicher und ökonomischer Gegenargumente auch politisch gar nicht gelingen kann, die Berücksichtigung des Schutzauftrags zu erzwingen.

Der von Hassemer vertretene restriktionsarme Städtebau behält lange Zeit in der Praxis die Oberhand und hat einen Anteil an der Genehmigung des Zoofensters. Der mit der Jakubeitschen Verträglichkeitsstudie eingezogene Gestaltungsanspruch kommt zwar dem stadtentwicklungspolitischen Anliegen einer Kanalisierung und Abstimmung der Investitionswünsche am Breitscheidplatz entgegen, schafft aber in einer Zeit geringer Investitionsneigung nur zusätzliche Begehrlichkeiten und bereitet einen neuen Verdichtungsschub vor, der in seinen langfristigen Auswirkungen eine Ende der 1990er Jahre formulierten Versicherung, eine darüber hinaus gehende Errichtung von Hochhäusern werde abgelehnt, wohl mittelfristig leicht auszuhebeln in der Lage sein wird. Damit erreicht die Stadtentwicklungsverwaltung keine echte Richtungsentscheidung und muss sich möglicherweise einem Abriss am Schimmelpfenghaus beugen. Ihr Durchsetzungsgrad ist daher als gering anzusehen[77].

Politische Gremien

BVV

Die extreme Höhenentwicklung des Zoofenster-Projekts und sein monolithischer, uneingepasster Charakter stößt in allen Fraktionen auf ein geteiltes Echo, wenngleich bei der CDU und teilweise bei der SPD der Standort des Projekts abseits vom Kurfürstendamm und die innovative Architektur positiv auffallen (G032, G037, G112). Noch stärker als das Bezirksamt wird die BVV mit dem Gutachterverfahren zum Zoofenster vor vollendete Tatsachen gestellt. Die Einleitung eines Bebauungsplanverfahrens bleibt die einzige Chance auf Mitwirkung. Offensichtlich erscheint eine planfreie Genehmigung so abwegig für die Bezirksverordneten, dass die Hauptabwehrfront sich zunächst auf den Verfahrensweg beschränkt. Auch die innere Spaltung der BVV scheint sich so am besten befrieden zu lassen, da das Vorhaben daran nicht grundsätzlich scheitern muss.

Mit dem Eintritt des Senats in das Verfahren wird die BVV entmachtet. Erst im Zuge der Jakubeit-Planungsinitiative wird die kritische Einschätzung der Erdgeschosszone im

77 Möglicherweise ist die Zurückhaltung bei der Erarbeitung von City-Leitlinien als hinderlich für die Durchsetzung des Zoofenster-Projekts angesehen worden. Dafür spricht selbst die Aussage des Hochhausgegners Stimmanns, das Zoofenster „füge sich ausgezeichnet ein“ im Stadtentwicklungsausschuss des Abgeordnetenhauses. (AStadt 13/2, S. 6)

Rogers-Projekt wieder thematisiert. Die Verlagerung der Debatte auf die Kantstraße und das Schimmelpfenghaus wird von der CDU-Fraktion wohlwollend begleitet und intensiv unterstützt (G112), während sich in den anderen Fraktionen eine Ablehnung des Abrisses und der beabsichtigten Hochhauslösung im Gloria-Block herausbildet (Schlussbericht Profé 14.01.1998 zu Beschluss 593 vom 16.05.1991). Die Auseinandersetzung mit Hochhausprojekten führt, angeregt durch die FDP, 1994 zu einer knappen Mehrheit mit der CDU für eine Befürwortung von Hochhäusern, der die SPD skeptisch und die Grünen eher ablehnend gegenüber stehen (Protokoll ABauSan Cha 25.05.1994), während weiterhin Wohnanteile als bedeutend in der City angesehen werden (ABauSan 24.11.1993). Die Umwidmung des Zoofensters zum Wohnhaus ist dabei wegen des Standorts und der Dichte umstritten.

Mit der Genehmigung des Zoofenster-Projekts und der Verträglichkeitsstudie von Mäckler muss die BVV als eindeutiger Verlierer gewertet werden. Allerdings kann die CDU auf lange Sicht ihre Ziele durch die Veränderungen auf Senatsebene voll durchsetzen. Hierzu zählt die Erneuerungsinitiative, die von einem Neubauvorhaben in der City West ausgehen soll, sowie dessen Weiterentwicklung und der avisierte Abriss des Schimmelpfenghauses.

Abgeordnetenhaus

Das Abgeordnetenhaus greift in die Entscheidung um das Projekt „Zoofenster" nicht ein. Nagels Genehmigung nach § 34 BauGB lässt dafür keine Möglichkeit. Die mit der Behandlung von Großprojekten wie dem Potsdamer und den Alexanderplatz intensiv beschäftigten Ausschüsse wenden sich nur kurz der Gestaltung des Breitscheidplatzes zu und beschließen einen eher schwammigen Auftrag an den Senat zur Umgestaltung des öffentlichen Raums, der zunächst ohne größere Wirkung bleibt, aber ironischerweise im Planwerk Innenstadt in der folgenden Wahlperiode erfüllt wird (Abgh. Drs. 12/3269, AStadt 70, Abgh. Drs. 12/4227). Initiativen zu einer Festlegung der städtebaulichen Strategie am Breitscheidplatz bleiben marginalisiert (L09). Erst in Reaktion auf den Senat handelt das Abgeordnetenhaus, ohne selbst neue Forderungen zu stellen.

Die Konkretisierung des Planwerks und die neuen Pläne der Bauverwaltung für den Breitscheidplatz lösen eine Zuspitzung der Positionen einzelner Fraktionen aus. Die Bündnisgrünen vertreten eher eine „behutsame" und auf Begrenzung der Verdichtung Position (G057), doch die Mehrheitsfraktionen ermöglichen den Abriss (Abgh. Drs. 13/3512). Damit exerziert das Abgeordnetenhaus die letztlich auf Senatsebene gefundene Einigung über das Planwerk durch und stellt sie dabei formal unter den Vorbehalt einer Einfügung der Neubebauung in das Umfeld und einer verbesserten städtebaulichen Situation. Das Abgeordnetenhaus kann also praktisch keine eigenständigen Ziele durchsetzen. Die Beschlüsse vollziehen die Politik der Exekutive nach oder erteilen relativ abstrakte Prüfaufträge.

Investoren

Brau&Brunnen / Zoofenster

Der Konzern verfolgt bereits äußerst früh nach dem Fall der Mauer das Ziel einer Nutzungsintensivierung. Hervorragende Lage, Eigentum am Grundstück und das Drohpotential einer Stillegung der konzerneigenen Schultheiß-Brauerei im Stadtbezirk Kreuzberg sowie der frühe Planungszeitpunkt stärken seine Position. Obwohl Brau&Brunnen an der Auswahl der Teilnehmer des Gutachterverfahrens mitwirkt, ist deren Favorit später chancenlos. Ziel des Verfahrens ist damals die Auswahl eines prominenten Entwurfsverfassers, der Chancen auf eine Durchsetzung gegen die Nachbarn und einen prägnanten Entwurf mit starker visueller Wirkung erlangt (G069). Mit den Auslobungsforderungen im Gutachterverfahren, die die vorgesehene BGF nach unten begrenzen, gelingt der Eigentümerin die Reduzierung der Auswahl eingereichter Entwürfe auf solche, die ihre profilierten Verwertungsvorstellungen umsetzen können. Die Debatte soll auf die architektonische Umsetzung der Repräsentations- und Gestaltungswünsche sowie die Ausbildung von öffentlich zugänglichen Erlebnisräumen verengt werden. Durch die Einschaltung geeigneter Rechtsanwälte wird die ablehnende Rechtsposition des Bezirks torpediert. Die Irritation, die dadurch entsteht, ist zumindest ansatzweise dazu geeignet, eine Einschätzung für die nicht am Verfahren Beteiligten erheblich zu erschweren und die bezirkliche Position in Befürworterkreisen als juristisch kleingeistig zu diskreditieren (G069, G096). Eine gerichtliche Auseinandersetzung über das Vorhaben entfällt wegen der positiven Haltung Nagels und der Befriedung möglicher klageberechtigter Nachbarn.

Es sind schließlich die internen Probleme des Konzerns, die eine Realisierung des aufwendigen Gebäudes in einer schwierigen Marktsituation verhindern[78]. Der nach seinem Straucheln wieder stabilisierte Konzern hat seitdem versucht, das Grundstück als gewinnbringendes Verkaufsobjekt zu profilieren. Vor diesem Hintergrund wird die Erhöhung der GFZ in der Mäckler-Studie verständlich. Zwar erreicht der Konzern die Genehmigung einer extrem hohen Verdichtung, doch verliert er schließlich die Chance, durch ein repräsentatives Gebäude für sich zu werben. Im engeren betriebswirtschaftlichen Sinne ist der Konzern erneut erfolgreich, indem er angesichts seiner veränderten Verwertungsstrategie immerhin eine zusätzliche Verdichtung vorbereitet.

78 Zwar wird der Rogers-Entwurf auf seine Wirtschaftlichkeit hin überarbeitet, so dass beispielsweise die ursprüngliche unterirdische Ladenpassage zum Bahnhof Zoologischer Garten entfällt (vgl. Bauwelt 1995, S. 2652), doch reichen diese Veränderungen offenbar nicht. Dass der Entwurf im Gutachterverfahren aufwendig war und von vornherein eine „wirtschaftliche Optimierung" mit erhöhter Ausnutzung notwendig gewesen ist, wird von Investorenvertretern eingeräumt (I10). Die von Rogers beispielsweise im Rahmen seiner „Queens Lecture" an der Technischen Universität Berlin geäußerte Polemik, es sei die Berliner Politik, die jede innovative Architektur verhindere, ist in seinem Fall mithin gegenstandslos und lediglich Imagepflege.

ITAG / Schimmelpfenghaus, Gloriablock

Die Entscheidung am Zoofenster trifft die ITAG unvorbereitet (G078). Erst motiviert durch die nachhaltigen Aktivitäten von Christoph Langhof und die hohe Dichte am Zoofenster versucht sie verhalten, die Änderungsmöglichkeiten hinsichtlich des frisch instand gesetzten Schimmelpfenghauses auszuloten. Die Ablehnung eines Abrisses durch wesentliche Akteure in der städtischen Politik erfordert dieses vorsichtige Vorgehen, das sich die Option der Weiternutzung und —entwicklung des Bestands stets offenhält, aber schließlich mit zunehmendem Nachdruck auf eine Entscheidung der Politik hinarbeitet, argumentatives Futter mit dem Gutachten des anerkannten Stadthistorikers Schäche dafür bereitstellt und den Druck auf eine Verdichtung im Konzert mit den übrigen Eigentümern um den Breitscheidplatz erhöht. Die Möglichkeit einer Veränderung der städtebaulichen Situation konkretisiert sich allmählich durch die Langhof-Studien und das Mäckler-Gutachten. Die dort postulierte Hochhausentwicklung ist als Reaktion auf den Aufwand der Abriss- / Neubaumaßnahme und die damit verlorene BGF eine konsequente Forderung. Die durch Nichtverlängerung auslaufender Mietverträge bewusst gesteuerte Entmietung dient gleichzeitig dazu, den Druck auf die Entscheidungsträger zu verstärken. Der als kühler, konservativer Rechner bekannte ITAG-Geschäftsführer Hans-Karl Herr legt sich nicht frühzeitig fest, um Debatten über die neu zu errichtende Architektur als zusätzlichem Realisierungshindernis auszuweichen[79]. Die von ihm in Auftrag gegebenen Studien sind allerdings insoweit eindeutig, als sie nicht von einem Erhalt des nördlichen Teils des Schimmelpfenghauses ausgehen (Brückenhaus über die Kantstraße).

Der ITAG gelingt es erst nach dem Abgang von Stadtentwicklungssenator Hassemer, die Umbaumaßnahme der Politik als städtebaulich notwendige Verbesserung schmackhaft zu machen und die BGF-Forderung als zwingenden Ausgleich für eine Beteiligung daran im Sinne der städtischen Ziele zu vertreten. Dazu dient die Einschaltung des „Paradiesvogels" Langhof, der mit seiner Architektur eine Überwindung der eingefahrenen Debatten in der Stadt verspricht und diese mit positivem Image zu versehen versteht, für die sich die Übernahme eines gewissen Risikos zu lohnen scheint. Die Aufweichung der Ablehnungshaltung in der Stadtentwicklungsverwaltung und der vom Abgeordnetenhaus erteilte städtebauliche Gestaltungsauftrag müssen dabei als beachtlicher Teilerfolg gewertet werden.

79 Die Tatsache, dass er trotz des bis in die Architektenszene um das Planwerk Innenstadt hinein weit verbreiteten Wunsches, den Breitscheidplatz „aufzuwerten" und dazu für dessen Image problematische Nutzer zu eliminieren — vgl. die Zuschreibung des Platzes als „Abstellfläche für alle menschlichen Unzulänglichkeiten" (Manfred Ortner im Stadtforum bei der Präsentation des ersten Entwurfs zum Planwerk Innenstadt, vgl. Tagesspiegel 22.08.2000) —, das Erdgeschoss des Schimmelpfenghauses an Beate Uhse vermietet hat, macht dies deutlich, möglicherweise aber auch in den Kreisen der städtischen Face-Lifter verkannte Standortqualitäten bzw. -eigenschaften.

Berater

Gutachter

Der unabhängige Gutachter des Bezirks (Kohlbrenner): Der „Hausgutachter" des Bezirks ist bereits lange Zeit mit Testentwürfen für den Bereich befasst. Eine herausragende Rolle spielt er als Verfasser der City-Leitlinien. Er versucht, aus verschiedensten städtebaulichen Entwicklungsszenarien Entscheidungshilfen für die Bezirkspolitik abzuleiten. Er agiert dabei streng auftragsgebunden. Die von ihm vorgeführte städtebauliche Vielfalt steht Instrumentalisierungen und einer selektiven medialen Verwertung offen. Kohlbrenners Haltung trägt nur mittelbar zu einer Verstetigung der Planung um den Breitscheidplatz bei, indem sie bei der Mobilisierung der Charlottenburger Öffentlichkeit hilft, und ist letztlich von weniger großer Bedeutung. Seine Offenheit für verschiedenste städtebauliche Richtungen mag dazu beigetragen haben; schwerer wiegt wohl die geringe Aussagekraft der City-Leitlinien für das Umfeld des Platzes[80] und die Marginalisierung des Bezirks.

Die Entwicklungsmotoren des Bausenats (Achatzi, Mäckler): Während Achatzi im Rahmen der Vorbereitung des Gutachterverfahrens für das Zoofenster lediglich indirekt seine Position einbringen kann, die von einer Funktionsfähigkeit auch einer wesentlich dichteren Stadt ausgeht, in der sich die Nutzungsmuster den angebotenen Flächen unter intensivster Ausnutzung anpassen, ist Mäckler in Frankfurt/Main durch ein Eintreten für die komponierte Hochhaus-Stadt in Erscheinung getreten, so dass er als geeignet erscheint, den Citybildungsprozess bei Absicherung von zusätzlichen Verwertungsmöglichkeiten gestalterisch zu qualifizieren. Beide bekennen sich zu den Chancen einer baulichen Verdichtung durch Hochhäuser, vertreten aber unterschiedliche Einschätzungen hinsichtlich der langfristigen städtebaulichen Steuerbarkeit der City-Entwicklung (G069). Sie tragen zu einer Stärkung der entwicklungsorientierten Position der Senatsbauverwaltung bei; ihr Erfolg ist aber kaum zu messen, da sie den Entscheidungsprozess nur mittelbar beeinflussen.

Die Ideenentwickler des Stadtentwicklungssenats (Hemprich/Tophof, Gutachter Workshop City West, Planwerksgutachter): Die im Rahmen der Ausarbeitung von Leitlinien für den Breitscheidplatz von der Stadtentwicklungsverwaltung beauftragten Gutachter entwickeln Testentwürfe relativ unabhängig von Realisierungsbedingungen. Ebenso wie die oben erwähnten Gutachter des Bausenats sollen sie teilweise zur Qualifizierung einer bestandsorientierten Haltung beitragen. Ihre Ziele stellen eine Vielfalt von schwer zu vereinheitlichenden Ansätzen dar. Erst die konkreteren Aufträge für den Umbau der Kantstraße sollen konsensfähige Ziele (Aufwertung des Straßenabschnitts) bei gewissen umstrittenen Vorgaben (Erhalt des Schimmelpfenghauses) erreichen helfen, wohingegen auch das Mäckler-Gutachten auf einem städtischen Konsens aufbaut (übergreifende städtebauliche Gestaltung des Entwicklungsprozesses am Breitscheidplatz), aber anderen umstrittenen Vorgaben (Abriss des Schimmelpfenghauses) folgt. Beide versuchen damit im Auftrag einer Verwaltung, die umstrittenen Ziele im Paket mit konsensfähigen zu behandeln und auf diese Weise

80 Die Gründe für die geringe Aussagedichte werden von den Beteiligten in der Notwendigkeit gesehen, einfach transportierbare und breit konsensfähige Botschaften zu übermitteln, die aus einem öffentlichen Diskussionsprozess entstanden und nicht von der Politik verordnet sind (G021, G051). Kohlbrenner selbst ist die Problematik bewusst, doch erlaubt der ihm erteilte Auftrag keine weitergehende Vertiefung.

für die ersteren zu werben. Die Ansätze geraten relativ schnell in Vergessenheit, bevor ihre Tragfähigkeit ernsthafter geprüft werden könnte.

Die „Verkäufer" des Investors (Langhof, Schäche): Die beiden in der Stadt bekannten und nicht in den lokalen Mainstream einzuordnenden Persönlichkeiten gehen vergleichsweise frei mit der Berliner Traufhöhe um. Langhof beabsichtigt die Realisierung einer innovativen Architektur, die durch unkonventionelle Kompositionen zu einer Bereicherung des Stadtbilds beitragen soll und Nutzungsqualität über veränderte Anforderungen an die Zugänglichkeit und die Gestaltung des privaten Freiraums bieten will. Die wechselnde Rolle als Obergutachter, Teil der Fachöffentlichkeit, Gutachter und Entwurfsarchitekt räumt ihm vielfältige Möglichkeiten ein. Schäche arbeitet assoziativ aus der historischen Situation heraus. Beide stellen Chancen einer Entwicklung heraus, die so weit von einer konsensfähigen Position in der Stadtentwicklungspolitik entfernt sind, dass erst die Sicherheit ihrer Selbstdarstellung über einen längeren Zeitraum verfängt. Im Gegensatz zur Absicherungsfunktion zahlreicher anderer Gutachten sind sie tatsächlich darauf angewiesen, andere Akteure zu überzeugen. Sie leisten durch ihre hartnäckige Thematisierungsarbeit einen wesentlichen Beitrag zur Unterminierung der Abwehrkoalition gegen den Abriss des Schimmelpfenghauses (G056, SenBauWohnVerk 1998a, S. 24 f), die aber ohne die Veränderung der politischen Rahmenbedingungen in der 13. Wahlperiode und das Straucheln des Brau&Brunnen-Konzerns nicht denkbar ist.

Obergutachter

Die Obergutachter sind zumeist für eine Entwicklungsorientierung bekannt, teils aus Eigeninteresse, teils als Vertreter eines „Aufbruchs" innerhalb der Verwaltung. Durch die BGF-Untergrenze und die äußerst kompakte Überbauung des Grundstücks sind die städtebaulichen Unterschiede der Entwürfe gering, und die Diskussion wird von der Orientierung der Gebäude, ihren Erdgeschossbereichen und ihren Fassaden bestimmt (G069). Die Gutachter bekennen sich zur Hochhausbebauung, da sie über die planungsrechtliche Realisierbarkeit ohnehin nicht zu befinden haben. Die Auswahl des Siegerentwurfs hat die Prämierung des spektakulärsten und zugleich von einem zur Durchsetzung des Entwurfs erheblich beitragenden Architekten mit internationalem Renommee zum Ziel.

Mit dem Abschluss des Gutachterverfahrens endet die Beteiligung der Obergutachter, die mit Ausnahme von Langhof in den Planungsprozess nicht weiter einbezogen sind. Die Investorenvertreter können mit Hilfe der entwicklungsorientierten Obergutachterkollegen ihren Wunscharchitekten durchsetzen, der angesichts der aus damaliger Sicht optimistischen Entwicklungsperspektiven für Berlin beachtliche Vermarktungs- und Repräsentationschancen verspricht. Der aus dieser Einschätzung heraus vertretene hohe Erstellungsaufwand des Gebäudes wird diesem später allerdings mit zum Verhängnis.

Entwurfsarchitekt

Rogers ist an einer Verkettung unglücklicher Umstände gescheitert, zu denen er selbst lediglich die ungünstige Einbindung des Projekts in die Umgebung beigetragen hat, allerdings ein nicht zu vernachlässigender Mangel. Die aufwendige Kosten-Nutzflächen-Relation des Entwurfs entspricht der generellen Fehleinschätzung der Berliner Entwicklung der 1990er Jahre und ist daher nicht Rogers selbst zuzurechnen, der konsequent für einen zentralen Ort in der Stadt den höchsten Gestaltungsaufwand vorschlägt.

Öffentlichkeit

Bürger

Auf die Pläne zum Zoofenster äußern sich die Bürger der Stadt öffentlich vergleichsweise heftig. Dennoch ist ihre Position nicht einheitlich. Die Planung, von der sie erst nach vorläufigem Abschluss der internen Debatten über städtebauliche Kenngrößen erfahren, löst im bürgerlich-linken Spektrum Charlottenburgs, das an die „behutsame" Stadtentwicklungspolitik der 1980er Jahre gewöhnt ist, Befremden aus. Einzelne positive bis euphorische Stimmen mischen sich in den eher skeptischen Gesamteindruck, die mit investorengetriebener Hochhausentwicklung und innovativer Architektur einen Schub in Richtung Entprovinzialisierung und Metropolenwerdung assoziieren. Die Ausgangslage in der Bevölkerung dürfte daher eng an die Erwartungen gekoppelt sein, die verschiedene Milieus an die aus dem Inseldasein entlassene Halbstadt West-Berlin in der Zukunft nach der Vereinigung knüpfen. Die ansatzweise wahrnehmbare Vielstimmigkeit in der Bevölkerung bietet beiden Seiten der politischen Auseinandersetzung Legitimationspotential. Charlottenburger BVV und Bezirksamt tragen zwar zu einer Katalysierung der öffentlichen Meinungsbildung in Veranstaltungen bei, doch entsteht daraus eine Abwehrkoalition, die den Befürwortern des Projekts nicht gefährlich zu werden scheint, als veränderungsfeindliches und nach dem St.-Florians-Prinzip agierendes Milieu gebrandmarkt werden kann und keine tragfähige stadtweite Bewegung formiert, die planerische Alternativen anbieten könnte.

Im späteren Prozess, in den das Schimmelpfenghaus einbezogen ist, wird noch keine so starke Konkretisierung erreicht, als dass neue Initiativen gegen die Planung auf breiter Basis unternommen würden. Die Entscheidungsfindung wird auf höchster Ebene zwischen den beiden konkurrierenden Senatsverwaltungen zeitweise derart kontrovers betrieben, dass dagegen die weiterhin vorhandenen Unmutsäußerungen auf öffentlichen Veranstaltungen von den Akteuren auf Senatsseite wohl nur noch als Hintergrundrauschen wahr- aber kaum mehr ernst genommen werden. Die Gegner aus der Bevölkerung, die das Zoofenster wegen seiner Höhe ablehnen, unterliegen und bleiben angesichts des Entscheidungswillens von Wolfgang Nagel und der gestaltungsbezogenen und für Hochhäuser offenen Haltung von Barbara Jakubeit vollständig bedeutungslos. Lediglich die Anpassung der Art der Nutzung zugunsten von Wohnen bzw. Hotelnutzung kann als Weiterentwicklung der „Charlottenburger Mischung" angesehen werden (IHK-Veranstaltung 27.09.1999).

Fachöffentlichkeit

Auch die (West-Berliner) Fachöffentlichkeit erlebt das Gutachterverfahren für das Zoofenster als seltenen Versuch, die stärker traufhöhenorientierte Planung der 1980er Jahre zu überwinden. Die breite Mehrheit der einheimischen Architekten ist zwar eher gegen das sich anbahnende Hochhaus-Experiment, doch findet sich eine beachtliche Minderheit unter ihnen, die Hochhäusern grundsätzlich positiv gegenüberstehen (G027). Insbesondere die städtebaulichen Voraussetzungen im Rahmen von 1950er-Jahre-Ensembles produzieren immer wieder gutachterliche Auseinandersetzungen mit Hochhäusern, die sich aber stark an die vorhandenen Höhen im Umfeld anlehnen und die Gedächtniskirche oder andere Gebäude als Orientierungsmaßstab heranziehen. Im Beraterumfeld des Senats herrscht überdies bereits seit den 1980er Jahren eine pragmatische Haltung, die für die Realisierung „hoher architektonischer Qualität" eine Erhöhung der zulässigen Dichte einräumt. Neben diesen Mitgliedern der Fachöffentlichkeit erscheinen Hochhausbefürworter, die sogar offensiv eine Qualifizierung der Aufenthaltsbereiche von Bauvorhaben in gestalterischer Hinsicht nach US-amerikanischem Muster fordern und von ihr eine Höhenentwicklung abhängig machen (G056). Journalisten und Wissenschaftler vertreten in ähnlicher Weise unterschiedliche Grundpositionen (G070). Im Falle des Zoofensters spitzt sich die Kritik auf die erhebliche Verdichtung des Grundstücks ohne Bebauungsplanverfahren und die Befürchtung eines „Dominoeffekts" zu (vgl. Eichstädt 1993 S. 26), während die Höhenentwicklung selbst unterschiedlich gewertet wird und Sympathie für die Rogers-Architektur selbst ablehnende Haltungen relativiert (verschiedene Gespräche). Angesichts der hermetischen Haltung Nagels und der Genehmigung im Rahmen des Bauordnungsrechts nutzen sich die Argumente der Gegner ab. Eine Bedrohung der Entscheidungsträger durch kritische Stimmen aus der Fachwelt entsteht nicht (G045, G120).

Die Verträglichkeitsstudie von Mäckler wird mit Unverständnis aufgenommen (G045, G027). Die architektonische Entwicklung des Breitscheidplatzes wird angesichts der inzwischen im Umfeld geplanten und ebenfalls kritisierten Einzelprojekte wie des als unproportioniert verachteten neuen „Kudamm-Ecks" (Langhof: „Doppel-Whopper") immer weniger übersichtlich diskutiert. Die Debatte konzentriert sich dabei auf gestalterische Fragen und die Befürchtung einer Überlastung der öffentlicher Verkehrsflächen durch hohe Dichten. Die Kritiker sind nicht in der Lage, ihr Anliegen einer Begrenzung der Verdichtung für deren Befürworter überzeugend zu transportieren. Das Bündnis der Kritiker bleibt angesichts der politischen Mehrheiten und der dezidiert positiven Einstellung beider Senatsverwaltungen ohne wirklichen Einfluss. Allerdings scheint sich zumindest vorläufig eine umfassende Hochhauskonzeption — wie von Jakubeit vertreten — nicht durchsetzen zu lassen.

Nachbarn

ITAG: Die ITAG geht zunächst von einer Weiternutzung der eigenen Immobilie aus, so dass eine Initiative zum Neubau auf dem Grundstück nicht vorrangiges Ziel ist, wohl aber die Attraktivierung zumindest der Gloria-Passage. In Reaktion auf die Zoofenster-Verdichtung gibt es Verhandlungen mit der Brau und Brunnen AG, deren Inhalt nicht öffentlich bekannt geworden ist. Eine Einigung über das künftige Verhalten der Brau und Brunnen im Falle eines Bauantrags der ITAG auf ihrem Grundstück oder eine direkte finanzielle Abgeltung der Nachbarzustimmung dürften den Inhalt bestimmt haben.

Zoologischer Garten: Der Zoologische Garten versucht, die Cityentwicklung an seiner Südseite im Hinblick auf eine mögliche Verschattung und Beeinträchtigung der Lebensbedingungen für die untergebrachten Tiere, wohl aber auch wegen der durch Hochhäuser tendenziell sinkenden Attraktivität der Anlage zu beeinflussen. Immerhin erreicht er die Anfertigung eines Gutachtens, das die Gefahr einer Verschattung ausschließt, in einem späteren ähnlichen Fall (Hotelhochhausentwurf von Kollhoff) sogar das Scheitern des Projekts, da dort mit einer erheblichen Verschattung zu rechnen ist. Die Zooverwaltung besitzt offenbar auf höchster politischer Ebene eine äußerst starke Verhandlungsposition.

Konflikte und ihre Bewältigung

Konflikte

Dichte

Die in den Vereinigungsboom fallende Verwertungsabsicht des Brau-und-Brunnen-Konzerns fällt bei der Senatsbauverwaltung auf großen Nachhall, stößt aber im Bezirk und in der Bevölkerung auf starken Widerstand. Eine erhebliche Verdichtung sprengt den vorher geltenden strategischen Konsens, den Baunutzungsplan und die planerischen Dichtevorstellungen der Nachkriegszeit allmählich auch planerisch zu überwinden, aber dabei Extremwerte nur in absoluten Ausnahmefällen zuzulassen. Mit der Ausgrenzung des als widerständig bekannten Bezirks Charlottenburg ist der Konflikt dann vorprogrammiert. Auch die nachfolgende Auseinandersetzung um das Schimmelpfenghaus greift die Dichteproblematik erneut auf.

Während die Senatsverwaltungen sich über eine Verständigung auf Alternativen im Gutachterverfahren intern einigen und damit dieses Legitimation herstellen soll, bricht der Konflikt im Baugenehmigungsverfahren offen aus, als der Bezirk seine rechtlichen Möglichkeiten ausschöpft. Der Senat schafft lediglich die Voraussetzungen für eine rechtliche Unangreifbarkeit des Projekts. Eine inhaltliche Weiterentwicklung der Positionen findet nicht statt. Die Fixierung der Diskussion um die Zukunft des Breitscheidplatzes auf die Hochhäuser überstrahlt die Dichtezunahme im neuen Zoofenster-Entwurf und lässt sie im Bereich Schimmelpfenghaus/Gloriablock von Anfang an in den Hintergrund treten. Der Konflikt wird nicht ausgeräumt, sondern durch hierarchisches Handeln entschieden. Die lange schwelende Debatte um die City West sanktioniert Entscheidungen, seien sie auch radikal (G078, G096). Weitere Verdichtungsmaßnahmen werden als politische Deals durchgesetzt. Inhaltlich werden diese Verdichtungen durch Abgrenzung der eigenen Politik gegenüber Vorgängerregierungen gerechtfertigt und im Zusammenhang mit Höhenentwicklung und Aufenthaltsqualitätszielen verhandelt und verkauft.

Höhe

Der Konflikt um die Höhe ist beinahe direkte Folge desjenigen um die Dichte, da das Grundstück durch die im Gutachterverfahren anvisierte Dichte ohnehin äußerst massiv überbaut wird. In der öffentlichen Diskussion erlangt er durch die weitreichende Skepsis gegenüber Hochhausbauten eine gewisse Eigenständigkeit und drängt die Dichtediskussion in den Hintergrund. In der Vorbereitung des Gutachterverfahrens wird durch die Begrenzung einer Alternative auf 16 Geschosse der Konflikt zwischen den Senatsverwaltungen noch durch Vertagung auf die Zukunft und Delegation in das Verfahren ruhiggestellt. Im Rahmen des Baugenehmigungsverfahrens bilden Höhe wie Dichte gleichermaßen Ansatzpunkte für die juristisch formulierte Kritik aus dem Bezirk; das Projekt wird hierarchisch gegen Widerstände der Öffentlichkeit und der (gespaltenen) Fachöffentlichkeit verteidigt.

Die Höhe wird zum sekundären Diskussionspunkt, während die Entscheidung, über Abriss und Neubau bzw. eine kontrollierte Hochhausentwicklung die Zukunft des Breitscheidplatzes zu bestimmen, in den Mittelpunkt rückt. Zu beachten ist der Verzicht auf den turmartigen Aufbau des ursprünglichen Zoofenster-Entwurfs, der nun eine Höhenreduzierung suggerieren soll, die bezogen auf den eigentlichen Baukörper gar nicht stattfindet.

Städtebauliche Einbindung Zoofenster

Das Gutachterverfahren mit eng gesetzten Rahmenbedingungen suggeriert eine Entscheidung über Städtebau, muss sich angesichts der Ausgangsbedingungen aber fast ausschließlich auf den Vergleich architektonischer Konzepte beschränken. Die Obergutachter beurteilen die Ausrichtung des Gebäudes und legen ihm dabei neben der Wertigkeit der angrenzenden Stadträume auch die erwarteten Fußgängerströme zugrunde. Hier scheint der Rogers-Entwurf aufgrund seiner inneren Organisation offenbar den anderen Entwürfen weit überlegen. Wegen der Fixierung des Verfahrens auf architektonische Fragen bleibt die Kritik an der „autistischen" (G121) Wirkung des Baukörpers den Außenbetrachtern vorbehalten. Unterschiedliche Auffassungen über die Einbindung werden im Jury-Entscheid zunächst verdeckt, da eine Durchsetzung des Projekts im Vordergrund steht. Während die Befürworter des Projekts in den nachfolgenden Auseinandersetzungen weiterhin die Öffnung zum Hardenbergplatz als Vorzug ins Feld führen, gewinnt die umstrittene Einbindung an der Kantstraße später zunehmend an Bedeutung, so dass der Konflikt nie wirklich bewältigt ist und eine Angriffsfläche für die spätere Überarbeitung darstellt.

Denkmalschutz/Städtebau Schimmelpfenghaus

Ausgelöst durch das Zoofenster-Projekt versucht auch der Grundstücksnachbar, seine Immobilie intensiver zu verwerten. Kritiker der 1950er-Jahre-Architektur und der als problematisch erachteten städtebaulichen Situation machen sich die massive Stigmatisierung des Gebäudes zunutze und greifen das Gebäude direkt an. Der Konflikt wird von den Befürwortern eines Abrisses äußerst subtil und vorsichtig geführt. Dabei steht eine nachhaltige Entwertung des Gebäudes selbst und die kausale Verbindung der städtebaulichen Missstände und der Gebäudeform im Mittelpunkt, ergänzt durch die Produktion möglicher Alternativen. Im Zusammenwirken mit dem Senatorenwechsel wird die bewahrende Position stärker mit gestalterischen Argumenten unter Druck gesetzt.

Der politische Deal zur Durchsetzung des Planwerks offenbart die Logik aktiven Handelns, das eine große Tragweite entfaltet. Angesichts des lange nicht durchsetzbaren Konzepts einer weiteren innerstädtischen Verdichtung auch auf öffentlichem Straßenland gerät der Einzelfall Schimmelpfenghaus zur Manövriermasse und verliert an Bedeutung. Die Maßstäblichkeit des Ansatzes erfordert Konzessionen, die angesichts der Tabus, die verkehrspolitisch gebrochen werden sollen, politisch hinnehmbar erscheinen. Dabei ist die nur schwer vergleichbare zeitliche Dimension der vorgesehenen Konzessionen beider Seiten unberücksichtigt: Während der Verkehrsflächenrückbau einen ungewissen Wechsel auf die Zukunft darstellt, für dessen Einlösung eine Reihe weiterer Rahmenbedingungen eintreten müssen, besteht für den Abriss des Schimmelpfenghauses eine realistische Perspektive.

Öffentlicher Raum Kantstraße und Baumassenanordnung

Die Kritik am „Rückseitencharakter" des letzten Kantstraßenabschnitts ist alt, wird jedoch durch die Zoofenster-Planung neu entfacht. Die von Barbara Jakubeit und Langhof/Schäche verfolgte Herangehensweise verquickt das Ziel einer „städtebaulichen Nachbesserung" hinsichtlich der anliegenden Baumassen und -vorhaben mit dem einer Attraktivierung der Kantstraße. Dies ist angesichts der Rückwirkungen von Erschließungsanlagen auf den Straßenraum naheliegend, dient aber darüber hinaus einer Neuverteilung der Baumassen. Die erarbeiteten Studien der Stadtentwicklungsverwaltung sind völlig unterschiedlicher Natur, da sie von einer Weiterentwicklung der bestehenden Planung ausgehen. Durch die Investitionsschwäche des Brau-und-Brunnen-Konzerns spitzt sich die Auseinandersetzung zwischen den beiden Senatsverwaltungen als Kampf um das Modell der zukünftigen Stadt zu, der am Breitscheidplatz stellvertretend ausgetragen wird und dabei den Kantstraßenschlussabschnitt lediglich als Anwendungsfeld instrumentalisiert[81].

Die Beseitigung der allseits konstatierten Missstände in der Kantstraße ist durch die überarbeitete Planung noch lange nicht gewährleistet, insbesondere angesichts der unveränderten Barrierenfunktion der Joachimstaler Straße nach Westen und der auch weiterhin fehlenden Anlässe, die Kantstraße als Fußgänger in westlicher Richtung zu benutzen. Vor diesem Hintergrund ist die Entscheidung für die beiden Projekte zwar durch das Problem Kantstraße gespeist, doch ist dieses nicht konstitutiv für die in den Projekten steckende Lösung. Der Konflikt wird gewissermaßen mit-erledigt.

Strategischer Konflikt über ein Gesamtkonzept für den Breitscheidplatz

Die Forderung nach einem Gesamtkonzept für das Umfeld des Breitscheidplatzes wird über Jahre immer wieder durch den Bezirk erhoben, als große Einzelprojekte isoliert entschieden werden sollen. Die Stadtentwicklungsverwaltung nimmt sich zwar schließlich dieser Aufgabe an, doch schließlich ist es die „Verträglichkeitsstudie" der Bauverwaltung, die neue Fakten zu schaffen droht/verheißt. Der lange Zeit gehegte Widerwillen des Senats, sich auf eine schließlich restriktive Politik festzulegen, und die unterschiedlichen Auffassungen über die Rolle nutzungsbezogener oder städtebaulich-kompositorischer Aspekte bei der Weiterentwicklung der City West erzwingen auf höchster politischer Ebene Einigungen, deren Schlüssigkeit sich aus den selbst angelegten Maßstäben Außenstehenden offenbar nur schwer ableiten lässt (G120).

81 Dies wird z. B. daraus deutlich, dass die künftige Gestalt des Straßenraums in der Hardenbergstraße zwischen Joachimstaler Straße und Breitscheidplatz infolge der veränderten Planung praktisch nie gezeigt wird, obwohl gerade er es ist, der den von der Senatsbauverwaltung postulierten Blick auf die Gedächtniskirche freigibt, der auf der Kantstraße durch den Abriss der Schimmelpfenghauses noch gar nicht — wie stets angenommen — entsteht, zumindest nicht aus größerer Entfernung.

Bündnisse und Gegnerschaften

Bündnisse

Über die lange Planungszeit bilden sich verschiedene Bündnisse, die vom Wechsel der politischen Rahmenbedingungen auf Senatsebene abhängen. Beim Zoofenster-Entwurf paaren sich die Entwicklungseuphorie des Investorenbetreuers Hanno Klein mit dem stillen Einverständnis der Senatoren Hassemer und Nagel über eine forcierte Entwicklung des Standorts. Zunächst ist dem Bündnis auch der Investor zuzurechnen, der im gemeinsamen Gutachterverfahren mit der Senatsbauverwaltung die Rahmenbedingungen für das Bauvorhaben setzt. Die Abgeschlossenheit der Verfahrensvorbereitung gegenüber dem Bezirk und der Öffentlichkeit deuten auf eine enge Zusammenarbeit von Investor und Senat hin, dem noch der öffentliche Widerstand gegen das Verfahrensergebnis von 1988 auf dem Victoria-Gelände im Gedächtnis ist. Gewissermaßen in Reaktion darauf ist wohl die Höhenbegrenzung im „Minimalkonzept" zu sehen, das im Zweifelsfall einen im Rahmen der West-Berliner Genehmigungstradition noch relativ unkomplizierten Genehmigungsgang verspricht. Dass Nagel schließlich gegen Widerstand sogar aus der eigenen Partei und der eigenen Verwaltung eine Genehmigung des Siegerentwurfs durchsetzt, stellt einen massiven Einsatz für den Verfahrenssiegerentwurf dar, indem er sich in Umgehung eines Bebauungsplanverfahrens gegen mögliche Widerstände aus der Stadtöffentlichkeit abschließt.

Nach dem Scheitern des Zoofenster-Projekts besteht ein stillschweigendes Einverständnis zwischen den Investoren und der Senatsbauverwaltung, in dem sich städtebaulich-kompositorische Ansätze (Jakubeit) mit Verwertungszielen (Investoren) paaren. Die Senatsbauverwaltung nutzt die Situation zur Durchsetzung weitergehender Ziele, die unabhängig von den Investoren bestehen (neben den kompositorischen insbesondere der Abriss des Schimmelpfenghauses und die Darstellung als handlungsfähige, nicht-provinzielle Behörde). In dieses symbiotische Milieu klinken sich Gutachter und Entwurfsarchitekten teilweise ein. Zumindest Langhof und Schäche verfolgen eigene Ziele, die sich aber nur im entstehenden Bündnis verwirklichen lassen (Demonstration der eigenen Gestaltungsfähigkeit bzw. Einführung einer neuen Traufhöhe).

Indifferente Verhältnisse

Auch Christoph Mäckler scheint als Hauptautor der „Verträglichkeitsstudie" zum Bündnis zu gehören, stößt aber durch seine dezidierte Haltung pro Hochhausstadt auf vielfältigen Widerstand und wird dadurch für die Senatsbauverwaltung ein Popularitätsrisiko[82]. Seine Sonderrolle erklärt sich auch durch seine Tätigkeit als Entwurfsarchitekt für das weiterentwickelte Zoofenster, an das die Senatsbaudirektorin Qualitätsforderungen knüpfen muss, um überhaupt ein Abgehen vom alten Entwurf legitimieren zu können.

Der Widerstand der Stadtentwicklungsverwaltung gegen die Verträglichkeitsstudie und den Abriss des Schimmelpfenghauses führt gewissermaßen zu einem Patt im Senat, dem sich die Senatsbaudirektorin nur durch Konzessionen entziehen kann. Gegen die Studie wird das Projekt Kudamm-Eck vom Bezirk ohne Hochhaus genehmigt, ein Hochhaus am

82 Vgl. Jakubeit in der IHK-Veranstaltung am 27.09.1999.

östlichen Ende des Zentrums am Zoo lässt sich gegen den Widerstand des Zoologischen Gartens nicht durchsetzen und eine Ergänzung des Europa-Centers verliert ebenfalls an Aktualität. Damit gerät aber die kompositorische Argumentation der Senatsbaudirektion ins Wanken, und für eine Durchsetzung ihrer übrigen Ziele ist sie auf weiteres Entgegenkommen angewiesen. Ihre Argumentation betont angesichts der Durchsetzungsprobleme noch stärker den Charakter der eigenen Planung als Begrenzung und Abschluss der Hochhausentwicklung am Breitscheidplatz und richtet sich damit potentiell gegen die Investoren am östlichen Platzrand, die damit nicht mehr im engeren Sinne zum oben beschriebenen Bündnis gezählt werden können. Auf diese Weise bleibt lediglich der Eigentümer des Schimmelpfenghauses als Bündnispartner, der sich aber wegen der schwierigen Abrissfrage kaum selbst als Teil eines Bündnisses beschreiben wird.

Neben den genannten Investoren stehen auch einige Gutachter dem Prozess ambivalent oder indifferent gegenüber. Die Obergutachter des Zoofenster-Verfahrens werden teilweise für den Prozess instrumentalisiert (G063). Sie sehen allerdings keinen Anlass, die Rahmenbedingungen des Verfahrens zu hinterfragen. Einem Bündnis sind sie schon deshalb nicht zuzurechnen, weil sie im Prozess nur zeitlich äußerst begrenzt eine Rolle spielen. Dennoch ist dessen „Funktionieren" nur durch die legitimationsstiftende Wirkung ihrer Jury-Entscheidung denkbar. Enger als die Obergutachter sind die Vorprüfer ins Bündnis eingebunden. Sie entscheiden über die Verfahrensweise mit und tragen damit strategisch zur Durchsetzung der Ziele des Bündnisses bei (G069). Im späteren Verlauf spielen sie allerdings kaum noch eine Rolle. Die Gutachter des Bezirks Charlottenburg, insbesondere Kohlbrenner, tragen sowohl durch ihre Testentwürfe als auch durch die zurückhaltend-konsensfähige Aussage der City-Leitlinien zum Breitscheidplatz zu einer Qualifizierung des Planungsprozesses bei, ohne sich klar für oder gegen die Projekte auszusprechen.

Die Ablehnung, die der Rogers-Entwurf in der Öffentlichkeit offenbar provoziert, ist bei den Akteuren außerhalb des Bündnisses keineswegs einhellig. Dies ist insofern bedeutsam, weil die politische Durchsetzbarkeit auch mit der Faszination, die die Architektur ausübt, zusammenhängt. Zumindest Teile der SPD und der CDU sind davon erfasst, teilweise auch im Bezirk (G032). Die Innovativität des Entwurfs, die Reputation des Architekten und der Impuls für die City, der von ihm auszugehen scheint, hinterlassen Spuren sogar bis in die Reihen der Gegner (vgl. Dyckhoff).

Äußerst schwierig einzuschätzen ist die Rolle der Senatsverwaltungen unterhalb ihrer politischen Spitzen. Senatsbaudirektor Stimmann spricht sich sowohl gegen das Zoofenster-Projekt als auch den Abriss des Schimmelpfenghauses aus. Die Stadtentwicklungsverwaltung bleibt im gesamten Zoofenster-Prozess zurückhaltend, was auch mit der positiven Entwicklungsorientierung und dem projektbezogenen Entscheidungsverständnis Hassemer zusammenhängen dürfte (G120). Für einen Erhalt des Schimmelpfenghauses kann sie aufgrund der höchsten politischen Brisanz des Verfahrens keine klare Gegenposition aufbauen und durchkämpfen.

Gegnerschaften

Klare Gegner beider Projekte lassen sich im Bezirk, in der Fachöffentlichkeit und unter den Bürgern ausmachen. Interessanterweise besteht eine beachtliche Polarisierung zwischen Bezirksamt und Bausenat, obwohl die Verantwortlichen beide der SPD angehören. Die

Gegnerschaft im Bezirksamt und in der BVV manifestiert sich zwar in der unterschiedlichen Auffassung über die Genehmigungsfähigkeit, doch die inhaltliche Ablehnung des Zoofenster-Projekts ist durchaus weit verbreitet (G021, G036, G121). Es formiert sich eine Art Bündnis aus Gegnern auf Bezirksebene. Darin haben die Bürger eine wichtige Bedeutung, werden aber auf Senatsebene wegen der stadtpolitischen Bedeutung des Breitscheidplatzes und mit Verweis auf die Lage der Grundstücke außerhalb der kaiserzeitlich-gemischten Strukturen unberücksichtigt gelassen. Ihre Zugehörigkeit zu einem klar definierten „linken" politischen Spektrum und das potentielle Vorhandensein von Befürwortern einer Hochhausplanung dienen der CDU-Senatsbaudirektorin zur Abwehr von kritischen Stimmen. Die Fachöffentlichkeit bringt durch Stellungnahmen die Ablehnung des Zoofenster-Entwurfs klar zum Ausdruck, doch mit Langhof und Schäche stehen zwei anerkannte einheimische Vertreter zur Verfügung, die dem Verfahren am Schimmelpfenghaus nicht nur durch ihre persönliche Reputation, sondern auch durch ihre alternative Argumentationsweise Legitimation verleihen und damit auch die Fachwelt tendenziell gespalten erscheinen lassen. Die Ablehnung des Zoofenster-Entwurfs lässt sich als Aufbegehren der einheimischen Architekten gegen ein anderes Verständnis von Bauen im städtischen Kontext werten, und die Faszination eines radikalen Kontrasts zum Bestand kann mit Verweis beispielsweise auf den Lloyds-Neubau in London positiv ausgedeutet werden (G030). Damit verliert aber die Ablehnung der organisierten Fachöffentlichkeit an Überzeugungskraft für die Entscheidungsträger und mithin an politischer Relevanz.

Zusammenfassende Einschätzung des Entscheidungsprozesses

Konstellation

Die Entwicklung des Zoofenster-Blocks ist zunächst ein Resultat der Verquickung von vereinigungsbedingten Verwertungsinteressen und Profilierungsbestrebungen des Bausenators, die aber ohne die pikante politische Konstellation in Charlottenburg ganz anders hätte verlaufen können. Die schleichende Aufgabe des Schimmelpfenghauses wiederum ergibt sich aus der paradoxen Instabilität der Großen Koalition, die bisweilen unvorhersehbare Profilierungsbestrebungen produziert und der abflauenden Bürokonjunktur, die verzweifelte Aufwertungsversuche der City West durch die Stadtentwicklungspolitik auslöst und dabei den bereits seit langer Zeit als städtebaulich-funktional problematisch wahrgenommenen östlichsten Kantstraßenabschnitt wieder in den Blickpunkt rückt, in Verbindung mit den Signalen, die investorenfreundliche Entscheidungsprozesse zu früheren Projekten wie dem Zoofenster an Investoren gesandt haben. Die große Aufmerksamkeit, die der Bereich in der Fachöffentlichkeit genießt, ruft Akteure auf den Plan, die hartnäckig vermeintliche Tabuthemen wie den Schimmelpfenghaus-Abriss anpacken. Schließlich ist der Entwicklungsprozess eng mit der negativen Stigmatisierung der 1950er-Jahre-Architektur West-Berlins verbunden, die sich mit der Haltung paart, über ausgewechselte Stadträume neue Attraktivität schaffen zu wollen. Die an anderer Stelle mit „Interim" bezeichnete Suchphase von der Maueröffnung bis zum Amtsantritt Stimmanns (Sewing 1995) bringt in einem wenig koordinierten Nebeneinander von Entwicklungsinitiativen eine allmähliche Anpassung von extremen Metropolenträumen und realisierbaren Investitionsvorhaben, die im Zoofenster-Projekt ihre erste Manifestation erlebt. Widerstände werden in dieser Phase des Umbruchs insofern ignoriert, als die hohe Ungewissheit über die Zukunft der Stadt in wirtschaftlicher wie symbolischer und politischer Hinsicht das gesamte politische Spektrum spaltet, eine Überwindung als übermäßig vorsichtiger („rückwärtsgewandter") Haltungen für die schnelle Positionierung der Stadt im anbrechenden internationalen Wettbewerb um überregional bedeutsame Bürodienstleistungen von wirtschaftspolitisch orientierten Stadtentwicklungspolitikern als notwendig erachtet wird, wobei sie sich dabei auf ein schwer zu widerlegendes Zukunftsszenario (schneller, politisch unterstützungsbedürftiger sektoraler Struktuwandel) berufen und sich daher als „verantwortungsvoll" präsentieren können. Die gerade angebrochene Legislaturperiode und die gescheiterte rot-grüne Koalition geben dem Bausenator den Handlungsspielraum zur Durchsetzung ohne Planverfahren. Im weiteren Verlauf bietet das Projekt aufgrund seiner Größe, aber auch aufgrund seines solitären Charakters und des eigentümlichen Blockzuschnitts Angriffsflächen für Kritiker verschiedenster Couleur, so dass einer Reihe von Nachbesserungen dann folgt, wenn neue Akteure auf den Plan treten. Die Veränderung des westlichen Breitscheidplatz-Abschlusses hängt mit der ungeklärten Entwicklung des Platzes und der hochgradigen Konfliktivität im Gesamtumfeld zusammen. Schrittweise wird das Schimmelpfenghaus stigmatisiert, doch in letzter Konsequenz keine tragfähige Lösung erarbeitet. Der Investitionsneigung der Eigentümer kann damit stets davon unabhängiger Anpassungsbedarf der Stadtentwicklungspolitik an die Seite gestellt werden, so dass die projektbezogene Umstrukturierung der Platzbebauung jeweils als notwendiger Verbesserungsschritt legitimiert wird.

Bewertung

Die Umstrukturierung des Zoofenster-Blocks zeigt die politisch motivierte Handlungsfähigkeit des Bausenats in ihrer ganzen Breite. Die vermeintlichen „Zeichen der Zeit", die aus der wirtschaftlichen Situation abgeleitet werden (Berlin als Unterstützer eines massiven Umstrukturierungsprozesses Anfang der 1990er Jahre, neuerliche Attraktivierung der Citybereiche in der „flaueren" zweiten Hälfte der 1990er Jahre) werden von der Spitze der Exekutive unter Zuhilfenahme stadtentwicklungspolitischer oder wirtschaftspolitischer Argumente gegen einen planerisch-verwaltungsbezogenen Mainstream initiiert, der auf städtebauliche Integration, ausgewogene Entwicklung, Rechtsstaatlichkeit der Verwaltung und planerische Abstimmung von Projekten im größeren räumlichen Zusammenhang ausgerichtet ist. Politisch wird diese Haltung zunächst — auch im Abgeordnetenhaus — marginalisiert (G068), so dass die politische Spitze als Transmissionsriemen die wirtschaftlichen Rahmenbedingungen in das planerische Handeln einspeist. Zwar bieten sich einzelne Mitarbeiter der Verwaltung als Vollstrecker dieser Entwicklung an, doch ist die Themensetzung eindeutig politisch determiniert. Planung wird so — ganz unabhängig von der gesamtdeutschen Deregulierungsdebatte, die ohnehin eine vermeintlich übergewichtige und schwerfällige projektübergreifende Koordination im Planungsprozess torpediert — über die bewusste Forcierung von Einzelprojekten und Verschleppung von übergreifenden Abstimmungsprozessen (vgl. dazu die Geschichte der City-Leitlinien auf Senatsebene) entwertet.

Die Umdeutung einer städtebaulichen Gestaltungsdebatte in die überfällige Gesamtkoordination am Breitscheidplatz im Rahmen der Verträglichkeitsstudie und die Aufgabe des Schimmelpfenghauses für gesamtstädtische Ziele zeigen die Untrennbarkeit von planerischen und politischen Motiven, wobei durch selektive Thematisierung erneut radikale „Veränderung“ als solche gegenüber einem als unbefriedigend empfundenen Zustand glorifiziert wird, ohne die Konsequenzen — wie im Abgeordnetenhausbeschluss gefordert — einer kompletten Umstrukturierung der Breitscheidplatz-Westseite hinreichend zu würdigen. Versucht man, diese Überlegungen in eine Gesamtbewertung der zu erreichenden Ergebnisse zusammenzufassen, stehen wie erwartet Aussage gegen Aussage: Kritik an einem leichtfertigen Umgang mit dem historischen Erbe hier, Hoffnung auf Überwindung des Bahnhofsmilieus da. Berücksichtigt man, dass einem bedeutenden Teil der Berliner Innenstadt über mehr als ein Jahrzehnt eine Verschärfung der städtebaulichen Probleme zugemutet wird — und dies nicht etwa aufgrund mangelnder Handlungsfähigkeit der Stadtentwicklungspolitik —, muss die Frage erlaubt sein, ob eine bestandsorientierte Weiterentwicklung des Breitscheidplatzes nicht letztendlich mehr zu dessen Attraktivierung beitragen würde als eine Umstrukturierung mit ungewissem Ausgang. Damit wird eine strategische Komponente in den Entwicklungsprozess eingeführt, die bei aller Diskussion über Leitlinien oder städtebauliche Verträglichkeiten unter dem Primat der Handlungsfähigkeit von Senatoren bisher offenbar kaum eine Rolle gespielt hat.

Fallstudie „Spree-Bogen" Moabit

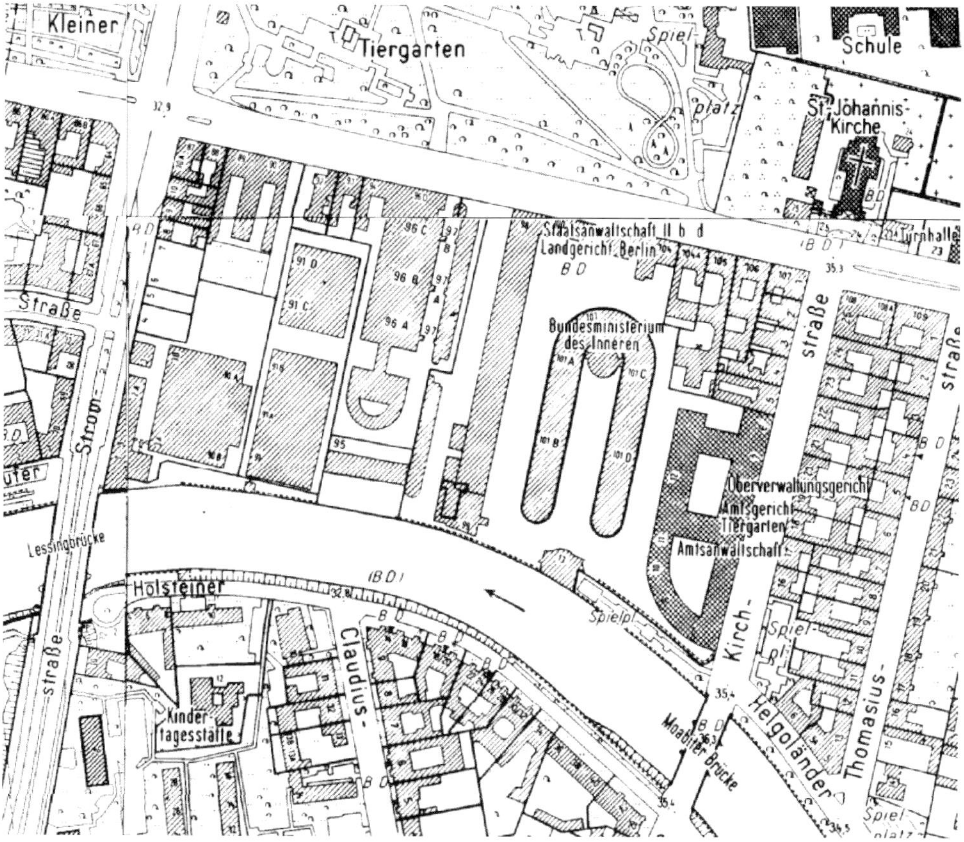

Abbildung: Die Lage des Untersuchungsgebiets im Bezirk Tiergarten mit dem ehemaligen Bolle-Gelände auf der Osthälfte des Blocks, dem ITAG-Gelände in der Westhälfte. Maßstab: 1 : 5.000, Stand 1998.

Chronologie

Lage und Vorgeschichte

Der untersuchte Gewerbeblock liegt im Bezirk Tiergarten zwischen einer der beiden ost-westlich verlaufenden Hauptstraßenzüge im kaiserzeitlich geprägten Stadtteil Moabit, der Straße Alt-Moabit, und der südlich angrenzenden Spree. Wegen der Wasserlage vor allem seit dem 19. Jahrhundert für Produktionsstätten genutzt, befanden sich bis in die 1980er

Jahre auf dem Westteil des Blocks größere Mühlenanlagen, die in der zweiten Hälfte der 1980er Jahre mit einer dichten Gewerbeparkstruktur überbaut wurden, dem sogenannten „Focus"-Projekt. Es galt als Vorzeigeprojekt von Flächenkonversion mit innerstädtischer Nachverdichtung und Erhalt von Produktion in der Stadt (Bauwelt 36/1988, i. e. Stadtbauwelt 99, S. 1518 ff). Auf dem Nachbargelände, dem Ostteil des Blocks, befand sich die Zentrale der Meierei Bolle, die vom Standort aus Lebensmittelfilialen mit Frischeprodukten belieferte. Die Krise des Unternehmens führte in den 1980er Jahren zu seinem Verkauf und schließlich auch zum Niedergang der Nutzung am Standort, die im Abriss des denkmalwerten Kopfbaus der Meierei gegen den erklärten Willen der Denkmalpflege zum Jahreswechsel 1982/83 einen unrühmlichen Höhepunkt fand (Tagesspiegel 05.01.1983, zahlreiche Aktenvermerke). Die in der Folge jahrelang als „häßlich" empfundene Situation (TIP 17/1986) führte zwar zu einer stärkeren Sensibilisierung der Denkmalpflege für vorausschauendes Handeln, veränderte aber zunächst nicht die Einschätzung des Standorts als Gewerbegebiet, die in der Baugenehmigung für ein Hochregallager am östlichen Rand des Areals zur Kirchstraße, einer auf der anderen Straßenseite mit kaiserzeitlichen Wohngebäuden bebauten Straße, ihren Ausdruck fand. Trotz mehrfacher Verlängerung der Baugenehmigung aus dem Juli 1985 kam es schließlich nicht mehr zur beantragten Erweiterung der wenig ansehnlichen Lagergebäude.

Die neuere Planungsgeschichte der Bolle-Grundstücke beginnt mit dem Erwerb der 45.609 m² großen Flächen durch Ernst Freiberger von der Meierei C. Bolle KG im Dezember 1989, also unmittelbar nach der Öffnung der Berliner Mauer. Mit dem Grundstück erwirbt Freiberger auch die alte Baugenehmigung, die nach Verlängerung noch bis zum Frühsommer 1990 gilt. Zwar hatte sich das Land Berlin ebenfalls um das Grundstück beworben, war jedoch nicht zum Zug gekommen. (QB01) Ausschlaggebend für das Interesse des Landes sind steigende Schülerzahlen im Umfeld und die Identifikation des Geländes als ideales Schulgrundstück.

Offenbar noch ohne konkrete Nutzungsvorstellungen, macht Freiberger im Januar 1990 deutlich, dass er an den Nutzungsabsichten der Verwaltung wie z. B. Wohnen oder soziale Infrastruktur kein Interesse hat. Dabei kommt ihm das geltende Planungsrecht entgegen, das durch festgesetzten Bebauungsplan die ehemalige gewerbliche Nutzung durch Bolle absichert. Er plant den Abriss der bestehenden Lagergebäude nach deren Aufgabe durch die Firma Coop/Bolle Mitte 1990, während der Verbleib eines Theaters durch einen Mietvertrag bis Ende 1999 gesichert ist. Für die Ausarbeitung von Nutzungskonzepten kündigt Freiberger eine Zusammenarbeit mit der Verwaltung an. (QB01, QB02)

Die vergebliche Schulplanung und die Einleitung des Bebauungsplanverfahrens

Der vom Bezirk auf dem Grundstück vorgesehene Schulstandort ist durch den Verkauf unmittelbar gefährdet. Das Stadtplanungsamt erkennt den Verwertungsdruck, der auf dem Grundstück aufgrund der Höhe des Kaufpreises lastet (mit ca. 1.300 DM/m² beispielsweise deutlich über dem Preis für gewöhnliche Gewerbegrundstücke)[83]. Frühzeitig wird deutlich, dass sich der Standort nur dann halten lässt, wenn sowohl die bezirkliche Schulverwaltung als auch die verantwortlichen Senatsverwaltungen, insbesondere für Wirtschaft und Technologie sowie Finanzen, für ihn eintreten. Durch das Stadtplanungsamt wird beabsichtigt, zunächst die gutachterlichen Vorschläge für die Schulplanung zu koordinieren und sodann Bezirksamtsbeschlüsse über den Standort und ein Bebauungsplanänderungsverfahren zu fassen. Auch die BVV Tiergarten erkennt den Ernst der Lage schnell. (QB01, Tagesspiegel 26.01.1990) Bezirksbürgermeister Naujokat (SPD) sieht nur die Möglichkeit einer Enteignung zur Durchsetzung der Schule gegen den Willen des Eigentümers. (Antwort des Bezirksamts auf die Anfrage der CDU-Fraktion in der BVV Tiergarten vom 15.01.1990, Berliner Morgenpost 27.01.1990)

Der Bezirksschulbeirat in Tiergarten spricht sich wegen der günstigen Lage am 23.01.1990 für den Standort Bolle-Block aus, was zur bezirklichen Position wird. Ende Februar 1990 wird von der Senatsverwaltung für Stadtentwicklung und dem Bezirksamt intern eine Einigung über eine planungsrechtliche Sicherung gefasst. Dem Eigentümer soll die Lösung über einen Grundstückstausch schmackhaft gemacht werden, da im Streitfall ein Scheitern der Schulplanung abzusehen ist. Die Senatsverwaltung für Bau- und Wohnungswesen empfiehlt die sofortige Einleitung eines Bebauungsplanverfahrens. Nach der Festsetzung als Schulstandort soll dann der Eigentümer nach Verkehrswert entschädigt werden. Es stellt sich überdies heraus, dass der in der Diskussion befindliche Alternativstandort im „Moabiter Werder" aufgrund anderer Planungsabsichten nicht zur Verfügung steht und die Senatsschulverwaltung einen angemieteten Standort ablehnt. Die Verwaltungen einigen sich auf die zügige Ausschreibung eines Schulwettbewerbs nach einer für Juni anvisierten Anerkennung des „Bedarfsprogramms". (QB04)

Freiberger macht darauf deutlich, dass es „unstreitig [sei], dass ich nach dem rechtsgültigen Bebauungsplan ein Gewerbegrundstück gekauft habe und dieses auch als Gewerbegrundstück zu nutzen gedenke." Seine Vorstellungen bleiben offenbar weiter flexibel und reichen von einer Vermietung des Lagergebäudes bis zu einer Errichtung eines neuen Geschäftszentrums, das er nur „im Einvernehmen mit dem Bezirk" realisieren will. Eine Abtretung von den erforderlichen etwa 1,5 ha für eine Grundschule hält er im Zusammenhang mit der ebenfalls erhobenen Forderung, einen aus dem Flächennutzungsplan abgeleiteten 20-25 m breiten Uferwanderweg und einen im ebenfalls im Flächennutzungsplan dargestellten und auf 35 m Breite veranschlagten Grünzug herzurichten, der das Spreeufer mit dem Kleinen Tiergarten verbinden soll, für eine völlige Entwertung des Grundstücks. Sein Gegenvorschlag, die alte Meierei als Schulstandort in die Betrachtung einzubeziehen, wird mit großer Skepsis aufgenommen. Erstmals formuliert er Optionen, die die bezirkliche Planung auch im Rahmen des geltenden Planungsrechts durchkreuzen: „Angesichts des bevorstehenden Auszuges von Coop bitte ich Sie um Ihre Stellungnahme dazu, ob gemeinsam mit dem Bezirk über die Planung eines Geschäftszentrums gesprochen werden kann, da ich sonst die Lagergebäude langfristig vermieten werde. Damit wäre sowohl die Diskus-

83 Nach Einschätzung des Vermessungsamts ist der Kaufpreis gemessen am üblichen Niveau um ca. 100 % überhöht gewesen. Die Umbruchsituation der Vereinigungszeit lässt allerdings die „präzise" Einschätzung eines angemessenen Grundstückswerts nicht zu.

sion über einen Schulstandort als auch über ein Geschäftszentrum für viele Jahre beendet." (QB06)

Am 20.03.1990 wird durch das Bezirksamt der Einleitungsbeschluss für das Bebauungsplanverfahren II-144 gefasst. Die Ziele sind die Sicherung des Grundschulstandorts in der Kirchstraße einschließlich Schulsportanlage und breiten, aus dem Flächennutzungsplan abgeleiteten Grünzugen am Spreeufer und durch den Block nach Norden. Begründet wird die Vorlage durch die vorliegenden Pläne und Gutachten sowie weitergehende planerische Ziele, neben der Realisierung der erforderlichen Schule auch die Erhöhung des Wohnanteils im Block, die Verbesserung der wohnungsnahen Grünflächensituation, das Erfordernis einer gestalterischen Verbesserung an der Kirchstraße und am Spreeufer sowie die Unterschutzstellung eines Teils der Substanz als Denkmal.

Die Umnutzung des Meiereigebäudes zu einer Schule wird aufgrund einer Reihe von standort- und gebäudebezogenen Argumenten abgelehnt. Eine Festsetzung des übrigen Grundstücksteils als Mischgebiet wird als hinreichende Orientierung für den Eigentümer angesehen. Die überbaubaren Grundstücksflächen orientieren sich an alten Baufluchtlinien, während eine bauliche Kante an der Kirchstraße im Südosten formuliert wird und ein schmaler Üfergrünzug an der Spree vorgesehen ist. (Bezirksamtsvorlage vom 19.03.1990)

Eine entscheidende Wende in der Schulplanung ergibt sich durch den Einsatz der bis zum 16.07.1990 rechtsgültigen Baugenehmigung für ein Hochregallager als Druckmittel durch den Eigentümer. In einem Abstimmungsgespräch mit verschiedenen Verwaltungsvertretern verweist der Vertreter des Eigentümers Mitte Mai 1990 darauf und die übergroße Nachfrage nach Lagerflächen. Er führt an, beim Kauf habe der Eigentümer von einer uneingeschränkten Gewerbenutzung des Grundstücks ausgehen können, und beim Scheitern einer einvernehmlichen Lösung müsse das Hochregallager gebaut werden, was das Grundstück für den Schulstandort blockiere. Angesichts der absehbaren Konsequenzen eines Rechtsstreits wird von allen Teilnehmern ein „Kompromiss" befürwortet. Dazu wird weiter ein Grundstückstausch anvisiert, der unter Beteiligung des Bezirks, SenWiTech, SenFin, SenBauWohn und Vertretern des Eigentümers für eine Teilfläche vereinbart werden soll. Parallel dazu prüft die Wirtschaftsförderungsgesellschaft (WFG), die sich als Mittler eingeschaltet hat, mögliche Ersatzstandorte für eine Schule mit der Abteilung Volksbildung. (QB09) Die Bemühungen scheitern trotz der Anberaumung mehrerer Gespräche im Juni und Juli 1990, nachdem Freiberger alle Tauschangebote ablehnt. Er gibt als Begründung an, die angebotenen Flächen seien nicht äquivalent, nicht baureif und überdies nicht in der Verfügungsgewalt des Senats. (QB10)

In einer Erörterungsveranstaltung zum Bebauungsplanverfahren Ende Juni 1990 wird weiterhin die Schulplanung vorgestellt, während Freiberger an einer gewerblichen Nutzung festhält. (QB11, QB12) Die Schulplanung stößt lediglich auf Zustimmung unter den Bewohnern der Kirchstraße, die eine auf kleinteilige Wohnnutzung orientierte Weiterentwicklung des Geländes bevorzugen. Anwohner aus dem jenseits der Spree gelegenen Bereich halten den durch eine Schule entstehenden Lärm für problematisch (G016, G017, G018). Für Teile des Stadtplanungsamts ist dieses Feedback bereits Anlass, sich nun innerlich von der Schulplanung zu verabschieden (B04).

Partnerschaft oder Resignation? — Das Gutachterverfahren zum Dienstleistungsstandort

Unterdessen macht Freiberger seine Drohung wahr und beginnt — zumindest formalrechtlich durch die Aufstellung eines Bauschilds — Baumaßnahmen für die Errichtung des Hochregallagers. Parallel versucht er, die Planung des Bezirks im Bebauungsplanverfahren anzugreifen. Die Belange der Wirtschaft seien nicht hinreichend berücksichtigt, wenn durch die Schule die „positive Entwicklung der Gewerbezone hin zu einem modernen innerstädtischen Dienstleistungsbereich entscheidend ... [gehemmt wird]". Die begonnene Baumaßnahme für das Hochregallager schließe eine Errichtung der Schule ohnehin für Jahrzehnte aus. Freiberger signalisiert allerdings, dass er bereit ist, für ein Dienstleistungszentrum den Bau des Hochregallagers zu stoppen. (QB13) Auf höchster politischer Ebene wird Ende Juli 1990 beschlossen, den Schulstandort nicht weiter zu verfolgen. Stattdessen solle das Bolle-Areal „nunmehr, in planerischem Verbund mit dem benachbarten Focus-Gelände, zu einem Dienstleistungszentrum entwickelt werden." (QB14)

Einen Monat später stimmt die Verwaltung mit dem Eigentümer Eckpfeiler der künftigen Planung für ein Dienstleistungszentrum ab. Dabei macht das Bezirksamt den Vorschlag, im Meiereigebäude ein Hotel und ab dem 2. Obergeschoss in einer möglichen Bebauung an der Kirchstraße Wohnen unterzubringen. Auch an der Spree wird eine Wohnnutzung begrüßt. Sowohl der Bezirk als auch SenStadtUm halten an der Planung von Grünzügen fest. Für das Dienstleistungszentrum, das neue Hotel und die Wohnbebauung wird ein Gutachterverfahren vereinbart, das nach dem Willen des Eigentümers bis Ende November 1990 abgeschlossen sein soll. (QB15)

Die vom Eigentümer vorgeschlagenen drei Architekturbüros JSK (Düsseldorf), Moore/Ruble/Yudell (Santa Monica) und Kühn/Bergander/Bley (Berlin) beginnen ihre Arbeit Ende September. Wegen der Neuordnung weiter Teile des Grundstücks fällt ihnen auch die Bestimmung eines Maßes der Nutzung zu. Der Eigentümer strebt ein „möglichst hohes Nutzungsmaß für das Dienstleistungszentrum an", während das Bezirksamt „die Lösung unterstützen [wird], die für es aus städtebaulichen Gründen vertretbar scheint." Das Bezirksamt regt an, die entlang der Kirchstraße bestehende Trauflinie als Höhenbegrenzung aufzunehmen, nur in den oberen Geschossen einige Wohnungen unterzubringen und die Straßenrandbebauung ansonsten gewerblich zu nutzen, während an der Südkante zur Spree Wohnen vorgeschlagen wird. Für die Einrichtung eines Kinderspielplatzes in einem verbreiterten Uferweg an der Spree bietet das Bezirksamt ein Tauschgrundstück an der Ostseite der Kirchstraße an. (QB16)

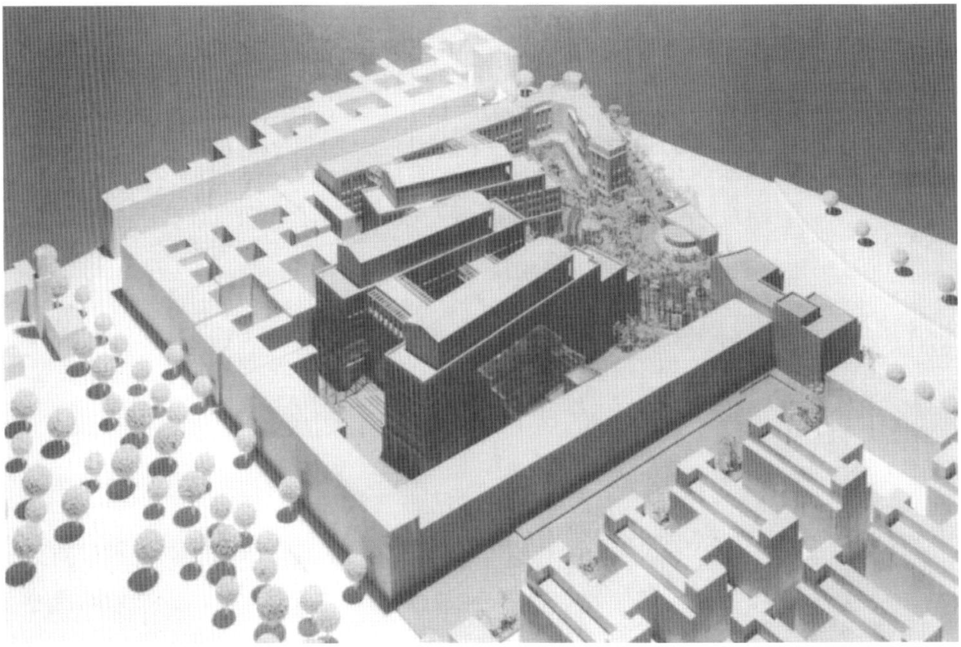

Abbildungen: Die Entwürfe des Gutachterverfahrens von JSK (oben) und Moore/Ruble/Yudell.
Quelle: Engel/Koop 1995, S. 94 f.

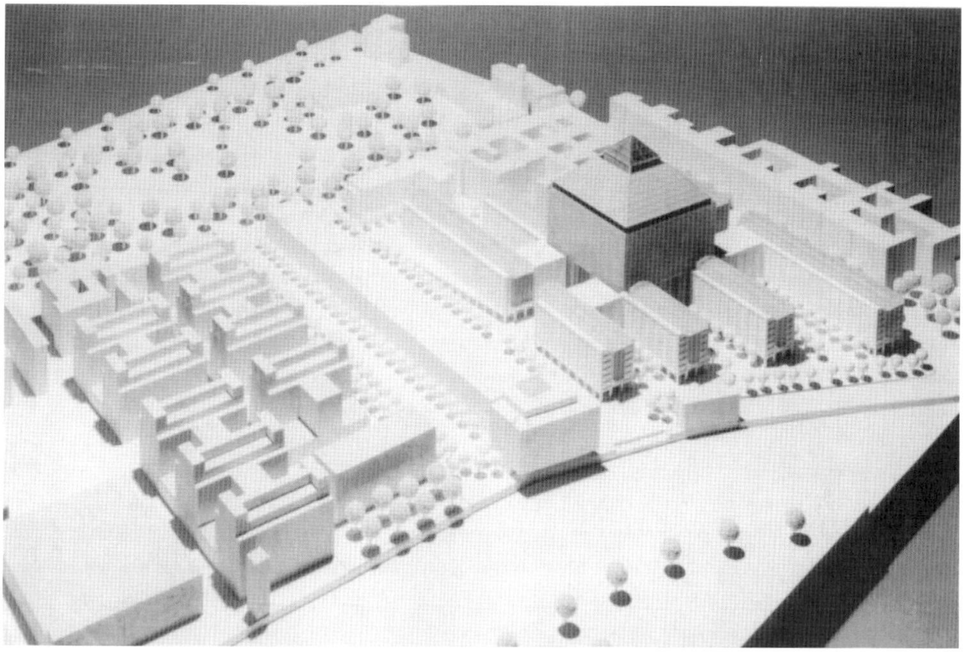

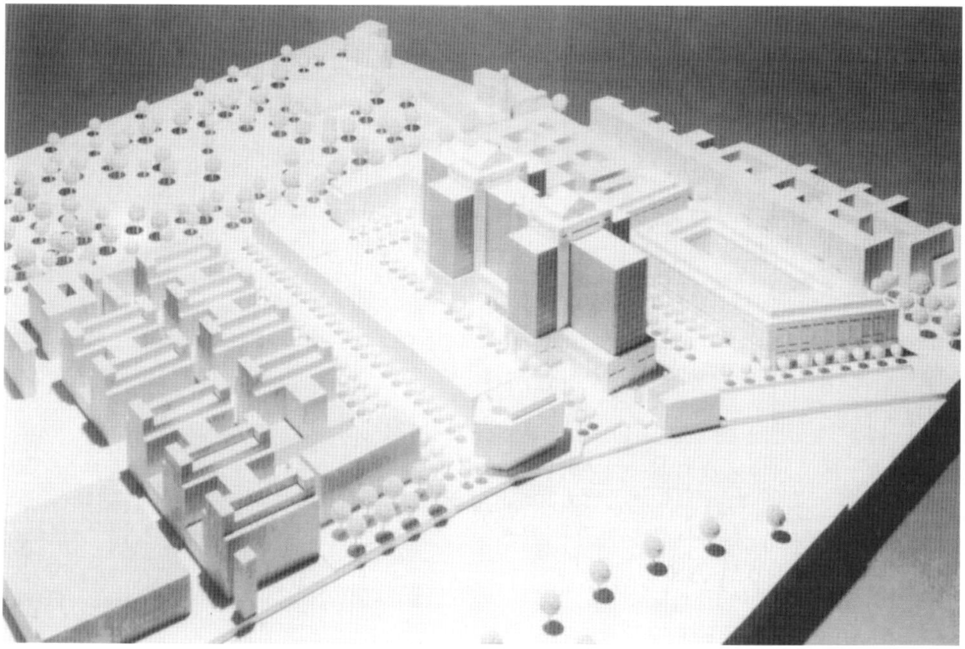

Abbildungen: Die Entwürfe des Gutachterverfahrens von KBB. Quelle: Engel/Koop 1995, S. 96 f.

Die Präsentation der Arbeiten durch die Architekten erfolgt am 12.11.1990 in Anwesenheit von Vertretern der Senatsverwaltungen BauWohn, StadtUm und WiTech, des Bezirks sowie der WFG Berlin. Keine der Arbeiten wird unverändert zur Weiterarbeit empfohlen. JSK schlägt ein 33-geschossiges Hochhaus von 150 m Höhe als bewusst gesetzten Solitär vor, das der Mehrheit der Beteiligten als an der Spreekante und in der Umgebung von kaierzeitlichen Wohnquartieren unvorstellbar erscheint, wobei überdies ein Teil der vorgeschlagenen Dienstleistungsflächen von minderem Nutzungswert ist. Eine Überarbeitung des Entwurfs scheint wenig vielversprechend. Moore, Ruble, Yudell präsentieren einen Entwurf, der als „menschlich, urban und angepaßt“ erachtet wird, allerdings im Norden eine „nachbarschaftliche Unverträglichkeit“ aufweist. Die Abstände der Bebauung zum angrenzenden Bestand sind zu gering und die Höhe dort zu groß. Der ausgefallene Entwurf stößt insbesondere im Bezirksamt auf ein positives Echo, wenn auch „in diesem wertvollen Dienstleistungsgebiet, welches für Berlin von großer Bedeutung ist, die Qualität der Büros ... Vorrang vor Freiflächenbildungen haben sollte“ und mithin die an der Spree vorgeschlagene ausgedehnte, aber für Passanten wenig nutzbare Freifläche verkleinert werden soll, um die übrigen Probleme des Entwurfs zu entschärfen. Das Büro Kühn, Bergander, Bley reicht Alternativen ein, deren erste einen im Zentrum gelegenen 16-geschossigen Baukörper vorsieht, der sich um einen Innenhof mit pyramidenförmiger Glasdachabdeckung anordnet. Der „Mittelkörper um den Hohlraum herum [erscheint] äußerlich derart schwergewichtig, dass eine Weiterentwicklung auf dieser Basis nicht sinnvoll erscheint.“ Die zweite Alternative bietet eine 16-17-geschossige Bebauung mit doppelkreuzförmigem Grundriss im Zentrum des Geländes an. Eine Weiterentwicklung unter optischer Reduzierung dieser zentralen Bebauung wird wegen ihrer Verträglichkeit mit der Nachbarbebauung als möglich erachtet. (QB16)

In einer bezirksinternen Erörterung der Qualitäten und Mängel der verbliebenen beiden Entwürfe unter Beteiligung von SenBauWohn differenziert sich Anfang Januar 1991 die Kritik weiter. (QB17) Eine Woche später präsentieren die Architekten ihre Weiterentwicklungen. Der mit der Umplanung der Meierei betraute Architekt Borchert zeigt einen nach Süden bis zur ursprünglichen Bauflucht verlängernden Anbau, der ein Hotel aufnehmen soll und dem später realisierten Entwurf bereits nahekommt. Durch das Büro Kühn/Bergander/Bley wird ein völlig neuer Entwurf dargestellt, der im Grundriss zwei hufeisenförmige Figuren aufweist. Die östliche der beiden ist nach Norden, die westliche nach Süden geöffnet. Die an die Kirchstraße angrenzenden Gebäude weisen die Berliner Traufhöhe auf, so dass die Rundung der städtebaulichen Figur die südöstliche Blockecke bildet. Das westliche Hufeisen, das in der Blockmitte liegt, ist zehngeschossig mit zwölfgeschossigen Kopfgebäuden ausgebildet. Von den Teilnehmern der Präsentation wird der Entwurf beinahe einmütig[84] als geeignete Grundlage für die Weiterbearbeitung angesehen,

84 Nach Aussage eines Beteiligten sei allerdings kein Vertreter der Verwaltung oder zumindest aus dem Stadtplanungsamt sofort vom neuen Entwurf überzeugt gewesen und schreibt die Durchsetzung eher der Beharrlichkeit Freibergers in Verbindung mit dem bezirklichen Bau- und Wohnungsaufsichtsamt zu, das mit ihm die Hoffnung auf genehmigungsfähige Gebäudeabstände verbunden und sich daher vehement für den Entwurf und gegen den von Moore/Ruble/Yudell – der von Freiberger bereits zuvor inoffiziell nicht mehr wei-

während in der Nachbarschaft der Meierei ein zehngeschossiges Gebäude als zu hoch erachtet wird. Eine Absenkung mit einer als Ausgleich gedachten Erhöhung der Kopfbauten wird angeregt. Eine weitere Überarbeitung des Architekturentwurfs schließt sich an, bei der lediglich noch Anpassungen im Detail erfolgen. (QB18)

Unmut bei den Anwohnern — Die Ablehnung von Höhe und Dichte

Parallel zum verwaltungsinternen Verfahren formiert sich unter den Anwohnern erheblicher Unmut gegen die massive Neubebauung und die als unzureichend empfundene Informationspolitik des Bezirks. Sie wenden sich in Anlehnung an frühere Planungen[85] gegen eine massive Verdichtung. Die inzwischen gebildete Bürgerinitiative „Karnickelberg" wird durch den neuen KBB-Entwurf überrascht und kritisiert dessen Dichte trotz der verbesserten Einbindung in die Umgebung. (Flugblatt BI Karnickelberg Januar 1991, QB19)

Auf einer Informationsveranstaltung Anfang April 1991 wird der Unmut der Anwohner deutlich. Der gemäß dem erreichten Überarbeitungsstand vorgestellte Entwurf weist im Ostteil eine Mischnutzung aus Läden, Büros und Wohnungen auf, während der bogenförmige Bau im Zentrum ausschließlich für Dienstleister zur Verfügung stehen soll. Das „Leute-Haus", ein kleines denkmalwertes historisches Gebäude am Spreeufer, ist nach Umbau für ein Restaurant vorgesehen. Während im Kopfbau der Meierei weiterhin ein Hotel untergebracht werden soll, dient der Altbau selbst Ateliers, Büroeinheiten, Restaurants und anderen Nutzungen. Durch ein Luftgeschoss des Hotels ist ein durchgehender Ufergrünzug möglich. Neben der Gebäudehöhe und –dichte wird von den Anwohnern die zu erwartende Verkehrs- und Lärmbelastung als nicht hinnehmbar bezeichnet. Vertreter des Bezirks rechtfertigen die für den Ort relativ hohe GFZ von 2,8 mit dem Bedarf an Büroflächen nach der Vereinigung und dem Beitrag einer Innenentwicklung zur Vermeidung einer befürchteten Zersiedlung des Umlandes. Eine Reduzierung der Gebäudehöhen gehe zu Lasten der öffentlich zugänglichen Grünflächen. Die Bezirksvertreter verweisen auf die im Vergleich zur Vorgängernutzung verringerte Verkehrsbelastung, stellen aber weitere verkehrliche Maßnahmen wie die alleinige Erschließung über die Straße Alt-Moabit in Aussicht. Freiberger will neben einigen Überarbeitungen in Details „generell über eine neue Form der Geschosse nach[denken]" und steht der Lärmfrage aufgeschlossen gegenüber. (QB20, QB21)

In Anbetracht der aufgekommenen Kritik versuchen der Baustadtrat und der Investor, den nach einem Jahr Verhandlungen entstandenen Kompromiss ins Blickfeld zu rücken und verweisen dabei auf die ansprechenden hellen Materialien, die lärmvermeidenden 700 Tiefgaragenstellplätze und die Freiflächengestaltung des Komplexes mit alleeartiger Verbindung zwischen Spree und Kleinem Tiergarten sowie großzügigem Ufergrünzug. (Tagesspiegel vom 13.04.1991) Mit dem Abriss und Neubau eines Nachkriegsbaus an der Straße Alt-Moabit, der sich in den Blockrand einfügt, aber die Einfahrt ins Gelände durch ein

terverfolgt worden sei – eingesetzt habe. Als dann „schon einige Akteure müde" gewesen seien, sei es gelungen, den neuen Entwurf als Grundlage der Weiterarbeit zu beschließen. (G007)

85 Die für 1995 vorgesehene Bundesgartenschau sollte auch den östlichen Teil Moabits umfassen und dort u. a. die Begrünung von Hinterhöfen zeigen. Die westlich angrenzende Bolle-Block-Fläche wird von den Bewohnern als Areal für eine in Höhe und Dichte moderate Wohnentwicklung mit stärkerer Durchgrünung angesehen (G016, G017, G018).

Luftgeschoss ermöglicht, sowie den Umbauten der Bestandsgebäude ergibt sich wegen der großen Grundstücksfläche eine GRZ von 0,41 und eine GFZ von nun 2,98. (QB22, QB23)

Inzwischen erreicht der Bürgerprotest gegen das Projekt einen neuen Höhepunkt. Die Anwohner haben aus der Presse von den neuesten Plänen des Eigentümers erfahren. „Die Monumentalität des Büroblockes, vor allem aber die geplante Höhe der Türme dieses Kolosses, stoßen auf Unverständnis, ja Empörung." Bei der Realisierung des westlich angrenzenden ITAG-Baukomplexes (Focus-Projekt) sei eine Überschreitung der Gebäudehöhe vom Bezirk nicht genehmigt worden. Daraus leiten sie ab, dass dies auch im Falle des Bolle-Grundstücks gelten müsse. (QB24)

Symbolische Politik oder partnerschaftliche Kompromisse? — Die Detailabstimmung mit dem Stadtplanungsamt über Höhe, Dichte und Einbindung

Im September regt der Stadtplanungsamtsleiter in einem Vermittlungsversuch an, die turmartigen Aufbauten des Hauptgebäudes um zwei Geschosse zu reduzieren und den Rest in seiner Höhe zu belassen. Dazu wird eine Studie über das Erscheinungsbild verschiedener Varianten vorgeschlagen. Für die Bebauung an der Kirchstraße sowie die Gründurchwegung an der westlichen Grundstücksgrenze werden weitere Abstimmungen durchgeführt, da insbesondere die westlich angrenzende ITAG-Neubebauung im Erscheinungsbild einen Kontrast zur denkmalgeschützten Meierei bilden soll. (QB25)

Als das Stadtplanungsamt anhand der vorliegenden Pläne eine GFZ von 3,7 errechnet, wird von Seiten der Verwaltung angesichts der Überschreitung der zulässigen Dichte und des Bürgerprotests eine Begrenzung auf eine GFZ von 3,0 eingefordert und schließlich offenbar durchgesetzt[86], während die gestellten Anforderungen hinsichtlich der Begrünung bereits erfüllt werden. Bei einer Diskussion über die Gebäudehöhenvarianten wird zunächst kein Konsens erreicht. Während die Architekten ihren Entwurf für ausgereift halten und die Proportionen durch Verkürzung oder Verlängerung der Turmaufbauten in Gefahr sehen, hält das Stadtplanungsamt an der Reduzierung um mindestens ein Geschoss fest. (QB26, QB27) Schließlich wird die Geschosszahl in den Türmen von 15 Geschossen auf 13 Nutzgeschosse plus Technikgeschoss reduziert. Auch der sich anschließende Hauptbaukörper soll nun ein Geschoss weniger erhalten. (QB28)

Die zwischen dem Bezirk und dem Investor abgestimmte Planung wird im Dezember 1991 der Öffentlichkeit vorgestellt. Dort stößt die Höhe des U-förmigen Baukörpers weiterhin auf Kritik. Freiberger sagt eine erneute Überprüfung der Detailausbildung der oberen Geschosse zu. Die Architekten legen Modelle von verschiedenen Varianten vor und verweisen auf die Proportionen des Gebäudes, die eine weitere Höhenreduzierung unangebracht erscheinen ließen.

Daraufhin wird entschieden, keine weitere Reduzierung der Turmhöhen vorzunehmen. Zur Entschärfung der Lärmproblematik sagt Freiberger die Erstellung eines Gutachtens

86 Die Baukörperfestsetzung im Bebauungsplan umgeht eine GFZ-Festlegung.

zu[87]. Die Vertreter des Bezirks stellen sich eindeutig hinter das Bauvorhaben. (QB29, QB30, QB31)

Dagegen wird an der westlichen Grundstückskante mit dem benachbarten ITAG-Komplex unter Beteiligung der Denkmalpflege und der Senatsbauverwaltung eine Abstimmung über den aus dem Flächennutzungsplan abgeleiteten Grünzug erzielt. Beide Investoren wollen die im ursprünglichen Bebauungsplanentwurf des Bezirksamts von der Meierei im Osten bis auf das Grundstück der ITAG im Westen reichende Freifläche schmal ausbilden, während aus Denkmalschutzgründen ein gewisser Abstand der in der Nähe der Grundstücksgrenze angestrebten Neubebauung zur Meierei einzuhalten ist. Die ursprünglich vom Bezirk vorgesehene „Parkanlage“ wird anhand von Modellen etwa auf die Breite einer kaiserzeitlichen Straße reduziert. Grundstücksanpassungen und schwierige Verhandlungen werden erforderlich. Die geforderte Durchwegung zum Tiergarten soll auf Vorschlag von Freiberger bei einer Fläche von 4.350 m² „an das Bezirksamt übertragen“ werden, während die Uferpromenadendurchwegung im Umfang von 3.235 m² mit öffentlichem Kinderspielplatz durch den Eigentümer im Abstimmung mit dem Bezirk angelegt und unterhalten wird. (QB32, G013, G030, G075, G078)

Im Rahmen des Bebauungsplanverfahrens werden daraufhin lange Zeit ungeklärte Details (Stellplatzanzahl, Ausbildung der öffentlichen Durchwegung an der Spree und des Spielplatzes) zwischen dem Stadtplanungsamt und dem Investor erneut erörtert[88]. Laut Bauplanungsunterlagen werden ca. 1.030 Stellplätze nachgewiesen, was unter der im Bebauungsplan maximal vorgesehenen Zahl von 1.100 liegt. Aus städtebaulichen und verkehrstechnischen Gründen ist eine weitere Erhöhung laut Stadtplanungsamt nicht möglich. Der Kinderspielplatz an der Ecke Spree/Kirchstraße wird öffentlich. Freiberger übernimmt die Ausführung, während die Gestaltung mit dem Bezirk abgestimmt wird. Beide Teile der begrünten öffentlich zugänglichen Durchwegung (Spreeufer, Verbindung Kleiner Tiergarten) werden vom Investor angelegt, gepflegt und unterhalten. Die Breite liegt einer Skizze zufolge an der Spree bei etwa 6 m. (QB33, QB34)[89]

87 Schließlich entschärft sich die Lärmproblematik durch die technische Auslegung der Gebäude und die Nutzungsanordnung im Außenraum.

88 Trägerbeteiligung 24.09.-08.11.1991, Auslegung 30.03.-30.04.1992 nach Bezirksamtsbeschluss 312 vom 27.02.1992, Planreifeerklärung 29.07.1992.

89 Im Nachgang bekundet der Investor, er wolle nicht die Pflege und Unterhaltung des Kinderspielplatzes sowie die Pflege und die Verkehrssicherheitspflicht für die Spree-Durchwegung übernehmen, da seine Lasten damit den Wert des Grundstücks Kirchstraße 14/15 übersteigen. Von ihm werden die Kosten für eine Anlegung des Spielplatzes mit 2,5 Mio. DM angegeben. (QB35)

Abbildung: Der weiterentwickelte Entwurf von KBB mit dem U-förmigen Hauptgebäude.
Quelle: Engel/Koop 1995, S. 99.

Erste Bewährungsproben — Der Komplex in der Umsetzung und Nutzung

Nach Erklärung der Planreife im Juli werden zwischen August 1992 und März 1993 die Baugenehmigungen erteilt und der Komplex schließlich Anfang 1995 fertiggestellt. Im Realisierungs- und Vermietungsprozess wird das durch das Planungsverfahren aufgebaute Vertrauen zwischen Bezirksamt, Investor und Anwohnern mehrfach auf die Probe gestellt. Positiv herausgehoben wird dabei die vergleichsweise schnelle Vermietung des neugestalteten Meiereigebäudes, das zu einer Belebung des gesamten Areals beiträgt. Dagegen gerät dessen Erreichbarkeit in die Kritik der Bewohner, nicht zuletzt dadurch, dass der Spreegrünzug entgegen den Vereinbarungen mit dem Bezirk zwischenzeitlich wenig benutzerfreundlich ausgebildet wird. Die Wohneinheiten an der Spree bleiben lange Zeit unvermietet, so dass Baustadtrat Porath schließlich gegen Freiberger gerichtlich vorgeht und ein Bußgeld erwirkt (G016, G017, G018, G113, Berliner Zeitung 30.09.1998). Für den Bereich an der Kirchstraße wird ein Gericht als Mieter gewonnen, während im Erdgeschoss die vom Bezirksamt vorgesehene Belebung durch Läden nur ansatzweise gelingt und damit der Gebäudekomplex eine geringere Differenziertheit und Lebendigkeit aufweist als angestrebt. Die Einrichtung einer Tempo-30-Zone in der Kirchstraße, die auch Freiberger befürwortet, scheitert schließlich an der Verkehrspolitik auf Senatsebene.

Der Bolle-Block (02/2001).
Abbildungen: Uferbereich Bundesinnenministerium (oben), Uferbereich am ITAG-Komplex (Mitte) und Gründurchwegung Kleiner Tiergarten (unten).

Der hufeisenförmige Hauptbau der Spree-Bogen-Projektes steht zunächst längere Zeit leer. Die guten persönlichen Kontakte Freibergers bis in die Bundespolitik (G109, Freiberger 1995, S. 92) tragen schließlich zu seiner Vermietung an das Bundesinnenministerium für einen Zeitraum von 30 Jahren bei, das sich nach längerer politischer Auseinandersetzung gegen die Sanierung eines bundeseigenen Gebäudes entscheidet und auf den bereits errichteten Neubau zurückgreift, der ab September 1998 bezogen wird (Berliner Zeitung 25.04.1996, 18.05.1996, 13.03.1997, Tagesspiegel 11.08.1998). Damit wird das Bauvorhaben für den Investor neben einem medialen schließlich auch zu einem wirtschaftlichen Erfolg. Auch Bezirksamt und BVV heben weitgehend einhellig die Erfolgsgeschichte des

Projektes hervor und sind inzwischen an anderer Stelle in Moabit zur Genehmigung von wesentlich markanteren Investitionsvorhaben bereit[90]. Der Block kann seine Bedeutung als Dienstleistungsstandort später sogar noch ausbauen.

Akteure und Ziele

Planende Verwaltung

Bezirksamt

In den ausgehenden 1980er Jahren sind die Ziele für das Grundstück nach dessen möglicher Aufgabe durch die Bolle-Nachfolger von der geplanten Bundesgartenschau 1995 im östlichen Bezirksteil und durch die steigenden Schülerzahlen im südlichen Moabit mitbestimmt, verschärft durch die anvisierten Wohnungsneubauten, die eine weitere Zunahme der Schülerzahlen erwarten lassen. Die Zielbestimmung „Schule" ist dabei von fachlichen Gesichtspunkten geprägt. Die Verlängerung der Baugenehmigung für das Hochregallager macht die Schulplanung letztendlich zunichte (G029, G101, G109). Sie entsteht aus einer Phase politischen Vakuums unmittelbar nach den Wahlen im Jahre 1989, als das Bau- und Wohnungsaufsichtsamt durch die Baugenehmigung unter Umgehung der verwaltungsinternen Beteiligungsverfahren (G029, G049) gemäß dem industriepolitischen Denken der Vorwendezeit selbsttätig einen Erhalt des Standorts durchsetzt. Das formale Bekenntnis des Bezirksamts zum geplanten Schulstandort kommt schließlich zu spät und ist mitbestimmt vom geringen Aktivitätsniveau der für sie zuständigen Abteilung Volksbildung (G007, G029).

Das Stadtplanungsamt versucht nach dem Eigentümerwechsel eine Mobilisierung aller relevanten Entscheidungsträger. Insbesondere die Senatsschul- und die Senatsfinanzverwaltung sind dabei Schlüsselakteure, da der Grundstückserwerb nicht aus bezirklichen Mitteln erfolgen kann. Die Tauschangebote stellen die letzte Hoffnung für den Bezirk dar, bleiben aber wegen des Zeitdrucks unseriös (G109). Freiberger sitzt schließlich aufgrund seiner Baugenehmigung gegen Bezirk und Senat am längeren Hebel.

Damit steht der Bezirk vor der Alternative einer Entwicklung des Standorts im Sinne des neuen Eigentümers oder dem Aufbau einer eigenen Verhandlungsposition, die notwendigerweise aus dem geltenden Planungsrecht abgeleitet ist und im Vorentwurfsstadium die Erfüllung von Zielen des Eigentümers von Zugeständnissen abhängig macht oder sich dieser ganz verweigert. Die Drohung des Investors sowie die von der Anwohnerinitiative angeheizte Atmosphäre lassen das Bezirksamt auf einen Kooperationskurs einschwenken[91].

90 Die Planung eines Punkthochhauses an der Spree, im JSK-Entwurf am Spreebogen noch abgelehnt, wird am westlichen Rand des Bezirks wegen dessen stärker gewerblichem Charakter und der offenbar geringeren Auswirkungen auf umliegende Wohnquartiere befürwortet (G075).

91 Wie ernst die Drohung mit dem Bau des Hochregallagers frei(berger)lich wirklich zu nehmen ist, kann zum damaligen Zeitpunkt — und letztlich bis heute — niemand mit Sicherheit beurteilen. Die vom Eigentümer andernorts geplanten und später realisierten Projekte, insbesondere die im unmittelbaren zeitlichen Vorlauf durchgeführte Sanierung der Humboldt-Mühle in Tegel, sowie die von Freiberger selbst geäußerten Formulierungen lassen allerdings die Vermutung zu, dass er nie vorhatte, das Lager zu bauen (G109).

Die Neuorientierung der Ziele des Bezirksamts geht von den Erfahrungen mit der Entwicklung auf dem Nachbargrundstück der ITAG aus, dessen hohe GRZ mit den entstehenden Straßenschluchten und dessen standardisierte Bauweise nicht als Vorbild dienen sollen (G019). Nichtsdestoweniger verfolgen maßgebliche Vertreter des Stadtplanungsamts eine Verdichtungsstrategie, die einer Attraktivierung des Spreeraums dienen soll, planerisch dem Oberziel der Innenentwicklung dient und sich schließlich in zahlreichen Büroneubauten entlang des Nordufers der Spree niederschlagen wird.

Baustadtrat und Stadtplanungsamtsleiter als „ehrliche Makler" (G075) sehen ihre Chance im von Freiberger vorgeschlagenen Gutachterverfahren, binden sich so aber de facto und nehmen dabei kaum Einfluss auf dessen Ausgestaltung (G007). Städtebauliche Gestaltungsziele stehen im Mittelpunkt, nicht planerische Kenngrößen. Die Ablehnung des Hochhauses entspringt der Einschätzung der Lage im Wohngebiet (Furcht vor Verdrängung der angestammten Bevölkerung durch Aufwertungsprozesse) sowie der aus den 1980er Jahren stammenden Vorsicht gegenüber Hochhäusern. Die Präferenz für den Entwurf von Charles Moore rührt aus den freiflächenbezogenen Zielen des Bezirksamts her, das offenbar die Uferzone als bedeutendsten öffentlichen Raum ansieht und die öffentliche Zugänglichkeit des Ufers wie die Durchwegung zum Kleinen Tiergarten als grundsätzliche Ziele vertritt, aber weitergehende Flächenansprüche gegenüber dem Verwertungsinteresse der Investoren schnell zurückschraubt. Dagegen sucht es erfolgreich nach Wegen, die Spielplatzsituation zu verbessern und betrachtet diese wie die verhältnismäßig geringe GRZ des Spree-Bogen-Projekts als eine Errungenschaft des kooperativen Planungsprozesses, die eine Höhenentwicklung über der Traufhöhe rechtfertigt (G019, G075, G101). Der Initiative zur Höhenreduzierung als Antwort auf den Unmut der Anwohner liegen keine scharf definierten Positionen des Bezirksamts zugrunde. Die Orientierung der städtebaulichen Außenwirkung an der nördlichen und östlichen Grundstücksgrenze an der „üblichen" Maßstäblichkeit erlaubt eine Kaschierung der größeren Höhe des Büroneubaus. Ähnlich wie die Einigung auf eine GFZ und die Höhe im Prozess entsteht auch die Zahl der Wohneinheiten ohne ernsthafte Auseinandersetzung, da der Investor bis zu einem gewissen Grad Entgegenkommen zeigt. Die bisweilen im Bezirk vertretene Position einer stärkeren Durchmischung mit Wohnen wird gegenüber dem Ziel Dienstleistungszentrum kaum ernsthaft thematisiert.

Retrospektiv muss die Schulplanung als im Ansatz unrealistisch betrachtet werden, wenn der Wille des Landes, eine aufgegebene prominente Gewerbefläche in eine soziale Infrastrukturfläche umzuwandeln, nicht in einen Einsatz mit allen Konsequenzen mündet[92]. Ob das Bezirksamt im Rahmen der Planung des Dienstleistungszentrums seine Ziele durchsetzen konnte, hängt von der Einschätzung dieser Ziele selbst ab. Stellt man die prozessori-

92 Allerdings ist aus heutiger Sicht anzumerken, dass sich die Wohnungsbaumaßnahme auf dem Moabiter Werder erheblich verzögert hat und auch deshalb die damals befürchtete Dramatik bei den Grundschulplätzen in Moabit nicht eingetreten ist. Zahlreiche Akteure sind daher heute froh, dass die Schule nicht errichtet wurde, da heute wesentlich weniger Plätze benötigt werden (G054, G101). Hier hat also die „geringe Handlungsfähigkeit" der Stadtentwicklungspolitik von ihr selbst durch im Nachhinein als fehlerhaft erkannte Prognosen insofern entschärft, als überstürztes Handeln gar nicht möglich war. Der problematische „Handlungsfähigkeitsimpetus" in der Politikwissenschaft, der die Politik stark nach ihrer Durchsetzungsfähigkeit beurteilt, würde eine solche Bewertung nicht erfassen können.

entierten in den Vordergrund, die das konfliktarme Management der Entscheidungsfindung betonen, kann der Fall Spree-Bogen aufgrund des nachhaltig eingesetzten Kommunikationstalents des Eigentümers tatsächlich als beispielhaft angesehen werden, zumal es gelungen ist, eine stark vergiftete Atmosphäre der Anfangszeit weitgehend in Wohlgefallen aufzulösen[93] (G016, G017, G018, G101). Betrachtet man konventionelle wirtschaftspolitische und imagebezogene Ziele, so ist das Projekt sogar ein herausragender Erfolg — auch für das Bezirksamt, das von sich behaupten kann, einen der inzwischen prominentesten Orte in der Stadt geschaffen und auf dem Gelände eine über dem ursprünglichen Wert liegende Anzahl von Arbeitsplätzen realisiert zu haben. Auch die Schaffung von öffentlich zugänglichen Freiflächen und deren Gestaltung rechnet sich das Bezirksamt selbst als Erfolg in den Verhandlungen mit dem Investor an. Ob die Aufgabe weitergehender Ziele — höherer Wohnanteil, Arbeitsplätze und Einrichtungen für die Bevölkerung des Bezirks, geringere Dichte, geringere Höhe — wenigstens zum Teil durch einen anderen Entscheidungsfindungsprozess realisierbar gewesen wären, ist fraglich, da das Bezirksamt Ziele immer da durchgesetzt hat, wo es auf eine unumstrittene und rechtlich gesicherte Verhandlungsposition zurückgreifen konnte und die Ziele selbst eindeutig vertreten hat. Ob die Erfolge diese Aufgabe weitergehender Ziele wert gewesen sind, hängt von der Einschätzung ihrer Bedeutung ab. Zumindest die maßgeblichen Entscheidungsträger im Bezirksamt machen im Prozess deutlich, dass sie Positionen nicht „hart" vertreten und teilweise sogar dem Investor folgen (Verdichtungsprozess). Sie verzichten auf eine präzise Untersuchung von Entwicklungsalternativen, als die Durchführung des Gutachterverfahrens beschlossen wird.

Senatsverwaltung für Bau- und Wohnungswesen

Der Standort Bolle-Block ist für die Bauverwaltung zunächst ein Umstrukturierungsstandort, dessen Nachbargrundstück im Westen unter ihrer intensiven Beteiligung in den 1980er Jahren teilweise tertiärisiert wurde. Da die politische Spitze zunächst nicht mit der Entscheidung befasst ist, kann es zur Verständigung auf fachlicher Ebene über die Verortung einer Grundschule kommen. Als die schlechte Verhandlungsposition auf politischer Ebene deutlich wird, ist der Rückzug folgerichtig, da ein vorschnelles Engagement unter hohem finanziellem Aufwand die Zurückweisung eines damals seltenen Investors in den Dienstleistungssektor — wenn auch keines Eigennutzers — bedeutet hätte und mit dem Risiko eines Ansehensverlusts verbunden gewesen wäre.

Mit der Einigung auf die Art des Gutachterverfahrens sichert die Senatsbauverwaltung die bei ihren eigenen Verfahren angestrebten Qualitätsstandards zumindest formal. Offenbar bietet die Entwicklung des Standorts für den noch stark auf wohnungsbauliche Aufgaben konzentrierten Senator keinen Anlass für stärkere Einflussnahme, zumal Grundsatzkonflikte mit dem Bezirk nicht abzusehen sind und der Standort als weniger bedeutsam für die Senatspolitik angesehen wird. Der Sachbearbeiter der Bauverwaltung hat im Verfahren weitgehenden Handlungsspielraum und erreicht mit den anderen Akteuren sowohl die Einigung auf eine seinem eigenen städtebaulichen Verständnis entsprechende Lösung (interes-

93 Auch wenn dieses Wohlgefallen nur dadurch möglich ist, dass die vom Planungsprozess Frustrierten schließlich resignieren und nach der Entscheidungsfindung schließlich aufgeben und schweigen.

sante Verbindung von „Alt" und „Neu", (G030)) als auch die Durchsetzung des bescheidenen Wohnungsanteils. Mit dem Ende des Gutachterverfahrens endet seine Beteiligung.

Senatsverwaltung für Stadtentwicklung und Umweltschutz

Die „Bereichsplanung" und die Denkmalpflege können fachlich weitgehend frei agieren. Erstere verfolgt die FNP-Ziele Uferweg und Durchwegung zum Kleinen Tiergarten, während die Denkmalpflege sich frühzeitig auf die Erhaltung und den Umbau der Meierei konzentriert und einen Einsatz für die übrigen Gebäude auf dem Grundstück aufgrund ihrer geringen Durchsetzungschancen gar nicht erst versucht (G013). Die Denkmalpfleger sehen selbst in der Verbindung von „Alt" und „Neu" an der Meierei eine Chance.

Beide tragen wie die Bauverwaltung den Überarbeitungsprozess weitestgehend mit (G099). Die Denkmalpflege entwickelt aus fachlicher Sicht heraus aktiv Lösungsalternativen, die zu einer Entschärfung der drohenden Konflikte beitragen. Während sie auf die Erhaltung der für die Meierei charakteristischen Rampen und Vordächer Wert legt und sich in der Umbauplanung häufig auf formal-beschreibende „signaturhafte" Elemente beschränken muss, ist sie zunehmend mit der Frage des Umgebungsschutzes befasst, die aber nur noch auf der Westseite durch den Abstand der Nachbarbebauung beeinflusst werden kann (G013).

Die aus dem FNP abgeleiteten Ziele werden erreicht. Die Denkmalpflege, in den 1980er Jahren noch vom Abriss des Meierei-Kopfbaus überrumpelt, setzt durch ihre Beschränkung auf die Zukunft der Meierei und den damit betrauten Architekten zahlreiche Ziele durch. Im Detail erreicht sie durch hartnäckige Verhandlungen und Überzeugungsarbeit Kompromisse (G013). Die Beeinflussung der Neubautätigkeit ist aufgrund der die eigene Schwäche antizipierenden Zurückhaltung kein operationales Ziel der Denkmalpflege, obwohl die Einschätzung der Schutzwürdigkeit über den letztendlich erreichten Zustand hinausgeht.

Politisches Gremium — BVV

Die BVV kann aufgrund ihres Informationsnachteils nur versuchen, ihre Kontrollfunktion pauschal wahrzunehmen. Die CDU und die AL sind Hochhäusern gegenüber eher negativ eingestellt, während die SPD einen Paradigmenwechsel im Städtebau offenbar akzeptiert hat. Im Hinblick auf die Förderung wirtschaftlicher Interessen stehen CDU und SPD nachdem die Schulplanung scheitert uneingeschränkt zum Dienstleistungsstandort. Sie entwickeln keine eigene explizite Position zum Grad der möglichen Verdichtung.

Die BVV begleitet das Verfahren weitgehend reaktiv. Als sich die Schulplanung nicht mehr halten lässt, gehen die Fraktionen der SPD, der CDU und der AL unterschiedlich mit dem anvisierten Dienstleistungszentrum um. Die CDU stellt sich voll hinter das Projekt, das eine Aufwertung des Standorts verspricht und insbesondere durch den Umbau der Meierei Magnetenfunktion entwickelt (G054). Die SPD ist loyal zu ihrem Baustadtrat und unterstützt das Projekt ebenfalls (G114). Die Arbeitsteilung mit der Bürgerinitiative, in der SPD-Mitglieder mitwirken, lässt auf andere Weise die Thematisierung von Kritik am Projekt zu, die dann in der Höhenreduzierung ihren Ausdruck findet (G016, G017, G018). Dagegen äußert die AL Kritik an der baulichen Dichte und Höhe und der wenig naturnahen Freiflächengestaltung, bleibt aber weitgehend erfolglos. Die Art der Nutzung spielt für sie nach dem Scheitern der Schulplanung keine wesentliche Rolle mehr, da das Grundstück als Gewerbestandort begriffen wird (G029). Eine „große Koalition“ in der BVV setzt also ihre impliziten wirtschaftspolitischen Ziele in Zusammenarbeit mit dem Bezirksamt durch.

Investor

Der Zeitpunkt des Grundstückserwerbs im unmittelbaren Umfeld der Maueröffnung, der Grundstückspreis und die diffusen Äußerungen des neuen Eigentümers zu seinen Zielen bis zur Eskalation des Konflikts im Sommer 1990 lassen die Frage nach den ursprünglichen Motiven und Nutzungsüberlegungen des Investors naheliegend erscheinen. Dieser wird von Beteiligten gemeinhin im Nachhinein als „Bauherr“ im Gegensatz zu „Developern“ beschrieben — auch wenn er schließlich nur einen kleinen Teil der Baumasse selbst nutzt (verschiedene Gespräche) —, so die biographische Verwurzelung mit dem Grundstück und die intensive persönliche Auseinandersetzung mit dem Bauvorhaben und seiner Entstehung.

Als ursprüngliches Ziel von Freiberger lässt sich die Umstrukturierung des gesamten Geländes identifizieren. Die große Grundstückstiefe ist dabei ein ausschlaggebener Faktor, der eine große Flexibilität in der Planung erlaubt (G109). Ein „Produktmix“ und die Vermarktungsstrategie des Geländes „mit dem besonderen Drumherum“ scheinen von Anfang an festzustehen (G109), während durch den Fall der Mauer der beabsichtigte Anteil des Kleingewerbes in Frage steht. Der für ein Industriegrundstück der westlichen Halbstadt hohe entrichtete Preis deutet darauf hin, dass für den Eigentümer nur ein geringer Spielraum für die Unterbringung öffentlicher Nutzungen besteht.

Freiberger wechselt in seiner Verhandlungsstrategie zwischen kooperativer, offener Auseinandersetzung und Blockade, wenn seine Verwertungsziele in Frage stehen. Die erste Vorstellung beim Bezirksamt weckt im Bezirk wohl unbegründete Hoffnungen. Freiberger spielt sein Drohpotential mit dem Baubeginn am Hochregallager voll aus. Bei aller Kooperation trägt er eine in seinem Sinn minderwertige Nutzung des Grundstücks nicht mit.

Das Angebot eines Gutachterverfahrens ist auf Zusammenarbeit mit dem Bezirk ausgerichtet, gibt aber die Entscheidungsmacht kaum aus der Hand, indem der Investor die Vermarktbarkeit der Büroflächen als Vetokriterium gegen den Moore-Entwurf einsetzt. Wohl sind der hohe finanzielle und symbolische Einsatz des Investors im Verfahren dazu geeignet, das Verhandlungsklima deutlich zu entspannen. Tatsächlich scheint die Auswahl des Siegerentwurfs gemeinsam mit der Verwaltung stattzufinden, wenn dort auch die Festlegung der städtebaulichen Merkmale eher durch Anschauung denn durch gutachterliche Vorbereitung stattfindet[94]. Die atmosphärische Qualität des Verfahrens hat also Auswirkungen nicht nur auf den Verlauf des Verfahrens, sondern mittelbar auch auf die zu Grunde liegenden Auswahlkriterien. Interessant ist, dass sich der Eigentümer zu keiner architektonischen „Sprache“ bekennt. Er wählt nicht nur drei unterschiedliche „Sprachen“ aus, sondern ist beispielsweise ohne Schwierigkeiten in der Lage, sich für das wohl am wenigsten bekannte Architektenteam zu entscheiden, dessen „Sprache“ im Nachgang von Senatsbaudirektor Stimmann kritisiert wird (G007).

94 Die nachträgliche Auseinandersetzung um die GFZ des Gebäudes macht dies deutlich.

In den Verhandlungen über Bauausführung und Freiflächengestaltung greift Freiberger nur dann ein, wenn materielle Interessen betroffen sind. Die dann sämtlich kooperativ geführten Verhandlungen zeigen auf seiner Seite Entgegenkommen bei den vom Bezirk eingeforderten Qualitätsansprüchen, beharren aber stets auf gleichwertigem Ersatz für eingegangene Verpflichtungen und enden in einer Weigerung, falls dieser nicht angeboten werden kann[95]. Trotz der erreichten Vertrauensbasis zwischen den Akteuren macht der Investor unmissverständlich klar, dass er seine Ziele auch mit juristischen Mitteln durchzusetzen bereit ist.

Freiberger beschränkt sich also auf einige Essentials und überlässt die Detailausformung dem Verfahren selbst. Diese Essentials werden ohne Zurückweichen vertreten und durchgesetzt, während in Details Kompromisse erzielt werden können. Auf diese Weise kann der Eigentümer seine Ziele zum großen Teil durchsetzen. Es gelingt ihm nicht nur, die Schulplanung zu stoppen, sondern sogar nach einer erheblichen Konfrontation Vertrauen wieder aufzubauen und die Entscheidungsträger im Bezirk dazu zu bringen, über das bestehende Planungsrecht hinausgehende Verwertungsmöglichkeiten zu gewähren. Die dafür realisierte Öffnung und Durchwegung ist wohl einerseits ohnehin im Sinne des verfolgten Konzepts, das ohne eine öffentliche Zugänglichkeit beispielsweise der Meierei nicht attraktiv ist, andererseits aufgrund der einheitlichen Position der Akteure der öffentlichen Hand in seiner Unvermeidlichkeit für den Eigentümer abzusehen, also nicht als ernstere Durchsetzungsschwäche anzusehen. Einige Bestandteile des Konzepts, die erst im Prozess entstehen, beispielsweise die Umnutzung der Meierei, nutzen sowohl Eigentümer als auch öffentlicher Hand und sind damit eine Errungenschaft des Verfahrens selbst. Die Bereitschaft der maßgeblichen Entscheidungsträger im Bezirk, für eine Öffnung des Grundstücks eine Vergrößerung der GFZ anzubieten, zeigt deren auf eine Verdichtung orientierte Haltung und Bereitschaft, von dem scheinbaren Dogma der Berliner Traufhöhe abzugehen. Die Durchsetzungsfähigkeit des Eigentümers zeigt sich hier darin, dass er dieses Potential zu aktivieren versteht, auch gegen Widerstände im Bezirksamt selbst und in der Bevölkerung.

Entwurfsarchitekten

Die von Freiberger ausgewählten Architekten vertreten drei völlig unterschiedliche Entwurfsauffassungen. Das Büro JSK verspricht sich durch die markante Konzentration der Baumasse auf ein Hochhaus einen städtebaulichen Akzent, der zwar an einer bedeutenden Stelle der Spree argumentativ abgeleitet werden kann, aber praktisch auf ungeteilte Ablehnung stößt. Die von außen kommenden Architekten schätzen die Planungslandschaft falsch ein und setzen auch auf dem weniger bedeutsamen Tertiärisierungsstandort auf die Auswirkungen eines sich anbahnenden Booms auf die Entscheidungsträger.

Das Büro Moore, Ruble, Yudell (MRY) entfaltet planerische Vorstellungen im Sinne einer postmodernen Architektur, die den Platz an der Spree zu einem stimmungsvollen, ansprechenden Aufenthaltsbereich machen will. Damit trifft das Büro die weniger auf formale Nüchternheit als auf Benutzbarkeit der Außenräume ausgerichtete Haltung eines Be-

95 Vgl. die Verhandlungen über die Unterhaltspflicht auf den öffentlichen Freiflächen.

zirksamts, dessen Akteure als Stadtplaner und Fachfremde weniger in Debatten um die „künstlerische" Vertretbarkeit eines Entwurfs verwickelt sind und für die Umstrukturierung eines Arbeitsplatzstandorts keine gestalterisch-künstlerischen Selbstverpflichtungen entwickelt haben. Mit seiner begrenzten Geschossigkeit und der Abtreppung zur Spree scheint der Entwurf zwar auf charmante Weise die Gewinnung des Bereichs als halböffentlichen Raum in den Mittelpunkt zu stellen, doch scheitert er an der aus der postmodernen Auffassung und der von Freiberger vorgegebenen Dichte resultierenden Nachverdichtung im Norden, die dort zwar eng bebaute Räume, aber schwer vermietbare Räume schaffen will.

Das Architektenteam KBB versucht zunächst, den Standort im Sinne der alten gewerblichen Baustruktur zu entwickeln, die durch die langen Grundstücke an der Spree geprägt ist und nord-süd-orientierte Gebäude hervorgebracht hat. Aus der Verbindung der Verdichtungsnotwendigkeit mit dem Anspruch, die Bebauung in das Umfeld einzufügen, resultiert eine hohe GRZ. Eine Verträglichkeit mit der Umgebung streben die Architekten durch die Öffnung der Kammstrukturen nach außen an (G024).

In der Überarbeitungsphase ist KBB bereit, auf die zunächst geäußerte Kritik und die Uneinigkeit im Gutachtergremium flexibel einzugehen und sich nicht auf die ersten Ideen zu fixieren. Damit überraschen sie einerseits die Obergutachter und zeigen sich im Prozess als umgänglicher als MRY. Andererseits gelingt es ihnen, die Blockade zwischen dem Eigentümer und dem Bezirksamt durch einen „neuen" Entwurf aufzulösen, ohne dass eine Seite das Gesicht verlöre. Die Materialwahl des Hufeisens und des benachbarten Baus gehen auf die in der Umgebung liegenden Bauten und die Nutzung des jeweiligen Gebäudes selbst ein. So verschränkt das Hufeisen in einer formal begründeten Weise Glas- und Steinelemente in der Fassade und erinnert so an die Höhenstruktur in der Umgebung. Die Höhe orientiert sich an den weiter südlich gelegenen Hochhäusern des Hansaviertels.

Die Weiterentwicklung im Entwurf ist offenbar mehr oder weniger zufällig entstanden, indem das Entwurfsprinzip — variierte lineare Strukturen — beibehalten wurde, aber die ergänzende Idee — innen dicht, nach außen geöffnet — durch einfache Umkehrung — außen dicht, innen Freiflächen — neben einer besseren Freiflächenanordnung und -ausbildung eine wesentlich stringentere und eigenständigere (und damit besser vermarktbare) formale Lösung hervorgebracht hat (G024). Diese „verdoppelt" den mäandrierenden Verlauf der Spree im hufeisenförmigen Gebäude und gibt dem Komplex mit dem damit mehrfache Deutungen erlaubenden Begriff „Spree-Bogen" einen hohen Wiedererkennungswert. In der Auseinandersetzung über die Höhe des Hauptbaus versucht KBB, die formalen Begründungen für die Höhenentwicklung ins Feld zu führen. Die tatsächliche Entscheidung über die Höhe fällt dann am Modell, beeinflusst durch die von den Architekten plausibel gemachten Proportionen des Baukörpers, die durch zu starke Änderungen verloren zu gehen drohen.

Das Büro KBB setzt sich gegen die anderen Architekten wohl deswegen durch, weil es in einer schwierigen Pattsituation zwischen Eigentümer und Bezirk die an die Bebauung herangetragenen Ansprüche beider Seiten am besten vereinigen kann. Hierfür mag der „Heimvorteil" einer Kenntnis der Berliner Fachdiskussion an der Schwelle von den 1980er zu den 1990er Jahren mit ausschlaggebend gewesen sein.

Öffentlichkeit

Praktisch schalten sich nur unmittelbare Nachbarn in den Planungsprozess ein. Diese teilen sich wiederum in zwei voneinander unabhängige Gruppen mit unterschiedlichen Zielen und Strategien auf. Die Bewohner der Kirchstraße sind von der ursprünglichen gewerblichen Nutzung insbesondere durch Lkw-Lieferverkehr und den wenig ansprechenden Anblick betroffen gewesen, während die Bewohner des Holsteiner Ufers außer dem Anblick auf den Lärm durch Lüftungsanlagen und die Schallübertragung über das Wasser hinweisen. Darüber hinaus sind die Kirchstraßenanrainer im Wesentlichen Mieter aus dem bürgerlichen bis alternativen Spektrum, während die Aktiven auf der Südseite der Spree tendenziell eher Eigentümer sind. In der Zeit der Vorbereitungen für die BUGA 1995 bringen die Kirchstraßenanrainer sich in die Planung ein und entwickeln Ideen für eine Fortsetzung der stark durch Wohnen geprägten Baustruktur nach Westen, die einen hohen Grünanteil aufweisen soll (G016, G017, G018). Dies hängt in gewisser Weise mit dem Wunsch zusammen, die Aussicht nach Westen möglichst wenig zu verbauen.

Die unterschiedlichen Hintergründe der beiden Bewohnergruppen treten zu Beginn der Planungsphase sofort ans Tageslicht. Bei der Präsentation der bezirklichen Planungsabsicht sind die Nachbarn zunächst auf die Verträglichkeit der Veränderungen aus, die unterschiedlich eingeschätzt wird. Die Schule wird vor allem von den Bewohnern des Holsteiner Ufers wegen der erwarteten Lärmbelästigung negativ eingeschätzt, während die in der Kirchstraße eine Schule als wichtige Infrastrukturmaßnahme zur Verbesserung der Wohnqualität im weiteren Sinne akzeptieren.

Die angewandten Strategien der Bürger an der Kirchstraße, auf sich aufmerksam zu machen, deuten auf ihre hohe Mobilisierungsfähigkeit und ihre Verortung in einem Spektrum hin, das teilweise bereits mit Bürgerprotest Erfahrungen gesammelt hat. Die lokale Bedeutung des Projekts schlägt sich in der hohen Wahrnehmbarkeit des Protest gegen die Informationspolitik eines Bezirksamts und Stadtplanungsamts nieder, das sich selbst traditionell unter den Druck einer bürgernahen Politik stellt. Die Bürgerinitiative entfaltet weitreichende und teilweise erfolgreiche Aktivitäten. Dagegen scheint sich die Beteiligung des Holsteiner Ufers auf konventionelle Äußerungen im Bebauungsplanverfahren sowie Briefe an das Bezirksamt zu beschränken. Die Einwände stellen sich häufig als leicht entkräftbare Bedenken heraus, die häufig auf Informationsdefizite zurückzuführen sind.

Die Nachbarn sind angesichts der offensiven und zumindest von ihrem Stil her kooperativen Verhandlungsführung des Investors schnell bereit, ihre Ziele an sich konkretisierende Pläne anzupassen. Dies gilt zumindest für die Anwohner der Kirchstraße. Ihre anfangs harte Position weicht auf, als die Schulplanung scheitert und Informationen über die tatsächlichen Ziele der Akteure ausgetauscht werden. Die Unaufhaltbarkeit der Planung bringt sie dazu, Qualitätsziele anzumahnen. Diese sind einerseits freiflächenbezogen (Zugänglichkeit und Gestaltung der Uferdurchwegung), andererseits wird unter Bezugnahme auf die Gebäudehöhen in der Umgebung (Kirchturm) versucht, eine massive Erscheinung und negative Auswirkungen der Neubauten zu minimieren. Gegen die Höhe des aus der üblichen Traufhöhenbebauung klar herausragenden Gebäudes wird vehement protestiert. Im Protest gegen die befürchtete Öffnung einer Tiefgarageneinfahrt in die Kirchstraße zeigt sich eine nachhaltige und wachsame Teilnahme der Bürger bis zum Ende des Verfahrens, auch wenn der Eigentümer die Befürchtungen zerstreuen kann (G016, G017, G018).

Die realisierte städtebauliche Dichte kann kaum durch die Anwohner beeinflusst werden, doch das Bezirksamt ist zumindest darauf bedacht, eine übergroße Provokation durch die Höhenentwicklung zu vermeiden. Die aktiven Bewohner stärken dem Bezirksamt bei seinen freiflächenqualitätsbezogenen Ziele den Rücken. Die Bilanz des Bürgereinsatzes ist damit positiv, ohne dass er die Entwicklung selbst stoppen könnte. Die Einsicht in diese Unabänderlichkeit und die Aussöhnung mit der schließlich gefundenen städtebaulichen Lösung mildert die anfängliche Kritik und Ablehnung durch die Anwohner.

Interessanterweise äußert sich die Fachöffentlichkeit im Verfahren praktisch nicht. Erst im Nachgang findet eine erst allmähliche, dann beinahe inflationäre Nutzung des Gebäudekomplexes als Imageträger statt. Sowohl eine Reederei, deren Spreefahrten am Gebäude vorbeiführen, als auch die Senatsbauverwaltung und später zahlreiche andere Akteure zeigen den Komplex auf ihren Werbematerialien und bekennen sich zumindest dazu, dass er eine markante, schnell wiedererkennbare Bereicherung der Uferbebauung an der Spree darstellt. Ohne die Einschätzungen des Projekts durch Einzelpersonen statistisch auswerten zu können, muss deshalb von einer relativ breiten Akzeptanz ausgegangen werden[96].

Konflikte und ihre Bewältigung

Konflikte

Nachnutzungstyp

Der Konflikt nimmt im Grundstücksgeschäft seinen Ausgang. Die gewandelten Rahmenbedingungen lassen einen höheren Kaufpreis zu. Sowohl die ITAG als auch das Land Berlin und der Bezirk planen und agieren noch unter Nachwirkung der bald obsoleten Vergangenheit des Orts als Industriestandort und kommen daher beim Verkauf nicht zum Zug. Der Konflikt wird im Vorfeld planerischer Willensbildung auf verwaltungsinterner und politisch-exekutiver Basis mit dem Investor ausgetragen. Die Kompromissangebote sind zögerlich und wenig verlockend, wofür die Akteure nichts können, da sie sie in kurzer Zeit „aus dem Hut zaubern“ müssen. Alle angefertigten Studien und Abstimmungen lassen die Risikoeinschätzung einer juristischen Konfrontation außer Acht und bilden daher für die öffentliche Hand nur die Oberfläche der eigentlichen entscheidungstheoretischen Überlegung, inwiefern der Investor bereit ist, das Gelände im Zweifelsfall weiter gewerblich-industriell zu nutzen.

Diese Überlegung wird nicht explizit zu Ende geführt. Die Risikovermeidungsstrategie paart sich mit einer wirtschaftsfördernden Strategie auf Senatsebene. Eine drohende Blockade erscheint unproduktiv, da im äußersten Fall für das Land Berlin nach dem Scheitern der Tauschangebote lediglich enteignungsrechtliche Schritte für die Nutzung als Schule bleiben, die aber finanziell nicht verkraftbar und rechtlich äußerst schwierig scheinen. Vor diesem Hintergrund ist eine Weiterentwicklung als Dienstleistungszentrum gerade auf

96 Vgl. dazu beispielsweise das Lob in Baumeister, Heft 4/1996, S. 8 für die Aufwertung unter Einbeziehung der historischen Substanz.

Senatsebene eine vielversprechende „zweitbeste" Lösung. Mit der eindeutigen und unverrückbaren Haltung des Investors und seiner Drohung, das Hochregallager zu bauen, sind alle Rückzugsgefechte der Verwaltung zum Scheitern verurteilt. Aufgrund der geschilderten Überlegungen und in Anbetracht des Widerstands von Teilen der Bevölkerung gegen die Schule erscheint ein Nachgeben sinnvoll.

Städtebauliche Komposition

Der Verfahrensvorschlag des Eigentümers bringt eine offene Diskussion über die eingebrachten Alternativen. Deren geringe Zahl und die Konfrontation mit den städtebaulichen Auswirkungen der zuvor anvisierten Dichte führen zu den unterschiedlichen Beurteilungen; die relativ informelle Art der Durchführung erlaubt Überarbeitungsschritte, die bei öffentlichen Wettbewerbsverfahren eher unüblich sind. Die Flucht in die Überarbeitung verlegt die zum frühen Zeitpunkt unmögliche Einigung in die Zukunft und ist angesichts der nicht vorliegenden Vorstudien zum Grundstück folgerichtig. Die konfliktbrechende neue Idee von KBB ist ausschlaggebend für die Einigung wohl nicht nur im Hinblick auf ihre Qualität, sondern vor allem, weil sie den Parteien eine Zustimmung ohne Gesichtsverlust erlaubt. Die radikale Infragestellung der Vorgängerentwürfe trägt überdies zu einer Vertiefung des Vertrauensverhältnisses zwischen Investor und Bezirksamt bei, da das Verfahren einen Dissens ohne hierarchisches oder machtpolitisches Handeln in einen Konsens überführt.

Dichte

Ein Konflikt über die Dichte entsteht, weil erst die Nachnutzungsmöglichkeiten neu definiert werden sollen und damit weder das geltende Planungsrecht noch Vorgutachten als Grundlage für den Aushandlungsprozess herangezogen werden. Offenbar überwiegt bei den federführenden Akteuren im Bezirksamt bereits früh das Vertrauen auf die städtebaulich-kompositorische Qualitätsbestimmung gegenüber einer Konfrontation mit dem Eigentümer. Eine Verdichtung wird von ihnen als angemessene Voraussetzung eines Tertiärisierungsprozesses angesehen, wobei ein sinnvolles Maß nicht theoretisch bestimmbar sei. Trotz der Einigung auf ein Konzept wird die GFZ später in Frage gestellt. Der Konflikt wird aber durch den Investor letztlich nicht wirklich ausgetragen. Die Einigung auf eine maximale GFZ von 3,0 erfolgt in interner Abstimmung ohne nachvollziehbare Folgen für den Entwurf. Die Irritationen scheinen unbegründet, wenngleich die beschlossene Dichte ohnehin ein deutliches Bekenntnis gegen eine ausgedehnte Freiflächennutzung darstellt.

Höhe

Die Höhe wird zweifach zum Konflikt, nämlich zunächst in der Auseinandersetzung im Gutachterverfahren und dann in der „Nachbesserung" des Bürogebäudes. Die Konfrontation der Akteure mit einer vorher für Moabit unüblichen Hochhausbebauung wird vom Eigentümer im Rahmen des Verfahrens herausgefordert und ist angesichts der beabsichtigten Integration von nutzbaren Freiflächen und einer für den Eigentümer attraktiven Dichte bis zu einem gewissen Grad unvermeidlich. Neben dem Investor sind auch die Vertreter des Bezirks und der Senatsverwaltungen auf die Verdichtung und Höhenentwicklung vorbereitet und tragen sie aufgrund der selbst geschaffenen Sachzwänge, der möglichen neuen städtebaulichen Chancen und der gewandelten städtebaulich-planerischen Paradigmen mit (G007, G019, G030, G075, G099). Ihr fachlicher Hintergrund als Architekten erkennt Höhenakzente als städtebaulich legitimes Instrument an oder betrachtet sie sogar als faszinierend (G030). Demnach produziert das Verfahren ein durch seine Begrenzung auf die „fachliche" Ebene folgerichtiges Resultat. Die konsensuale Lösung in interner Abstimmung signalisiert den Bürgern Kooperationsbereitschaft, bringt aber kaum entscheidende Veränderungen. Die Einigung im Gutachterverfahren lässt unter gewissen Randbedingungen eine Höhenzunahme über die Berliner Traufhöhe zu, die den Beitrag der Vertreter der öffentlichen Hand zu einer verantwortungsvollen Verdichtungsstrategie darstellt (Traufhöhe an der Kirchstraße, Begrenzung der Höhe auf in der Umgebung vorhandene Werte). Die implizite Verträglichkeitsabwägung setzt sich allerdings damit auch bewusst von populistischen Vorgehensweisen ab und erkennt die Logik des Tertiärisierungsprozesses an. Konsens entsteht, da die Ziele des Investors keine spektakuläre Höhendominante erfordern und signifikante Architektur auch im Rahmen der gefundenen Lösung möglich ist.

Die Bewältigung des zweiten Höhenkonflikts tangiert den Investor kaum, dessen Baumasse unangetastet bleibt. Wieder findet eine Einigung in der Begrenzung auf eine fachliche Debatte statt (Einigung durch Inaugenscheinnahme der Proportionen am Modell), die aber mit ihrem Symbolwert für die Politik von Bedeutung scheint. Die Kritik der Bürger wird nicht wesentlich befriedet, doch lässt sich immerhin nach außen ein Verhandlungserfolg präsentieren und damit die Ausschöpfung der Möglichkeiten behaupten (G075, G082).

Nutzungsspektrum

Die an das Projekt herangetragenen Qualitätsforderungen beschränken sich auf schnell zusammengeraffte Urbanitätssymbole (Wohnen, Einzelhandel an der Kirchstraße). Sie fließen ein, ohne auf substantiellen Untersuchungen zu beruhen, und sind als nachträgliche Präzisierung der Einigung auf ein Dienstleistungszentrum zu sehen. Es kommt nicht zu einer ernsteren Auseinandersetzung über die eher tastend von der öffentlichen Hand eingebrachten Forderungen, die im geringen Umfang vom Eigentümer akzeptiert werden können. Die frühe Einigung auf die Nachnutzung „Dienstleistungszentrum" vereitelt weitergehende und dem Gutachterverfahren vorausgehende Auseinandersetzungen beispielsweise über einen höheren Wohnanteil. Eine Einigung erfolgt auf einem für den Eigentümer unproblematischen Niveau und damit zumindest für das Wohnen im Konsens. Die städtebauliche Lösung legt eine Nutzung der hohen Lagequalität für Wohnen am Wasser nahe und lässt sich „nebenbei" realisieren.

Freiraumnutzung und -gestaltung

Die bei diesem Projekt konsequent verfolgten Ziele des Bezirks, auf einem privaten Grundstück zwei öffentliche Grünzüge zu schaffen, müssen mit den Verwertungsinteressen des Eigentümers kollidieren. Eine Kopplung ihrer Durchsetzung mit Zugeständnissen an den Eigentümer liegt insofern nahe, als dieser über eine starke Rechtsposition verfügt. Die Urbanitätsvorstellungen des Eigentümers und des Bezirks paaren sich so schnell, dass über die Öffnung des Grundstücks kein Dissens entsteht, wohl aber über deren konkrete Umsetzung.

Die Detaileinigung wird der Anordnung der Baumassen nachgeordnet. Eine Einigung kann erfolgen, da die verwertungsbezogenen Ziele des Eigentümers nicht gefährdet sind. Beiderseitiges Entgegenkommen prägt die Verhandlungen, und das Ergebnis wird erst später durch den Eigentümer zeitweise wieder in Frage gestellt. Insbesondere bei der Grünverbindung zum Kleinen Tiergarten wird deutlich, dass eine „städtische" Interpretation durch alle Beteiligten den versteinerten Charakter mit nur begrenzter Aufenthaltsqualität bedingt.

Denkmalschutz

Die ungewisse Zukunft des Meiereigebäudes geht auf die Abrissgeschichte des Ortes und die durch Freiberger nicht zurückgenommene Klage des alten Eigentümers gegen eine Unterschutzstellung als Baudenkmal zurück. Dennoch kollidieren nicht die grundsätzlichen Auffassungen der Beteiligten, sondern die Interpretationen des Schutzzwecks einerseits und im Detail die funktionalen Anforderungen und das Schutzgut andererseits. Die weitgehend separiert vom übrigen Prozess laufende Umbauplanung für die Meierei bringt die Denkmalpflege in eine stärker aktive Position. In den Detailabstimmungen finden harte Auseinandersetzungen zwischen dem Eigentümer und der Denkmalpflege statt, in denen letztere durch die Entwicklung vielfältiger Lösungsalternativen die Initiative behalten und die Realisierbarkeit ihrer Forderungen demonstrieren kann. Die Einigung erfolgt an den entscheidenden Punkten im Kompromiss, der sowohl technisch-funktionalen wie denkmalpflegerischen Zielen entgegenkommt (Bsp. Rampe). Im Falle der Abstimmung der Bebauung an der westlichen Grundstücksgrenze kommt der Denkmalpflege sogar eine Schlüsselposition zu, als sich freiflächenbezogene und umgebungsschützerische Ziele paaren.

Erschließung

Der große Umfang der erforderlichen Tiefgarageneinstellplätze löst in der Nachbarschaft von Wohnnutzungen und angesichts der begrenzten Kapazitäten an der Grundstücksnordkante zwangsläufig Abstimmungsbedarf hinsichtlich der Erschließungslösung aus. Die Erfahrungen mit der Verkehrsbelastung durch die Vorgängernutzung sind dabei drohender Anhaltspunkt für die Beteiligten. Ihre Befürchtungen werden lautstark thematisiert. Offenbar lassen sich jedoch technische Lösungen finden, die allen Beteiligten gerecht werden, aber das Erschließungsproblem auf die Zukunft vertagen, in der das Nadelöhr an der Ein- und Ausfahrt Alt-Moabit zum Tragen kommen wird. Damit ist der Konflikt nicht wirklich bewältigt. Mit dem Verweis auf die früher für die Anwohner wesentlich problematischere Verkehrslärmsituation rechtfertigen sich jedoch die Betreiber (G109). Der Wille des Eigentümers, die Beschäftigten zur Nutzung des ÖPNV zu bewegen, wird langfristig mit aufzeigen, ob er die geschaffene urbane Qualität des Orts halten kann.

Bündnisse und Gegnerschaften

Bündnisse

Interessanterweise ist die grundsätzliche konfliktive Zuspitzung Bezirk-Eigentümer mit dem Scheitern der Schulplanung beendet. Während der Eigentümer sich aufgrund seiner Rechtsposition durchsetzen konnte, versucht der Bezirk dies im Gutachterverfahren nicht, obwohl der Eigentümer seinen konkretisierten Wunsch nach einem hohen Nutzungsmaß bekräftigt und damit klar macht, dass die Vermietung des Lagergebäudes nicht seiner eigentlichen Intention entspricht. Die bezirkliche Forderung nach einer städtebaulich vertretbaren Lösung verlegt die Zielkonkretisierung in die Zukunft.

Das Gutachterverfahren muss demnach für den Eigentümer als Ansatz zur weiteren Konkretisierung seiner Ziele und der Legitimationsbeschaffung gegenüber dem Bezirk angesehen werden, während es für den Bezirk bzw. die öffentliche Verwaltung eine Möglichkeit der Neuorientierung in einer Phase der Unsicherheit bedeutet. Diese grundsätzlich unterschiedliche Ausgangslage bedingt die weitere Erosion der bezirklichen Ziele. Dagegen ist der Eigentümer in der Lage, für ihn irrelevante Forderungen zu akzeptieren oder gar positiv umzudeuten und seine eigentlichen Ziele für die anderen Planungsbeteiligten akzeptierbar auszugestalten. Im Verfahren auftauchende Vorschläge zeigen, dass es dem Eigentümer gelungen ist, eine gemeinsame Verhandlungsgrundlage zu schaffen, die in der Folge auch nach außen gegen Widerstände vertreten wird. Eine Realisierungskoalition hat sich herausgebildet, die im Detail noch brüchig ist. Beide Seiten versuchen jedoch aktiv, Divergenzen auszuräumen. Neben der Verteidigung nach außen erlaubt die gewonnene Beziehung der Verhandlungspartner eine Entstigmatisierung ihres Gegenübers. Die andere Seite wird als unumgänglicher Mitstreiter begriffen, was erst harte Verhandlungen über die verbleibenden Konfliktpunkte ermöglicht.

Die Verteidigung der gemeinsamen Position lässt sich am Auftreten der Koalition gegenüber den Bürgern ablesen. Der sich regende Unmut macht sich insbesondere an den Dimensionen des Neubaukomplexes fest, die durch das Gutachterverfahren sanktioniert, vorher aber offen gehalten wurden. Die Verwaltung sucht ihre Legitimation nun im Büroflächenbedarf und der Notwendigkeit von Innenentwicklung, also zwei gesamtstädtischen Betrachtungsweisen, die im Kontrast zur lokalen Perspektive stehen. Nicht nur die Vision von einer Schule wurde also aufgegeben. Vielmehr hat ein markanter Schwenk in der planerischen Richtung stattgefunden. Die Ablehnung einer stärkeren Geschosszahlreduzierung mit dem Hinweis, dies gehe zu Lasten der Grünflächen, ist Ausfluss der beschriebenen impliziten Verhandlungskoalition, die sich auf eine Anhebung der GFZ geeinigt hat, ohne diese zu ermitteln. Die Verwaltung verteidigt also die Verdichtungsstrategie und mithin eine Option des Eigentümers, nicht etwa eine Einigung mit ihm[97].

97 Zu beachten ist, dass bei den Mitarbeitern des Bezirksamts keineswegs von Anfang an — wie hier ja bereits dargestellt — ein Bündnis aufgebaut wird, sondern blanke Gegnerschaft herrscht, diese aber von den Prozessbeteiligten abgebaut wird, während die nicht Prozessbeteiligten dagegen teilweise bis zum Schluss skeptisch bleiben (informelle Gespräche mit Verwaltungsmitarbeitern). Diese innere Heterogenität im Amt verliert sich allerdings aufgrund zweier Faktoren: Zum einen verliert sie sich nach oben wegen der zunehmenden Nähe zur Politik, zum anderen wegen der auf die Personalrekrutierung zurückgehende Zunahme des Stellenwerts der Verdichtungspolitik und der städtebaulich-kompositorischen Auffassung von Stadtentwicklung.

Indifferente Akteure

Die von den Anwohnern formulierten Bedenken sind kaum hart verhandelbar. Sie werden folglich Stück für Stück klein gearbeitet, sie sind gewissermaßen „teilbar". Das Lärmproblem stellt sich als weitgehend ungerechtfertigtes Bedenken heraus, während das Nutzungsmaß sich verfestigt. Es kann von den Anwohnern weder rechtlich erfolgversprechend angegriffen werden, noch erscheint eine Berufung auf die Traufhöhe der Umgebung angesichts der vollständigen Neustrukturierung des Areals zwingend. Trotz ihrer harten anfänglichen Gegnerschaft, die die Bürger aus der Kirchstraße dem Projekt entgegenbringen, müssen sie als indifferent betrachtet werden, da sie mit den für sie geeigneten temporären Bündnissen versuchen, ihre eigene Position so weit als möglich durchzusetzen. Ihr anfänglicher Widerstand richtet sich denn auch nicht gegen den Investor, sondern gegen das Bezirksamt. Erst in späteren Verhandlungsphasen wird auch der Investor hart attackiert. Ähnlich indifferent, weil unabhängig, ist die Denkmalpflege einzuschätzen, die unbeirrbar ihre Durchsetzungspotentiale identifiziert und fachlich durchkämpft, ohne das Projekt als solches in Frage zu stellen.

Gegnerschaften

Als eigentliche Gegner des Projekts sind die Bürger südlich der Spree einzuschätzen, die von einer grundsätzlichen Kritik nicht abgehen, diese aber nicht transportieren können. Teilweise geht das Stadtplanungsamt auf die Einwände ein, doch erreichen die Anwohner des Holsteiner Ufers nie eine zentrale Verhandlungsposition. Dies ist auf ihre Methoden wie auf ihre isoliert vorgetragenen Ziele zurückzuführen.

Zusammenfassende Einschätzung des Entscheidungsprozesses

Konstellation

Das Zustandekommen des Spreebogen-Projekts ist zurückzuführen auf die Sondersituation der Vereinigung, die politisch-planerische Ausrichtung der Bezirksamtsspitze, die Größe des Projekts, die den einzelnen Akteuren eine Gelegenheit zur ansatzweisen Durchsetzung ihrer Ziele ohne Infragestellung derer anderer Akteure gibt, und den nach anfänglichen Schwierigkeiten hohen Grad an lokaler Öffentlichkeit, die durch die vergleichsweise transparente Haltung des Investors noch gestützt wird. Die Schule scheitert daran, dass der ehrgeizige Versuch, eine Gewerbefläche in privater Hand in eine öffentliche umzuwidmen, außer auf der Bebauungsplanebene nirgends wirklich gestützt wird. Die Verlängerung der Baugenehmigung, die Haushaltsknappheit des Landes und die institutionelle Zersplitterung, die es nicht schnell handlungsfähig werden lassen, versetzen dem Projekt den Todesstoß. In den folgenden Verhandlungen gelingt es dem Investor, sämtliche für ihn entscheidenden Parameter im Verfahren zu bestimmen. Dabei versäumt er es aber nicht, im Konsens mit der Verwaltung eine moderate, ansatzweise verträgliche Verdichtungsstrategie anzuwenden. Die Verwaltung wird über ihren Entscheidungsspielraum über die städtebauliche Lösung und die Ablehnung eines Hochhauses eingebunden, während die Verdichtung selbst nie ernstlich in Frage steht. Das Verwertungsziel des Investors macht sich dabei das abstrakte Ziel der Vermeidung von Suburbanisierung in der Verwaltung und den Gestaltungswunsch in den beteiligten Verwaltungen zunutze. Über den Erhalt der Meierei mit großen Entscheidungsspielräumen für die dort beteiligten Akteure, die marginale Höhenreduzierung im Hufeisenbau, die Traufhöhenbebauung der Kirchstraße und die Schaffung des Uferwegs befriedet der Investor potentielle Gegner, ohne für ihn schmerzliche Konzessionen machen zu müssen. Diese werden zu keinem Zeitpunkt nach dem Scheitern der Schule wirklich vom Bezirksamt gefordert. Auseinandersetzungen um die Qualität der Freiräume zeigen, dass der Investor jederzeit bereit ist, die verfahrensstrategisch aufgebaute Vertrauensatmosphäre aufzugeben, wenn seine Ziele tangiert werden.

Bewertung

Der Erfolg des Projekts in der öffentlichen Wahrnehmung zeigt, dass bezirkliche Akteure in der Lage sind, ohne gravierendere Einwirkung des Senats attraktive Standorte zu produzieren und dabei einen Umschwung von lokal orientierter, behutsamer Quartiersentwicklung hin zu überörtlich bedeutsamen Investitionsvorhaben zu vollziehen. Es ist dabei allerdings in Rechnung zu stellen, dass der Bezirk aufgrund seiner geringen Erfahrung mit investorenbestimmten Großprojekten nur sehr eingeschränkt willens und in der Lage ist, selbst die Spielregeln des Verfahrens zu bestimmen und mithin häufig darauf angewiesen ist, problematische Teilentscheidungen nachträglich zu modifizieren. Die Kritik an vergebenen Chancen im Entwicklungsprozess, die vor Ort vielfach zu vernehmen ist, wird von weiten Teilen des politischen Spektrums angesichts der Realisierung einer Ankernutzung für die künftige Arbeitsplatzentwicklung in Moabit überhaupt nicht thematisiert. Lediglich das — in Moabit breite — links-alternative Spektrum fordert Eingriffe in die Ausgestaltung städtebaulicher Details. Die weit auseinanderklaffende Gesamtbeurteilung des Projekts spiegelt damit die gängigen stadtentwicklungspolitischen Grundauffassungen wider, während das in seinen Eingriffen zurückhaltende Bezirksamt de facto eine vermittelnde Rolle spielt. Dass eine fachliche Position nicht dezidierter und aktiver vertreten wird, ist zwar auf den Pragmatismus der Akteure zurückzuführen, doch dass keine der übrigen Kräfte hinreichend mobilisierungsfähig — oder motiviert — ist, diesen Pragmatismuskonsens auszuhebeln, lässt sich wiederum auf die Teilintegration der konträren Positionen zurückführen. Im Ergebnis sind wohl beide Grundpositionen bezüglich des Projekts legitim, diejenige, die den Erfolg des Projekts in den Mittelpunkt stellt und es als einen lokal adäquaten Umgang mit wirtschaftlicher Umstrukturierung erachtet, und diejenige, die die nachgiebige Haltung des Bezirksamts gegenüber dem Investor betont und auf Monotonie, Protzigkeit oder Fußgängerunfreundlichkeit des Projekts aufgrund vertaner Chancen des Bezirksamts verweist. An eine Evaluierung der Handlungsfähigkeit der einzelnen Akteure sollte sich allerdings eine Neubestimmung des Stellenwerts von projektorientierter Stadtentwicklungspolitik anschließen, die den Grad des öffentlichen Einflusses auf privatwirtschaftliche Nutzungsspezifika thematisiert.

Fallstudie „Ostbahnhof-Umfeld“

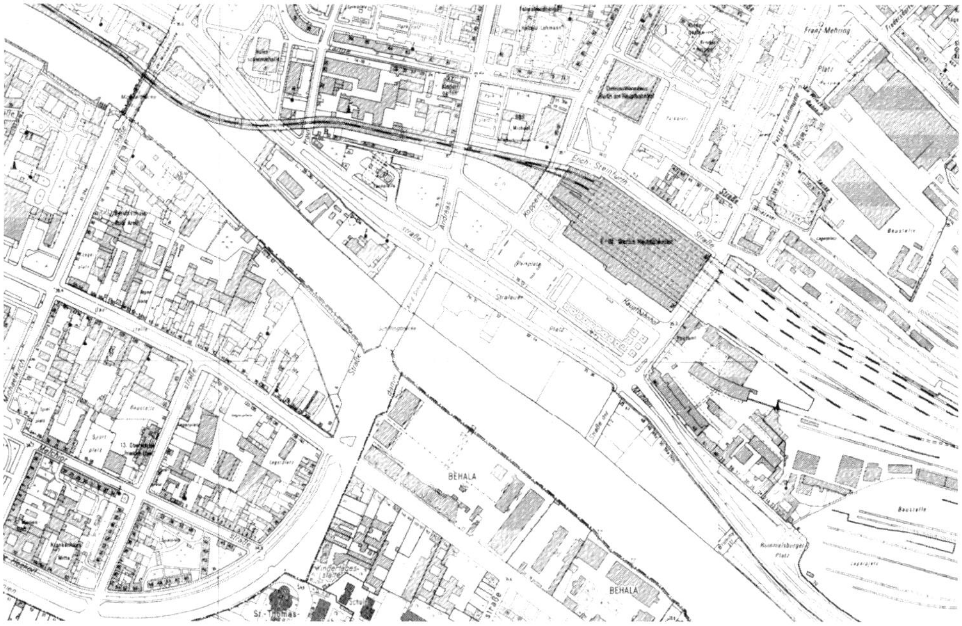

Abbildung: Der Ostbahnhof und sein engeres Umfeld im Bezirk Friedrichshain. Zwischen Spree und Bahngelände verläuft (von Nordwesten nach Südosten) der Straßenzug Holzmarktstraße – Stralauer Platz – Mühlenstraße. Nördlich der Bahn schließen sich parallel dazu die Erich-Steinfurth-Straße und die Lange Straße an. Die Andreasstraße (übergehend in Schillingstraße und Schillingbrücke) und die Koppenstraße verlaufen beinahe in Nord-Süd-Richtung westlich des Bahnhofs, während unmittelbar an dessen Ostseite die Straße der Pariser Kommune angrenzt. Maßstab 1 : 12.000, Stand 1998.

Chronologie

Lage und Vorgeschichte

Das Areal um den Berliner Ostbahnhof, den ehemaligen Schlesischen Bahnhof, der in Ost-Berlin zwischenzeitlich „Hauptbahnhof“ wurde, liegt am östlichen Innenstadtrand im Bezirk Friedrichshain unmittelbar nördlich der Spree[98]. Es umfasst zwischen der Michael-

98 Im Städtebaulichen Ideenwettbewerb Hauptbahnhof Berlin / Spreeufer wurde auch ein Streifen südlich der Spree in den Bezirken Mitte und Kreuzberg berücksichtigt, der hier vernachlässigt werden soll.

kirchbrücke im Westen und der Oberbaumbrücke im Osten das Umfeld des Bahnhofs, das den gesamten östlichen Teil des Gebiets mit seinen zum Teil von der Bahn nicht mehr benötigten Gleisanlagen prägte, das Vorfeld des Bahnhofs in seinem Südwesten und heterogene Bausubstanz im Übergang zu den Wohnquartieren des Bezirks Friedrichshain, die sich im Norden anschließen. Von besonderer Bedeutung ist die Lage an der Spree, deren breiter Uferstreifen durch den Hauptverkehrsstraßenzug der Holzmarktstraße und der Mühlenstraße vom übrigen Gebiet abgetrennt ist.[99]

Mit der Vereinigung rückt das ehemalige Grenzgebiet ins Blickfeld von Politikern, Planern und Investoren. Der stadträumlich stark von Krieg und Teilung gezeichnete Bereich, in dem die meisten städtebaulichen Spuren der Vorkriegszeit ausgelöscht sind, der wegen seiner Wasserlage aber als hochwertige Potentialfläche gilt, wird durch eine Fülle von planerischen Verfahren überzogen, die die geordnete Entwicklung des Standorts absichern sollen und ihren Ausgang in einer frühen standortübergreifenden Untersuchung des bekannten West-Berliner Büros AGS Arbeitsgruppe für Stadtplanung (AGS 1992) nehmen.

Parallel dazu untersucht die Forschungsstelle für den Handel (FfH) im Auftrag des Senats den Bedarf an Flächen für Einzelhandel und Dienstleistungen. Das Gutachten kommt zu einem „niederschmetternden Ergebnis“ (G006): Der Bereich stellt für die FfH „keinen zu entwickelnden Einzelhandelsstandort dar“ (FfH 1991a, S. 17). Bei einer vorgeschlagenen Orientierung auf die in der Umgebung lebenden Bewohner, Beschäftigten und die Durchreisenden werden über den Bestand hinaus lediglich 7.000 m² Verkaufsfläche für erforderlich gehalten, die um das bestehende Warenhaus konzentriert werden sollen.

Der städtebauliche Wettbewerb und das Rahmenplanverfahren

Die in den erwähnten Gutachten ausgearbeiteten Entwicklungsvorstellungen finden Eingang in die Auslobung eines städtebaulichen Ideenwettbewerbs, dessen Durchführung die Senatsverwaltung für Stadtentwicklung und Umweltschutz in der zweiten Jahreshälfte 1992 beschließt. Anlässe sind das Ausbaukonzept der Bahn, das am Ostbahnhof einen vorläufigen Endpunkt des IC- und ICE-Zugverkehrs vorsieht (SenStadtUm 1992c, S. 6, SenStadtUm 1993a, S. 13) und die niedrige Ausnutzung des Standorts. Der Wettbewerb trägt dem erwarteten hohen Entwicklungspotential Rechnung[100], das sich aber neben den Projekten der Bahn zum damaligen Zeitpunkt erst in einigen kleineren Projekten äußert[101]. Angesichts der erwarteten Investitionsvorhaben werden vom Bezirk zur Sicherstellung einer geordneten Entwicklung bereits früh erste Bebauungsplanverfahren eingeleitet (G105).

99 Die folgende Fallstudie konzentriert sich auf den westlichen Teil des beschriebenen Bereichs, der nördlich der Bahn von der Straße der Pariser Kommune und südlich der Bahn vom Rummelsburger Platz begrenzt wird. Das hier untersuchte Gebiet deckt sich mit dem späteren „Engeren Wettbewerbsgebiet“.

100 Als hierfür bestimmende Faktoren nennt SenStadtUm 1992c, S. 6 die zentrale Lage, die Nähe zum historischen Zentrum in Berlin-Mitte, die hervorragende Verkehrsanbindung, die Lagequalität am Spreeufer und die Nähe zum Bezirk Kreuzberg mit seiner kaiserzeitlichen Struktur.

101 Ein Gesprächspartner charakterisiert das Gebiet als eine „Art 1b-Standort“, und tatsächlich bleibt das Gebiet lange Zeit im Schatten der Aufmerksamkeit, während die Projekte für die Friedrichstadt und das Gebiet um den Potsdamer Platz in der Öffentlichkeit stark diskutiert werden (G006).

Als eines der ersten Projekte, die den Grenzraum zwischen dem Ost- und dem Westteil der Stadt behandeln, wird der Wettbewerb (im Gegensatz beispielsweise zum Wettbewerb Potsdamer / Leipziger Platz) offen mit einigen Zuladungen ausgelobt. Die eingeladenen Teilnehmer sind teilweise bereits für die Investoren tätig gewesen und auf deren Vorschlag benannt worden (Murphy/Jahn, Nouvel), teilweise hatten sie kurz zuvor durch Entwürfe für in der Nähe gelegene Areale von sich reden gemacht. Drei von sieben Jurymitgliedern stammen aus der Senatsverwaltung oder ihrem unmittelbaren Umfeld (SenStadtUm 1992c, S. 10).

Mit dem Wettbewerb beabsichtigt die Senatsverwaltung, Aussagen über „das Heranführen bzw. das Anbinden des vorhandenen Stadtgefüges an das Spreeufer zu treffen" und will den Bereich „neu und besser erlebbar ... machen." Neben der Hinwendung zur Spree wird explizit auf die Rolle der öffentlichen Räume hingewiesen, die durch die Kriegseinwirkungen erheblich zurückgegangen sei. Als Vorgaben des AGS-Gutachtens fließt die Entwicklung als Kerngebiet mit einem Wohnanteil von durchschnittlich 25 % ein, wobei offenbar eine Geschossflächenzahl von maximal 3,0 im Gebietsdurchschnitt für verträglich gehalten wird. (SenStadtUm 1992c, S. 49)

Für die verschiedenen Teilbereiche sind unterschiedliche Entwicklungsansätze vorgesehen, so für den Bahnhofsbereich neben Bahnhofsfunktionen ergänzende Dienstleistungen wie Hotels, Restaurants und Läden, an der Spree gemäß der Lagequalität Bürogebäude oder Wohnen sowie um den Bahnhofsbereich Büronutzungen mit einem gewissen Wohnanteil. Als Ziele werden weiter die Ausrichtung auf den öffentlichen Nahverkehr, die Integration des durch den ICE-Betrieb noch vergrößerten Bahnviadukts in den Stadtraum und die gute Zugänglichkeit des Spreeuferraums genannt. (S. 7) Das Gebiet weist eine Reihe von Planungsrestriktionen auf, die von historischen Gebäuden bis zur „East Side Gallery" reichen, einem Rest der DDR-Grenzbefestigungen, das in der Wendezeit von Ost-Berliner Künstlern bemalt wurde und dessen Entfernung als Negation eines Stücks Zeitgeschichte als tabu erachtet wird.

Bezugnehmend auf die Wettbewerbsauslobung bringt Senatsbaudirektor Stimmann für den Spreeraum eine Vorlage in den KOAI[102] ein, da beinahe alle Ufergrundstücke Gegenstand von Restitutionsanträgen sind. Der Beschlussentwurf erfüllt die vom Stadtplanungsamt Friedrichshain formulierten städtebaulichen Ziele. (QO01, QO02) Die Vorlage sieht eine Weiterführung der Steuerungsgruppe des Wettbewerbs unter Federführung von SenStadtUm vor, in der die Bezirke und Senatsverwaltungen mit den Verfügungsberechtigten der öffentlichen Grundstücke und dem Bund sowie der Treuhandanstalt (THA) „als wesentliche Voraussetzung für die zeitlich beschleunigte Verfügbarkeit von Baugrundstücken sowie zur Durchsetzung der abgestimmten Entwicklungsziele" koordiniert werden. Die THA soll sich bei weiteren Privatisierungen „an der für den Spreeraum insgesamt abgestimmten Arbeitsrichtung ... orientieren." Die Vorlage geht davon aus, dass „dieser Teilbereich des Spreeraums zu einem der herausragenden Gebiete der Erneuerung und Umgestaltung Ber-

102 Der KOAI (Koordinierungsausschuss für innerstädtische Investitionsvorhaben) ist ein informelles Abstimmungsgremium, in dem Vertreter des Senats und wichtiger Grundstückseigentümer wie der Treuhand sitzen, in dem frühzeitig nach der Vereinigung Entwicklungsvorstellungen für Flächen im Ostteil der Stadt festgelegt werden. Für eine nähere Würdigung vgl. Lenhart 1998.

lins im Zusammenhang mit dem zu erwartenden Wachstumsschub" wird und eine starke räumliche Konzentration von Investitionsstandorten vorliegt, die „maßgeblich mit Cityergänzungsfunktionen zur Profilierung des neuen Berlins beitragen können". (QO01)

Die außerordentliche Komplexität der Situation und die Lage abseits des Hauptinteresses der Fachöffentlichkeit erschweren die Bearbeitung[103]. Die Abstimmung über die ersten fünf Preise ist in der Jury denn auch äußerst umstritten[104]. Ende 1992 wird in der Preisgerichtssitzung der Entwurf von Julia Tophof und Norbert Hemprich zum Wettbewerbssieger gekürt. Der Siegerentwurf beeindruckt insbesondere wegen seiner Konzeption für den engeren Bahnhofsbereich[105], wo „unter weitestgehender Erhaltung der vorhandenen Baulichkeiten und des Erschließungssystems ein raffinierter Übergang vom neugestalteten Bahnhofsvorplatz ... zu den neuen Hafenbecken an der Spree entworfen" (SenStadtUm 1992d, o. S.) wird. Auch über diesen Bereich hinaus berücksichtigt er weitgehend die historische Stadtstruktur und erzeugt „mit einem knappen Katalog großstädtisch dimensionierter Baukörper eine ortsspezifische und differenzierte Neuinterpretation der heterogenen Stadtlandschaft" (SenStadtUm 1992d, o. S.). Sowohl die Vernetzung des Gebiets mit den umliegenden Quartieren als auch über die Spree nach Kreuzberg erscheint beispielhaft: „Die neuen Häuser reichen sich symbolisch die Hand über den bisher trennenden Fluss." (SenStadtUm 1992d, o. S.). Die Überquerung des Flusses realisiert der Entwurf auch durch neue Brücken. Die jeweiligen „Brückenköpfe" werden durch höhere Gebäude akzentuiert.

Der Entwurf lehnt sich dabei an konventionelle Berliner Block-Typologien an, formuliert aber einige moderate, 35 m hohe Akzente an den Übergängen über die Spree. Er will städtische Räume wiederherstellen, während die Entwürfe der Nächstplazierten über markante Hochhäuser versuchen, einen Brückenschlag über die Bahntrasse herzustellen oder den Bahnhofsvorplatz zu akzentuieren. Am weitesten geht dabei der drittplazierte Entwurf von Speer, der mit einer Reihe von Hochhausscheiben an den Maßstab der nördlich des Gebiets vorhandenen Wohnhochhäuser anknüpft.

103 Vergleiche die Wettbewerbe „Spreebogen" oder „Spreeinsel", die beinahe zur gleichen Zeit über 800 bzw. über 1.000 Teilnehmer für die Neugestaltung wichtiger Stadtquartiere zur Vorbereitung des Regierungsumzugs anlocken und damit zu den größten städtebaulichen Wettbewerben überhaupt zählen.

104 Die Jurysitzung wird von den Beteiligten als wenig ersprießlich, die Entscheidung als nur eingeschränkt überzeugend dargestellt. (G006, G110)

105 Ein Gesprächspartner bezeichnet die Gestaltung des Bahnhofsvorplatzes als die wichtigste Teilaufgabe des Wettbewerbs. Es erscheint diesbezüglich als konsequent, dass sich der Siegerentwurf durchgesetzt hat. (G006)

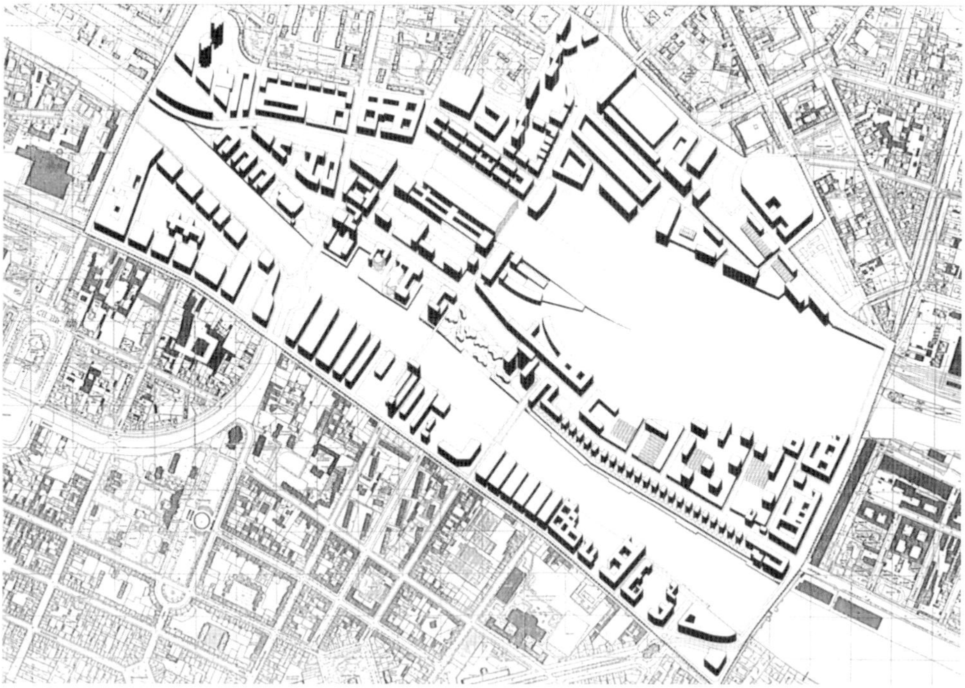

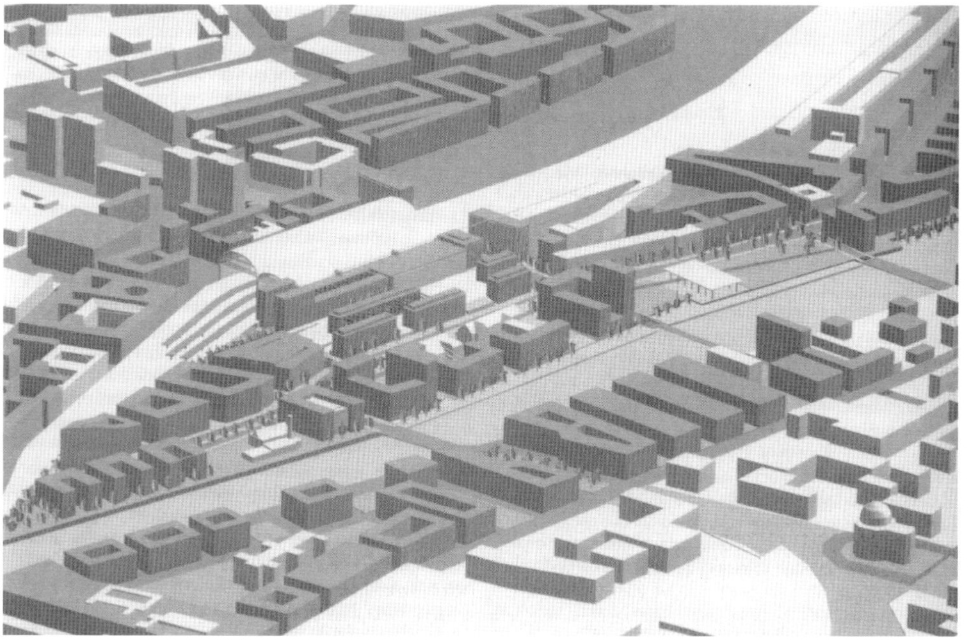

Abbildungen: Der Wettbewerbssiegerentwurf von Hemprich und Tophof (oben). Quelle: Wettbewerbe aktuell 2/1993, S. 31. Ansicht des überarbeiteten Wettbewerbsentwurfs (unten). Quelle: SenStadtUm 1993a, S. 14.

Mit den Überarbeitungsempfehlungen des Preisgerichts (Dichtereduzierung auf der Kreuzberger Seite, „Präzisierung" des Bahnhofsvorraums), kommt es ab dem Frühjahr 1993 zu zahlreichen Überarbeitungs- und Konkretisierungsstufen, die im August 1993 in die Erarbeitung eines Rahmenplans durch Hemprich/Tophof münden. Auch die Bereiche nordöstlich des Bahngeländes sowie südlich erhalten nun klarere Blockstrukturen. Die ursprünglich vorgesehene ausgedehnte Freifläche des Bahnhofsvorplatzes wird stark reduziert, reicht aber als Platzfolge nach Süden bis zum Spreeufer. Neben den baulichen Strukturen mit einer durchschnittlichen Dichte von GFZ 2,0 können ein Wohnanteil von 25 %, eine 15 m breite Uferpromenade mit Park in einem Uferabschnitt sowie die Schaffung von „Spreefenstern" (gliedernde Freiflächen, die die Sichtbarkeit der Spree aus dem Innern des Gebiets von Norden sicherstellen sollen) als zentrale Aussagen des Rahmenplans gewertet werden (G103, G105, G108, Hemprich/Tophof 1993, o. S.).

Projekte im Rahmenplangebiet

Im Bereich, für den der Rahmenplan städtebauliche Aussagen macht, schließt sich eine Fülle von Einzelvorhaben an, die ihn weiterentwickeln oder abwandeln. Bis zum Ende des Untersuchungszeitraums sind allerdings aufgrund der Krise auf dem Büroflächenmarkt nur sehr ausgewählte Standorte überhaupt bebaut worden oder in der konkreten Umsetzung. Das Gebiet lässt sich in drei etwa parallel zur Spree verlaufende Zonen gliedern. Die erste Zone wird von den unmittelbar an der Spree gelegenen Grundstücken gebildet. „Dahinter" schließt sich das unmittelbare Bahnhofsvorfeld an, das teilweise von nachgeordneten Einrichtungen des Bahnbetriebs geprägt ist. Nördlich der Bahntrasse liegt die dritte Zone, die im Umfeld eines bereits in der DDR-Zeit errichteten Warenhauses einen Bereich mit starkem Publikumsverkehr bildet.

Das Band an der Spree, die erste Zone, wird rasch zum Schauplatz einer Fülle von kleineren bis mittelgroßen Einzelprojekten, die sich aus der Parzellierung und der Gliederungsidee durch „Spreefenster" aus dem Rahmenplan ergeben. Am westlichen Rand versucht die KapHag auf den Grundstücken Holzmarkstraße 25-30 die Realisierung eines gemischten Quartiers und schließlich eines reinen Bürostandortes (Bebauungsplanverfahren V-76). Nach Osten schließt sich noch im gleichen Baublock auf den Grundstücken Holzmarktstraße 31-33a das unter Denkmalschutz stehende Abwasserpumpwerk der Wasserbetriebe an, auf deren aufgegebenem Standort Interessenten kulturelle und gastronomische Nutzungen ansiedeln möchten. Das sich anschließende Eckgrundstück zur Schillingbrücke (Holzmarktstraße 34) soll ein gemischtgenutzter Bürokomplex mit Hotel- und Wohnanteil werden (Bebauungsplanverfahren V-61). Für das jenseits der Schillingbrücke liegende Grundstück Stralauer Platz 29, einen GASAG-Standort, der für Dienstleistungsnutzungen zur Verfügung steht, gibt es noch keinen Investor, ebenso wie für die vorgesehene Arrondierung mit möglichem Wohnanteil auf dem Areal Stralauer Platz 30-32, während die Umnutzung bzw. Erweiterung der denkmalgeschützten Gebäude der ehemaligen Berliner Gasanstalt am Stralauer Platz 33-34 für ein „Zentrum für Zukunftsenergien" vorgesehen wird. Die drei „Planungsbereiche" sind Gegenstand des Gutachterverfahrens „Spreequartier". Die nächste Ecke zur Straße der Pariser Kommune (Stralauer Platz 35-36) hat durch ein Büroprojekt des Architekten Helmut Jahn eine gewisse Bekanntheit erlangt, doch die Realisierung steht aus (Bebauungsplanverfahren V-38). Jenseits der Straße der Pariser Kommune liegt ein zwischengenutzter Bereich mit gewerblichem Charakter, der bis zur Brommystraße unter Einbeziehung der East-Side-Gallery zum Park werden soll (Bebauungsplanverfahren V-39).

Der zwischen dem Hauptverkehrsstraßenzug Holzmarktstraße — Stralauer Platz — Mühlenstraße gelegene Bereich ist als das unmittelbare Bahnhofsumfeld zu betrachten. Der westlich der Andreasstraße liegende dreiecksförmige Block soll zwar im Sinne des Rahmenplans bebaut werden, doch existieren bislang keine konkreten Investitionsabsichten (Bebauungsplanverfahren V-7). Dem Bahnhofsgebäude direkt vorgelagert ist ein Hotelprojekt, das ab 1999 realisiert wird (Bebauungsplanverfahren V-79), während die Umgestaltung des Vorplatzes selbst noch aussteht. Der östlich der Straße der Pariser Kommune gelegene ehemalige Standort des Postbahnhofs soll zum „Urban Center Postbahnhof" werden, einem stark durchmischten Quartier (Bebauungsplanverfahren V-3), für das ein Gutachterverfahren durchgeführt wird.

Nördlich der Stadtbahntrasse liegt westlich der Andreasstraße ein weitgehend abgeräumter Baublock mit einem denkmalgeschützten Gebäude am südöstlichen Rand, für den Wohnnutzung geplant ist, aber kein Investoreninteresse vorliegt. Der Block zwischen der Andreasstraße und der Koppenstraße ist von der Dresdener Bank mit Genehmigung nach § 34 BauGB neu bebaut worden. Um die Lange Straße ist die Wiederherstellung eines kleinteilig parzellierten Blocks als Kerngebiet mit hohem Wohnanteil beabsichtigt (Bebauungsplanverfahren V-44). Die folgenden Ausführungen konzentrieren sich auf den dynamischeren Bereich südlich der Bahntrasse.

Die „Spreefenster"-Projekte südlich der Holzmarktstraße

„Spreepark", „Spreefelsen" und „Spree-Sinus"

Für den südwestlichen Rand des Rahmenplangebiets, ein Ufergrundstück, das im Westen durch die Stadtbahntrasse in Hochlage und im Norden durch die Holzmarktstraße begrenzt wird und damit starke Beeinträchtigungen für eine Wohnnutzung aufweist, versucht die KapHag[106] zunächst, das im Rahmenplan vorgesehene Konzept einer Mischung von Wohnen und Dienstleistungen umzusetzen. Dabei soll sich die Wohnbebauung auf den der Spree zugewandten Bereich konzentrieren, um durch die Büroriegel vom Lärm der Holzmarktstraße abgeschirmt zu werden. Die KapHag wandelt dazu die U-förmige Bebauung aus dem Rahmenplan ab in einen durchgehend geschlossenen siebengeschossigen Gebäuderiegel entlang der Holzmarktstraße, von dem drei gleichartige, ebenfalls siebengeschossige Querriegel zur Spree hin abgehen, die sich auf der der Spree zugewandten Seite in hantelförmige Kopfgebäude erweitern. Bei einer GFZ von 3,13 sieht der Entwurf eine BGF von etwa 22.000 m² vor, von denen 12.000 (55 %) auf 134 Wohneinheiten entfallen, der Rest ist vorwiegend Büronutzung. Die Interpretation der „Spreefenster" aus dem Rahmenplan wird angesichts der starken Verkehrsbelastung zugunsten einer stärkeren Abschottung des Grundstücks von der Straße gewählt: Zwischen den Querriegeln weist die Straßenrandbe-

106 Für weitere Informationen zur Geschichte der KapHag vgl. die Fallstudie zum „Kantdreieck".

bauung über die drei unteren Geschosse reichende quadratische Aussparungen mit einer Seitenlänge von 12 m auf, die jedoch komplett verglast sind und damit Schallschutz und Blickbeziehungen zum Spreeufer kombinieren. (KapHag 1995, o. S.)

Trotz einiger Probleme mit der Grundstücksabgrenzung[107] wird das Vorhaben schließlich im Bezirk genehmigt, doch bis zum Auslaufen der Baugenehmigung nach zwei Jahren beginnt die Eigentümerin nicht mit der Realisierung. Die zwischenzeitlich ausgelaufene Wohnungsbauförderung wird dabei von ihr als ausschlaggebend erachtet, da auf dem Grundstück freifinanzierter Wohnungsbau nicht vermarktbar scheint (G116).

Die KapHag widmet darauf das Grundstück im Widerspruch zum Rahmenplan zu einem reinen Bürostandort um. Der Bezirk gibt seine Pläne für Wohnnutzung aber nicht auf. Die KapHag führt 1996 ein internes eingeladenes Gutachterverfahren durch, im Rahmen dessen sie sich einen innovativen Umgang mit der städtebaulich schwierigen Situation verspricht. Von den Architektenteams setzt sich Axel Schultes mit einem in seiner Höhe variierenden und an seinem höchsten Punkt über 70 m hohen Gebäudekomplex durch, den er aufgrund seiner ungewöhnlichen Form als „Spreefelsen" bezeichnet. Der Gebäudekomplex ist nach Norden steil abgeschrägt und erreicht in den unteren Geschossen eine Gebäudetiefe, die weit über die konventioneller Bürogebäude hinausgeht. Obwohl er eindeutig als Solitär entworfen ist und eine eigenständige Form aufweist, bezieht er sich in seiner Gesamthöhe grob auf die nördlich angrenzenden Punkthochhäuser einer Anlage des komplexen Wohnungsbaus. (G116)

Der Entwurf sprengt in Form und Gesamthöhe deutlich die Rahmenplanbeschlüsse[108]. Deshalb und wegen der gänzlich aufgegebenen Wohnplanung stößt er im Bezirk auf vehementen Widerspruch. Stadtentwicklungssenator Strieder, dem Projekt wohl eher zugeneigt, versucht zu vermitteln. (G105) Der Bausenat wiederum versucht zur Durchsetzung des KapHag-Konzepts, das Verfahren an sich zu ziehen, scheitert aber am Rat der Bezirksbürgermeister, den Friedrichshain für sich mobilisieren kann[109]. Eine Einigung kann damit den Bezirk nicht völlig übergehen. Schließlich wird Schultes von Strieder aufgefordert, die Gebäudehöhe auf die in der näheren Umgebung vorhandenen 65 m zu reduzieren und einen Wohnanteil von etwa 25 % — der Bezirk hatte 30 % gefordert — unterzubringen. Widerwillig macht Schultes schließlich mit, obwohl er die ästhetische Qualität des Gebäudes in Gefahr sieht (G108). Er entwirft ein Turmhaus für die Wohnnutzung, während der größere Ostteil des inzwischen „Spree-Sinus" genannten Komplexes ein Hotel und Büroflächen aufnimmt. Die inzwischen weitgehend abgestimmte Planung harrt — wie einige andere Projekte im Rahmenplangebiet — ihrer Umsetzung.

107 Die im Rahmenplan vorgesehenen Gebäude reichen über mehrere Grundstücke verschiedener Eigentümer. Während die KapHag in ihrem Projekt eine Bebauung anstrebt, stellen sich die Berliner Eigenbetriebe als Eigentümerinnen benachbarter Grundstücke zwischenzeitlich quer.

108 Nach Angaben der KapHag ist das Gebäude von Schultes weniger wirtschaftlich als beispielsweise das von Ingenhoven. Höhe und BGF traten aber in der internen Entscheidungsfindung gegenüber der Innovativität in den Hintergrund, die erst einmal den Standort ins Gespräch bringen soll. (G116)

109 Voraussetzung für den Eintritt des Senats ins Verfahren ist die gesamtstädtische Bedeutung des Verfahrens. Der Rat der Bezirksbürgermeister kann zu deren Feststellung eingeschaltet werden.

Eckbebauung Schillingbrücke

Der Rahmenplan sieht eine städtebauliche Akzentuierung des Grundstücks im Zusammenhang mit seinem Gegenüber als „Brückentor" an der Schillingbrücke für ein „hochwertiges Dienstleistungszentrum mit Uferpromenade" mit einer GFZ von 3,75 vor (Auswertung frühzeitige Bürgerbeteiligung V-61, Kenntnisnahme der BVV Fri Drs. 444/III vom 14.08.1996). Die Höhe der Bebauung soll von der niedrigeren Traufhöhe der Umgebung auf ca. 36 m an der Spreebrücke ansteigen. (S. 12)

Im Jahr 1995 werden der angestrebte Nutzungsmix und die Baukörperausformung für das Grundstück in einem kooperativen Verfahren präzisiert, in dem sich ein Entwurf der Architekten Nalbach&Nalbach durchsetzt. Neben 80 % gewerblichen Nutzungen (Einzelhandel, Gastronomie, soziale oder kulturelle Dienste, Büros, Hotel an der Schillingbrücke) sollen nun insbesondere am Spreeufer über gastronomischen Einrichtungen auch 20 % Wohnen untergebracht werden, wo lediglich eine Gebäudehöhe von 18 m erreicht wird. (S. 13) In Abweichung zum Rahmenplan dreht der Entwurf den Baukörper so, dass er sich nach Westen öffnet, u. a. auf die Hauptfassade eines denkmalgeschützten Pumpwerks auf dem Nachbargrundstück zu. Auf diese Weise werden die erforderlichen Abstände nach Westen eingehalten. Auf der Spreeseite ist eine 10 m breite Uferpromenade mit Treppenanlage zur östlich angrenzenden Schillingbrücke vorgesehen. Aus diesen Eckdaten leitet sich eine GRZ von 0,44 (unter Berücksichtigung von Tiefgaragen 0,83) und eine GFZ von 3,32 ab, die damit sogar etwas unter dem Wert im Rahmenplan liegt. (S. 14)

Mitte 1996 beschließt das Bezirksamt Friedrichshain die Aufstellung des Bebauungsplans V-61 (Vorlage 128/96), um „eine den Spreeübergang städtebaulich akzentuierende Bebauung als Dienstleistungsstandort mit Hotelnutzung und einem etwa 20 %igen Wohnanteil entstehen zu lassen, den Uferbereich der Spree als Teil des öffentlichen Spreeuferwanderwegs anzulegen, sowie Ersatzpflanzungen ... zu regeln." Im Verfahren wird auf die Unterversorgung der Umgebung mit Grünflächen hingewiesen. Die vorhandene Ruderalflur bedeckt etwa 40 % der Grundstücksfläche und findet Eingang in die Eingriffsbewertung. Für den nur teilweise ausgleichbaren Vegetationsverlust hält sie einen monetären Ausgleich für am sinnvollsten, auch wenn sie die Anpflanzung von Bäumen empfiehlt. (Rosinus 1997, S. 6 ff)

Auch im Umfeld des Bebauungsplans werden erhebliche Freiflächendefizite ermittelt, die sich durch die Neubautätigkeit und damit einen möglichen Bevölkerungszuwachs noch zu verschärfen drohen (Bezirksamtsbeschluss Friedrichshain 148/96 vom 30.07.1996). Die „Ausbildung der öffentlich zugänglichen begrünten Spreeuferpromenade" soll daher den „Bedarf an siedlungsnahen Grünflächen etwas verringer[n]", da die Verkehrslärmbelastung gegen eine weitere Ausbildung von Freiflächen spreche. (S. 10 f)[110]

110 An dieser Stelle soll mindestens darauf hingewiesen werden, dass die Fläche des Uferstreifens nur einen Bruchteil des Bedarfs darstellt. Bei einer Breite von 10 m erreicht der Uferstreifen im Bereich der Holzmarktstraße auf einer Länge von etwa 300 m selbst bei vollständiger Begrünung lediglich eine Fläche von 3.000 m². Das in der Bereichsentwicklungsplanung festgestellte Defizit im statistischen Gebiet 117 beträgt in der Summe für wohnungs- und siedlungsnahes Grün ca. 128.000 m² ohne Berücksichtigung des durch die Neubauvorhaben entstehenden Zusatzbedarfs.

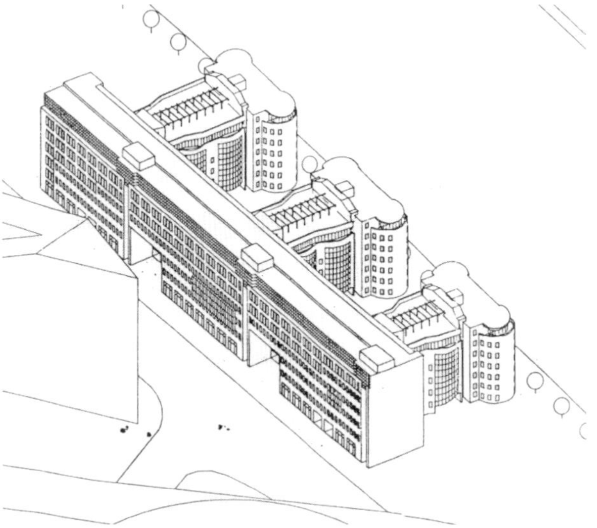

Abbildung:
Der genehmigte Entwurf der KapHag.
Quelle: Bezirksamt Friedrichshain.

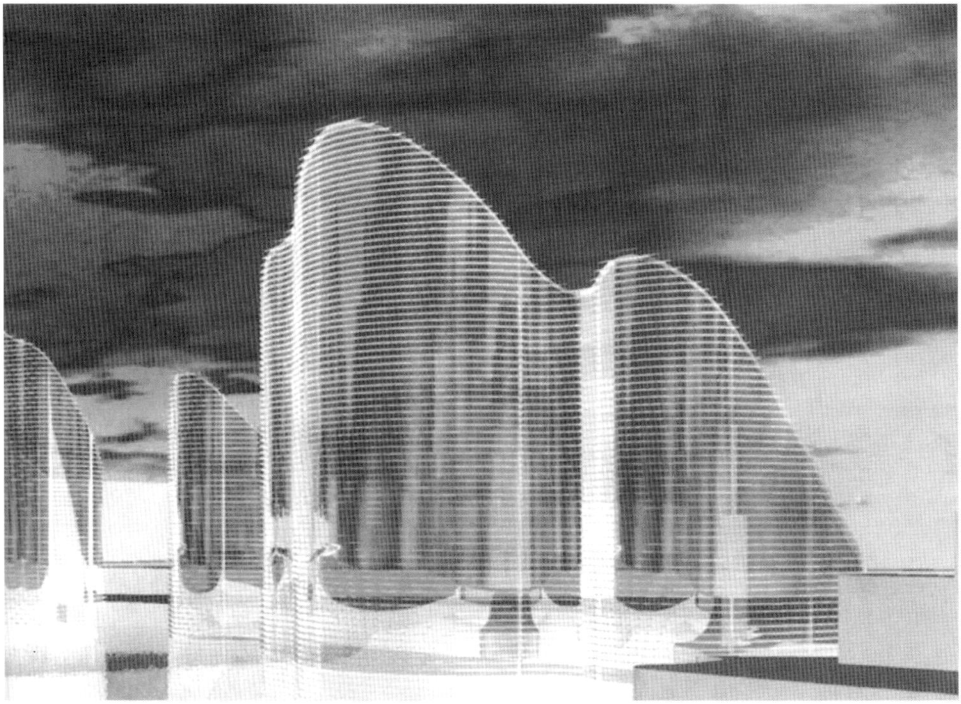

Abbildung: Das Spree-Sinus-Projekt, Ansicht. Quelle: KapHag o. J., S. 3.

Die im Sommer 1997 stattfindende Trägerbeteiligung bringt keine wesentlichen Änderungen mit sich. Insbesondere die Kritik des benachbarten Bezirks Kreuzberg, der auf Nutzungskonflikte mit den auf seiner Uferseite liegenden Gewerbeflächen hinweist und vor möglichen „Ausstrahlungseffekten" der Gebäudehöhe von 36,5 m warnt, wird mit dem Ziel des Rahmenplans zurückgewiesen, die Spreebrücken baulich zu akzentuieren.[111] Während auf die Lärmbelastung durch eine Abschirmung des Wohnens durch Büroflächen eingegangen wird, verebbt das Plädoyer der Senatsverwaltung für Stadtentwicklung und Umweltschutz für mehr Freiflächen. Der Bezirk bekennt sich zur Verdichtung des Bürostandorts an der Spree, so dass der Ufergrünzug das einzige Zugeständnis an das Freiflächendefizit vor Ort bleibt. Auch die Denkmalpflege scheitert mit ihrer Kritik an der im Gebiet unüblichen Gebäudehöhe, die sie im Rahmen von Überlegungen zum Umgebungsschutz eines unmittelbar westlich angrenzenden historischen Wasserwerksgebäudes äußert. (S. 22 f).

Das „Spreequartier" am Stralauer Platz

Das Bürogebäude von Helmut Jahn am Ostrand des Stralauer Platzes

In Verlängerung der Straße der Pariser Kommune ist die Errichtung einer Brücke vorgesehen, auf der die Straßenbahn nach Ausweitung des Netzes die Spree überqueren soll. Demnach ergibt sich eine weitere „Brückenkopf"-Situation, die für das Grundstück Stralauer Platz 35 früh als Standortqualität erkannt worden ist, da die Akzentuierung zu einer höheren Grundstücksausnutzung sowie einer leichten Wahrnehmbarkeit des Gebäudes im Stadtraum führt und das Grundstück dem Haupteingang des Ostbahnhofs-Gebäudes unmittelbar gegenüberliegt. Mit dem Verkauf des Treuhandgrundstücks an die OPUS Gesellschaft für Projektentwicklung mbH wird im Jahre 1991 eine städtebauliche Neuordnung eingeleitet. Die neue Eigentümerin beabsichtigt die Errichtung eines Büro- und Geschäftshauses „für die Ansiedlung eines internationalen Konzerns in Berlin" mit einem Bedarf von 40.000 m^2 BGF. (QO03, S. 1, S. 6)

In einem auf die Inhalte des Rahmenplans aufbauenden diskursiven Verfahren setzt sich in Werkstattgesprächen im Herbst 1993 ein Entwurf von Helmut Jahn durch, der die noch wenig prägnante Chiffre des Rahmenplans durch ein Gebäude mit Z-förmigem Grundriss ausgestaltet. Damit erreicht er eine starke Geschlossenheit zur stark befahrenen Straße im Norden mit Aufnahme der existierenden Bauflucht (Südkante des früheren Stralauer Platzes), eine Öffnung zum westlich gelegenen „Spreefenster" mit Vorplatz und ein Zurückspringen der Baumasse von dem östlich angrenzenden Park, dem er allerdings eine vorgeblendete Glasfront entgegenstellt, so dass eine „visuelle Kontinuität aller Freiräume" entsteht (QO03, S. 8).

111 Die Stellungnahme Friedrichshains führt jeweils Gegenbeispiele an, die die Kritik Kreuzbergs entkräften, so wesentlich näher am Industriegebiet gelegene Wohnungen und ein Planverfahren im Bezirk Mitte, wo die Höhenentwicklung keinen Ausstrahlungseffekt mit sich brachte.

Abbildung: Grundriss und Ansicht des Entwurfs von Helmut Jahn für den Stralauer Platz. Quelle: Architektenkammer Berlin 1996, S. 84.

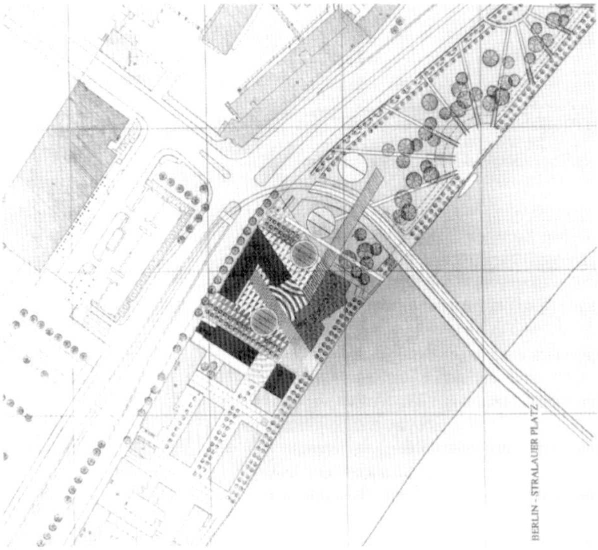

Das Gebäude staffelt sich an der Straße der Pariser Kommune bis auf eine Höhe von 56 m. Am westlichen Grundstücksrand wird die Traufhöhe des weniggeschossigen denkmalgeschützten Gebäudes durch einen Zeilenbau aufgenommen, der mit dem „Z“ einen „Stadtplatz“ („Spreefenster“ des Rahmenplans) bildet. Die Gutachter stellen vor allem die „großzügige Eingangshalle/Wintergarten, deren Höhe über alle Geschosse des Hauptbaukörpers reicht“, als Verbindung von Stadtplatz und Park positiv heraus. (QO03, S. 7)

Wegen der Akzentsetzung darf das für Dienstleistungen und Wohnen vorgesehene Grundstück das „blocktypische Nutzungsmaß“ im Bebauungsplanentwurf überschreiten (Bezirksamt Friedrichshain, Vorlage 234/93). Außer für die Festsetzung eines Kerngebiets, der Gebäudehöhe von sieben Geschossen entlang des Stralauer Platzes, bis zu

15 Geschossen im „Querbalken des Z" sowie fünf Geschossen für die westliche Brandwandbebauung und von Baulinien und -grenzen ist der Bebauungsplan außerdem für die Sicherung der „mindestens 22.00 m" breiten „öffentlich gewidmeten, durchgrünten, platzartig aufgeweiteten Durchwegung" und die Sicherung der hier ca. 15 m breiten Uferpromenade erforderlich. Er setzt also das Ergebnis des diskursiven Verfahrens als Baukörperfestsetzung um. (QO03, S. 12) Der Bezirk beruft sich bei der Beurteilung des Neubauvorhabens „vor allem [auf] die 18- bis 20-geschossigen Doppelwohnhäuser nördlich des Hauptbahnhofes, ... mit fast 70 m Gebäudehöhe" (QO03, S. 3), aber auch auf „die zu wahrende Maßstäblichkeit" des unter Denkmalschutz stehenden 1909 errichteten Gebäudekomplexes auf dem westlichen Nachbargrundstück (viergeschossiger Klinkerbau mit betontem Sockel und hohem Steildach, Dachgauben im Renaissancestil). (QO03, S. 4)

Mitte Februar 1994 wird bereits ein positiver Bauvorbescheid erteilt, mit dem 770 Wageneinstellplätze in drei Tiefgeschossen befürwortet werden (QO04). Die geplante frühzeitige Bürgerbeteiligung wird zunächst verschoben und entfällt schließlich sogar, da die Erörterungsveranstaltung vom 30.11.1993 keine wesentlichen Bedenken bringt. (Bezirksamtsbeschluss 356/94 vom 28.06.1994) Auch gegen dieses Vorhaben wendet sich das Bezirksamt Kreuzberg in der Trägerbeteiligung mit der Befürchtung, die Kerngebietsfestsetzung könne negative Ausstrahlungseffekte auf Kreuzberg entfalten, doch weist der Bezirk Friedrichshain die Bedenken unter Verweis auf die geplante Kerngebietsnutzung zurück. (QO05, S. 14) Das Eingriffsgutachten führt zu Ausgleichsmaßnahmen auf dem Grundstück und in seiner Umgebung, auch wenn die Forderungen des bezirklichen Naturschutz- und Grünflächenamts nach einem Abbau des Freiflächendefizits im Quartier nicht vollständig erfüllt werden. (QO05, S. 13)

Parallel zur Absicherung des Bebauungsentwurfs im Planverfahren entsteht ein Konflikt über die Freiflächengestaltung auf dem Grundstück. Bereits im Jahre 1994 beantragt der Investor die Fällung auf dem Grundstück vorhandener Pappeln mit einem Kronendurchmesser von bis zu 12 m. Während die Senatsverwaltung und das bezirkliche Naturschutz- und Grünflächenamt für ihren Ersatz am Ufer „einheimische, ufertypische Gehölze ..., v. a. Weiden, Erlen, Eschen, Ulmen" (QO06) anstreben, legt der vom Investor beauftragte Landschaftsarchitekt Walker eine völlig andere Freiflächenplanung vor. Sie sieht drei runde Wasserbecken westlich und östlich des Z-förmigen Hauptbaukörpers, eine Mosaikpflasterung großer Teile der Freiflächen und eine Doppelbaumreihe von Säuleneichen vor, die den „Stadtplatz" von Norden nach Süden durchquert und besser mit der Architektur von Jahn korrespondiere. Ende 1997 wird ein Vergleich erzielt, in dem sich der Landschaftsarchitekt weitgehend durchsetzt.

Ende 1995 ist im Rahmen der Bebauungsplanauslegung die Höhe des Gebäudes auf inzwischen 58 m angestiegen. (QO07, S. 16) Die mit der Höhe des Baukörpers entstehende Abstandsflächenunterschreitung wird mit der Notwendigkeit einer Wiederherstellung der historischen Blockstruktur und mit der „städtebauliche[n] Notwendigkeit des Wintergartens" im offenen Eingangsbereich als „prägendes Merkmal des Bauvorhabens" begründet. (S. 20 ff) Die Auslegung findet kaum öffentliches Interesse. Lediglich der Naturschutzbund wendet sich detaillierter gegen einzelne Festsetzungen. Er kritisiert den hohen Versiegelungsgrad und die hohe Anzahl von Tiefgaragenstellplätzen, die aber angesichts des Ziels aus dem Flächennutzungsplan, in der Innenstadt einen hohen ÖPNV-Anteil zu erreichen, auf 270 begrenzt wird. Die Anregung, auch Wohnnutzungen unterzubringen, wird mit dem Verweis auf das Gutachterverfahren und die Festsetzung als Kerngebiet zurückgewiesen. Der Wunsch nach bepflanzten schrägen Uferbereichen steht wiederum im Widerspruch zum Ziel der Senatsverwaltung für Stadtentwicklung und Umweltschutz, an der „Inneren Stadtspree" eine Promenade mit „harte[r] Uferkante" zu verwirklichen. (QO08, S. 4 ff, SenStadtUm 1995)

Obwohl die Eigentümerin im Jahre 1997 mit dem Berliner Gasversorger GASAG über die Ansiedlung von dessen Hauptverwaltung verhandelt, wird das kostenaufwendige Projekt nicht begonnen, nachdem sich die GASAG für einen anderen Standort entschließt und die Büroflächenkonjunktur sich nicht wesentlich erholt. Seine Realisierung steht bis heute aus.

Das Gutachterverfahren zum „Spreequartier"

Erst nach dem östlichen Nachbargrundstück wird mit dem Bereich Stralauer Platz 29-34 der westliche Teil des Blocks in einem kooperativen Gutachterverfahren beplant. Wegen des vorhandenen Bestands (denkmalgeschütztes Backsteingebäude der ehemaligen Berliner Gasanstalt aus der Wende zum 20. Jhdt., fünfgeschossiges Gemeindehaus der St.-Andreas-Gemeinde aus den 1920er Jahren) finden sich für die größtenteils landeseigenen Grundstücken keine Investoren, die schnelles Interesse an einer Verwertung bekunden. (QO09, S. 9)

In einer vorausgehenden Vertiefung des Rahmenplans wird der in west-östlicher Richtung langgestreckte Block mit dem Jahn-Grundstück in vier etwa gleich große Planungsbereiche geteilt, jeweils von beinahe quadratischer Form. Der westlichste soll ein Büro- und Geschäftshaus als „Brückenkopfgebäude" an der Schillingbrücke aufnehmen, der daran östlich anschließende Wohnungsbau am Spreeufer und Büronutzung mit Integration erhaltenswerter Gebäude am Stralauer Platz. Der dritte Bereich ist für eine Transformation des Baudenkmals mit Erweiterung für eine gewerbliche Nutzung vorgesehen. Über diese Nutzungszuschreibung definiert das abgestimmte städtebauliche Strukturkonzept von Bezirk und Senat auch Baumassenverteilung, Höhenentwicklung und Freiflächenstruktur. Für alle drei Planungsbereiche wird u. a. die Aufnahme der Bauflucht an der Südkante des Stralauer Platzes und entlang der Schillingbrücke, die maßstabbildende Einbeziehung der denkmalgeschützten Backsteinbauten, eine Durchwegung in Längs- wie in Querrichtung sowie eine Uferpromenade von ca. 10 m Breite gefordert. An der Schillingbrücke wird ein Akzent von 30 m Höhe, für den anschließenden Bereich eine Anpassung der Gebäudehöhe an den Bestand und die Nachbarbebauung und für den Bereich der ehemaligen Gasanstalt eine Orientierung an der historischen Bebauung festgelegt. (S. 17)

Das Gutachterverfahren soll darauf aufbauend „der Entwicklung einer räumlich-strukturellen Gesamtkonzeption für die Quartierbebauung" und in einer zweiten Stufe der Entwicklung konkreter Gebäudeentwürfe dienen. (S. 16) Während der Werkstattgespräche im Herbst 1995 wird die Idee einer Längsdurchwegung des Gesamtquartiers aufgegeben. Ansonsten werden die Vorgaben konsequent umgesetzt. Für Bereich 1 resultiert ein klassisches Karree mit Ziegelfassade und sehr zurückhaltender Akzentuierung an der Schillingbrücke und am Ufer, im Bereich 2 entsteht die Idee eines Komplexes mit H-förmigem Grundriss, der seine Öffnungen nach Westen und Osten hat. Im Bereich 3 werden einzelne Bestandsgebäude durch Ergänzungsbauten für ein „Zentrum für Zukunftsenergien" zusammengefasst. Der gesamte Hof soll dabei mit einem „Atrium" überglast werden, das stark über den am Stralauer Platz integrierten Altbau hinausragt. In der Weiterbearbeitung wird deshalb auf Betreiben des Bezirksamts die Höhe etwas reduziert und das Dach so gestaltet, dass es aus dem öffentlichen Raum weniger auffällig ist (G105).

Das „Urban Center Postbahnhof"

Die Fläche des ehemaligen Postbahnhofs mit denkmalgeschützten Gebäuden („Ankunftspackkammer", „Abgangspackkammer" und andere Bahnhofsanlagen) wird durch die Aufgabe der Bahnhofsnutzung zum Umstrukturierungsstandort. Die Post AG erkennt schnell, dass eine kerngebietstypische Verwertung nach Abriss der weniger wertvollen Bausubstanz an den Rändern des Blocks nur dann realistisch ist, wenn die Denkmale intensiv nachgenutzt und die bei deren Instandsetzung und Umbau entstehenden Kosten durch die Erträge einer relativ hohen Büronutzfläche auf dem Rest des Grundstücks erwirtschaftet werden können (G103). Sie beauftragt ein Architekturbüro mit der Ausarbeitung von Varianten (QO19, S. 5). In Weiterentwicklung der Idee der „Spreefenster" und anderer Rahmenplanziele versucht es, den Straßenraum durch Bebauung klar zu fassen, das Postareal über „Funktions- und Sichtachsen" mit der Umgebung zu verbinden und die Spree aus dem Gebiet heraus erlebbar zu machen. In Abweichung vom Rahmenplan hält es eine „stadträumliche Markierung des Bahnhofsbereichs durch Höhendominanten" für erforderlich, die in allen Varianten mehr oder minder ausgeprägt vorkommt (ebd.).

Die planerischen Berater der Post AG empfehlen im Vorfeld der Schaffung von Planungsrecht ein diskursives Verfahren unter Beteiligung des Senats und des Bezirks, das in ähnlicher Form bereits im Falle des „Spreequartiers" mit Erfolg angewendet wurde. Im Herbst 1997 legt daher die Post AG ihre Planungsansätze zum ersten Mal in einem Arbeitsgespräch mit Vertretern der beiden Senatsverwaltungen und des Bezirksamts Friedrichshain der öffentlichen Verwaltung vor. Die Akteure beharren auf ihren bereits früher im Rahmenplanprozess festgelegten Zielen (Senat: Gebäudehöhen, städtebauliche Wiedergewinnung des Stralauer Platzes, Begrenzung des Einzelhandels zugunsten von Büros, Bezirk: Wohnanteil, Verkehrsbegrenzung). Während der von den Beratern vorgelegte städtebauliche „Strukturplan" konsensfähig ist, der außer den Baudenkmalen im Gegensatz zum Rahmenplan keine Gebäude erhalten und damit die Öffnung des Geländes zur Spree verstärken will, ist die städtebauliche Gestalt des Bahnhofsumfelds für die Beteiligten nicht hinreichend definiert, so dass sie sich durch das diskursive Verfahren eine Präzisierung versprechen. (QO19)

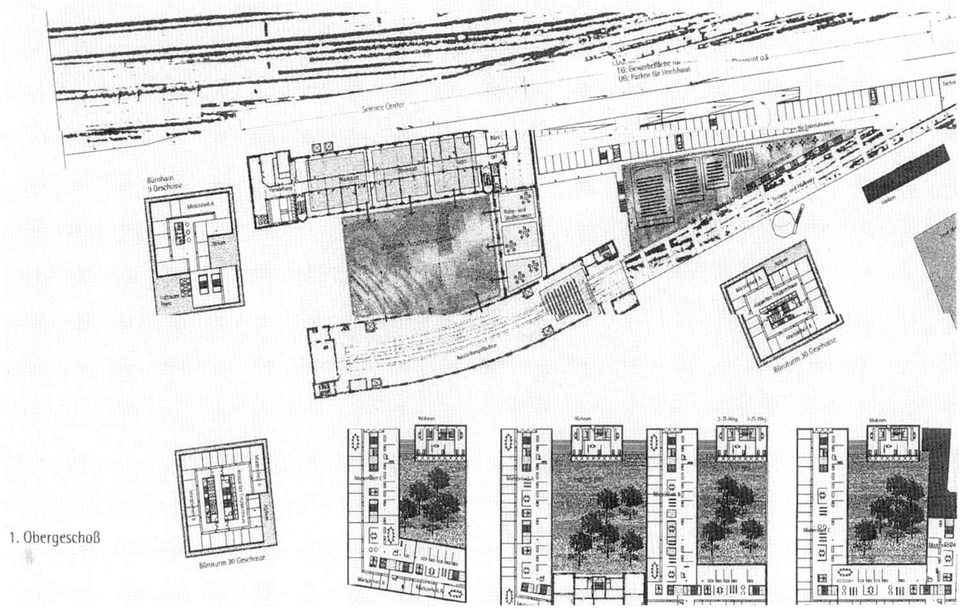

Abbildung: Grundriss des Entwurfs von léonwohlhage für das UCP. Links unten im Bild zu sehen ist der Grundriss des möglichen Hochhauses an der Südostecke des Bahnhofsvorplatzes, der unmittelbar links des Bildausschnitts liegt. Am oberen Bildrand die sich östlich an den Ostbahnhof anschließenden Gleisanlagen.
Quelle: Stadtplanungsamt Friedrichshain.

Zu dessen Vorbereitung wird eine Projektgruppe eingerichtet, die das Jahr 1998 mehrfach tagt. Zwischen den Beteiligten sind Konflikte hinsichtlich der Bebauung und Nutzung des Bahnhofsvorplatzes, der Sichtachsen, der Einzelhandelsflächen, der Höhenentwicklung und des Denkmalschutzes zu klären. (QO20) Dagegen besteht Einigkeit über das grundsätzliche Nutzungsspektrum, das Büros, Wohnen, Einzelhandel sowie Freizeit- und Erlebniseinrichtungen in einer dichten Bebauung integrieren soll. Die Post AG legt aufgrund der Nachnutzungsmöglichkeiten der Denkmale sowie des Standorts Wert auf „Erlebnisankerfunktionen“, Themengaststätten und die Schaffung großzügiger Aufenthaltsbereiche, die zwar ihre Identität aus den lokalen Gegebenheiten schöpfen, aber überregionale Anziehungskraft entfalten sollen. Obwohl das städtebauliche Umfeld wenig attraktiv ist, werden Lage und Verkehrsanbindung als geeignet für ein derart ehrgeiziges Konzept angesehen. Angesichts des ersten von der Post AG vorgelegten Flächenprogramms mit einem Gesamtumfang von 150.000 m² BGF — bei einer Grundstücksfläche von etwa 45.000 m² eine GFZ von etwa 3,3 — wird ein gesonderter Workshop vereinbart, der die Gestaltung des noch mit einem städtebaulich problematischen Parkdeck überbauten Bahnhofsvorplatzes, Dichten und Dominanten behandeln soll. (QO21)

Das Flächenprogramm der Post AG wird schließlich zugunsten des Wohnens leicht abgewandelt, so dass die Auslobung des diskursiven Verfahrens einen Neubau von etwa 80.000 m² Bürofläche und 24.000 m² Wohnfläche (20 % der Neubauten) bei einer Freizeitnutzung von etwa 40.000 m² vorsieht. Städtebauliche Dominanten „sollen sowohl städtebauliche Qualität als Gruppierung erhalten, als auch gestalterisch eigene identitätsbildende Adressen ermöglichen.“ (QO22)

Am Verfahren nehmen sechs Büros teil. In mehreren Werkstattgesprächen im Winter 1998/99 werden ihre Entwürfe weiterentwickelt. Verschiedenste städtebauliche Herangehensweisen werden in ihnen deutlich, die unterschiedlich stark auf Hochhäuser setzen. (QO23) Die Abschlusssitzung der Jury kommt zu keiner eindeutigen Entscheidung.

Den Büros léonwohlhage und Böll+Krabel wird schließlich die Gelegenheit zu einer weiteren Überarbeitung gegeben. Mit einem auffälligen Hochhaus am Stralauer Platz und zur Mühlenstraße hin offenen U-förmigen Blöcken stoßen Böll+Krabel wegen der Lärmbelastung an der Mühlenstraße auf Widerspruch. Der Entwurf von léonwohlhage weist dagegen geschlossene Blöcke und ein Hochhaus im Grundstücksinnenbereich auf, verzichtet aber auf eines am Stralauer Platz, das die Jury im Werkstattverfahren empfohlen hatte. Nachdem Léon und Wohlhage der Jury durch die Wiedereingliederung des Hochhauses am Stralauer Platz entgegenkommt, können Böll und Krabel ihr Problem entwurflich nicht hinreichend lösen, so dass erstere als Sieger gekürt werden. (QO24, QO25, QO26, Tagesspiegel 18.06.1999)

Die Post AG ist auf einen Investor angewiesen, so dass sich das Verfahren verzögert. Aus dem Bezirk kommt Widerstand gegen ein 120 m hohes Hochhaus, das endgültig den Rahmenplan sprengt, und wegen der unterschiedlichen Höhen nicht als Torsituation mit dem Jahn-Gebäude begriffen werden kann, obwohl das Werkstattverfahren die Teilnehmer deutlich in die Richtung des städtebaulichen Akzents gedrängt hat. Im Rahmen der weiteren Diskussionen des Entwurfs steht die Kürzung des Hochhaus-Entwurfs auf etwa die Hälfte seiner Höhe zur Debatte, ohne dass eine endgültig rechtsverbindliche Entscheidung gefällt würde. (G108, G117). Eine Realisierung ist nicht abzusehen.

Bis zum Ende der Legislaturperiode ergeben sich nur geringe bauliche Veränderungen im ehemaligen Wettbewerbsgebiet. Die Vorsicht der Investoren scheint weiter zu dominieren. Außer dem Minerva-Haus am Bahnhofsvorplatz, der Erweiterung des Komplexes der Dresdener Bank und einem Neubau der Wasserbetriebe zeichnet sich lediglich die Realisierung des Kopfgebäudes an der Schillingbrücke ab, die aber erst im Jahre 2000 erfolgt und dem Gebiet einen ersten baulichen „Impuls“ gibt. So bleibt die für das Gebiet wohl markanteste Veränderung der Bahn überlassen, die den gesamten Bereich der südlichen Bahnhofseingangshalle modernisiert hat. Erst im Jahr 2002 kommt mit der Realisierung des „Zentrums für Zukunftsenergien“ wieder Bewegung in die Entwicklung des Quartiers.

Das Umfeld des Ostbahnhofs (02/2001).
Abbildungen von oben nach unten:
Blick auf das Brückenkopf-Gebäude an der Schilling-Brücke, Blick auf den Bereich des „Spreequartiers“, Blick auf das Gelände des ehemaligen Postbahnhofs.

Fortsetzung: Die Lange Straße mit dem Neubau der Dresdener Bank im Hintergrund, Baulücke an der Ecke Lange Straße / Straße der Pariser Kommune mit den angrenzenden Punkthochhäusern.

Akteure und Ziele

Planende Verwaltung

Bezirksamt

Mit zwei Einleitungsbeschlüssen für Bebauungspläne bekundet das Bezirksamt Friedrichshain bereits sehr früh nach der Vereinigung ein Interesse an der planerischen Steuerung einer zu erwartenden investorengetriebenen baulichen Entwicklung (G105). Der Versuch einer „Wiederherstellung der historischen baulichen Situation" des Stralauer Platzes weicht angesichts der Kritik der Senatsbauverwaltung schnell der bezirksinternen Einigung auf die Klärung der Ziele in einem Wettbewerb. Freiflächenbezogene Positionen wie z. B. die Rettung der East-Side-Gallery werden von Anfang an formuliert und bleiben weitestgehend unwidersprochen.

Die durch das Wettbewerbsergebnis neu entstandenen bzw. ausdifferenzierten Ziele des Bezirksamts betreffen sowohl die Freiflächenanordnung als auch die städtebauliche Gestalt. Es handelt sich um die „Idee der Spreefenster", die Realisierung einer Spreeuferpromenade von 10-15 m Breite, die grobe Nutzungsverteilung mit einer Konzentration von Wohnen im Südwesten in einem Kerngebiet sowie „die Akzentuierung von Brückenköpfen" bei einer Höhe von bis zu etwa 35 m (G105, G108). Dabei sind lediglich die „Spreefenster" und die „Brückenköpfe" für das Bezirksamt neu. Die Grobheit der auf diese Weise festgelegten Orientierung ist der enormen Größe des Standorts und seiner Entwicklungsperspektive über viele Jahre geschuldet. Dennoch betrachtet das Bezirksamt das überarbeitete Wettbewerbsergebnis auch als Richtschnur für die Beurteilung der Einzelprojekte.

Das Bezirksamt folgt seinem Gestaltungsanspruch insofern, als es beinahe sämtliche anstehenden Projekte in Bebauungsplanverfahren zu konkretisieren sucht. Damit hat es aber nicht automatisch die Initiative für die Konkretisierung der Rahmenplanaussagen. Der gesamte Bereich südlich der Bahntrasse hat für die Senatsverwaltungen weiterhin einen derart großen Stellenwert bei der Wiedergewinnung eines Stadtraums und der Belebung eines nachgeordneten Dienstleistungsstandorts, dass die Investoren selbst in städtebaulich vermeintlich eindeutigen Situationen in Gutachterverfahren gezwungen werden. Auf sie kann der Bezirk nur beschränkt Einfluss nehmen, nämlich in der Mitwirkung an einer Vorbereitung der Gutachterverfahren, in denen städtebauliche Rahmenbedingungen zwar in Anlehnung an den Rahmenplan festgeschrieben werden, aber auf die letztendliche Entscheidung im Gutachterverfahren nicht in allen wesentlichen Fällen durchschlagen.

Die schleppende Entwicklung vor Ort lässt das Bauvorhaben der OPUS an der Straße der Pariser Kommune zwischenzeitlich zu einem Schlüsselprojekt werden, das als Impulsgeber fungieren soll. In der Entscheidung darüber werden die markante Form, die vielversprechende Glasfront zum Park und dessen Vergrößerung um einen weiteren Grundstücksteil ausschlaggebend für die Veränderung der angestrebten Höhe. Der Bezirk lässt sich darauf ein, die Fortsetzung der Höhenstruktur entlang der Straße der Pariser Kommune entgegen den ursprünglichen Aussagen des Rahmenplans zur Bestätigung einer Höhe von etwa 60 m am Brückenkopf zu machen und hält diese Veränderung angesichts der Bedeutung des Grundstücks und der „Vorzeigbarkeit" der Jahnschen Architektur für hinnehmbar. In weiteren Einzelprojekten hält der Bezirk zwar an den Höhenvorstellungen zunächst fest, ist aber angesichts der sich entwickelnden Gegenposition des Senats zur Herausbildung von Kompromisspositionen genötigt. Dies betrifft zunächst das Schultes/KapHag-Projekt Spreefelsen/Spree-Sinus, das die Baukörpertypologie des Rahmenplans völlig sprengt und daher zunächst wegen seiner Höhenentwicklung abgelehnt wird. Der Bezirk verlegt auch hier seine Orientierung auf die in der nördlichen Nachbarschaft stehenden Punkthochhäuser aus der DDR-Zeit und lässt sich auf eine kooperative Weiterbearbeitung des Projekts ein. Eine kooperative Haltung wird durch die Verhandlungsstrategie des Architekten mit erzwungen, der den Bezirk als innovationsfeindlich zu brandmarken droht. Auch in diesem Fall werden Kompromisslinien gefunden, die die Vorbereitung eines Initialprojekts erlauben, aber die Veränderung der Rahmenplanaussagen rechtfertigen (Reduzierung der Höhenentwicklung). Bei der Entwicklung des Urban Centers Postbahnhof spielt der Bezirk nur noch eine kleine Rolle. Die Promotoren berufen sich auf die gegenüber dem Rahmenplan veränderten Bedingungen (Aufgabe des Standorts, Verwertungsnotwendigkeit). Der Bezirk lässt sich auf eine akzentsetzende und für die Instandsetzung der Baudenkmale offenbar notwendige Hochhausbebauung ein, akzeptiert aber die nun an gesamtstädtischen Vergleichsbauten orientierte Höhe nur widerwillig und mit der Ankündigung von weiteren Überarbeitungsforderungen, die schließlich einen Kompromiss hervorbringen sollen.

Der Bezirk kann freiflächenbezogene Ziele des Rahmenplans, die nicht umstritten sind, als Forderungen in die Bearbeitung von Einzelprojekten einspeisen und durchsetzen. Darüber hinaus ist er gezwungen, im Einzelfall seine Höhenvorstellung aufzugeben und jeweils andere Bezugspunkte für die Rechtfertigung einer neuen Höhe heranzuziehen. Die zunehmend verzweifelteren Versuche der Investoren, durch spektakuläre Projekte Attraktivität in einem umkämpften Markt zu schaffen, entfernen sich immer stärker vom Ordnungskonsens des Rahmenplans, der von einigen Akteuren immer weniger für geeignet erachtet wird, die Entwicklung nicht nur zu steuern, sondern auch zu ermöglichen (G103). Damit erodieren die Ordnungsvorstellungen des Bezirks immer weiter, der ursprünglich von einer Wiederherstellung der Vorkriegsbebauung im Sinne der „Kritischen Rekonstruktion" ausgegangen war und schließlich unter Mithilfe des Senats eine beinahe schon als eitel zu bezeichnende Parade unterschiedlichster städtebaulicher Vorstellungen hinnehmen muss, die sich nur bedingt zu einem städtebaulich geordneten Ganzen fügen. Die „Steuerungsprobleme" haben auch mit der erheblichen Verkehrsbelastung und zerschneidenden Wirkung des Hauptverkehrsstraßenzugs Holzmarktstraße-Stralauer Platz-Mühlenstraße zu tun, die sowohl Einzelentscheidungen über die Eignung von Grundstücken für Wohnnutzung o. ä. als auch über die Schaffung städtebaulicher Akzente maßgeblich beeinflusst. Ein Teilerfolg ist dem Bezirk bei der Durchsetzung eines Wohnanteils im Projekt Spree-Sinus beschieden, doch gelingt dies nur mit hohem Aufwand.

Senatsverwaltung für Bau- und Wohnungswesen

Die Entwicklung des Spreeraums ist von Anfang an zentrales Ziel der Bauverwaltung unter ihrem Senatsbaudirektor Stimmann, der ihn bezirksübergreifend zu einem bedeutenden Arbeitsplatzstandort machen will (QO01). Dennoch liegt die Initiative zunächst bei der Stadtentwicklungsverwaltung. Die Bauverwaltung ist im Nachgang zum Wettbewerb einbezogen und stellt die Umsetzbarkeit des Konzepts in den Mittelpunkt. Darüber hinaus formieren sich die Ziele vorrangig bezogen auf die Einzelvorhaben.

Stimmann und die Bauverwaltung sind in die Gutachterverfahren südlich der Bahntrasse einbezogen und bestimmen auf diese Weise die Konkretisierung der Entwurfsziele mit. Bei der Auswahl des Jahn-Entwurfs trägt sie die Vergrößerung der Gebäudehöhe mit und betrachtet das Projekt ebenfalls als möglichen Schlüssel für eine Initialzündung bei der Entwicklung des Gesamtstandorts. Angesichts der ablehnenden Haltung des Bezirks gegenüber der Spree-Sinus-Bebauung greift die Bauverwaltung wohl unter dem Druck der KapHag und mit dem Ziel der Förderung spektakulärer Architektur zum letzten Mittel und versucht, es an sich zu ziehen. Die Mobilisierungsfähigkeit gegen den Senat zeigt die Durchsetzungsfähigkeit des Bezirks Friedrichshain — und wohl auch die angespannte Situation zwischen Senat und den Bezirken. Ähnlich wie der Jahn-Entwurf wird auch das Gutachterverfahren für das UCP ohne starke Selbstbindung auf den Rahmenplan vom Bausenat verfolgt.

Die von der Rahmenplanvorgabe abweichenden zunehmenden Höhen entstehen in Gutachterverfahren und sind letztlich indirektes Resultat von Dichtevorstellungen, die im Vorfeld zwar nicht zwingend festgeschrieben werden, aber dennoch als Vorgabe für die beteiligten Architekten angesehen werden können. Sie gehen wiederum aus gutachterlichen Testentwürfen und Tragfähigkeitsüberlegungen von Investoren hervor. In den Verfahren steht die Ausbildung von attraktiven öffentlichen und privaten Freiräumen mit im Mittelpunkt, so dass die Realisierung der angestrebten Dichte nur über die Höhenentwicklung erreichbar ist. Bezug auf die Ordnungsvorstellungen des Rahmenplans wird dabei regelmäßig dann genommen, wenn freiflächenbezogene oder die bauliche Grundstruktur betreffende Ziele thematisiert werden, nicht dagegen bei sich heraushebenden Akzenten[112].

Die von der Bauverwaltung auf eine Tragfähigkeit der Planungsziele hin ausgerichteten Überlegungen setzen sich im Zweifelsfall über die Rahmenplanung hinweg. Dies gilt auch für die inzwischen bei der Bauverwaltung angesiedelte Verkehrsverwaltung, die die Sicherung des Hauptverkehrsstraßenzugs betreibt und einen weitergehenden Rückbau der Straße verhindert, womit der Streifen zwischen Spree und Straßentrasse seine Lage am Wasser nur bedingt ausspielen kann. So entsteht die erwähnte bezuglose Ansammlung von Einzelprojekten mit Zustimmung der Senatsbauverwaltung. Sie kann für sich reklamieren, die Vorhaben durch die Konstruktion der Verfahren weitestgehend zu beeinflussen, allerdings mit Ausnahme des Spree-Sinus. Da der Standort für die als rigid betrachtete Fassadenpolitik Stimmanns kaum eine Rolle spielt und dieser ab 1995 in der Stadtentwicklungsverwaltung sitzt, wird eine weitaus größere Bandbreite von Fassaden und mitgetragen, zumal die Ausrichtung an einer bestehenden Struktur nicht erforderlich ist.

Senatsverwaltung für Stadtentwicklung und Umweltschutz

Für die Stadtentwicklungsverwaltung ist die Entwicklung des Standorts um den Hauptbahnhof einerseits im klassischen Sinne innerstädtische Konversion, die der Wiedergewinnung eines durch Krieg und Teilung abgewerteten Orts dient. Andererseits obliegt ihr die Steuerung der Entwicklung aufgrund einer informellen Arbeitsteilung mit der Senatsbauverwaltung zusammen mit anderen Großstandorten im Ostteil der Stadt. Die für den Stand-

112 Dies trifft für die Projekte Spree-Sinus, OPUS und Urban Center Postbahnhof gleichermaßen zu.

ort entwickelten Leitvorstellungen richten sich nach dessen neu gewonnener Lagequalität, die ihn wegen der Verkehrsanbindung und der hohen MIV-Belastung als Kerngebiet prädestiniert erscheinen lassen. Wegen seiner unauffälligen Rolle im Stadtgefüge ergibt sich daraus eine Dichtevorstellung, die einem „normalen" Kerngebiet mit einem gewissen Wohnanteil entspricht (G110). Über diesen Zielkanon hinaus verfolgt die Stadtentwicklungsverwaltung lediglich ihr überall gültiges Ziel einer Öffnung von Uferbereichen für die Öffentlichkeit.

In den städtebaulichen Wettbewerb werden die genannten Ziele präzise und unmissverständlich eingespeist. Dies ist nur möglich, da eine konkrete Nutzungsabsicht noch kaum vorhanden ist und das Gebiet mithin keinen Vorzugsstandort für Investoren darstellt. In der folgenden Rahmenplanphase stehen wieder stark baulich-räumliche Strukturen im Mittelpunkt der Bearbeitung, die nicht so stark auf die Initiative der Stadtentwicklungsverwaltung zurückgehen. (G098)

Gerade für die Stadtentwicklungsverwaltung ist die Veränderung der Rahmenplanziele erstaunlich, da sie im zeitlich davor liegenden Wettbewerb federführend ist. Sowohl Dichtewerte als auch Gebäudehöhen werden bei der Entscheidung über Einzelvorhaben in Steuerungsrunden nach oben korrigiert, Wohnanteile verringert. Die Portionierung der Entwicklung in eine Reihe von Teilprozessen erlaubt dennoch stets die Herstellung eines Bezugs zum Rahmenplan, der entweder als geringfügig verändert interpretiert oder angesichts vorher nicht absehbarer Entwicklungen als anpassungsbedürftig angesehen wird. Das städtebauliche Strukturbild des Rahmenplans bleibt als handlungsleitend erhalten, doch werden seine expliziten Ziele stark überprägt.

Eine Bewertung des Erfolgs wird durch die ständige Weiterentwicklung der Ziele der Stadtentwicklungsverwaltung erschwert. Zieht man die Aussagen des Rahmenplans als Grundlage heran, so bleibt als Erfolg die Neuordnung einer städtebaulichen Grundstruktur, die im Wesentlichen das Prinzip der Aufteilung von nichtbebauten, in Traufhöhe bebauten und darüber hinausragend bebauten Flächen definiert. Weitergehende Ziele lassen sich nicht halten. Die Entscheidungen werden billigend in Kauf genommen, wohl auch in der Vorstellung, dass die jeweils dafür eingehandelten städtebaulich-freiraumplanerischen Qualitäten bedeutender sind als die Konservierung einer theoretisch ausgearbeiteten Baukörperanordnung für einen in seiner realen Entwicklung zum damaligen Zeitpunkt noch kaum abschätzbaren Großstandort. Ein weitergehender städtebaulicher Steuerungsanspruchs wird damit allerdings aufgegeben und die Abhängigkeit der Stadtproduktion vor Ort von der Maßstäblichkeit, Geschwindigkeit und den Nutzungstrends derjenigen Investoren in Kauf genommen, die derart große und kaum in den *mental maps* der meisten Stadtbenutzer verankerte Standorte überhaupt zu entwickeln bereit und in der Lage sind. Dies muss nicht negativ bewertet werden, steht aber im Widerspruch zu der noch im städtebaulichen Wettbewerb vorherrschenden Vorstellung von Stadtproduktion.

Politische Gremien

BVV Friedrichshain

Früh bildet sich ein Konsens über den Erhalt der East-Side-Gallery, der nie in Frage gestellt wird. Mit dem Stadtplanungsamt will die BVV eine Öffnung des Bezirks zur Spree und dafür eine Einbeziehung des Denkmals in Umstrukturierungspläne. (ABau / Stadtgestalt / Verkehr / Umwelt 27.06.1991) Der von SenStadtUm durchgeführte Wettbewerb trifft im Wesentlichen die Vorstellungen der BVV. Zwar werden auf Initiative des Bündnisses Friedrichshain früh lokale Interessen wie die Festlegung der Berliner Traufhöhe und eine Erhöhung des geforderten Wohnanteils auf 50 % angemahnt und ökologische Maßstäbe gefordert, doch wird ein formaler Beschluss nicht gefasst (ABau... 21.05.1992). Die BVV begleitet den Rahmenplanungsprozess aber loyal zum Bezirksamt, da die wesentlichen Ziele durch den Wettbewerb (vgl. Spreefenster, Traufhöhe, Wohnen) abgesichert werden (ABau... 19.01.1993, 06.04.1993, 28.10.1993, 21.03.1995).

Die BVV konzentriert sich einerseits darauf, zusammenbrechende Industriestandorte zu halten oder wiederzubeleben, andererseits auf die Geltendmachung lokaler Verträglichkeitsüberlegungen. In diesem Sinne stellt auch der Bereich um den Ostbahnhof eine Chance auf Investitionsvorhaben und gleichzeitig die Wiederherstellung eines Stadtraums dar, gegen die die BVV nicht grundsätzlich interveniert. Sie erreicht ihre Ziele teilweise, ist aber wie das Bezirksamt mit der allmählichen Erosion des Rahmenplans und der fortschreitenden Aufgabe „behutsamer" lokaler Ziele konfrontiert, die immer stärker einer Addition von Einzelprojekten zum Opfer fallen. Eine „Kritische Rekonstruktion" unterbleibt.

Investoren

KapHag

Die KapHag ist als einheimischer Investor mit den Verwertungsmöglichkeiten des Markts vertraut. Es scheint daher kein Zufall zu sein, dass sie von der TLG den Zuschlag erhält, im Gebiet einen Standort mit einem hohen angepeilten Wohnanteil übernimmt und ihre Kalkulation auf den Rahmenbedingungen des öffentlich geförderten Wohnungsbaus aufbaut. Das Grundstück scheint die Potentiale der südwestorientierten Wasserlage unter der Bedingung zu bieten, dass die Lärmbelastung der Hauptverkehrsstraße eingedämmt und eine innenstadtorientierte Nachfragerschicht gefunden wird. Die Veränderung der Marktsituation vereitelt diese Pläne. Die KapHag operiert allerdings häufiger an schwierigen Standorten mit innovativen architektonisch-städtebaulichen Ideen. Sie schert aus dem kooperativen Verfahrenskonsens vor Ort aus und versucht eine Entwicklung auf eigene Faust gegen die Nutzungs- und Höhenziele des Rahmenplans. Damit stellt sie sich vehement gegen den Bezirk und muss auf Senatsebene mit dem Argument der Schaffung von Arbeitsplätzen operieren. Die in der schwachen Büroflächenkonjunktur kaum nachvollziehbare Argumentationsbasis, die konfrontative Haltung gegenüber dem Bezirk sowie dessen Mobilisierungsfähigkeit vereiteln eine einfache Übernahme der Planung durch die Senatsbauverwaltung und erzwingen eine Wiederaufnahme von Verhandlungen. Die innovative Architektur eines angesehenen Architekten schafft die Voraussetzungen, den eher auf konventionellere städtebauliche Formen aus dem Rahmenplan abzielenden Bezirk zur Entwicklung von Kompromissen zu bewegen.

Die Aufgabe des bereits genehmigten Projekts wird von exogenen Rahmenbedingungen verursacht. Angesichts der Beharrlichkeit des Bezirks muss die KapHag von ihren inzwischen völlig auf Büroflächen orientierten Nutzungsvorstellungen abgehen und den Entwurf auch in seiner Höhenentwicklung überarbeiten. Ihr isoliertes Handeln ohne echte Bündnispartner und an Möglichkeiten einer gemeinsamen Entwicklung mit dem Bezirk vorbei schwächt die Durchsetzungsfähigkeit außerordentlich. Die geringe Bedeutung des Standorts und das bescheidene Niveau, auf dem sich exponierte Akteure im Senat mit dem Projekt unter Erfolgsdruck gesetzt haben, sowie die Rechtsposition des Bezirks verhindern eine Durchsetzung mit dem Senat und gegen den Bezirk. Dennoch wird die ablehnende Haltung des Bezirks gegenüber dem Projekt unter Berufung auf die Chancen, die in einem architektonischen Experiment liegen, aufgebrochen. Auf diese Weise gelingt es der KapHag, die vor Ort gültige Höhenkulisse weiter aufzulösen und ein Abgehen von den Rahmenplanfestlegungen als vertretbar erscheinen zu lassen.

OPUS

Die OPUS wählt einen Brückenkopf als Standort, der sich überdies in einer strategisch günstigen Lage in Sichtweite des Bahnhofsgebäudes und unmittelbar an den weiter östlich geplanten Park befindet. Im Vorfeld verfügt die Gesellschaft über konkrete Interessenten, die die angestrebte Baumasse von 40.000 m² BGF mitbestimmen. Der Kauf von der Treuhand im Jahre 1991 liegt in der Phase großer Entwicklungserwartungen in Berlin. Die O-PUS ordnet sich einem Verfahren unter, das ihr weitreichende Entscheidungsmöglichkeiten offen hält. Als der Jahn-Entwurf ausgewählt ist, versucht sie jedoch, das zu errichtende Gebäude mit hohem wirtschaftlichem Risiko en bloc zu vermarkten. Als diese Versuche scheitern und sich Leerstandsprobleme am Berliner Büromarkt abzeichnen, bleiben der Investorin am Standort keine Perspektiven für eine Pionier-Investition in einer noch kaum am Markt etablierten Lage. Parallel dazu geht die Ausdifferenzierung der städtebaulichen Details weiter. Hier gelingt es der Investorin, neben dem für seine auffällige und aufwendige Glasarchitektur bekannten Helmut Jahn den ebenfalls international renommierten Landschaftsarchitekten Walker zu gewinnen. Das Gespann soll die Vermarktbarkeit des wenig prominenten Ort sicherstellen.

Mit der Wahl des Jahn-Entwurfs sind die wesentlichen Aussagen über die städtebauliche Lösung getroffen. Die hohe Verdichtung kann nur aufgrund der transparenten Gebäudefassade und unter vertraglich zugesicherter Bereitstellung eines Grundstücksteils für den angrenzenden Park durchgesetzt werden. Zu diesen Konzessionen ist die Investorin bereit, während die entwurfliche Haltung der Architekten auch gegen den Widerstand von Teilen des Bezirks durchgesetzt wird. Die OPUS setzt angesichts der Schlüsselrolle, die ihrem Projekt zugeschrieben wird, eine gegenüber dem Rahmenplan vergrößerte Gebäudehöhe durch. Eine Einhaltung der freiflächenbezogenen Rahmenplanziele ist hinnehmbar, da sie sich letztlich weder auf die Verwertbarkeit des Grundstücks auswirkt noch dessen Attraktivität mindert. Mit der Durchsetzung der gestalterischen Konzepte gegen den Bezirk dienen sie sogar deren Steigerung. Das vorläufige betriebswirtschaftliche Scheitern der Investorin bei der Vermarktung des Grundstücks kann wohl kaum in einen direkten Zusammenhang mit der städtebaulichen Lösung gebracht werden. Diese ist aber angesichts der äußerst aufwendigen Eingangshalle sicher mitverantwortlich dafür, dass unter ungewissen Vermietungsbedingungen und bei sinkenden Mieten ein Projekt zurückgestellt wird, das einem prominenten Großnutzer bei seiner Selbstdarstellung behilflich sein soll. So hängen Marktsituation und städtebaulicher Anspruch doch zusammen, und die Durchsetzungsfähigkeit der Investorin könnte sich nachträglich als einer Realisierung abträglich herausstellen.

Post AG

Die Post AG tritt nach der Aufgabe ihres Standorts schnell zu dessen Vermarktung an und begibt sich dabei auf ein Terrain, auf dem sie als Akteur noch kaum bekannt ist. Die Potentiale des Grundstücks ergeben sich aus der Nachnutzungseignung der denkmalgeschützten Postgebäude, der Lagebedingungen mit starker Verlärmung der Mühlenstraße und der Rahmenplanaussagen. Der relativ spät eingeleitete Planungsprozess nimmt dabei den Konsens der früheren Projekte zur Kenntnis (Spreefenster), bringt aber neben den sich ergebenden Freizeit- und Wohnnutzungen von Seiten der Post AG Büroflächen ins Spiel, deren Umfang noch variabel ist, aber im Laufe des Verfahrens möglichst hoch angesetzt werden soll. Die Vorfestlegung der BGF für Büros ist ein Versuch, den als maximal durchsetzbar eingeschätzten Umfang über Tragfähigkeitsforderungen der Post AG bereits in das Verfahren einzuspeisen (G103). Bei der Auswahl des zu realisierenden Entwurfs stehen die Individualität des Projekts und dessen „Wahrnehmbarkeit“ sowie die Qualität der Freiflächen im Mittelpunkt. Die Post AG ist hierauf im Besonderen angewiesen, da sie ohne einen Mitinvestor finanziell nicht in der Lage ist, das Areal umzustrukturieren.

Durch die von den übrigen Akteuren akzeptierte Setzung der BGF-Werte und die Bindungen durch den Bestand wird eine Stabilisierung der anfangs geäußerten Nutzungsvorstellungen der Post AG erreicht. Das diskursive Gutachterverfahren bindet alle Akteure der öffentlichen Hand stark ein und macht sie damit frühzeitig zu Mitentscheidern. Auf diese Weise werden abweichende städtebauliche Vorstellungen früh in ihrer Wirkung geschwächt. Dennoch deuten sich nach Abschluss des Verfahrens, das entgegen aller Rahmenplanaussagen ein 120 m hohes Bürohaus produziert und damit droht, das Gleichgewicht der städtebaulichen Akzente im Gebiet aus den Fugen geraten zu lassen, Widerstände von Seiten des Bezirks an (G117). Vordergründig scheint es so, als sei es der Post AG auf ihrem wenig bekannten Grundstück gelungen, die öffentliche Hand zum Einsatz relativ weitgehender Mittel in der Umstrukturierung und Popularisierung des Geländes zu bringen, doch bleibt die tatsächliche Zukunft des Standorts ungewiss.

Berater

Gutachter

Unter den Gutachtern sind insbesondere die AGS und die FfH zu nennen, die Inputs für den städtebaulichen Wettbewerb liefern, weiter das Büro Eichstädt, das für den Bereich östlich der Straße der Pariser Kommune rahmenplanerische Aussagen entwickelt, und nicht zuletzt weitere Fachgutachter, die zu vereinzelten Fragen Stellung beziehen. Im frühen Stadium nach der Vereinigung sind die AGS und die FfH relativ frei von Bindungen durch Vorentscheidungsprozesse damit betraut, Empfehlungen für den Standort abzugeben. Dabei lässt sich die AGS von der Einschätzung des Standorts als Kerngebiet leiten, die im Konsens mit den leitenden stadtentwicklungspolitischen Strukturvorstellungen der in der öffentlichen Verwaltung wie privatwirtschaftlich tätigen Planer steht und später in den Flächennutzungsplan Eingang findet. Die FfH ist für vorsichtige Prognosen der Einzelhandelspotentiale bekannt, zeigt aber in ihrem später im Bezirk teilweise umstrittenen Gutachten (G108) zusätzlich, dass sie bei der polyzentralen Entwicklung der Stadt bereits etablierten vitalen Standorten den Vorzug gibt, also vorrangig Einkaufsstraßen oder Straßenknoten mit „Hinterland".

Die von den Gutachtern abgegebenen Empfehlungen werden in die Entscheidungsprozesse von der öffentlichen Hand eingearbeitet. Eine intensivere Verfahrensbegleitung findet anscheinend nicht statt. Die voneinander abweichenden Aussagen der Gutachten stehen wie im Falle des Einzelhandels bezuglos nebeneinander und dienen der Bestätigung der Akteure in ihren eigenen Einschätzungen. Demgemäß entwickeln sich auch die Empfehlungen zwangsläufig nicht weiter. Sie entfalten weitreichende Wirkungen, indem sie die Entwicklungsperspektiven des Standorts über die Wettbewerbsauslobung mitbestimmen. Zwar wird die GFZ-Empfehlung im Einzelfall verlassen, doch beruft sich der Bezirk auf die Wohnnutzungsanteile, während Anstrengungen für eine offensive stadtentwicklungspolitische Aufwertung des Areals zum Einzelhandelsstandort durch den Senat unterbleiben.

Verfahrenssteuerer

Im Laufe der verschiedenen Teilprozesse tauchen angesichts der Komplexität der Akteurslandschaft und besonderer Umstände Verfahrenssteuerer auf, die sich stärker zu etablieren beginnen und zunächst lediglich die Dienstleistung „Konsensproduktion" mit den Instrumenten Dokumentation, Koordination und Nachbereitung anbieten, dabei aber ihre eigenen Vorstellungen über den Prozess einzubringen verstehen und eine nicht zu unterschätzende inhaltliche Rolle spielen. Im Rahmen ihres Auftrags formulieren sie keine städtebaulichen Ziele. Dieser Auftrag und damit ihr Erfolgskriterium ist die Bereitstellung von Informationen, die für alle formal am Verfahren beteiligten Akteure gleichermaßen Grundlagen zu einer fairen und effektiven Beteiligungsmöglichkeit liefert, sowie die Herstellung eines kooperativen Arbeitszusammenhangs. Mehrfach wird daher ein diskursives Gutachterverfahren gewählt, das die Möglichkeit der schrittweisen Entwicklung und Nachbesserung der Ergebnisse gibt. Diese Vorgehensweise scheint angesichts des weitgehenden Fehlens von Orientierungspunkten aus dem Bestand angemessen.

Die Verfahrenssteuerer sind allerdings keineswegs inhaltlich neutral. Zum ersten vertreten sie aus der Logik ihres Auftrags und ihres Selbstverständnisses heraus Kompromissfindungsprozesse, die nur dann möglich sind, wenn Entwicklungspotentiale auch einer Verwertung zugeführt werden. Zum zweiten bringt ihre berufliche Prägung im Baubereich eine Präferenz für bestimmte städtebauliche Prinzipien. Insbesondere die professionelle Auseinandersetzung mit Investorenkonzepten und deren Tragfähigkeit lässt sie zu Anwälten einer restriktionsarmen Steuerung von Entwicklungsprozessen werden, um der Notwendigkeit der Eigenprofilierung, die Investoren in Zeiten eines härteren Wettbewerbs um Nutzer verstärken, Rechnung tragen zu können. Über die Steuerung des Verfahrens treten sie als Berater des Bezirks und in der Erarbeitung von Verfahrensgrundlagen auch als Berater von Investoren auf.

Das Beispiel der KapHag, die versucht hat, sich einem Verfahren des beschriebenen Typs zu entziehen, zeigt, dass die Verfahrenssteuerer im Hinblick auf die Schaffung von Handlungsfähigkeit erfolgreich sind und beschleunigend wirken können, indem vorab bereits Konflikte entschärft und mögliche Gegner befriedet werden. Auch die Reduzierung der Rahmenplaninhalte auf wenige *essentials* bei gleichzeitiger Zulassung größerer städtebaulicher Vielfalt bestätigt die Herangehensweise, kann aber auch als Resignation vor der geringen Attraktivität des Standorts gewertet werden.

Entwurfsarchitekten[113]

Die ersten Projekte am Standort reihen sich in die in den frühen 1990er Jahren in Berlin stark befürwortete „steinerne Moderne“ ein, weisen aber größere Differenzierungen hinsichtlich der Fassadenstruktur und Baumassenverteilung auf, als es beispielsweise in der dicht bebauten Friedrichstadt der Fall ist. Mit der Entscheidung für den Jahn-Entwurf auf dem OPUS-Grundstück übernehmen stärker mit Glas gestaltete Fassaden die Vorherrschaft, und skulptural geformte Baukörper werden zur Selbstdarstellung des Investors oder seiner Idee entwickelt (Jahn-Gebäude, Solarzentrum, Spree-Sinus). Weiterhin wird das konventionelle Verhältnis zwischen Gebäude und Freiflächen allmählich aufgelöst, das seit dem Niedergang der Moderne wieder stark durch die auch für „Investorenarchitektur“ zweckmäßige Kombination von Blockrandbebauung und Hof geprägt ist (Spree-Sinus, Urban Center Postbahnhof)[114]. Die sämtlich über konkurrierende Verfahren ermittelten Entwurfsarchitekten bedienen relativ eng die Ziele der Investoren und der öffentlichen Hand. Spektakulär-innovative Architektur wird von der KapHag und der OPUS eingefordert, und das Werkstattverfahren zum UCP zeigt deutlich, dass die Entwürfe auf einen neuen städtebaulichen Akzent hingetrimmt werden können. Der Schlüssel zur Autonomie der Entwurfsarchitekten liegt daher bereits in der Konstruktion des Auswahlverfahrens und der Vermarktungsstrategie des Investors.

Öffentlichkeit

Bewohner, Nachbarn, Bürger

Unter den Bewohnern besteht zwar ein Interesse an der Entwicklung des Standorts, doch entwickelt sich erst allmählich und getragen von Aktivitäten im benachbarten Bezirk Kreuzberg eine formierte Öffentlichkeit, die den anstehenden Verdichtungsprozess wegen seiner Tendenz kritisiert, Freiflächen zu bebauen. Nachdem Vorentscheidungsprozesse mit erheblichem Aufwand vom städtebaulichen Wettbewerb bis zu Gutachterverfahren für Einzelprojekte ohne Beteiligung Außenstehender und ohne genauere Kenntnis über deren Entwicklungsvorstellungen für den Großstandort vorangetrieben worden sind, kommt den Bebauungsplanverfahren in der Regel lediglich die Funktion der Umsetzung zuvor festgelegter Ziele zu. Die formale Beteiligung werden nur von einer äußerst geringen Anzahl von Bürgern genutzt. Auffällig in den wenigen schriftlichen Stellungnahmen ist aber von Anfang an die Kritik an Versiegelungsmaßnahmen und der Überbauung von Freiflächen.

113 Nicht auf jedem Standort sind die Freiräume der Architekten so groß, dass eine produktive Analyse ihrer Ziele möglich wäre. Deshalb soll hier eher versucht werden, eine Zusammenschau für den Standort charakteristischer Herangehensweisen und deren Entwicklung im Planungsprozess zu liefern.

114 Dies mag allerdings hier mit den besonderen Bedingungen des Standorts zu erklären sein. Während das Spree-Sinus-Grundstück keinen rechtwinkligen Grundriss aufweist, ist das Postgelände teilweise von den Bestandsgebäuden determiniert.

Fachöffentlichkeit, Medien

Ähnlich gering ist das Interesse der Fachöffentlichkeit und der Medien. Trotz der Entwürfe, die noch weit stärker von den Vorstellungen der Fachöffentlichkeit abweichen, als dies beispielweise bei der Jahn-Bebauung auf dem Victoria-Gelände der Fall war, und trotz einer erheblichen Veränderung der Rahmenplanaussagen wird die Entwicklung vor Ort kaum diskutiert. Unter den Gründen hierfür kommen die größere Anerkennung Helmut Jahns in Berlin, dessen weiterentwickelte Entwurfssprache, die Unattraktivität des Gebiets und das Desinteresse am Standort, dessen geringer Bestand, der durch Neubebauung konterkariert werden könnte, der geringe Informationsgrad in der Fachöffentlichkeit und die wenig dynamische reale Bautätigkeit in Frage.

Konflikte und ihre Bewältigung

Konflikte

Höhe

Während der Rahmenplan klare Auskünfte zum Höhenprofil des Standorts gibt, wird die Höhe in den Einzelprojekten durch die etwas vage angedeutete De-Facto-Öffnungsklausel hinsichtlich der Akzentuierug von Brückenköpfen erstmals in Frage gestellt. Die Notwendigkeit einer Initialzündung auf dem devastierten Gelände südlich der Bahntrasse und das Bewusstsein von einer Notwendigkeit der Konkretisierung des Rahmenplans trifft zusammen mit einem veränderten Akteursspektrum, so dass die Neudefinition der Höhe am Jahn-Gebäude einer Erosion der Verbindlichkeit der Rahmenplanziele nachfolgt. Die Einigung im OPUS-Wettbewerb scheint weniger hinsichtlich ihrer Höhe umstritten als in Bezug auf die Angemessenheit der Architektur für den Standort[115] (G105, G108). Dennoch liegen in der Kopplung der Höhe mit der erhofften Aufwertung des Orts, der transparenten Öffnung auf den Park, der Grundstücksabgrenzungsregelung und der Bezugnahme auf die Gebäudehöhe an der Straße der Pariser Kommune Anknüpfungspunkte für eine Rechtfertigung der Abweichung vom Rahmenplan durch andere „Gewinne", die das Projekt verspricht.

Der zweite Höhenschub erfolgt in einem Milieu der Veränderung gegenüber der frühen Wettbewerbsphase. Eine weitere Distanzierung ist auf die inzwischen realisierten Hochhäuser in der Stadt, die zwischenzeitliche Aufgabe der Nutzung auf dem Postgelände und die veränderten Strategien des Senats zurückzuführen, der zwischenzeitlich sogar gesamtstädtisch insbesondere auf nachgeordneten Standorten nur schwache Entwicklungserfolge vorweisen kann[116]. Wie im OPUS-Verfahren wird die Höhe der Gebäude im Post-Areal durch Vorabstimmungen und schließlich das diskursive Verfahren bestimmt. Dabei verdichtet sich allerdings die Frage der Höhe auf die letzten Überarbeitungsschritte, die aufgrund von

115 Der Bezirk ist ob der kritischen Einschätzung Stimmanns gegenüber dem Entwurf verstimmt, der ihn für zu ehrgeizig für den Standort hält (G105, G108).

116 Dies betrifft sowohl die Entlastungszentren am S-Bahn-Ring, aber beispielsweise auch die schleppende Entwicklung am Alexanderplatz.

städtebaulich-kompositorischen Erwägungen die große Höhe im öffentlichen Raum besonders wirksam werden lassen. Im Falle des Spree-Sinus wird die Höhe autonom durch den Entwurfsarchitekten städtebaulich-kompositorisch bestimmt und trifft auf die Ablehnung des nicht ins Verfahren einbezogenen Bezirks. Die weitere Abstimmung ist von extremer Zuspitzung gekennzeichnet und erfordert zunächst die Wiederherstellung einer Gesprächsbasis, auf der schließlich der Grad der möglichen Abweichung von den eigenen Vorstellungen erschlossen wird, um überhaupt zu einer Einigung zu kommen.

Mit der Verdreifachung des kommunikativen Zielbestimmungsprozesses (Rahmenplan, Vorbereitung des Wettbewerbs, Wettbewerb) werden Plattformen der Konsensbildung geschaffen. Das Eingehen der Akteure auf die erste Höhenabweichung ist allerdings zumindest auch auf die Mobilisierungskraft der neuen Perspektive und der vergleichsweise geringen Auswirkungen der Höhensteigerung zurückzuführen. Dies zeigt das Verfahren zum Post-Areal, in dem der neue Höhensprung fachlich-verfahrensintern vollzogen wird, aber im Bezirk auf Widerstand stößt, da er neben den Rahmenplanzielen auch dessen zurückgenommene Metaziele (Abstimmung der über der Traufhöhe liegenden Gebäude, Akzente an Brückenköpfen) zu sprengen droht. Der Fall Spree-Sinus bringt eine Höheneinigung, bei der beide Parteien das Gesicht wahren können. Die konfliktive Situation ist dadurch entstanden, dass die einzelnen Akteure die Lösung nicht in einem gemeinsamen Verfahren produziert haben. Sie sind zu einem Kompromiss gezwungen, um Handlungsfähigkeit zu beweisen und eine Situation zu vermeiden, in der an ihnen vorbei entschieden wird. Dies gilt insbesondere für den Bezirk.

Dichte und Freiflächenversorgung

Im Lauf des Planungsprozesses werden die Dichtewerte ständig präzisiert. Die Verfahrensbeteiligten sehen die entstehenden Erhöhungen als logische Weiterentwicklung an, bisweilen wegen veränderter Rahmenbedingungen (Postbahnhof). Die Dichte ist also Gegenstand einer ständigen Neubestimmung durch die Einzelentscheidungen. Dieser Suchprozess wird durch die Investoren angetrieben, die geringfügige Dichtezunahmen für ihr Grundstück auf ihre Konsensfähigkeit testen und im Abstimmungsprozess bestätigen lassen.

Die aktive Freiflächenversorgungspolitik am Standort wird durch massive Forderungen einzelner Nutzer eingeschränkt. Trotz der verzögerten Bebauung formiert sich Widerstand. Politische Reaktionen darauf sind autonome und tastende Anpassungen der Versorgungspolitik, die Spannungen im Prozess vermeiden sollen, gehen aber nicht auf eine konsensuale Zielbestimmung mit den Gegnern zurück.

Damit wird die Dichte im Rahmen der Entscheidungsfindung durch Neuvergewisserung auf die Verträglichkeit des veränderten Rahmens im Konsens der Verfahrensbeteiligten bestimmt. Widerstände können angesichts der konfliktarmen Verständigung im engeren Kreis der Beteiligten weitgehend unberücksichtigt bleiben. Die Freiflächenversorgung bringt Konzessionen an die Gegner, da diese sich zunehmend im eigenen Bezirk befinden und die lokale Verantwortung der bezirklichen Politik in Frage stellen könnten.

Einfügung und städtebauliche Komposition

Die Frage der Einfügung und städtebaulichen Komposition wird im Vorfeld des städtebaulichen Wettbewerbs zum Konflikt. Der mit Einzelprojektideen konfrontierte Bezirk reagiert mit dem Bekenntnis zur Wiederherstellung historischen Straßen- und Platzräume. Die rudimentären städtebaulichen Spuren stabilisieren das Wettbewerbs- und Rahmenplanergebnis nicht hinreichend, so dass Einfügung und Komposition wegen der gewandelten Rahmenbedingungen und des Gestaltungswillens der Investoren in den Einzelverfahren erneut verhandelt werden.

Der städtebauliche Wettbewerb bringt den Ordnungsanspruch der öffentlichen Hand in einen Rahmen, der aufgrund der Größe des Gebiets die Teilnehmer zu einer Reduzierung auf städtebaulich-strukturelle Fragen geradezu zwingt. Auch im Nachgang wird das Ergebnis durch holzschnittartige Prinzipien von Verfahren zu Verfahren weitergereicht. Angesichts dieser großflächigen Herangehensweise ist die Zurückdrängung kompositorischer Ausbrüche oder besonderer Dominanten wenig aufwendig, wenn auch in der Jury umstritten (G110). Erst das scheinbare Scheitern dieses Ansatzes, die Erosion der Wettbewerbsziele auf ihre Essentials, die als Vorbild vorgeführten Überarbeitungen und die von den Investoren gewünschte Individualität ihrer Projekte bringt eine Ideenvielfalt hervor, die sich gegen die Unterordnung gegen den als Restriktion empfundenen Rahmenplan (G103) richtet und zusehends den Blick auf das einzelne Grundstück lenkt. Sofern dies im diskursiven Prozess geschieht, bleiben die Ordnungsmuster des Rahmenplans grundsätzlich erhalten (Spreequartier). An Schlüsselstellen werden sie dagegen durchbrochen (Postareal) oder grundsätzlich in Frage gestellt (Spree-Sinus). Die Konsensfindung ist im Nachlauf jeweils von den umfangreichen Vorentscheidungsprozessen überlagert, und es entsteht ein Entscheidungsdruck, unter dem die vom Bezirk vertretenen Rahmenplanziele, die standortpolitischen Ziele des Senats und die Vermarktungsziele der Investoren abzuarbeiten sind.

Wegen des schleppenden Entwicklungsverlaufs haben die Investoren eine günstige Verhandlungsposition. Dennoch können die Konflikte gegen den aktiven Bezirk nicht einfach durch Separatfrieden zwischen Senat und Investoren bewältigt werden. Die Kompromisse zwingen allerdings die Vertreter der Rahmenplanziele über den gesamten Entwicklungsprozess hinweg zu einer schrittweisen Aufweichung ihrer eigenen Position.

Nutzungsart

Die Einigung auf einen beachtlichen Wohnanteil und dessen Verortung im Gebiet erfolgt vor dem Hintergrund der vorher und parallel laufenden Debatten um die Durchsetzungsfähigkeit von Wohnen in der Friedrichstadt und der Standorteinschätzung als weniger bedeutsames Nebenzentrum weitgehend konfliktfrei. Dagegen wird die Umsetzung der einzelnen Projekte zur eigentlichen Nagelprobe. Die veränderten Förderkonditionen und das dadurch ausgelöste Scheitern des KapHag-Projekts bringt die Umorientierung des Investors hin zu hohen Büroflächenanteilen, die auf eine unveränderte Position des Bezirks und eine Krise am Büroflächenmarkt stoßen. Ganz anders die Situation auf dem Postareal: Hier determinieren die Nachnutzungsfähigkeit der Bestandsgebäude, ihr Denkmalwert und die wenig attraktive Lage für Wohnnutzungen das mögliche Nutzungsspektrum von vornherein stark. Damit tauchen größere Konflikte trotz zunächst offener Nutzungsverteilung nicht auf.

Die KapHag geht offen in die Konfrontation und isoliert sich lange Zeit. Erst durch Intervention an höherer Stelle baut sie einen Entscheidungsdruck auf, der im Zusammenhang mit den anderen Konflikten ausgetragen wird. Im Falle des Postareals gelingt es, die Tragfähigkeit eines Konzepts ohne Büroflächen in größerem Umfang zu bestreiten, so dass sich angesichts des Aufwertungsziele der öffentlichen Hand Änderungen der Flächennutzungen und deren Anordnung auf Zweckmäßigkeitsüberlegungen im diskursiven Verfahren beschränken.

Die KapHag muss im Kompromiss eine Überarbeitung mit Wohnanteil zusichern. Sowohl für den Investor als auch für den Bezirk bleibt aber weiterhin eine Rückzugsmöglichkeit offen. Im Falle des Postareals entsteht scheinbar eine höhere Verbindlichkeit durch die präzise Nutzungszuordnung des ausgewählten und überarbeiteten Konzepts. Da lange ungewiss bleibt, ob die Post AG einen Investor finden wird, besteht aber weiterhin Spielraum für Veränderungen.

Freiflächengestaltung

Auch in der Freiflächengestaltung stoßen Aussagen für den Gesamtstandort auf dazu im Widerspruch stehende Präzisierungen bei den Einzelvorhaben. Dabei sind die Spreefenster und die Promenaden weitgehend unkritisch. Lediglich die Freiflächengestaltung des OPUS-Projekts hat eine hinreichende Detaillierung erfahren, dass darüber hinaus gehende Konflikte auftauchen konnten. Die nebeneinander stehenden Konzepte werden innerhalb des Amts bewertet. Dabei spricht für den späteren Entwurf offenbar weniger die Zwangsläufigkeit seiner Argumentation (gewählte Baumart passt besser zur Architektur), sondern die Reputation des Landschaftsarchitekten.

Der Konflikt wird innerhalb des Bezirksamts bewältigt, wobei ein Kompromiss nicht möglich ist. Die Konzeption des Investors ist an dieser Stelle insoweit schlüssig, als die Gegenargumente nicht ausreichen, um eine unnötige Auseinandersetzung sinnvoll erscheinen zu lassen. Die städtebauliche Argumentation des federführenden Stadtplanungsamts reiht sich in die an anderer Stelle in der Stadt ein (Vielfalt der Ufergestaltung ist vorrangig oder hinnehmbar) und obsiegt gegenüber einer freiraumplanerischen des Naturschutz- und Grünflächenamts.

Bündnisse und Gegnerschaften

Bündnisse

Die beteiligten Akteure schließen jeweils Bündnisse auf Zeit oder über Partiallösungen. Während der Wettbewerbsphase bringt die Abstimmung zwischen den Senatsverwaltungen und dem Bezirk eine Einigung auf eine moderate Kerngebietsentwicklung mit relativ hohem Wohnanteil, die zumindest die Planer und Architekten in allen Verwaltungen hinter sich vereint. Die entwicklungseuphorischen Akteure sind mit anderen Projekten beschäftigt, die informelle Zuständigkeit der Stadtentwicklungsverwaltung für das Areal bringt eine Art zeitliche Pufferung vorschneller Ideen, und das Gebiet ist kaum attraktiv für die Herausbildung einer Stadtkrone. Nichtsdestoweniger wird es als bedeutende Potentialfläche gesehen. Die Stabilität der beteiligten Akteure über diese erste Phase hinweg wird sichergestellt durch den Wechsel von Mitarbeitern der Senatsbauverwaltung in die freie Wirtschaft, in der diese dann beratend für den Bezirk tätig sind. Inhaltliches Bindeglied des Bündnisses ist die gemeinsam gesehene Notwendigkeit, das Gebiet „aufzuwerten" und aus dem Grenzstreifen wieder einen lebendigen Stadtteil zu machen. Deshalb wird die Reetablierung von unspektakulären städtebaulichen Ordnungsmustern bei gleichzeitigem Erhalt der East-Side-Gallery und der Schaffung von Verbindungen zwischen den Bezirken Kreuzberg und Friedrichshain als sinnvollste Strategie angesehen – ohne sich über den Zeithorizont einer Realisierung im Klaren zu sein[117].

Das Wettbewerbssiegerteam gliedert sich in das Bündnis ein, da es die gestellten Anforderungen ideal zu erfüllen scheint und darüber hinaus städtebauliche Akzente setzt, die klar formuliert, vielversprechend, angemessen und relativ einfach durchzusetzen sind (Bsp. Spreefenster). Es liefert wirkungsmächtige Grundlagen für die spätere Konkretisierung durch andere Gutachter und wird bei der Entscheidungsvorbereitung über östlich angrenzende Flächen einbezogen.

Im Bezirk existieren zwar unterschiedliche Auffassungen über Einzelfragen, doch verbinden die grundlegenden Entwicklungsziele die zuständigen Akteure im Bezirksamt und die BVV weitgehend. Damit entsteht ein handlungsfähiges bezirksinternes Bündnis über Teillösungen bzw. Oberziele, das Abstriche vom ursprünglichen Ziel einer Wiederherstellung des städtebaulichen Vorkriegszustands machen muss, aber die vertretenen Rahmenplanergebnisse als dessen zeitgemäße Weiterentwicklung auffassen kann. Das inhaltliche Auseinanderdriften, das angesichts der Notwendigkeit entsteht, Ziele im Realisierungsprozess zu präzisieren, wird dabei durch die Berater und deren Verfahrenslösungen weitgehend eingedämmt. Die intensiven Vorbereitungsphasen der einzelnen Entscheidungsverfahren binden die an der Rahmenplanerarbeitung beteiligten Akteure weiter ein und sorgen so dafür, dass mögliche Widerstände frühzeitig aufgrund der gemeinsamen Einsicht in die Notwendigkeit von Abweichungen im Detail und einer ständigen Neuverständigung auf die Interpretation des Rahmenplans entschärft werden können. Auf diese Weise gelingt es, den Rahmenplankonsens stark auf die gewandelten oder sich erst später zeigenden Investorenwünsche auszudehnen und anzupassen sowie dies mit neuer Legitimation zu versehen. Am Verfahren zum Postareal ist der Interpretationsspielraum offenbar an seine Grenze geraten, und das Bündnis verliert seine Bindekraft.

Indifferente Verhältnisse

Die wesentlichen Akteure, die das Planungsverfahren vorantreiben, aber dennoch nicht zum oben skizzierten Bündnis zu rechnen sind, sind die Berater. Sie nehmen eine Mittlerrolle zwischen den beteiligten Verwaltungen ein sowie eine zwischen öffentlicher Hand und

117 Dies ist insofern bedeutsam, als die Akteure sich einem Rückbau des für die Entwicklung des Gebiets äußerst problematischen Hauptverkehrsstraßenzugs mit dem Argument nicht stellen, dass der Zeithorizont der Realisierbarkeit ungewiss sei und man daher das Konzept nicht von einer gesamtstädtischen verkehrspolitischen Entscheidung abhängig machen könne. Nun ist offensichtlich das gewählte Konzept nicht von der Realisierung der Brücken abhängig, aber dient dennoch als Legitimierung für Höhenakzente im Gebiet, obwohl zumindest die Anzahl der künftig gebauten Brücken äußerst ungewiss erscheint.

Investoren. Sie bündeln den vorhandenen Konsens und loten Spielräume für eine Weiterentwicklung aus, die sie aufgrund ihrer bisweilen genauen Kenntnis der Investorenziele für eine Realisierung als notwendig erachten (G103). Ihre aktive Rolle stellt sich voll in den Dienst der Realisierbarkeit, was sie bei oberflächlicher Betrachtung als den Motor des Entscheidungsbündnisses erscheinen lässt. Da jedoch Ziele erneuert und abgewandelt werden, können die Moderatoren dieses weitergehenden Zielfindungsprozesses zwar als zentral in ihm betrachtet werden, doch ist gerade die Mittlerrolle zwischen Vertretern latent voneinander abweichender Zielbündel Indiz für eine indifferente Haltung zum oben beschriebenen Bündnis, da die Investoren wechseln, die Verwertung ihres Grundstücks ausloten, den Rahmenplan als restriktiv ansehen usw. (G103). Dies wird besonders deutlich beim Verfahren zum Postareal, wo die Berater ein Verfahren moderieren, das offensichtlich die alten Rahmenplanziele überwindet.

Die Investoren selbst können höchstens in Bezug auf den Konsens über die Entwicklung des Areals zu einem weitergehenden Bündnis gerechnet werden, doch selbst diese tautologische Aussage ist insofern einzuschränken, als zwischen öffentlicher Hand und Investoren gerade die Abgrenzung zwischen bebaubarer Fläche und öffentlichen und privaten Freiflächen im Verfahren bestimmt wird (vgl. Abgrenzung des Parks an der Ostseite des OPUS-Grundstücks). Dabei werden teilweise Lösungen gefunden, die auf eine enge Zusammenarbeit zwischen öffentlicher Hand und Investoren hindeuten. Investoren fügen sich in die Verfahrenslogik und ansatzweise in den Zielkanon ein, der durch die öffentliche Hand vorgegeben wird, wenngleich ihre Versuche, die Rahmenplanziele auszuhöhlen und dabei eine höhere Grundstücksausnutzung und eine nach ihren Maßstäben individuellere Architektur zu erreichen, sich gegen das öffentliche Bündnis stellen.

Gegnerschaften

Grundsätzliche Gegner der Entwicklung sind lediglich vereinzelt vernehmbare Bürger und der Bezirk Kreuzberg. Erst allmählich formieren sie sich zu einer grundsätzlichen Kritik an der Bebauung von Freiflächen. Als Gegner können aber auch Einzelakteure aus dem Spektrum der Eigentümer und Investoren bezeichnet werden, die im Alleingang ihre eigenen Ziele zu erreichen versuchen. Einen Sonderfall stellt die KapHag dar, die sich lange Zeit isoliert und ebenfalls gegen das Bündnis stellt, aber wenigstens teilweise zu einem Eingehen auf die entstandene Formation unter den Akteuren der öffentlichen Hand gezwungen ist. Auch innerhalb der öffentlichen Hand tauchen Gegner an einzelnen Stellen auf, ohne größere Wirkungen zu entfalten.

Zusammenfassende Einschätzung des Entscheidungsprozesses

Konstellation

Die Art der „Wiedergewinnung" des Stadtraums um den Ostbahnhof ist entscheidend auf seine Lage zurückzuführen, die einerseits erhebliche Potentiale bietet und daher Investoreninteresse anzieht, andererseits erhebliche Restriktionen wegen der städtebaulichen Barrieren, der Grundstückszuschnitte, des Charakters eines „Niemandslands“ und der Standortungunst gegenüber der City aufweist. Die enorme Größe des Gebiets bringt an der Entscheidung über Einzelprojekte gerade vor dem Hintergrund einer flauen wirtschaftlichen Situation stets die Rahmenplanaussagen unter Legitimationsdruck, da mit Recht argumentiert werden kann, einzelne Rahmenbedingungen hätten anfangs nicht berücksichtigt werden können oder sich inzwischen geändert. Als weitere Komponente kommt die Erfolglosigkeit des Aufwertungsprozesses hinzu, die die Legitimität von Restriktionen in einem für neue oder gar experimentelle städtebauliche Impulse geeigneten Gebiet weiter attackiert. Die Aufweichung von Rahmenplanpositionen und mithin dessen eingeschränkte Steuerungsfähigkeit ist allerdings bereits in dessen Höhe- und Dichtemodell ansatzweise angelegt, so dass Höhenakzente und eine zusätzliche Verdichtung unter Berufung auf deren grundsätzliches Auftreten auch schon im Rahmenplan als Weiterentwicklung von Rahmenplanfestlegungen interpretiert werden können. Nach Jahren kommen eine Reihe neuer Akteure ins Spiel, die sich in immer geringerem Maß durch den alten Rahmenplan gebunden fühlen. In den Gutachterverfahren erodieren dessen Festlegungen allmählich durch die Verengung auf einen projektbezogenen städtebaulichen Optimierungsprozess. Der Bezirk gerät so als Sachwalter des Rahmenplans in eine reaktive Verteidigungsposition, die von den Investoren und den Akteuren im Senat allmählich zugunsten der beiden sich neu herausbildenden konsensfähigen Elemente spektakuläre Architektur als Standortvermarktungsinstrument und Orientierung an den höchsten in der Umgebung bereits vorhandenen Gebäuden aufgeweicht werden kann.

Bewertung

Die Erprobung neuer städtebaulicher Ansätze erscheint vor dem Hintergrund der weitgehend gescheiterten Versuche aus der ersten Hälfte der 1990er Jahre legitim, gerade angesichts der Rettung minimaler Rahmenplanziele (Spreefenster usw.). Zwei wesentliche Probleme lassen sich allerdings identifizieren. Erstens wird das eigentliche Problem der Entwicklung, die Verkehrsbelastung und die Barrierenfunktion, mit den beschriebenen Auswirkungen auf die Möglichkeiten am Standort (Wohnnutzung, Einzelhandelspotential usw.), aufgrund gesamtstädtischer Pläne nicht wirklich in Angriff genommen. Der Versuch, über Einzelprojekte dann den Standort doch noch auf irgendeine Weise zu entwickeln, hat beinahe etwas verzweifeltes, ist aber aus Sicht der Grundstückseigentümer durchaus nachvollziehbar. Ob angesichts der Krise auf dem Büroflächenmarkt allerdings eine Flucht in eine zusätzliche Verdichtung des Standorts, wie am UCP zu beobachten, und eine mittelfristig problematische Aufgabe von Rahmenplanzielen nicht vermeidbar wäre, wird offenbar aufgrund der nun projektorientierten Entwicklungsstrategie nur eingeschränkt thematisiert. Zweitens ist durch die von den Investoren anvisierte Attraktivierungsstrategie eine bezuglose Parade von spektakulären massiven Einzelbaukomplexen zu erwarten, für deren städtebaulichen Zusammenhalt angesichts der Aufweichung des Rahmenplans noch keine neue Idee gefunden ist. So wird der Charakter des Standorts als autoverkehrsorientierter Durchgangsort u. U. weiter verstärkt, wenn die großmaßstäblichen städtebaulichen Strukturen Aufenthaltsqualität im öffentlichen Raum nicht zu schaffen in der Lage sind.

Fallstudie „Treptowers“

Abbildung: Die Lage des Projektgebiets auf dem und am ehemaligen EAW-Standort im äußersten Nordwestteil des Bezirks Treptow. Zum hier untersuchten Gebiet gehört das engere Wettbewerbsgebiet (vgl. Text), also die beiden Blöcke nördlich und südlich der Hoffmannstraße zwischen Spree im Norden und Puschkinallee im Süden, Elsenstraße im Osten und Eichenstraße im Westen. Maßstab 1 : 5.000, Stand 1998.

Chronologie

Lage und Vorgeschichte

Das Projekt „Treptowers“ wurde auf dem Gelände des ehemaligen „EAW“ in Treptow initiiert[118], einem Elektroapparatewerk, das mit ca. 6.000 Arbeitsplätzen am Standort Trep-

118 Das Werksgelände lag im Wesentlichen zwischen der Hoffmannstraße und der Spree, einzelne Nebenge-

tow[119] vor der Vereinigung einen der bedeutendsten innerstädtischen Produktionsstandorte Ost-Berlins darstellte[120]. Das Gelände liegt in unmittelbarer Nähe des S-Bahnhofs Treptower Park an der Ringbahn, eine Station südlich vom Kreuzungsbahnhof Ostkreuz, dem wichtigsten S-Bahnhof in ganz Berlin, an dem sich „Ringbahn" und „Stadtbahn" kreuzen, bevor sich die Trasse der Stadtbahn in mehrere Vorortlinien im Ostteil der Stadt aufspaltet. Im Norden grenzt das Grundstück direkt an die Spree, an deren gegenüberliegendem Ufer sich der Osthafen befindet[121]. Wenige Hundert Meter nordwestlich grenzt der Stadtbezirk Kreuzberg an. Treptow und Kreuzberg waren von der Berliner Mauer getrennt.

Im Zuge der Sondierung erster Planungsziele für Umstrukturierungsbereiche im Ostteil der Stadt lässt der KOAI 1992 Entwicklungsvorstellungen für den Spreeraum erarbeiten[122], die wegen der Restitutionsbefangenheit großer Flächenanteile und der aufgrund des Investoreninteresses vermuteten Potentiale für einen größeren Bereich abgestimmt werden sollen (QT01). Die am nördlichen und südlichen Ufer gelegenen Flächen zwischen dem Stadtkern und dem Treptower Park sollen dabei „zu einem der herausragenden Gebiete der Erneuerung und Umgestaltung Berlins im Zusammenhang mit dem zu erwartenden Wachstumsschub" werden, deren Investitionsstandorte „maßgeblich mit Cityergänzungsfunktionen zur Profilierung des neuen Berlin beitragen können" (QT01, Anlage 3). Große Flächenpotentiale werden dabei insbesondere am S-Bahn-Ring gesehen. Die aus dem Charakter der jeweiligen Flächen abgeleiteten Umstrukturierungsvorstellungen gehen noch von größeren Anteilen des produzierenden Sektors aus. Bereits im KOAI wird das Ziel einer Begehbarkeit des Spreeufers festgelegt, um „dem Anspruch dieses Bereichs ... als Erholungs- und Freizeitraum" zu entsprechen. Die Gestaltung soll dabei abwechslungsreich und den örtlichen Bedingungen angepasst sein.

Von der Vereinigung der beiden Teilstädte und dem ökonomischen Niedergang der DDR-Wirtschaft ist schließlich bald auch der EAW-Standort in Treptow betroffen. Mit dem Kauf des inzwischen deutlich verkleinerten Elektroapparatewerks von der Treuhand erwirbt der Heidelberger Developer Roland Ernst am 27.10.1992 neben dem Standort auch einige

bäude auch südlich der Hoffmannstraße in einem ansonsten villengeprägten Block. Das hier untersuchte Projekt bezieht sich wie der zugehörige städtebauliche Wettbewerb auf den gesamten Bereich zwischen Puschkinallee und Spree, vgl. unten.

119 Das Kombinat Elektro-Apparate-Werke hatte in der DDR in 18 Betrieben etwa 32.000 Beschäftigte. Das EAW Treptow war der Stammbetrieb. (tageszeitung 15.03.1990, 08.02.1991 und 22.11.1996; Roland Ernst 1993a, S. 16)

120 Der Produktionsstandort war aus einer im I. Weltkrieg von dem Unternehmer Franz Stock erbauten „Maschinen- und Werkzeugfabrik" hervorgegangen, einer im Jahre 1926 von der AEG übernommenen Rüstungsfabrik. Die AEG erweiterte die Produktionsanlagen 1927-1928 in der Hoffmannstraße durch einen Verwaltungsbau, 1938-39 um einen achtgeschossigen Hochbau an der Elsenstraße. Architekt der inzwischen denkmalgeschützten Bauten war der AEG-„Hausarchitekt" Ernst Ziesel. Vgl. QT49.

121 Für die Lage an der Spree ist zusätzlich bedeutsam, dass diese flussaufwärts durch Parkanlagen und Wald Vorortcharakter hat („Landschaftsspree"), dagegen ab dem EAW-Gelände eine überwiegend dichte Uferbebauung aufweist („Stadtspree"). Diese Charakterisierung gilt allerdings für das gegenüberliegende Spreeufer nicht in gleicher Weise, wo die „Stadtspree" bereits früher beginnt (vgl. die ehemaligen Industrieanlagen in Oberschöneweide oder die unmittelbar flussaufwärts vom EAW-Gelände gelegene Halbinsel Stralau, die lange Zeit teils industriell, teils vorstädtisch geprägt war).

122 Vgl. auch die Fallstudie zum Ostbahnhof-Umfeld.

kleinere Grundstücke, die im südlich angrenzenden Block liegen, und einen weiteren Standort der EAW in Lichtenberg (tageszeitung 22.11.1996). Durch den Kaufvertrag besteht bereits eine grobe Vorstellung über die Verwertungsmöglichkeiten auf dem Grundstück[123]. Die Aufgabe des Produktionsstandorts Treptow ist von erheblichen Auseinandersetzungen um Arbeitsplatzabbau und eine mögliche Rettung eines traditionellen innerstädtischen Industriestandorts geprägt, doch schließt der neue Eigentümer sie schließlich mit der Verlagerung von wenigen Hundert verbliebenen Arbeitsplätzen an den Standort Lichtenberg ab[124].

Der städtebauliche Wettbewerb und seine Folgen

Das Wettbewerbsverfahren

Zur Bestimmung der städtebaulichen Gestalt führt die Roland Ernst Städtebau- und Projektentwicklungsgesellschaft mbH (RES) in Abstimmung mit dem Senat von Berlin und dem Bezirk Treptow ein einstufiges, anonymes und beschränktes Wettbewerbsverfahren für ein 13 ha großes Areal und sein Umfeld (insgesamt ca. 30 ha) durch, das sich auf den gesamten Bereich zwischen der Spree und der Puschkinallee bezieht. In den Vorgesprächen fordert der Baustadtrat für den Bezirk Treptow die öffentliche Zugänglichkeit des Spreeufers, den Erhalt des Villencharakters an der Puschkinallee südlich des EAW-Geländes, den Erhalt der Klinkerfassade am Hauptgebäude in der Elsenstraße sowie den Erhalt der sozialen Infrastruktureinrichtungen südlich der Hoffmannstraße. Darüber hinaus mahnt er eine sozialverträgliche Lösung für die Mieter in den im (nördlichen) EAW-Block gelegenen kaiserzeitlichen Wohnhäusern Hoffmannstraße 17-18 an, da durch die Umstrukturierung die Zukunft der noch von Industriebauten umgebenen Altbauten ungewiss ist. (QT02)

In der Vorbereitung sind sich der Bezirk und die RES darüber einig, dass der nördliche, für eine gewerbliche Nutzung vorgesehene Teil des Geländes „mit einer verdichteten Bebauung beplant werden“ kann und an „der Elsenstraße ... eine städtebauliche Dominante entstehen“ soll. Im künftigen Wohnbereich westlich davon sollen bis zu acht Geschosse möglich sein, während zu den Villen an der Puschkinallee hin eine Abstufung vorgesehen ist. Die Bezirksvertreter und die RES einigen sich auf einen Umfang von 800-1.000 Wohneinheiten mit den zugehörigen Infrastruktur- und Versorgungseinrichtungen (QT03).

Es handelt sich also um ein vom Eigentümer finanziertes und in eigener Regie durchgeführtes Verfahren. Zur Teilnahme werden zehn international bekannte Architekturbüros aufgefordert[125]. Während sich unter den Fachpreisrichtern auch zwei Vertreter des Senats

123 In ihm wird von einer GFZ von 2,4 ausgegangen, wobei der Kaufpreis an die später tatsächlich realisierbare GFZ gekoppelt ist.

124 Die von Roland Ernst auf drei Jahre gegebene Arbeitsplatzgarantie für 850 Beschäftigte führt entgegen seiner anfänglichen Bekundungen nicht zum Erhalt eines ernstzunehmenden industriellen Kerns. Bereits 1996 schrumpft die Belegschaft der EAW-Holding, deren größter Gesellschafter mit einem Anteil von 49 % Roland Ernst ist, auf 265 Mitarbeiter und ist von einer weiteren Reduzierung bedroht (Berliner Zeitung 22.03.1996).

125 Die Spannbreite reicht von eher als „investorenfreundlich“ bekannten Großbüros wie SOM bis zu kleineren und eher vor Ort bekannten Büros wie Gerhard Spangenberg.

befinden, stellt Roland Ernst einen großen Teil der Sachpreisrichter. Die Auslobung bezieht sich auf das Räumliche Strukturkonzept der Senatsverwaltung für Stadtentwicklung und Umweltschutz (RSK), eine Vorstufe des in Erarbeitung befindlichen Flächennutzungsplans, das die Randbereiche der „Stadtspree" und den Innenstadtrand am S-Bahn-Ring aufgrund seiner attraktiven Verkehrslage für Arbeitsplatzkonzentrationen als wichtige Entwicklungsräume mit Kerngebietscharakter ansieht. Sie weist auf das Ziel des Bezirks Treptow hin, auf dem EAW-Gelände eine gemischte Nutzung zu realisieren. Das Gebiet soll sich laut Auslobung „in den nächsten Jahren von einem Gewerbestandort zu einem großstädtischen Quartier mit angemessenen urbanen Qualitäten entwickeln" (Roland Ernst 1993a, S. 17). Weiter setzt es ein „klassisches, für Berlin traditionelles, Erschließungssystem mit einer spannungsreichen Abfolge von Straßen und Plätzen" als „Grundstruktur für angestrebte stadträumliche Qualität" voraus (ebd.) und stellt die Lage an der Spree in den Mittelpunkt, entlang derer „eine städtische Uferlandschaft mit Promenaden, Uferwegen und Parks entstehen" soll (ebd.). Das Potential der „Stadt am Wasser" soll über neue Wohnquartiere, Arbeitsplätze und Erholungsräume sowie durch eine bessere Gestaltung und Zugänglichkeit der Ufer und seine Einbindung in ein Wegekonzept erschlossen werden (a. a. O., S. 18). Die Auslobung reflektiert überdies die vom Bezirksstadtrat eingebrachten Ziele (ebd.).

Neben diesen allgemeinen Aussagen wird in der Auslobung bereits ein konkretes Programm formuliert, das in Abstimmung mit dem Senat bei einer BGF von insgesamt etwas über 300.000 m² 60 % Dienstleistungsnutzung, 10 % Gewerbe (Kleingewerbe, Einzelhandel, Gastronomie) und 30 % Wohnen/Gemeinbedarf (a. a. O., S. 28) sowie den ruhenden Verkehr knapp 3.000 Stellplätze vorsieht (a.a.O., S. 31). Dagegen enthält sie keine quantitative Aussage zu Grün- und Freiflächen. Mit einer angestrebten GRZ von 0,6 im Wohnbereich soll ein stark verdichteter Stadtraum geschaffen werden, der aber durchaus ein gewisses Maß an Freiflächen aufweist.

Weitere präzise Planungsvorgaben sind der Erhalt von Klinkergebäuden des Architekts Ziesel aus der Zwischenkriegszeit an der Elsenstraße und der nördlichen Hoffmannstraße sowie einiger denkmalwerter Villengebäude. Zu den Wohnbauten an der Hoffmannstraße 17-18 wird keine Aussage getroffen und der sich hinter der straßenseitigen Bebauung im EAW-Gelände anschließende Gewerbegeschossbau aus der Zeit der Jahrhundertwende zur Disposition gestellt. Die angestrebte Nutzungsmischung soll dabei nicht in den Gebäuden, sondern im Quartier insgesamt hergestellt werden (QT04). Die Wettbewerbsteilnehmerinnen halten sich relativ eng an die gemachten Vorgaben. Teilweise werden die quantitativen Angaben aber gerade für die Büroflächen deutlich unterschritten[126] (Böhm / Glaab / Sandler 1993).

Auf der Preisgerichtssitzung vom 23.06.1993 wird der Entwurf der Arbeitsgemeinschaft Gerhard Spangenberg, Hannes Fehse und Brigitte Steinkilberg einstimmig zum Wettbewerbssieger gekürt. Der Entwurf baut auf einer Dreigliederung in einen durch Büros geprägten südöstlichen Teil an der Elsenbrücke, einen westlich davon gelegenen Wohnab-

126 So liegen beispielsweise die Entwürfe von Spangenberg, von Gerkan und Dragomir um 170.000 m² BGF Büroflächen, während Überschreitungen bis zu etwa 220.000 m² von Kieferle oder Speer angeboten werden. Die Wohnflächenangebote variieren in einer ähnlichen Breite, nämlich von etwa 100.000 m² incl. Gemeinbedarf (Coenen, Fuksas) bis zu etwa 130.000 m² (von Gerkan).

schnitt und eine Randbebauung des südlichen Blocks an der Puschkinallee auf. Wohn- und Büroteil werden durch eine dreiecksförmige Grünfläche, die „Grüne Mitte“, getrennt. Diese entsteht durch die Orientierung der Bauten parallel bzw. senkrecht zum Verlauf des Spreeufers, das etwa in der Mitte des Geländes einen „Knick“ aufweist. Im Zentrum des südlichen Blocks wird ein „Spielanger“ als öffentliche Grünfläche vorgesehen, der über einen Grünzug mit der „Grünen Mitte“ verbunden ist. Um die Vorgaben der Auslobung hinsichtlich der Baumasse annähernd einhalten zu können, muss der Entwurf allerdings die Villenbebauung an der Puschkinallee durch eine dichte und mehrgeschossige Gebäudezeile ersetzen. Auffälliges Merkmal des Entwurfs ist die Akzentuierung des Standorts durch ein etwa 120 m hohes Bürohaus am Ostende des Spreeufers, an das sich nach Westen mehrere Bürogebäudezeilen anschließen, die wiederum weiter westlich von kleineren Punkthochhäusern abgelöst werden. Das südlich der Punkthochhäuser liegende Wohnquartier setzt sich im Wesentlichen aus U-förmigen Blöcken zusammen.

Das Preisgericht begrüßt sowohl die Freiflächenkonzeption, wo ein „spannungsvoller Kontrast zum offenen Landschaftsraum des Treptower Parks“ an der Spree entsteht, als auch die Tatsache, dass „die Verfasser die erhaltenswerte Substanz im allgemeinen zwanglos in ihr Konzept integrieren“. Kritisiert wird dagegen, dass Wohnen am Wasser nicht stattfindet, sondern das Ufer durch wenig wirtschaftliche Bürohochhäuser verstellt wird. Auch die Verdichtung der Puschkinallee wird in ihrer Höhe als unangemessen hoch angesehen. (Roland Ernst 1993b) Für die weitere Bearbeitung empfiehlt das Preisgericht, zur Verbesserung der Gesamterschließung eine Zufahrt von der Puschkinallee aus zu prüfen, die vorgesehene Bebauung entlang der Puschkinallee in ihrer Höhe zu reduzieren und offener auszugestalten sowie die Bürohochhäuser am westlichen Spreeufer für Wohnen zu nutzen und dafür im östlichen Teil die dadurch verlorene BGF durch höhere oder dichtere Bebauung zurückzugewinnen (a. a. O, S. 4 f).

Der Entwurf wird von den meisten Beteiligten positiv aufgenommen. Der Treptower Baustadtrat begrüßt die bauliche Abfolge an der Spree (G106), während insbesondere Senatsbaudirektor Stimmann in der strengen städtebaulichen Komposition seine Vorstellungen aufgrund der besonderen Charakteristik des Standorts offenbar trotz der Hochhausentwicklung weitestgehend verwirklicht sieht (G089). Auch SenStadtUm hält die Komposition für plausibel, die aber noch nicht alle Detailprobleme lösen kann (G110). Die Abfolge der Bebauung am Spreeufer scheint für die Prämierung mit entscheidend gewesen zu sein, während die anderen Entwürfe offenbar eine Reihe von Mängeln aufweisen (G067).

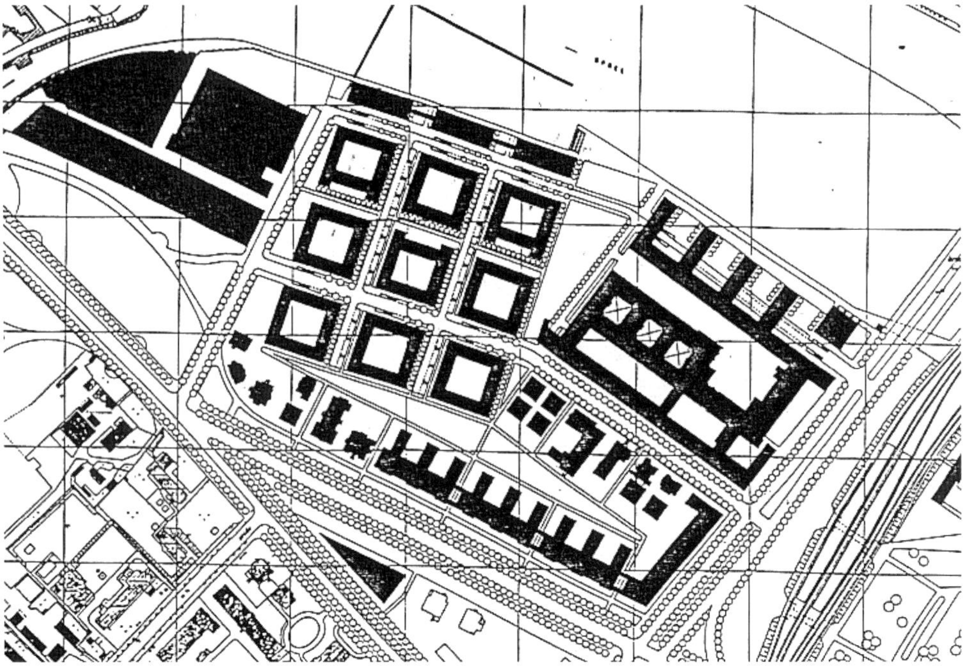

Abbildung: Schwarzplan des Siegerentwurfs von Spangenberg, Fehse, Steinkilberg.
Quelle: Roland Ernst 1993b, o. S.

Erste Überarbeitungen

Aufgrund der Empfehlungen des Preisgerichts und der Ziele des Bezirks wird der Entwurf deutlich überarbeitet. Insbesondere die dichte geschlossene Bebauung entlang der Puschkinallee wird zurückgenommen (QT05). Wegen der Eigentumsverhältnisse im südlichen Block und des Erhalts der Stadtvillenstruktur sinkt die verfügbare Baufläche aus dem Wettbewerb für den Investor von 144.000 m² auf 108.060 m². In der Folge werden gemäß der Preisgerichtsempfehlung vorgesehene Baumassen in den nordöstlichen Bereich des Wettbewerbsgebiets verschoben. (QT06) Der Allianz-Versicherungskonzern, der in ganz Berlin nach einem Standort für die Konzentration seiner verstreuten Büros zu einer Regionalverwaltung für die neuen Bundesländer zusammenfassen will, kommt schließlich nach Prüfung der Erreichbarkeit für seine Mitarbeiterinnen mit der RES ins Gespräch und will sich an der Elsenstraße ansiedeln. Damit scheidet die zuvor noch beabsichtigte kleingewerbliche Nutzung aus, die sich die Allianz nicht in unmittelbarer Nachbarschaft vorstellen kann.

Während über die Reduzierung der Baumasse im Villenblock schnell Einigkeit erzielt wird, stemmt sich das Stadtplanungsamt gegen die sich abzeichnenden Überarbeitungsinhalte im Nordosten des Areals. Der denkmalwerte innenliegende Fabrikblock der EAW, der im Siegerentwurf von Spangenberg in das Neubaukonzept integriert worden ist, ist „für den Investor mit seiner sehr großen Gebäudetiefe nicht für die angestrebte Büronutzung brauchbar“ und fällt in der Überarbeitung weg. Überdies empfiehlt das Stadtplanungsamt einen Erhalt der Wohnhäuser Hoffmannstraße 17-18, warnt vor einer „Aushöhlung" des Wettbewerbssiegerkonzepts und wendet sich gegen die Festschreibung eines 30-geschossigen Hochhauses als Dominante (QT07, QT08)

Die planerische Konkretisierung der Wettbewerbsidee

Die Einleitung des Bebauungsplanverfahrens

Die Auftragsverhandlungen für die Durchführung eines Bebauungsplanverfahrens XV-30 beginnen im Sommer 1993. Den Auftrag durch das Stadtplanungsamt erhält nach längeren Verhandlungen die Freie Planungsgruppe Berlin (FPB), die einen der Entwurfsverfasser, Hannes Fehse, zu ihren Gesellschaftern zählt.

Das Bezirksamt Treptow widmet im Bebauungsplanentwurf die nördlich der sechsgeschossigen „Quartiere" liegenden 15-geschossigen Doppeltürme im Westteil des Areals im Sinne der Juryempfehlungen zu Wohngebäuden um. Weiter sieht es eine Mindestbreite des Uferstreifens von 20 m und eine Begrenzung der Höhe des Punkthochhauses an der Elsenbrücke gemäß der Anforderungen der Flugsicherheit auf 77 m vor. (QT09) Die FPB wendet sich gegen die Uferbreitenfestlegung auf 20 m: „Der Spreeuferweg soll in differenzierter Weise eine ‚städtische' Ausprägung erhalten. Dazu gehört auch der Wechsel in den Profilbreiten der Weg- und Steg-Konzeption."[127] Darüber hinaus hält sie die Begrenzung der Höhe der Dominante an der Elsenstraße für falsch: „Um die städtebauliche Funktion als Dominante positiv erfüllen zu können, ist die proportionale Gestaltung des Hochhauses von entscheidender Bedeutung. Dazu bedarf es eines gewissen entwurflichen Spielraumes auch in der Höhe. ... Der beabsichtigte Hochhaustyp wird mit einer Anzahl von ca. 30 Geschossen entwickelt." Auch eine Umwidmung der Doppeltürme am westlichen Spreeufer zu Wohnhochhäusern sieht die FPB kritisch, da keine privat nutzbaren Grundstücke entstünden und wegen der auf dem Grundstück vorbeiführenden Uferpromenade lediglich „[k]leinere Stadtwohnungen (insbesondere ohne Kinderanteil) in den Obergeschossen ... wegen der Attraktivität der Lage und der Aussicht denkbar" seien. (QT10) Die Einwände werden zunächst nicht berücksichtigt.

Als Eckdaten des Aufstellungsbeschlusses werden Ende 1993 weiter der Neubau von 1.000 Wohneinheiten, drei Kindertagesstätten mit je 100 Plätzen sowie eines öffentlichen Spielplatzes, die Anlage des „Grünen Dreiecks", die Neugestaltung des Spreeufers mit öffentlicher Zugänglichkeit „bei großzügiger Wegegestaltung", der Erhalt der vorhandenen sozialen Infrastruktur, die Errichtung eines Dienstleistungs- und Bürozentrums, eine GFZ von 2,1, ein Erhalt der Stadtvillen entlang der Elsenstraße und der Puschkinallee im südlichen Block und ein Erhalt der denkmalwerten Gebäude entlang der Elsenstraße und Hoffmannstraße formuliert (Klinkergebäude), während die innenliegende Geschossfabrik und die Nachkriegsbebauung des EAW zugunsten der Neubebauung abgebrochen werden sollen. Der Erhalt der drei gründerzeitlichen Wohnhäuser Hoffmannstraße 17, 17A und 18 „soll im Rahmen von Planungsalternativen geprüft werden". Im südlichen Block soll die

127 Ein vorgelagerter Steg wird erforderlich, um in Abschnitten eine Begehbarkeit des Ufers zu sichern, an denen die Gebäude bis an die Uferkante heranreichen sollen.

bauliche Ergänzung der Stadtvillen „soweit möglich ... in Form einer offenen Bebauung sowie in Anpassung an die vorhandene Bauhöhe ... und unter Freihaltung des begrünten rückwärtigen Bereiches (zu gleichen Teilen auf kommunalen und privaten Grundstücken) vorgenommen werden.“ (BA-Vorlage 174/93)

Bereits am 15.02.1994 wird der Aufstellungsbeschluss abgewandelt. Der GFZ-Richtwert von 2,1 soll für die verdichteten Bereiche am Spreeufer als „Stadt am Wasser“ nicht mehr gelten. Am westlichen Gebietsrand des EAW-Geländes wird als Puffer zur benachbarten, eher gewerblich geprägten Nutzung ein Streifen von Wohn- zu Büro- und Verwaltungsnutzung umgewidmet. (BA-Vorlage 24/94) Als erste Vorbescheidsanträge für Einzelbauvorhaben im nordwestlichen Teil des Gebiets eintreffen, wird deutlich, dass die erheblichen Veränderungen des Ortsbilds nur durch das Bebauungsplanverfahren genehmigungsfähig werden können. (QT11, QT12)

Die frühzeitige Bürgerbeteiligung

Auf einer öffentlichen Erörterungsveranstaltung im Rahmen der frühzeitigen Bürgerbeteiligung stellen der Baustadtrat, die Stadtplanungsamtsleiterin, die Entwurfsverfasser sowie ein Vertreter des Eigentümers vor etwa 50 interessierten Bürgern das Projekt und den Bebauungsplanvorentwurf vor. Die Diskussion über das städtebauliche Konzept spitzt sich schnell auf die drei Wohnhäuser Hoffmannstraße 17-18 zu. Die Mieterinnen fühlen sich vom Vermieter unter Druck gesetzt. Baustadtrat Schmitz entgegnet, ein Abriss sei noch keineswegs beschlossen. Der Vertreter der Investorin hält den Standort wegen der in der Nähe geplanten Autobahn nicht für Wohnen geeignet und will sich mit den Mietern auf einen Abriss einigen.

Die weiteren Kritikpunkte an der Planung betreffen u. a. die bauliche Dichte und die Höhe entlang der Spree, die Nutzungszuweisung mit „zuviel Büros und zu wenig Lebensfreude“ bzw. Erholungseinrichtungen, die öffentliche Zugänglichkeit der Spreeufer und ihre Dimensionierung, die Eignung des Baugrunds für die geplanten Maßnahmen und die Vermutung, dass hier keine neuen Arbeitsplätze geschaffen, sondern lediglich bestehende aus anderen Stadtteilen zusammengezogen würden. (QT13)

In der Auswertung der frühzeitigen Bürgerbeteiligung vom Mai 1994 wird darauf hingewiesen, dass die Verdichtung im Nordosten Resultat der Wettbewerbsüberarbeitung ist, aber inzwischen durch die dortige Herausnahme eines von vier zehngeschossigen Baukörpern wieder zurückgenommen worden sei. Den „signifikanten Wechsel von Landschaftsspree zu Stadtspree“, den Bürger kritisieren, charakterisiert die FPB als „konzeptionell gewünscht“. Auch andere Kritikpunkte wie die Befürchtung einer Beeinträchtigung des Luftaustauschs zwischen Innenstadt und Stadtrand werden von ihr knapp zurückgewiesen.

Die Abstimmung über die Grün- und Freiflächen

Auch im Rahmen der parallel laufenden Beteiligung der Fachämter und der Trägerbeteiligung zeichnen sich divergierende Positionen ab. Während erwartungsgemäß eine ganze Reihe von beteiligten Behörden von der Planung nicht tangiert sind oder keine Einwände vorbringen, äußern u. a. die in der Wettbewerbsjury beteiligten Senatsverwaltungen und die bezirklichen Ämter eigene Vorstellungen. Die bezirklichen Ämter wenden sich gegen die

Verdichtung und Höhenentwicklung. (Dokumentation Trägerbeteiligung). Beiden Positionen wird wie bereits angedeutet teilweise entsprochen.

Die Bereichsplaner von SenStadtUm bestehen nicht auf einem bestimmten Breitemaß der Ufergrünzugsdarstellung im Flächennutzungsplanentwurf, doch die für Boden und Gewässer zuständige Abteilung IV der gleichen Senatsverwaltung und das bezirkliche Naturschutz- und Grünflächenamt (NGA) fordern eine Breite des Streifens von weiterhin mindestens 20 m (QT14, QT15, QT16). Die vom Investor und der FPB im Rahmen der Uferkonzeption hierfür angebotene vorgelagerte Steganlage halten die Grünplaner nicht für realisierbar (G060). Die ablehnende Haltung gegenüber der Uferkonzeption wird u. a. mit dem hohen Versiegelungsgrad und damit begründet, dass das „Funktionieren des Uferwanderweges für Fußgänger und Radfahrer im westlichen Teil des Plangebietes in Form von 3 m breiten Arkaden unter den Hochhäusern und einen 5 m breiten, in die Spree auskragenden Steg ... bei der gleichzeitig im Erdgeschoß vorgesehenen Nutzung mit Restaurants und Gaststätten ... nicht gegeben [scheint].“[128] (QT17) Auch die öffentliche Freiflächenversorgung durch den Anger und das „Grüne Dreieck“ unterschreitet mit 1,05 ha den Richtwert für wohnungsnahes Grün von 6 m^2/EW (hier rechnerisch erreicht bei 1,5 ha Fläche), den die Grünplaner hier für besonders relevant erachten: „Da es sich bei der Teilfläche an der Spree um ein Wohngebiet mit sehr hoher baulicher Dichte ... handelt und Wohnungen teilweise in Hochhäusern geplant sind, ist die Qualität des Wohnumfeldes und der sozialen Infrastruktur von besonderer Bedeutung.“ (QT15, QT18).

In mehreren Ämterrunden versucht die FPB, die strittigen Punkte des Entwurfs zu klären. Schnell stellen die Akteure Einigkeit über die differenzierte Ufergestaltung her. Die Forderung nach einer Breite von 20 m bleibt „Einzelposition“. Im Bereich zwischen dem Bürozentrum und der Spree wird ein Minimum von 5 m Uferstreifen festgelegt. Die Bilanzierung der vorgesehenen öffentlichen Grünflächen führt einschließlich dem teilweise auf Privatgelände liegenden „Grünen Anger“ zu einem Wert von 14.000 m^2 und reicht damit sehr nahe an die geforderten 1,5 ha heran. (QT19)

Im Bereich der Doppeltürme hatte der Wettbewerbsentwurf den nördlichen Gebäudeabschluss mit der Wasserkante vorgeschlagen. Die Begehbarkeit des Ufers sollte in diesem Bereich über einen vorgelagerten Steg und eine Arkadierung der Türme bzw. ihrer flachen Verbindungsbauten hergestellt werden. Gegen die Idee einer eingeschossigen, 3 m breiten Arkade spricht sich Stimmann wegen der geringen Gesamtbreite „vehement“ aus und unterstützt damit die Position von SenStadtUm (QT20). Da ein Zurücktreten der Türme die Grundstruktur des Preisträgerentwurfs verändern würde, stellt angesichts zu erwartender Spaziergängerinnen und gastronomischer Bereiche im Freien eine großzügigere Arkadierung mit einer Führung der Radfahrer südlich der Doppeltürme eine mögliche Alternative dar. Um für eine vertikale Raumbildung zu sorgen, fordert Stimmann eine Arkadierung über zwei Geschosse (QT21), zu der die RES schließlich bereit ist (QT22).

Für das grüne Dreieck schlagen die Freiraumplaner Baumarten vor, die mit dem jeweiligen Charakter der Umgebung korrespondieren sollen, z. B. eine Rahmung mit Säulenei-

128 Die Stellungnahme bietet zwei Alternativen an, nämlich erstens einen Verzicht auf die unmittelbar hinter den an der Wasserkante liegenden Hochhäusern verlaufende Erschließungsstraße mit Stellplätzen zugunsten einer Südverschiebung der Hochhäuser, zweitens einen deutlich breiteren vorgelagerten Steg.

chen, als „architektonische Bäume“ Vermittler zwischen den Baukörpern und der Rasenfläche, sowie Trauerweiden („ein Baum, der zum Wasser gehört“) und Pyramiden-Pappeln („ein typischer Baum der industriellen Stadtlandschaft“) im Uferbereich. Die Bepflanzung erziele u. a. durch den Verzicht auf Sträucher eine verbindende Wirkung von Wasser und Gebäuden und lasse „die Spree in den Dienstleistungskomplex eindringen“. Die Wiese am Grünen Dreieck soll als großzügiger Treffpunkt nicht stärker bepflanzt werden. (QT23)

Die Abstimmung über das Angebot an sozialer Infrastruktur

Die für das Gebiet anvisierten 1.000 Wohneinheiten können nicht ausreichend mit Schulplätzen versorgt werden, wenn man üblichen Richtwerten folgt. Im Gebiet selbst besteht keine Möglichkeit, eine Schule zu errichten. Mehrfach erinnern die bezirkliche Schulverwaltung, der benachbarte Bezirk Kreuzberg und einzelne Bürger im Rahmen des Bebauungsplanverfahrens an eine Unterversorgung von 280 Wohneinheiten. (BA-Vorlage 174/93, QT24, QT25) Die festgelegte Struktur des Wettbewerbsentwurfs lässt allerdings keine Realisierung einer Schule im Gebiet zu. Mit der schrittweisen Reduzierung der geplanten Zahl von Wohneinheiten senkt der Bezirk die Anzahl der zu errichtenden Kindergartenplätze ab, so dass schließlich die bestehenden Kita-Standorte auch nach der Umstrukturierung des Geländes als ausreichend erscheinen und ein zunächst vorgesehener zusätzlicher Standort an der südlichen Hoffmannstraße für andere soziale und kulturelle Zwecke zur Verfügung steht (QT26). Die Versorgung mit Schulplätzen wird schließlich über einen Standort im Mauerstreifen nachgewiesen, dessen Verfügbarkeit allerdings ungewiss ist (Auslegungsbegründung, S. 46).

Die Festlegung der Höhen und Geschosszahlen im Neuordnungsbereich

Der Wettbewerbsentwurf geht von einem komplexen Beziehungsgeflecht der verschiedenen Höhen in den unterschiedlich genutzten Teilgebieten aus. Beispielsweise erreicht die Dominante im nördlichen EAW-Block 26 Geschosse, während die Doppeltürme an der Spree 15 Geschosse aufweisen. Südlich angrenzend liegen zehngeschossige Bürobauten bzw. sechsgeschossige Wohnblöcke, die in der Regel an einer Seite auf zwei Geschosse abgesenkt sind[129]. (Böhm/Glaab/Sandler 1993) In der ersten Überarbeitung wird bereits auf die hohe Verdichtung im Südblock zugunsten einer Orientierung am Bestand verzichtet. (s. u.). Im Nordblock bleibt die endgültige Höhenfestlegung zunächst bis zur Konkretisierung einzelner Bauvorhaben offen, für die Baurecht hergestellt werden soll. Auf die Forderung von einzelnen Bürgern, die Höhe zurückzunehmen, wird nicht eingegangen.

Der Bezirksamtsbeschluss der Bürgerbeteiligung vom Juli 1994 nennt nach Genehmigung durch die Flugsicherung als Höhe des Punkthochhauses wieder analog zum Wettbewerbsergebnis 110 m. Waren in der Bürgerbeteiligung Einwände gegen die Doppeltürme noch gutachterlich damit zurückgewiesen worden, dass die stadtklimatisch maßgebliche

129 Von den Entwurfsverfassern wird später die differenzierte Höhenstaffelung als Intention des Wettbewerbsentwurfs dargestellt, wobei das Verhältnis der Höhen Hochhaus/Büroriegel/Doppeltürme wie 30:10:15 sei. Ob das Verhältnis selbst Teil der Wettbewerbsidee war, kann nicht nachvollzogen werden. (QT22)

Luftaustauschbahn entlang der Spree verlaufe und daher nicht beeinträchtigt werde (s. o.), formuliert der B-Plan-Begründungsentwurf zur Trägerbeteiligung, die senkrecht zur Spree angeordneten Zeilen im Allianz-Bereich ermöglichten wegen ihrer Anordnung „eine Luftströmung von der kühleren Spree in die Villenstruktur und ergänzen das Hochhaus Ziesels an der Elsenstraße mit einer ähnlichen Gebäudedimension." Einwände gegen die Höhenentwicklung auf dem EAW-Gelände aus stadtklimatischer Sicht werden also zurückgewiesen. (TÖB-Begründung, S. 23)

Bei der weiteren Entwurfsbearbeitung des Punkthochhauses stellt sich heraus, dass die Unterbringung der Haustechnik unvorhergesehene Flächen beansprucht. Mit weiteren konstruktiven Veränderungen steigt die geplante Höhe von 110 m auf 124 m. Um das im Wettbewerb dargestellte Höhenverhältnis zu den übrigen Gebäuden zu wahren, schlagen Architekt und Bebauungsplaner eine Erhöhung der Doppeltürme um je zwei Geschosse vor. Die Senatsverwaltungen wie auch der Bezirk Treptow lehnen dies allerdings unter Berufung auf die bereits zuvor drastische Unterschreitung der baurechtlich gebotenen Abstände (vgl. unten) und die schwache Begründung ab. Lediglich die Zulässigkeit technischer Anlagen über einer Traufhöhe von 53 m wird auf den Doppeltürmen noch in Aussicht gestellt. (QT27-T29)

Die Baubeschreibung der RES sieht schließlich eine 30-geschossige Dominante mit Dachgeschoss und „Skypergola" sowie zwei Untergeschossen vor. Die Höhe leite sich nach dem Architektenentwurf aus der Berliner Traufhöhe über die Anwendung des „Goldenen Schnitts" ab, denn das Hochhaus besteht aus drei unterschiedlichen, übereinander gestaffelten Abschnitten von sechs, neun bzw. fünfzehn Geschossen, die „Maßsprünge" im Verhältnis von 2:3:5 realisieren. Die Abschnitte seien konstruktiv und gestalterisch bedingt[130].

Auch die Karrees im Westteil des Areals werden zum Gegenstand von Diskussionen über die Höhenentwicklung. Die Umwidmung der Blöcke an der Eichenstraße zu Büroflächen führt wegen der von den östlich angrenzenden Wohngebäuden abweichenden Geschosshöhen[131] zu unterschiedlichen Gebäudehöhen, im Widerspruch zum gestalterischen Anspruch des Wettbewerbsentwurfs, der von städtebaulich gleichartigen Karrees ausgeht. Eine Reduzierung von sechs auf fünf Geschosse wird erwogen, doch vom Investor nicht mitgetragen. Schließlich einigt man sich auf ein zweites Staffelgeschoss. (QT30-T32)

Bei der Detailplanung für die Wohnblöcke versucht der beauftragte Entwurfsarchitekt, die Abstaffelung des obersten Geschosses nur auf die Außenseite der Blöcke zu beschränken, um die Nutzfläche des Geschosses zu vergrößern. Er hält nach innen eine Befreiung von der Abstandsflächenregelung für denkbar, was die FPB im Hinblick auf die Anforderungen an gesunde Wohnverhältnisse nicht für durchsetzbar hält. (QT33, QT34) Der Unterbringung eines Staffelgeschosses auf dem zweigeschossigen Teil der Wohnblöcke widerspricht die FPB von Anfang an, nicht zuletzt aufgrund der geringen Abstände und der Nähe zur jeweils gegenüberliegenden Straßenseite. Dagegen hält das Architekturbüro drei Geschosse aus „architektonisch-gestalterischen Aspekten ..., da 3 Geschosse ... mit dem

130 Von unten nach oben wird die Gebäudefassade weniger massiv. Der für einen unten stehenden Betrachter entscheidende untere Teil des Gebäudes ist überdies stärker gegliedert, während die oberen Geschosse, die nicht mehr differenziert wahrgenommen werden, auch äußerst zurückhaltend gestaltet sind.

131 Die Wohngebäude sollen eine Geschosshöhe von 2,85 m, die Bürogebäude eine von 3,6 m aufweisen.

Hauptbaukörper des Karrees besser korrespondieren und sich harmonischer in das Ensemble einfügen", für adäquat und setzt sich schließlich durch. (QT35, QT36)

Die Sicherstellung „gesunder Wohnverhältnisse" und die Abstandsflächenproblematik

Während im Dienstleistungskomplex bei einer Kerngebietsfestsetzung die Abstandsflächen im Verfahren kaum eine Rolle spielen, bringt die anvisierte Wohnnutzung der Doppeltürme im westlichen Teil des Projekts mit ihren südlich angrenzenden Wohnblöcken erhebliche Abstandsprobleme mit sich[132]. Sie sind Anlass einer intensiven Abstimmung mit der Senatsverwaltung für Bau- und Wohnungswesen als Widerspruchsbehörde im Baugenehmigungsverfahren[133].

Der Wettbewerbsentwurf zielt hier auf eine gering dimensionierte Geschossfläche der Türme ab, so dass eine Ausnahmeregelung in der Bauordnung greifen kann. Die Grundfläche von 14 m x 18 m wird vom Investor schließlich als unwirtschaftlich erachtet. Der Entwurfsarchitekt Kieferle geht von einer wegen der geringen Abstände nicht mehr genehmigungsfähigen Grundfläche von 18 m x 18 m und jeweils einem außen vorgelagerten 4,6 m breiten Treppenhaus aus. Sowohl Spangenberg als auch Senatsbaudirektor Stimmann sehen hierdurch die städtebaulich klare Typologie des Preisträgerentwurfs gefährdet. Nach Überarbeitung des Architekten wird das neue Format von 16 m x 18 m mit außenliegenden Treppenhäusern angeboten, die von Stimmann weiter abgelehnt werden. (QT21, QT37, QT38) Schließlich setzt sich der Entwurfsarchitekt mit den außenliegenden Treppenhäusern und überkragenden Zierdächern gegenüber Stimmann durch.

Um das Vorhaben genehmigungsfähig zu machen, sollen schließlich in den unteren Geschossen der Doppeltürme keine Aufenthaltsräume nach Westen oder Osten und in den südlich angrenzenden Wohnblöcken keine nach Norden angeordnet werden. Die Vermarktungsfähigkeit im freifinanzierten Wohnungsbau scheint aber ungewiss. (QT39)

Die Ausgestaltung der Tiefgaragen und der Stellplätze

Bereits frühzeitig lehnt die Senatsverwaltung für Bau- und Wohnungswesen Rampen für die Einfahrt in Tiefgaragen im öffentlichen und privaten Straßenraum ab. Diese Position wird insbesondere gegen die westlich zum „grünen Dreieck" hin beabsichtigte Tiefgarageneinfahrt des Dienstleistungskomplexes vorgebracht, um den angrenzenden Freiraum nicht zu beeinträchtigen. Die Allianz hält aber eine hierfür verantwortliche getrennte Andienung der Miet- und der eigengenutzten Bereiche für erforderlich. Auch die zwischen den Wohnblöcken gelegenen, parallel zu den Hauswänden ausgerichteten Rampen widersprechen dem Anspruch nach Gestaltungsqualität der Senatsverwaltung (QT11, QT22, QT40)

132 Die Abstandsflächen sinken im Bereich der Doppeltürme auf etwa ¼ H ab, liegen also bei lediglich einem Viertel der nach Bauordnung im Regelfall geforderten Werte.

133 Zwar lässt das Planungsrecht eine Unterschreitung von in der Bauordnung geforderten Abstandflächen durch Festsetzung im Bebauungsplan zu, doch verlangen grundsätzliche Anforderungen an gesundes Wohnen usw. gewisse Mindestabstände. Deren Ausmaß liegt im Einzelfall allerdings nicht absolut fest.

Schließlich genehmigt das Bezirksamt Ende Juli 1995 1.035 Wageneinstellplätze im Bereich des Dienstleistungskomplexes, davon 524 im 1. UG, 499 im 2. UG und 12 im Hofbereich einschließlich der Rampe zum „Grünen Dreieck".

Die Nachverdichtung des Südblocks

Während das sehr stringente Konzept des Wettbewerbssiegers den ehemals industriell genutzten Nordblock weitgehend neu definiert, stellt sich die Aufgabe der angemessenen Nachverdichtung des Villenbereichs im Südblock als unerwartet komplex heraus. Zwar wird versucht, über relativ klare Festsetzungen im Bebauungsplan eine übersichtliche Regelung herzustellen, doch sind auch im Einzelfall Abstimmungen über grundstücksbezogene Vorhaben erforderlich. Früh stellt sich das Stadtplanungsamt gegen die Fortsetzung der Wohnkarrees südlich der Hoffmannstraße und legt Varianten vor, die eine weniger massierte Bebauung des Villenblocks mit einer Auflösung der Karreeform im Blockinnenbereich vorschlagen. (QT41) Damit wird deutlich, dass neben einer angemessenen Verdichtung des Villenblocks auch eine sinnvolle Verknüpfung der beiden unterschiedlichen Bebauungstypologien Villen- und Karreestruktur gefunden werden muss.

Der Ensemblecharakter eines Großteils des Blocks mit einigen Einzeldenkmalen legt eine Baukörperfestsetzung des Bestands nahe. Angesichts der sich im Nachgang der Vereinigung der Stadthälften vollziehenden Rückübertragungsverfahren und verändernden Betriebskonzepten wird versucht, den Charakter der offenen Villenbebauung über enge Baufenster im Blockinnern bei Erhalt der Fluchtlinie an der Straße zu bewahren. (QT42) Die Gebäudehöhen werden mit Ausnahme von Akzentuierungen an Eckgebäuden auf 12 m begrenzt (BA-Vorlage 91/94).

Auf dem Grundstück Puschkinallee 6, das größere Nachverdichtungspotentiale aufweist und von Anfang an als möglicher Ersatzstandort für die Bewohner aus den Häusern Hoffmannstraße 17-18 vorgesehen ist, wird im Herbst 1994 eine Nachverdichtung durch die RES konkret vorbereitet. Erst nach mehreren Überarbeitungsschritten liegt eine Planung vor, die die Baumasse in vier verträglich scheinende Einzelbaukörper auflöst, wenngleich eine Abweichung vom Bebauungsplanentwurf vorliegt. (QT43-T45)

Die Auseinandersetzung über den Denkmalschutz

Bereits Ende 1992 nimmt die RES Kontakt mit dem zuständigen Denkmalpfleger bei der Senatsverwaltung für Stadtentwicklung und Umweltschutz auf. Unstrittig ist zunächst die Denkmaleigenschaft des Gebäudes Hoffmannstraße 11. Erst für Anfang 1993 wird eine Aussage zur beabsichtigten Unterschutzstellung von Gebäuden im EAW-Gelände anvisiert. (QT46) Ende des Jahres 1993 stellt die Behörde den geschichtlichen, künstlerischen und stadtbildbezogenen Denkmalwert der Fabrikanlage fest. Der Denkmalschutz beziehe sich auch auf Bauten, die „in einem unlösbaren Zusammenhang" mit den Ziesel-Bauten stehen, also ebenfalls auf die „ehemalige Maschinenfabrik von Franz Stock mit den Erweiterungen von Ziesel (1914-17 und 1926-27) und die Wohnhäuser von 1913 an der Hoffmannstraße. Die Maschinenfabrik ... steht in einem untrennbaren und aufeinander abgestimmten organischen Zusammenhang mit den späteren AEG-Bauten und ist mitentscheidend für das Bild der Anlage zu Spree hin." (QT47)

Mit der Erteilung einer Abrissgenehmigung für die Maschinenfabrik vor ihrer Eintragung als Baudenkmal kann diese nicht mehr gehalten werden. Darauf wird eine Eintragung von der Denkmalpflege für das Gebäude nicht weiter betrieben. (QT48) Auch ein Verzicht auf die Wohnhäuser Hoffmannstraße 17-18 zeichnet sich bei einer Neubebauung der Ecke in Anlehnung an die Struktur der Vorgängerbauten ab (QT49) Der Bescheid der Denkmalpflegebehörde ergeht erst deutlich nach dem Abschluss des Wettbewerbsverfahrens, nämlich am 21.07.1994. Er bewertet sämtliche genannte Gebäude einschließlich der Maschinenfabrik als denkmalwert. Mit der Klage der EAW gegen den Bescheid (QT50) treten die Beteiligten in Verhandlungen über den Erhalt einzelner baulicher Anlagen ein.

Ende 1994 stellt der mit der Umbauplanung für die Ziesel-Bauten beauftragte Architekt Reichel seine Entwürfe vor, die mit der Denkmalpflege, der RES und Spangenberg erörtert werden. Kompromisslösungen werden bei der Materialwahl der Fenster (Holz statt Stahl) und Grundstückszufahrten (kleiner als von der RES gefordert) erreicht. (QT51, QT52) Weniger leicht auflösbar ist dagegen ein Konflikt, der sich auf die Nachnutzung des ehemaligen EAW-Kultursaals bezieht. Im 7. und 8. Obergeschoss des Zieselbaus an der Elsenstraße war durch Bombenschäden im II. Weltkrieg in der DDR-Zeit die Möglichkeit entstanden, einen Kultursaal in der Höhe zweier Geschosse zu errichten, der im „stalinistischen" Stil der frühen 1950er Jahre ausgestaltet wurde. Wegen seiner geschichtlichen Bedeutung als Zeugnis für die sozialistische Ideologie, den Werktätigen auch nach Feierabend Freizeitangebote zu machen, wird er als denkmalwert erachtet (QT48).

Die Allianz will den Saal dagegen komplett zu einem Casino umgestalten lassen. Durch „die Umnutzung des ‚Kultursaals' als Casino wird nach Ansicht des Architekten der Charakter des Saales so maßgeblich verändert, dass bei Erhalt die Wände und Decken als gestalterisch unverständliches Fragment wirken würden." (QT51) „Zum einen steht die Nutzungsabsicht als Casino mit Caféteria und Großküche im Widerspruch zu der vorhandenen Großsaal- und Bühnennutzung (Fragmentwirkung), zum anderen ist der notwendige technische Ausbau in der gegebenen Konstruktion nicht möglich, ohne diese nachhaltig zu stören." (QT52) Der Umbau des Gebäudes sieht weiterhin eine deutliche Veränderung der Treppenhäuser für die Verlegung von technischen Einrichtungen vor, die von der Denkmalpflege ebenfalls nicht akzeptiert wird. Im Rahmen des Umbaus werden vor allem die Wandfliesen und das Geländer als erhaltenswert eingeschätzt.

Zwischenzeitlich einigen sich die Beteiligten bei den Wohnhäusern Hoffmannstraße 17-18, die eine städtebaulich wichtige Vermittlung zwischen den Zieselschen Gebäuden bilden, aber als Einzelgebäude unbedeutend sind und für den künftigen Allianz-Komplex Erschließungsprobleme aufwerfen[134], auf einen Abriss. Sie sollen durch ein städtebaulich verträgliches Bürogebäude ersetzen werden, das Geschosshöhe, Blockrandbebauung, Staffelung der Baukörper und Fassadenausbildung aufnimmt. (QT52)

Die Denkmalschutzbehörde beharrt weiter auf der Erhaltung der Decken- und Wandverkleidung im ehemaligen Kultursaal und der Treppenhausdetails. Eine Drohung der Allianz, sich vom Projekt zurückzuziehen, führt zunächst nicht zu einer Annäherung (QT53). Nach weiteren Gesprächen verzichtet die Denkmalpflege notgedrungen auf den Erhalt des

134 Die Allianz benötigt eine zusätzliche Einfahrt, die am einfachsten im Bereich der drei Wohnhäuser bei deren Abriss realisiert werden kann.

Festsaals, wenn dieser wenigstens dokumentiert wird: „Dabei bleibt uns durchaus bewußt, dass mit den gestalteten Details dieser Innenräume ganz wesentliche Teile der historischen Identität dieser Baulichkeiten verloren geht und ein gutes Stück der geschichtlichen Aussagefähigkeit modernem Zeitgeschmack geopfert wird." (QT54) Schließlich wird auch der Verlust der Treppenhäuser bei Dokumentation hingenommen.

Veränderte Rahmenbedingungen und Anpassungen im Verfahren

Ein erstes Feedback der Öffentlichkeit in der 1. Auslegung

Anfang 1995 findet die öffentliche Auslegung des inzwischen behördenintern weitgehend abgestimmten Bebauungsplanentwurfs statt. Obwohl Chancen auf gravierende Veränderungen kaum mehr bestehen, nehmen einige Bürger die Gelegenheit zu äußerst differenzierten Stellungnahmen wahr. Deren Anzahl steigt gegenüber der frühzeitigen Bürgerbeteiligung sogar. Erneut werden die generellen Einwände gegen Hochhäuser und die Dichte geäußert. Nichtsdestoweniger beziehen sich die Äußerungen durchaus präzise auf die Konkretisierungen im Verfahren zur Gestaltung des Uferwegs, der Freiflächenausstattung und zum Abriss der Wohngebäude Hoffmannstraße 17-18. Soweit erkennbar, spielen sie im weiteren Verfahren keine wesentliche Rolle. Auch wenn sie sich durch ihre Individualität und intensive Auseinandersetzung mit den kritischen Punkten des Verfahrens auszeichnen, bringen sie doch keine vorher unbekannte Sichtweise ein und werden daher im weiteren Verlauf mit den gleichen Gegenargumenten wie zuvor beantwortet.

Ein Parkhaus an der Hoffmannstraße?

Um die erwarteten Kosten für die Errichtung von Tiefgaragenanlagen an den Wohnkarrees und Wohntürmen nördlich der Hoffmannstraße zu verringern, erwägt die RES Ende 1995 den Erwerb der unmittelbar gegenüberliegenden Grundstücke südlich der Hoffmannstraße vom Land Berlin, um dort Stellplätze im mittleren Karree in Form eines Parkhauses zu konzentrieren. Die RES schlägt dazu eine Kita auf dem Dach, Einzelhandel im Erdgeschoss und eine Abtreppung zum „Grünen Anger" vor. Die Senatsverwaltung für Bau- und Wohnungswesen und der Bezirk lehnen die Vorschläge u. a. mit der Begründung ab, die Wageneinstellplätze müssten den Wohnquartieren zugeordnet bleiben. (QT58) Dennoch plant die RES weiter. Im Sommer 1996 wird dem Bezirk ein Entwurf vorgelegt, der nicht auf Akzeptanz stößt. (QT59) In einer Überarbeitung vom Herbst 1996 wird das Parkhaus an die nordwestliche Ecke des Villenblocks verlegt und soll dort auf Kerngebietsfläche mit Einzelhandelsflächen im Erdgeschoss errichtet werden. Auf diese Weise sollen „Defizite im Stellplatzangebot innerhalb des Bebauungskonzeptes vermieden und eine generelle Verbesserung der vorhandenen komplizierten Situation beim ruhenden Verkehr dieses Gebiets erreicht" werden (QT60). Der gestalterisch an den Bestand angepasste Entwurf wird zur Grundlage der 2. Planauslegung.

Die Anpassung an die geänderte Nachfrage, die 2. Auslegung und die Teilrealisierung des Bauvorhabens

Mit der Genehmigung der ersten Bauabschnitte nach Planreifebeschlüssen vom März 1995 und Juli 1996 (BVV-Drs. VI 81/95, VI 79/96) ist die Weiterentwicklung des Bebauungsplanentwurfs keineswegs abgeschlossen. Im Hinterbereich der Grundstücke im Villenblock sollen niedrigere Villen zugelassen werden, die dem Bestandscharakter des Blocks besser als mögliche Entwicklungen in Baufeldern entsprechen. Die Planung der sozialen Infrastruktur wird auf Betreiben der RES an den sich verändernden Bedarf und an die Eigentumssituation angepasst. Darüber hinaus verzichtet die RES auf ein Wohnkarree im Zentrum der Anlage (und damit auf etwa 90-100 WE), das damit als öffentliche Grünfläche festgesetzt werden und den ursprünglich im Villenblock vorgesehenen Spielplatz aufnehmen soll. Dagegen fallen Flächen im Bereich des „Grünen Angers" im Villenblock, deren Erwerb sich als unrealistisch herausstellt, wieder aus der Grünflächenfestsetzung heraus und werden dem Allgemeinen Wohngebiet zugeschlagen. (QT61, QT62) Die vielfältigen Änderungen münden in eine 2. Auslegung, die im Spätsommer 1997 stattfindet, aber kaum Änderungen bringt.

Vor Beginn der Baumaßnahmen sind umfangreiche Abbruch- und Altlastensanierungsmaßnahmen erforderlich, deren Finanzierung detailliert im Kaufvertrag der RES geregelt ist. Danach trägt — grob vereinfacht — die Treuhand als Verkäuferin die Abbruchkosten, während die Altlastensanierung lediglich zu einem gewissen Teil von der Käuferin übernommen wird (QT63, S. 27 ff). Nach Grundsteinlegung am 19.05.1995 wird am 13.03.1997 für den neuen Verwaltungssitz der Allianz-Versicherung Richtfest gefeiert (Berliner Zeitung 20.05.1995, 14.03.1997), nachdem bereits um einige Monate vorauslaufend der westliche Rand des Areals an der Eichenstraße bebaut worden ist. Zum Zeitpunkt dieser Untersuchung ist der Block nördlich der Hoffmannstraße bis auf die den Wohnkarrees vorgelagerten Wohnhochhäuser fertiggestellt, während die weitere Entwicklung südlich der Hoffmannstraße noch ungewiss ist.

Akteure und Ziele

Planende Verwaltung

Bezirksstadtrat

Der bezirkliche Baustadtrat sieht das Projekt früh als Chance zur eigenen Profilierung und ist deshalb stark darauf bedacht, es in Eigenregie und ohne zu starke Einwirkungen des Senats zu genehmigen. Damit kommt dem Bezirk die Schlüsselrolle auf Seiten der Verwaltung zu. Die kritische Haltung des Stadtplanungsamts ist ausschlaggebend dafür, dass der Baustadtrat das Projekt zur „Chefsache" macht und das Stadtplanungsamt damit keine zentrale Bedeutung im Prozess hat.

Das Treptowers-Gelände (02/2001).
Abbildungen von oben nach unten: Villenviertel Puschkinallee mit Wohnneubauten im Vordergrund, Blick über das freigehaltene Karree im Wohnbereich auf die fertiggestellten Bürobauten und Twintowers, Blick über „An den Treptowers" auf die Ziesel-Bauten der Allianz mit dem Hochhausneubau.

(Fortsetzung:) Uferbereich Twintowers mit Uferweg, Blick über den „Grünen Anger“ mit den Bürohausriegeln der Allianz im Hintergrund.

Interessanterweise fordert er frühzeitig über planerische Selbstverständlichkeiten hinaus eine Zugänglichmachung des Ufers und eine sozialverträgliche Lösung für die Mieter der Hoffmannstraße 17-18. Weitere Ziele dienen einer Bewahrung der Identität vor Ort (Erhalt der Villenstruktur an der Puschkinallee, Erhalt der Klinkerfassade an der Elsenstraße) und der lokalen Bedarfsdeckung (Erhalt der sozialen Infrastruktur im südlichen Block), wenngleich sich der Baustadtrat einer erheblichen Verdichtung nicht verweigert, sondern diese im Rahmen der Schaffung von Arbeitsplätzen unterstützt. Selbst die städtebauliche Dominante und die mit 800-1.000 Wohneinheiten in Gebäuden von bis zu acht Geschossen vergleichsweise hohe Verdichtung mit Wohnbauten nördlich der Hoffmannstraße befürwortet er. (QT02, QT64)

Im Rahmen des Wettbewerbsverfahrens und der nachfolgenden Planungsschritte werden diese Ziele vom Baustadtrat konsequent verfolgt. Dabei setzt er sich für planerische Lösungen ein, die die Attraktivitätssteigerung möglichst prägnant städtebaulich auszudrücken scheinen, und wird zum Mitverfechter des späteren Wettbewerbssiegerentwurfs, der mit seinem Hochhausturm an der Elsenstraße und der Twin-Tower-Gruppe an der Spree die Ausbildung einer *skyline* verspricht.

Die unterzubringenden Nutzungen spielen dabei zunächst keine größere Rolle. Die Bewahrung von Einrichtungen im Südblock wird zum Gegenstand vertraglicher Verhandlungen mit dem Investor, während der Erhalt der Wohnhäuser Hoffmannstraße 17-18 nur so lange als Faustpfand unterstützt wird, bis der Investor angemessene Ersatzwohnungen bereitstellt, die Gebäude dann aber zügig der vorgetragenen Notwendigkeit einer zusätzlichen Einfahrt geopfert werden, sich also wiederum der Attraktivitätssteigerung unterzuordnen haben[135].

Für die Bewahrung setzt sich Schmitz bei bedeutenden Eckpfeilern der Qualität im Bestand ein (Infrastruktur, Klinkerfassade). Gestützt auf eine Mehrheit der SPD und der CDU in der BVV Treptow werden dagegen die Qualitätsstandards bei Neubauten den beteiligten Architekten weitgehend überlassen. Über seine eigenen Qualitätsansprüche im Detail hinausgehende Positionen[136] anderer Akteure (BVV-Fraktion der Bündnisgrünen, Bürgerbeteiligung) blockiert er dagegen, wenn sie dem Verfahren im Weg zu stehen scheinen[137].

Seine eigenen Detailziele passt er dem vorliegenden Sachstand an, um eine Durchsetzung der Oberziele möglichst weitgehend zu erreichen. Zunächst ohne konkrete Vorstellungen über die genauere Ausgestaltung der städtebaulichen Komposition und insbesondere die Höhenentwicklung wird er angesichts der eigenen Begeisterung für die von Spangenberg angebotene *skyline* zu deren Verfechter und ist an ihrer Durchsetzung maßgeblich beteiligt. Entsprechend sind die Aufgabe der Wohnhäuser Hoffmannstraße 17-18 sowie das Nichteingreifen bei der Aufgabe des denkmalwerten Industriebaus im Blockinnern als Ein-

135 Die städtebaulichen Vertragsverhandlungen sind zentral für die Vorgehensweise des Baustadtrats. Er sieht sich selbst als einen Vorreiter in diesem Bereich, der erst mit der Änderung der planungsrechtlichen Voraussetzungen 1993 langsam an Bedeutung gewinnt.

136 Quantitatives Angebot an Grünflächen gemäß Versorgungsrichtwerten, Breite des Ufergrünzugs, Differenzierung der Hochhausfassade.

137 Verringerung der Wohndichte im Übergang zum Villenbereich Puschkinallee auf Vorschlag des Stadtplanungsamts.

satz für die Investorenziele einzuschätzen, solange die formulierten Grundanforderungen des Bezirks erfüllt werden.

Mit der Ansiedlung der Allianz-Regionalzentrale erreicht Schmitz sein Ziel der Attraktivitätssteigerung im ökonomischen Sinne so weit wie unter den Rahmenbedingungen möglich. Mit dem Bau der Dienstleistungsgebäude werden die Voraussetzungen für eine Schaffung von weiteren Arbeitsplätzen geschaffen. Auch wenn es sich dabei zu einem beträchtlichen Teil um verlagerte und nicht um neu geschaffene handelt, gelingt es Schmitz, die Umstrukturierung des Areals als Erfolg zu verbuchen, zumal der Leerstand der nicht von der Allianz genutzten Büroflächen der allgemeinen wirtschaftlichen Situation in Berlin zugerechnet wird. Dagegen bleibt die Wohnqualität im westlichen Bereich trotz des Verzichts auf ein Karree durch den Investor umstritten und die städtebauliche Komposition angesichts der bruchstückhaften Realisierung ein Torso (Berliner Zeitung 10.06.1997, tageszeitung 10.12.1998). Die erhebliche Verdichtung im Büroflächenbereich auf Kosten der Freiflächenversorgung entspricht zwar dem Ziel des Baustadtrats, doch muss dieses angesichts der mäßigen Vermarktung im nordwestlichen Teil des Areals auf seine Tragfähigkeit kritisch hinterfragt werden. Zwar gelingt es dem Baustadtrat, die Widerstände gegen Teile des Projekts aus den Reihen der BVV, des Bezirksamts und der Bürger zu überwinden und eine Investition in dreistelliger Millionenhöhe maßgeblich zu fördern, doch wird erst mittelfristig zu beurteilen sein, ob der gewählte Weg einer massiven Verdichtung, gestützt durch die durchaus positive ökologische Bilanz im Eingriffs-Ausgleichs-Gutachten[138], die Potentiale des Standorts vollständig nutzen kann. Vergleicht man das Projekt mit anderen, ist vor allem die Durchsetzungsfähigkeit des Baustadtrats und seine frühe aktive Nutzung städtebaulicher Verträge hervorzuheben.

Stadtplanungsamt

Die vom Stadtplanungsamt formulierten Ziele gehen zwar in die bezirkliche Position ein, doch sind sie bestandsorientierter. Es beurteilt den EAW-Standort ebenfalls als umstrukturierungsbedürftig (G060). Die städtebaulichen Ziele werden allerdings stärker aus dem Standort selbst und weniger aus seinem Verhältnis zum Umfeld oder gar zur Gesamtstadt heraus entwickelt. Dementsprechend versteht das Amt unter einer „Dominante" die Betonung der Eingangssituation an der Hoffmannstraße und weniger die Markierung des Standorts in der städtischen Silhouette an der Spree (G084). Eine geringere Dichte und Höhe als im Wettbewerb vorgesehen soll der angrenzenden Villenstruktur besser entsprechen. Die Positionen des Amts werden weitgehend reaktiv konkretisiert, da mit der Wettbewerbsvor-

138 Letztlich ist die Verbesserung der ökologischen Situation der katastrophalen Ausgangslage zuzuschreiben: Eine beinahe vollständige Versiegelung des EAW-Grundstücks mit erheblichen Altlasten wurde durch das Projekt überführt in ein zwar hochverdichtetes, aber dennoch über — auch öffentlich nutzbare — Freiflächen verfügendes neues altlastensaniertes Quartier. Eine stärkere Verbesserung wäre grundsätzlich möglich gewesen. Ob der aktuelle oder ein anderer Investor dafür noch zu gewinnen gewesen wären, kann nur schwer abgeschätzt werden. Hier ist jedoch eine Grundsatzfrage nach dem Stellenwert eines Arbeitsplatzstandorts in der Stadt zu stellen, die von Politikern und Investoren anders beantwortet wird als von Bürgern im Beteiligungsverfahren.

bereitung durch den Investor, den Details des Kaufvertrags und dem Interesse des Baustadtrats sowie der Mehrheitsfraktionen in der BVV an einer starken Verdichtung die Initiative von der Investorenseite ausgeht und das Amt marginalisiert wird.

Das Stadtplanungsamt entwickelt weniger dichte Alternativen für die Bebauung des Wohnbereichs im Nordwesten, bleibt allerdings zunächst mit dem Verweis auf den Wettbewerbssiegerentwurf erfolglos. Erst als die Vermarktbarkeit der Wohnungen in Frage gestellt ist, geht der Investor auf verringerte Dichtevorstellungen ein und nähert sich den Vorschlägen des Amts teilweise an. Im Übergangsbereich zur westlich angrenzenden gewerblich genutzten Fläche vertritt das Amt die Einrichtung einer Pufferzone, die mit der Umwidmung der ersten Gebäudereihe an der Eichenstraße zu Büroflächen realisiert wird. In Bezug auf die Grünflächenversorgung ist die Position im Amt weniger eindeutig. Im Südblock versucht es eine Sicherung der privaten Gartenbereiche bei gleichzeitiger Ermöglichung kleinteiliger Ergänzungsbauten am Bestand. Diese Position wird Konsens, da sich die Herstellung einer öffentlichen Grünfläche im Blockinnern nicht durchsetzen lässt.

Obwohl das Amt weniger verdichtete Vorstellungen auch für den Bürokomplex hat, gelingt es ihm dort kaum, auf den Entwurfsprozess Einfluss zu nehmen. Mit der Reduzierung des Bauvolumens und Problemen beim Grundstückserwerb südlich der Hoffmannstraße durch den Investor setzt sich das Stadtplanungsamt dagegen teilweise indirekt durch. Damit ist das grundlegende Ziel des Amts, die Verträglichkeit des Übergangs zur Bestandsbebauung, wohl weitgehend erreicht.

Senatsverwaltung für Bauen, Wohnen und Verkehr

Die Senatsverwaltung ist an der Vorbereitung des Wettbewerbs und der Festlegung der grundsätzlichen Dichtevorstellungen sowie der Nutzungsverteilung beteiligt. Der Wohnanteil von etwa 30 % orientiert sich an der von Senatsbaudirektor Stimmann ausgegebenen Maxime von 20 % Wohnanteil in der Friedrichstadt, die zugunsten des Wohnens in Nebenzentren etwas variiert wird. Dabei wird der Standort weiterhin vorrangig als Arbeitsort angesehen, was wohl aus der enormen Bedeutung des Standorts hinsichtlich der Arbeitsplatzzahl vor der Vereinigung resultiert. Mit dem Spangenberg-Entwurf setzen sich die städtebaulich-kompositorischen Vorstellungen von Stimmann vollständig durch (G089), der für einen hochverdichteten Entwurf mit „städtischer“ Ausprägung der Freiräume und insbesondere der Uferkante, eine an der städtebaulichen Moderne orientierte Formensprache und eine rationalistische Gruppierung von blockrandbebauten Wohnquartieren plädiert. Alternative, innerhalb der Senatsverwaltung befürwortete planerische Ansätze, die von einer großzügigeren Ausbildung des Uferbereichs ausgehen, bleiben unberücksichtigt (G067). Somit kann Stimmann das Projekt in der Obhut des Baustadtrats belassen und muss kaum weitergehende Forderungen formulieren.

Die weitere Beteiligung der Senatsverwaltung dient damit vorwiegend der Sicherstellung der bauordnungsrechtlichen Genehmigungsfähigkeit, die an den Twin-Towers aufgrund von Abstandsflächenunterschreitungen problematisch wird. Im Rahmen der Abstimmungsgespräche im Vorfeld der Trägerbeteiligung versuchen Stimmann und seine Abteilungsleiterin Luther, die von ihnen vertretenen städtebaulichen Qualitätsanforderungen durchzusetzen, stoßen dabei aber auf Widerstände, da sie selbst im Verfahren weder federführend sind noch angesichts der Befürwortung des Projekts durch Dr. Schmitz als wesentliche Genehmigungshürde angesehen werden. In der Abstimmung machen sie Detailziele geltend, die auf die Stringenz der städtebaulichen Komposition und die Nutzbarkeit der Freiräume abstellen (außenliegende Treppenhäuser, Tiefgaragenrampenanordnung).

Durch die Detaillierung des Konzepts in der Realisierungsphase sind Stimmann und seine Mitarbeiterinnen gezwungen, ausgearbeitete Lösungen der Entwurfsarchitekten auf ihre Verträglichkeit mit dem Ursprungsentwurf hin zu prüfen und dabei die eigenen Oberziele auszudifferenzieren. Dies trifft zu auf die Forderung nach großzügigen, vertikal ausgerichteten Arkaden im Bereich der Twin Towers, die Geschossigkeit der Wohnquartiere, die Problematik der Treppenhäuser, die Tiefgaragenrampen und die Gestaltung der Grünbereiche. Praktisch nicht thematisiert werden dagegen die Gebäudefassaden und die Nutzungszuordnungen.

Mit dem Siegerentwurf erreicht Stimmann eine weitgehende Durchsetzung seiner städtebaulich-kompositorischen Ziele und seiner Interpretation des Standorts als einen „städtischen“, zu verdichtenden, der im Gegensatz zum „landschaftlich“ geprägten Bereich um den Treptower Park östlich des EAW-Grundstücks steht. In der entwurflichen Ausarbeitung gelingt es der Senatsverwaltung wegen ihrer peripheren Rolle im Verfahren aber nur eingeschränkt, ihre Gestaltungsvorstellungen gegen den Baustadtrat durchzusetzen.

Senatsverwaltung für Stadtentwicklung, Umweltschutz und Technologie

Die Senatsverwaltung für Stadtentwicklung fordert im Sinne der sich konkretisierenden FNP-Ziele eine öffentliche Durchwegung des Ufers und billigt dem Standort eine hohe Dichte im Rahmen des „Ringstadt-Konzepts“ zu. Der in der Wettbewerbsjury sitzende Referatsleiter stimmt für den Entwurf von Spangenberg. In der weiteren Überarbeitung des Entwurfs thematisiert die Stadtentwicklungsverwaltung die Forderung nach einem Erhalt der Dichte trotz Reduzierung im Südblock nicht (G110).

Die städtebauliche Beurteilung des Wettbewerbsentwurfs lässt eine detaillierte Klärung aller Einzelfragen aber noch nicht zu. Im weiteren Verfahren werden für die SenStadtUm vor allem Denkmalschutz und Grünflächenversorgung relevant. Dabei vertreten die jeweils zuständigen Fachabteilungen eine aus ihrem Schutzauftrag abgeleitete „Maximalposition“, die sich erst in der Auseinandersetzung mit den anderen Akteuren und der eigenen Abteilung für Stadtplanung bzw. der politischen Spitze des Hauses verändern.

Demnach kann nicht von einer eindeutigen Position der Stadtentwicklungsverwaltung gesprochen werden, die nach außen geschlossen vertreten würde. Während die Denkmalschutzbehörde wegen ihres Rechtsstatus abgekoppelt vom Bebauungsplanverfahren in Abstimmungen mit dem Investor eintritt, bringen die Abteilungen III und IV ihre Forderung nach einem 20 m breiten Uferstreifen mit unverändertem Verlauf der Uferkante im Bebauungsplanverfahren ein, scheitern dort jedoch bereits an der Einigung der Abteilung VII und der politischen Spitze der Stadtentwicklungsverwaltung mit der FPB. Die Abteilung VII verfolgt die von ihr selbst nur halbherzig unterstützten Ziele nicht nachhaltig. Die Denkmalschützer formulieren ihren Schutzanspruch zwar unabhängig, sind aber wegen der Bedeutung des Bauvorhabens und dessen grundsätzlicher Unterstützung durch die politische Spitze zu einer Einigung mit dem Investor gezwungen. Damit wird deutlich, dass die Fachabteilungen im Verfahren einer doppelten Marginalisierung unterliegen: Einerseits ist die Stadtentwicklungsverwaltung nicht Herrin des Bebauungsplanverfahrens und andererseits koordinieren innerhalb des Hauses die Stadtplanerinnen der Abteilung VII das Stellungnahmeverfahren. Konflikte werden durch Vorgesetztenentscheidung aufgelöst.

Damit muss im Detail von einem geringen Durchsetzungsgrad der Stadtentwicklungsverwaltung gesprochen werden. Zwar setzt sich mit dem Siegerentwurf eine Lösung durch, die auch von Vertretern der Abteilung VII gestützt wird, doch entsteht über die Auswahl des Entwurfs kein grundsätzlicher Konflikt mit anderen Verwaltungseinheiten. Die in der Senatsverwaltung vereinten Abteilungen, die schützerische und damit potentiell entwicklungshemmende Belange vertreten, können ihre Interessen gegen den Druck von Allianz und Roland Ernst sowie die bezirkliche Unterstützung des Projekts kaum durchsetzen.

Politische Gremien

BVV

In der BVV Treptow kann der Baustadtrat auf eine Mehrheit aus SPD und CDU zählen, die die Entwicklung auf dem EAW-Gelände unterstützt. Dagegen steht die PDS weniger eindeutig hinter dem Projekt, und die Fraktion der Bündnisgrünen stellt im Rahmen der Umstrukturierung weitergehende Qualitätsanforderungen auf, die sich vor allem gegen die hohe Verdichtung und auf eine bessere Ausstattung mit sozialen Infrastruktureinrichtungen und Grünflächen richten. Weiterhin macht sich die Fraktion für einen Erhalt der Wohnhäuser Hoffmannstraße 17-18 stark. Diese Ziele sind Ausdruck eines schwerpunktmäßigen Einsatzes für ein lebenswertes Wohnumfeld, während die entwicklungsbezogene Unterstützung der Investitionsmaßnahme durch CDU und SPD einen wirtschafts- und arbeitsplatzbezogenen Schwerpunkt ausdrückt.

Angesichts des zeitaufwendigen und komplizierten Planungsverfahrens ist die BVV-Mehrheit gewillt, die vom Bezirksamt vorgelegten Ziele mitzutragen und eine schnelle Realisierung in den Vordergrund zu stellen. Weitergehende Qualitätsansprüche bleiben unverstanden und werden als Behinderung aufgefasst (G047). Damit gelingt es, die von der FPB im Planungsverfahren vertretenen Entwurfsziele ohne größere Abstriche durchzusetzen. Eine gemeinsame Strategie, die die Forderungen der Bündnisgrünen als Nachbesserung des Entwurfs begreifen würde, wird nicht verfolgt. Die Ziele der BVV ordnen sich dem Oberziel einer schnellen Realisierung unter und legen dabei den einmal gefundenen Konsens des Wettbewerbsentwurfs zugrunde.

Die gemeinsame Haltung von CDU, SPD und Baustadtrat sichert die Realisierung des Projekts gegen Widerstände von außen ab. Die Oppositionsfraktion der Bündnisgrünen kann ihre Anliegen nicht gegen die innere formale Logik des Wettbewerbsentwurfs als „Qualifizierung der Planung“ kommunizieren. Nichtsdestoweniger gelingt es, die im Konsens der Verwaltung und der Politik formulierten Ziele Uferdurchwegung, Sicherung eines gewissen Wohnanteils, ökologische Aufwertung und Altlastensanierung sowie Wiedergewinnung des Standorts als bedeutenden Arbeitsort mit den Investoren und den Architekten — wenn auch in umstrittener Form — durchzusetzen.

Investoren

Die Entscheidung von Roland Ernst, den niedergehenden EAW-Konzern zu erwerben, hängt sicherlich mit der Lage des Stammsitzes am S-Bahn-Ring sowie der Spree und damit an einem potentiellen Verdichtungsstandort mit Schlüsselcharakter zusammen. Eine Tertiärisierung ist von Ernst von Anfang an angestrebt worden. Mit dem Kaufvertrag ist eine Vereinbarung über die Abhängigkeit des Kaufpreises von der schließlich im Planungsverfahren festgelegten baulichen Ausnutzung getroffen worden, die eine wirtschaftliche Verwertung für den Investor ermöglicht (G020).

Mit der Federführung im städtebaulichen Wettbewerb hat die RES u. a. starken Einfluss auf die getrennte Anordnung des Wohnquartiers mit der Möglichkeit einer unabhängigen Vermarktung. Trotz der Vereinbarungen im Kaufvertrag verfolgt sie mit Nachdruck die Realisierung der in der Auslobung angestrebten Dichtevorstellungen. Weiter versucht sie, über die Erhöhung der Geschosszahl im Büroquartier wie im Wohnbereich BGF zu gewinnen bzw. vermarktungsfähige Einheiten zu schaffen. Obwohl dafür Begründungen aus der Logik des städtebaulichen Entwurfs gesucht werden, scheitern diese „Nachverdichtungsversuche" weitgehend.

Bei den Gegenständen der städtebaulichen Verträge ist die RES kooperationsbereit. Dies reicht von der Erfüllung weitreichender baulicher Aufgaben (Durchführung der Altlastensanierung und der Erschließungsmaßnahmen) bis zur Finanzierung von Planungsmaßnahmen (Bebauungsplanverfahren), der Errichtung von Ersatzwohnungen für die abgebrochenen Wohngebäude und echten Deals (Finanzierung der Uferwegunterführung an der Elsenbrücke für die Umbenennung der anliegenden Straße in „An den Treptowers"). Damit wird ein Klima der Zusammenarbeit bei der zügigen Entwicklung des Grundstücks zumindest zwischen Investor, Baustadtrat und Planungsbüro hergestellt.

Mit dem Eintritt der Allianz in diesen Akteurszusammenhang und der weiteren Detaillierung verändert sich die Konstellation. Die klaren Gestaltungsvorstellungen, die die Allianz einbringt (Kultursaal), und die Forderung nach hoher Nutzungsflexibilität (Zufahrten, Neubau Hoffmannstraße 17-18) werden über die RES, die FPB und die Entwurfsarchitekten zwar transportiert, sind aber kaum verhandelbar. Die Ziele sind im Einzelfall Resultat von Repräsentationsvorstellungen (Vorfahrt vor der denkmalgeschützten Klinkerfassade, Kantine/Kultursaal), von technischen und Erschließungsnotwendigkeiten (Treppenhäuser, Rampen, Zufahrten) oder von Vermarktungserfordernissen (hohe Flexibilität und davon abgeleitete Fassadengestaltung). Aus dem Gebäudeinnern entwickelte Anforderungen beginnen, städtebaulich wirksam zu werden und den öffentlichen Raum mitzubestimmen, während die Diskussion um die bauliche Dichte an Bedeutung verliert.

Dagegen verändern sich die Ziele für das Wohnquartier weiterhin grundsätzlich, da die Vermarktungschancen als gering eingeschätzt werden. Wegen der Prägnanz des Gesamtentwurfs und zur Sicherung der langfristigen Nutzungsmöglichkeiten wird auf den Bau der Twin-Towers nie öffentlich verzichtet, während ihre Realisierung aussteht. Dagegen geht der Verzicht auf ein Wohnkarree zugunsten einer Grünfläche in den Bebauungsplan ein. Der Versuch, südlich der Hoffmannstraße ein Parkhaus zu realisieren, spiegelt die Probleme wider, die der Entwurf wegen seiner hohen Dichte hinsichtlich der Vermarktung vor allem im Bereich der Twin-Towers aufweist. Der Investor lotet Wege aus, die die gestalterische „Stringenz" des Siegerentwurfs beeinträchtigen, aber seine Kernaussage (Nebeneinander von Wohnhochhäusern und Karrees) weiterhin transportieren.

Die RES kann einen großen Teil ihrer Ziele umsetzen, da sie einerseits auf die Forderungen des Bezirks eingeht und andererseits im Nachgang zum nach außen eindeutigen

Wettbewerbsergebnis in den Schlüsselpersonen des Planungsverfahrens starke Unterstützer hat. Widerstände erwachsen in Details, die teilweise durch Druck überwunden werden können. Die Abwandlung der Wohnquartiere und die Aussetzung der Realisierung der Twin-Towers zeigen die starke Stellung des Investors, der zwar über städtebauliche Verträge stark in die Altlastensanierung und Erschließung eingebunden wird, aber eine Umsetzung des Entwurfs nur anfangs mit zeitlichem Nachdruck betreibt, als die prominenten Büroflächen für die Allianz erstellt werden.

Berater

Gutachter (FPB)

Die Ziele der FPB entstehen wegen der Beteiligung von Hannes Fehse am Wettbewerbssiegerteam bereits in der Auseinandersetzung mit der Auslobung und der Erarbeitung des Wettbewerbsentwurfs. Sie sind stark städtebaulich-kompositorischer Natur und gehen von einer in Berlin bislang unkonventionellen Anordnung der Baumassen aus. Zumindest in Teilen sind sie Resultat einer stark positiven Einschätzung der Berliner Entwicklungsperspektiven und werden im Entscheidungs- und Realisierungsprozess zum Teil relativiert[139]. Der Entwurf geht von einem weitgehenden Erhalt denkmalwerter Substanz aus und zeigt an verschiedenen Stellen deutlich, dass er nicht vorrangig aus immobilienwirtschaftlichen Erwägungen heraus entwickelt worden ist. So wird auch das historische Industriegeschossgebäude im Blockinnern erhalten und integriert, und die Grundrisse der „Twin-Towers" leiten sich aus den Maßen der umliegenden Gebäude ab, ohne deren Wirtschaftlichkeit zu berücksichtigen. Neben formalen Grundprinzipien, die den Entwurf leiten und seine Höhenentwicklung begründen (Goldener Schnitt als Verhältnis der verschiedenen Höhen), kommt im Wettbewerbsentwurf das Prinzip der „Leichtigkeit" von Turmbauten zum Einsatz (zunehmende Transparenz und Leichtigkeit der Fassaden mit zunehmender Höhe). Doch nicht nur die Höhen stehen durch ihre Proportionen in einem formalen Zusammenhang, auch die Twin-Towers zeichnen sich dadurch aus, dass ihre Form beinahe einem vertikal angeordneten Karree entspricht (U-förmige Wohnkarrees, deren Kantenlänge mit der Höhe der Twin-Towers übereinstimmt usw.). Damit stehen zumindest die Gebäude nördlich der Hoffmannstraße in einer so starken formalen Beziehung, dass einerseits die maximale Höhe des Turmhauses nach oben begrenzt ist (über den Goldenen Schnitt aus der Berliner Traufhöhe abgeleitet) und sich bereits kleinere Änderungen in der städtebaulichen Struktur schnell gegen die innere Logik des Entwurfs richten. Die Gebäude sind insgesamt nach „rationalen" Prinzipien angeordnet, variieren Punkthaus, Zeile und Block in freier Anlehnung an die städtebauliche Moderne und bauen auf der Dominanz klarer „Kuben" und dem rechten Winkel auf. Aus dem „städtischen" Prinzip des Entwurfs wird das Verhältnis zur Spree (Hochhäuser am Fluss mit „steinerner" Ausprägung des Uferwegs), der Wohnhaustyp (verdichteter Geschossbau, Korridorstraßen, Berliner Traufhöhe), die Zuordnung der Gebäude zueinander (Hochhaus neben Wohnkarree mit Zwischenraum in einfa-

139 Der Siegerentwurf unterschreitet allerdings die in der Auslobung geforderte BGF und dokumentiert mit der Verdichtung des Südblocks, dass die Baumasse nicht verträglich unterzubringen sei. (G119)

cher Straßenbreite) und das Angebot an Freiflächen (öffentliche Freiflächen als nutzbare öffentliche Räume, nicht als extensive Parks oder Erholungsräume) abgeleitet. Die Freiflächen des Entwurfs schaffen räumliche Vernetzungen in die weitere Umgebung und eine Vielfalt öffentlicher Räume mit „spannungsvollen Raumfolgen". Versorgungsgesichtspunkte spielen praktisch keine Rolle.

Mit diesem Gerüst städtebaulicher Prinzipien geht die FPB in die eigentliche Planungsphase des Bebauungsplanverfahrens. Dort tritt neben die städtebaulichen Ziele die schnelle Realisierung, so dass der jetzt als Verfahrensbetreuer auftretende Entwurfsverfasser eine Synthese aus sich wandelnden und differenzierenden Anforderungen insbesondere des Investors sowie den eigenen Entwurfsprinzipien versuchen muss. Diese Synthese berücksichtigt weiterentwickelte Anforderungen des Investors (und der Verwaltung) zügig, die nicht im Widerspruch zu den Entwurfsprinzipien stehen, wendet sich aber gegen städtebauliche Abwandlungen, sofern sie dem Grundgedanken des Entwurfs widersprechen[140]. Im Beteiligungsverfahren von außen auftretende, weniger „städtische" Gegenpositionen, die die schnelle Realisierung gefährden, werden mit Unterstützung des Baustadtrats „abgewehrt". Dabei sucht die FPB Bündnispartner in den anderen Verwaltungen. Im Abwägungsprozess wird auf die breite Zustimmung zum Siegerentwurf verwiesen und die Berechtigung späterer Abweichungen davon in Frage gestellt.

Die FPB geht von den Entwurfsprinzipien nur dann ab, wenn die Realisierbarkeit gefährdet ist. In Zusammenarbeit mit dem Baustadtrat und dem Investor ist ihr Durchsetzungsgrad hoch. Gerade Gegenpositionen im Bebauungsplanverfahren können durch frühe Abstimmungen der Beteiligten weitgehend aufgeweicht oder zurückgewiesen werden. Veränderungen gegenüber dem städtebaulichen Entwurf durch die Entwurfsarchitekten sind größtenteils im Rahmen der Umsetzung von der städtebaulichen Idee zum ausführungsreifen Projekt selbstverständlich (Fassadengestaltung, Erschließungsdetails, Freiflächengestaltung), so dass die FPB hier kaum eigene Ziele thematisiert.

Entwurfsarchitekten

Punkthochhaus (Spangenberg): Bei der Realisierung des Punkthochhauses kommen die Ideen Spangenbergs zur Ausführung, die bereits im Modell zum Wettbewerb angedeutet wurden. Die vertikale Dreigliederung der Fassade weist im unteren Teil größere Steinanteile auf, um die „Schwere" auszudrücken. Die Gesamtwirkung des Gebäudes wird von einer äußerst zurückhaltenden Fassadendifferenzierung bestimmt, die auf die Entfernung kaum noch wahrnehmbar ist. Damit hat der Baukörper beinahe die Wirkung eines schlichten, dunklen Hochhauses aus den 1970er Jahren. Die Gestaltung der Fassade wird jedoch im Planungsprozess praktisch nicht mehr thematisiert, so dass die Interpretation des Wettbewerbsentwurfs hier wohl Spangenberg überlassen bleibt. Die Höhe des Gebäudes entspricht schließlich dem Wettbewerbsergebnis.

140 Einsatz der FPB für eine durchgehende Zunahme der Gebäudehöhe / Widerstand gegen ein drittes Geschoss in den „Querbalken" der Wohnkarrees / teilweise Verschiebung der Büronutzungen von den Twin-Towers an die Eichenstraße usw.

Umbau Ziesel-Bauten (Reichel/Staudt): Der Umbau wird lediglich im Rahmen der Auseinandersetzungen mit der Denkmalpflege thematisiert. Dabei ist es die Allianz, die letztlich den Kultursaal nicht erhalten will, während die Entwurfsarchitekten immerhin zur Rettung der Fenster aus der Altbausubstanz beitragen. Die Veränderung der Treppenhäuser als Folge der technischen Ausstattung des Umbaus ist wohl eine fast unvermeidliche Folge der Umrüstung des Gebäudes auf moderne Standards und damit eine Entscheidung, die nicht dem eigentlichen Zielsystem der Entwurfsarchitekten zugerechnet werden kann.

Büroriegel (Schweger und Partner): Die Büroriegel werden zwar in ihrer Gestaltung des oberen Teils und damit in ihrer Interpretation des Wettbewerbsergebnisses unterschiedlich bewertet, doch findet eine Thematisierung im Planungsprozess praktisch nicht statt. Die hohe Dichte resultiert aus den unter Berücksichtigung der Investorenwünsche weiterentwickelten Anforderungen.

Twin-Towers (Kieferle und Partner): Die Twin-Towers weisen im Wettbewerb noch kaum wirtschaftliche Grundrisse auf. Die Entwurfsarchitekten versuchen, diese durch Veränderung des Zuschnitts und die Treppenhäuser zu verändern, stoßen damit und mit Details im Dachbereich aber auf den Widerstand der Senatsbauverwaltung, die die Entwurfsidee aus dem Wettbewerb weitestgehend erhalten möchte. Die Ziele der Architekten setzen sich teilweise durch.

Wohnkarrees (Wöhrle/JSK): Die Wohnkarrees werden vor allem im Hinblick auf ihre Staffelgeschosse und die zweigeschossigen „Querbalken" thematisiert, als die Investoren eine höhere Wirtschaftlichkeit erreichen wollen. Die Fassadengestaltung spielt dagegen kaum eine Rolle, ist aber weder besonders innovativ, noch weicht sie stärker von der Wettbewerbsidee ab.

Öffentlichkeit

Bewohner, Nachbarn, Bürger

Die Haltung der Bürger kann nur anhand der einzelnen Bebauungsplanverfahrensschritte ansatzweise eingeschätzt werden, da keine formierte Initiative o. ä. den Planungsprozess begleitet hat. Die Bewohner der Hoffmannstraße 17-18 sind sensibilisiert durch Versuche der RES, die Gebäude zu entmieten, und lehnen einen Abriss ihrer Gebäude aus Furcht vor dem Verlust ihrer Wohnung bzw. erhöhten Mieten ab. Sie stellen einen Großteil der beteiligten Bürger, die in der ersten Erörterungsveranstaltung ihrem Unmut gegenüber dem Projekt „Luft machen" und versuchen, dem Baustadtrat eine Bestandsgarantie für ihre Wohnungen „abzutrotzen". Als Gründe für ihre Ablehnung wird weiter die Befürchtung angeführt, in kleinere Wohnungen umziehen zu müssen. Die Ziele der Bewohner entwickeln sich im Verlauf des Verfahrens weiter. Einige von ihnen ziehen freiwillig um, andere nehmen das Angebot der RES wahr, in neu errichtete Wohneinheiten an der Puschkinallee zu günstigen Konditionen einzuziehen. Auf diese Weise erstirbt der Widerstand der Bewohner schnell, die anfangs noch eine Mietervertretung gründen wollen. Der Abriss kann schließlich problemlos vollzogen werden.

Eine ganze Reihe von Einzelpersonen verfolgt das Planungsverfahren von Anfang an und wendet sich aufbauend auf ökologischen Argumenten, einer grundsätzlichen Ablehnung von Hochhausbebauung und dem Ziel der Schaffung lebenswerter „Kiez"-Umgebungen gegen den hohen Büroflächenanteil, die Gebäudehöhen und die geringe Grünflächenversorgung. Insbesondere wird von dieser Gruppe der Uferbereich mit einem „Landschaftsraum“ assoziiert. Sie setzt sich in teilweise präzisen und sachlich fundierten Stellungnahmen im Beteiligungsverfahren (und in Einzelfällen in der Presse) mit dem Projekt auseinander, vermag aber die federführenden Akteure nicht zu überzeugen und keine politische Breitenwirkung zu erzielen. Der geschlossenen Argumentationsweise der Befürworter wird an den Kritikpunkten eine qualitätsbewusste Gegenposition entgegengestellt, die sich aber nicht weiterentwickelt und nicht durchsetzen kann, da sie über keinerlei Ressourcen oder Instrumente hierzu verfügt.

Die vereinzelten Stellungnahmen aus einer weiteren Gruppe „interessierter Bürger“, die das Verfahren eher wohlwollend beobachten, gehen entweder nur auf Einzelaspekte ein, die als Anregungen im Verfahren begriffen werden können und für die Abwägung keine Bedeutung entfalten, oder sie drücken ihre Zustimmung zur Entwicklung aus. Eine Realisierung der verstreuten Einzelanregungen findet wohl auch deshalb nicht statt, weil sie das Potential der Verwässerung des Siegerentwurfs und das einer Verzögerung des Verfahrens in sich bergen. Da sie keine geschlossene Position zur Gesamtlösung entwickeln, kommen sie zum Zeitpunkt des Beteiligungsverfahrens zu spät.

Fachöffentlichkeit

Die Fachöffentlichkeit nimmt am Planungsprozess praktisch nicht teil. Das Projekt liegt nicht in der City, deren Entwicklung intensiv verfolgt wird. Mit dem Erhalt der Zieselbauten ist überdies die Wirkung im von der städtischen Öffentlichkeit frequentierten Raum annähernd erhalten, während die Kulisse an der Spree mit ihrer vergleichsweise markanten Hochhausbebauung wohl aufgrund mehrerer Faktoren hingenommen oder gar begrüßt wird. Hierzu dürften die eindrucksvolle Komposition, der Standort am S-Bahn-Ring und die geringe Beeinträchtigung der Umgebung durch die Hochhäuser bzw. umgekehrt sogar die zeichenhafte Funktion des Punkthochhauses beitragen. Eine Mobilisierung der Fachöffentlichkeit für eine Hochhausdebatte oder gar eine Diskussion über Architekturvorstellungen scheint völlig ausgeschlossen, obwohl das Projekt ob seiner Größe eine durchaus beachtliche Wirkung im Stadtbild entfaltet.

Konflikte und ihre Bewältigung

Konflikte

Städtebauliche Komposition

Durch den städtebaulichen Wettbewerb und sein eindeutiges Ergebnis scheint ein Konflikt gar nicht auszubrechen. Dennoch gibt es abweichende Positionen, die aufgrund der Dynamik des Verfahrens nicht in der Lage sind, Eingang in die Debatte zu finden[141], und solche, die sich kritisch mit dem Ergebnis auseinandersetzen. Unter den ersteren ist lediglich der Konflikt zwischen Verfahrenspromotoren und Stadtplanungsamt um den städtebaulichen Akzent explizit. Die nachträgliche Kritik am städtebaulichen Ergebnis ist Resultat des üblichen Informationsgefälles, das Kritikerinnen insbesondere aus der Fachöffentlichkeit erst hinterher die Gelegenheit zur detaillierten Auseinandersetzung gibt.

Die innerhalb des Bezirksamts schwelende Meinungsverschiedenheit wird vom Stadtplanungsamt informell und ohne Einfluss eingebracht. In den Überarbeitungen fließt die Kritik an der Verdichtung im Allianz-Bereich ein. Danach ergreift das Stadtplanungsamt in der Konkretisierung des Bebauungsplanentwurfs mehrfach mit Alternativen ein, doch die Behandlung des Projekts als „Chefsache" des Baustadtrats hält den Entwurfsarchitekten den Rücken frei. Externe Kritik verhallt ungehört. Die Alternativen werden nur dann ansatzweise berücksichtigt, wenn veränderte Rahmenbedingungen ohnehin zu einer Änderung der Entwürfe zwingen (eigentumsrechtliche Probleme im Villenblock, Intervention der Senatsbauverwaltung bei den Twin-Towers). Eine Annäherung der unterschiedlichen Positionen findet dagegen nicht statt.

Nutzungsart

Zahlreiche Detailkonflikte um die Nutzungsart entstehen angesichts der Ausdifferenzierung des Konzepts und seiner Anpassung an die realen Bedingungen. Eine grundsätzliche Kritik an der Nutzungsart des Projekts wird erst nach Entscheidung des Wettbewerbs durch Bürgerinnen und Oppositionspolitiker in der BVV wirklich vernehmbar. Dagegen werden die Nutzungsänderungen an der Westseite und bei der Aufgabe anvisierter kleingewerblicher Nutzungen im Konsens umgesetzt.

Im Rahmen der Bürgerbeteiligung gelingt es, eine grundsätzliche Ablehnung des Nutzungsmixes unter Verweis auf die strategische Lage des Grundstücks, seine traditionelle Rolle als Arbeitsplatzstandort und nicht zuletzt auf die Eindeutigkeit des Wettbewerbsergebnisses zurückzuweisen. In der BVV ist die breite Mehrheit aus CDU und SPD sowie Teilen der PDS angesichts der hohen Investitionssumme nicht bereit, eine potentiell verfahrensverzögernde Veränderung des Konzepts hinzunehmen. Somit erfolgt keinerlei Annäherung der unterschiedlichen Positionen. Die Federführung im Verfahren und die eindeutige Positionierung sowohl der Senatsverwaltungen als auch des Bezirksstadtrats und der Investorin erlauben eine einfache Zurückweisung der abweichenden Ideen. In der BVV stärkt, wie in anderen untersuchten Projekten auch, die Mehrheit der BVV das Bezirksamt, da es sich eine differenzierte Weiterentwicklung von Einzelprojekten von ihrem Selbstverständnis her nicht als ihre Aufgabe begreift und angesichts des Fehlens offensichtlicher Verfahrensmängel oder erheblicher Konflikte eine Behinderung der Exekutive scheut.

141 Sie finden sich insbesondere innerhalb der beiden maßgeblichen Senatsverwaltungen in der Wettbewerbsvorbereitung (G067, G074).

Höhe

Ähnlich wie die städtebauliche Komposition insgesamt wird auch die Höhe durch den Wettbewerb scheinbar endgültig festgezurrt. Im Bezirk ist sie allerdings umstritten. Insbesondere stoßen die Höhe des Turmhauses (aber auch die Twin-Towers als Wohntürme) auf Kritik, doch angesichts der starken Unterstützung des Siegerentwurfs entwickelt sich eine Unsicherheit vorwiegend durch die ungeklärte Position der Flugsicherung[142]. Die später deutlich werdende Kritik aus Teilen der Bevölkerung und der politischen Opposition wird im Zusammenhang mit den oben erwähnten Kritikpunkten verhandelt.

Die formal offene Entscheidung für eine Gebäudehöhe bewirkt keine Auseinandersetzung um die „richtige" oder „verträgliche" Höhe. Im Prozess werden lediglich rechtliche Durchsetzungshindernisse identifiziert, abweichende Haltungen aber durch Verweis auf das Wettbewerbsergebnis „weggewogen", da sie aufgrund der vergleichsweise geringen Auswirkungen des Hochhauses in seiner Lage fern von Wohnbebauung, an einer stark befahrenen Verkehrstrasse und mit der Spree im Verschattungsbereich kaum eine rechtliche Bedrohung des Verfahrens darstellen[143]. Die Durchsetzungshindernisse an den Twin-Towers werden gar nicht durch eine Auseinandersetzung über die Höhe aufgelöst, da mit den Genehmigungsauflagen der Senatsbauverwaltung ein Ausweg im Rahmen der vorgesehenen städtebaulichen Komposition besteht.

Auf „kleiner Flamme schwelende" Meinungsverschiedenheiten über die Höhe werden damit ohne Kompromiss überwunden, als rechtliche Hindernisse ausgeräumt sind. Dafür ist die gemeinsame Haltung des Entwurfssiegerteams, des Baustadtrats und der „Mehrheitsfraktionen" in der BVV ausschlaggebend. Insbesondere der Wille des Baustadtrats, den von ihm als vielversprechend angesehenen Entwurf zu realisieren, lässt dessen Infragestellung bei einem einmütigen Juryspruch nicht zu.

Versorgungsgrad

Die Diskussion betrifft die Versorgung mit sozialer Infrastruktur und die Freiflächenausstattung. Dagegen bleiben die Einzelhandelsflächen lange Zeit unbeachtet. Dass überhaupt „lebensqualitätsbezogene" Standards an das Gebiet angelegt werden, ist auf seine Größe zurückzuführen, die es als „kleinen Stadtteil" erscheinen lässt, der durch die Öffnung des ehemaligen Werksgeländes entsteht. Der Konsens über diese Rückgewinnung von Raum für die öffentliche Nutzung kann aber eher als Teil der sich ändernden Flächenansprüche im Rahmen der Tertiärisierung angesehen werden. Eine zweite Grundvoraussetzung für das Aufkommen einer Debatte um Versorgungsstandards ist die bezirkliche Herangehensweise, die detaillierte lokale Anforderungen auch an Standorte von gesamtstädtischer Bedeutung anlegt, aber dabei mit den im Wettbewerb aufgrund von formalen Kriterien ausgewählten

142 Dies wird zumindest von mehreren Akteuren so bestätigt und erscheint angesichts der Unterstützung des Projekts mit dem hohen Punkthochhaus durch Baustadtrat Schmitz plausibel (G106). Inwiefern sich durch die zeitweise Reduzierung der Höhe im Verfahren eine gewisse Bereitschaft zur Durchsetzung eines Punkthochhauses erreichen ließ, kann nicht ermittelt werden.

143 Eine Überlegung, der Landschaftsparkscharakter des Treptower Parks sei durch das weithin sichtbare Gebäude beeinträchtigt, ist im Prozess nicht nachweisbar.

Entwurfsprinzipien in Konflikt gerät. Der wesentliche Faktor ist allerdings der relativ hohe Wohnanteil, der die Thematisierung von Versorgungsstandards überhaupt erst möglich macht und im Gegensatz zur privatwirtschaftlichen Definition eines Flächenprogramms für Bürostandorte auch als politische Aufgabe erachtet. Die ausschlaggebende Konstellation für das Zutagetreten des Konflikts geht schließlich von dem unterschiedlichen Stellenwert aus, der der Versorgungsproblematik von den Akteurinnen zugemessen wird. Während die Entwurfsverfasser auf der einen Seite den neuen Stadtteil über die Komposition von Baumassen definieren und die Versorgung als nachgeordnet begreifen, stellt die Versorgung beispielsweise für die Bündnisgrünen und einige Bewohnerinnen eine zentrale Bewertungskategorie der Stadtentwicklungspolitik aus der Perspektive des Wohnumfelds und seiner Lebensqualität dar[144]. Der Baustadtrat muss die beiden sich offenbar widersprechenden Positionen „schnelle Realisierung“ und „gute Nahversorgung“ moderierend optimieren.

Im Vorlauf des Verfahrens legt er Wert auf einen Erhalt der bestehenden sozialen Infrastruktur im Wettbewerbsgebiet und versucht, diese vertraglich zu sichern. Während die Forderungen der politischen Opposition und der Bürger unter Verweis auf die Wettbewerbsentscheidung nur geringe Wirkung entfalten, ziehen sich die federführenden Akteure auf die Einlösung der grundsätzlichen Ziele (Grünflächenvernetzung, Einrichtung eines Parks für die Wohnsiedlung, Vorhaltung von Kindertagesstätten) zurück und setzen damit die anzulegenden Standards anders („Richtwerte“ vs. „urbane Stadt“). Der Verweis auf diese Einlösung und die „urbane Interpretation“ des Standorts sowie die Diskreditierung der Richtwertmethode als starr und unangepasst an die örtlichen Verhältnisse dient der Legitimierung der eigenen Vorgehensweise.

Während sich die Frage nach den Kindertagesstättenplätzen weitgehend von selbst erledigt, bleibt für eine stärkere Auseinandersetzung über die Schulversorgung ohnehin kein Spielraum im Rahmen des Planungsverfahrens. Die Freiflächenentwicklung wird zunächst ohne Kompromiss im Abwägungsprozess argumentativ bewältigt. Erst die veränderten Rahmenbedingungen (kein Erwerb der Freiflächen im Südblock, geringe Attraktivität der Neubauwohnungen) führt zu einer nachträglichen Verbesserung der Freiflächensituation auf Initiative des Investors.

Freiflächengestaltung

Die Gestaltung der Freiflächen als architektonische Aufgabe wird in ihrer über den Wettbewerbsentwurf hinausgehenden Detaillierung zum Thema und kollidiert dort mit den gestaltungsunabhängigen Anforderungen, die von dafür verantwortlichen Akteuren der öffentlichen Hand eingebracht werden. Gestalterisch wirksam werden sie insbesondere dann, wenn die Senatsbauverwaltung Standards für die Qualität der Freiflächen formuliert (Tiefgarageneinfahrten, Geländemodellierung im grünen Dreieck). Die kollidierenden un-

144 Dies gilt teilweise, aber nicht durchgehend, auch für Stadtplanungs- sowie Naturschutz- und Grünflächenamt. Die Bereitschaft, aufgrund der in der näheren Umgebung vorhandenen größeren Parkanlagen auf eine Einhaltung von „Richtwerten“ zu pochen, steht dort nicht durchweg im Mittelpunkt des Engagements. So ist das Stadtplanungsamt stärker an einer Erhaltung des Villencharakters im Südblock und der Schaffung eines verträglichen Übergangs zum Bestand geprägt.

terschiedlichen Ziele spiegeln erneut die Grundkonflikte zwischen „urbaner" und „bilanzorientierter" Flächengestaltung (Uferweg), zwischen individuell-gestalterischer Aussage und Normierung auf einen „städtischen" Kanon (Geländemodellierung) und zwischen verwertungsorientierten „Sachzwängen" und öffentlichen Ansprüchen an die Freiraumqualität (Tiefgarageneinfahrten).

Aufgrund der Verhandlungsmacht der einzelnen Akteurinnen im Beteiligungsverfahren können die Konflikte nicht verbal-abwägend gelöst werden. Während beim Uferweg anfangs auf bezirklicher Ebene eine Lösung offengehalten und der Anspruch an die Breite abstrakt formuliert wird, bringt die Detaillierung des Entwurfs dessen schnelle Aufgabe in Abstimmung mit dem Baustadtrat. Dagegen sind die externen Widerstände nicht auf diese Weise auflösbar. Die anberaumten Abstimmungsrunden marginalisieren die Vertreter der bilanzorientierten Flächengestaltung durch Verständigung der Vertreterinnen urbaner Ansätze, die auch auf Senatsebene federführend sind bzw. sich bei hierarchischer Koordination Gehör verschaffen. Die peripher agierende Senatsbaudirektion kann ihre Ansprüche nur durch eine Mischung aus Überzeugung und impliziter Drohung geltend machen.

Die Konflikte erfordern zwar eine Auseinandersetzung mit der Gegenposition, doch bringt die Verständigung auf eine herrschende Interpretation des Grünvernetzungskonzepts im FNP die Möglichkeit, bilanzorientierte Ansätze durch den Verweis auf die Qualität der Vielfalt in der Gestaltung zu überwinden. Kompromisse müssen nur bei Unterschreitung funktionaler Mindeststandards geschlossen werden (Arkadenlösung Twin-Towers).

Denkmalschutz

Angesichts des Vorhandenseins denkmalwerter Substanz ist zumindest die Thematisierung des Denkmalschutzes auf dem Grundstück selbstverständlich. Dass daraus ein Konflikt entsteht, überrascht angesichts der völligen Umstrukturierung des Grundstücks und des vor der Vereinigung eher geringen und in der ersten Hälfte der 1990er Jahre immer noch begrenzten Stellenwerts von Industriedenkmalen in der Stadtentwicklungspolitik nicht. Interessant ist dagegen die Art und Weise, wie auf dem Grundstück trotz der identifikationsstiftenden und attraktivitätssteigernden Wirkung, die auch der Investor in den Baudenkmalen erkennt und nutzt, der Denkmalschutz zum Konflikt wird. Die Voraussetzungen liegen in der Prozessdynamik, die den Wettbewerb auf lediglich vagen denkmalpflegerischen Einschätzungen aufbaut. Die Einigung auf einen weitgehenden Erhalt der Denkmale im Siegerentwurf wird in der Überarbeitung eingeschränkt, in der konkretere Nutzungsanforderungen an die Gebäude formuliert werden. Im weiteren Verfahren stellt der „Kultursaal" sicher einen Sonderfall dar, in dem denkmalpflegerische und stadtentwicklungspolitische Interpretation des Stellenwerts von Bestandsgebäuden aufeinanderprallen und die Denkmalpflege die theoretische Rolle, die ihr durch die Einvernehmensregelung des Denkmalschutzgesetzes in der Baugenehmigungspraxis zukommt, gegenüber einer stadtentwicklungspolitischen Gesamtbetrachtung nicht ausspielen kann.

Im Falle des Industriegebäudes im Blockinnenbereich erlangen die nutzungsspezifischen Anforderungen Übergewicht. Die Bedeutung des Gebäudes kann von der Denkmalpflege nicht schnell genug klar gemacht werden, doch ist sie den übrigen Akteurinnen aufgrund der für Berlin anerkannteren Rolle architektonischer Innovation gerade in den 1920er und frühen 1930er Jahren sowie der geringen Verankerung des Gebäudes im Stadtbild im

Vergleich zu den Ziesel-Bauten auch wesentlich schwerer vermittelbar. Der schrittweise Rückzug der Denkmalpflege in den Vertragsverhandlungen zu den Details der Ziesel-Bauten drückt ihre schwache Stellung gegenüber Gestaltungsvorstellungen und technischen Erfordernissen der dreistelligen Millionen-Investition sowie der politischen Exekutive aus.

Der Abriss des Industriegebäudes ist das Ergebnis einer Einigung gegen die Denkmalpflege. Im Erhalt der Zieselbauten nehmen die Entscheidungsträger ihre denkmalpflegerische Verantwortung wahr und erreichen damit für die Gesamtentwicklung einen gerade für ihre denkmalpflegerische Lesart, die stärker als die der Denkmalschutzbehörde von der städtebaulichen Wirkung geprägt ist, vertretbaren Kompromiss.

Bündnisse und Gegnerschaften

Bündnisse

In der Entwicklung des EAW-Geländes sind zwei Stufen einer Bündnisbildung zu konstatieren. Die Verwertung des Grundstücks selbst erfordert ein Einverständnis der maßgeblichen Senatsverwaltungen, der Treuhand, des Investors und des Bezirksamts, das durch das Ringstadtkonzept und die entwicklungsoffene Haltung des Baustadtrats, aber auch durch die negative städtebauliche Konnotation, die dem Gelände als Industriestandort innewohnt, gesichert ist (G060). Damit steht die Umstrukturierung des Standorts praktisch von keiner Seite in Frage, während der Weg dieser Umstrukturierung durch das Bündnis bestimmt wird, das die Inhalte des Kaufvertrags und den Ablauf des Wettbewerbsverfahrens erarbeitet bzw. sanktioniert.

Die zweite Stufe erfolgt erst nach dem Abschluss des Wettbewerbsverfahrens. Die bezirkliche Durchführung des Bebauungsplanverfahrens schließt die beiden Senatsverwaltungen aus dem Bündnis aus. Dagegen wird mit der FPB und ihrem Entwurfsverfasser ein engagierter Verfechter der Entwurfsinhalte ins Boot geholt, der diese auch gegen die Einwände des Senats verteidigt. Die enge Zusammenarbeit von Baustadtrat und Investor wird durch städtebaulichen Vertrag auf eine solide Grundlage gestellt, resultiert im Alltagsgeschäft der Schaffung von Planungsrecht und dem Genehmigungsverfahren aber aus dem gemeinsamen Ziel, das Projekt möglichst schnell umzusetzen. Die erforderlichen Voraussetzungen dazu sind durch den starken Rückhalt in der BVV gegeben. Interessanterweise zählen außer dem Stadtplanungsamt und den „Oppositionsfraktionen" in der BVV auch die Entwurfsarchitekten nicht zum Bündnis. Beispielsweise wird Spangenbergs Tätigkeit vom Investor auf einen geringen Teil des Projekts reduziert.

Indifferente Verhältnisse

Die Abgrenzung zwischen indifferenten Verhältnissen und Gegnerschaften ist schwierig und uneindeutig, da kaum eine Akteurin die grundsätzliche Entwicklung des Standorts ablehnt, aber über den Weg durchaus stark unterschiedliche Auffassungen existieren. Die Senatsbauverwaltung ist eher im indifferenten Lager anzusiedeln. Sie trägt zur Findung von genehmigungsfähigen Detaillösungen bei, äußert aber andererseits präzise Qualitätsansprüche, die den Entwurfsprozess über Monate am Rande beschäftigen. Analog ist die Planungsabteilung der Stadtentwicklungsverwaltung einzuschätzen, in der zwar abweichende

Positionen zum Projekt anzutreffen sind, die sich aber in der Trägerbeteiligung auf die Seite der Entwerferinnen schlägt und zur Überwindung von Widerständen beiträgt. Eine Sonderrolle spielt die Denkmalschutzbehörde, die zwar als Gegnerin des Investors auftritt, aber wegen ihrer schwachen Position auf eine Konsensfindung zusteuert. Im Bezirk ist wiederum die PDS-Fraktion der BVV als indifferent anzusehen, die das Projekt nicht behindert, aber auch keine Machtressource des Baustadtrats bildet.

Gegner

Die wesentlichen Gegner des Projekts sind unter den Bürgern zu finden, die ihre Kritik in den verschiedenen Stufen des Beteiligungsverfahrens zum Ausdruck bringen. Während die Bewohnerinnen der später abgerissenen Wohngebäude in der Hoffmannstraße im Planungsprozess befriedet werden, bleiben Einzelkritiker teilweise aus dem alternativen Spektrum zurück, die sich wohl aufgrund der engen Beziehung des Standorts zur auf Landesebene bekämpften Autobahntrasse überhaupt stärker in das Verfahren einmischen. Weiterhin nimmt auch die Fraktion der Bündnisgrünen in der BVV gegen das Projekt in seiner Stoßrichtung Stellung und stellt sich an die Spitze der Bewegung für eine stärkere Berücksichtigung der Versorgungswerte. Die Kritik wird durch die Ablehnung der baulichen Dichte in Teilbereichen ergänzt. Ähnlich ist die Position des Stadtplanungsamts, das verschiedene Alternativen entwickelt und damit seine Ablehnung des konkreten Projekts aus städtebaulichen Gründen bekundet, dabei aber in Details eine andere Position als die Bündnisgrünen einnimmt. Die Akteurinnen, die sich weiterhin gegen das Projekt stellen, kommen vor allem aus dem Bereich der Freiraumplaner der öffentlichen Verwaltung.

Während die indifferenten Akteure im Verfahren pragmatisch eingebunden werden und damit das Projekt nicht aufhalten, bleibt die Kritik der Gegnerinnen isoliert und punktuell. Lediglich im direkten Kontakt der Bündnisgrünen mit dem Baustadtrat findet sie ein gewisses Echo (G073), während die übrigen politischen Befürworter und Verfahrensbeteiligten die Kritik durch Verweis auf die Stimmigkeit des Entwurfs und die Notwendigkeit der Investition beantworten, das Stadtplanungsamt institutionell ohne Einfluss bleibt.

Zusammenfassende Einschätzung des Entscheidungsprozesses

Konstellation

Die Konversion des innerstädtischen EAW-Produktionsstandorts wird stark durch den Vorentscheidungsprozess bestimmt, in dem die Treuhand, der Senat und der künftige Eigentümer wesentliche Eckpunkte einer Nachnutzung in Erwartung eines Büroflächenbooms „festklopfen". Eine Zukunft als Produktionsstandort wird praktisch von keinem der Akteure ernsthaft in Erwägung gezogen, so dass politische Widerstände gegen die Arbeitsplatzreduzierung verzweifelte Rückzugsgefechte sind. Der entwicklungsorientierte Baustadtrat, der eine bezirkliche Wachstumskoalition anführt, kann das Projekt im Bezirk halten, da er sich voll hinter den investorenorientierten Entwicklungsprozess stellt und durch die Beauftragung des Planungsbüros sowie die Schwächung von Gegnern strategische Weichen für eine zügige Planung und Realisierung stellt. Ausschlaggebend für die breite Unterstützung und die isolierte Stellung von Kritikern innerhalb der Verwaltung ist der weitreichende Konsens über das Wettbewerbsergebnis, hinter dem sich eine für Berlin nicht ungewöhnliche Gestaltungskoalition versammelt, die weit über das Umfeld des Senatsbaudirektors Stimmann hinausreicht. Neben der städtebaulichen „Strenge" des Entwurfs sind für seine Mobilisierungskraft wohl das relativ „klassische" städtebauliche Repertoire, seine formale Logik und das Angebot ausschlaggebend, verschiedene Ansprüche auf dem riesigen Areal in einem großen Wurf zu bedienen: die städtebauliche Akzentsetzung, die zumindest gebietsbezogene Nutzungsmischung mit funktionsfähigen Aufenthaltsbereichen, die Repräsentativität der einbezogenen Altbauten und der *skyline* sowie die Funktionalität der Dienstleistungsbereiche. Das gewählte Verfahren über den städtebaulichen Wettbewerb marginalisiert Grundsatzkritik radikal, so dass sich der Entwurf erst allmählich pragmatisch weiterentwickelt bzw. in seiner Prägnanz etwas „abschleift". Auf dem Weg dorthin zwingt die Verhandlungsmacht der Allianz die Denkmalpflege in einen Kompromiss, den diese als Teilniederlage empfindet, während das Projekt an einigen Stellen mangels Nachfrage zumindest vorübergehend ein Torso bleibt. Eine öffentliche Debatte über die Qualitätsanforderungen und die Zukunft des Gebiets unterbleibt aufgrund des Vorentscheidungsprozesses, des geringen Interesses der Fachöffentlichkeit am peripheren Standort und des geringen Koordinationsbedarfs bei Entwicklung durch nur einen Developer fast völlig. Die zentrale Figur des Baustadtrats interpretiert den Entwurf im Detail großzügiger als das Planungsbüro oder die Senatsbauverwaltung, so dass die Strenge des Entwurfs gegen den ansonsten mächtigen Stimmann ein wenig aufgeweicht wird. Widerstände können nur noch durch Akteure geltend gemacht werden, die über Rechtsinstrumente dazu verfügen, doch sind auch deren Möglichkeiten begrenzt.

Bewertung

Eine Bewertung des Umstrukturierungsprozesses selbst soll hier unterbleiben, da eine Rettung des Produktionsstandorts wohl weder erwünscht noch realistisch war. Vor diesem Hintergrund ist die recht weitgehende Umsetzung des Konzepts ein Beweis für die Handlungsfähigkeit eines Bezirksamts im vermeintlich investorenunfreundlichen Berlin. Auf diese Weise werden drei bedeutende Ziele erreicht: die Sicherung des hervorragend erschlossenen Gebiets als bedeutenden Arbeitsstandort — im Gegensatz zu einigen weiteren „vor sich hin dümpelnden" stadtentwicklungspolitischen Entlastungsstandorten am S-Bahn-Ring —, die „Rückeinbindung des Areals in die Stadt" durch Zugänglichkeit, Nutzungsspektrum und Durchwegung sowie ein beachtlicher ökologischer Gewinn über Altlastensanierung und flächenhafte Entsiegelung. Dennoch sollen einige prozessbezogene wie inhaltliche Defizite hier nicht übersehen werden. Die weitgehende Ausgrenzung der Gegnerinnen und die geradlinige Umsetzung eines bestimmten Stadtentwicklungsmodells schwächt Beteiligungsprozesse, wenn selbst bei großflächigen Umstrukturierungen Einmischung nahezu wirkungslos bleibt. Es entsteht ein Projekt weitgehend aus einem Guss, das seine Qualität aus der durchgehaltenen inneren Logik des Entwurfs schöpft. Damit wird allerdings dessen Weiterentwicklung zu einem „mühseligen Geschäft", das im Hinblick auf die reduzierten Wohndichten nur teilweise gelingt, während die Aufenthaltsqualität der Freiräume in Teilbereichen begrenzt bleibt, die Versorgung der Wohnflächen mit Infrastruktur und Einzelhandel nicht optimal ist, das Wohnquartier gerade im Hinblick auf die sinkende Nachfrage nach Geschosswohnungen Attraktivitätsprobleme aufweist und das Büroquartier an der Eichenstraße äußerst peripher liegt. Grundsätzliche Alternativen zur dichten Bebauung des Gebiets konnten wegen der Vermarktungstätigkeit der Treuhand praktisch nicht thematisiert werden. Ob also beispielsweise ein Freizeitpark, eine Nutzung von Teilen des Areals als Sportfläche oder in Fortsetzung des landschaftlichen Charakters des Spreeoberlaufs sinnvoll gewesen wären, ist nie Gegenstand des Entscheidungsprozesses gewesen[145]. Die erhebliche Verdichtung an der Elsenstraße wäre nicht erforderlich gewesen, trägt auf der anderen Seite aber dazu bei, Baumasse gerade an einem verkehrlich hervorragend erschlossenen Standort zu konzentrieren – im Sinne des ursprünglichen „Entlastungsgedankens", mit dem das Ringstadtkonzept entwickelt wurde. Im Hinblick auf die Instrumentalisierung des Denkmalschutzes zur Sicherung der Attraktivität eines Investorenprojekts ist zumindest aus der Sicht der Industriedenkmalpflege der Verlust wertvoller Substanz zu beklagen, die mit einer Verringerung der Dichte hätte gerettet werden können, allerdings mit dem Risiko einer Brüskierung des Schlüsselinvestors Allianz durch die öffentliche Hand.

145 Der Autor hält die Verdichtung aufgrund der Verkehrslage des Standorts für sinnvoll, ist aber skeptisch gegenüber der isolierten Lage des Wohnquartiers, das außer für Liebhaberinnen von Wohnungen in Hochhäusern am Ufer eines Flusses – leider in Nordlage – nur begrenzte Qualitäten bereithält. Die Durchmischung des Standorts kann sicherlich als sinnvoll angesehen werden, doch wäre beispielsweise eine stärkere Inanspruchnahme der Flächen der öffentlichen Hand südlich der Hoffmannstraße für freizeitbezogene Nutzungen denkbar gewesen — bei gleichzeitiger Schonung der angrenzenden Villenquartiere. Diese Gedanken sind nicht zu Ende gedacht, sollen aber die prinzipielle Möglichkeiten andeuten, weitere Alternativen trotz Verdichtung eines Ringstandorts einzubeziehen.

Die Akteure

Die Akteure in der öffentlichen Verwaltung

Im Folgenden soll insbesondere herausgearbeitet werden, in welchem Verhältnis die Legislative und die Exekutive im Politikfeld Stadtentwicklung stehen. Es wurde bereits in den Fallstudien deutlich, dass eine oberflächliche Einschätzung kaum weiterführt. Sowohl eine Dominanz der Verwaltung, die in der Literatur als Grunderkenntnis dargestellt wird (Mayntz 1985), als auch eine der politischen Parteien oder gar der Legislative scheint den Kern nicht zu treffen. Als herausragend wird sich der Handlungsspielraum der politischen Spitze der Verwaltung erweisen, doch ist auch dieser von vielerlei — allerdings nur schwer erfassbaren — Rahmenbedingungen begrenzt.

Die Senatsmitglieder

Georg Wittwer (CDU)

Wittwer kommt in der zweiten Hälfte der 1980er Jahre auf die Position des Bausenators, einer Zeit, in der die regierende CDU-FDP-Koalition in der Baupolitik von Skandalen gezeichnet ist. Als Architekt übernimmt er die Berater seines Vorgängers, die eine gewisse überparteiliche Kompetenz sicherstellen sollen (G053). In seine Amtszeit fällt die Deregulierung der Wohnungspolitik des Senats mit der Aufhebung der Mietpreisbindung und die beginnende „Neue Wohnungsnot" nach der Volkszählung 1987 (zuvor systematische Unterschätzung der West-Berliner Bevölkerung!).

Mit der Überarbeitung des Flächennutzungsplans geht in West-Berlin eine gewisse Ökologisierung einher. Das Thema Innenentwicklung erhält einen besonderen Schub. Die wirtschaftspolitischen Hoffnungen der Stadt auf den EG-Binnenmarkt schlagen sich stadtentwicklungspolitisch in vorwiegend politisch initiierten innerstädtischen Verdichtungsmaßnahmen nieder. Wittwers Amtszeit ist von einer Moderation dieser Entwicklungen geprägt. Der Bereich um den Breitscheidplatz und den Kurfürstendamm ist eindeutiger Fokus der City-Entwicklung.

Wegen der relativ moderaten Büroflächennachfrage stehen selbst die Zentrumsbereiche nicht unter dem Druck eines grundlegenden Stadtumbaus, der großflächig wirkende planerische Instrumente erfordern würde. Baupolitik lässt sich in diesem Umfeld als projektbezogene Gestaltungspolitik betreiben, die unmittelbar aus dem Arrangement der planerischen Kompetenzen entsteht. Der Bausenator entscheidet letztlich darüber, unter welchen (gestalterischen) Auflagen Baugenehmigungen in Aussicht gestellt werden können. Der stadtentwicklungspolitische Einflussbereich Wittwers resultiert aus Nachverdichtungsüberlegungen von Investorinnen und auf die vom Senat initiierten städtebaulichen Reparaturversuche, die in eine ähnliche Richtung tendieren.

Die verfahrensmäßige Entkopplung der Städtebaupolitik von der wirtschaftlichen Situation wird geboren aus der Verquickung der Wahrnehmung von Flächenknappheit in den 1980er Jahren, dem Signal der öffentlichen Hand, die Stadt als Dienstleistungsstandort profilieren zu wollen, und ganz wesentlich den tastenden Versuchen einzelner Investoren, Architekten und Planer, die Umstrukturierungsbereitschaft der öffentlichen Hand anhand von Einzelprojekten und Testentwürfen auf ihre Ernsthaftigkeit zu prüfen. Dabei nimmt das Gutachterverfahren von 1988 für das Victoria-Gelände in frappierender Verfahrensähnlichkeit den späteren Alexanderplatz-Wettbewerb vorweg und zeigt die stadtentwicklungspolitisch tastende Methodik, während andernorts bereits vergleichsweise konventionell gebaut wird: Negative Stigmatisierung einer vorangegangenen städtebaulichen Epoche, zentrale Lage und Wunsch nach Veränderung, Unsicherheit über die städtebauliche Zukunft der City und vermeintlich drängende Investoren mit begrenzten baulichen Potentialen ebnen den Weg zu einer szenarienhaften Delegation von Entscheidungen in ein beschränktes Verfahren unter Einbeziehung eines bewusst breit gewählten Spektrums von „städtebaulichen Handschriften“. In ihm wollen Investoren und Politikerinnen die Überwindung der alten stadtentwicklungspolitischen Denktradition beispielhaft im vollen Rampenlicht der Öffentlichkeit und unter weitgehendem Ausschluss lokaler Bedenkenträger vorexerzieren, können dann aber nicht hinreichend transportieren, dass das Verfahren bzw. seine Überarbeitungsschritte erst zu einer redlichen und vorurteilsfreien Ermittlung des zunächst noch offenen Dichte- und Höhenrahmens dienen soll.

Der generierte Vorentscheidungsrahmen trägt wegen seiner Produktionsbedingungen mit einer Überantwortung der stadtwirtschaftlichen Tragfähigkeit auf Investoren die Züge eines „Aufbruchs in die Vertikale“ mit gleichzeitiger Verdichtung in der Fläche. Mangels Nachfrage entwickelt sich jedoch daraus keine breite Strategie. Wittwer profiliert sich keineswegs über die sich andeutende veränderte Städtebaupolitik, da die wesentlichen Vorentscheidungen noch im Kompetenzbereich der Stadtentwicklungsverwaltung liegen.

Die bruchstückhaften Einschätzungen Wittwer durch Beobachter (G040, G050, G083, G088) ordnen diesem eine scheinbar nur geringe Rolle zu. Er kann sich nicht auf eine feste Hausmacht in der Partei berufen. Diese Rahmenbedingungen schlagen sich in den über ihn abgegebenen Einschätzungen indirekt nieder, die ihn als einen ehrgeizigen Vertreter der West-Berliner Innenentwicklungspolitik skizzieren, der einen aufkeimenden Boom durch die Schließung aller Baulücken und teilweise hypertrophe Projekte (Autobahnüberdeckelung) bewältigen will. Der „Fachmann“ (G043) mit engen Verbindungen zur Unternehmensseite wagt sich wegen möglicher Planungsschäden nicht an eine grundsätzliche Revision der Victoria-Planung heran (G050) sondern greift nur moderierend ein. Die geringe Durchsetzungsstärke seiner Positionen geht u. a. auf die geringe Projektzahl mit intensiver Thematisierung umstrittener Entscheidungen bis in die CDU-Fraktion und zu Diepgen (G040, G053) sowie auf die Reaktivität seines Handelns zurück.

Wolfgang Nagel (SPD)

Der Wahlkampfmanager des späteren Regierenden Bürgermeisters Momper (SPD) übernimmt 1989 das Bauressort. Er verkörpert zunächst die Hoffnung auf eine Überwindung der mit CDU-Baupolitikern assoziierten Skandale und eine Würdigung der in seiner „linken" SPD Charlottenburg verankerten Bindung an das alternative Milieu der „intakten" Altbauquartiere und ihrer ökologischen Nachbesserung, zeigt sich jedoch als instinktsicher hinsichtlich von Profilierungsmöglichkeiten und der Demonstration von Handlungsfähigkeit. Die Arbeiten zu Wohnungsbaupotentialen wie der „Wasserstadt Oberhavel" mögen in diesem Zusammenhang als paradigmatisch gelten, steht doch die Amtszeit seines Vorgängers noch unter dem unglücklichen wirkenden, aber politisch voll kalkulierten Eindruck des Zusammentreffens von Aufhebung der Mietpreisbindung und „Neuer Wohnungsnot". Profilierung ist für Nagel — ganz in sozialdemokratischer Tradition — im Wesentlichen über Wohnungsneubau zu erreichen. Auf die Vereinigung reagiert Nagel konsequent durch sein Eingehen auf neue sich bietende Herausforderungen und Profilierungschancen. Wohnungsbaupolitik bleibt dabei maßgebliches Element seines Handelns.

Mit der Weichenstellung hin zu einer Förderung von Dienstleistungsprojekten erschließt sich Nagel ein weiteres Feld, das unter dem Eindruck einer scheinbar explosionsartig anwachsenden Nachfrage nach Büroflächen und dem massiven Auftreten auswärtiger Investoren allmählich vom Senat in erste stadtentwicklungspolitisch verträgliche Bahnen gelenkt werden soll. Erst mit der Berufung Stimmanns zum Senatsbaudirektor, Staatssekretär und oberstem Fachbeamten wird jedoch für den Nicht-Architekten Nagel eine architekturpolitische Stärkung seiner Verwaltung und ein Abgehen von den Beraterzirkeln der „alten" West-Berliner Zeit erreicht und das erweiterte Handlungsfeld aus der Praxis der Einzelentscheidungen in Architektur- und Städtebaupolitik überführt.

Somit fällt die Entscheidungsphase für das „Zoofenster" in eine Interimszeit, in der neben politischen Strategien auf Einzelinitiativen zurückgehende unabgestimmte Projekte möglich sind, die voll in die neue Nagelsche Politik einer „endgültigen Überwindung der Nachkriegszeit" und eines Aufbruchs in das „Neue Berlin" passen. Das „Zoofenster" ist damit nicht allein Ausdruck eines Aufbruchs in neue Metropolenträume, sondern gleichermaßen der isolierte Versuch einer Antwort auf den sich abzeichnenden durchgreifenden und schmerzlichen Strukturwandel wie eine Absage an alte Akteure, eine scheinbar überkommene Planungskultur (Klein 1991) und ein Bekenntnis zu einer städtebaulichen Internationalisierung über den Wohnungsbau hinaus. Die aufkommende Kritik bleibt deswegen wirkungslos, weil sie billigend als Aufschrei derer in Kauf genommen wird, die ohnehin durch die mit dem Projekt intendierte Absage an die Vorwendepolitik getroffen werden sollen. Die Rückendeckung, die Nagel dabei in der Koalition und insbesondere in Hassemer hat, schöpft einen Spielraum der auch von der CDU mitgetragenen Wirtschaftsförderpolitik aus. Das Projekt verspricht eine positiv gesehene Positionierung der Stadt als investorenfreundliche und entscheidungsfreudige Metropole.

Nagel behält sich weitere Entscheidungen mit Signalcharakter vor, die u. a. sein Agieren am Kranzler-Eck erklären. Dabei berücksichtigt er neben der eigentlichen Entscheidung für ein Projekt kaum dessen Ausgestaltung im Detail, so dass Spielräume für andere Akteure im Detail entstehen. Sie sind stark abhängig von der Größe des jeweiligen Projekts, da Veränderungen kleinerer Projekte diese schnell grundsätzlich in Frage zu stellen beginnen, während bei größeren Projekten Änderungen leichter in das Gesamtkonzept integrierbar sind. Begrenzt werden die Spielräume jedenfalls durch vermutete Verfahrenshindernisse, die Nagel im Zweifelsfall hierarchisch antizipiert. Ist die zügige Realisierung eines Projekts sichergestellt, wird von ihm dagegen gar nicht erst eingegriffen.

Die Selbsteinschätzung Nagels ist stark von legitimatorischen Argumenten geprägt. Wesentliche explizite Ziele bzw. Motivationen sind „Spektakularität" der entstehenden Architektur und die Demonstration von „Handlungsfähigkeit" der Politik. Spektakularität dient in erster Linie der Vermarktung des Orts und wird über kontrastierende, provokative, „aufregende" Architektur versucht, deren öffentliche Wahrnehmung zum Qualitätskriterium wird:

„In der Legislaturperiode, in der wir in der großen Koalition waren, haben Herr Hassemer und ich die Entscheidung getroffen, ... endlich an dieser Stelle etwas vernünftiges zu machen. ... Wenn Sie heute den Kurfürstendamm entlanggehen, was gibt es denn dort an spektakulärer Architektur, eigentlich nichts. ... Hassemer und ich haben dann in großer Gemeinsamkeit uns die diversen Entwürfe von Jahn angeschaut. ... Aktivitäten, die das Projekt verzögern, wenn nicht gar verhindern sollten, das wollten wir nicht. ... Wir wollten, dass das zügig realisiert wird. ... Und dann haben Hassemer und ich das auch durchgezogen. ... Dafür ist man demokratisch gewählt, dass man solche Dinge dann auch durchsetzt, wenn man sie für richtig hält." (Gespräch Nagel, Abschnitt über das Kranzler-Eck)

Handlungsfähigkeit wird über hohe Geschwindigkeit in Verfahren erreicht, so dass die Einschätzung der Genehmigungsfähigkeit des Zoofensters nach § 34 BauGB einem klaren Motiv untergeordnet wird — schnelle Entscheidungen für eine ökonomische Selbständigkeit Berlins durch Investitionstätigkeit:

„Ich habe mich nicht gegen ein Bebauungsplanverfahren gesträubt, sondern ich habe dieses Projekt nach 34 für genehmigungsfähig gehalten, und dagegen haben sich, hat sich der Bezirk und andere gesträubt, so herum ist es richtig, ... das waren alles Leute, die nicht begriffen hatten, worum es ging in der damaligen Zeit. Berlin war ökonomisch am Ende. Man kann überspitzt sagen, dass hier jeder Investor heiliggesprochen werden musste. Wir waren froh, dass es jede Menge dynamische Bauherren und Investoren gab. ... Und von daher mussten wir zu schnellen Entscheidungen kommen. Wir konnten und wir wollten uns nicht langwierige, jahrelange Bebauungsplanverfahren leisten. Nur da, wo es rechtlich unabdingbar geboten ist. Sonst haben wir gesagt: was sagt das geltende Baurecht, das ist ja nicht ein Verbiegen, sondern, wenn man feststellt, es ist nach 34 genehmigungsfähig, dann hat der Bauherr einen Rechtsanspruch." (Gespräch Nagel, Abschnitt über das Zoofenster-Projekt)

Gegner dieser offenen Einstellung zur Investitionsdynamik werden als „rückwärtsgewandt", „provinziell" und an der Subventionsmentalität der westlichen Teilstadt hängend identifiziert:

„Wir haben sehr bewusst städtebauliche Akzente gesetzt, die von Internationalität geprägt waren, und wenn man sich das heute anguckt, was diese Architekten, auf die wir gesetzt haben, Herr Stimmann und ich und auch Herr Hassemer, in der Stadt hinterlassen haben, alle bewundern es, nur die Berliner, die kommen nicht mit. ... Oder einige Berliner. Die meisten Berliner finden es doch faszinierend, was zum Beispiel im Sony-Center entstanden ist. Es ... ist ja auch von Helmut Jahn. Helmut Jahn hat sich ja mehrfach realisiert in der Stadt. ... Das kleine Haus da an der Lewishamstraße, dieses sehr schmale, dann das Victoria-Projekt, dann das Sony-Center, das sind doch alles tolle Architekturen." (Gespräch Nagel)

Über diese stark von architektonischen und städtebaulichen Zielen abstrahierten Motive hinaus sind fast keine Indizien für fachliche Motive im engeren Sinne zu erkennen. Die gerade durch die Fachöffentlichkeit stark in die Kritik geratene dynamische Politik Nagels wird von diesem ex post durch eine ganze Reihe von Absicherungen gestützt, die zu fassen sind unter die Kategorien „Notwendigkeit der Überwindung von Provinzialität", „Ergebnisse sind Ausdruck von Kompromissen", „Demokratisches Mandat für autonome Entscheidung nach Beratung" und „Anerkennung wirtschaftlicher Realitäten".

Die erste Kategorie drückt sich aus in der Einordnung von Kritik als Ausdruck des alten West-Berliner Geists, der Internationalität der kritisierten Architekten und ihrem großen Namen. Die Berufung auf Kompromisse ist umfassend, wird aber lediglich zur Unterstützung einer Städtebaupolitik herangezogen, die sich eine konventionelle Wiederherstellung von historisch bedeutsamen Stadträumen und eine investorenorientierte Zentrenpolitik auf die Fahnen geschrieben hat. Begründungen für die Entstehung von Kompromissen werden kaum gegeben. Dies wird nur verständlich, wenn man die Selbsteinschätzung im Hinblick auf die Stellung des Senatorenamts hinzunimmt. Das Mandat für eine Entscheidung wächst aus intensiven direkten Verhandlungen mit der Akteursgruppe um die Investoren, bei der Projekte mit zu berücksichtigenden Rahmenbedingungen nachträglich abgeglichen werden, gestützt auf die vorausgehende Abstimmung im Team der Leitungspersonen in der Senatsverwaltung und die Identifizierung möglicher fachlicher Detailkompromisse in der eigenen Verwaltung, ohne das jeweilige Projekt grundsätzlich in Frage zu stellen. Ungeachtet dessen wird im Konfliktfall das unter Berufung auf die eigene demokratische Wahl ins Amt durchgesetzt, was man für richtig hält. Die Herstellbarkeit von Abstimmungssiegen in der Koalition wird dabei zum entscheidenden Erfolgsmaßstab. Zu den wirtschaftlichen Realitäten wird insbesondere der beträchtliche Anteil von Fremdnutzungen im Büroflächenbereich gezählt, der eine Anonymisierung der jeweiligen Investoren und Developer unter dem Vorzeichen der Produktion von Büroflächen als normal erachtet wird.

Beratung spielt im Zweifelsfall nur eine geringe Rolle für Nagel:

„Es ist ja so, dass wir durchaus ein Team gewesen sind. Zweifellos hatte ich die Möglichkeit, mich über Kritik hinwegzusetzen, aber in der Regel hat man sich ja auch bei vielen Dingen überzeugen lassen. ... Wie das in einem guten Team so ist."

„Und außerdem muss man auch immer eines sagen, Beiräte sind Beiräte. Die können einem einen Rat geben, aber man muss dem Rat nicht unbedingt folgen. Man sollte, wenn man den ernst nimmt, sich von den Argumenten zumindest dann und wann beeindrucken lassen. Sonst brauchen die ja keinen Senator, sonst können sie ja gleich als Gremium entscheiden." (Gespräch Nagel)

Die Details der Ausformulierung von Vorgaben in Wettbewerbs- und Gutachterverfahren werden vom Senator nicht mehr beeinflusst. Zu seinen Gegnern werden die Kritiker der Investitionsdynamik, die „Verzögerer". Der Legislative wird jegliche inhaltliche Auseinandersetzung abgesprochen, so dass die Durchsetzung der eigenen Politik nur noch ein Vermittlungsproblem in die Koalitionsfraktionen hinein darstellt:

„Die SPD als Partei in Berlin hatte überhaupt keine eigenen städtebaulichen Vorstellungen. Im Grunde hat die SPD als Partei die städtebaulichen Vorstellungen ihres Senators und ihres Senatsbaudirektors zu eigen gemacht – wir haben das dann umgesetzt." (Gespräch Nagel)

Die Reputation Nagels lässt sich auf wenige Hauptlinien zusammenfassen. Er wird als „Macher" bezeichnet, der Handlungsfähigkeit als politische Erfolgskategorie unter dem Dach der Ziele Arbeitsplatzschaffung, Wachstum, Stärkung des Steueraufkommens zur

Eigengesetzlichkeit werden lässt (G037, G043, G067). Ihre Ausprägung findet seine Haltung in einer Instrumentalisierung der Verwaltung für die eigenen Ziele (G008) mit einem gezielten Aufbau von Entscheidungsfreiräumen und einer hierarchischen Absicherung von Schlüsselpositionen. Sie ist im Zweifelsfall angeblich beratungsresistent bis hin zur „Diskursunfähigkeit" (G027), die starke neoelitistische Züge trägt, wenn sie die eigene Verwaltung Schranken weist: „Da könnt ihr quaken wie ihr wollt" (G089). Mitarbeiter bis hin zu Stimmann werden am Victoria-Areal (G032, G089, G126) und am Zoofenster (G008) angewiesen, gegen ihren explizit geäußerte fachliche Position öffentlich Entscheidungen zu vertreten und ohne Rücksicht auf das zu wählende Verfahren (G008, G036, G068, G096) durchzusetzen.

In den Einschätzungen, Nagel habe sich „an der Macht besoffen" (G011, G089), die im Extremfall bis zu den Attributen „fürchterlicher Mensch" und „kann nichts in einen Diskurs stellen" (G027) reichen, zeigt sich dessen konsequente strategische Ausreizung eigener Spielräume, die eine Abqualifizierung von Bedenkenträgern und eine klare Einteilung in Gegner und Unterstützer (G021, G076) in Kauf nimmt, sich aber überdies konsequent der Instrumente öffentlicher Inszenierung bedient (G037, G086, G110). Die Verankerung dieser Politik im labilen Gleichgewicht einer Großen Koalition ist augenfällig.

Dennoch darf er den Grundkonsens des Senats nicht überstrapazieren, weil dort eine latente Profilierungssucht der beiden Parteien ständig vorhanden ist und parteiinternen Widersachern so die Hintertür eines Bündnisses mit Hassemer verstellt bleibt (G071). Nagel löst diese Schwierigkeit offenbar, indem er instinktsicher bis populistisch auf einzelne planerische Inhalte setzt, anderen aber völlig leidenschaftslos gegenübersteht, um dort keine Risiken einzugehen. Seine Gegner werfen seiner selektiven Politik vor, „kein Stilempfinden" (G089), „keine Vorstellung von Stadt" (G023) und „keine ernstzunehmenden Argumente" (G008) vorzubringen.

Während es nur vereinzelte positive Stimmen über die Entscheidungsfähigkeit gibt, die schließlich zur Durchsetzung des umstrittenen Zoofenster-Projekts führt (G096) und besser als das mühselige Durchziehen eines Bebauungsplanverfahrens mit letztendlich gleichem Ergebnis sei, ist die innerparteiliche Kritik, die schließlich seinen Niedergang einläutet, eine Verbindung aus Kritik an seinem Stil (G068, G076) sowie seinen Zielen (G071). Seine Haltung verbündet sich jedoch — „wer will sich schon sagen lassen, dass er eine Stadt im epochalen Wandel gebremst hat" (G032) — zumindest in seiner Amtszeit noch hinreichend produktiv mit einer SPD, die neben den Gegnern Nagels auch gekennzeichnet ist durch gewerkschaftsnahe Politiker und bestimmte Bezirksvertreter, die mit ihm zu einer Überwindung der Arbeitsplatzkrise auch wenig zielgenaue Instrumente wie die umfangreiche Errichtung spekulativer Büroflächen bis hin zu umstrittenen Projekten nicht scheuen (G014, G068, G071, G122).

Hans Stimmann (SPD)

Senatsbaudirektor und Staatssekretär Stimmann, Architekt und Stadtplaner und ehemaliger Mitarbeiter der Berliner Senatsbauverwaltung, wechselt 1991 aus Lübeck zurück nach Berlin. Er entfaltet umfangreiche Aktivitäten, die bisweilen zu Kritik Anlass geben und bereits andernorts umfangreich gewürdigt worden sind (Sewing 1995). An dieser Stelle soll dennoch seine Rolle im Akteursgeflecht der Stadtentwicklungspolitik in den 1990er Jahren kurz charakterisiert werden. Mit Stimmanns Amtsantritt verfestigt sich die informelle Arbeitsteilung zwischen Bau- und Stadtentwicklungsverwaltung, nach der in Berlin-Mitte das Gebiet der Friedrichstadt Kompetenzbereich der Bauverwaltung, der Bereich östlich davon der der Stadtentwicklungsverwaltung wird. Die Teilung ist insofern naheliegend, als die Friedrichstadt geprägt ist von der barocken Stadtstruktur, und bauliche Ergänzungen im Sinne der „Kritischen Rekonstruktion" dort eher eine baupolitische Aufgabe darstellen.

Die Formulierung von einfachen, klaren Kriterien für den Prozess der Kritischen Rekonstruktion ergibt sich aus der „städtebaulichen Produktionslogik". Sie ist gekennzeichnet durch das Aufeinandertreffen dreier Faktoren bzw. Kräfte. Erstens prägen Developer in Vertretung von Abschreibungsgesellschaften einen Trend zur radikalen baulichen Standardisierung. Zweitens wird von Seiten der Investorinnen und Developer wegen des Adressenbildungsprozesses, der Unsicherheit über periphere Standorte in der großflächigen Stadt Berlin und dem plötzlichen nachhol- und euphoriebedingten *run* der Büroflächenanbieter auf die Berliner Innenstadt über den Bodenpreismechanismus eine weit über das zuvor gängige Berliner Maß hinausgehende Maximierung der Büroflächendichte verfolgt. Drittens ist das für den Hauptschauplatz der „Kritischen Rekonstruktion", die Friedrichstadt, zuständige Bezirksamt Mitte aus vielerlei Gründen wenig handlungsfähig (Dubrau 1997).

Unter diesen Ausgangsbedingungen nutzt der Senatsbaudirektor seine Chance, in einem kommunikativ geprägten Umfeld die Schaffung der rechtlichen Voraussetzungen für Investitionen an eine möglichst weitgehende Einhaltung seiner baupolitischen Vorgaben zu koppeln. Die Erfolge dieser Strategie sind außer im Hinblick auf die Fassadengestalt vor allem hinsichtlich des geringen realisierten Wohnanteils und der hohen Verdichtung nicht nur auf dem jeweiligen Grundstück, sondern auch des geringen Anteils an für Freiflächen reservierten Grundstücken angezweifelt worden. Dem ist zumindest entgegenzuhalten, dass einzelne Flächen bereits vor Stimmanns Amtsantritt praktisch vergeben waren und sein Einfluss in einem stark von den rechtlichen Sonderbedingungen der deutschen Einheit geprägten Umfeld begrenzt war (Stichwort Treuhandanstalt als Akteur, vgl. Lenhart 1998). Voll zuzurechnen ist der Amtsführung dagegen das klare Bekenntnis zur Freigabe der Dichte und die Steuerung lediglich über die Festlegung der Trauflinie und der Gebäudehöhe. Weiter sind das Modell der Wiederherstellung verengter Straßenprofile und der ambivalente Versuch, über künstliche Kleinparzellierung den Eindruck innerstädtischer Vielfalt nur zu suggerieren, Ergebnisse seiner Politik.

Es kann allerdings nicht darüber hinweggesehen werden, dass der Vorwurf „unehrlicher" Fassadenvielfalt und der Monotonie der erzielten Gesamtfassadenabwicklung immer unter dem Vorzeichen der politökonomischen Rahmenbedingungen relativiert werden muss und die Vergabe von Großgrundstücken nicht in Alleinverantwortung der Senatsbaudirektion geschehen ist. Fixiert man sich hinsichtlich der Beurteilung der Stimmannschen Büroflächenpolitik nicht auf dieses Konglomerat von Sonderbedingungen der Einheit im Umfeld der Friedrichstraße, so geraten andere Konstellationen ins Blickfeld.

Das äußerst breit gefächerte und umfangreiche Aufgabenfeld der Büroflächenentwicklung in der Innenstadt bedingt eine auffällige Selektivität der Mitwirkung des Senatsbaudirektors an Entscheidungsprozessen. Dabei zeichnet sich eine deutliche Fixierung auf die Friedrichstadt ab, die sich teilweise durch die schlichte Anzahl der dort anstehenden Entscheidungen erklären lässt. Eine strategische Rolle in der Vorentscheidungsfindung kann Stimmann in städtebaulichen Wettbewerben als Fachpreisrichter in zahlreichen Jurys übernehmen.

Eine intensive Mitwirkung Stimmanns stellt dabei so weit als möglich die Durchsetzung der klaren, nüchternen Architektursprache sicher, die sich städtebaulich in der Typologie Block-Korridorstraße-Platz widerspiegelt. Schafft es die Bezirkspolitik, ein Projekt in eigener Federführung zu betreuen, sinkt der Einfluss Stimmanns beträchtlich, doch sind die Fälle selten, in denen die Senatsbaudirektion sich nicht wenigstens städtebaulich-normierend in die Vorentscheidungsphase (Wettbewerb o. ä.) einschalten kann.

Wird Stimmann hinsichtlich seiner städtebaulichen Leitziele häufig an seiner expliziten Abneigung gegenüber Hochhäusern gemessen, so verwundert zumindest seine Zustimmung zu den Ringstadtprojekten, im Umfeld des Ostbahnhofs und als Jurymitglied des Alexanderplatzwettbewerbs zu Konzepten, die klar auf die akzentuierende Wirkung von Hochhäusern setzen, während er um den Breitscheidplatz klar gegen sie Stellung nimmt. Eine Betrachtung der an von ihm befürworteten Hochhausplanungen beteiligten ArchitektInnen (Spangenberg, Helmut Jahn, Léon/Wohlhage, HPP, Kollhoff) sowie an den von ihm abgelehnten Projekten (z. B. Schultes, wiederum Jahn, Rogers) zeigt, dass nicht allein die Architektur- und Fassadengestaltung eine Rolle spielt. Vielmehr spielt die strukturierende Kraft einer gesamtstädtisch gewendeten erweiterten Einfügungsregel eine Rolle, nach der in intakten kaiserzeitlichen Quartieren und der Friedrichstadt Hochhäuser weitgehend ausscheiden, aber an strukturell bedeutsam erscheinenden Punkten wie am Ring, einzelnen Verdichtungsorten wie am Alexanderplatz und städtebaulich als unstrukturiert angesehenen Orten eine Höhenentwicklung von Stimmann befürwortet wird.

Diese auf die Schaffung von langfristigen Entlastungsstandorten und die Bereitstellung von Puffern für die Verwirklichung von Hochhausprojekten gerichtete Strategie kann die Hochhausentwicklung in der „Europäischen Stadt" kaum aufhalten und verweist auf die Begrenztheit des Einflusses der Senatsbaudirektion unter Nagel und Hassemer sowie damit auf die Ambivalenz gesamtstädtisch angelegter struktureller Steuerungsversuche („Hochhäuser nur an den City-Brennpunkten und am Ring"), die durch die Summe zahlreicher sich über mehrere Jahre erstreckender Entscheidungsprozesse bei Einzelprojekten allmählich erodieren. Daran ändert auch der Versuch einer vorgeblichen Integration vielfältiger Einzelentscheidungen in ein nur darstellerisch geschlossenes, aber inhaltlich über die angewendeten Grundprinzipien der Kleinparzellierung, Rückverdichtung, Betonung historischer Bezüge und des Straßenrückbaus hinaus eher als *patchwork* von Ideen für miteinander nur mittelbar im Bezug stehende unterschiedliche Orte zu begreifendes „Planwerk Innenstadt" nichts, das von Stimmann später beauftragt wird.

Ein zentrales Problem im Wirken Stimmanns scheint die Kommunizierbarkeit von Inhalten darzustellen. Dabei soll hier nicht auf seine vielfach in der Fachöffentlichkeit kolportierte „rüde" Art eingegangen werden. Es lohnt sich dagegen, auf eine zusätzliche Erklärungskomponente einzugehen, die in der Breite des von ihm abgedeckten fachlichen Felds liegt. Vermeintlich sowohl für öffentliches Bauen als auch für ordnende Vorgaben für das private Baugeschehen zuständig, beschränkt sich sein Aufgabenbereich angesichts der Trennung der beiden städtebaubezogenen Senatsverwaltungen zunächst auf architektonische Fragen und wird von außen auch so wahrgenommen. Stimmanns Motivation reicht dagegen stark in den Bereich von Städtebau und Stadtplanung hinein.

Die Instrumente, die Stimmanns Idee einer Steuerbarkeit von Stadtentwicklung dienen, werden von Kritikern als „ideologisch“ angegriffen, wobei sich Architekten und Investoren im Ziel einer Eindämmung von öffentlichen Restriktionen verbünden. Stimmanns städtebauliche und stadtplanerische Ziele werden von ihnen als Anmaßung dargestellt. Die eigentliche Motivation Stimmanns, die Formulierung von Basisanforderungen an Architektur für die Weiterentwicklung der Stadt, folgt dem Leitbild des „Städtischen“ und zielt auf eine erhebliche innerstädtische Verdichtung. Sie bildet ein geschlossenes Gebäude von Teilmotiven und -strategien auf verschiedenen Maßstabsebenen, die nicht immer explizit werden und daher bei Einzelentscheidungen bisweilen unverständlich bleiben.

Auf der gesamtstädtischen Ebene wird von ihm ein neues Zentralitätsgefälle angenommen, eine neue „Topographie“, in die Polyzentralismus, Cityband und Entlastungs- bzw. Ergänzungszentren am S-Bahn-Ring einfließen. Handlungsschwerpunkte seiner Politik sollen im Ostteil der Stadt liegen, im Westteil soll dagegen Bewahrung im Vordergrund stehen[146].

Wesentlich ist dabei zur Erklärung der Stimmannschen Politik jedoch über diese Wertungen hinaus die stark abstrakt-strukturell geprägte Komponente seiner Ziele: Der „Entwicklungsmanager“ Stimmann sieht aufgrund seiner begrenzten Machtressourcen die „Kritische Rekonstruktion“ der Friedrichstadt deshalb als zentralen Aufgabenbereich an, da diese aufgrund des Investitionsdrucks und den mit ihm zusammenhängenden Hochhausprojekten zunächst am stärksten aus dem Strukturbild herauszufallen droht. Die Entwicklung am Alexanderplatz und am Potsdamer Platz stellt gewissermaßen das „Ventil“ für Stimmann dar, bei dem er sich nicht oder nur begrenzt gegen die von ihm kritisch betrachteten Hochhäuser sperrt und ist auf höchster Maßstabsebene durch sein Strukturbild legitimiert.

Der Breitscheidplatz ist der eigentliche Konfliktbereich, an dem die Strukturlogik Stimmanns — zwar wichtiges Zentrum, aber bereits hinreichend profiliert — mit der wirtschaftspolitisch dominierten Senatspolitik der Akteure aus dem Westteil der Stadt (Nagel, Hassemer, Klemann) kollidiert und er schließlich seine abstrakte Position nur begrenzt vermitteln kann. Deutlich wird diese Haltung in der leitbildhaften Formulierung des „dialogischen“ „Weiterstrickens“, die eine intensive Auseinandersetzung mit den gewachsenen Nachkriegsstrukturen erfordert und sie grundsätzlich anerkennt, eine fachliche Haltung, die in der Diffamierung der 1950er-Jahre-Architektur ihre Kritik findet. Dass Stimmann selbst einen Teilabriss am Kranzler-Eck in Kauf nimmt, erhärtet seine strukturelle Betrachtungsweise, wird aber kaum als Kompromissvorschlag thematisiert.

Betrachtet man nun die Elemente des „städtischen“ Leitbilds auf städtebaulicher Ebene, so scheinen die häufig fachöffentlich debattierten Motive und Ziele auf, zu denen die Orientierung an der Traufhöhe, der Rückbau von groß dimensionierten Verkehrstrassen, die verträgliche Bestimmung von Nutzungsart und Geschossfläche vor der architektonischen Detaillierung, die Überwindung von Barrieren, die Unterordnung der Architektur unter städtebauliche Gestaltungsvorgaben an gewissen Orten bei gleichzeitigem Bekenntnis zur „modernen“ architektonischen Interpretation von historischen Orten, die Forderung eines 20-prozentigen Wohnanteils usw. zählen. Da Stimmann die ihm zur Verfügung stehenden

146 Interessanterweise steht diese Schwerpunktsetzung unterschiedlichen Interpretationen offen – so kann die Politik Stimmanns für den Ostteil als „patriarchalisch“ oder als „unterstützend“ begriffen werden.

Ressourcen nur begrenzt einsetzt, drohen diese Ziele aber in einem reaktiven Prozess der projektbezogenen Entscheidungsfindung aufgerieben zu werden.

Auf Gebäudeebene wird der Einsatz für die „Stadt“ nur unzureichend für die „Nutzer von Stadt“ heruntergebrochen. Stimmann versäumt es bei kleinräumigen Themen, sich die Unterstützung impliziter Verbündeter zu erschließen und diese in die Durchsetzung strategisch einzubeziehen. Beispielsweise werden erst im Planwerksprozess aktiv und projektübergreifend geeignete Hochhausstandorte definiert, nachdem Stimmann diese zuvor lange reaktiv abwehren musste[147], aber mancherorts befürwortete. Seine Haltung wird schwer öffentlich vermittelbar, insbesondere gegenüber den fachfremden Kritikern von Hochhäusern und „modernen“ Fassaden. Für die Ausformung von Gebäuden selbst werden die Zuwendung der Erdgeschosszone zum öffentlichen Raum, Kategorien wie „Lesbarkeit“, „Erkennbarkeit“ und „Orientierung“, die Ablesbarkeit des Übergangs zwischen öffentlichem und privatem Raum durch die Fassadengestaltung sowie die „Dauerhaftigkeit“ des eingesetzten Materials postuliert, deren Herkunft in der Kritik an der Nachkriegsmoderne ins Auge fällt und damit auf die Erhöhung der „Benutzbarkeit“ von Stadt ausgerichtet ist, sich allerdings der Kritik abweichender Architekturauffassungen bewusst aussetzt und im Detail trotz der hergestellten Benutzbarkeit keineswegs Gebäude produziert, die einfache Zugänge der identifikatorischen „Aneignung“ erlauben.

Stimmann begreift sich ausdrücklich nicht als politischer, sondern als fachlicher Akteur, der sich gegen eine zu große verhandlungsbedingte Nähe zwischen Politikern und Investoren ausspricht. Er grenzt sich ebenfalls gegen die Bezirke ab, in denen seine Ziele nicht durchzusetzen sind. In Kenntnis der Faszination, die Investorenprojekte offenbar auf Politiker der Exekutive ausüben, gelingt es ihm jedoch wie oben angedeutet nicht, das Parlament strategisch einzubinden. Das vermeintlich mächtige „Architekturkartell“, das im Berliner Fassadenstreit heftiger Kritik ausgesetzt war, bildet zwar ein auf sich überlappenden Zielen aufbauendes Bündnis, das Einzelentscheidungen über Architektur und Städtebau vor allem in der Friedrichstadt erheblich beeinflusst und prägt, doch reicht dieses kaum über die fachlich-professionellen Kreise hinaus, in denen es seine Hauptvertreterinnen hat. Gerät es in Widerspruch mit außerfachlichen Machtressourcen, ist seine Wirkung deutlich eingeschränkt.

Hans Stimmann kommt eine inhaltliche Stellung zu, an die sich die Berliner Fachöffentlichkeit nach längeren Jahren ohne Senatsbaudirektor offenbar erst wieder „gewöhnen“ muss. Diese Tatsache ist wohl mit verantwortlich für die extrem widersprüchliche Bewertung seiner Amtsführung. Die Polarisierung der Fachöffentlichkeit dürfte ihre Wurzeln in der Exponiertheit seines Wirkens, nur unzureichend vermittelten Handlungsmaximen, der Instrumentalisierung von Bündnispartnern zur Erreichung eigener Ziele bei begrenzten Ressourcen und der Anschaulichkeit der Ergebnisse einer Stadtentwicklungspolitik im Boom besitzen. Bei einem quantitativen Ausmaß reputationsanalytischer Hinweise von nur etwa zwei Dritteln des Nagelschen Werts bedingt sie gegenüber seinem Senator deutlich vielschichtigere Einschätzungen (vgl. Schulz in Baumeister, Heft 3/1996, S.8).

Inhaltlich ist sie erstaunlicherweise nicht sehr eindeutig an die von Stimmann vertretene

147 Vgl. die Auseinandersetzung um die Verträglichkeitsstudie von Barbara Jakubeit in der Fallstudie zum Zoofenster-Block.

Stadt-Rhetorik und ihre Verdichtungsfolgen gekoppelt (G014), so dass „steinern“ mit ihm eher im Fassadenstreit als im Zusammenhang mit Dichte und Abkehr von der Durchgrünungs- bzw. Ökologisierungsmaxime der 1980er Jahre assoziiert wird. Kritik an Stimmann, die seine Bündnisfähigkeit einschränkt, resultiert dann aus seinem Eingreifen in vermeintliche Entscheidungsspielräume anderer Akteursgruppen. An vielen Stellen wird dies geradezu als Manie dargestellt (G084), kann aber Ressourcen durch Dominanz einer Debatte oder das Auftreten als Fachpreisrichter mobilisieren, wo die Unterstützung der eigenen Partei fehlt (G071), der CDU-Senator Hassemer Restriktionen wesentlich skeptischer gegenübersteht (G010, G026) und der eigene Senator sich nur bedingt auf fachliche Auseinandersetzungen einlässt.

Die inhaltliche Polarisierung sieht auf der Seite von Stimmanns Gegnern eine Reihe von Verwaltungsmitarbeitern, Journalisten, Architekten und Bürgern (G009, G056, G095, G110), denen Vertreter der gleichen Richtungen nicht nur aus dem Umfeld von Stimmann gegenüberstehen (G021, 087, G089, G118). Die Hauptlinien der Einschätzung Stimmanns betreffen seine architektonisch-städtebauliche Position, seine Qualifikation als Gestalter und Städtebaupolitiker, seine Arbeitsschwerpunkte, seine Motivation, sein Auftreten, seine Strategie, seinen Handlungsspielraum und seine Bündnispartner.

Die architektonisch-städtebauliche Position als Befürworter einer strengen Architektursprache, Gegner von Hochhäusern und Streiter für Wohnanteile in Büroagglomerationen wird insbesondere hinsichtlich ihrer dogmatischen Anwendung hinterfragt (G045, G056, G067). Stimmanns Linie der kontinuierlichen Weiterentwicklung im Sinne von „Stadtreparatur“, die sich in der „Kritischen Rekonstruktion“ manifestiert, steht potentiell im Widerstreit zu einer pragmatischeren CDU-Position der differenzierteren Anwendung von Leitlinien und Strukturprinzipien, wie sie von Hassemer vertreten wird. Zwar trifft seine Nutzungsmischungspolitik auf weite Zustimmung, doch versucht sich die CDU unter Hassemer stärker mit dem bewussten Kontrast von „Alt“ und „Neu“ statt in der Entwicklung einer neuen, an den Bestand angepassten Sprache der auf den Kern reduzierten Strukturmerkmale (G089, G104). Starken Widerstand löst die Strukturdogmatik da aus, wo die zuweilen schwer verständliche Rigidität auf spielerisch-emotionale Gegenmodelle stößt, die nicht nur in der Architektenschaft vertreten werden (A03, S13).

Es ist daher kein Zufall, dass der Kampf gegen das Schimmelpfenghaus durch das Auftreten Langhofs ab 1995 intensiviert wird und offenbar gegen Stimmann gewonnen werden kann, doch ist ansonsten die Rückendeckung Nagels stark. Die Einschränkung der architektonischen Gestaltungsfreiheit im Wirkungsbereich von Stimmann erfährt ihre Relativierung durch Interventionen der „Politiker“ und die größere gestalterische Vielfalt in den bezirklichen Projekten. Stehen die Projekte in den Nebenlagen dagegen über die Fassadenstruktur hinaus auch im strukturellen Gegensatz zu Stimmanns Prinzipien, sind Bündnisse mit Politikern wie am Spree-Sinus erforderlich, um dessen Widerstand überwinden zu können.

Zweifel an Stimmanns Qualifikation werden laut, wenn ihm der Sinn für architektonische Gestaltung (G110) abgesprochen und „oberflächliche Argumente“ (G066) unterstellt werden. Der Berliner Fassadenstreit legt über diese Auseinandersetzung beredt Zeugnis ab. Auffälligerweise kommt aus der Reihe seiner Anhänger eine geradezu konträre Einschätzung. So sei „Stimmann ... der Einzige, der [am Pariser Platz] ... Kultur ernst nimmt“ (G026) und versuche, „der SPD Geschichte beizubringen“. Die große Spannbreite dieser

Aussagen über Stimmanns kulturell-gestalterische Qualifikation mag wie am Alexanderplatz mit dem Mangel an Vermittlung seines strukturellen Ansatzes zusammenhängen (G030, G058, G067, G103, G108). Die unvermittelte stadtwirtschaftlich-stadtstrukturelle Betrachtungsweise bildet denn auch einen Kern der um Stimmanns Politik geführten Auseinandersetzungen (G126), die selbst in der von ihm kolportierten Aussage widerhallen, das Jahnsche Hochhaus am Ostbahnhof sei „zu schön für dieses Gebiet", in dem „Currywurstfresser" lebten (G103), zunächst unverständlich für die Akteure, aber zumindest vorübergehend trotz der innewohnenden Arroganz eine treffsichere Voraussage für das Scheitern eines teuren Entwurfs in einer 1b-Lage.

Stimmann möchte offenbar durch frühe Interventionen einschließlich einer Prägung des Verfahrenstyps breiten Einfluss nehmen, wo sich die Architekturproduktion längst von der Staatstätigkeit emanzipiert hat (Sewing 1995, Konter/Altrock 1999, G055, G110). Zumindest in der Friedrichstraße bringt er so immerhin einen Wohnanteil in der City ins Gespräch, der zwar nur unzureichend umgesetzt wird, aber für spätere Verfahren ohne rechtsverbindliche Verankerung immer wieder zum Referenzpunkt wird (G106, G108, G110). In Einzelfällen kann Stimmann seine Vorstellungen über Wettbewerbe präzise verankern (Treptowers, G089).

Die Machtorientierung Stimmanns ist so einer weiterreichenden Interpretation zugänglich. Ressourcenprobleme aufgrund der inhaltlichen Ausprägung seiner Politik und der fehlenden Hausmacht in der SPD sowie der beschränkten Durchsetzungsfähigkeit gegenüber den beiden Senatoren Nagel und Hassemer erfordern ein vielfältiges Taktieren und die frühzeitige Besetzung von Themen. Dies spiegelt sich institutionell in der Erarbeitung von Vorlagen für den KOAI, der Schaffung der Architekturwerkstatt als „neues Machtzentrum", der inflationären Durchführung von Wettbewerben und Gutachterverfahren (G103) und ansatzweise in der Legitimationsbeschaffung durch die Architekturgespräche wider: „Die Schlacht gegen Stimmann funktioniert nicht bei jedem x-beliebigen Gebäude" (G071) drückt aus, dass auch die Gegnerinnen nicht über unbeschränkt mobilisierbare Ressourcen und Verbündete verfügen.

Bei allen Hinweisen auf Instrumentalisierung anderer Akteure für seine Ziele oder aufrichtige fachliche Zusammenarbeit (G021, G034, G037, G051, G068, G118) zeigen sich Stimmanns Grenzen deutlich. Er macht gutachterliche Verfahren dann, „wenn es brannte" (G026), ist sehr still, wenn seine Position nicht haltbar scheint (G034). Überdies muss er die Hausmeinung vertreten und kann bereits getroffene strukturelle Entscheidungen gegen Nagel und Hassemer nicht revidieren (G043, G051, G089). Diese beschränken seinen Handlungsspielraum gegenüber Investoren so drastisch, dass eine gerade für strukturell motivierte Planungsziele erforderliche Koordination kaum möglich scheint und er bisweilen in Einzelverfahren Rückzugsgefechte kämpfen muss (G006, G103, G108). Anfangs in der Friedrichstadt noch stärker auf Wohnen, die Anlage von Höfen und die Schaffung traditioneller öffentlicher Räume orientiert, steckt Stimmann „frustriert" (G089) zurück, als Nagel und Hassemer ihm im Dienste der Investitionsförderung seinen Spielraum beschneiden, so dass er sich in der Folge auf morphologische Themen stürzt (G026).

Die Vernachlässigung von möglichen Bündnispartnern in der Politik wird von Stimmann selbst als Manko seines Handelns beklagt (s. o.), doch erscheint die Ausbildung des bisweilen als „Kartell" gebrandmarkten Bündnisses mit Architekten wie Kleihues und

Kollhoff, die anfangs keineswegs auf Stimmanns ungeteilte Wertschätzung stoßen, eine konsequente Folge seiner taktischen Orientierung. Dass dabei in einem Umfeld der Internationalisierung eine ältere Architektengeneration nur noch teilweise in der Lage ist, in der „Szene" erfolgreich zu sein (G038), hat über Stimmanns Wettbewerbspolitik hinausreichende Ursachen wie die veränderten Beratungsinstitutionen um Hassemer (Stadtforum) und Nagel (Senatsbaudirektor statt informellem Beratungsgremium unter Wittwer), die Nachwirkung der IBA 1987 über intensive persönliche Kontakte, die negative Stigmatisierung der 1970er-Jahre-Architektur und das Heranwachsen einer neuen Architektengeneration selbst (Sewing 1995). Nach der Vereinigung wächst die Architektenszene schnell an (G071), während die politische Szene erst mit gewisser Verzögerung umgewälzt wird.

Jürgen Klemann (CDU)

Nagels Nachfolger Klemann aus dem „mächtigen" CDU-Bezirk Zehlendorf ist 1995 in der Lage, nach Jahren als erster völlig Fachfremder das Bauressort zu übernehmen. Er kontrolliert nach der Eingliederung des Verkehrsressorts zwei für die eigene Klientel als Schlüsselkompetenzen angesehene Politikbereiche. Dem als „lustlos" gebrandmarkten Klemann gelingt es kaum, in der von Sparzwängen und der Krise am Büroflächenmarkt geprägten Legislaturperiode wesentliche Akzente zu setzen, zumal die von ihm leidenschaftlich betriebenen Projekte zu weit vorentschieden sind.

Zu den wesentlichen Merkmalen seiner Amtsführung zählt der selbstbewusste Umgang mit Investorenvertretern (G014), der seiner Herkunft aus einer als wirtschaftsnah geltenden Partei entspringt, dem es aber letztlich an fachlicher Autorität und Unterstützung gebricht. Hier nimmt die Isolierung der Senatspolitik von der Fachöffentlichkeit und sogar von der eigenen Verwaltung eine kontraproduktive Wendung. Gelingt es Nagel noch, mit der beinahe uneingeschränkten Orientierung auf Spektakularität und Investitionsförderung Entscheidungen im Bündnis mit wachstumskoalitionären Akteuren durchzusetzen, läuft die Politik Klemanns, auf Nachbesserungen im Detail ausgerichtet und damit in Konfrontation mit legitim erscheinenden Entscheidungsspielräumen dieser Akteure, schließlich mangels maßgeblicher Bündnispartner leer und reduziert sich in der Wahrnehmung Außenstehender auf die Verteidigung von Straßenverkehrsraum.

Das zweite Merkmal seiner Amtsführung ist das Eintreten für eine differenzierte architekturpolitische Haltung, die einerseits in historischen Stadträumen identifikationsstiftende historistische Architekturelemente fordert, andererseits in Umstrukturierungsbereichen (dem so titulierten „Neuen Berlin") durchaus zeitgenössische und innovative Architektur im Sinne einer Steigerung der Attraktivität und von Investitionsförderung befürwortet (vgl. Klemann 1996, S. 35, G123). Es kommt angesichts des vom Vorgängersenat vorbereiteten Definitionskampfes über die als historisch sensibel zu erachtenden Stadträume (vgl. den Kurfürstendamm, G112, G120, G122) nicht zur Geltung und wird verkürzt-formelhaft auf die Vision „Nikolaiviertel mit Autobahnanschluss"[148] (G126) zugespitzt. Insbesondere im Vergleich zu seiner Senatsbaudirektorin Jakubeit bleibt die Initiativkraft Klemanns blass.

148 Das Nikolaiviertel ist die historische Altstadt Berlins, die zur 750-Jahr-Feier der Stadt 1987 auf DDR-Seite mit maßstäblich und gestalterisch angepassten Plattenbauten wiederhergestellt wurde.

Die Vorzeigeprojekte des Senats, bereits in der vorausgehenden Legislaturperiode auf den Weg gebracht, leiden an der schleppenden konjunkturellen Entwicklung und geraten in den Ruf des Missmanagements u. a. aufgrund schwer kontrollierbarer Mittelflüsse (Alexanderplatz, Städtebauliche Entwicklungsmaßnahmen). Da die größeren landeseigenen Bauvorhaben aufgrund ihrer Komplexität und langen Realisierungsphase nicht für eine Profilierung taugen, wird in der Öffentlichkeit in Konkurrenz mit der Erarbeitung des „Planwerks Innenstadt" durch die Stadtentwicklungsverwaltung lediglich der Klemannsche Einsatz um den Pariser Platz und am Breitscheidplatz wahrgenommen, ersterer allerdings im Wesentlichen als Verzögerung (Berliner Zeitung 11.01.1997), letztere dagegen vorrangig als Aktivität seiner Senatsbaudirektorin. Die Klagen über die Entscheidungsschwäche Klemanns reichen bis in seine eigene Verwaltung (G096).

Die widersprüchliche inhaltliche Einschätzung von Klemanns Aktivitäten reicht von der kritischen Bewertung seiner historisierenden Haltung (G045) bis zu der Vermutung von Desinteresse und Entscheidungsschwäche (G096, G014, G117). Vergleicht man seine Aktivitäten mit Nagel, so wird neben der bereits erwähnten unglücklichen Ausgangssituation bei weit fortgeschrittenen Projekten die Schwierigkeit einer produktiven Verzahnung von Verkehrs- und Bauressort deutlich, die im Rahmen der Auseinandersetzungen um das Planwerk in eine Polarisierung/Blockade mit der Stadtentwicklungsverwaltung mündet, die erst spät aufgelöst werden kann.

Klemann tritt mit einer Reihe von Handicaps an, die tiefer liegen als die von den Medien aufgegriffene wesentlich geringere Präsenz im Vergleich zu seinem Vorgänger. Hierbei ist zunächst der Umbruch in den politischen Eliten zu nennen. Klemanns Machtressourcen stützen sich auf den im Zentrum historistisches Flair gegen die Wucht der inzwischen sichtbaren baulichen Veränderungen und die Verschiebung der städtischen Identifikationsschwerpunkte einfordernden gestärkten konservativen Flügel seiner Partei. Bindeglieder zum Koalitionspartner lösen sich u. a. durch den Rückzug Hassemers und Wittwers auf (G071), und die CDU Charlottenburg wird durch die Unterzeichnung des Victoria-Bebauungsplans brüskiert, bei dem Klemann keinen Spielraum mehr sieht.

Weiter gelingt es Klemann nicht, im Verbund mit seiner Senatsbaudirektorin Jakubeit ein Bündnis für die Durchsetzung historistischer Architektur wenigstens an einigen Orten zu formen oder wie Nagel im entscheidenden Zeitpunkt mit anderen Bündnispartnern über sie hinweg zu entscheiden (G014, G089, G123). Mit entscheidend dürfte hierfür sicherlich die massive Mobilisierung der lokalen Architektenschaft gegen historistische Formen sein (Ö09).

Barbara Jakubeit (CDU)

Die Nachfolgerin Stimmanns und ehemalige Leiterin der Bundesbaudirektion ist bekannt für eine weniger dogmatische Haltung insbesondere hinsichtlich der Einordnung von Hochhäusern in das Stadtgefüge. Ihre architekturpolitische Haltung lässt sich von Stimmann insbesondere in Bezug auf das Verhältnis von kleinräumlichen Bedingungen des Orts und großräumiger städtebaulicher Komposition sowie den autonomen Gestaltungsspielraum des Entwurfsarchitekten unterscheiden.

Mit ihrem Amtsantritt verbindet sich durch den Wechsel der Parteien an der Spitze des Bauressorts die Hoffnung, als problematisch erkannte Entscheidungen des Vorgängersenats zu korrigieren und sich dabei gegen den Koalitionspartner zu profilieren. Sie kann wegen der geringen Investitionsdynamik kaum genutzt werden. Beinahe abgeschlossene Projekte verbieten einen stärkeren Einfluss der Senatsbaudirektorin, um ihrem eigenen Diktum „ich will nicht, dass man über Berlin lacht“ durch politische Gängelung der Architektenschaft nicht zu widersprechen.

Die Verschiebung der architekturpolitischen Haltung in Richtung auf die Logik der städtebaulichen Komposition mündet in die spektakulärste architekturpolitische Initiative ihrer Amtszeit, die Weiterentwicklung des Breitscheidplatzes. Das zähe Festhalten Stimmanns an ehernen Prinzipien, die angesichts der in der Stadt vertretenen vielfältigen alternativen städtebaulichen Denkmodelle kaum kommunizierbar sind und sich gegenüber den Senatoren nicht durchhalten lassen, wird nun durch eine gestalterisch-kompositorische Wachstumsmanagementpolitik abgelöst. In ihrer Abstraktheit benutzt sie die kleinräumige Aufwertung des städtischen Ortes für den Benutzer lediglich als Legitimationsinstrument und setzt auf ein vages architektonisches Erneuerungsversprechen, das sich gegenüber dem Vorgängersenat noch weiter von einer kritischen Einbeziehung der Realisierungsrisiken (Torsowirkung, entstehende Sachzwänge durch eingeräumte Baurechte) entfernt. Dies alles geschieht aus dem Blickwinkel der Betrachterin von außen, die die städtebauliche Qualität des Bestandes sehr nüchtern bewertet und der ein positiver Gestaltungswille keineswegs abgesprochen werden kann.

Hieraus erklärt sich auch die unbefangene Herangehensweise an städtebauliche Entscheidungsprozesse. Während zur gleichen Zeit Stimmann als Staatssekretär der Stadtentwicklungsverwaltung zumindest einen Versuch unternimmt, eine standortübergreifende städtebauliche Verzahnung von Einzelprojekten zu bewirken und dabei neue Impulse an der Schnittstelle von Flächennutzung und Verkehrsplanung setzt, bleibt Jakubeit auf die Pluralisierung der Architekturpolitik (Berliner Zeitung 05.03.1997, 11.03.1997) in kleineren Einzelvorhaben außerhalb der City angewiesen, um überhaupt wahrnehmbare Spuren zu hinterlassen. Allein wegen dieser durch die anstehenden Entscheidungsverfahren veränderten Gewichtung ragt die Initiative zur City-West neben dem Einfluss auf das unmittelbare Umfeld des Bahnhofs Friedrichstraße in der Amtszeit von Jakubeit hinsichtlich der Büroflächenentwicklung deutlich heraus. Der beherzte Wunsch, kompositorisch und gestalterisch nachzubessern, führt die Senatsbaudirektorin beinahe zwangsläufig in die Notwendigkeit, den Investoren zusätzliche Bauflächen in Aussicht zu stellen, die ihren Umplanungs- bzw. Umbauaufwand finanzieren sollen.

Ob die damit beabsichtigte Strategie aufgeht, eine abschließende städtebauliche Form für das Umfeld des Breitscheidplatzes zu finden, angesichts des von Zurückhaltung geprägten Investitionsklimas, der Schnellebigkeit von städtebaulichen Konzepten, die schon während ihrer Erstellung umstritten sind und von Veränderungsabsichten der Eigentümer um den Platz herum, die möglicherweise mittelfristig an bisher noch gar nicht vorhersehbaren Stellen ausbrechen könnten, muss erheblich bezweifelt werden. Im Falle eines Scheiterns dieser Strategie wäre allerdings eine erneute Aufweichung von städtebaulichen Steuerungsprinzipien und eine weitere Erneuerungswelle an einem Ort die Folge, dessen Gestalt von Stadtentwicklungspolitikern immer wieder in Frage gestellt wird, weil deren Vorgänger aufgrund strategisch fragwürdiger Ansätze unbefriedigende Teillösungen zurückgelassen haben. Der Schritt auf die Investoren und deren eigene, nicht zwangsläufig im Sinne einer abgestimmten Gesamtlösung gedachten Einzelprojekte zu ist dann jeweils wegen des Umfangs der konstatierten Missstände beinahe unausweichlich, produziert aber tendenziell immer weiteren Handlungs- und Abstimmungsbedarf.

Barbara Jakubeit geht wie Stimmann von einer städtebaulich-fachlichen Position aus. Inhaltlich bewahrt sie sich einen hohen Grad an Unabhängigkeit und erklärt Ideologiefreiheit zum Prinzip, so dass sie sich in der Entscheidungsvorbereitung viel stärker als Stimmann an der im städtebaulichen Alternativenauswahlverfahren produzierten Beurteilung des jeweiligen Orts orientiert und weniger an dessen „gesamtstädtischer Strukturbedeutung". Punktuelle Realisierungsbündnisse mit Investoren geht sie pragmatisch ein. Ihre ideologiefreie Haltung immunisiert sich gegenüber Einflüssen von außen und weist ein hohes Maß an legitimatorischen Begründungen auf. Inhaltlich stehen morphologische Kriterien eindeutig im Vordergrund. Bestandsstrukturen sollen verändert werden, wenn das „dem Ort gut tun würde" – in städtebaulicher Hinsicht.

Handlungsanlässe entstehen reaktiv aus der Abgrenzung zu Vorgängerkonzepten und zu optimierenden Investorenideen. Die städtebaulich-morphologische Grundhaltung, die sich kompositorisch über die Logik von „Pendants", Blickbeziehungen und andere städtebauliche Grundprinzipien an einen Stadtraum annähert, versucht eine Gesamtabstimmung am Breitscheidplatz, die sich Hochhäusern so weit öffnet, dass sogar Investoren teilweise abwinken. Hochhäuser, als städtebauliches Element anerkannt und im Rahmen der Ideologiefreiheit gängiger kompositorischer Baustein, werden denn im „Gefüge" in einer „Grundsatzplanung" darauf geprüft, was der Ort vertrage:

> „Ich bin der Meinung, wenn die beiden Hochhäuser [Zoofenster und Kranzler-Eck, U. A.] ‚alleine' bleiben, werden sie die städtebauliche Situation verschlechtern. Mein Ziel war es daher, aus den drei schon vorhandenen Hochhäusern, den beiden genehmigten Hochhäusern und eventuellen Ergänzungen ein neues in sich stimmiges Gesamtkonzept zu entwickeln. Dabei war und ist es auch wichtig die 60er und 70er Jahre Architektur des Ortes soweit als möglich zu schützen." (Gespräch Jakubeit)

Zwar sind die Urbanitätsvorstellungen mit denen Stimmanns weitläufig verwandt, doch werden auf dem Weg dorthin andere und bisweilen innovative Wege beschritten, die die schöpferische Freiheit der Architekten stärker zur Geltung kommen lassen wollen. Die sich gegen äußere Einflüsse selbst aus der eigenen Partei immunisierende beschriebene Ideologiefreiheit weist ein Bewusstsein insbesondere für die ökonomischen Rahmenbedingungen des jeweiligen Einzelprojekts auf. Die Motive werden von legitimatorischen Erwägungen überstrahlt.

Aus dem Zusammenspiel von Ökonomie, Urbanitätsvorstellungen und Ideologiefreiheit ergibt sich eine weitgehende Bereitschaft, Traufhöhenbebauung mit schlanken Einzelakzenten zu kombinieren, die die Verträglichkeit und Durchsetzbarkeit der Turmbebauung als „ein normales Stück Stadt", aber eben mit Dominante sicherstellen soll und in der Notwendigkeit einer Reaktion auf erhöhte Dichtewerte eine klare Abgrenzung zu dimensionssprengenden niedrigen Gebäuden wie das neue Kudamm-Eck enthält.

Im Übergang zwischen planerischer und legitimatorischer Zielbegründung findet sich überdies das explizite Setzen auf die Überwindung von Imageproblemen durch städtebauliche Eingriffe. Die Stigmatisierung des Breitscheidplatzes und seines Umfelds wegen der dort unerwünschten Klientel wird offen zur Begründung des Stadtumbaus herangezogen. Die „orts"bezogene Logik findet sich hier wieder: In Reaktion auf geäußerte städtebauliche

Missstände und Verwertungsabsichten wird das nähere Umfeld mit der Hoffnung auf eine Aufwertung des „Orts" ohne Tabuisierungen neu definiert, der — unter Veränderung seiner Klientel — „einfach wieder eine Akzeptanz bekommt", aber ohne weitere Rechenschaft über mögliche Folgewirkungen:

„Da aber der gesamte Breitscheidplatz in einem ausgesprochen heruntergekommenen Zustand ist, ging es nicht nur um den kompositorischen Ansatz, sondern um die Verbesserung des gesamten Ortes:

Wiederherstellung des öffentlichen Raumes

Verbesserung der Nutzungsstruktur und die Schaffung einer städtebaulichen Komposition, bei der die vorhandenen, die genehmigten und evtl. ergänzenden Hochhäuser die Kaiser Wilhelm Gedächtniskirche wieder in den Mittelpunkt des Ortes rücken.

Unsere Studie ... kam zu dem Schluß, dass sich die Nutzungsstruktur in diesem Bereich so evident verschlechtert hat wie z. B. bordellnahe Einrichtungen, Döner Kebab Buden und Bierschwemmen u. ä..

Die Uneinsichtigkeit der Straße und die Sackgassenwirkung führen dazu, dass die Menschen diesen Teil der Hardenbergstraße meiden und somit auch auf dem Breitscheidplatz, der dem Zoo zugewandt ist, normaler Fußgängerverkehrs nicht mehr stattfindet. Der Tunnel vor dem Bikini Haus steigert diese negative Wirkung zudem, so dass hier fast nur noch Penner anzutreffen sind." (Von Barbara Jakubeit überarbeiteter und freigegebener Gesprächsmitschnitt vom 09.01.2001)

Die Vertretbarkeit von entwickelten Lösungen wird in der Regel durch „Zeugen" legitimiert, die entweder den städtebaulichen Handlungsbedarf aus Investorensicht bestätigen oder eine Bestätigung für die Uneinheitlichkeit der Position der Gegner darstellen sollen. Die Heranziehung von Zeuginnen dient der Abgrenzung gegenüber Kritik, wobei eine Positionsbestimmung durch die Hinzuziehung einer Jury als „demokratisch" geadelt wird.

Wegen der fachlichen Unabhängigkeit steht bei Jakubeit die inhaltliche Entscheidungsvorbereitung, aber nicht die Rechtsetzung im Mittelpunkt. Stabile Bündnisse mit Investoren können nicht aufgebaut werden, doch die reaktive und „orts"bezogene Politik der Senatsbaudirektorin ist auf sie nicht angewiesen.. Sie setzt sich zwar gegen Übergriffe der Investoren in ihr Terrain der städtebaulichen Zielbestimmung zur Wehr, doch ist sie zur Neubestimmung des jeweiligen kompositorischen Rahmens unter Nutzung der vor Ort vorfindlichen Höhen für neue städtebaulich-morphologische Beziehungen bei gleichzeitiger Akzeptanz der einzelwirtschaftlichen Investitionsbedingungen mit Verdichtung der City bereit. Ob die sich in diesem Zuge entwickelnde „aktive Hochhauspolitik", die die Schaffung von Planungsrecht von der Abstimmung der Baukörper und Nutzer untereinander und dem Vorhandensein eines Investors abhängig macht, unter den bestehenden politischen Rahmenbedingungen durchhalten lässt, muss bezweifelt werden. Weiterhin ist fraglich, ob der Ansatz einer verfahrensorientierten Herausbildung von städtebaulichen Lösungen so kommunizierbar ist, dass diese nicht von vornherein durch politische Vorentscheidungen in ihrer Entscheidungsfreiheit eingeschränkt ist — ganz abgesehen von der Fragwürdigkeit der gegen Kritik aus der Öffentlichkeit immunisierten Entscheidungslogik.[149]

Von Beobachtern wird Jakubeit die Flexibilisierung der architektonischen Ausdrucks-

149 Nichtsdestoweniger ist zu betonen, dass Jakubeit mit echtem Einsatz städtebauliche Ziele vertritt, die sich unabgestimmten Investorenkonzepten entgegenstellen und so „schlimmeres vermeiden" helfen.

form als reaktives Profilierungsinstrument (G089, G118) gegen die harsche Kritik an der Fassadenpolitik ihres Vorgängers angesehen, doch bleibt sie weitgehend reaktiv (G118) und beendet keineswegs die „Dominanz des Quadrats" (G056), wo Investorenarchitektur gefragt ist. Das projektorientierte Handeln zwingt sie in Verbindung mit dem Ziel der Weltläufigkeit und der Abgrenzung von Berliner Traditionslinien zwangsläufig zu Konflikten, gerade wenn sie sich in der Hochhausdebatte noch weiter nach vorn wagt (G100).

Für die Verfolgung einer solchen Position haben allerdings der Vorgängersenat und die Übernahme des Ressorts durch die CDU die Voraussetzungen geschaffen. Die Beratungsresistenz und Selektivität der Kooperation (G112), die Jakubeit mit einer „ziemlich festen Meinung, wo man Hochhäuser machen kann" (G089, G100) zugeschrieben wird, immunisiert sich zwar durch die Referenz auf Ästhetisierung und kompositorisches Denken gegen Kritik. Die fachpolitische Haltung stößt aber auf Widerspruch in der SPD, in der Opposition, in Teilen der Architektenschaft und in der Bevölkerung (G027, G045, G057, G062, G121, G126) sowie auf Zustimmung in der CDU und in Teilen der Architektenschaft, so dass sie zumindest nicht zur Revision gezwungen wird. Die Umsetzung bleibt dem neutralen Pragmatismus der Senatoren vorbehalten (G055, G056, G123).

Volker Hassemer (CDU)

Eine Bilanz der 1980er Jahre in Bezug auf die Büroflächenpolitik der Stadtentwicklungsverwaltung und ihrer Senatoren fällt mangels Masse schmal aus und soll daher hier unterbleiben. Erst Volker Hassemers zweite Amtszeit prägt dabei mit der Setzung grober Rahmenbedingungen den stadtentwicklungspolitischen Einigungsprozess deutlich. Hierzu zählt zunächst der Flächennutzungsplan 1994, der von Hassemer und seiner Verwaltung bewusst in hoher Geschwindigkeit und unter Verzicht eine grundsätzliche Infragestellung seines West-Berliner Vorgängers auf den Weg gebracht worden ist, um noch in der bis 1995 währenden Legislaturperiode im Ostteil der Stadt bedeutsame Rechtsgrundlagen zu schaffen.

Im Zusammenhang mit dem Flächennutzungsplanungsprozess ist die strategische Neuausrichtung der Stadtpolitik zu sehen, in deren Rahmen Büroflächenpolitik als solche erstmals eigenständig thematisiert wird. Die frühen Vorüberlegungen und Konferenzen des Jahres 1990, in denen bereits grundsätzliche Strukturmodelle für die Stadt und ihr Umland aus Plausibilitätsüberlegungen im weitgehenden fachlichen Konsens diskursiv festgelegt werden, weichen im Jahre 1991 einer Ausformung und Durchsetzung eines Wachstumskurses, der infolge der Metropoleneuphorie nach der Vereinigung bald um sich greift und auch vor der Stadtentwicklungsverwaltung und ihrem Senator als Auftraggeber von optimistischen Prognosen nicht Halt macht. Senator Hassemer macht z. B. im Abgeordnetenhaus deutlich, dass er den Wachstumskurs aus stadtstrukturellen, stadtentwicklungspolitischen und wirtschaftsförderungsbezogenen Gesichtspunkten mitträgt. Das Mengengerüst des Flächennutzungsplans wird jedoch weiterhin bewusst flexibel gehalten, und der Flächennutzungsplanungsprozess ist so komplex, dass konkurrierende Kräfte innerhalb der Verwaltung eigenen Einschätzungen der Dynamik zufolge handeln können.[150]

150 Dies gilt insbesondere für die vorsichtig wachstumsorientierten Flächennutzungsplaner selbst (S02) sowie für die Bereichsplanerinnen, die eine verantwortungsvolle Flächenvorsorgepolitik betreiben müssen, wäh-

Das Zusammenspiel der Akteure innerhalb der Verwaltung zeigt, dass unter der Leitung von Senator Hassemer Spielräume für die parallele Vertiefung völlig unterschiedlicher Positionen bestehen, die schließlich aufgrund der geringen Aussageschärfe des Flächennutzungsplans hinsichtlich der städtebaulichen Dichten in den Zentren durch die standortpolitischen Vorgaben Hassemers (z. B. am Alexanderplatz) ausgehebelt werden können. Sie werden mit städtebaulichen Wettbewerben einem Testverfahren unterzogen, das im Zusammenspiel mit der späteren Suche nach Investoren im Probierverfahren die adäquate Dichtevorstellung für den ersten Entwicklungsschub liefert und für mögliche spätere Entwicklungsschübe weiterhin die Option auf die Ausschöpfung zusätzlicher Potentiale bereithält. Die durch die Logik des Flächennutzungsplanungsprozesses und die Herangehensweise Hassemers entstehende Strategie stellt sich also einer Lenkung der Flächennachfrage durch Investoren mit Ausnahme der Kappung hypertropher Spitzen[151] kaum entgegen, da das mögliche Angebot die tatsächliche Nachfrage weit übersteigt.

Das zweite prägende Merkmal der Amtszeit Hassemers ist die Einrichtung des Stadtforums, dessen Wirkung für die Büroflächenpolitik jedoch als äußerst gering einzuschätzen ist[152]. Im dritten prägenden Merkmal liegt der wesentliche Einfluss der Stadtentwicklungsverwaltung auf die Büroflächenpolitik, nämlich in der strategischen Entscheidungsvorbereitung für Großstandorte. Handlungsmaxime ist dabei jeweils die Durchsetzung einer stadtentwicklungspolitischen Strukturvorstellung, die sich früh aus den Vorwendeüberlegungen herausdestilliert. Die alte Idee des City-Bandes, bereits unter Scharoun in der unmittelbaren Nachkriegszeit für den Wiederaufbau der Gesamtstadt ins Gespräch gebracht, noch im Baunutzungsplan in rudimentärer Form enthalten und erst in den 1980er Jahren temporär ad acta gelegt, lebt durch die politisch-symbolische Idee der auch räumlich spürbaren Vereinigung am Potsdamer Platz wieder auf und paart sich mit dem Leitprinzip der Polyzentralität aufgrund der begrenzten cityrelevanten Flächennachfrage folgerichtig zur Zentrenkette Breitscheidplatz-Potsdamer Platz-Alexanderplatz.

Dazu gesellt sich, motiviert ebenfalls aus der Idee der Polyzentralität in Verbindung mit der Ausrichtung auf die Infrastruktur des öffentlichen Nahverkehrs, der Ring möglicher Entlastungszentren. Diese sehr abstrakte Strukturvorstellung kann als so langfristig aufgefasst und aufrecht erhalten werden, dass sie sich gegenüber Kritik weitgehend immunisiert. Auf einen zeitlich weit entfernten Endpunkt angelegt, liefert sie allerdings keine hinreichende Steuerungswirkung für die davor liegenden Zwischenphasen. Vielmehr legitimiert

rend die Stadtentwicklungsplanung versucht, hinsichtlich des Zentrengefüges hohe Potentialwerte in die Diskussion zu bringen. Die Abteilungsleitung Planung und die Landschafts- und Freiraumplaner wiederum machen sich einen eher vorsichtigen Kurs zueigen (G110). Im Ergebnis erfolgt weitgehend eine Orientierung an der DIW-Prognose, die sich später für die Bevölkerung und insbesondere die Industriebeschäftigung als immer noch zu optimistisch herausstellt, aber zum damaligen Zeitpunkt als vergleichsweise zurückhaltend gilt.

151 Vgl. die ersten Stufen der Wettbewerbe Umfeld Lehrter Bahnhof und Alexanderplatz.

152 Dies wird von den Beteiligten des Stadtforums zumeist anders gesehen, vgl. Kleger 1996a. Hassemer verweist insbesondere auf die Rolle des Stadtforums für die großen Wettbewerbe zum Potsdamer Platz u. ä. Eine kritische Prüfung macht deutlich, dass im wesentlichen ein enger Beraterkreis um Hassemer Einfluss nimmt, das öffentliche Forum selbst allerdings nur begrenzte Bedeutung hat. Darauf verweist z. B. Strauch 1996. Vgl. auch Sewing 1995, 1997 sowie Blomeyer in Bauwelt 1991, S. 1194 und Stegers 1991.

die durchweg fachlich begründete Ordnungsvorstellung eine Flächenangebotspolitik, die städtebauliche Fakten schafft, deren mögliche mittelfristige Konsequenzen (Verkehrsbelastung, Entwertung der Innenstadt als Wohnstandort) nur eingeschränkt berücksichtigt werden.

Bei Hassemers fällt im Vergleich zu Nagel eine viel stärkere inhaltliche Begründung des Handelns auf. Legitimatorische Komponenten verlieren an Gewicht, spielen aber dennoch eine gewisse Rolle. Die inhaltliche Position Hassemers fußt auf drei Grundprinzipien, nämlich zunächst der Ablehnung von Stillstand in der City-Entwicklung, weiter der Erlebbarkeit von Architektur und Städtebau und schließlich der dogmenfreien Qualitätsorientierung. Die City-West wird zum Schauplatz der Veränderung, die nicht „Museum des alten Berlin“ werden dürfe, insbesondere aus Angst vor Abwanderung von ökonomisch wichtigen City-Einrichtungen um die IHK in das neu entstehende Zentrum in und um den Bezirk Mitte. Dabei bekennt sich Hassemer — gegen Wittwer! — eindeutig zu direkt am öffentlichen Straßenrand positionierten Hochhäusern, die seiner Forderung nach Erlebbarkeit entsprechen:

„Man überlegt sich genau, was kann der Kurfürstendamm dort nicht nur vertragen, sondern was macht ihn stärker, interessanter als vorher.“ (Gespräch Hassemer)

Gleichwohl wendet sich Hassemer wie Nagel gegen „festgefahrene“ Verfahren, begründet diese allerdings mit dogmatischen, nicht konsensfähigen Vorgängerkonzepten und erklärt damit die eigene Herangehensweise als Versuch, durch neue Denkansätze Blockaden zu überwinden. Die Ablehnung von „Denkverboten“ lässt einzelne Hochhäuser an ausgewählten Orten zu: „das ... Argument, wenn da ein höheres Haus kommt, meinen alle, da könne man nun nur höhere Häuser bauen, das ist natürlich auch falsch“.

Interessanterweise sind die planerischen Qualitätssicherungsansätze denen von Stimmann sehr nahe, angefangen von der großräumigen Stadtstruktur über das Verständnis für die Qualität von Einzelstandorten bis hin zu den konsensualen Leitbildelementen Wohnanteil und Nutzungsmischung, der Bewertung der räumlichen Funktion des Schimmelpfenghauses sowie zur Überwindung von Barrieren. Die Abweichungen lassen sich fast durchweg durch die noch stärkere „Enttabuisierung“ des Städtebaus bei Hassemer erklären. Sie treten auf bei der Grundsatzposition zu Hochhäusern und deren Funktion für die morphologische Heraushebung von Zentren, bei dem bei Hassemer noch stärker ausgeprägten Vertrauen in die Bestimmung von städtebaulichen Kennwerten durch Alternativenauswahlverfahren und in dessen Zurückhaltung gegenüber instrumentellen Restriktionen für Architekten („Domestizierung“).

Während bei Stimmann gewissermaßen ein Wirken der „Strukturbetrachtung“ bis in eine tendenzielle „Monotonisierung“ zu spüren ist, lässt sich bei Hassemer in analoger Weise der Effekt seines „Liberalismus“ noch bis in die Forderung nach gestalterischer Vielfalt nachweisen. Hassemer bestimmt dabei selbst, wie stark er sich auf Details einlässt, und zieht neben seiner Verwaltung auch externe „Denker“ hinzu. Die Intensität, mit der er schwierige Verfahren begleitet, steht im Mittelpunkt seiner Selbstsicherheit, die richtige Entscheidung zu fällen. Dabei beharrt er darauf, alle Argumente der späteren öffentlichen Debatte bereits im Diskurs kennen gelernt zu haben und mit diesem Wissen eine gegenüber seinen Kritikern bis hin zu Angehörigen der eigenen Partei fundiertere Position entwickeln zu können. Werden Kompromisse innerhalb des jeweils eingeschlagenen Diskurses erreicht, stehen diese dann auch bei späterer Kritik von außerhalb des darin eingebundenen Akteurskreises für die Gewissenhaftigkeit des Entscheidungsprozesses.[153]

Problematisch erscheint das autonome Beharren auf einer eigenen Position bei der legitimatorischen Zuhilfenahme von nicht nachprüfbaren Planungsgrundlagen, die das Handeln der Stadtentwicklungsverwaltung seit der Vereinigung beeinflusst, aus denen Hassemer aber auch heute noch – lange nach seinem Ausscheiden aus dem Amt — seine Motivation für die hohen Genehmigungs- bzw. Bauvolumina im Büroflächenbereich ableitet. Eine vermeintliche langfristige Nachfrage wird zum Kronzeugen einer weiteren Attraktivität der Stadt für Investoren genommen. Ihre Vorhersehbarkeit ist aber weiterhin umstritten:

„Berlin entsteht in einem Zeitraum von 25 Jahren. Das steht auch in den Texten, die ich verbreite. In 25 Jahren. Das bedeutet, wir haben die Zwiebelringe der Nachfrage. Vor drei Jahren konnten Sie hier in diesem Zentrum [Friedrichstadt / Nähe Gendarmenmarkt, U. A.] noch vergleichsweise ökonomisch was erwerben. Das ist vorbei. Der Alexanderplatz beginnt jetzt langsam. Sogar der Leipziger Platz musste sich entwickeln mit der Nachfrage." (Gespräch Hassemer)

Nur so lassen sich bestimmte Zentren wie der Alexanderplatz denn auch als „Entlastung" für eine ansonsten stärker von Verdrängung und Umstrukturierung betroffene Umgebung deuten:

„Das ist eine ganz kleine Fläche, die man braucht als Entlastung für die verzweigte Umgebung, die wir nicht antasten wollten. Wir glaubten schon, dass es eine innerstädtische Orientierung geben muss. Sie werden das in den Unterlagen finden, wir haben da eine qualitative Befragung gemacht von drei oder vier großen Denkern, da war Derrida dabei, da war Wenders dabei und ein Japaner. Der Japaner sagte, Sie brauchen eine Orientierung in einer so großen Stadt. Also sollte signalisiert werden, städtebaulich auch, hier ist das Zentrum, hier ist die Mitte, denn die städtische Mitte wird der Alexanderplatz sein." (Gespräch Hassemer)

Ähnlich wie im Falle von Stimmann ist auch die Beurteilung Hassemers durch Beobachter von Widersprüchen gekennzeichnet, die allerdings in seinem Fall weniger von seiner Umstrittenheit als von der ihm nachgesagten Unabhängigkeit herrühren. Die ihm zugeschriebenen Eigenschaftskomplexe „Modernität-Offenheit" und „Investorenorientierung" passen in den liberalen Flügel der CDU, sind aber nur bei genauerer Betrachtung mit „Urbanität" und „Beratungsoffenheit" in Einklang zu bringen, die die Rückbindung an seine Verwaltung darstellen. Moderiert und aufgelöst wird der scheinbare Widerspruch über die Komplexe „Denker-Liberaler" und „Mensch des Verbalen". Unabhängigkeit, Ungeduld, moderate Profilierungsbezogenheit und Bündnisfähigkeit machen ihn schließlich im Verbund mit dem völlig anders wahrgenommenen Nagel zur zweiten Säule des neoelitistischen Herrschaftsgebäudes, das die erste Große Koalition der Vereinigungszeit in der Stadtentwicklungspolitik prägt.

Die städtebauliche Modernität, die als „Ventil" für Investoren beschrieben wird, zeigt sich am deutlichsten in der auf den negativen Erfahrung mit Investoren am Potsdamer Platz (G010) aufbauenden Konzeption des Alexanderplatz-Wettbewerbs (G002, G089), die im

153 Bei aller Kritik an der bewusst elitären Verengung des Entscheidergremiums ist zu beachten, dass Hassemer zu Recht darauf verweist dass die Addition vieler Einzelbelange und deren formaler Abgleich nicht zu einem befriedigenden Kompromiss führen muss, sondern dieser durchaus „sehr flach" sein kann.

engen Verbund mit den Investoren und ohne frühzeitige Restriktionen erarbeitet wird. Auch der Initialzündung am Zoofenster widerspricht er offenbar aus ähnlichen Motiven nicht (G022, G051), wenngleich er Nagel den dortigen Misserfolg zuschreibt (G120). In der Abwägung mit fachlichen Argumenten, die er vollzieht, gewinnt die standortpolitische Entscheidung für die City-West auch gegen Widerstände die Oberhand (G021, G028, G043, G045), bleibt aber lange ein City-Konzept schuldig, das den Ruch der Beschränkung, Abschreckung von Investoren und frühzeitigen Beschneidung von Ideen in sich getragen hätte (G062, G087, G110). Impulse und Zeichen durch Hochhäuser „damit die Lichter in der City-West nicht ausgehen" (G021) dienen als Anziehungspunkte, da die City-West nicht alleine durch Gründerzeitbauten überleben werde (G086).

Die unbequeme Position, die Investoren nicht bedient, sondern im Zweifelsfall auch zurückweist (G010, G066, G118), ist von einer Begeisterung für eine Urbanitätsvorstellung geprägt, die sich im Einsatz für einen Wohnanteil in der City auch im Konflikt mit Investoren äußert (G003, G087), sich aber einer apriorischen Dichte- oder Höhenbegrenzung in den Weg stellt (G087). Die Grundlage für seine Position wird durch fachliche Rückkopplung erworben, was ein „ungeahntes Maß an Entscheidungsfreiheit für die Fachebene" lasse (G003). Seine städtebaulichen Ordnungsvorstellungen setzt er im Bedarfsfall unvoreingenommen gegen Nagel durch (G010, G055, G107) und widerspricht trotz seiner stadtplanerisch-strukturellen Denkweise (G086) seiner Verwaltung, die ihm an den Leitprojekten Potsdamer Platz und Alexanderplatz nur „zähneknirschend" folgt (G087).

Der Mensch des Verbalen distanziere sich von der mit Zahlen operierenden und dann als technokratisch angesehenen Fachebene (G110), überlasse dieser aber dann die weitgehend selbständige Aushandlung des gesamtstädtischen „Mengengerüsts" (G003) — nicht ohne vorher den Rahmen selbst großzügig gesteckt zu haben. An dieser Stelle wird wie am Alexanderplatz und am Kranzler-Ecke die neoelitistische Ader seines Handelns besonders deutlich (G026, G028, G066, G083, G110), die aber nur aufgrund seiner Bündnisfähigkeit (G089) und der frühen Einbeziehung anderer Schlüsselakteure beispielsweise im Abgeordnetenhaus (G071) hinreichend erfolgreich ist. Alternative und weniger optimistische Einschätzungen der Bedeutung des Alexanderplatzes und der Standorte am S-Bahn-Ring werden nach einer anfänglichen Zurückweisung von hypertrophen Konzepten in den Wind geschlagen (G050), aber bis heute steht der Beweis für die Weitsicht dieser Politik aus.

Peter Strieder (SPD)

Die Amtsübernahme durch Senator Strieder bringt zunächst in der Büroflächenpolitik ähnlich der Bauverwaltung aufgrund der nachlassenden Konjunktur nur wenige Akzente. Erstmals wird die Krise des Berliner Landeshaushalts so bedrohlich, dass ein „Sparsenat" nicht mehr die ehrgeizigen Projekte der Vereinigungszeit initiieren kann und bereits laufende Stadtumbauprojekte stärker hinterfragt werden. Der Wechsel von Staatssekretär Stimmann in die Stadtentwicklungsverwaltung und die Initiative zur Erarbeitung des Planwerks Innenstadt erlaubt Strieder dennoch die Möglichkeit zur Profilierung. Einzelentscheidungen im Konfliktfall sind in Strieders Amtszeit von dessen managementorientiertem Verständnis geprägt, so dass zugunsten einer Überwindung von Entscheidungsblockaden die fachliche

Position seiner Verwaltung aufgegeben wird und Kritik nur dann erfolgreich ist, wenn sie sich auf klare Ressourcen stützen kann[154].

Strieder wird zumeist als Moderator gesehen, der primär an der Herstellung von Kompromissen mitwirkt. Hierfür ist sicherlich wiederum der Rahmen seiner Amtszeit verantwortlich, der kaum Möglichkeiten zu neuen großen neuen Initiativen bietet, aber ungelöste Probleme des Vorgängersenats in nachlassender Konjunktur bewältigt wissen will. Von der klaren fachlichen Linie, die von Stimmann geprägt sein dürfte, weicht Strieder mehrfach ab, wobei für Mitarbeiter der Verwaltung wie für Politikerinnen seine Motive unklar bleiben (G033, G062, G066, G100, G118, G121). Hierfür wird ihm eine stärker populistische Haltung zugeschrieben als seinem Staatssekretär Stimmann (G118), die überdies übergreifende Deals als selbstverständlich zu erachten scheint (G062, G121).

Bewertung

Vergleicht man die Senatoren und Senatsbaudirektoren, sind zunächst die ökonomischen und politischen Rahmenbedingungen ihrer Amtszeit zu berücksichtigen. Dabei sind zwei durchgängige Merkmale der Baupolitik zu verzeichnen, die unterschiedlich stark zu Tage treten. Erstens lässt sich fachpolitisch motivierter Gestaltungswille im Detail ausmachen. Zweitens zeigt sich eine Orientierung auf vorzeigbare projektorientierte Leitentscheidungen, die Handlungsfähigkeit demonstrieren. Dabei sind unterschiedliche Grade von Strategieorientierung festzustellen. Ist die Zahl der zu bewältigenden Leitentscheidungen gering, tendiert die Gestaltungsorientierung zur Dominanz, so dass sich der Bausenat als oberster Wächter von gestalterischer Qualität zu verstehen beginnt und sich in ermüdende Auseinandersetzungen um den Einzelfall verstrickt. Bei einer großen Zahl von Leitentscheidungen steht dagegen eher eine doppelte strategische Komplexitätsreduktion im Mittelpunkt, die sich der Delegation der Gestaltung auf Auswahlverfahren wie Wettbewerbe und der Definition von projektübergreifenden Gestaltungsprinzipien bedient.

Im Hinblick auf den wahrnehmbaren Erfolg der Senatspolitik zeigen sich deutliche Unterschiede, die eng im Zusammenhang mit der konjunkturellen Entwicklung gesehen werden müssen. Wittwer und Klemann stehen dabei hinter Nagel ganz erheblich zurück, wenngleich der Trend zur Innenentwicklung aus Wittwers Amtszeit Resultate hinterlässt, die über rein kosmetische Veränderungen hinausgehen. Gemessen an der Durchsetzung eigener Prinzipien kann Wittwer attestiert werden, eine gewissermaßen „geläuterte" Modernisierungshaltung mit einer Überwindung der gestalterisch festgefahrenen und verflachten Architektursprache der späten Moderne mit organisiert zu haben, wenngleich die darin steckende scheinbare Versöhnung des architektonischen Gestaltungsanspruchs mit einem populären Verständnis von städtebaulicher Verträglichkeit von hochrangigen Kritikerinnen vehement abgelehnt wird (E09, E10). Wittwer und Klemann verkörpern damit den Versuch einer moderierenden und kompromissorientierten Integration des innerparteilichen breiten Spektrums von „historisch-bewahrenden" bis hin zu „impulsgebend-metropolitanen" Motiven. Diese werden häufiger negativ als „Unentschlossenheit" denn als politische Vermitt-

154 Dies gilt beispielsweise für die Zustimmung zum Abriss des Schimmelpfenghauses, die Forcierung der Vertragsverhandlungen mit Investoren am Alexanderplatz und die Entwicklung des Projekts Spree-Sinus.

lung wahrgenommen. Hierin offenbart sich das strukturelle Dilemma des Senators, der in der pluralistischen Stadtöffentlichkeit gezwungen ist, klar Position zu beziehen, um politisch erfolgreich zu sein, aber über kompromissorientierte Ansätze kaum Profil gewinnen kann.

Nagel hat dieses Dilemma voll internalisiert, verzichtet auf gesellschaftliche Integrationsversuche und überlässt gestalterische Prinzipien seinem Senatsbaudirektor. Ihm kommt die wirtschaftliche Dynamik zugute, die es ihm erlaubt, sich über „Entscheidungsstärke" zu profilieren. Er stellt damit eine typische baupolitische Haltung innerhalb der SPD dar, der auf der anderen Seite die planerisch-bewahrend-nutzungsbezogene Haltung des linken SPD-Flügels gegenübersteht (Dyckhoff). Die SPD-Amtsträger in der Exekutive differenzieren sich offenbar stärker als die CDU-Politiker über den Stellenwert, den sie planerischen Strukturüberlegungen einerseits und projektbezogenen Einzelentscheidungen andererseits einräumen. Zwar gelingt es Nagel dabei, seinem eigenen Anspruch nach Überwindung der zaudernden Vorwendepolitik gerecht zu werden und somit die Stadt für auswärtige Investorinnen im Gespräch zu halten, doch liefert diese Politik weite Bereiche den Gesetzmäßigkeiten des Marktes aus und schafft damit entscheidende Voraussetzungen für massive temporäre Vitalitätsdefizite[155].

Die bisher angestellten vergleichenden Betrachtungen zur Bewertung der Senatoren sind eng auf das politische Umfeld zu beziehen. Dies gilt u. a. deshalb, weil sie sich in Koalitionen befinden. Hierbei ist festzustellen, dass die drei Senatoren in frappierender Weise ein Spiegel der jeweiligen Rahmenbedingungen sind. Während Wittwer den gesellschaftlichen Trend der Innenentwicklung moderiert und dabei die ansatzweise entwickelte West-Berliner Konsensorientierung nach dem Scheitern der unsensiblen Modernisierungspolitik der 1970er Jahre baupolitisch verkörpert, setzt Nagel baupolitisch auf die Aufbruchstimmung der Vereinigungszeit und negiert die in den 1980er Jahren herausgebildeten planerischen Traditionen, um die Investitionsdynamik aus seiner Sicht angemessen bewältigen zu können. Seine Politik stellt damit eine unmittelbare Antwort auf die Verbindung von Flächennachfrage und überschäumendem metropolitanem Selbstbewusstsein dar. Klemann begibt sich tastend auf die Suche nach politischen Ansätzen, die über die seines Vorgängers hinausgehen und darauf abzielen, die nicht mehr selbstverständliche Attraktivität der Stadt als Investitionsstandort wiederherzustellen. Die dafür herangezogenen Instrumente drücken die Ratlosigkeit der nach ihrer Identität suchenden Metropole im Wartestand aus, die noch unter den Nachwirkungen einer Überproduktion von Büroflächen leidet und dennoch versuchen will und muss, vernachlässigte Stadträume in die Aufmerksamkeit von Investorinnen zurück zu führen.

Die Senatoren sind in ihrem Handeln also stark von den politischen und wirtschaftlichen Rahmenbedingungen geprägt. Zeiten des Aufschwungs erlauben offenbar die Vernachlässigung einer Infragestellung von dessen Basis und Tragfähigkeit, während in „ruhigeren Zeiten" die Exekutive auf Senatsebene immer wieder dazu tendiert, über die Beeinflussung von gestalterischen Details vermeintlich Qualität zu sichern, aber in ihrer Orientierung auf eine wirtschaftspolitisch motivierte Attraktivitätssteigerung lediglich standortbe-

155 Hierfür könnten zahlreiche Beispiele angeführt werden. Die beiden augenfälligsten sind wohl die Wasserstadt Oberhavel und das ehemalige Stadion der Weltjugend.

zogen nach Wegen sucht, in Kooperation mit Grundstückseigentümern Investitionshindernisse zu beseitigen. Dabei schlagen sich gesellschaftliche Anforderungen an die Bedeutung eines jeweiligen Standorts (Nutzungsspektrum, öffentlicher Raum) nur sehr mittelbar und langfristig planerisch nieder.

Die Senatsverwaltungen

Die Senatsbauverwaltung

Die Senatsbauverwaltung stellt den zentralen Akteur des gesamten Stadtentwicklungsgeschehens zumindest auf der Ebene von Entscheidungen über Einzelprojekte dar. Nach „oben" ist der Senator insofern unabhängig, als die fehlenden Kompetenzen des Regierenden Bürgermeisters ihm einen breiten Entscheidungsspielraum geben. Die im Übrigen stattfindende fachliche Abstimmung mit Mitarbeitern der Stadtentwicklungsverwaltung ist im Zweifelsfall kein wesentliches Hindernis für die Durchsetzung von Projekten, wie insbesondere die Geschichte des „Zoofenster"-Projekts zeigt.

Die strategische Stärke der Bauverwaltung liegt einerseits in ihrer Initiativkraft zur Veranstaltung bedeutender Gutachter- und Wettbewerbsverfahren, die wiederum auf die günstige finanzielle Ausstattung zurückzuführen ist, und in der institutionellen Herrschaft über den einzuschlagenden rechtlichen Weg bis zur Baugenehmigung andererseits. Über Weisungs- und Eintrittsrecht im Bebauungsplanverfahren sowie die Entscheidung über Widersprüche im Baugenehmigungsverfahren hält die Bauverwaltung die entscheidenden Hebel in der Hand, um ein Bauvorhaben durchzusetzen, selbst wenn dies aufgrund lokaler oder anderer Gegenpositionen gefährdet scheint. Eine Verhinderung oder Abwandlung von in den Bezirken mit Nachdruck verfolgten Projekten ist dagegen wesentlich schwieriger, wird allerdings von der Bauverwaltung nur selten beabsichtigt.

Die genannten institutionellen Merkmale bilden die Voraussetzung für das Wesen der Bauverwaltung als die Instanz, die die politische Wachstumsorientierung der Vereinigungszeit in relevante *policies* übersetzt. Ein breiter Konsens über die Schwerfälligkeit von Planverfahren normiert die Verwaltung auf Verfahrensbeschleunigung. Die Radikalität des Strukturwandels einerseits und die Hoffnung auf Wachstum und damit Gestaltungsmacht über die im kleinen Umfang betriebene Fassadenkosmetik der 1980er Jahre hinaus andererseits bilden die gemeinsamen Bezugspunkte einer Wachstumskoalition, die sich im Spannungsfeld zwischen der Bewältigung einer explosionsartig gestiegenen Nachfrage mit den entsprechenden Verwerfungen auf dem Bodenmarkt und dem Gestaltungsanspruch der in der Tradition der frühen Moderne — als zeitnächstem gültigem historischen Bezugspunkt — beheimateten obersten Fachbeamten zurecht finden muss.

Betrachtet man die Mitarbeiterebene, wird die Zweiteilung nach Kompetenzen deutlich, die die Haltung der Mitarbeiterinnen prägt. Die Baurechts-Abteilung beharrt tendenziell auf planungsrechtlichen Standards wie dem Bebauungsplan (S22), während die Investorenbetreuung eine Durchsetzung von Projekten auch gegen das Instrument Bebauungsplan forciert (S13).

Inhaltlich scheinen erhebliche Differenzen insbesondere gegenüber den von Nagel und teilweise von Stimmann durchgesetzten Projekten auf. Die von Stimmann eingesetzte Architekturwerkstatt stößt zunächst nicht auf Gegenliebe (S20). Dieser gewinnt allein durch ein organisatorisch-rekrutierungsbezogenes Instrument zusätzlichen Einfluss, der aber wiederum an Nagels durchgreifender Führung Grenzen findet (S13, S20, S22). Der Handlungsspielraum der Mitarbeiter ist stark eingeschränkt, da vorrangiges Politikziel die Herstellung der Genehmigungsfähigkeit von Projekten ist.

Das Selbstverständnis der ihrerseits häufig aus der Architekturprofession stammenden Mitarbeiter stellt traditionell die architektonische und städtebauliche (Gestaltungs-) Qualität mindestens gleichwertig mit planerischen Kriterien in den Mittelpunkt der Betrachtung und Bewertung von Bauvorhaben. Inhaltliche Spielräume für die Mitarbeiterinnen bleiben in für die Leitung weniger bedeutsamen Fällen, wenn diese sich innerhalb des von der Senatsbaudirektion definierten Spielraums gestalterischer Grundsätze bewegen. Die These von einer Prägung der Politik durch die Verwaltung muss demnach an dieser Stelle mit großer Vorsicht betrachtet werden.

In der Hierarchie nach oben hin nimmt die Bereitschaft zu, auf Investoren mit Dichteerhöhungen, Höhenzugaben oder dem Eintritt des Senats in bezirkliche Verfahren zuzugehen (S07, S13, S14). Weitgehende fachliche Konsense bilden sich dennoch aus, die eine Skepsis gegenüber *shopping malls*, die Befürwortung von Kleinteiligkeit und ansatzweise die Kritik an gestalterischer Monotonie einschließen (S13, S20, S22). Das vorwiegend aus dem Bereich des Vermessungswesens stammende „mittlere Management" wird als entwicklungsoffen beschrieben (G036), allen voran der früh ermordete Investorenbetreuer Hanno Klein (G002, G031, G032, G040, G053, G067, G088, G089). Zu Nagels Zeiten werden von diesem die umstrittenen städtisch-verdichtenden Projekte teilweise gegen die Haltung von Mitarbeitern der unteren Ränge durchgesetzt (G005, G008, G084). Instrumente sind dabei die Orientierung an überzogenen Wachstumsprognosen (G067, G087), die interne Vorbereitung von Vorentscheidungen in deren Sinne (G050, G094), die bewusste Vernachlässigung planungsrechtlicher Standards, insbesondere im Ostteil der Stadt (G067, G091, G096), und die Heranziehung von Vergleichsbeispielen und Fachleuten etwa aus den USA (G039, G050).[156]

Die Senatsverwaltung für Stadtentwicklung

Aufgrund der Schwerfälligkeit des Rechtsinstruments Flächennutzungsplan und der selbstverordneten „Planlosigkeit" im Ostteil der wiedervereinigten Stadt hat sich die politische Spitze bewusst in eine Lage gebracht, in der stark über eher projektorientierte und im Wesentlichen innerhalb der Politik und der Verwaltung vorabgestimmte Planungsziele Stadtentwicklung auf Einzelstandorten betrieben werden kann. Die Chance der Stadtentwicklungsverwaltung liegt dabei aufgrund ihrer begrenzten Ressourcenausstattung und der schwachen verfügbaren Rechtsinstrumente in einer räumlichen Arbeitsteilung mit der Bauverwaltung einerseits (vgl. oben) und einer frühen Festlegung von Eckpunkten für erst langfristig wirksame Entwicklungstrends andererseits. In ihr ringen verhalten-behutsame

156 Das Bild wird durch Ulla Luther als Leiterin der Architekturwerkstatt und durch die Investorenbetreuer geringfügig differenziert. In Zusammenarbeit mit Senatsbaudirektor Stimmann ist z. B. Luther auf gestalterischen Einfluss bedacht (G014, G064, G072, G106, G124), der sich auch gegen die Projekte richten kann (G096, G115).

Kräfte mit entwicklungsoffenen, überwölbt von der zentralen politischen Leitforderung nach einem erfolgreichen Strukturwandel.

Durch die erwähnte Arbeitsteilung sichert sich die Stadtentwicklungsverwaltung zwar Definitionsspielräume für die räumliche Entwicklung auf Großstandorten, wird aber über den Standortwahlmechanismus der Investoren ebenfalls zum Transmissionsriemen der Flächennachfrage. Die dabei zugrunde gelegten Dichten entstammen der fachlichen Debatte um eine innere Verdichtung der Stadt, die bereits in der Vorwendezeit in Westberlin ihren Ausgang genommen hat.

Nur in Ausnahmefällen wird die Strukturvorstellung wirklich transparent, während es sonst auch dem lokalen Know-how der Bezirksämter überlassen ist, die Verträglichkeit der postulierten Dichten zu prüfen. In den weniger prominenten Planungsfällen bleibt sie dann Orientierung und gewissermaßen „Abwägungsmaterial", Legitimationsgrundlage, der sich selbstmobilisierende Akteurszusammenhänge bedienen, die aber aufgrund des unverhofft schleppenden Investitionsverlaufs nur begrenzt in der Lage sind, ihre Mobilisierung langfristig steuernd aufrechtzuerhalten. Der Einfluss dieser Orientierung durch die Stadtentwicklungsverwaltung ist mithin begrenzt; sie stellt eher eine langfristig wirkende Standortorientierung für eine mögliche Investitionstätigkeit dar.

Die Stadtentwicklungsverwaltung ist intern durch vielfache Brüche charakterisiert, die institutionell zwischen Stadtplanern und Landschaftsplanern, hinsichtlich der fachlichen Herkunft zwischen Architekten und Planern und aufgabenbezogen zwischen sektoral orientierten, bereichsorientierten und projektorientierten Mitarbeitern zu Tage treten. Wirksam werden diese Brüche erst dann, wenn eine spezifische Position sich selektiv mit der der Leitung verbindet und sich dadurch das Gewicht der zuständigen Untereinheit in üblichen Abstimmungsvorgängen verstärkt oder reduziert (G003, G005, G050, G079, G110, G121), während in der Flächennutzungsplanung aufgrund des Zeitdrucks eine Integration der verschiedenen Positionen versucht wird (S01, S03).

Die städtebauliche Orientierung des Wettbewerbsreferats und seine Enthaltsamkeit gegenüber Einschätzungen der Marktsituation spielt beispielsweise unter Hassemer einer strategischen Schwächung von Geschossflächenbegrenzungsansätzen in die Hände (S03, S29). Die auf die Verzahnung und Konfrontation von „Alt" und „Neu" angelegte Position des einflussreichen Denkmalpflegers Engel und des auch im Stadtforum und bis zu seiner Pensionierung 1992 bedeutenden Abteilungsleiters Wuthe sowie die Ausgrenzung kritischer Positionen (S12, S17) scheint Hassemer bei der Durchsetzung des Victoria-Projekts Legitimation zu verleihen und ermöglicht eine relativ weitgehende Rettung von Substanz aus den 1950er Jahren gegen den Widerstand z. B. im Abgeordnetenhaus (G023, G066, G104, G121, G128). Sie ist ebenfalls mit ausschlaggebend für die im Bolle-Block gefundene Lösung (G013, G059), während die begrenzte Durchsetzungsfähigkeit des Denkmalschutzes an den Treptowers sich durch die politisch bedeutsame Vermeidung von Verfahrensverzögerungen miterklärt (G048, G074). Das Referat für Innenstadtentwicklung der Bereichsplanerinnen wiederum steht unter dem projektbezogenen Druck der Bauverwaltung und verzichtet unter pragmatischen Erwägungen auf den Versuch einer harten Durchsetzung reformpolitischer Ansätze wie beispielsweise der Rücknahme von Bauflächen zugunsten von Freiflächen oder der Dichtebegrenzung (G088, G103).

Die fachliche Herkunft der Mitarbeiter, die teilweise auf eine Ausbildung als Architekten mit städtebaulicher Vertiefung und eine Vergangenheit in der gemeinsamen Senatsbauverwaltung vor der Abspaltung der Stadtentwicklungsverwaltung verweisen können, bedingt den Stellenwert von Städtebau und Gestaltung in ihrem Selbstverständnis. Stärker als vielleicht für Außenstehende wahrnehmbar ist es in der Lage, situationsbezogene Lösungen zu entwickeln, die Grenzen der Durchsetzbarkeit von Konzepten gegen Privateigentümer zu erkennen (G079, G083, G099), „Modernität" einzuklagen (G110), aufbauend auf planerischen Grundforderungen städtebaulich-gestalterische Ziele zu formulieren (G099) und diese als Teil eines Abwägungs- und Optimierungsprozesses zu begreifen. Dieser kann dann zugunsten von „gestalterischer Qualität" auch auf Kosten „harter" Forderungen wie Versorgungsgrößen usw. ausgehen — gerade auch gegen die Verteidigung von hohen Grünanteilen durch die Landschaftsplanerinnen in der eigenen Verwaltung (G110). Eine klare Haltung zur Büroflächenpolitik muss sich nach der Vereinigung insofern erst herausbilden, als wachstumsorientierte, „neutrale" und wachstumskritischere Kräfte jeweils in ihrem Wirkungsbereich um Einfluss ringen.

Auch in der Stadtentwicklungsverwaltung bestehen sehr selektive Spielräume für eine Politikformulierung. Im Konfliktfall erodiert wegen der Notwendigkeit politischer Kompromisse mit anderen Akteuren die Argumentationsbasis schnell. Die langfristige Wirkung von aus dem Umfeld der politischen Spitze initiierten Konzepten wie der Faskelschen Suche nach Bürostandorten oder des Stimmannschen Planwerks liegt dabei nicht in der Durchsetzbarkeit eines vielleicht von anderen Akteuren als nicht tragfähig erachteten Gesamtansatzes, sondern in der beharrlichen Erarbeitung von Freiräumen in Bezug auf vorher scheinbar tabuisierte Überlegungen.

Die Bezirksämter und die Baustadträte

Die verfassungsmäßige Konstruktion des Bezirksamts hat zwei wesentliche Auswirkungen auf seine Stellung im Entscheidungsprozess. Erstens bewirkt die dem Senat vergleichbare Alleinverantwortlichkeit der Stadträte für ihr Ressort und ihre Wahl nach dem Stimmenverhältnis in der BVV eine äußerst starke Stellung der Stadträte, insbesondere der Baustadträte, innerhalb ihres Kompetenzbereichs, wohingegen die Rolle der Bürgermeister für die Stadtentwicklung praktisch bedeutungslos ist. Damit wird die Baupolitik bisweilen von Vertretern von Parteien betrieben, die sich nicht auf Mehrheiten in der BVV stützen können. Dies führt zweitens dazu, dass die Stellung der Baustadträtinnen, die Autonomie ihres Handelns, die inhaltliche Grundausrichtung ihrer Politik und ihr strategisches Vorgehen zwischen den Bezirken erheblich variiert, und zwar nicht allein wegen der unterschiedlichen Mehrheitsverhältnisse im jeweiligen Bezirk, mit einer Tendenz zu einer Orientierung an überparteilichen informellen großen Koalitionen. Die Erhaltung von Handlungsfähigkeit gelingt einem Baustadtrat in der Regel entweder durch aktive Besetzung von Themen (G021) oder die überparteiliche Positionen in der BVV antizipierende Identifizierung einer mehrheitsfähigen Strategie (G124).

Die Baustadträte

Wegen dieser Rahmenbedingungen ist eine eindimensionale Differenzierung der Baustadträte nach parteipolitischer Zugehörigkeit oder beispielsweise nach dem Grad der Wachstumsorientierung ihrer Politik nicht fruchtbar. Sie können als entwicklungsoffen-wachstumskoalitionär[157], entwicklungsoffen-moderierend, entwicklungskritisch-wachstumssteuernd, entwicklungskritisch-wachstumsverzögernd bezeichnet werden.

Die *entwicklungsoffen-wachstumskoalitionären Baustadträte* schöpfen ihre Ressourcen entweder aus der breiten Zustimmung zu investorenfreundlicher Politik innerhalb der bedeutenden BVV-Fraktionen (CDU und entwicklungsoffene SPD-Bezirke) oder aus der Zusammenarbeit mit dem Senat bei uneindeutigen Mehrheitsverhältnissen im Bezirk (z. B. CDU/CDU). Wachstumskoalitionen bilden sich in der BVV in Bezirken im Ostteil vor dem Hintergrund der erheblichen Arbeitsplatzverluste nach der Vereinigung im produzierenden Sektor, der Hoffnung auf Tertiärisierungsgewinne, der Unerfahrenheit der Verwaltung im Umgang mit den Investoren sowie aufgrund einer offensiven Abkehr der CDU und der SPD von planwirtschaftlich-etatistischen Verfahren mit Einschränkungen für die Investoren. Die Solidarität mit der Exekutive reicht bis in Teile der gespaltenen PDS, ist aber in einer Koalition aus CDU und SPD stark genug, um die Debatte in der BVV und ihren Ausschüssen auf eine Kontrolle der Verträglichkeit des Entwicklungsprozesses selbst (in der Bauphase) und der Korrektheit des Verfahrens zu begrenzen[158], so dass entwicklungskritische Kräfte selbst in den koalitionstragenden Fraktionen über die entwicklungsoffenen Ausschussmitglieder über Qualitätsversprechungen „auf Linie gebracht" werden und die Entwicklungsgegner in einem kaum zur Bildung von Bürgerinitiativen neigenden Umfeld weder Mobilisierungsstrategien entwickeln noch auf wirksame Ressourcen zurückgreifen können.

Die entwicklungsoffene Haltung der Baustadträte dieses Typs manifestiert sich bis in die Verfahren, in die in begrenztem Umfang bezirkliche Ziele eingespeist werden, die aber im Rahmen weitreichender Umstrukturierungsprozesse nur begrenzt auf Weiterentwicklung des Bestands abzielen oder diesen sogar bewusst negieren. Im Entwicklungsprozess versuchen die Akteure, ihre Bündnisse auszudehnen und stoßen dabei interessanterweise an der Senatsverwaltung an Grenzen, die aufgrund ihrer geringeren politischen Abhängigkeit vom schnellen Erfolg vor Ort nunmehr auf strengere Beurteilungskriterien Wert legen kann, die sich ihrerseits aus dem Quervergleich einer größeren Zahl von betreuten Projekten herausgebildet haben. Die aufgebauten Bündnisse sind nicht immer weitreichend, umfassen aber Akteure in Schlüsselpositionen, so dass Gegnern wesentliche Ressourcenzugänge abgeschnitten sind. Die wachstumskoalitionäre Haltung riskiert, durch die Konstruktion des Verfahrens auf allen wesentlichen Entscheidungsebenen wachstumsoffene Positionen zu

157 Tendenziell finden sich in der ersten Gruppe CDU- und SPD-Politiker, in der zweiten Gruppe SPD- und PDS-Politiker, in der dritten SPD-, PDS- und bündnisgrüne Politiker und in der letzten vorwiegend bündnisgrüne Politiker. Zur ersten Gruppe könnten vorläufig Laschinski, Schmitz, Krautzig und Hannemann (Friedrichshain), zur zweiten Porath, Albinus und Geisel (Lichtenberg ab 1995), zur dritten Dubrau (Mitte bis 1995), Flierl (Mitte ab 1995, PDS), Dyckhoff, Hirsch und Romberg (Kreuzberg bis 1995, Bündnis 90 / Die Grünen) und zur letzten Gruppe Schulz (Bürgermeister von Kreuzberg ab 1995, Bündnis 90 / Die Grünen) und Profé gezählt werden.

158 Auffallend ist beispielsweise, dass sowohl in Lichtenberg als auch in Treptow von verschiedenen Akteuren bei der erheblichen Verdichtung, die die untersuchten Projekte für den umliegenden Stadtraum darstellen, auf die Korrektheit des Verfahrens hingewiesen wird.

mobilisieren, dabei aber eine Tragfähigkeitsprüfung der je gefällten Teilentscheidungen nicht vorzusehen, so dass die Tragfähigkeit rahmensetzender projektübergreifender städtebaulicher oder stadtentwicklungspolitischer Leitlinien der Akteure mit ausschlaggebend für den Erfolg der Wachstumspolitik wird.

Entwicklungsoffen-moderierende Baustadträte können sich weniger stark auf eine Wachstumskoalition stützen, z. B. weil sie selbst keiner angehören, aber dennoch aus inhaltlichen und strategischen Gründen tendenziell entwicklungsoffen sind, oder aber in ihrer Fraktion keine uneingeschränkte Unterstützung für einen Wachstumskurs erhalten und auf diejenige anderer wachstumsorientierter Kräfte angewiesen sind. Sie verhalten sich insofern moderierend, als sie im Bezirk breit konsensfähige Positionen aufgreifen oder durch Beschlüsse der BVV absichern lassen. Durch ihren erheblichen Informationsvorsprung vor der BVV sind sie in der Lage, die stadtentwicklungspolitische Agenda zu bestimmen und Investitionsvorhaben in Voruntersuchungen und Vorgesprächen des Bezirksamts bis zu einer gewissen Vorentscheidungsreife heranzuführen.

Die interne Koordination mit der eigenen Fraktion und den weniger explizit wachstumsorientierten Kräften der BVV sowie die Verteidigung von Qualitätsanforderungen gegenüber dem Senat ist dann der eigentliche Ort der Zielkonkretisierung. In Verhandlungsrunden und Jurys unter Federführung des Senats ist die Wirkung des Baustadtrats allerdings äußerst begrenzt, insbesondere in Zeiten großer Investitionsdynamik (Dubrau 1997). In Extremfällen geäußerter Widerstand gegen den Senat muss sich auf die Mobilisierung von Gegenmacht in den Bezirken verlassen, kann aber selbst dann nur moderierend eingreifen, da die Verteidigung einer Gegenposition immer wegen der Drohung mit Entzug des Verfahrens durch den Senat und der drohenden Brandmarkung als investitionsfeindliche Politik darauf angewiesen ist, kompromissorientierte Einigungsstrategien anzusteuern (G108).

Entwicklungskritisch-wachstumssteuernde Baustadträte stützen sich politisch auf eine wachstumskritische Klientel, die in Innenstadt- und Innenstadtrandbezirken einen vergleichsweise großen Anteil der Wählerschaft ausmacht, sind dabei aber konfrontiert mit einem erheblichen Investitionsdruck, der sich ebenfalls in der Innenstadt massiv niederschlägt und intakte städtische Umfelder zu überprägen droht. Der strategische Ausweg wird in einer aktiven Stadtentwicklungspolitik aus Bezirkssicht und einer möglichst weitgehenden Beteiligung des Bezirks an tendenziell in Federführung des Senats betriebenen Entscheidungsprozessen gesehen. Die direkte Konfrontation mit einem wachstumsorientierten Kurs des Senats zwingt die Bezirke in eine Verteidigungshaltung, die kaum projektübergreifend-strategisch wirken kann, da Versuche einer Wachstumssteuerung sich auf Landesebene weitgehend auf den Flächennutzungsplanungsprozess beschränken (G003, G068), ohne realen Einfluss auf die Büroflächen.

Entwicklungskritisch-wachstumsverzögernde Baustadträte oder Bezirksämter sind ebenfalls einer wachstumskritischen Klientel verpflichtet, aber dabei nicht mit der gleichen Investitionsdynamik konfrontiert wie die wachstumssteuernden Kollegen. Aus den Erfahrungen der ersten Hälfte der 1990er Jahre versuchen sie insbesondere in der Legislaturperiode ab 1995, für den Bezirk alternative Stadtentwicklungspolitik durchzusetzen, die sich explizit gegen den Verweis von Developern auf die Vermarktungsfähigkeit ihrer Projekte und die damit verbundenen Trends hin zu großflächigem Einzelhandel, der Formulierung von Dichteuntergrenzen und baulichen Zugriff auf Freiflächen als unverträglich für die angestammte Bevölkerung und die existierende kleinteilige Wirtschaftsstruktur brandmarken.

Die daraus erfolgte ablehnende Haltung gegenüber Projekten kann gegen den Senat und Nachbarbezirke, die ihre Instrumente der Wachstumsorientierung konsequent ausnutzen, mangels finanzieller und anderer Ressourcen allerdings in Eigenregie keine mobilisierungsfähigen eigenen Projekte setzen, so dass nur wachstumsverzögernde Strategien aussichtsreiche Perspektiven zu bieten scheinen, die Tragfähigkeit von Projekten zu unterminieren. Die Gratwanderung, die sich dabei ergibt, indem versucht wird, möglichst lange im Verfahren zu bleiben und dieses nicht an den Senat abgeben zu müssen, erlaubt allerdings keine klare Profilierung und riskiert neben dem Erfolg auch die öffentliche Reputation (G118, G126).

Nichtsdestoweniger sind *Gemeinsamkeiten bei den Baustadträten* auszumachen, die sich aus ihrer Stellung ableiten lassen. Mit ihrer Definitionsmacht spielen sie gegenüber der BVV als „Freizeitparlament" ehrenamtlich tätiger Bezirksverordneter ihren erheblichen Informationsvorsprung aus, der sich insbesondere im Überblick über den jeweiligen Verfahrensstand äußert. Sind die Baustadträte in Wettbewerbs- und Gutachterverfahren bereits nur am Rande einbezogen, trifft dies für die BVV erst recht zu. Mithin sind die Bezirksämter bis zu einem gewissen Grad in der Lage, die Funktion der BVV aktiv für eine Absegnung der eigenen Politik zu instrumentalisieren, wenn sie Entscheidungsverfahren mit einem Mindestmaß an Ernsthaftigkeit betreiben. Der Apparat des Baustadtrats strukturiert die Entscheidungsfindung so stark vor, dass im planerischen Normalfall die BVV ihn nur mit Mühe kontrollieren kann. Der Baustadtrat sichert die Korrektheit des von ihm durchgeführten Verfahrens durch BVV-Beschlüsse ab, räumt dieser aber kaum echte Gestaltungsspielräume ein. Weiterhin verbindet die Baustadträte ungeachtet ihres oben zugeschriebenen Politiktyps in ganz überwiegendem Maß der Versuch, gegen den Senat eine eigenständige Position aufzubauen, um sich Mitwirkungsmöglichkeiten in der Entscheidungsfindung offen zu halten. An einem Strang ziehen Baustadträtin und Senat dann, wenn durch Verfahren „unterhalb" der Federführung des Senats Profilierungsmöglichkeiten für den Bezirkspolitiker bereitgehalten werden (entwicklungsoffener Fall, Bsp. Gutachterverfahren Victoria 1988, Treptowers, G040, G106), oder wenn in der Detailabstimmung Verwaltungsmitarbeiter des Senats Interessen des Bezirks indirekt mit vertreten und als Stärkung der eigenen Verhandlungsposition willkommen sind, dabei aber unterhalb der politischen Eingriffsschwelle der Senatoren bleiben (wachstumssteuernder Fall, Bsp. Ring-Center I, Pariser Platz, G014, G089).

Die Stadtplanungsämter

Die Hauptaufgabe der Stadtplanungsämter besteht in der Verfahrensbetreuung und damit der Herstellung von Baurecht, während ihr Einfluss auf die inhaltlichen Kernfragen des Entscheidungsprozesses häufig gering ist. Die konstituierenden Einflussfaktoren hierauf sind neben der politischen Verortung des Baustadtrats in der fachlichen Position des Amtsleiters und einiger Schlüsselmitarbeiterinnen im Bereich der Bebauungsplanung sowie der vorbereitenden Bauleitplanung, dem eigenen Gestaltungsanspruch des Amts, der Verfügbarkeit personeller Ressourcen und der Bedeutung des Senats im Verfahren zu sehen. Daraus resultieren Grundtypen der Ämter, die sich als verhandlungsbezogen-gestaltungsneutral[159], verhandlungsbezogen-gestaltungsorientiert, verwaltungsbezogen-inhaltsneutral und verfahrensbezogen-gestaltungsorientiert bezeichnen lassen und die im Folgenden einer groben und vorläufigen Charakterisierung unterzogen werden sollen.

Der Typus des *verhandlungsbezogen-gestaltungsneutralen Amts* soll am Beispiel seiner Ausprägung in Tiergarten geschildert werden. Die bedeutende Stellung des Amts gegenüber dem Stadtrat ergibt sich aus der fachlichen Herkunft des Stadtrats, der lokale Interessen wie eine Verträglichkeit der Umstrukturierung eines Zentrumsbezirks zum wesentlichen Ziel seiner Politik macht, aber städtebaulich-architektonisch auf die Kompetenz des Amts setzen muss. Da die Schlüsselpersonen im Amt den innerstädtischen Verdichtungskurs voll mittragen und ein wesentlicher Teil des Bezirks[160] wegen seiner gesamtstädtischen Bedeutung unter erheblichem Senatseinfluss beplant wird, erscheint ein verhandlungsorientierter Umgang mit Investoren und anderen Akteuren folgerichtig, um überhaupt noch Einfluss nehmen zu können. Die vermuteten Chancen einer Umstrukturierung des industriell-gewerblich geprägten Spreegürtels, die in der Moderationslogik liegende Reaktivität des Amts sowie die geringen Durchsetzungsressourcen einer Bereichsentwicklungsplanung nach den heftigen Umbrüchen der Vereinigung stärken diese Haltung weiter.

Das Stadtplanungsamt Friedrichshain agiert eher *verhandlungsbezogen-gestaltungsorientiert.* Eine klar identifizierbare städtebaulich-planerische Position im Amt paart sich mit dem dezidierten Gestaltungswillen der Baustadträtin, die allerdings bisweilen eigenständige Positionen vertritt. Wie im Falle Tiergartens trägt das Amt den Verdichtungstrend, dem der Bezirk ausgesetzt ist, inhaltlich mit, dies aber eher aus der wirtschaftspolitischen und baulich-räumlichen Ausgangssituation, in der eine „Wiedergewinnung von Stadträumen" gestalterische Überlegungen fordert. Das Amt ist mit der BVV über die beinahe flächenhafte Einleitung von Bebauungsplanverfahren in Umstrukturierungsgebieten auf Einfluss bedacht. Die mittlere Zentralität des Bezirks bewirkt zwar einen gewissen Einfluss des Senats, doch hält das Amt mit eigenen Vorstellungen dagegen.

Die *verwaltungsbezogen-inhaltsneutrale* Rolle z. B. des Stadtplanungsamts Charlottenburgs ergibt sich aus der Zwitterstellung des Bezirks, der einerseits die westliche City teilweise enthält und andererseits schutzwürdige kaiserzeitliche Bestände aufweist. Das traditionell große Interesse der Senatspolitik lässt nur geringe Spielräume für das Amt. Die im Bezirk anstehenden Planungsentscheidungen zwingen es bisweilen zu großer Zurückhaltung. Die skandalträchtige Geschichte des Bezirksamts in den 1980er Jahren und die Rolle des Bezirks als Experimentierfeld für Hochhauspolitik, die nur begrenzt in der Bevölkerung geschätzt wird, gehen teilweise an den inhaltlichen Potentialen des Amts vorbei.

Für den *verfahrensbezogen-gestaltungsorientierten* Typus lässt sich das Stadtplanungsamt Treptow anführen. Dafür ist u. a. der Erfahrungshintergrund aus einer Zeit vor der

159 Wie für die Stadträte, so sollen auch hier vorläufige, grobe Zuordnungen für die Stadtplanungsämter vorgeschlagen werden, nach denen das in Tiergarten und evtl. das in Mitte der ersten Gruppe zuzuordnen sind, Friedrichshain der zweiten, evtl. Charlottenburg der dritten und Treptow der vierten Gruppe.

160 Der gesamte Ostteil ist hiervon betroffen. Projekte mit überlokaler Bedeutung sind die Bahnverkehrsanlagen um den Lehrter Bahnhof, der Entwicklungsbereich Parlament und Regierung einschließlich des Diplomatenviertels sowie der Bereich des Potsdamer Platzes.

Vereinigung verantwortlich, bei dem weniger die rechtliche Seite als die gestalterische Seite von Stadtentwicklungspolitik im Mittelpunkt der Tätigkeit stand. Die Möglichkeit einer Weiterentwicklung vernachlässigter Areale in der Stadt unter veränderten Rahmenbedingungen bringt dezidierte Vorstellungen des Amts hervor, die sich gegen die umstrukturierungsorientierte Achse Senat-Baustadtrat – weitgehend erfolglos — die Verteidigung bezirklicher städtebaulicher Spezifika auf die Fahnen schreibt.

Aus der *Zusammenschau* lässt sich durchgehend eine bezirkliche Bewahrungsposition ableiten, zu deren expliziten Zielen ein Schutz der bestehenden Wohnquartiere und eine verträgliche Entwicklung von Umstrukturierungsstandorten gehört. Diese Ziele werden allerdings unterschiedlich interpretiert. Die Interpretationen sind zwar naheliegender Weise stark geprägt vom städtebaulichen Umfeld, aber durchaus auch vom Verhältnis der Amtsleitung zum Baustadtrat und vom Selbstverständnis der Schlüsselpersonen im Amt, das von administrativ-einfügungsorientiert bis gestalterisch-strategisch reicht, aber wegen der Rückbindung der Prozesse an Baustadträte und Senat nur bescheidene Spielräume für eigenständige Positionen der Ämter erlaubt. Diese Spielräume werden allerdings auf völlig unterschiedliche Weise verfahrensbezogen genutzt. Hierfür sind wiederum Selbstverständnis der Schlüsselpersonen im Amt und Verhältnis zum Baustadtrat ausschlaggebend, aber ebenfalls die strategischen Einschätzungen der eigenen Ressourcen im Verfahren. Die Reduzierung auf auffällig „verfahrenskorrekte" Strategien deutet häufig auf eine verdeckte inhaltliche Ablehnung, die lediglich im Verfahren eine Abwehrchance sieht, dabei aber alternative inhaltliche Positionen gar nicht mehr entwickeln und vermitteln kann. Ein Rückzug aus Verfahren in reine „verhandlungsbezogene" Strategien wiederum deutet auf den Willen, wenigstens im Detail andernorts vorentschiedene Projekte zu beeinflussen. Lediglich die Kopplung frühzeitiger verfahrensbezogener Elemente mit nachfolgender nachdrücklicher Vermittlung in Verhandlungen als Zwischenergebnis erreichter Zielvereinbarungen scheint ansatzweise für das Amt und damit die fachliche Instanz der bezirklichen Stadtentwicklungspolitik einen gewissen inhaltlichen Einfluss zu bewahren.

Die Rolle der Entscheidungsträger in der Legislative

Das Abgeordnetenhaus

Die Politiker des Abgeordnetenhauses sind über die Kontrolle der Senatspolitik und die eigenen Gesetzgebungsaktivitäten in den Stadtentwicklungsprozess eingebunden, doch bringt das Spannungsverhältnis der Berliner Landesverfassung zwischen Einheitsgemeinde und Bezirken einen Zwitterstatus der Abgeordneten mit sich. Bauleitpläne stellen einen zentralen Punkt der Mitwirkung des Parlaments dar[161]. Wo sich das Abgeordnetenhaus als Landeseinrichtung versteht wird eine Einmischung in Einzelprojekte als unangebrachte Selbstüberschätzung abqualifiziert. Selbst im Falle frühzeitiger Auseinandersetzung mit Konflikten bringt die Fraktionsdisziplin Abgeordnete auf Linie, wenn das Verfahren bereits

161 Die Planfestsetzung erfolgt durch die Landesebene, die Planbearbeitung aber in der Regel auf bezirklicher Ebene. Dadurch ist die Rolle des Abgeordnetenhauses meist gering.

hinreichende Konkretheit erlangt hat und weitere Verzögerungen nicht mehr akzeptabel erscheinen (L09, L14):

„Ein wesentlicher Gesichtspunkt war sicherlich die Persönlichkeit von ... in diesem Zusammenhang ..., der seine Verwaltung ganz hervorragend für seine ... Ziele einsetzte und auch durch eine gewisse Schnelligkeit und durch geschickte Öffentlichkeitsarbeit versuchte und das auch erfolgreich machte, bestimmte Entscheidungspflöcke immer schon einzurammen, während die Anderen noch ‚beim Anspitzen' waren.“ (L14)

Die periphere Stellung der Abgeordneten im Verfahrensalltag erzwingt ihre Beschränkung auf einen kleinen Kern von Schlüsselvorhaben wie den Flächennutzungsplan und den Potsdamer Platz. Die Komplexität dieser Verfahren absorbiert die Ressourcen des Abgeordnetenhauses in einem Maße, das eine intensive Begleitung anderer Verfahren kaum zulässt.

Angesichts der Tatsache, dass in der Umbruchsituation der Vereinigung Opposition gegen die stadtentwicklungspolitische Generallinie praktisch an jedem Einzelprojekt aufbricht, ist die strategische Selektion der für die eigene Fraktion Auseinandersetzungen lohnenden Projekte ein schwieriges Unterfangen. Die eingehendere Auseinandersetzung mit Projekten, zu denen ein Bebauungsplanverfahren läuft, steht stets der intensive und Legitimation verleihende Entscheidungsvorlauf in Bezirk und Senatsverwaltung entgegen.

Der Aufbau einer alternativen Beschlusslage setzt eine Einigung auf abweichende Positionen voraus, wenn nicht lediglich eine stärkere Beteiligung eingefordert werden soll, die dann aber in der Regel noch kein anderes Ergebnis produziert. Konfliktträchtige Projekte bringen häufig miteinander unvereinbare Positionen und damit eine Spaltung der Gegner. Steht nur eine Alternative zur Verfügung, z. B. weil „Verträglichkeitsgesichtspunkte“ unzureichend berückichtigt worden sind oder eine Fokussierung der Debatte auf einen Teilkonflikt möglich ist, dient die Auseinandersetzung einer Prüfung der Konzeptfähigkeit der parlamentarischen Opposition. Sie scheitert in der Regel an den stabilen und großen Koalitionen der letzten Legislaturperioden und bringt nur selten bei einer inneren Spaltung der Regierungsfraktionen eine reale Auseinandersetzung. Hierbei gelingt es bisweilen Teilen der Opposition, Fraktionsteile aus der Regierungslinie herauszubrechen, wenn diese sich marginalisieren lässt. Einen hohe Öffentlichkeitswirkung und eine Entwertbarkeit als schematische oder verkürzt-provinzielle Politik sind Voraussetzung. In anderen Fällen werden in den Regierungsfraktionen Kompromisse produziert.

Diese sichern Handlungsfähigkeit, weil ihre weitere Hinterfragung aufgrund sich verlängernden Entscheidungszeiträume von den Beteiligten nicht mehr akzeptiert wird. Inhaltlich stellen sie nur einen geringen Teil der Beteiligten zufrieden, weil sie nicht als städtebaulich gewollte und bewusst konzipierte Lösungen begriffen werden und damit einer Auffassung von Planung als aktiver Gestaltung im Wege stehen. Kompromisse in planerischen Teilfragen (Dichtewerte, Nutzungsanteile) werden weniger vehement abgelehnt als über Gestaltungsfragen, führen aber nur in geringerem Maße zu einer Thematisierung in der politischen Debatte, da ihre Unanschaulichkeit sie unter der Aufmerksamkeitsschwelle hängen bleiben lässt. Die gewissermaßen paradoxe Tatsache, dass für tragfähige Kompromisse „geeignete“ Entscheidungskomplexe gar nicht zum Gegenstand der Auseinandersetzung werden, liegt in der strukturellen Reaktivität der Legislative begründet und schwächt sie zusätzlich durch den Selbstüberschätzungsvorwurf anderer Akteure, so dass die Beeinflussung von Entscheidungen beinahe nur an der Oberfläche des Konflikts möglich ist.

Entscheidungen gegen den Senat werden praktisch nicht gefällt, da die Folgen des

Scheiterns von Großprojekten für die Wahrnehmung der Koalitionspolitik durch die Öffentlichkeit als zu problematisch eingeschätzt werden (L09, L10). Die Abgeordneten ordnen sich selbst zwar als Hüter von planungsrechtlichen Standards ein, und Beschlüsse über Verfahrensstandards bilden eines der wenigen Qualitätssicherungsinstrumente, über die sie verfügen. Ihr Selbstverständnis geht über eine Vertretung von planerischen Fachpositionen hinaus; die „politische" Bewertung der wirtschaftlichen Situation führt auch unter Mitgliedern der Koalitionsfraktionen zur Inkaufnahme schneller Entscheidungen mit eingeschränkter planungsrechtlicher Absicherung („Augen zu und durch", L10). In Abgrenzung zur Verwaltung und fachlichen Beratungsgremien steht die politische Vertretbarkeit und Durchsetzbarkeit fachlicher Entscheidungen stärker im Mittelpunkt der Erwägungen. Die „Verantwortung für die Stadt" im Hinblick auf Investitionsentscheidungen und Arbeitsplätze setzt sich bei den Abgeordneten häufig durch (L09, L14). Die Abgrenzung gegen als dogmatisch erachtete Politik wie in der Friedrichstraße ist Motivation für eine Kontrolle der Verwaltung (L09, L10).

Die Bezirksverordnetenversammlungen

Als Gremium von nebenamtlichen Politikern leidet die BVV unter zwei zentralen Einschränkungen ihres Gewichts. Zum einen kann sie nur wenige Fachleute bereitstellen, die sich in stadtentwicklungspolitischen Fragestellungen detailliert zurechtfinden. Fluktuation der Ausschussmitglieder erschwert die kontinuierliche Begleitung von langfristigen Planungsprozessen, so dass insbesondere zu Beginn von Legislaturperioden mit einer effektiven Kontrolle der Exekutive kaum zu rechnen ist. Die tatsächlich aus dem größeren Bereich des Bauwesens rekrutierten Politiker sind nicht notwendigerweise Planungsexperten und haben je unterschiedliche Schwerpunkte ihrer Aufmerksamkeit. Die übrigen BVV-Mitglieder sind darauf angewiesen, relativ grobe stadtentwicklungspolitische Leitlinien zu verfolgen, die im Einzelprojekt kaum überprüft werden können. Gegen eine implizite Sachzwang-Argumentation ist eine BVV strukturell schwach. Damit erschöpft sich das Wirken der BVV in einer Plausibilitätsprüfung des Exekutivhandelns, der Verfolgung allgemeiner Entwicklungsziele sowie der Forderung nach korrekten Verfahrensabläufen. Eine stärkere Einflussnahme verwehrt sich die BVV in der Regel sogar selbst. Im Detail wird sie von den anderen Akteuren nur begrenzten Maß ernst genommen.

Zum anderen sind Einflussmöglichkeiten der BVV auf vielerlei Weise institutionell eingeschränkt. Die Vorstellung von Investitionsvorhaben in Ausschusssitzungen und die Eigendynamik des Planungsprozesses statten die BVV erst dann mit hinreichenden Detailinformationen aus, wenn eine Überarbeitung und zeitliche Verzögerung von Projekten nicht mehr opportun erscheint. Die Entwicklungsoffenheit des Senats und die latente Drohung mit Weisungen bzw. dem Eintritt ins Verfahren, der von den Investoren selbst ausgeübte Zeitdruck, Vorabsprachen der Exekutive mit Investoren und die planerischen Vorgaben des Senats durch Gutachterverfahren und Wettbewerbe lassen für eine Einflussnahme der BVV nur noch wenig Spielraum.

Nichtsdestoweniger gelingt es einzelnen BVVen, einheitliche bezirkliche Positionen aufzubauen, die teilweise sogar über die Fraktionen hinausgehen. Zu ihnen zählt insbesondere die Absicherung des eigenen Status. Tendenziell von Ausgrenzung in der Entscheidungsfindung bedroht, muss die BVV schon zur Absicherung künftiger Einflussmöglichkeiten auf Einbeziehung in Verfahren drängen. Diese kann aber immer nur über das Bezirksamt und nur selten über die Landesparteien deutlich gemacht werden, was die BVV bei gesamtstädtisch bedeutsamen Vorhaben schwächt. Die aus einer verfahrensmäßigen und gewissermaßen vor-inhaltlichen Logik geborenen Partizipationsforderungen finden in inhaltlichen Positionen bestimmter Parteien Resonanz bis in die Abgeordnetenhausebene, werden aber von Senatsseite teilweise als partikularistisch, kuzsichtig, entwicklungshemmend und unflexibel aufgefasst.

Inhaltliche Positionsbestimmungen der BVV sind möglich, wenn das städtebauliche Umfeld stark normierenden Einfluss ausübt. Inhomogene Umfelder, starke Entwicklungsschübe und Konversionsstandorte sind eher dazu angetan, die politischen Kräfte gegenseitig zu neutralisieren und die Mobilisierung von Bündnissen zu erschweren. Konsens erzielen die BVV-Fraktionen in der Regel über grundlegende Qualitätsziele wie die Stärkung innerstädtischen Wohnens und des öffentlichen Verkehrs sowie die Aufwertung des öffentlichen und privaten Freiraums. Eine Implementierung dieser allgemeinen Qualitätsziele in konkreten Planungsprozessen gelingt aber nur teilweise: Besteht der Konsens über die BVV hinaus, kann das Ziel durchgesetzt werden, ist dann aber kein Verdienst der BVV, begrenzt es die Verwertungsmöglichkeiten auf einem Grundstück maßgeblich, wird es durch die Exekutive kleingearbeitet und nurmehr symbolisch gerettet. Ein Problem – nicht nur — der BVV ist „hausgemacht“: die Reaktivität des eigenen Handelns gerade vor dem Hintergrund der geringen Rolle der Bereichsentwicklungsplanung.

Die stadtentwicklungspolitische Selbsteinschätzung der Bezirksverordnetenversammlungen ist wesentlich vielschichtiger, als dies möglicherweise von Beobachtern erwartet wird. Die Grundposition der Bezirksvertreterinnen geht — weitgehend unabhängig von der politischen Heimat — von den Leitprinzipien Aufwertung, Urbanität, Integration, Verträglichkeit und Standorteignung aus, die die Positionsbestimmung im Einzelfall modulieren. Das Ziel der Aufwertung von untergenutzten, wenig attraktiv erscheinenden oder stigmatisierten Standorten wird explizit von Vertretern der SPD und CDU geäußert (L02, L06, L15, L16, L17), erhält aber durch die Kategorie der „Urbanität“ eine ergänzende Facette, die auf breite Unterstützung stößt und Forderungen nach Aufenthaltsqualität, Mischung von Wohnen und Arbeiten, architektonische Qualitätsorientierung, Vielfalt und Belebung (L03, L05, L06, L15, L16, L17) einschließt. Unterschiedliche Auffassungen bestehen insbesondere bei der Einschätzung der Vertretbarkeit von stark verändernden Aufwertungsmaßnahmen, doch bildet sich in den Bezirken ein Grundkonsens über die Erforderlichkeit der Integration von Projekten in den Bestand heraus, der sich u. a. im moderaten und differenzierten Höhenprofil sowie der Berücksichtigung von Gutachten niederschlagen soll (L01, L02, L04, L12, L16, L17, L18).

Weiterer Grundkonsens besteht über ein lokalbezogenes Verständnis der Verträglichkeitsanforderungen an Projekte, das Verkehrsbelastungen im unmittelbaren Umfeld und Immissionen ablehnt (L06, L12, L17). Erst durch den unterschiedlichen Umgang mit Standorteinschätzungen werden die möglichen Konflikte auf Bezirksebene wirklich sichtbar. Während die Betrachtung als Arbeitsstandort in der CDU und teilweise der SPD ein entwicklungsorientiertes Selbstverständnis mit stärkerer Berücksichtigung von Investorenzielen auslöst, verfolgen weniger entwicklungsorientierte Teile der SPD und der PDS ihre

Integrationsposition weiter, während die Bündnisgrünen (L01, L05) ihr Engagement auf stärker wohngeprägte oder -geeignete Standorte verlegen. Dies schlägt sich auch in unterschiedlichen Stellenwerten nieder, die die Vertreter rechtlichen Verfahren und dem pragmatischen Umgang mit ihnen sowie städtebaulichen Gesamtkonzepten zubilligen (L03, L04, L12, L15, L16).

Sie stehen in Zusammenhang mit der Klientel, die die jeweiligen Politiker zu vertreten versuchen (L01, L12, L15, L17). Die Orientierung an den Bürgerinnen vor Ort führt zu je verschiedenen Motivationsschwerpunkten, findet ihren parteiübergreifenden Konsens allerdings in der Ablehnung übergroßer Projekte (L01, L08, L16). Dabei wird durchweg die geringe Bündnisfähigkeit der BVV-Politik betont, die u. a. auf das zur Beschlussfassung nötige Mindestmaß beschränkte Beteiligung der BVV durch Bezirksamt und Investoren und die Distanz zur Politik des Senats zurückgeführt wird (L01, L02, L03, L04, L08, L12, L14, L16, L18). Damit verbleibt der BVV die Funktion des reaktiven *watchdog*, der zumeist aber durch die Loyalität zu den Politikern im Bezirksamt deren Politik stützt (L01, L02, L05, L06, L14). Minderheitsfraktionen können mithin Veränderungen an Projekten nur dann durchsetzen, wenn sie die BVV von der Gewichtigkeit von dessen Mängeln überzeugen können.

Die geringe Bedeutung der BVV wird in den Zuschreibungen deutlich, die sie als ein passives Gremium darstellen, das weitgehend konservativ gegenüber Veränderungen durch den Senat ist, aber durchaus städtebauliche Ziele wirtschafts- und arbeitsmarktpolitischen unterordnet. Sie spielt bei zentralen Entscheidungen und im Falle von Wettbewerbsvorbereitungen, wo sie kaum eingebunden ist (G039), praktisch keine Rolle: „Wenn man denen sagt, es geht nicht anders", dann sei mit großem Widerstand nicht zu rechnen (G049), und das Diskussionsniveau sei „zum Teil erschreckend" (G090). Dabei scheinen sich lediglich die Bündnisgrünen aktiv inhaltlich einzumischen und zu diskutieren, während die CDU im Sinne der Investitionsförderung kaum eingreift (G047, G071, G101, G106, G108) und damit der teilweise inhaltlich involvierten SPD eine wichtige Rolle zuwachsen kann (G118), sofern sie nicht ihren eigenen Stadtrat „deckt".

Doch erst durch die Möglichkeit der Einbindung durch die Verwaltung ergibt sich die schwache Position BVV. Durch Utopien, auch wenn sie sich als nicht umsetzbar herausstellen und Versprechungen allmählich wegbrechen, die Dethematisierung von finanziellen Rahmenbedingungen (G041), die fachlich-legitimatorische Absicherung von Entscheidungen (G091), aber auch durch gezielte Präsentationsanstrengungen von Architekten (G031) wird die BVV auf Linie gebracht oder Widerstand marginalisiert. Originäre Initiativen gegen bereits laufende Entscheidungsverfahren der Verwaltung aus der BVV beschränken sich auf politische Sonderkonstellationen wie in Charlottenburg (G040, G053) oder projektübergreifende Vorbereitungsinitiativen (G101). Die Verwaltung übernimmt dabei bedeutende filternde und qualitätssichernde Funktionen:

> „Ich sage immer zu dem Investor, du musst uns überzeugen. Wenn du uns überzeugst, dann werden wir dies in der BVV auch in deinem Sinne unterstützen." (G075).

Stadträte der PDS bzw. aus deren Umfeld oder der Bündnisgrünen versuchen gegenüber der BVV die parteiübergreifende Antizipation einer bezirklichen Position und diesbezügliche Interessenvermittlung, Kompromissfindung, Verlässlichkeit und Kontinuität (G124), während CDU-Stadträte ohne Machtbasis in der eigenen Partei ebenfalls zur Vorsicht in ihren

Entscheidungen neigen (G040) und auch SPD-Stadträte mit bezirklicher „Verwurzelung" versuchen, in ihren Zielen den „Nerv der BVV" zu treffen (G090, G101).

Die Polarisierung der BVV gegenüber dem Senat ist offenbar auch fachlich bedingt. Fachliche Inkompetenz wird der BVV von verschiedenen Seiten attestiert, zumeist jedoch von den Verfahrenspromotoren (G040, G053, G071). Aus Senatssicht wird der BVV sogar teilweise die Legitimation abgesprochen, über Projekte wie das Kranzler-Eck zu entscheiden (S13):

„Man muss sagen, dass die Landespolitik den weiteren Blick hat als die Bezirkspolitik. Das fängt schon an mit der Qualität der Abgeordneten. Also, Bezirksverordnete z. B. über ... Victoria abstimmen zu lassen, wird, denke ich, von jedem doch als kurios empfunden. Charlottenburg ist eben nicht Charlottenburg, sondern das ist an der Stelle eben Berlin." (S13)

Inhaltlich setzt sich die BVV beispielsweise gegen die Vernichtung von bestehendem Wohnraum oder die Errichtung einer Stadtautobahn (G105, G106, G124) ein. In den Bezirken wird durchaus eingestanden, dass eine Totalopposition mit Eintritt des Senats ins Verfahren der Profilierung des Bezirks nützt und daher sogar inszeniert sein kann (G036, G067, G091). Darüber hinaus versteht sich die BVV häufig als Wahrerin von Verfahrensstandards, die vom Senat teilweise politisch übergangen werden (G067).

Die politischen Parteien im Vergleich

Beim Blick auf den Zusammenhang zwischen Parteizugehörigkeit und je verfolgter Stadtentwicklungspolitik lassen sich teilweise vielschichtigere Profile der Parteien nachweisen, als von Außenstehenden vielleicht angenommen.

Die CDU

Überspitzt fordert die CDU ein „Nikolaiviertel mit Autobahnanschluss" (Stimmann). Die Volkspartei vereinigt ein breites Spektrum stadtentwicklungspolitischer Auffassungen unter ihren Funktionsträgern. Dabei ist eine klare Überlagerung mit dem Ziel der Investitionsförderung zu erkennen. Innerhalb der Stadtentwicklungspolitik im engeren Sinne spielt die Ablehnung von restriktiven Maßnahmen gegen den MIV eine wichtige Rolle. Investitionsförderung lässt sich stark mit der Beschleunigung von Genehmigungsverfahren (G037, G112) und einer pragmatischen Haltung zu städtebaulichen Positionen in Zusammenhang bringen. Für die CDU ist aber innere Verdichtung und Hochhausentwicklung offenbar ein Instrument der Wirtschaftsförderung und kein Selbstzweck (G121). Die als im Vergleich zur SPD kulturpolitisch sensibler eingeschätzte Partei (G071) stellt die Identifikation mit baulichen Zeugnissen der Vergangenheit stärker in den Mittelpunkt ihres Handelns als die SPD, so dass eine Politik der „Traditionsinseln" erforderlich wird, um die inneren Widersprüche zwischen moderner Hochhausstadt und Wiederherstellung der historischen Stadt zu überwinden (G026). Die Flügel innerhalb der Partei wechseln in ihrer Stärke, wobei insbesondere im Abgeordnetenhaus starke Vertreter des Historismus zu finden sind (G040, G053, G068, G071).

In den Bezirken wird die CDU ob ihrer positiven Haltung zur Investitionsförderung als uninteressiert wahrgenommen, da im Rahmen der BVV-Kontrollfunktion kaum eigene

Akzente zu setzen sind. Hier spielt die CDU die Rolle des mehr oder weniger passiven Teils einer großen Koalition mit der SPD (G011, G029, G047, G054, G090, G106, G112). Lediglich in Bezirken, in denen der räumliche Konflikt zwischen Tradition und Moderne projektbezogen aufzubrechen droht wie in Charlottenburg, ist die CDU für ihre differenzierte, „qualitätsorientierte" (G040, G112) Haltung beispielsweise zu Hochhäusern bekannt (G032, G040, G053, G112), während sie umso vehementer und pragmatischer im Umgang mit Denkmalen aus dem 20. Jahrhundert ist (G086) und spektakuläre Akzente als legitimen Teil von Stadtentwicklungspolitik begreift (G112).

Die SPD

Die SPD in der Opposition in weiten Teilen der 1980er Jahre und als Partnerin in der Großen Koalition ab 1990 weist eine anders geartete innere Spaltung als die CDU auf. Wenige Exponenten bestimmen die stadtentwickungspolitische Position und können die behutsamen Teile der Basis durch ihre konsequente Modernisierungshaltung „überrumpeln". Diese dem pragmatischen Flügel der Partei angehörenden „Macher" stehen den Anhängern einer rot-grünen Zusammenarbeit gegenüber, deren stadtentwicklungspolitische Positionen sehr eng mit denen der Bündnisgrünen verwandt sind. Dies führt zur Spaltung der Partei gegenüber von Projekten wie dem Zoofenster, das auch vehemente Befürworter findet (G037).

Die West-Berliner Behutsamkeit, die sich bereits in den 1980er Jahren gegen eine angeblich drohende „Manhattanisierung" wendet und einen ökologischen Stadtumbau teilweise gegen die CDU forciert (G086), wird durch den in der Partei „akzeptierten" „Paradigmenwechsel" zurückgedrängt und kann kaum noch Wirkung gegen die projektorientierte Politik entfalten (G029, G043). Trotz der parteipolitischen Profilierungsbestrebungen ergibt sich bis in einige Bezirke ein funktionsfähiges Bündnis mit der CDU, in dem die SPD-Position mit ausschlaggebend für die tatsächlich verfolgte Politik ist, da sich eine investitionsfördernde Haltung der CDU und eine reservierte Haltung von PDS und Grünen gegenüberstehen (G011, G029, G047, G054, G057, G086, G090, G106, G118). Die gegenüber dem historischen Stadtkern „plan- und ideenlose" Partei (G026) bewegt sich dabei unter dem Druck kulturpolitischer Einflüsse (G057, G071) sowie vor dem Hintergrund einer allmählichen Gewöhnung an die Büroflächenprojekte der 1990er Jahre, dem Investitionsdruck, der Arbeitsplatzkrise und angesichts des Generationswechsels unter den Politikern von einer Partei der planerischen Einflussnahme und Steuerung (G021, G086) tendenziell hin zu einer der pragmatischen Arbeitsplatzförderung (G112, G118).

Die PDS

Die PDS kann trotz ihrer als „links" angesehenen politischen Haltung stadtentwicklungspolitisch vor allem in den Bezirken durchaus als „Volkspartei des Ostens" angesehen werden, die in der Entscheidungsverantwortung ähnlich wie SPD und CDU dazu neigt, Investitionsförderung zum Zwecke der Arbeitsplatzschaffung zu unterstützen. Ihr bis zu vorsichtigen sowie investitions- und kapitalismuskritischen Positionen reichendes Spektrum produziert vor dem Hintergrund des dramatischen Strukturwandels und Arbeitsplatzabbaus im Ostteil der Stadt typischerweise gespaltene und unüberschaubare Abstimmungsresultate. Die innere Auseinandersetzung zwischen Investitionsförderern und „behutsamen" Politikern nimmt der Partei teilweise die Chance, auf Bezirksebene als profilierte Kraft wahrgenommen zu werden, so dass einzelne Vertreter der Partei am Zustandekommen von Projekten aktiv beteiligt sind, während sich andere vor allem bei drohenden Verkehrsproblemen und einer Einbeziehung von Hochhäusern in den städtebaulichen Gestaltungskanon — nicht zuletzt des sozialistischen komplexen Wohnungsbaus — offen als Bremser positionieren (G047, G077, G090, G091, G111, G115). Die Mehrheitsverhältnisse in den BVVen machen die PDS in Einzelfällen (Lichtenberg, Friedrichshain, Mitte) wie die SPD in anderen Fällen (Abgeordnetenhaus, Charlottenburg, Tiergarten) zur entscheidenden Kraft, die durch die entwicklungsoffene Haltung einiger „Pragmatiker" zur Beschaffung der notwendigen Abstimmungsmehrheiten beiträgt.

Bündnis 90 / Die Grünen

Die Bündnisgrünen verquicken die Stadtentwicklungspolitik traditionell mit Demokratisierungs- und Partizipationsanliegen, Sozial-, Jugend- und Gesundheitspolitik (G029). Ihr hoher Steuerungsanspruch soll sich in der differenzierten Begleitung von Projekten und der Formulierung von Anforderungen äußern, wirkt aber tendenziell unter dem Druck der schnellen Projektentscheidungen so stark verzögernd, dass im Zusammenhang mit Verhinderungsstrategien gegenüber als hypertroph oder unverträglich angesehenen Projekten die stadtentwicklungspolitische Haltung der ganzen Partei als Verhinderungspolitik wahrgenommen wird. Insbesondere ist das in den Reihen der CDU der Fall (G033, G037, G047, G054, G091), die sich von den Bündnisgrünen weniger in ihren städtebaulichen Positionen[162] als fundamental hinsichtlich ihres Pragmatismus unterscheidet, was sich markant in der grundverschiedenen Haltung zur Bewahrung von Denkmalen niederschlägt (G118, G121). Die geringen Ressourcen, auf die sich die Bündnigsgrünen in der Opposition stützen, lassen ihre Politik als symbolisch oder gar ideologisch erscheinen (G025). Inhaltliche Basis der grünen Politik ist die Schaffung attraktiver innerstädtischer öffentlicher Lebensräume durch Verkehrsberuhigung und Begrünung (G090), so dass die grüne Politik mit der „städtischen" Verdichtungspolitik der 1990er Jahre wie mit dem Trend zur Privatisierung öffentlicher Räume in Konflikt gerät (G014, G038, G086).

Bilanz

Im Vergleich der in Berlin in den Parlamenten vertretenen Parteien, ihrer Programme und der entstehenden Mehrheiten lässt sich angesichts der schwierigen Lage auf dem Arbeitsmarkt und wegen des anstehenden wirtschaftlichen Strukturwandels eine relativ stabile Wachstumsorientierung nachweisen. Sie wird ausdifferenziert durch die Programme einzelner Politiker der Exekutive, die entweder aufgrund ihrer besonderen Berücksichtigung des historischen Erbes der Stadt oder ihrer weitergehenden städtebaulich-stadtplanerischen Gestaltungsabsichten „Wachstumsmanagement" betreiben. Das geringe Gewicht, das Stadt-

162 Auch die Bündnisgrünen sind hinsichtlich der Hochhausentwicklung am Kant-Dreieck gespalten (G035), eine punktuelle Zusammenarbeit ist zumindest beim Investitionsvorhaben Wielandstraße/Leibnizstraße in Charlottenburg in Abgrenzung gegen Baustadtrat Dyckhoff möglich (G121), und sowohl am historischen Erbe als auch an der Moderne in Städtebau und Architektur orientierte Positionen werden vertreten.

entwicklungspolitik im Detail während der laufenden Entscheidungsprozesse in der Stadt besitzt, lässt den Vertretern der Exekutive einen vergleichsweise großen Definitionsspielraum. Ein prägender Einfluss bleibt eher den Vertretern der großen Mehrheiten in der Stadt vorbehalten. Akzente können v. a. Politiker der Exekutive setzen und setzen die politischen Programme ihrer Parteien im Zweifelsfall auch gegen die Verwaltung – in reale Stadtentwicklung um.

So ist der Aufbruch in die City-Politik und die damit einhergehende Wiederentdeckung der Vertikalen wahrscheinlich nicht ohne Faskel und mithin nicht ohne die Herrschaft der FDP über das Stadtentwicklungsressort in einer bestimmten Spielart des Liberalismus denkbar gewesen. Gleichermaßen ist die große Vorsicht und die Rücksichtnahme auf die möglichen Reaktionen der Bevölkerung in der Baupolitik der Mitte der 1980er Jahre wohl eine Reaktion auf Bauskandale in SPD und CDU, wobei einer der einschneidendsten Skandale, der zum Sturz des SPD-Senats unter Stobbe geführt hat, direkt in Zusammenhang mit einem Fanal des stadtunverträglichen spätmodernistischen Hochhausbaus – dem „Steglitzer Kreisel" – steht. Das Innehalten gegenüber der Vertikalen ist damit wohl – neben aller gesellschaftlichen Entwertung der Moderne — politisch auch mit der konservativen Haltung der herrschenden CDU und ihrer Abgrenzung gegenüber ihrem Vorgängersenat in Verbindung zu bringen. Der Nachwendeboom wiederum hat eine deutliche Prägung durch eine wirtschaftspolitisch ehrgeizige SPD, hier verkörpert durch Senator Nagel. In den Bezirken lassen sich Parallelen aufzeigen. Neben der langfristigen Prägung der Stadtentwicklungspolitik durch die Verwaltung lässt sich also ein doppelter Einfluss der Politik ausmachen, der einerseits Folge der durch die Spitze der Exekutive gesetzten Akzente ist und andererseits wegen der Vielfalt der zu moderierenden Einflüsse und Machtfaktoren mittelfristig durchaus breiten informellen politischen Mehrheiten in der Legislative zum Durchbruch verhilft.

Die Verfahrensdienstleister

Planungsbüros und Gutachter

Wegen der geringen Bedeutung einer inhaltlichen Detaillierung von städtebaulichen Zielen innerhalb der Verwaltung nehmen Planungsbüros und Gutachter eine zentrale Rolle bei der fachlichen Fundierung von Entwicklungsleitlinien der Politik und Verwaltung ein. Da ihre Beauftragung in der Regel aus der Verwaltung heraus erfolgt, kann über die Auferlegung von Untersuchungsvorgaben hinaus durch die Auswahl des jeweiligen Gutachters und Zwischenpräsentationen das Ergebnis gesteuert werden. Die Rolle der Gutachter scheint daher nicht bedeutend zu sein, doch wird sie in Abhängigkeit von ihrem Auftrag unterschiedlich stark in Frage gestellt. Es lassen sich hierbei explorative, absichernde, treuhänderische und steuernde Gutachtertätigkeiten unterscheiden.

Explorativ arbeitet der Gutachter dann, wenn die Entwicklung eines größeren Bereichs ansteht und deren Umfang zu Unsicherheiten in der Verwaltung führt. Die Aufgabe des Gutachters, zunächst Entwicklungsmöglichkeiten aufzuzeigen, erfüllt eine Schlüsselfunktion in der Stadtentwicklungspolitik, da in dieser Vorentscheidungsphase wesentliche Eckpunkte festgelegt werden, auf die Politiker und Außenstehende kaum Einfluss nehmen. Gutachter konkurrieren hier nur mit möglichen Entwicklungsvorstellungen von Investoren und insbesondere mit strukturell abgeleiteten, aber kaum auf die Situation im Einzelfall bezogenen Eckpunkten der Verwaltungsspitze. Lediglich die explorative Rolle verspricht eine hinreichende Verfahrensoffenheit, doch ist sie in der Regel so früh im Entscheidungsprozess angesiedelt, dass ein Einfluss für Außenstehende aufgrund mangelnder Informationsverfügbarkeit ebenfalls nicht gegeben ist.

Absichernd operiert der Gutachter, wenn die Verträglichkeit eines Vorhabens oder einer Entwicklung über eine fachliche Detailuntersuchung mit möglichen Einzelempfehlungen geprüft werden soll. Die „Null-Alternative" ist dann nicht mehr zu untersuchen. Die Begutachtung wird lediglich dazu instrumentalisiert, über Nachbesserungsmaßnahmen Verträglichkeit herzustellen und damit politisch Legitimation zu verschaffen. Die Auswahl der Gutachter und die Eingrenzung ihrer Aufgabenstellung verhindern hier grundsätzlich gegen das Verfahren gerichtete Ergebnisse, wenngleich sie wegen ihres qualifizierenden Charakters keineswegs als Gefälligkeitsgutachten bezeichnet werden können.

Eine *treuhänderische* Tätigkeit eines Gutachters soll dann vorliegen, wenn dieser über längere Zeit dafür verantwortlich ist, sämtliche Entwicklungsziele für die Verwaltung in einem bestimmten räumlichen Bereich zu dokumentieren, zu differenzieren, weiterzuentwickeln und in die Politik und Verwaltung zurück einzuspeisen. Zwar hängen die Einflussmöglichkeiten des Gutachters hier von den Zielen der Politik ab, doch erlangt er Autonomie über die lange Zeit und die Intensität der Auseinandersetzung. Seine bedeutendste Aufgabe ist die Bewahrung von gefundenen Konsensen über das politische Tagesgeschäft hinweg.

Steuernde Gutachtertätigkeiten liegen dann vor, wenn Teile des rechtlich vorgeschriebenen Verfahrens an Externe abgegeben werden. Zunächst erfüllt das beauftragte Planungsbüro hier Serviceaufgaben, deren Privatisierung wegen des im Zeitablauf stark schwankenden Arbeitsanfalls funktional für die Verwaltung ist. Darüber hinaus stellt die Beauftragung einen Weg dar, erforderliche formale Konfliktlösungen extern erarbeiten zu lassen. Der Spielraum des Planungsbüros ist hier erheblich von der Komplexität des Verfahrens und dem Verfahrensziel des Auftraggebers ab, doch liegt der wesentliche Auftrag in der Verfahrensbeschleunigung bzw. der Überwindung von Durchführungshemmnissen.

Vergleicht man die *Auftragsinhalte* der Gutachter, so lässt sich eine wesentliche Unterscheidung hinsichtlich Methode, Einsatz und Wirkung feststellen, die auch lose mit den oben beleuchteten Rollen der Gutachten korrespondiert. Dabei stehen sich auf der einen Seite sektorale Fachgutachten und auf der anderen Seite Gutachten über die städtebauliche Komposition im weiteren Sinne gegenüber. Die Fachgutachten werden im Wesentlichen zu den Themen Einzelhandel, Verkehr, Ausführungstechnik und naturschutzrechtliche Eingriffsproblematik erarbeitet. Sie beleuchten damit lediglich Teilaspekte der Entwicklung und stellen diese nicht grundsätzlich in Frage, zeigen aber insbesondere im Bereich Verkehr, Immissionsschutz und Einzelhandel Restriktionen für Vorhaben auf, während sie im Falle der Ausführungstechnik und der Eingriffsregelung Anforderungen an die Realisierung stellen.

Die verfahrensqualifizierende Rolle, die diesen Gutachten demnach vorrangig zukommt, wird von den Gutachten zur städtebaulichen Komposition geteilt. Im Gegensatz zu diesen bleiben aber die Methoden der Fachgutachten im Verfahren unhinterfragt. Im einfachen Fall finden sie — zumindest teilweise — Berücksichtigung, während sie dann, wenn sie rechtlich nicht vorgeschrieben sind und sich der Vorhabensrealisierung entgegenstellen, von den Verfahrenspromotoren ignoriert werden können. Die Gutachten zur städtebaulichen Komposition, die bauliche Dichte, Höhe, Nutzungsmix und Anordnung von Baumassen in flächenhaften Studien oder Vorentwürfen darstellen, besitzen wegen ihres Einwirkens auf kreative Prozesse nur vorbereitenden Charakter. Überdies sind sie aber wegen der Anschaulichkeit ihrer Darstellung und der geringen Verbindlichkeit ihrer Methode Thema von Auseinandersetzungen, in denen die Sinnfälligkeit ihrer Empfehlungen angezweifelt werden. Wirkung entfalten sie in sehr grober Weise zur Stabilisierung von städtebaulichen Grundaussagen (Sicherung öffentlicher Räume, Orte von Zentralität, Orte städtebaulicher Akzente), während sie gegen Verwertungsinteressen nicht bestehen können. Sie funktionieren im Verhältnis zu diesen als Abwehrmechanismen gegen als unverträglich angesehene Investorenplanungen (Lehrter Bahnhof, Ring-Center), aber wegen der inneren Heterogenität der öffentlichen Hand zumindest über längere Zeiträume kaum als Mobilisierungsinstrument für die Aufrechterhaltung bereichsbezogener Ziele, wenn mehrere Investorinnen beteiligt sind (Breitscheidplatz, Ostbahnhof-Umfeld, z. T. Pariser Platz).

Als wichtigstes Charakteristikum der vielschichtigen Gutachterszene ist festzuhalten, dass gutachterliche Angebote in den verschiedensten städtebaulich-stadtplanerischen Richtungen bereitstehen, um Entscheidungen der öffentlichen Hand zu legitimieren. Zwar wird die Szene maßgeblich durch ihre Behutsamkeit charakterisiert, die die vor der Vereinigung zumeist im Auftrag von öffentlichen Verwaltungen tätigen Planungsbüros im biographischen Umfeld der Berliner Flächennutzungsplanung prägen, während vereinzelte Architekten und Planer mit weitergehenden Visionen beinahe völlig unbeachtet bleiben (G005, G043, G090). Die Vielfalt des Spektrums ist allerdings nach der Vereinigung sofort verfügbar und stützt die Metropolenorientierung politischer Kräfte (G005).

Eine fachliche Vorprägung von Entscheidungen findet durchaus statt, doch reicht diese in der Regel nicht aus, über das grobe Strukturmodell, das sich in der öffentlichen Verwaltung herausbildet, hinausgehende stabile Festlegungen aufgrund fachlicher Überlegungen zu treffen. Gutachter spielen weniger deshalb eine Rolle, weil sie überzeugen, als weil sie Begründungszusammenhänge für Auffassungen anbieten, die für die Legitimation eines politischen Willens genutzt werden können. Sie korrespondieren aufgrund der Beauftragungsmodalitäten in den Positionen mit ihren Auftraggebern, sofern sich diese über ihre Position sicher sind, und liefern nur im Fall der Unsicherheit zusätzliche plastische Entscheidungshilfen an. Die Gesamtheit der Gutachter wird damit im hohen Grad instrumentalisierbar, worauf ihr punktueller und zielgerichteter Einsatz hindeutet (P02, P03, P05, P06, P07, P14, P19).

Die benannte Vielfalt resultiert im Wesentlichen aus interpretatorischen Variationen über das Thema „Europäische Stadt“[163], die durch einige besonders unkonventionelle und

163 Die „Europäische Stadt“ wird hier verstanden als ein nutzungsgemischter, im Zentrum vitaler, nicht übermäßig zersiedelter und zumindest in prägenden, zentralen Teilen von städtebaulich gefaßten „Korridorstraßen“ mit öffentlichkeitswirksam genutzten Erdgeschoßzonen mitbestimmter Stadttyp. Auf die derzeitige Debatte kann nicht viel tiefer eingegangen werden. Vgl. dazu die Ausführungen in Teil A und in Becker/Jessen/Sander 1999a. Die motivatorische Grundlage der „Europäischen Stadt“ lässt an zahlreichen Stellen

weitgehende Interpretationen angereichert werden, die sich lediglich durch den gestalterisch-kompositorischen Anspruch von der entfesselten Internationalität von Weltmetropolen zu unterscheiden scheint, tatsächlich aber den Masterplänen für Shanghai-Pudong oder ähnlichen Projekten von der Methode her verwandt ist und sich im Ergebnis von diesen am deutlichsten durch die wesentlich geringeren Bauvolumina und den Zwang zum gestalterischen Umgang mit dem Bestand unterscheidet. Umstrittene Kategorien vor dieser Hintergrundfolie der stadträumlichen Kontextualität bilden der Grad der Prägung durch den Bestand (P02, P03, P07, P08, P10, P11, P19), für die insbesondere in heterogenen oder weitestgehend neu zu bebauenden Räumen allgemeingültige Prinzipien sich schon unter den Gutachtern nicht ausbilden, der Grad der Restriktionen bei gutachterlich weitgehendem Konsens über die Richtigkeit „moderner" architektonischer Antworten auf Gestaltungsprobleme (P02, P05, P06) sowie die städtebauliche Priorisierung von Standorten und die Angemessenheit von städtebaulichen Akzenten (P06, P07, P08, P10, P11, P19).

Die Verfahrensbetreuer und -mittler

Verfahrensbetreuer treten als Mittler zwischen Akteuren, als Betreuerinnen von Alternativenauswahlverfahren und als die oben bereits erwähnten Betreuer von rechtlich vorgeschriebenen Verfahrensteilschritten auf. Während die letzteren beiden Gruppen aus der Verwaltung ausgelagerte Prozessschritte übernehmen und diesbezüglich ihre Eingriffsmöglichkeiten durch den im Auftrag definierten Spielraum bestimmt werden, erfolgt die Kommunikation zwischen Bauherren und öffentlicher Hand teilweise durch Mittler, die eher in einem Auftragsverhältnis mit den Bauherren stehen. Als Dienstleistung erbringen sie Verfahrenskoordination mit dem Ziel der Überwindung von Widerständen gegen ein Bauvorhaben.

Ihnen muss daher an einer frühzeitigen Identifikation möglicher Gegner und deren Einbindung in das Verfahren gelegen sein. Daher wirken sie als Katalysator für die Filterung von konsensfähigen Zielen und bewirken aktiv eine Trennung derjenigen Ziele der öffentlichen Hand, die für die Bauherren funktional und in ihre Nutzungsvorstellungen integrierbar sind, von denen, die sie in ihrer Verwertung einschränken. Sie weisen eine auftragsmäßige, persönliche oder leitbildbezogene Nähe zu Investoren und Entwurfsarchitekten auf (P09, P13, P15, P18). Sie tragen dazu bei, die Reduzierung der Funktion von projektungebundenen Vorentscheidungsverfahren auf die Festlegung von *essentials* für den nichtbebauten Raum sicherzustellen und unter Verweis auf die Unvorhersagbarkeit von detaillierten Investorenkonzepten sowie die Tücken der Weltmarktorientierung von Investoren die Definition von Dichten und Baustrukturen für die projektbezogene Entscheidungsphase zu reservieren. Die Einbindung der Investoren in ein Moderationsverfahren kann dabei als nur dann möglich verkauft werden, wenn die Investoren ihrerseits „etwas davon haben". Frühzeitige Koordination anstehender Investitionsmaßnahmen hinsichtlich ihrer städtebaulichen Ausprägung ist funktional, da sie eine projektbezogene Festlegung der Dichte und die Schaffung städtebaulicher Akzente erlaubt, die durch die Einbindung der wesentlichen Beteiligten im späteren formellen Verfahren positiv sanktioniert und damit von späteren zeitrau-

nachweisen, ohne dass dies eine hinreichende Grundlage für die gutachterliche Empfehlung im Einzelfall bilden würde (P02, P03, P05, P07, P08, P10, P11, P19).

benden Konflikten ferngehalten werden. Sie besitzen also eine aktive Rolle im Verfahren, der die öffentliche Hand in der Regel passiv gegenübersteht, da sie dem Alternativenauswahlverfahren die Rolle der Zielkonkretisierung zuschreibt.

Die Bauherrenseite

Der Komplex Eigentümer — Bauherr — Investor — Developer

Investoren bleiben zumeist im Hintergrund des Geschehens und bringen vor allem dann harte Ziele in das Verfahren ein, wenn und soweit sie wenigstens einen Teil des zu errichtenden Komplexes selbst nutzen. Die Suche der Grundstückeigentümerinnen nach Investoren spielt in einem innerstädtischen Umbauprozess eine gewichtige Rolle, so dass konkrete Initiativen für Nutzungsveränderungen auf untergenutzten oder vom Eigentümer aufgegebenen Arealen dann erfolgen, wenn sich im Rahmen von Phasen hoher Investitionsneigung bezüglich einer city-bezogenen Nutzung Investoren auf Grundstückssuche an diese Eigentümer wenden. Der Erfolg des Umbauprozesses ist dann maßgeblich davon abhängig, ob sich das Investitionsinteresse konkretisiert, was angesichts des standortpolitischen Vorgehens bedeutender, vor allem auswärtiger Investorinnen, die vergleichende Analysen zahlreicher Standorte innerhalb eines Großraums und zwischen verschiedenen Großräumen durchführen, keineswegs gesichert scheint. Schleppende Umbauprozesse deuten daher nicht selten auf die Eigentumsverhältnisse hin, die von traditionellen Eigentümern gekennzeichnet sind, die ihrerseits für eine Nutzungsintensivierung auf dem Grundstück eigentlich keine Verwendung haben, aber mittelfristig an einer Grundstücksverwertung interessiert sind, und die noch über keine Investorinnen verfügen oder deren Investoren abspringen.

Die Großgruppe der *Developer* ist aufgrund ihrer innerbetrieblichen Heterogenität zwangsläufig in ihrem Agieren nicht über einen Kamm zu scheren. Ihr spekulativer Entwicklungsansatz macht sie zunächst beinahe völlig unabhängig von Einzelstandorten und -grundstücken. Auf dem Markt sind sie Flächennachfragerinnen, die an einer schnellen Realisierung interessiert sind und daher bereits im Kaufvertrag Vorentscheidungen über die Nutzbarkeit oder zumindest die Kopplung der Verwertbarkeit und des Kaufpreises suchen. Ihr Zugriff auf Grundstücke erfolgt erstens durch Grundstückserwerb von anderen Privateigentümern, zweitens durch Übernahme von öffentlichen oder quasi-öffentlichen Eigentümern oder Zwischeneigentümern im Rahmen von mehr oder minder formalisierten Investorenauswahlverfahren, bei denen die städtebaulichen Rahmenbedingungen noch nicht feststehen, und drittens durch Übernahme von öffentlichen Eigentümern nach Festlegung des städtebaulichen Rahmens. Diese drei Zugriffswege sind mit ausschlaggebend für den städtebaulichen Einfluss des Developers.

Im ersten Fall ist der Neueigentümer zunächst an das Planungsrecht gebunden. Er hat damit keinen Anspruch auf Veränderung, wohl aber auf Ausschöpfung der u. U. noch bauliche Maßnahmen zulassenden Rechtssituation. Dennoch ist aus verschiedenen Gründen damit zu rechnen, dass er mit der öffentlichen Hand über eine Veränderung des Rechtsrahmens übereinkommt. Hierzu zählt die Chance für die öffentliche Hand, weitergehende städtebauliche Ziele (Ansiedlung von Arbeitsplätzen, Überwindung einer gewerblichindustriellen Prägung, Zugänglichkeit städtischer Orte) zu verwirklichen, die mit dem alten Rechtsrahmen nicht erreichbar sind. Durch die Interessenüberschneidung der Akteure wird eine Neubestimmung des städtebaulichen Rahmens ausgelöst und dabei dem Developer die Gelegenheit verschafft, sich im Umstrukturierungsprozess auch als Experte für die Tragfähigkeit von städtebaulichen Lösungen zu profilieren und Eckpunkte der Entwicklung festzulegen. Die auf Seiten der öffentlichen Hand bestehende Veränderungsbereitschaft ist zwangsläufig lediglich von einigen *essentials* begrenzt, die Qualitätsanforderungen betreffen. Der städtebauliche Rahmen ist dagegen lediglich implizit aus dem Charakter der Umgebung, dem Standort, anderen im gleichen Zeitraum praktizierten Lösungen und den vorbestimmten Verträglichkeitsvorstellungen der Verwaltung grob vorbestimmt. Der Developer kann mithin die planungsrechtliche Situation im Bestand als Verhandlungsgrundlage der öffentlichen Hand weitgehend entkräften.

Im zweiten Fall werden Flächen bewusst für eine Umstrukturierung vorbereitet. Zu ihnen zählen die vieldiskutierten Flächen der Treuhandanstalt. Im Mittelpunkt des Auswahlverfahrens, das zur Festlegung des städtebaulichen Rahmens meist eingeleitet wird, stehen Kriterien wie das grobe Nutzungskonzept der Developer oder Investorinnen. Dass diese teilweise aufgrund einer Fehleinschätzung der wirtschaftlichen Lage in Berlin Makulatur geworden sind, ist hinlänglich bekannt. Die Funktion der ausgewählten Konzeption liegt zu einem großen Teil darin, die Entscheidungsträger von der Leistungsfähigkeit des verantwortlichen Akteurs zu überzeugen, die an ihn während des Realisierungsprozesses — möglicherweise auch unter veränderten Rahmenbedingungen und mithin unter Abwandlung der Konzepte — gestellt werden. Der Developer steigert also seine Chancen, auf einem Grundstück zum Zuge zu kommen, durch die Vorlage von Nutzungskonzepten und städtebaulichen Lösungsvorschlägen, auch wenn diese von vornherein als unausgereift aufgefasst werden. Teilweise ist dies aus funktionalen Gründen nachvollziehbar (Verringerung des Auswahlaufwands, Bestätigung von Investoreninteresse auf „schwierigen" Standorten), stellt allerdings die an das Verfahren üblicherweise gestellten Objektivitätskriterien in Frage, so dass die Auswahlpraxis insgesamt eher als dem Selbstverständnis der Exekutive (Initiierung und Management von Stadtentwicklungsprozessen) denn der parlamentarisch auferlegten Qualitätskontrolle zu dienen scheint.

Der dritte Fall unterscheidet sich vom zweiten dadurch, dass die Festlegung des städtebaulichen Rahmens aufgrund befürchteter Abwehrkoalitionen im Falle späterer Veränderungen und wegen der Notwendigkeit der Exekutive zur Demonstration von Entscheidungsfähigkeit eine außerordentlich hohe Bindewirkung entfaltet. Demnach ist es offenbar für den Developer wesentlich schwieriger, nachträglich ein geschnürtes Entscheidungsbündel aufzudröseln, als in einem Verfahren, das unter seiner Beteiligung die städtebauliche Gesamtlösung erarbeitet hat, Veränderungen im Detail zu bewirken. Erst bei einer Aufgabe des Projekts insgesamt gerät die gefundene Lösung wieder ins Wanken.

Versucht man die Heterogenität der Developerinnen und Investoren zu fassen, lassen sich diese hinsichtlich der städtebaulichen Wirkung ihrer Unternehmenspolitik in „Alteigentümer" und „Neueigentümer" unterscheiden. Die „Alteigentümer" zerfallen zunächst wiederum in drei Gruppen, diejenigen mit vorrangigem Interesse an einem schnellen Verkauf der Fläche, diejenigen mit einem vorrangigen Vermarktungsinteresse und diejenigen mit einem Betriebs- oder Eigennutzungsinteresse. Die „Neueigentümer" sind zumindest zu unterscheiden in diejenigen mit Eigennutzungsinteresse, Bewirtschaftungsinteresse und Vermarktungsinteresse.

Alteigentümerinnen haben in der Regel dann ein Interesse an einem schnellen Verkauf, wenn dieser aus betriebswirtschaftlichen Gründen geboten scheint und aufgrund der geringen Erfahrungen mit Flächenkonversion eine Entwicklung in Eigenregie ausscheidet. Dies betrifft u. a. Unternehmen im sekundären Sektor, die ihre Betriebsverlagerung oder —verkleinerung durch ein Grundstücksgeschäft finanzieren. Für den Stadtumbau sind sie insofern bedeutsam, als ihre geringe Bindung an den Altstandort in Zeiten größerer Tertiärisierungserwartungen das Eindringen der Büroflächennachfrage in Produktionsstandorte mit auslöst, die möglicherweise stadtentwicklungspolitisch keine Vorzugsstandorte darstellen.

Ein vorrangiges Vermarktungsinteresse bei Alteigentümern entsteht, wenn diese aufgrund ihrer eigenen Standortpolitik über nicht im engeren Sinne „betriebsnotwendige" Flächen verfügen, die sie aber aufgrund der günstigen Voraussetzungen auf dem Grundstück, ihrer Erfahrungen mit Grundstücksverwertung und evtl. ihrer Kontakte zu den Entscheidungsträgerinnen der öffentlichen Hand zunächst einer baurechtlichen Genehmigung zur Nutzungsintensivierung zuführen, um sie dann erst zu veräußern. Hier ist der Stadtumbauprozess weitgehend offen. Auf Seiten der Eigentümerin ist er zwar von einem maximalen Verwertungsinteresse geprägt, doch muss diese sich diesbezüglich als spekulativer Developer verhalten, steht nicht ein Investor im Hintergrund des Geschehens bereit. Die Ausgangsbasis des Eigentümers ist allerdings insofern günstiger als die eines Neueigentümers, als er sein unternehmerisches Engagement vor Ort als Machtressource einsetzen kann bzw. die Politik daran interessiert sein wird, mit vor Ort etablierten Konzernen standortpolitisch zusammenzuarbeiten.

Die Initiative zu einer Grundstücksverwertung geht mithin vom Eigentümer aus und stellt somit gewissermaßen ein *window of opportunity* zur Erreichung von Zielen der öffentlichen Hand dar, sofern sich bereits in früherer Zeit gezeigt hat, dass der Eigentümer auf eine Verwertung nicht unmittelbar angewiesen ist. Eine gemeinsame Zieldefinition von Politik und Eigentümer erscheint also naheliegend. Der Umgang mit vermarktungsorientierten Alteigentümerinnen ist damit ein wesentlicher Indikator für den stadtentwicklungspolitischen „Standort" der Akteure an der Spitze der öffentlichen Hand. Ziel des Eigentümers wird stets eine verknüpfende Optimierung zwischen maximaler Grundstücksverwertung und Angebot eines weitreichenden stadtentwicklungspolitischen Impulses sein, bei der nicht präzise zu identifizieren ist, inwieweit das Eingehen auf Ziele der öffentlichen Hand auch im Eigeninteresse der Grundstücksbewirtschaftung bzw. -vermarktung liegt und inwieweit es lediglich der Erweiterung baurechtlich abgesicherter Verwertungsrechte dient (Bsp. Nutzungsmischung zur Schaffung funktionsfähiger, urban-attraktiver Quartiere oder als Angebot an die öffentliche Hand bei der Durchsetzung hoher BGF-Werte).

Selbstnutzer sind unter den Alteigentümerinnen insofern weniger bedeutsam, als ihre Grundstücksnutzung sich allmählich und nicht in heftigen Sprüngen weiterentwickelt, mithin von ihnen durchgeführte Baumaßnahmen kaum stadtentwicklungspolitische Leitentscheidungen herausfordern. Interessant ist der häufig auftretende Fall, dass Selbstnutzer Stadtentwicklungsprozesse dazu nutzen, über ihren Eigenbedarf hinaus fremdnutzerische Büros anzubieten. Hier gelten die obigen Anmerkungen für die vermarktungsorientierten

Eigentümerinnen sinngemäß. Im Prozess wird im engeren Kreis der Verfahrenspromotoren ein tragfähiger und verträglicher Verwertungsrahmen definiert. Eigentümerinnen haben über die weitgehend eigenständige Definition und Thematisierung des Tragfähigkeitsaspekts eine überaus starke Stellung.

Unter den *Neueigentümern* tritt ein „Bewirtschaftungsinteresse" dann auf, wenn über die Eigennutzung hinaus Flächen zur Vermietung angeboten werden sollen oder auf dem Grundstück ein bestimmtes Nutzungskonzept verwirklicht werden soll. Insbesondere der zweite Fall unterscheidet sich hinsichtlich der stadtentwicklungspolitischen Ziele von den bisher beleuchteten Konstellationen. Zu beobachten sind branchenbezogene Angebotsspezialisierungen und komplexe Nutzungskonzepte, die Büroflächen mit Freizeitnutzungen und meist mit Wohnanteilen kombinieren.

Branchenbezogene Spezialisierungen sind Sonderlösungen, die sich nur an einzelnen Punkten in der Stadt allmählich durch sich manifestierende Flächennachfrage herausbilden. Für die Stadtentwicklungspolitik sind sie aufgrund ihres „Zentralität" vermittelnden Charakters (Berlin als Zentrum der Medizintechnik, der Solartechnik usw.) attraktiv. Die experimentelle Natur einer solchen Sonderlösung gebietet seine Ansiedlung an Standorten mit Potential außerhalb der 1a-Lagen, um die Bodenpreise vergleichsweise gering zu halten. In der Regel verbinden sich die Ziele des Developers hier mit denen der Stadtentwicklungspolitik, da sie entweder gemeinsam entwickelt werden oder sich die Sonderlösung zwar baulich auffällig darbietet, aber hohe Baukosten vermeidet und sich damit städtebaulich einfügt oder gar auf die Integration von nachnutzbaren Altbauten setzt. Die Erfolgschancen von Sonderlösungen sind davon abhängig, ob die angestrebten Nutzerinnen tatsächlich von den vor Ort zu erzielenden Synergieeffekte profitieren oder ihnen besonders günstige Mieten angeboten werden können, die in spekulativ errichteten hochzentralen Komplexen nicht tragfähig wären.

Die Kombination von Büroflächen mit Freizeitnutzungen folgt einem beinahe weltweiten Trend zur Herausbildung von sogenannten *Urban Entertainment Centers*, d. h. multifunktionalen innerstädtischen Komplexen mit hohem Anteil an Freizeit- und Unterhaltungseinrichtungen, und ist angesichts der begrenzten Nachfrage nach spekulativ errichteten standardisierten Büroflächen eine Strategie vor allem für größere Standorte, die diesen zusätzliche Attraktivität auf einem umkämpften Markt verleihen soll. Angesichts der mit ihnen verbundenen Komplexität und des von ihnen erwarteten „urbanen" Charakters verbinden sich bei ihrer Entwicklung Developerin und öffentliche Hand in einem umfassenden Zielbestimmungsprozess, dessen Ausgang zwar theoretisch offen und abhängig von seiner Konstruktion ist, doch setzt der Developer auch hier durch die Thematisierung von Tragfähigkeitsüberlegungen Rahmenbedingungen, die insbesondere deshalb von Gewicht sind, als komplexe Nutzungskonzepte auf Mischkalkulationen mit unterschiedlich lukrativen Vermietungsanteilen aufbauen.

Die Neueigentümerinnen mit Vermarktungsinteresse im engeren Sinne, also sozusagen die „klassischen" Developer, unterscheiden sich vielfältig nach betrieblicher Größe, Erfahrung, Wirkungskreis und Ansehen bei der öffentlichen Hand. Demnach besitzen sie unterschiedliche Möglichkeiten des Marktzugangs zu Flächen und zu Endnutzerinnen. An dieser Stelle soll nur auf die bekanntermaßen enge Beziehung zwischen steuerrechtlichen Rahmenbedingungen und Investitionstätigkeit auf dem Büroflächenmarkt hingewiesen werden

(Stichwort Abschreibungsgesellschaften), deren baulich und städtebaulich standardisierende, standort- und konjunkturpolitisch verstärkende Wirkung („Schweinezyklus"), ihre extreme Entkopplung von der Marktnachfrage und die Schwierigkeit der Stadtentwicklungspolitik, die durch sie produzierten privatwirtschaftlichen Akteurinnen langfristige städtebauliche Qualitätsziele zu verpflichten, vielfach beschrieben worden ist und daher hier nicht erneut analysiert werden muss.

Wichtig erscheint demgegenüber die innere Differenzierung dieser Akteursgruppe hinsichtlich ihrer Stellung im Entscheidungsprozess. Zentrale Standorte mit klaren städtebaulichen Vorgaben weisen wegen der langfristigen und international ausgerichteten Standortpolitik von Fonds- und Versicherungsgesellschaften tendenziell einen höheren Anteil an standardisierten Bürogebäuden auf. Dieses grundsätzliche Standortmuster wird überlagert durch die geringeren baulichen Qualitätsmaßstäbe an der Peripherie, während an herausgehobenen zentralen Standorten aufwendige Gebäudetypen mit einem ungünstigen Verhältnis von Nutzfläche zu Bruttogeschossfläche möglich sind.

Mit der Korrektur der hohen Mieterwartungen nach der ersten Euphoriephase Anfang der 1990er Jahre nach unten erfolgte demnach eine vorläufige Marktbereinigung, der insbesondere aufwendige Projekte hinsichtlich ihrer Größe, ihrer hohen relativen Realisierungskosten oder ihrer Kopplung an schwierige Rahmenbedingungen zum Opfer gefallen sind. In der sich anschließenden Phase wurden diese teilweise durch weniger aufwendige Projekte ersetzt oder harren weiterhin einer Realisierung. Experimentelle und risikofreudige Developerinnen, die versuchen, sich durch innovative Architektur zu profilieren, sind nun auf dezentralere Standorte angewiesen, die sich durch eine weniger scharfe Konkurrenz innerhalb des Kreises der Developer bzw. einen niedrigeren Bodenpreis auszeichnen.

Besonders in weniger günstigen Lagen gefährden also aufwendige Projekte den Entwicklungsprozess, die in Boomphasen ohne Gewissheit über die konjunkturelle Entwicklung kalkuliert werden. In Krisenzeiten entwickelte innovative Projekte in weniger günstigen Lagen gehen dagegen tendenziell eher von der Notwendigkeit aus, sich auf einem engen Markt gegenüber dem *mainstream* zu profilieren. Lediglich auf Genehmigungsfähigkeit schielende, verlockend erscheinende Projekte, die mit Qualitätsversprechungen werben, die sie aufgrund ihres konventionellen Angebots an Mietflächen nicht gegenüber Mitbewerbern herausheben, aber kostenaufwendig und damit projektgefährdend sind, müssen hier von solchen unterschieden werden, die tatsächlich für die angestrebte Nutzerschaft Vorteile bieten und dennoch stadtentwicklungspolitische Qualitätsanforderungen erfüllen können. Dies gelingt der öffentlichen Hand häufig nur eingeschränkt.

Die Investoren selbst weisen auf die „unumstößliche Wirkung exogener Rahmenbedingungen", die „standortbezogen differenzierte Verwertungslogik" und die „Attraktivierung durch städtebauliche Vielfalt" hin, während strategisch-verhandlungsbezogen eine „Anerkenntnis öffentlicher Ordnungsvorstellungen", „Dialogfähigkeit" und „Eindeutigkeit der Begrenzung von Verhandlungsspielräumen" hervorzuheben sind.

Unter den exogenen Rahmenbedingungen fallen die engen Bandbreiten auf, innerhalb derer die Investorinnen ihre eigenen Nutzungskonzepte sehen — standort- und grundstücksgebunden hinsichtlich der Eignung bestimmter Nutzungsarten (I06, I09), bei Großprojekten hinsichtlich der überhaupt in Frage kommenden Investoren oder Developerinnen (I09), bei der Bestimmung der städtebaulichen Konfiguration hinsichtlich der Orientierung an den erwarteten Nutzerinnenansprüchen (I06) und selbstverständlich hinsichtlich des Zusammenhangs von Grundstückspreis und Investitionstätigkeit (I03, I05, I09). Dieser Zusammenhang wird allerdings offenbar im Gegensatz zur üblicherweise und insbesondere in Zeiten des Booms aufgemachten unmittelbaren Verwertungslogik, die auf eine Dichtemaximierung hin ausgerichtet sei, von den Investoren bestritten bzw. ausdifferenziert. Die vorrangige Aufgabe sei die Produktion des „Standorts", für die die Dichtemaximierung nicht allein im Mittelpunkt steht, was vor allem bei komplexeren Nutzungskonzepten von Bedeutung ist. Wohnen, teure Hochhauskonzepte, konventionelle Dichtemaximierer und das Setzen auf optimistische Miethöheprognosen werden mitunter kritisch gesehen (I03, I05, I07, I08, I09).

Während städtebaulich durchweg auf „Vielfalt" und auf „Ausführungsqualität" gesetzt wird, erkennen die Investorinnen die städtebaulichen Abstimmungsziele der öffentlichen Hand weitgehend an, sofern sie die wirtschaftliche Verwertung nicht bedrohen (I05, I06, I09). Dies geht so weit, dass die Abwehr riskanter Architektenexperimente und die Schaffung von Planungsrecht als legitim und notwendig anerkannt und bisweilen den stärker bindenden städtebaulichen Verträgen vorgezogen werden (I05, I07, I09). Verhandlungen sind enge Spielräume gesetzt, bei deren Überschreitung Investoren im Zweifelsfall bei der Verfügbarkeit von Machtressourcen blockieren (I06, I09). Sie sind insbesondere nur schwer auf komplexe Gesamtkonzepte verpflichtbar, aus denen sie sich im Bedarfsfall positive Teilaspekte in der Realisierung herausbrechen.

Auffällig bei der Wahrnehmung der Investorinnen durch andere Akteure ist das Auseinanderklaffen zwischen Anerkenntnis von deren vermeintlichen Bedürfnissen und der dennoch schlechte Ruf in Verhandlungen. Hierin äußert sich wohl ein breites Unbehagen an der geringen Steuerungswirkung der öffentlichen Hand hinsichtlich des stadtentwicklungspolitischen Geschehens in einer kapitalistischen Ökonomie. Inwieweit die Akteure aufgrund dieser für einige ernüchternden Erkenntnis die Bedingungen privaten Kapitaleinsatzes internalisieren und sich mit einem weitgehenden Verzicht auf planerische Zielfindungsprozesse der öffentlichen Hand begnügen, ist auf ihre politische Herkunft und ihre Rolle im Akteursgeflecht zurückzuführen. Mit der Nähe zur Entscheidung und zum Investor steigt dabei die selbstzugemessene Verantwortung für die Investitionstätigkeit unabhängig von der Parteizugehörigkeit, und die Differenzen zeigen sich in Strategien planerischer Einflussnahmeversuche. Zweitens zeigen die Verfahrensbetreuer überdurchschnittliche Offenheit und bisweilen sogar Sendungsbewusstsein hinsichtlich der ökonomischen Belange von Stadtentwicklung.

Aus der von vielen Akteuren eingestandene Notwendigkeit von städtebaulichen Entscheidungsspielräumen für die Investoren resultiert eine bestimmte Haltung, die sich entweder im Willen zur Investitionsförderung oder in der Feststellung von Machtlosigkeit gegenüber den Forderungen der Investoren ausdrückt. Die Verengung der Ziele auf Profiterzielung und Projektdurchsetzung wird teilweise bitter zur Kenntnis genommen. Im Umgang der öffentlichen Hand mit Investoren wird neben der Verhandlungsressource Geld auf die selektive und taktische Kontaktaufnahme hingewiesen, die zusammen mit der Irreversibilität einmal gewährter Rechte und dem allmählichen Hochschaukeln von Dichtewerten vor dem Hintergrund der befürchteten Flüchtigkeit der Investoren die Handlungsspielräume der öffentlichen Hand einschränkt.

Dennoch bestehen große Unterschiede in der Bewertung des Investorinnenverhaltens. Die Haltung der Verfahrensbetreuer zeichnet ein relativ eindeutiges Bild. Für Investoren wirken enge Rahmen grundsätzlich störend, so dass jegliche Form restriktiver Planung das Risiko eines Verhinderungsinstruments in sich trage (P15). Leitlinien bergen das Risiko von „Sandkastenüberlegungen", wenn es keinen Investor gibt, sie „können nur Anregungen sein und Potentiale aufzeigen", während der Eintritt eines „guten" Investors ins Verfahren u. U. die Notwendigkeit zu neuem Nachdenken auslöse (S10). Die Orientierung der Investoren am Weltmarkt stehe im grundsätzlichen Widerspruch zur Orientierung an der gewachsenen Stadt. Qualitätsbezogene Stellungnahmen beispielsweise der Senatsverwaltung für Stadtentwicklung und Umweltschutz zu Details können mithin als investitionshinderlich abqualifiziert werden (S16). Mit der „Schlitzohrigkeit" der Investoren müsse man leben können, da die von ihnen in den Verhandlungen erkämpfte „Signifikanz" ihres Projekts zentral für den wirtschaftlichen Erfolg sei.

Mit den aufgrund der Marktsituation schwer kalkulierbaren Risiken der Investoren gehen die Politikerinnen der verschiedenen Parteien signifikant unterschiedlich um. Der Anspruch reicht von der selbsterwählten Verantwortung zur Vermeidung von Investitionsruinen bei den Bündnisgrünen (G057) bis zur impliziten Darstellung von Stadtentwicklung als marktförmiger Prozess u. a. bei einem Vertreter der SPD (G060, G101). Da an einigen Stellen in der Stadt Investitionen als „Initialzündungen" für die Entwicklung eines größeren Standorts als erforderlich erachtet werden, kommt es zu einer herausragenden Entwicklungsoffenheit der Politik gegenüber diesen Pionieren, und erste Kompromisse werden unter dem Primat der Nichtabschreckung von Investitionen eingegangen (G033, G098, G110, G112). Von Investorinnen gezogene „Rote Linien" werden von der öffentlichen Hand offenbar aufgrund der geringen Leidenschaftlichkeit früh hingenommen: Der Investor hat „ganz klar gesagt, wir wollen das nicht" (G048), der Investor „brauchte eine gewisse GFZ" und „hatte schon Zugeständnisse gemacht" (G075, G103).

Die andere Seite der Medaille wird durch den Satz „Ihnen ist es scheißegal, ob sie eine Glasfassade oder Stein haben, es geht ihnen ums Geld" (G009) auf die Spitze getrieben, aber nur unzureichend erfasst. Dass sich Investorinnen mit „vermeintlichen Star-Architekten" (G063) schmücken und die Durchsetzung ihres Projekts zu erleichtern hoffen, wird in der Verwaltung aus allen Richtungen unterhalb der Senatoren kritisch aufgenommen (G014, G033, G046, G067). In der Projektrealisierung greifen sie schließlich auf Investorenarchitekten zurück und kümmern sich nicht mehr um Details (G025, G028, G046, G113), so das gängige Klischee.

Nur selten stecken die Investoren in stabilen Bündnissen (G002), erarbeiten sich aber bündnisähnliche Strukturen teilweise im Verlauf länger währender Planungsprozesse oder durch die Verfahrensbetreuer (G033, G060, G072, G106). Die geringe Anzahl von großen Investorinnen, die überhaupt in der Lage sind, standortbezogene Umstrukturierungsprozesse zu bewältigen, bringt diese mangels Alternativen in Vorteil, wenn dieser eigentumsrechtlich dazu in der Lage ist (G042, G057, G127): „Damals war Roland Ernst eine Macht" (G085).

Insbesondere eine zu große Nähe der Verwaltung zu den Investoren oder deren enge Verfahrensbeteiligung beispielsweise in Wettbewerben wird als Instrument der GFZ-Erhöhung betrachtet. Der Alexanderplatz-Wettbewerb hat hier eine Schlüsselposition inne und wird in Senatskreisen als „Sündenfall per se“ (S20) bezeichnet. Die Bindung zahlreicher Investoren auf ein Konzept ist offenbar nun nur durch Zugeständnisse bei der GFZ möglich (G050). Dennoch bleibt das Instrument Wettbewerb als Verfahrensstandard auch bei einigen Kritikerinnen unangefochten, da argumentativ Ziele kaum durchzusetzen sind. Investorenjurys werden aber als problematisch erachtet (G110), auch wegen der dann entstehenden übergroßen Relevanz von Baukosten im Entscheidungsverfahren (G053). In den Wettbewerbsjurys werden die Investoren beobachtet, wie sie „massiv“ ihre Favoriten durchzusetzen versuchen (G002, G014, G106).

Von den Kritikern aus dem Lager der „steuerungsorientierten“ Planerinnen wird gegen den „massiven Erpressungsangriff der Investoren“ (G027), die Reaktivität der Verwaltung beklagt, die dem von den Investoren eingebrachten Verhandlungsgegenstand nichts entgegensetzt (G021, G058, G090, G110, G117). Nur selten gelingt es jedoch diesen in die Hierarchie eingebundenen Planerinnen, Politikern und Verwaltungsmitarbeiterinnen, in ihrem begrenzten Kompetenzbereich hinreichende Initiativen zu entwickeln, die in Verhandlungen mit Investoren zur Durchsetzung bestimmter Ziele geeignet sind.

Bedeutend für die allmähliche Erhöhung der GFZ im Verfahren sind die Strategien der Investoren, die auf eine zersplitterte und in ihren Beschlüssen über die Zeit wenig stabile Verwaltung stoßen, so dass sich erst in der Ausführung die hohe Ausnutzung im Detail zeigt (G076), Berechnungen „getrickst“ werden (G089) und mehrere Varianten für die Verhandlungen vorbereitet werden, von denen die Verwaltung in ihrem reaktiven Vorgehen die „gerade noch annehmbare Variante“ (G028) anzunehmen genötigt ist. In länger währenden Prozessen sehen die Investorinnen „bei Regierungswechseln immer die Chance, alte Versprechen zu brechen“ (G033), inszenieren Schaukämpfe, um ihre Ziele schnell durchsetzen zu können (G091), nutzen zielgerichtet entwicklungsoffene Akteure als Partnerinnen (G089, G119) und machen Angebote mit vermeintlicher Urbanität, die zuweilen nicht tragfähig sind (G067). So sehen sich z. B. Politiker der CDU trotz des Wissens darum, dass die Investorenwünsche im Lauf des Verfahrens in der Regel steigen (G112), nicht als Bauverhinderer und lehnen ein „Freilichtmuseum“ ab:

> „Vom Prinzip stellen sie im Lauf des Vorhabens immer fest: So geht das alles nicht, es wird teurer, der Baugrund hat sich verteuert, und nun hat man schon so viel investiert, und da will man es doch möglich machen, nun gebt uns doch mehr Dichte, sonst müssten wir uns davon verabschieden, und dann bleibt das ganze Grundstück wieder 40 Jahre ungeordnet, und dann fehlt doch der Impuls, und außerdem: Sonst gehen wir ohnehin zum Senat. Wir haben schon mit dem Bausenator gesprochen, und der hat schon signalisiert, der könnte sich das alles so vorstellen. So laufen ja relativ häufig die Diskussionen. Sie wägen dann häufig natürlich auch ab. ... Sie dürfen so eine Diskussion natürlich nicht bis zum Tode des Vorhabens führen.“

Doch selbst in den Schlüsselpositionen der Verwaltung werden Investoren keine Zahlen diktiert (G007, G075). Die Schwäche der Verhandlungsposition der öffentlichen Hand wird deutlich in der rechtlichen Situation und dem vermeintlichen Zwang zur Gleichbehandlung der Investorinnen. Einmal gewährte Rechtspositionen sind nicht rücknehmbar und finden allmählich Nachahmer (G037, G071, G087, G088, G108, G119).

Im Wissen über die Verteilung des Einflusses in der Verwaltung nehmen Investoren selektiv Kontakt auf und übergehen potentiell restriktive Dienststellen (G005, G008, G054, G077). Im Hinblick auf in der Verwaltungsspitze konsensfähige Leitbilder und Vorentscheidungen geht der Mainstream der Investoren „mehr als nötig“ auf diese ein, um zu schnellen Genehmigungen zu kommen (G025). Über die nachfolgenden Verhandlungen wird dann eine schleichende Verdichtung versucht (G002).

Investoren gehen aber offenbar auch auf ihre Umgebung ein. Die dabei verwandten Strategien reichen von atmosphärischen Zugeständnissen, die im Konfliktfall keine Abweichung von der eigenen Position bedeuten, bis hin zur Verfolgung einer vorbereitenden Geschäftspolitik mit eigennutzerischen oder betreiberorientierten Elementen. Diese zeigen sich in der allmählichen Attraktivierung eines Grundstücks (G124), der Vorsicht gegenüber vorschnellen Investitionen (G066), Eigenwerbung (G091), Planungsleistungen über das Minimalmaß hinaus (G041), dem Einsatz höherer Material- und Ausführungsstandards (G078, G094), dem Einstehen für die Durchsetzung eines konsistenten städtebaulichen Konzepts (G119) und der persönlichen Präsenz vor Ort (G019). Die Verwaltung reagiert sensibel auf diese stärkere Bindung an das Objekt (G090).

Bei der Beurteilung der Handlungsspielräume gegenüber den Investoren stehen sich die kritischen Beobachterinnen innerhalb wie außerhalb der Verwaltung und die eigentlichen Entscheidungsträger in einer Weise gegenüber, die die bereits angedeutete These von einer mit der Position in der Hierarchie steigenden selbstauferlegten Verantwortung stützt, nach der die Entscheidungsträger im engeren Sinn Machtlosigkeit gegenüber den Investoren verspüren, während die Beobachter an vielen Stellen eine härtere Gangart gegenüber den Investoren einfordern:

„Wenn da so ein Investor kommt, dann kann man nur ... als Bezirk das Projekt begleiten und im Zweifelsfall kritisch begleiten, für den Investor muß sich das rechnen, der bezahlt“ (G090).

Aufgrund des wichtigsten Kriteriums „Arbeitsplätze“ ist man als Politiker nicht sehr wählerisch, wenn ein Investor kommt, und kann gegenüber diesem keine Druckmittel ausüben (G111). Zu harte Verhandlungen bringen den Vorwurf, man würde Investorinnen erpressen (G106), und man befindet sich „in einer gewissen Veranwortung gegenüber dem Investor, damit er nicht abspringt ... ich meine, der Investor droht ja immer“ (G040). Diese Flüchtigkeit von Investoren (G040, G068, G118) führt zu bewussten Abwägungsentscheidungen, bei denen beispielsweise mögliche Arbeitsplätze wichtiger als die rechtlichen Probleme einer Befreiung zugunsten zusätzlicher Geschosse angesehen werden (G040), man durch Verzögerungen Imageverluste bei den Investorinnen mit Rückwirkungen auf die Standortqualität Berlins befürchtet (G086) und Wettbewerbe strategisch der frühen Bindung des Investors dienen sollen (G052).

Damit befindet sich die Politik angesichts der strukturellen Krise am Arbeitsmarkt und der stets als zu lang dauernd angeprangerten Verfahren permanent unter Entscheidungsdruck. Eine ihrer entscheidenden Entscheidungsressourcen, vorausschauende Konsense, bei denen die Investoren die Akteure der öffentlichen Hand nicht mehr auseinander dividieren kann, sind aufgrund der Reaktivität der Verwaltung, der im Vergleich zu Planungszeiträumen schnellen konjunkturellen Schwankungen und der Angst vor der restriktiven Wirkung von Festlegungen für das Investitionsgeschehen nur eingeschränkt und vor allem projektorientiert einsetzbar.

Verhandlungen mit Investorinnen sind von einem labilen Gleichgewicht geprägt, das theoretisch kaum klar zu erfassen ist. Starke Unsicherheitsfaktoren auf beiden Seiten des

Verhandlungstischs[164] sowie das labile Gleichgewicht innerhalb der Verwaltung zwischen steuerungs- und entwicklungsorientierten Akteuren verhindern, dass in den Verhandlungen hohe Risiken eingegangen werden. Koordinationsanstrengungen zur Abstimmung verschiedener Investorenkonzepte werden wegen der Individualität der Investoren kaum versucht (G025, G027). Die Forderungen der Beobachterinnen und ihre Kritik an der vorsichtigen Nutzungsmischungspolitik (G102), dem geringen Einfluss auf die BGF (G022), der Zugeständnisse bzgl. Infrastrukturkosten (G057) sowie der moderaten Gangart gegenüber den Investoren (G047, G072) verlieren dadurch nicht ihre grundsätzliche Berechtigung. Die eingeschlagene Verhandlungsstrategie der Entscheidungsträger erklärt sich aber zumindest teilweise aus deren abweichender Bewertung der Ressourcen und Risiken.

Die Rolle der (Entwurfs-) Architekten

Die Rolle der Architekten ist im Berliner Fassadenstreit deutlich gemacht worden (vgl. z. B. Sewing 1995). Es gilt an dieser Stelle u. a. herauszuarbeiten, worin sich der Einfluss der Architekten über die Fassadengestaltung hinaus äußert und inwiefern er relevant ist. Die hier untersuchte Vielfalt von Ideen und städtebaulichen Auffassungen wird so stark von Jurymitgliedern, Bauherrinnen und Akteuren der öffentlichen Hand mitbestimmt, dass den Architektinnen zumindest kein autonomer Einfluss zuzumessen ist.

Die umstrittene Frage nach der Vielfalt der im Berlin der Vereinigungszeit realisierten Bürohausarchitektur lässt eine kurze Charakterisierung der „Architekturschulen“ und ihrer Durchsetzungsfähigkeit bzw. der Reichweite von Selektionsmechanismen hinsichtlich der Architekturauffassung sinnvoll erscheinen. Grundstücksübergreifende Eingriffe in Gestaltungsfragen verlaufen in ihrem Intensitätsmuster parallel zu der Aufmerksamkeit, die den ihnen zugrunde liegenden Bauvorhaben durch die öffentliche Hand zugemessen wird. Je stärker das städtebauliche Umfeld politisch wie öffentlich sensibel erscheint, desto stärker sind auch die gestalterischen Eingriffe, also am höchsten am Pariser Platz, gefolgt von den „Linden“, der Friedrichstraße, der Friedrichstadt usw. Diese unterschiedlichen Aufmerksamkeitsgrade, die die Senatsverwaltungen den Vorhaben zumessen, unterstellen architektonische Einzelentscheidungen außerhalb des Stadtzentrums de facto der Obhut der bezirklichen Verwaltung, wobei städtebauliche Großvorhaben, die von Konzepten der Senatsverwaltungen gestützt werden, die Ausnahme bilden.

Demnach besteht in der Innenstadt über die unter Senatsmitwirkung eingesetzten Instrumente (Wettbewerbe, Jurybesetzungen, Investorenauswahlverfahren, Gestaltungsvorschriften, Genehmigungsvorgänge) ein deutlicher „Standortvorteil“ für diejenigen Architekten, die in der Linie der Senatsbaudirektion operieren, was zusätzlich durch Bauherren mit Interesse an schnellen Genehmigungen befördert wird. Die vielbeschworene „preußische Strenge“ verliert aber an mehreren Fronten parallel mit der Wirkungsmacht der Senatsbaudirektion an Bedeutung. Davon zeugen in Berlin-Mitte bereits die vereinzelten

164 Der Hinweis eines Investorenvertreters, dass es nur wenigen Investoren gelinge, die Presse sinnvoll in die eigene Strategie einzubinden — obgleich die Entscheidungsanalyse und die Beobachtung der Presselandschaft zeigen, dass eine Gefahr für Investoren durch die Presse wohl kaum zu befürchten ist — macht deutlich, dass dies tatsächlich auch für die Investorenseite gilt (I01).

historistischen Experimente von Patzschke, doch löst sich der Einfluss bereits bei Traufhöhenüberschreitungen deutlich auf, wenn diese außerhalb des Kontextes der City liegen oder in Beziehung zu Nachkriegsumfeldern treten (GSW-Hochhaus Kochstraße, „Zitrone" an der Halenseestraße, Ring-Center, Jahn-Bauten am Kurfürstendamm). Das Aktionsfeld der Senatsbaudirektion wird hier durch experimentierfreudige Senatoren oder in bezirklicher Regie durchgeführte Verfahren eingeschränkt, während die Vorauswahl von Architekten durch Einfluss der Bauherren mitgesteuert und auf deren Vermarktungsziele zugeschnitten wird[165]. Mit dem Einfluss der Senatsbaudirektion sinkt gleichermaßen der der Architekten in ihrem Umfeld. In die Lücke tritt die Berliner Nachwuchsgeneration von Architekten, die ihre professionelle Reifung im Umgang mit der an städtebaulichen Brüchen reichen West-Berliner Substanz erreicht hat (Stegers 1997) und die hinzutretende US-amerikanische Moderne um Helmut Jahn, während der Dekonstruktivismus im investorengeprägten Bürohausbau kaum Einfluss erlangt und die High-Tech-Architektur von Richard Rogers u. a. an ihrem Kostenaufwand scheitert.

Vier wesentliche Faktoren steuern also die Auswahl der Architektur, zunächst die Traditionsbindung aus dem identitätsgebenden Bestand in der Interpretation der Senatsbaudirektion und ihrer Berater. Zweitens ist es die Innovationsneigung der jüngeren Architektengeneration, die aus der architekturtheoretischen Grundposition, historische Brüche zu akzeptieren und städtebaulich kenntlich zu machen, in Verbindung mit den hierfür in Frage kommenden „städtebaulich schwierigen" Orten Angebote machen kann. Drittens ist der Selektionsmechanismus der Investoren zu nennen, der hinreichend konventionelle Gebäude verlangt, in Ausnahmefällen impulsgebende Experimente duldet und teilweise auf bekannte Namen von Architektinnen setzt. Schließlich spielt viertens die grundsätzlich investitionsorientierte Haltung der Politik eine Rolle, die experimentelle Architektur als Motor von Attraktivitätssteigerung begreift.

Von bisher unterschätzter Bedeutung für die Rolle der Architekten erscheint der Grad der Thematisierung der architektonischen Grundauffassungen bzw. ihrer Einsetzbarkeit, die nach Bestimmung der Entwurfsarchitekten im Prozess eine Rolle spielt. Für die Durchsetzung ihrer Positionen im Konfliktfall sind diese wegen ihrer Auftragsgebundenheit auf Bündnispartner als Ressourcen angewiesen. Gegen den Bauherren können sie sich Spielräume dann erarbeiten, wenn die Genehmigungsfähigkeit des Vorhabens noch ungewiss ist und sie im Rahmen von Vorstudien im Auftrag der öffentlichen Hand tätig sind oder als Wettbewerbssieger eine gewisse Absicherung ihrer Position genießen. Gegenüber der öffentlichen Hand besitzt der Entwurfsarchitekt keine Spielräume hinsichtlich der städtebaulichen Komposition, weil diese im Vorentwurfsstadium im Rahmen einer Auswahl unter Alternativen Gegenstand der Zielfindung zwischen öffentlicher Hand und Bauherr ist.

165 Das positive Echo z. B. auf die „Zitrone" am Rathenauplatz wäre demgemäss weniger einem glücklichen Zufall der Stadtpolitik geschuldet, wie dies zuweilen suggeriert wird (Stegers 1997), als vielmehr ein Ergebnis der Verbindung von Investorenlogik (funktionales, markantes Gebäude) und städtebaulichem Rahmen (freistehendes Gebäude, Ergebnis: schiffsartiger Grundriss), das an anderer Stelle wie in der vielkritisierten Friedrichstraße aufgrund des dortigen Auseinanderbrechens von Investorenlogik (maximale Ausnutzung bei hohen Bodenpreisen) und städtebaulichem Rahmen (barockes Straßenraster mit Identifikationsfunktion, Ergebnis: verzerrte kritische Rekonstruktion) gar nicht möglich gewesen wäre.

Der Schauplatz leidenschaftlicheren Einsatzes von Architekten ist die Auseinandersetzung über Proportionen und Fassaden. Für beide kann er eine professionelle Autorität für sich verbuchen, insbesondere gegenüber der Politik, doch wirken beide in unmittelbarer Form im öffentlichen Raum und stoßen daher auf das Interesse der öffentlichen Hand und der Öffentlichkeit. Das einzige Instrument des Entwurfsarchitekten ist die bildliche Veranschaulichung seiner Position. In der Diskussion darüber ist er darauf angewiesen, die Entscheidungsfindung über eine Beurteilung der städtebaulichen Gesamtqualität zu thematisieren und „harte" städtebauliche Indikatoren zu dethematisieren.

Dies gelingt über Verfahrenstypen (z. B. Wettbewerbe), über deren Einsatz er aber nicht verfügt, über den Aufbau und die Stabilisierung dieses Entscheidungsmusters im personell begrenzten Vorentscheidungsraum, in dem auf Seiten der öffentlichen Hand ebenfalls auf die Ermittlung der städtebaulichen Gesamtqualität ausgerichtete Partnerinnen — insbesondere Fachkolleginnen in der Verwaltung — zur Verfügung stehen, im Konfliktfall aber lediglich durch die Vermittlung fachlicher Autorität. Bei Konflikten mit Fachkollegen innerhalb der öffentlichen Hand besteht die Möglichkeit des „Aussitzens" kaum, wohingegen dies bei Konflikten mit Politikern für renommierte Architekten der Fall ist, die in der Regel über symbolische Veränderungen von Entwürfen bewältigt werden.

Im Gegensatz zu möglichen Vermutungen außenstehender Beobachter ist das Bündnis zwischen Entwurfsarchitekten und Investoren in der Selbsteinschätzung der Architekten nicht ausgeprägt vorhanden. Lediglich eine zweckgebundene Allianz bildet sich zwischen den beiden Akteursgruppen aus. Architekten gehen in unterschiedlichem Maß auf die durch Investoren vorgegebenen Zwänge ein und setzen dieses Eingehen mitunter sogar als Akquisitionsstrategie ein. In der Regel verzahnt es sich aber mit dem architektonisch-städtebaulichen Selbstverständnis, das unter den Ausgangsbedingungen — in dieser Untersuchung meist eine monotonieverdächtige Agglomeration von Büroflächen — möglichst zu benachbarten Nutzungen in Höhe und Dichte abgepufferte, mit Reminiszenzen an den Bestand versehene möglichst verträgliche und dem Ort angemessene Entwürfe produziert (A01, A02), um Durchsetzungshindernisse von Seiten der öffentlichen Hand zu vermeiden.

Diese durchsetzungsorientierte Vermittlerrolle zwischen Investoren und Bürgern bzw. der öffentlichen Hand wird teilweise explizit betont: „Irgendein Stückchen Entgegenkommen war nötig" (A06). Dennoch versuchen die Architekten, eine möglichst weitgehende Entscheidungsautonomie über formale (im Sinne von Proportionen, Formen usw.) Fragen zu behaupten (A01, A02, P04). Die von ihnen verfochtenen formalen „Archetypen" oder — wieder einmal — die „schlanken Türme" sind in ihrer Wirkungsmächtigkeit von den Investitionsbedingungen begrenzt, ohne dass die Architekten diese vollständig antizipieren: Während die Aufgabenstellung über das Raumprogramm architektonisch akzeptiert wird, gehen Finanzierungsüberlegungen bei der städtebaulichen Komposition von Baumassen nur begrenzt ein und werden mitunter von den Investoren später unter Veränderung des Entwurfs korrigierend eingebracht (A02, A03, A05, A06).

Architekten können so Entscheider durch Eingehen auf deren städtebauliche Wunschvorstellungen in einer Vorentwurfsphase überzeugen. Nach ihrer Auswahl bestimmt die Investitionsrealität stärker die Weiterentwicklung der städtebaulichen Details. Trotz dieser indirekten Abhängigkeit von Investoren wird die Autonomie der Architekten auch durch eine Abgrenzung gegenüber Laien sichergestellt. Hierzu dient ein Subtilitätsdiskurs, innerhalb dessen Laien die Urteilsfähigkeit über architektonische Details abgesprochen wird, und die Nichtwahrnehmung oder Diskreditierung öffentlicher Kritik (A02, A06, P04).

Auffällig in der Beurteilung von Architekten durch andere Akteure ist die starke Abweichung von deren Selbsteinschätzung und die starke Betonung charakterlicher Merkmale, die im Entscheidungsprozess auf einer Ebene persönlicher Kontakte wirksam werden. Während Omnipotenzurteile in der Selbsteinschätzung insbesondere den Anspruch der Architekten auf Kompetenz in einem breiten gestalterischen Feld begründen (Ö07) und ihn im traditionellen Ingenieurssinne als universaler Problemlöser sehen (G084), ist das Bild der anderen Akteure von äußerster Reserviertheit gegenüber den Architekten geprägt:

„Architekten haben grundsätzlich sowieso einen schlechten Ruf. Noch schlechter als die Planer. Also, Architekten, „die bauen schlecht und spinnen herum und bauen teuer". Also, wenn Sie mit Politikern reden über Architekten, und wenn der Architektenverband sich äußert, da sagen die, na ja gut, ... die haben nicht viel Einfluss." (G126)

Wohl nicht zuletzt wegen der Relativität von Urteilen über gestalterische Fragen zeigt sich eine breite kritische Linie, die Architekten die Qualifikation im Umgang mit der Stadt abspricht und eine weitere Linie, die bestimmten Vertretern besondere Leistungen auf diesem Gebiet attestiert. Die Zuschreibung der Eigenschaft „Eitelkeit" ist verschwistert mit dem Eingeständnis von „notwendiger Unabhängigkeit" sowie „begrenzter Kommunikationsfähigkeit". Gerade im Hinblick auf die Zusammenarbeit mit Investoren im Büroflächensektor werden Architekten in einer für beide Seiten nur begrenzt schmeichelhaften Symbiose beschrieben.

Gutachter, Verwaltungsmitarbeiter und Investoren kritisieren die „Respektlosigkeit" der Architekten gegenüber der Stadt (G021, G025, G066, G089). Insbesondere die jüngere Architektengeneration wird für ihren Umgang mit historischer Substanz kritisiert. Architektur habe sich in einen gesellschaftlichen Rahmen zu stellen und zeige ihre Stärke im „pfiffigen" Umgang mit Restriktionen. Aus dem Recht der Stadt auf die Formulierung eigener Vorstellungen folge die Aufgabe der Architekten, sich in eine „höhere Idee" einzubringen (G055), deren Reichweite allerdings unterschiedlich interpretiert wird (G027, G120). Wie auch in der Verwaltung selbstkritisch erkannt wird, ist die Grenze hier schwer zu ziehen, wenn den Architekten als „individuell angelegten Persönlichkeiten" hinreichend gestalterischer Spielraum belassen werden soll (G089).

Die selbstdarstellerische Komponente der Zunft bringt Begründungen für architektonische Details hervor, die mit dem obengenannten Selbstverständnis zahlreicher bewahrungsorientierter Akteure nicht mehr konform geht (G022, G034). Der Vorwurf lautet, dass „jeder glaubt, er müsse sich präsentieren" (G025, G076), wobei wenige „in ihre Gedanken vernarrte" Architekten selbst von Vertreterinnen der eigenen Zunft nicht mehr erreicht werden können (Ö09). Mit steigendem Ruhm und Selbsteinschätzung sinke die kommunikative Beweglichkeit und steige die Geringschätzung der Kritiker, die als provinziell abqualifiziert werden. Erfolgreiche Architekten als Entwerfer von Einzelgebäuden wollen offenbar nicht anerkennen, dass eine Übertragung eigenständiger Entwurfskonzepte auf großdimensionierte Komplexe stadtunverträgliche Wirkungen auslösen kann (G045, G076, G078, G083, G089, G103):

„Hier sind aber Reibungspunkte da, wo sich ein prominenter Architekt festgelegt hat und kein Stück mehr weicht." (G103)

„Wie dann die Architekten halt so klauen, ja, ist es so, dass er als, als seiner Meinung [nach] größter Architekt, so kann man das ausdrücken, auch nicht daran denkt, dass er von ... [Architekt X] die Vorstellung, die Blockformation wieder aufzunehmen im Grundriss, und daraus dann das Hochhaus zu entwickeln, dass er das dort auch übernommen hat. ... Das Klima war verdorben." (G083)

„Jeder Architekt ist eine Welt, natürlich, und jeder Architekt steht zu seinem Werk. ... Da sagt er, ‚ach wissen Sie', und hat mich da ja ... zu so einem kleinen Provinzarchitekten degradiert, ‚ach wissen Sie, in zehn Jahren werden Sie meine Architektur auch gut finden, ja, Sie sind bloß noch nicht so weit.' Das hat er nicht gesagt, aber das hat er impliziert. Dabei ging es hier nicht um Architektur, es ging um Stadtidentität, um Stadtraum, und nicht darum, ob ... [Architekt Y] schöne Fassaden machen kann." (G045)

„Er hat immer behauptet, ... dass er da ganz sensible Farbtöne anbringt, und dass man ... nicht sehen kann, wie differenziert das nachher aussieht ... ich denke auch, dass das, was er nachher umgearbeitet hat, nicht freiwillig passiert ist, sondern dass er dem Druck nachgegeben hat. ... [Man] kann ja jeden als Idioten bezeichnen, der nicht der eigenen Meinung folgt, und ich fand das Auftreten von ... [Architekt Z] schon sehr arrogant." (G076)

Doch die Abschottung geht noch weiter, indem Vertreter einer Architektenauffassung versuchen, ihren Prinzipien universal zum Durchbruch zu verhelfen und dabei deren Einsatzfähigeit wie im Falle der legitimatorischen Suche nach Argumenten für Hochhausbauten aus Vergleichen mit umgebenden Gebäuden überschätzen (G110). Dies drückt sich aus im lobbyistischen Kampf für moderne Architektur (G025) oder der rhetorisch überhöhten Wiederaufnahme des Kampfes der „süddeutschen" mit der „norddeutschen" Architekturschule im Fassadenstreit, in dem die ersteren angeblich die letzteren „wegschießen" wollten (G026). Auf den Punkt gebracht wird das kritische Selbstbewusstsein unterschiedlichster Akteure durch die Absage an eine „Willkür von Architektenphantasien", auf die Architekten rhetorisch-lobbyistisch mit der Beschwörung von „Katastrophen" reagierten, wo „es ... um nichts anderes als verschiedene Meinungen [geht]" (G055).

Die fachliche Parallele zur Eitelkeit, die sich in der „Unabhängigkeit" ausdrückt, wird als Notwendigkeit im professionellen Selbstverständnis einer künstlerisch-gestalterischen Tätigkeit anerkannt, aber auf der anderen Seite aufgrund der damit verbundenen Auswirkungen bedauert, z. B. wenn sich Architekten nicht an Wettbewerbsvorgaben halten, auch wenn diese bereits wichtige Hintergrundinformationen über die Marktlage integrieren (G005). Die negativen Erfahrungen mit der Verwissenschaftlichung von Architektur erhärten die Unabhängigkeit von Juryentscheidungen in Wettbewerben bezüglich der Wettbewerbsvorgaben und bilden den Gegenpol zur kreativen Freiheit, die sich die Architekten selbst nehmen (G038). Wenngleich diese die Produktion innovativer Ideen häufig erst ermöglicht und gestaltungspolitische Übergriffe von Politikern die Spitze nimmt, wird dadurch eine Immunisierung von Entscheidungen gegenüber außerfachlichen Akteuren befördert, wenn beispielsweise Proportionen von Projektvarianten durch gemeinsame Sitzungen der Verfahrenspromotoren am Modell als „gerade noch verträglich" – und damit guten Gewissens nicht mehr weiter veränderbar — identifiziert werden (G024).

Der positiv bewertete Gegenpol einer kreativen Zusammenarbeit zwischen Architekten und den übrigen Akteuren lässt sich vorwiegend im Falle der Tätigkeit im Bestand finden. Architektinnen setzen sich im Rahmen des Umbaus von Denkmalen für denkmalorientierte Problemlösungen vermittelnd ein (G048, G059), so dass selbst Denkmalpfleger konstatieren: „Wenn die Architekten keine Lösung für die [bzw. den Erhalt der] Treppenhäuser gefunden haben, dann gibt es wohl keine" (S09), werden aber in ihrem Spielraum durch die

Investoren zwangsläufig beschnitten. Ob diese positiven Einschätzungen von Verwaltungsmitarbeitern und aus der Fachöffentlichkeit damit zusammenhängen, dass tatsächlich in der Architektenschaft eine recht einheitliche Stimmung herrsche (z. B. Ablehnung von Hochhäusern durch etwa 80 % der Architekten, G027, G045, Befürwortung einer klareren Trennung der individuellen Qualifikationsprofile hinsichtlich „Städtebau" und „Architektur", G045) herrscht, muss an dieser Stelle unbeantwortet bleiben. Die Minderheit der Architekten ist jedoch bei weitem groß genug, um als leistungsfähige Bündnisgenossen der metropolenorientierten Akteure in Politik, Verwaltung und Investorenspektrum bereitzustehen, während die „behutsameren" Architekten im Prozess zwar präzise Teilaufgaben erhalten, aber nicht als geeignet für die folgenden Bauaufträge erachtet werden (G090).

Damit kann die in der Theorie der Wachstumskoalitionen aufgemachte These nur stark modifiziert bestätigt werden, wonach Architekten aus Eigeninteresse eine solche stützen. Zwar kommt ihnen Wachstum offenbar zugute, doch sind sie weder in ihrer Mehrheit mächtig genug, die Stadtpolitik auf einen verschärften Wachstumskurs zu bringen, noch weist ihr Kritikpotential in diese Richtung. Vielmehr stellt es neben den oben angesprochenen Behutsamkeitsforderungen stärker lobbyistisch auf die Förderung moderner im Gegensatz zu historistischer Architektur ab, versucht also, ihren Anteil an den ohnehin anstehenden Bauaufgaben zu Lasten von „Architekturfabriken" (G039), auswärtigen Architekten und anderen Architekturschulen, die in der Stadt kaum vertreten sind, zu vergrößern (G025). Einige Architekten gliedern sich aktiv und vor allem projektbezogen in die Wachstumskoalition ein, z. B. indem sie die auf eine Dichtezunahme in Wettbewerben wie am Alexanderplatz drängen (G089), das Architekten"kartell" stützen (G002), sich aufgrund ihrer Innovativität und Eigenwilligkeit in städtebaulichen Sonderfällen auf umstrittene Weise anbieten (G006, G040, G089) und mit den metropolenorientierten Akteuren Stadtkronen-Überlegungen implizit oder explizit verfolgen (G050). Die Abhängigkeit der Architektinnen von den Investoren bleibt davon aber unabhängig bestehen (G045) und äußert sich in verschiedenen Formen der Instrumentalisierung, bei der „Kommerz"- oder „Glanz"-Architektur von „Schicki-Micki-Architekten" Dichten in die Höhe treibt und die Genehmigungsfähigkeit befördert (G031, G071).

„Bürger" und „Beobachter"

Die „Bürger"

Bürgerinnen besitzen über die Wahlentscheidung auf der Bezirks- und Landesebene sowie die formelle Beteiligung im Bauleitplanverfahren zwei äußerst indirekt wirksame, aber voneinander grundsätzlich zu unterscheidende Einflussmöglichkeiten. Die Wahlentscheidung bringt auf der Landesebene nur einen minimalen Einfluss auf das Stadtentwicklungsgeschehen. Im Abgeordnetenhaus sind die diesbezüglich öffentlichkeitswirksamen Themen verkehrspolitische Grundpositionen, die wirtschaftspolitische Ausrichtung und die Haushaltspolitik. Die breiter Mehrheit der Koalition und der – mit Ausnahmen — weitgehende Konsens in ihr hat den Eindruck, über Wahlentscheidungen auf Abgeordnetenhausebene Stadtentwicklungspolitik zu beeinflussen, nicht spürbar größer werden lassen.

Trotzdem herrscht Unverständnis in Teilen der Bevölkerung über die scheinbar unaufhaltsame Mobilisierung von Baumassen für die Nachverdichtung der Innenstadt — ausgehend von der wuchtigen Baumassenarrondierung in der Friedrichstraße und strukturverändernde Implantate in der City-West über die Stadtkronenpolitik am Alexanderplatz und die Produktion auch für uninteressierte Laien unübersehbare Büroflächenleerstände bis hin zur Aktivierung von (Verkehrs- und) Grünflächen für die Ideen des Planwerks Innenstadt. Stadtentwicklung wird mit Spannung und Staunen begleitet, ohne sich breit auf die Wahlentscheidung niederzuschlagen.

Schließlich verbleibt die Hoffnung auf die lokalen Interessen verbundenen Gestaltungsmöglichkeiten der Bezirksebene. Im Ostteil der Stadt bringen sie wohl in Verbindung mit der Ernüchterung über den Verlauf des Einigungsprozesses insgesamt einen Schub für die PDS, die aber in der Innenstadt nur begrenzten Einfluss besitzt und ihrerseits hin- und hergerissen ist zwischen Tertiärisierungspolitik einerseits und veränderungskritischer Kontrollfunktion andererseits, während die entwicklungskritischen Bündnisgrünen kaum Einfluss ausüben können. So bildet sich auch auf lokaler Ebene ein stillschweigender Wachstumskonsens heraus, der im Bedarfsfall durch die Politik des Senats abgesichert werden kann. Lediglich in einigen Bezirken im Westteil gelingt es entwicklungskritischen Kräften, Verantwortung für die Baupolitik oder das Bürgermeisteramt auf Bezirksebene zu übernehmen, die aufgrund ihres breiten Rückhalts in der Bevölkerung öffentlichkeitswirksame Gegenpositionen zur Wachstumspolitik des Senats aufbauen, aber im Falle von herausragenden Büroinvestitionsvorhaben stets zwischen der Möglichkeit der lokalen Einflussnahme und dem Eintritt des Senats ins Verfahren lavieren müssen. Damit sind entwicklungskritische Kräfte aus verschiedenen Gründen in Ost wie West weitgehend gelähmt und nur sehr begrenzt in der Lage, ihre Ziele in projektbezogene Erfolge an die Bevölkerung vermittelbar umzusetzen.

Die Ausgestaltung der formalisierten Bürgerbeteiligung geht häufig weit über die gesetzlich verankerten Anforderungen hinaus. Dennoch ist die Resignation über die vermeintlich geringe Beteiligung der Bürger in der Verwaltung und die Negation der inhaltlichen Bedeutung sowie der Repräsentativität von Bürgeräußerungen in der Politik weit verbreitet. Schlüssel hierfür ist die äußerst späte Einbeziehung der Öffentlichkeit im projektorientierten Stadtentwicklungsprozess. Die geäußerten Anregungen und Bedenken können kaum noch als konstruktiv-gestaltend aufgefasst werden und sind ohnehin häufig von Reserviertheit gegenüber massiven Veränderungen geprägt, deren Unumstrittenheit unter den Verfahrenspromotoren jedoch einen Ausgangspunkt des Verfahrens bildet. Die scheinbar über das Mindestmaß hinausgehende Beteiligung überlässt es den Bürgerinnen, Veränderungsspielräume eigenständig auszuloten und hierfür Ressourcen zu mobilisieren. Trotz des betriebenen Aufwands wird die Beteiligung nach legitimationsorientiertem Vorlauf von den Promotoren teilweise als verfahrensverzögernde Pflichtübung aufgefasst, da zum einen die geäußerten Kritikpunkte den Verfahrensbeteiligten wegen der Intensität ihrer fachlichen Auseinandersetzung mit den möglichen Entwicklungsalternativen auch vor der Beteiligung bereits im Grundsatz bekannt sind und zum anderen formalrechtlich „Abwägung“ lediglich die nachvollziehbare Thematisierung der Entscheidungsgründe, nicht aber die Auslotung etwaiger von der politischen Linie abweichender Kräfteverhältnisse in der Bevölkerung bedeutet.

Bürgeräußerungen würden, ernst genommen, den gesamten üblicherweise vorausgehenden Planungsvorlauf ins Wanken bringen. Demnach wird es aus Sicht der Promotoren erforderlich, ihnen politisch die Legitimation abzusprechen und die geäußerten Positionen als klientelistische Äußerungen zu diskreditieren, die zudem ein zufälliges und kaum repräsentatives Bild aus der Sicht der wesentlichen Projektgegner abgeben (G123). Insbesondere der Charakter der Masse als „schweigend" eröffnet einen vielfältigen Interpretationsspielraum dessen, was tatsächlich „Bürgermeinung" sei. Entscheidend am Verweis auf die Auffassungen der weiteren Öffentlichkeit ist allerdings die Unüberprüfbarkeit dieser Interpretationen. Die formale Beteiligung lässt sich als Ideenreservoir für Weiterentwicklungen im Detail instrumentalisieren. Die Reduzierung des Einflusses auf Details ist wiederum kaum als Erfolg transportierbar, und im Ergebnis verliert auf Bürgerseite über den Eindruck der Machtlosigkeit die Beteiligung an Stellenwert, während sich in der Verwaltung Ernüchterung über die geringe Resonanz auf Beteiligungsangebote einstellt.

Lässt man die Mobilisierung der Fachöffentlichkeit außen vor, die unten näher beleuchtet werden soll, verbleiben im Wesentlichen vier Fälle, in denen Bürgerbeteiligung über kosmetische Nachbesserungen hinausgelangen kann. Der erste Fall ist der der nachbarlichen Betroffenheit. Hier tangiert ein Vorhaben in seinen Wirkungen unmittelbar das Lebensumfeld von auf dem Areal oder an es angrenzend wohnenden Haushalten. Diese sind aufgrund ihrer Betroffenheit zur punktuellen Mobilisierung gegen ein Vorhaben in der Lage. Auch ihre Äußerungen unterliegen sofort der Einordnung in den politischen Gesamtzusammenhang und werden daher im Rahmen der Qualifizierung von Projekten ernsthaft aufgegriffen, ohne diese jedoch grundsätzlich ins Wanken bringen zu können. Insbesondere gilt das für die Problematik drohender „Verdrängung", so dass lokale Widerstände gegen sie wegen der Erfahrungen aus dem Sanierungsprozess der 1970er Jahre meist vergleichsweise schnell aufgegriffen werden.

Der Charakter der Bürobauvorhaben von der kleineren Einzelmaßnahme bis zur groß angelegten Standortkonversion tangiert benachbarte Bewohner selten direkt, da die Flächenvorsorgepolitik und die Investitionstätigkeit auf zahlreiche Standorte ohne größere Wohnbestände zurückgreifen kann. Interessant ist daher insbesondere der Fall, in dem Vorhaben direkt an der Schnittstelle zwischen „Arbeitsorten" und stabilen Wohnquartieren liegen. Die lokal-nachbarliche Mobilisierung von Widerstand gegen Vorhaben bildet hierbei gewissermaßen die Speerspitze im Kampf um die Definition der Grenze zwischen Arbeits- und Wohnort gegen eine Ausbreitung des Arbeitsorts oder dessen negative Ausstrahlung in den Wohnort. Die Integration dieses schärfsten Widerstands ist für die Promotoren daher funktional, da sie den anstehenden Definitionskonflikt tendenziell aus der Wahrnehmung in der Öffentlichkeit herausziehen und die Nachbarn in der Regel durch Einbeziehung ins Verfahren mit Kompromissen vergleichsweise einfach befrieden können. Der Vergleich zweier dieser Definitionskonflikte zeigt allerdings, dass die Art der Einbindung von der Perspektive abhängt: Während im Fall des Bolle-Blocks auf der lokalen Ebene eine Vermittlung gesucht wird, sehen sich die Senatsvertreter im Fall des Kranzler-Ecks in gesamtstädtische Abwägungen eingebunden — Definitionskampf über die Attraktivierung des Kurfürstendamms durch erweiterte Bestandspflege einerseits oder Initialprojekte andererseits —, und lassen den „Grenzkonflikt" in den Hintergrund treten.

Damit ist bereits der zweite Fall erfolgversprechender Bürgerbeteiligung benannt, der dann eintritt, wenn die Promotoren in der Exekutive lokal rechenschaftspflichtig sind. Hierbei geht es um den Definitionskampf über den Grad an Veränderung, den sich ein Gemeinwesen zumuten will. Die einschneidenden räumlichen Veränderungen, die durch die untersuchten Großprojekte ohnehin eintreten, treffen dann auch die Legislative und die Exekutive unvorbereitet, so dass tendenziell Unsicherheit über die Fraktionen hinweg besteht. Sie wird erst im und durch das Entscheidungsverfahren überwunden. Die Sensibilisierung der Akteure aus Politik und Verwaltung für Orientierung schaffende inhaltliche Positionen verhilft auch der Öffentlichkeit zu stärkerer Aufmerksamkeit. Die anstehenden Entscheidungsprozesse sind dann hinsichtlich ihres Ausgangs tatsächlich relativ „offen", da z. B. bei einer Abweichung der Investorenkonzepte vom geltenden Recht die Exekutive ohnehin in einen Prozess der Reformulierung von Planungszielen eintreten muss. Der weitgehend interne Vorentscheidungsprozess erlaubt zwar der Öffentlichkeit nur einen geringen Einfluss. Die Exekutive übernimmt jedoch in Ansätzen anwaltliche Positionen gegenüber der Bevölkerung, wenngleich ohne genauere Informationen über deren Meinungsspektrum — gewissermaßen im Sinne des Urgedankens repräsentativer Demokratie insofern, als Politiker mit lokaler Rechenschaftspflicht sich als Vertreter ihrer noch relativ überschaubaren räumlichen Einheit begreifen. Der Definitionskampf stößt an Grenzen der Offenheit, wenn er durch überlokale Inhalte und Akteure determiniert (Ringstadtkonzept, City-West) oder von anderen stabilisierenden Rahmenbedingungen überlagert wird.

Der dritte hier zu behandelnde Fall betrifft städtebaupolitische Grundsatzkonflikte, die sich durch die Fraktionen ziehen und selbst in der Fachwelt umstritten sind. Politische Koalitionen sind dann nicht handlungsfähig. Andere Koalitionen bilden sich punktuell heraus. Diese Grundsatzkonflikte betreffen u. a. den Verkehr und die architektonische Gestaltung. Einzelne Akteure versuchen, ihren positionsbedingten Handlungsspielraum auszuüben, und entziehen sich der Kontrolle durch die politischen Gegner so weit als möglich. Der Einfluss der Bürgerinnen ist dann abhängig vom Zugang, den sie sich zu diesen Akteuren verschaffen können. Im Falle ihrer eigenen Mobilisierungsfähigkeit wirken sie also als bestärkende Katalysatoren auf diejenigen Akteure mit Ressourcenzugang, die grundsätzlich ihre Auffassung vertreten und stärken überdies deren Verhandlungsposition.

Der vierte Fall baut ebenso auf der Mobilisierungsfähigkeit auf. Hierbei handeln die Promotoren von Verfahren aber einmütig und sind ihrer Position sicher. Einzelne Akteure scheren nicht mehr aus, so dass die Katalysewirkung des vorgenannten Falls ausscheidet. Der Erfolg der Öffentlichkeit ist also auf andere strukturelle Faktoren angewiesen. Diese liegen in einer Kombination aus breiter Massenmobilisierungsfähigkeit und akteursunabhängigen Umsetzungsbarrieren. Die Mobilisierung von Massen tritt nur dann ein, wenn das politische Klima dazu herrscht und wenn Grundsatzfragen der Stadtentwicklung betroffen sind[166]. Stadtwirksame Großprojekte wie die Olympia-Bewerbung sowie die Bebauung von Potsdamer und Alexanderplatz kommen hierfür in Frage. Akteursunabhängige Umsetzungsbarrieren sind sich verschlechternde ökonomische Aussichten für ein Projekt, gravierende standortbezogene Probleme wie Eigentumsfragen oder eine zersplitterte Nutzungsstruktur auf großen Flächen im Bestand oder privatwirtschaftliche Schwierigkeiten des

166 Ein Beispiel ist die Rolle des Verkehrs im West-Berlin der 1980er Jahre, die eine Mobilisierung gegen Straßenbauprojekte ermöglichte.

Investors. Sie lösen Verzögerungen aus, die sich wandelnde politische Konstellationen nach sich ziehen können, neue städtebauliche Ideen ins Spiel bringen oder die Kalkulation eines Projekts durcheinanderbringen. Die Mobilisierung von Bürgern kann hier zu einer weiteren Verunsicherung der Investoren ob der wirtschaftlichen Tragfähigkeit des Projekts beitragen. Im Ergebnis werden Projekte allmählich in Reaktion auf Widerstände „kleiner gekocht" oder scheitern vorübergehend am Rückzug der Investoren. In einem nächsten „Anlauf" können dann Veränderungen grundsätzlicher Art als Reaktion auf die Bürger Eingang in die überarbeitete Konzeption finden.

Die Kritik der entwicklungskritischen Bürger an der „Massivität" und „Monotonie" (Ö02, Ö04, Ö08, Ö11) der Büroflächenprojekte kann in den untersuchten Fällen schwerlich als St.-Florians-Politik abgetan werden, da diese keine unmittelbaren Wirkungen auf das Lebensumfeld der Bürgerinnen entfalten. Meist handelt es sich eher um die Gestaltung öffentlicher Räume in Bereichen, die für ihre Wahrnehmung von Stadt von Bedeutung sind. Unmittelbar aus der Verteidigung von Privilegien o. ä. entwickelte Abwehrhaltungen werden von Vertretern der öffentlichen Hand abgewehrt und Eingriffe in das unmittelbare Lebensumfeld ansatzweise in Qualitätsanforderungen an Projekte aufgegriffen.

Eine Interpretation, die die Konflikte mit Bürgern auf die unterschiedlichen Positionen der Akteure zum weitgehend neuen Aufgabenfeld der Büroflächenpolitik zurückführt, erscheint hier treffender: Investoren gehen von den Verwertungsmaßstäben aus, die durch wirtschaftliche Rahmenbedingungen und Bodenpreis bestimmt werden, Architekten entwickeln das Selbstverständnis für die zu bewältigende Aufgabe aus ihrem Gestaltungsauftrag, der Raumkomposition und Nutzeranforderungen in Einklang bringt, die öffentliche Hand fügt sich in die Notwendigkeit, mit den gängigen Nutzungsmustern planerisch umzugehen, und lediglich die Bürgerinnen können sich gewissermaßen erlauben, über die Kritik an den stadträumlichen Konsequenzen von Einzelprojekten den nicht mehr einzelnen Akteuren zuzuordnenden Trend insgesamt in Frage zu stellen. Somit scheitern Kompromisse bisweilen an der Unvereinbarkeit von Grundpositionen, bei denen Bürger die gängigen Leitbilder der Fachwelt — die sich hinsichtlich der Entscheidungsfindung produktiv mit den Nutzungsabsichten der Investoren verbinden — zu konterkarieren versuchen. Die Eindeutigkeit und Breite dieser Ablehnung wird zur wesentlichen Mobilisierungsvoraussetzung, da die Machtressourcen gering sind, Bewegungen sich kaum professionalisieren lassen und formale Beteiligungsrechte mit Fatalismus quittiert werden. Gelingt es im Prozess, über Anpassungen Zugeständnisse in Richtung einer Verträglichkeit der Projekte zu gewährleisten, nimmt die Konfliktträchtigkeit schnell ab.

Die Einschätzung der Bürger durch die Verfahrenspromotoren kann mit den Stichworten „Desinteresse", „Interessengebundenheit", „Inkompetenz" und „Heterogenität" umschrieben werden. Alle bezeichnen sicher ernstzunehmende Phänomene in der Wahrnehmung der Bürger durch die Promotorinnen, werden aber trotz ihres Charakters von Teilwirklichkeiten zielgerichtet legitimatorisch eingesetzt.

Das Desinteresse des Durchschnittsbürgers an Planungsfragen ist stehende Rede vor allem in der Politik (L10, L15, L18), der Verwaltung (B11, E04) und ihren nachgeordneten Gutachterkreisen (P06, P17):

„Die Bürger wurden gefragt, z. B. ob das Gebäude zu hoch ist, ja, darauf gab es dann natürlich auch wie bei allem, wo man die Leute fragt, Leute, die fanden das ganz toll, und Leute, die fanden das ganz mies, ja, man hatte natürlich die ganze Bandbreite möglicher Antworten darauf, ja. ... Die Bürgerbeteiligung, die wir durchgeführt haben, wir haben eine Veranstaltung gemacht, die Leute konnten Stellungnahmen abgeben, und wir haben das auch ausgewertet, aber, ich sage einmal, das ist nicht so, wenn sich da 30, 40, 50 Bürger beteiligen, melden und sich äußern, mein Gott! Das finde ich wirklich sehr sehr problematisch, ja, also jetzt wegen dieser Zahlen Veränderungen, irgendwelche, an diesem Bau vorzunehmen." (P06)

Beklagt wird bisweilen, dass die Bürger sich nicht mehr für ihre Stadt verantwortlich fühlen (G023), doch stellt sich die Frage, ob frühere Auseinandersetzungen nicht beschränkt waren auf den Einsatz für Symbole (vgl. den versuchten Abriss der Kaiser-Wilhelm-Gedächtniskirche in den 1950er Jahren), gegen die Bedrohung eigener Lebensräume (Einsatz gegen die Kahlschlagsanierung ab den 1970er Jahren) und die Verhinderung großräumiger Stadtzerstörung in einem Klima der wachstumskritischen 1980er Jahre (Einsatz gegen die BAB „Westtangente") und damit — wie heute (G071, G090, G121) — stets selektiv.

Wie das Desinteresse schwächt auch die Identifikation der Beteiligungsmotive als interessengebundenes Handeln den Einfluss der Bürgerinnen. Politik und Verwaltung mit dem Auftrag, für die gesamte Bevölkerung zu handeln und Einzelentscheidungen in einen Gesamtzusammenhang zu stellen, stellen bei den Bürgern als „übliche Bedenken" (B04, s. o.) fest. Bürger wollen ihr „Liebgewonnenes erhalten" (E05), seien unvorbereitet und grundsätzlich ablehnend gegenüber dem Unbekannten (B11). Die Schaffung einer Kiezatmosphäre sei nur eingeschränkt Maßstab für die Gestaltung neuer Stadträume (B18). Diese Reduzierung der Beteiligung auf ihre Kiezbezogenheit würdigt die ausgleichenden Versuche von Bürgern nur eingeschränkt (B02, G082) und denunziert die mangels Ressourcen und politischer Thematisierung ungeschickten Rückzugsgefechte ob ihrer fachlichen Kompetenz (G054):

„Deren Vorgaben waren zunächst ja, gar nichts bauen, am liebsten alles so lassen ... viel Wohnungen, wenn überhaupt, und dann natürlich so wenig wie möglich Masse, ist auch klar, und viel grüne Wiese, aber am liebsten: ‚Lasst doch alles wie es ist, warum muss hier überhaupt gebaut werden?'" (G082)

Inkompetenz wird den Bürgern ganz überwiegend aus dem Architektenspektrum vorgeworfen, das in der Exekutive auf *counterparts* aus der gleichen Profession stößt und damit wohl aufgrund der Vorhand-Position der Entwurfsverfasser und Verfahrenspromotoren Versuche einer intensiveren Auseinandersetzung gar nicht erst anstrengen muss. Darauf deutet die Herausstellung gestalterischer Details vor der städtebaulichen Gesamtwirkung (G119) und die Klage über fehlendes baukulturelles Verständnis in der Stadt und insbesondere ihren „proletarisch" geprägten Teilen (B02, G023) hin, die bisweilen vorgeschoben wirkt:

„Das zeigt natürlich auch, dass wir, was die Sensibilität unserer Sinnesreizung anbetrifft, ganz schön verdorben sind, dass es dann immer nicht grell und bunt und schrill genug ist ... dass eine etwas subtilere und sensiblere Veränderung in einem Artefakt wie in einem Hochhaus offenbar auf den ersten Blick gar nicht wahrgenommen wird. Vielleicht auch auf den ersten Blick gar nicht wahrgenommen will. Aber wenn man da genau hinguckt, stecken nämlich diese ganzen Höhen-Proportionsregeln ... noch einmal in diesem Hochhaus drin. Das ist sozusagen die ... Lese-Latte für das Konzept, und insofern also auch ein Schlüssel für die Entzifferung, für bestimmte Aussagen, die das Gebiet charakterisieren. ... Zum anderen merkt man nicht, dass die wechselnden Lichtverhältnisse über den Tag sich auch an dem Hochhaus sehr gut und interessant ablesen lassen, dass eben auch die ... Glasfassade so beim Gegenlicht ... eine ganz interessante Transluzenz des Baukörpers da erlebbar macht. So dass ich auch sehr unterschiedliche Äußerungen darüber höre. Das erwarte ich aber auch von einem Artefakt oder Kunstwerk, das sehr unterschiedlich wirken kann." (G119)

„In Moabit fehlt die Bildung und das Verständnis von der Sache, um die Bedürfnisse klar und eindeutig zu formulieren." (B02)

Ein weiteres Indiz ist die Diffamierung der „Heimatkundler" von der streitbaren „Gesellschaft Historisches Berlin" (G026, G045). Eine grundsätzliche Ablehnung von Projekten durch die mobilisierte Öffentlichkeit kann denn auch als „organisiert" (G091) identifiziert werden, oder als „erschreckend stadtfeindlich" (G038) in ihrer bürgerlichen Prägung und Ablehnung von Verdichtung, so dass Architekten wie Kleihues vor einer Brüskierung ihrer Kritikerinnen nicht zurückschrecken (G038):

„Die haben eine Stunde Terror gemacht da drin. ... Nach einer Stunde gingen diese Krawalltypen ... raus. Und dann konnten mit den Verbliebenen ernsthaft Fragen auch dieser Art besprochen werden. ... Ich möchte nur sagen, dass dieser Bevölkerungswiderstand auch organisiert war, und er kann auch politisch motiviert gewesen sein." (G091)

„Wenn viel Kommunikation herrscht, wir lieben das doch alle, da ist auch Dichte dazu nötig, nicht wie Andere, die es schon schrecklich finden, wenn mehr als drei Leute sich auf der Straße begegnen." (G038)

Diese Marginalisierungspraktiken sind Schlüssel für den Verweis auf die Heterogenität der Öffentlichkeit, der es erlaubt, Reaktionen auf deren Äußerungen auf den Fall erheblichen Widerstandes zu begrenzen und Politik als das unüberprüfbare Ausloten von Stimmungen zu begreifen. Selbst die Gegner von Projekten werden an ihrer Achillesferse, ihrer inneren Heterogenität, erwischt (G007, G019, G026), während in konventionellen Verfahren der Verweis auf das „breite Antwortenspektrum" (G041, G044), die Normalität unterschiedlicher Meinungen über einen Entwurf (G091, G119) oder die Tatsache, dass „immer über etwas gemeckert" wurde (G064), genügt.

Neben den oben genannten *Strategien*, die sich aus diesen Einschätzungen ergeben, ist erstens eine Zusammenarbeit von Schlüsselakteuren auf der jeweiligen politischen Ebene zu erwähnen, so dass Projektgegner in der Exekutive ihre inhaltlichen Verbündeten in der Öffentlichkeit mit Informationen versorgen oder zu mobilisieren versuchen (G021, G022, G060, G077), während die Indifferenten oder Befürworterinnen darauf verzichten können und Abwehrstrategien entwickeln (G007, G019) bzw. nur auf rufschädigenden Widerstand reagieren (G026). Die Gegner stoßen aber auf Grenzen, wenn die Selektivität des Interesses eine Mobilisierung nicht zulässt (G060) oder Einzelprojekte frühere Beteiligungsergebnisse obsolet machen (G029) und damit strategisches Handeln erschweren.

Zweitens pflegen Verfahrenspromotoren einen paternalistischen Umgang mit der Öffentlichkeit, der einerseits an der Inkompetenz-Problematik ansetzt, andererseits dem Selbstverständnis der Exekutive als dem Organ der Abwägungsvorbereitung geschuldet ist, das sämtliche Belange in den Planungsprozess integriert. Bürger bewirken dabei „so viel, wie man ihnen zugesteht" (G117). Gutachter, die für die Öffentlichkeit bedeutsame Orte planen, begreifen sich selbst als „überzeugte Berliner und Stadtbürger" (G034) und nehmen damit antizipierende Funktionen im Hinblick auf die Öffentlichkeit wahr. In frühen Phasen von Projekten werden bisweilen Alternativen ohne Einbeziehung der Bürgerinnen in die Alternativengenerierung (G019) „mitgedacht". Die öffentliche Verwaltung lehnt Vorschläge von Investoren auch einmal ab, wenn „da[von] ... der Bürger nichts ... [hat]" (B14) wie bei einer hohen Verdichtung ohne zugängliche Freiflächen. Sie lässt durch Gutachten nachweisen, dass die Betroffenheit der Bürger durch ein Projekt „nur geringfügig" (B11) sei, und versucht von der eigenen Position teilweise mit „dummen Bemerkungen" zu überzeugen, da man „eine Sache, die man eigentlich als vernünftig ansieht, ... irgendwie argumentativ durchsetzen [muss]" (B02). Scheitert der Überzeugungsversuch, ist dadurch das eigene Handeln nicht in Frage gestellt:

„Sie können machen, was Sie wollen, es kommen immer wieder Leute, die an dem, was sie haben, und wo sie gestern noch geschimpft haben, plötzlich es so lieb gewonnen haben, dass sie es nicht verändert haben möchten. ... Was die Höhe angeht, da haben wir versucht, die Leute zu überzeugen, von dem Stadtzeichen, und ansonsten haben wir weitergemacht." (G091)

Die paternalistische Annäherung hat ein doppeltes Gesicht: Zum einen rechtfertigt sie die Immunisierung von politischem Handeln gegen Kritik, zum anderen bewirkt sie tatsächlich die antizipierende Berücksichtigung von realen Belangen der Bürger ohne deren unmittelbare projektorientierte Mobilisierung. Sie verleiht der Stadtentwicklungspolitik damit eine nicht zu vernachlässigende pluralistische Note.

Die „Fachöffentlichkeit"

Die Fachöffentlichkeit zeichnet sich durch ihre Expertise in städtebaulich-stadtplanerischen Fragen aus und kann deshalb für sich reklamieren, kompetenter über Stadtentwicklungspolitik urteilen zu können als die allgemeine Öffentlichkeit. Innerlich ist sie jedoch angesichts ihrer Größe in der Stadt, der vielfältigen fachlichen Herkunft der ihr zuzurechnenden Personen und Institutionen, der unterschiedlichen Abhängigkeitsgrade vom stadtentwicklungspolitischen Geschehen, der Vielfalt der von ihren Angehörigen ausgeübten Lebensstile, der in ihr vertretenen fachlichen Generationen bzw. Kohorten und der politischen Verortung ihrer Mitglieder in ein facettenreiches und nur schwerlich jemals als einheitliche Stimme wahrnehmbares Konglomerat von Vertretern unterschiedlichster Meinungen, Positionen, Argumenten und Strategien gespalten. Am ehesten spricht sie mit einer Stimme, wenn es darum geht, die vermeintlich fachlich geringe Qualifikation der Berliner Stadtentwicklungspolitik zu beklagen. In dieser Vielfalt bietet die Fachöffentlichkeit, wenn sie sich denn zu einzelnen Vorhaben überhaupt äußert, eine relativ breite legitimationsstiftende Identifikationsfläche für unterschiedlichste stadtentwicklungspolitische Positionen der untersuchten Verfahrenspromotoren, die beinahe immer eine Bestätigung ihrer Haltung in irgendeinem Zweig der Fachöffentlichkeit finden können.

Umso überraschender wirkt die Tatsache, dass ein offenbar weitreichender Konsens in der Fachöffentlichkeit, so er denn im Einzelfall erzielt und geäußert wird, keineswegs Berücksichtigung in der Politik finden muss. Die schwache Stellung der Fachöffentlichkeit hat mehrere Ursachen. Zu ihnen zählen neben der inneren Spaltung die Diskreditierung als Lobby, der projektbezogene Informationsvorsprung der Exekutive und die geringe Mobilisierungsfähigkeit der Fachöffentlichkeit aus sich heraus und über sich selbst hinaus, die Moderatheit der fachöffentlichen Kritik im Zusammenhang mit ihrer Abhängigkeit von öffentlichen Entscheidungsträgern, das Vorhandensein von Fachleuten in der Verwaltung und sogar teilweise in deren Spitze, das fachliche Selbstverständnis der Exekutivspitze sowie die politische Entscheidungsfindung in einem Geflecht verschiedener Politikfelder, in dem die Fachöffentlichkeit als nur eine legitime unter vielen politischen Sichtweisen angesehen wird. Die Fachöffentlichkeit bildet demzufolge keine hinreichende Ressource für eine Entscheidungsfraktion, sondern kann höchstens in Verbindung mit Verunsicherungen innerhalb des Kreises der Verfahrenspromotoren sowie ihrer politischen Klientel zu einer veränderten Entscheidungsfindung beitragen.

Die Größe der Fachöffentlichkeit resultiert bereits aus der Größe der Stadt. Gerade nach der Vereinigung der beiden Teilstädte wurde das ohnehin schon beachtliche Reservoir von Fachleuten in Architektur und Planung, im Westteil mit ein „Erbe" der IBA 1987, von Stadterneuerung und Stadtumbau sowie gespeist durch die Ausbildungsgänge an den Hochschulen, im Ostteil wegen des Stellenwerts gesellschaftlicher Planung und des zentralistischen Staatsaufbaus systembedingt vorwiegend in der staatlichen und lokalen Administration zu finden, angesichts der Wachstumserwartungen durch zuwandernde Fachleute zusätzlich aufgestockt. Die unterschiedlichen Herkünfte der Fachleute, der traditionell hohe Stellenwert der architektonisch-städtebaulicher Qualitätsdebatte sowie die vor Ort ansässigen Hochschulen, Standesvertretungen und Fachzeitschriften bedingen eine starke fachöffentliche Sensibilisierung, die zu innerfachlicher Meinungsvielfalt neigt.

Die Auffächerung fachlicher Herkünfte steht nicht ausschließlich mit der absoluten Größe im Zusammenhang. Schwerpunktsetzungen durch die Kerngruppe der Architekten auf Gebäudestruktur und Fassadengestalt werden ergänzt und kontrastiert durch die planerische Beleuchtung von städtebaulicher und ökologischer Verträglichkeit, Nutzungsverteilung und Bodenpreismechanismus, deren Thematisierung in Berlin allerdings stärker auf die alternative West-Berliner Szene als die Etablierung einer eigenständigen Planungsprofession zurückzuführen ist. Weiterhin kommen als Themen das Eintreten gegen die Entwertung des öffentlichen Raums und Zugangschancen zu städtischen Angeboten durch die akademische Soziologie und Politikwissenschaft hinzu, die Rolle von „Stadtkultur" und die damit in Zusammenhang stehende direkt gebäudebezogenen Plädoyers für den Erhalt von Denkmalen durch Vertreter unterschiedlicher Professionen sowie schließlich die Verkehrsproblematik – nicht ausschließlich als Domäne der Verkehrswissenschaftlerinnen.

Zur professionsübergreifenden Vielfalt tritt diejenige innerhalb einer Fachrichtung, die sich am stärksten in der Architektenschaft wahrnehmen lässt. Sie steht in einem engen Zusammenhang mit einer politischen Vielfalt innerhalb des Spektrums der Fachöffentlichkeit und den Abhängigkeitsgraden von den öffentlichen Entscheidern bzw. des herrschenden architekturpolitischen Regimes (vgl. Sewing 1995, Strom 1996). Bedeutsam an der genannten Vielfalt scheint ihre Differenzierung in eine „explizite" und „implizite" Vielfalt, bei der die implizite Vielfalt dominant ist.

Unter impliziter Vielfalt soll diejenige verstanden werden, die durch die unterschiedliche Interpretation ein und desselben fachlichen Kanons an Handlungsprinzipien zustande kommt. Dieser Kanon besteht u. a. in einer Umsetzung von zeitgenössischer Technologie in architektonische Form, in der Herstellung einer bewussten Beziehung zwischen vorgefundenem Bestand und ergänzendem Neubau, in der Schaffung eines ausgewogenen Verhältnisses von städtebaulicher Einheit und Vielfalt im Detail und in der Widerspiegelung von funktionaler Bedeutung in städtebaulicher Form sowie im Bestehen auf der autonomen Herrschaft des Entwurfs über die Formgebung. Implizite Vielfalt stellt also die Sinnhaftigkeit der genannten Prinzipien nicht in Frage. Dagegen ist explizite Vielfalt dann gegeben, wenn unter den Fachvertretern keine Einigkeit mehr über die Prinzipien selbst herrscht.

Innerfachliche Konflikte resultieren aus der beschriebenen Vielfalt vor allem dann, wenn eine maßgebliche fachliche Partei den Rahmen der Handlungsprinzipien verlassen sieht, auf den sich eine andere Partei immer noch beruft. Die Wurzel architektonisch-fachöffentlicher Kritik an der Stadtentwicklungspolitik lässt sich praktisch immer darauf zurückführen, dass mobilisierungsfähige Teile der Architektenschaft in diesem Konflikt nicht auf der gleichen Seite steht wie die Politik. Unter Dominanz der impliziten Vielfalt ist zu verstehen, dass zumeist die Kritik an der Politik darin besteht, der expliziten Vielfalt die Tür geöffnet zu haben und damit den fachlichen Kanon zu gefährden[167]. Es gibt aber keine anerkannte Institution, die diesen Konflikt auflösen könnte[168].

Politische Vielfalt innerhalb der Fachöffentlichkeit ist nur ansatzweise nachzuweisen, z. B. durch die Präsenz von Fachleuten in den bau- und stadtentwicklungsbezogenen Ausschüssen der Bezirks- und Landesparlamente. Der unterschiedliche Abhängigkeitsgrad von Auftraggebern ist bereits mit der beruflichen Verortung teilweise zu erklären. Während Soziologen aufgrund ihrer universitären Anbindung deutliche Kritik üben können, halten sich Architekten in der Regel extrem mit Kollegenschelte zurück, wenn diese gleichzeitig potentielle Auftraggeber in der öffentlichen Hand trifft. Kritik richtet sich häufig gegen auswärtige Architekten, gegen die das heimische Terrain verteidigt werden muss.

Damit ist bereits ein wesentlicher Schwachpunkt der fachöffentlichen Kritik wieder aufgegriffen, nämlich die Identifizierung der Kritik als lobbyistisch. Zwar liegt es im ureigenen Interesse der Architektenschaft, beispielsweise die standesimmanent anerkannten Verfahrensstandards (Wettbewerbsverfahren) gegenüber der Politik zu vertreten, doch greift diese Vertretung angesichts der Rekrutierung von Jurymitgliedern häufig zu kurz. Ein Prüfkriterium hinsichtlich der tatsächlichen Breite der am Citybildungsprozess beteiligten Architekten existiert nicht, so dass die Internationalität der vertretenen Architekten der Kritik an vermeintlich unterschiedlichen Zugangschancen zu Aufträgen entgegengehalten wird.

Hinsichtlich der Dezidiertheit von Kritik steht die Fachöffentlichkeit in einem Dilemma. Bleibt sie bei einer moderaten und eher systemstabilisierenden Kritik, wie sie beispielsweise von der Architektenkammer häufig schriftlich vorgetragen wird (vgl. Hertling 1995), wirkt sich diese auf Entscheidungsprozesse nicht ernsthaft aus, zumal, da sie in der Regel rückblickend-bilanzierend erfolgt. Erfolgt dagegen scharfe Kritik im Verfahren selbst, wie sie von der Kammer und Architektenverbänden in Stellungnahmen, Veranstaltungen und Briefen geäußert wird, kommt sie nicht selten aufgrund des Informationsnachteils der Außenstehenden zu spät. Wird die Kritik dagegen in grundsätzlicher Weise an der Stadtentwicklungspolitik geäußert, wie dies häufig im Falle von Hintergrundkommentaren in der Tagespresse der Fall ist, wird sie „kulturkritisch" und setzt sich dabei dem Vorwurf aus, ihren Ursprung in der politischen Opposition zu haben. „Kulturkritische" Einwände, die sich vor allem gegen die Autoverkehrspolitik, den Grad der inneren Verdichtung, die geringe Berücksichtigung von Freiflächen, die Privatisierung des öffentlichen Raums und die

167 Bestes Beispiel ist die Architektur von Helmut Jahn.

168 In der Regel ist die morphologische Struktur einer Stadt diese Institution selbst. Heterogenere Städte prägen die fachöffentliche Debatte weniger einheitlich als homogenere. Der Aufschrei über bewusst kontrastierende moderne Architektur, der bisweilen im Umfeld von historischen Altstädten zu vernehmen ist, bleibt in Berlin naturgemäß aus.

Vernachlässigung der Schaffung von Wohnraum im Zentrum richten, sind deshalb taktisch schwach, weil sie bezogen auf die Stadtentwicklungspolitik insgesamt zu allgemein sind und ihnen immer in ihre Richtung gehende Einzelmaßnahmen entgegengehalten werden können (Bsp.: Selbst der CDU-Verkehrssenator Klemann lässt Straßenbahnlinien neu bauen). Sie liefern also keine anerkannten Beurteilungskriterien für ihr Plädoyer mit, sondern zeigen nur kritikwürdige Trends auf. Weiterhin sind sie bezogen auf Einzelverfahren deshalb schwach, weil sie sich nicht auf politische Gesamtbetrachtungen einlassen und eine Berücksichtigung der Spezifik des Einzelfalls nicht belegen können.

Gegenüber der Meinungsbildung innerhalb der Verwaltung und der Politik bleibt die Fachöffentlichkeit aber noch aus einem anderen Grund unbedeutend. In einer Fachdebatte stehen sich auf beiden Seiten Fachleute gegenüber, da eine Senatsverwaltung bis in die obersten Ränge von Fachleuten durchsetzt ist, ja sogar die Politiker teilweise aus dem Baubereich stammen und daher eine Einflussnahme mit dem Tenor, in der Politik werde „politisch" und nicht „fachlich" motiviert gehandelt, leichthin zurückgewiesen werden kann. Überdies umgeben sich Politiker mit Beratern aus der Fachöffentlichkeit, so dass sie sich damit zusätzlich gegen den Vorwurf der „politisch" motivierten Entscheidungsfindung immunisieren.

Stellungnahmen der Fachöffentlichkeit bewerten städtebauliche Inhalte aus unterschiedlichen Perspektiven bewerten. Sie können mit den Stichworten „Verwertungskritik", „Respekt", „Restauration" und „Initiative" charakterisiert werden. Verwertungskritik macht sich an der Dethematisierung des Zusammenhangs von Bodenpreismechanismus und Städtebau durch die Verfahrenspromotoren fest (Ö06). Die Ablehnung einer schleichenden Dichteerhöhung in der Fachwelt wird aus der Befürchtung einer Grundstückspreis-Dichte-Spirale abgeleitet. Danach lösen steigende Dichten eine Erhöhung der Bodenpreise aus, die wiederum eine wirtschaftliche Grundstücksverwertung nach deren Kauf nur mit höheren Dichten zulässt, die von neu hinzutretenden Grundstückserwerbern gefordert werden.

Über das Schlagwort vom „Dominoeffekt" wird die Verwertungskritik mit dem Respektsdiskurs (Ö09) verkoppelt. Er speist sich wiederum aus der Forderung nach einer verträglichen Integration von neuen Projekten und überdies dem Beharren an der Identifikation mit den architektonisch-städtebaulichen Errungenschaften der eigenen Lebenswelt, dem „Bewährten" und dem „Eigenen" (als selbst Gebautem einerseits und Angeeignetem andererseits). Dies steht nicht im Widerspruch zu Veränderung an sich im Sinne einer „Auffrischung", dürfe jedoch nicht in „Klein-Manhattan" enden. Der Maßstab der bestehenden Struktur bleibt damit gültiges Kriterium, aber nicht alleiniges. Hinzu tritt die „Ereignisgeschichte", die sich in dem baulichen Konglomerat des Bestands widerspiegelt und die durch neue Vorhaben zwar ergänzt, aber nicht in wesentlichen Aspekten zerstört bzw. unkenntlich gemacht werden soll. Ereignisgeschichte wird dabei von der architektonisch geprägten Fachöffentlichkeit in architektonischen Kriterien gemessen. Inwiefern das Fehlen von baulichen Zeugnissen selbst respektwürdige Ereignisgeschichte sein kann, bleibt unbeantwortet. Gegenüber der Vergangenheit bringt sie selektiv Respekt auf. Eine rein konservatorische oder gar dem Wiederaufbau verlorener Gebäudestrukturen zuneigende Haltung ist ihr eher fremd.

Lediglich ein Teil von ihr geht so weit (Ö05) und stellt insbesondere die kaiserzeitliche „intakte" Stadt über die als „Provisorium" negativ stigmatisierte Nachkriegsstadt. Dabei strebt dieser Teil einem städtebaulichen Harmonieideal nach, das von anderen Teilen angesichts der realen Situation stark angezweifelt wird. Das harmonistische Bild von Stadt in seiner Zivilisationskritik mag als unrealistische Flucht vor realen Entscheidungsprozessen im politischen Raum angesehen werden.

Ebenso kritisch gegenüber dem Städtebau der Nachkriegszeit ist die fachöffentliche Perspektive der „Initiative", die sich entschieden gegen die Entdichtungspolitik der vergangenen Jahrzehnte wendet, aber dabei im Gegensatz zu den restaurativen Strömungen an einer bewussten formalen Neugestaltung der Innenstadt interessiert ist, die sich durch den Einsatz von Hochhäusern als Gestaltungsmittel in Ergänzung zu bestehenden Strukturen — nicht etwa vordergründig als Anwälte der Investoren — einer unabhängigen, formalen Städtebaupolitik verschreibt und dabei eher an die Ausbildung einer „zweiten Traufhöhe" denkt als die zufällige Moderation von Investitionswünschen aus der Privatwirtschaft (Ö07).

Die aus den vier unterschiedlichen Richtungen stammende Kritik an der Städtebaupolitik des Senats, die sich hier nachweisen ließen, steht teilweise im Widerspruch zueinander und zeigt einen gemeinsamen Nenner zunächst in der Ablehnung von Entscheidungen des Senats, die aufgrund ihrer Komplexität weitreichende Angriffsflächen bieten. Obwohl die unterschiedlichen Perspektiven einen grundsätzlichen Konsens über die Nachverdichtung der Innenstadt aufweisen, sind sie bezüglich der Interpretation dieser Leitentscheidung im Dissens und können sich nicht erfolgreich strategisch verbünden.

Bilanz: Horizontale und vertikale Konflikt- und Abstimmungslinien

Die zentralen Beobachtungen der beteiligten Akteure in deren Zusammenwirken lassen sich mit einer „pseudosubsidiären" Struktur der Projektentscheidungen in „vertikaler" Richtung (innerhalb der Akteursgruppe der öffentlichen Hand) und „multiplen Beteiligungsgradienten" in „horizontaler" (und auch in „vertikaler") Richtung fassen. Die pseudosubsidiäre Struktur soll hier einen Mechanismus bezeichnen, der ansatzweise wie das Prinzip der Subsidiarität wirkt, aber nicht durch dessen explizite Anwendung oder präzise verfahrensrechtliche Verankerung zustande kommt. Mit multiplen Beteiligungsgradienten ist ein Phänomen bezeichnet, nach dem sich aus unterschiedlichen Gründen ein Abnehmen der Beteiligung an Projektentscheidungen von einem „Kern" zur „Peripherie" des Entscheidungsprozesses feststellen lässt, wobei Kern und Peripherie durch die Überlagerung der in unterschiedlichen Dimensionen auftretenden Gradienten herausgebildet werden.

Die pseudosubsidiäre Struktur bewirkt eine Durchsetzung des politischen Entwicklungsparadigmas auch gegen die üblicherweise der Verwaltung und insbesondere ihrem „Apparat" zugeschriebene Dominanz gegenüber der Legislative bzw. der Parteipolitik. Dies ist deutlich am Paradigmenwechsel infolge der Vereinigung abzulesen. Zwar werden auch einige Teile bzw. Personen in der Verwaltung und unter den Gutachtern von der „Euphorie" ergriffen, die entwicklungsorientierte Vorentscheidungsmuster (Reservierung von Standorten für Büroflächen, Verdichtungsansätze, Hochhäuser, vorgabenarme Wettbewerbsauslobungen usw.) auf optimistische Prognosen folgen lässt. Jedoch leben u. a. in diesen beiden Akteursteilgruppen die entwicklungskritischen Kräfte weiter, sei es aufgrund ihrer „Kiezorientierung“, ihrer skeptischen Einschätzung der wirtschaftlichen Zukunft Berlins oder ihrer grundsätzlichen Veränderungsskepsis — drei der Gründe, die unter den „Planerinnen“ in der Arena der beteiligten Akteure durchaus vorzufinden sind. Es scheint daher aufgrund der Ausgangspositionen nicht eindeutig auszumachen, wohin der fachliche „Apparat“ tendiert und wie mit einer explosionsartig steigenden Investorennachfrage umgegangen wird.

Die Mechanismen der pseudosubsidiären Struktur stellen allerdings ein „Durchsickern“ bzw. ein entscheidungsbezogenes „Greifen“ der politisch vorgegebenen Linie der Entwicklungsoffenheit sicher, das über eine — rudimentäre — Beteiligung der entwicklungskritischen Kräfte an der Festlegung von projektbezogenen Details zusätzliche Legitimation erhält. Der in dieser Untersuchung empirisch nachweisbare pseudosubsidiäre Mechanismus beginnt bereits innerhalb des Bezirksamts und setzt sich tendenziell wie folgt bis in den Senat fort: Eine Entscheidung im Sinne der Entwicklungsorientierung des Senats wird auf der untersten Ebene der Planungshierarchie in der Verwaltung getroffen, die selbst entwicklungsorientiert agiert. Ist ein Bezirk mit einem Projekt befasst, so hat das Stadtplanungsamt aufgrund der Kompetenz für die Bebauungsplanung im Entscheidungsverfahren eine zentrale Position inne. Die Notwendigkeit, mit einem naturgemäß entwicklungsoffenen Akteur, dem Investor, umzugehen, erlaubt dem Stadtplanungsamt allerdings nur dann eine aktive Rolle und unmittelbare Beteiligung an Vorverhandlungen, wenn es selbst grundsätzlich entwicklungsoffen agiert. Entwicklungskritische Mitarbeiter werden im Zweifelsfall bereits unter den Druck gesetzt, entwicklungsoffene Entscheidungen gegen Widerstände mit legitimatorischen Argumenten zu verteidigen. Steht das Stadtplanungsamt der Entwicklung eher skeptisch gegenüber und untersteht es einem entwicklungsorientierten Baustadtrat, so wird es in Verhandlungen mit den Investoren marginalisiert oder auf die bloße Ausführung von Verfahrensschritten festgelegt. Ist der Bezirk im Einzelfall entwicklungsskeptisch, dem der Senat eher positiv gegenübersteht, so wird die Möglichkeit des Verfahrenseintritts vom Bezirk teilweise antizipiert und eine Durchsetzung eines Höchstmaßes bezirklicher Ziele durch die weitere „behutsame“ Federführung im Verfahren versucht. Kann diese Strategie im Bezirk nicht mehr erfolgreich vertreten werden oder sind die Interessendivergenzen zum entwicklungsorientierten Senat zu groß, so erfolgt der Eintritt des Senats ins Bebauungsplanverfahren bzw. die Baugenehmigung im Widerspruchsverfahren durch den Bausenat. Selbst innerhalb des Senats wirkt der Mechanismus fort, wie beispielsweise an der unterschiedlichen Haltung der Senatsbaudirektion gegenüber dem Alexanderplatz (grundsätzlich befürwortend) und dem Kranzler-Eck (dagegen) gezeigt werden kann.

Aufgrund der Besonderheiten des zweistufigen Verwaltungsaufbaus darf der geschilderte Mechanismus nicht einfach mit dem Wirken von Hierarchie verwechselt werden, wenngleich er dieser nahe kommt[169]. Bedeutsam für die Einordnung der Stadtentwicklungspolitik ist deshalb nicht, dass Hierarchiemuster entdeckt werden können — dies ist wohl kaum überraschend. Wichtiger erscheint, dass die politische Spitze in Verbindung mit einer projektorientierten Stadtentwicklungspolitik durch den Mechanismus in seinen verschiede-

169 Dies zeigt u. a. die Tatsache, dass entwicklungsoffene Bezirke Positionen gegen den Senat durchsetzen können.

nen Spielarten gegen die tradierte und sich nur allmählich verändernde stadtentwicklungspolitische Prägung des Verwaltungsapparats einen Paradigmenwechsel hin zur Wachstumspolitik durchsetzen kann. Planerische Erkenntnisse oder stillschweigende Konsense werden zwar nicht ignoriert, aber doch in maßgeblicher und selektiver Weise beeinflusst und ausgehebelt.

Horizontale Beteiligungsgradienten lassen sich zunächst innerhalb der Verwaltung ausmachen. Die Logik des Bebauungsplanverfahrens ist indirekt für die Herausbildung dreier Typen von „Bündelungsinstitutionen" verantwortlich, die im Beteiligungsverfahren für eine Integration einzelner Stellungnahmen zuständig sind: zunächst in größeren Verwaltungen, in denen mehrere Untereinheiten beteiligt werden, weiter in der federführenden Verwaltung, die die Auswertung von Beteiligungen in einer abgestimmten Form der Legislative zuleiten muss sowie durch die Vergabe von Aufträgen an private Planungsbüros auch dort, wenn der jeweilige Auftrag die Durchführung und Auswertung von Beteiligungsverfahren umfasst. An jeder der drei Bündelungsinstitutionen ist eine Einflussnahme auf Abwägungsschritte möglich, die tendenziell die vorherigen Beteiligten ausgrenzen muss — das ist das Ziel einer Integration verschiedenster Einzelpositionen —, dabei aber einen Spielraum zur Durchsetzung eigener Positionen aufweist, der seine Grenzen erst an der Einschaltung der formal Vorgesetzten oder Entscheidungsbefugten findet — in der Verwaltung in der Spitze, im Verfahren schließlich in der Legislative. Die Möglichkeit des Rückgriffs auf diese Konfliktlösungsinstanzen ist allerdings gerade in Detailfragen äußerst begrenzt, da sie häufig die grundsätzliche Projektentscheidung mittragen und eine Verzögerung des Verfahrens befürchten. Tendenziell werden sie zur Auflösung von Detailkonflikten mit gravierend unterschiedlichen Einzelpositionen herangezogen und befassen sich mithin paradoxerweise relativ häufig mit fachlichen Detailfragen, obwohl sie in der formalen Entscheidungshierarchie weit oben rangieren. Eine Strapazierung der Inanspruchnahme dieses Konfliktlösungsmechanismus wird unter den Entscheidungspromotoren tendenziell als unangemessen und als sachfremd aufgefasst. Gelingt den Vertretern der Bündelungsinstitutionen eine frühzeitige Koordination ihrer Positionen untereinander und evtl. mit Schlüsselvertretern der Konfliktlösungsinstanzen, so ist eine Stabilisierung der eigenen Ziele gegen Widerstände von außen möglich. Tendenziell finden sich aufgrund von Rekrutierungsmechanismen und der Verfahrenslogik in den Bündelungsinstitutionen häufig städtebaulich orientierte Planer, so dass der Beteiligungsgradient der Federführung die Städtebaupolitik stützt.

Über die Verwaltung hinaus resultiert bekanntermaßen aus der Vorfilterung von vorentscheidungsrelevanten Informationen und deren selektive und bisweilen mit hoher zeitlicher Verzögerung versehene Weitergabe an die Legislative sowie die Öffentlichkeit eine strategische Schwäche dieser beiden Akteursgruppen. Die Selektivität der Informationsweitergabe macht sich insbesondere die Funktionsweise von „Freizeitparlamenten" zunutze, wie sie die BVV und teilweise auch des Abgeordnetenhaus darstellen. Hierzu zählen die Dramaturgie von Präsentationen, die Beschränkung der Einbeziehung des Parlaments auf eine strategische Beteiligung zur Absicherung der eigenen Vorentscheidungen, die Beteiligung der Legislative zu einem Zeitpunkt, zu dem bereits massive „Sachzwänge" und praktisch irreversible Bindungen durch die Verhandlungen mit dem Investor entstanden sind sowie schließlich die Zuspitzung von Entscheidungsalternativen der Legislative auf Zustimmung oder Ablehnung, wobei eine Ablehnung praktisch nicht politisch vertretbar ist und damit die Vorentscheidungen der Exekutive wiederum abgesichert werden.

In ähnlicher Weise, aber deutlich zugespitzt, kann die Öffentlichkeit auf Distanz gehalten werden, was insbesondere die höchstens spät ins Verfahren einbezogene Fachöffentlichkeit schwächt, während den beteiligten Bürgern aufgrund des Selbstverständnisses der Planer in der Verwaltung zunächst hohe Aufmerksamkeit entgegengebracht, ihnen aber im Konfliktfall nur sehr eingeschränkt nachgegeben wird. Die Antizipation der vermuteten Bürgermeinung prägt den planerischen Alltag erheblich und dürfte einen wesentlichen Unterschied gegenüber der Situation noch vor einigen Jahrzehnten darstellen, ist aber nur begrenzt kommunizierbar, da der „Außenwelt" häufig die von der Exekutive im Vorfeld abgewehrten Entscheidungsalternativen kaum bekannt werden. Damit rechnet sie von der Exekutive bereits als „Kompromisse" zwischen investorengetriebenen Extremvarianten und im Sinne der veränderungsskeptischen Bevölkerungsteile „behutsamen" Varianten begriffene Projektkonkretisierungen im Gegensatz zur Eigenwahrnehmung der Exekutive dieser nicht als Vermittlungsleistung zwischen divergierenden Ausgangspositionen zu.

Die Antizipationsleistung der Verwaltung findet überdies ihre Grenzen an der Interpretation des Lebensumfelds der Bürger im eigenen Verantwortungsbereich. Während es inzwischen in weiten Teilen der Verwaltung unbestritten sein dürfte, dass zu diesem behutsam zu behandelnden Lebensumfeld die Wohnquartiere der Bürger zählen, ist innerhalb der Verwaltung keine eindeutige Akzeptanz dafür zu erkennen, dass Bürger in Neuordnungsbereichen (Konversionsstandorte, tertiäre City-Bereiche) legitimerweise „gleichberechtigte" Partner bei der stadtentwicklungspolitischen Zielfindung darstellen. Das sich neu herausbildende büroflächenbezogene stadtentwicklungspolitische Handlungsfeld bringt mithin gegenüber der Dominanz der wohnumfeldbezogenen Stadtentwicklungspolitik der 1980er Jahre eine tendenzielle Reduzierung des Stellenwerts von Bürgerbeteiligung trotz der inzwischen breit durchgesetzten Anerkennung des Instruments — sogar weit über die formalrechtlichen Bestimmungen hinaus — und der dahinterstehenden „Planungskultur", die im Beteiligungsoptimismus vom Anfang der 1980er Jahre kaum vorausgesehen wurde (Treutner 1982). So leben bürgerorientiertes Selbstverständnis und Frustration über das offenbar geringe Interesse der Bürger an Planung und das vermeintlich geringe Niveau ihrer Äußerungen im Beteiligungsverfahren in der planerischen Verwaltung vielerorts auf merkwürdige Weise in unproduktiver Koexistenz fort, die den Entwicklungspromotoren einen Freiraum für eine aktive Gestaltung und Nutzung ihres latent vorhandenen Entscheidungsspielraums gewährt, Entscheidungen legitimatorisch abstützt und Eingehen auf Bürgereinwände mitunter auf symbolische Veränderungen an Entwurfskonzepten reduziert.

Entscheidungsprozess und Interaktion der Beteiligten

Zielkonstituierung, Zielsysteme und Zielanpassung

Die Untersuchung von „Zielkonjunkturen“ wurde bereits ansatzweise in den einzelnen Fallstudien vorgenommen. An dieser Stelle soll eine Zusammenschau der dabei auftretenden Muster versucht werden. Der Schwerpunkt liegt dabei auf der Identifizierung der Schlüsselmomente für die Aufgabe oder Modifikation von Zielen bzw. ihre Nicht-Weiterverfolgung.

Konstituierung von Zielen und Logik von Zielsystemen

Bei der Untersuchung der Akteure wurde bereits auf die Motive und Leitbilder verschiedener Akteurstypen eingegangen. Um die Struktur des Entscheidungsprozesses verstehen zu können, ist nun in einer Zusammenschau auf die Bedeutung der Konstituierung von Zielen und die aufeinandertreffenden Zielsysteme einzugehen.

Bei der Konstituierung von Zielen sind der Zeitpunkt der Aktivierung der Prozessbeteiligten und die Quellen der Zielbestimmung ausschlaggebend. Verschiedene Typen von Zielsystemen können identifiziert werden, die mit Selbstverständnis und Aufgabenbereich der Akteure in Zusammenhang stehen. Im Mittelpunkt stehen dabei die „Handlungsfähigkeitslogik“ der Politikerinnen in der Exekutive, die „Tragfähigkeitslogik“ der Investoren, die „Steuerungsfähigkeitslogik“ der Planerinnen und die „Gestaltungslogik“ der Entwerfer. In nachgeordneter Weise treten die „Vertretbarkeitslogik“ der Legislative und die „Benutzbarkeitslogik“ der Bürgerinnen hinzu.[170]

Die *Handlungsfähigkeitslogik* der Politikerinnen in der Exekutive[171] entsteht aus den Möglichkeiten und Grenzen, eine positive Bilanz des eigenen Wirkens übermitteln zu können. Vor dem Hintergrund der äußerst vergröberten Wahrnehmbarkeit der Stadtentwicklungspolitik, in der Entscheidungen und ihre Konsequenzen aufgrund von *time lags* nur mittelbar den jeweiligen Vertretern zurechenbar sind und die von anderen materiell

170 Vgl. für eine Einordnung in ähnliche Differenzierungsversuche Braun (1993, S. 216), Brindley/Rydin/Stoker (1989), Painter (1997, S. 138 f), Sewing (1995), Wolman/Ford (1996) oder auch schon früh Schumann (1975, S. 225 ff).

171 Vgl. auch Lenhart (1998, S. 51) zu einer expliziten Selbsteinschätzung des Senators Nagel in dieser Richtung.

bedeutsamen Politikfeldern in der Bewertung politischen Handelns durch die Öffentlichkeit überlagert werden, erscheint es offenbar essentiell, Profilierung über klar definierte politische Teilprojekte herzustellen, die sich durch hohen Ressourceneinsatz der öffentlichen Hand, hohe Investitionssummen und dadurch in Aussicht gestellte Arbeitsplätze sowie bedeutende symbolische Handlungen auszeichnen. Die Definition von Nutzungsstrukturen allein ist wesentlich schwerer als Erfolg vermittelbar. Ziele werden demnach zwar im Hinblick auf die Qualität von Stadtentwicklung von den Maßstäben der Fachverwaltung und der eigenen politischen Klientel mitbestimmt, doch steht sie stets unter dem Druck, investitionsrelevante Entscheidungen möglichst mit Signalcharakter zu produzieren. Die Bewertung von Details, für Planerinnen und Architektinnen sowie teilweise für die Bürger von größerer Bedeutung, tritt im Rahmen der Handlungsfähigkeitslogik eher zurück.

Die *Tragfähigkeitslogik* der Investorinnen prüft zunächst grundsätzlich die Chancen auf Realisierbarkeit unter gegebenen Rahmenbedingungen bzw. arbeitet die *essentials* heraus, die zu ihr beitragen. Dabei spielen aufbauend auf Vermietbarkeitserwartungen und/oder Verkaufschancen Dichte und Standortattraktivität eine wesentliche Rolle[172]. Beide sind nur eingeschränkt von der Investorin durch Wahl des Standorts, Wahl des Architekten, Entwicklung des Nutzungskonzepts und Verhandlungen mit der öffentlichen Hand zu beeinflussen. Maßgeblich sind dabei gebäudebezogene Anforderungen an die Verwertbarkeit, während umfeldbezogene Faktoren sich häufig erst im Verfahren herausbilden. Im Zweifelsfall werden lediglich Bausteine von Projekten realisiert und eine „Torsowirkung" weniger gravierend eingeschätzt als im Rahmen einer der anderen Logiken.

Die *Steuerungsfähigkeitslogik* der Planerinnen ist Resultat ihres professionellen Selbstverständnisses, das leistungsfähige Nutzungsstrukturen und eine gewisse Stabilität auch des Bestands in der Umgebung von Umbaustandorten sowie die Benutzungsqualität zum Ziel hat. Operationalisiert wird dieses Zielsystem zunächst durch die planerischen Ordnungsvorstellungen, die gegenüber Investitionsmaßnahmen zunächst indifferent sind, aber ein ausgeklügeltes informelles „Warnsystem" hinsichtlich möglicher Gefährdungen des Bestands und der Legitimität von Aufwertungsmaßnahmen enthalten. Wegen der Unmöglichkeit, die von diesem System produzierten verbalen und nicht quantitativ untermauerten Warnungen als Prognosen mit hoher Eintrittswahrscheinlichkeit dingfest zu machen, werden methodisch greifbare Teilaspekte bisweilen gutachterlich untermauert, während ansonsten planerisches Handeln in der Stadtentwicklungspolitik sich beratend auf Modulation von gravierenden Veränderungen beschränken muss, um das leidlich austarierte Nutzungsstrukturgefüge nicht in seiner Anpassungsfähigkeit zu überfordern. Ziele sind dabei häufig „qualitätssichernd" und frühzeitig zwischen veränderungs- und impulsorientierten Zielen einerseits und verträglichkeitsorientierten Zielen andererseits vermittelnd.

Die *Gestaltungslogik* der Entwerfer, also vorrangig der Architektinnen und Landschaftsarchitektinnen, sucht aus der Auseinandersetzung mit den Rahmenbedingungen vor Ort nach Chancen, die eigenen Möglichkeiten der Definition von öffentlichen und privaten

172 Eine oberflächliche Betrachtung würde nahe legen, die Ziele der Investoren auf das betriebswirtschaftliche Ziel der mittelfristig stabilen Profiterzielung zu reduzieren, doch zeigt diese Untersuchung, dass sich das Handeln der privaten Unternehmer auf diese Weise nur unvollständig abbilden lässt (vgl. auch Kirsch 1997, S.119 ff).

Räumen in einer eigenen Interpretation auszuschöpfen. Im Abgleich mit den eigenen gestalterischen Fähigkeiten ist wegen des hohen Stellenwerts von Architekturqualität vor dem Hintergrund der stigmatisierten Ergebnisse von Standardisierung und Industrialisierung im dritten Viertel des 20. Jahrhunderts sowie der geringen Perspektiven einer Erzeugung entwerferischer Qualität allein durch hinreichende Definition von durchdachten städtebaulichen Vorgaben eingeräumt der Entwurfsprozess bisweilen in der Lage, städtebauliche Rahmenbedingungen maßgeblich zu variieren. Damit entsteht ein breiter Spielraum für den Entwerfer, den dieser autonom ausschöpfen kann. Selbst die Abspaltung von Verfahren (Ideenwettbewerb usw.) begrenzt diese Möglichkeiten nicht vollständig. Die Ziele des Architekten treten stets gebündelt auf, wobei die städtebauliche Konfiguration für die Details determinierend wirkt. Sie entstehen „intern", so dass die Veränderungsspielräume für vermeintlich untergeordnete Teilziele, die den Entwurf in seiner Gesamtheit tragen oder seine „Aussage" untermauern, für die diesbezüglich „externen" übrigen Entscheider schwer zu durchschauen sind.

Vertretbarkeitslogik und *Benutzbarkeitslogik* der Legislative bzw. der Bürger sind häufig insofern nachgeordnet bzw. nachsorgend, als sie mit der „Prüfung" von bereits entwickelten Alternativen befasst werden. Aus den Erfahrungen mit solchen Prüfungen entstehen allgemeine Qualitätsanforderungen, die die Legislative dem Handeln der Exekutive bei zukünftigen Entscheidungsprozessen an die Hand geben kann, ohne diese wiederum im Detail bestimmen zu können. Ähnlich sind häufig Initiativen von Bürgern zu verstehen. Die Vertretbarkeitslogik der Politiker erkennt die äußerst begrenzte Möglichkeit des Detaileinflusses an und prüft bei jeder Vorentscheidung, ob sie noch mit den eigenen politischen Oberzielen in Einklang zu bringen sind bzw. ob mit Akzeptanz bei der eigenen Klientel zu rechnen ist. Damit ist diese Prüfung letztlich nicht auf die Einhaltung stadtentwicklungspolitischer Anforderungen im engeren Sinn ausgerichtet, sondern auf die Vermittelbarkeit der jeweiligen Entscheidung an die Öffentlichkeit, was der Exekutive wiederum einen breiten Spielraum gibt.[173]

Aufeinandertreffen von Zielsystemen

Die verschiedenen Logiken generieren in ihrem Aufeinandertreffen Abstimmungsbedarf allein aus den unterschiedlichen Profilen im Hinblick auf die Verfolgung einzelner Ziele. Dabei stehen für die Akteursgruppen jeweils andere Ziele im Mittelpunkt, bei denen sie „harte" Positionen einnehmen. Das Profil Ziele bestimmt die Möglichkeiten der Erreichung von Konsensen oder anderen Mechanismen der Konfliktbewältigung mit.

Es erscheint angesichts der geschilderten Logiken naheliegend, dass die städtebauliche Konfiguration für Politiker ein „weiches" Ziel bildet, während Investoren es als „selektiv hart" dahingehend betrachten müssen, als zwar Attraktivität und Wirtschaftlichkeit geprüft werden, aber eine Auseinandersetzung um städtebauliche Leitbilder angesichts der Umstrittenheit anderer Elemente von Projekten meist nicht lohnt. Für Planer und Architekten ist es dagegen zwar ein „hartes" Ziel, da die Konfiguration Auswirkungen auf Nutzungsgefüge

173 Weitere Logiken lassen sich ergänzen, sollen aber hier nicht näher beleuchtet werden.

und Selbstdarstellung besitzen, doch existiert gerade in der Büroflächenentwicklung eine vergleichsweise große Bandbreite von legitim erscheinenden Herangehensweisen. Bürger nehmen die Konfiguration weniger als deren Detailkonsequenzen wahr, die sich beispielsweise in Höhe und Fassadengestaltung ausdrücken. Insbesondere für Architekten, Planerinnen und Investoren scheint die Höhe ein „hartes" Ziel darzustellen, drückt sich in ihm doch die Möglichkeit der Selbstdarstellung aus und entfaltet sie Rückwirkungen auf die Benutzbarkeit, die die Höhe wiederum für Politiker der Legislative wie der Exekutive eher mittelbar zum „harten" Ziel werden lässt. Die Dichte wiederum ist offenbar das „harte" Ziel der Investoren, lässt sich aber in Kopplung mit anderen attraktivitätssteigernden Zielen und Elementen von Projekten entschärfen. Für Politiker ist es dagegen eher mittelbar von Bedeutung, da sich weder Handlungsfähigkeit noch Vertretbarkeit direkt daran festmachen lassen. Viel bedeutsamer erscheint das Ziel für Planerinnen, da es in unmittelbarer Verbindung mit den Wirkungen auf das Nutzungsgefüge steht. Architekten wiederum dürften die Dichte als weniger „hart" betrachten denn die Planer, wenngleich sie durch die Rolle von Leitbildern bei Vertretern bestimmter Städtebau-Fraktionen stark überlagert wird. In analoger Weise ist die Art der Nutzung zu betrachten, bei der überdies eine gewisse Leidenschaftlichkeit der Bürger zu vermuten ist, wenngleich diese in eine Auseinandersetzung um die Nutzungsart nur sehr indirekt einbezogen sind. Eine Einfügung in den Bestand erscheint aus den obengenannten Gründen für Planer von großer Bedeutung, ebenso für Bürgerinnen und damit mittelbar für Politiker der Legislative. Dagegen stellt sie für Architekten, Investoren und Politiker der Exekutive ausgehend von ihren Zielsystemen ein weniger hartes Element der Auseinandersetzung dar, das ein „Ausbrechen" aus üblichen Einfügungsüberlegungen vor allem für die Gestaltungslogik der Architekten und ansatzweise für die Handlungsfähigkeitslogik der Politikerinnen in bestimmten Fällen als geeignetes Instrument erscheinen lässt, während für Investoren die Einfügung meist nur ein nachgeordnetes Kriterium sein dürfte. Freiflächen bilden das Feld der Qualitätssicherung für Politiker, Planer und Bürgerinnen, während sie für Investoren dagegen eher „weiche" Ziele sein dürften. Fassaden sind nicht umsonst Gegenstand harter Auseinandersetzungen, da sie für einige Beteiligten „harte" Ziele darstellen, wenngleich für die Politiker nur mittelbar und für die Legislative in Vertretung ihrer Klientel, die „Atmosphäre" fordert, für die Exekutive dagegen im Hinblick auf die Realisierung von innovativer und zeitgemäßer Architektur, die für die Demonstration von Handlungsfähigkeit mit ausschlaggebend sein kann. Eine Ausnahme bilden hier lediglich die Investorinnen, für die die Fassade zwar „hartes" Ziel im Hinblick auf die Wirtschaftlichkeit des Gebäudes, seine Vermietbarkeit und seine Erkennbarkeit ist, aber dabei nicht die Gestaltungsqualität allein im Blick hat wie einige andere Akteure, insbesondere Bürgerinnen und Architektinnen — wenngleich mitunter mit völlig unterschiedlichen Vorstellungen darüber.

Typische Konfliktansätze durch Aufeinandertreffen verschiedener Logiken sind also zu erwarten. Einige von ihnen sollen nun vorgestellt werden. Handlungsfähigkeit und Tragfähigkeit sind nur dann konfliktträchtig, wenn sich Handlungsfähigkeit strategisch durch die „projektartige" Formulierung von Leitlinien, Entwicklungskonsensen oder Rahmenplänen hergestellt hat, die die Sensibilität der Politik für einen Raum bzw. ein Entwicklungsproblem deutlich machen soll, aber durch Investitionswünsche mit abweichenden Zielen konfrontiert wird. Der Ausgang des Konflikts ist schwer vorhersagbar[174].

Typischerweise sind Handlungsfähigkeit und Steuerungsfähigkeit unterschiedlich ausgerichtet. Das wurde bereits deutlich in der tendenziellen Absicht der politischen Spitze, Projekte in der eigenen Bilanz vorzuweisen, während die planende Verwaltung unter dem Gesichtspunkt der Steuerungsfähigkeit stärker auf Einbindung und Anpassungsfähigkeit orientiert ist. Die Projektorientierung der Büroflächenpolitik ist ein markantes Resultat der Konfrontation der beiden Logiken. Ihr Ausgang hängt u. a. vom Stellenwert von Planung in der Gesellschaft und Politik ungeachtet des jeweiligen Einzelfalls ab.

Handlungsfähigkeit und Vertretbarkeit kollidieren beispielsweise dann, wenn das in der Exekutive gewählte Verfahren auf gravierenden Widerstand stößt, weil es aufgrund seiner Rahmenbedingungen und seiner Isolierung von der „Außenwelt“ über die vermeintlichen Grenzen einer vertretbaren Politik hinausgeschossen ist. Dies kann im Sinne von Handlungsfähigkeit dann geschehen, wenn bewusst die gängigen Routinen durchbrochen werden sollen. Der Ausgang der Konfrontation hängt von einer Reihe weiterer Faktoren ab, insbesondere von der innerparteilichen Machtbasis des Vertreters der Exekutive.

Tragfähigkeit und Steuerungsfähigkeit bergen Konfliktpotential angesichts der gravierend unterschiedlichen Betrachtungsebenen. Tragfähigkeit ist allein auf das jeweilige Projekt und seine Marktfähigkeit ausgerichtet, während Steuerungsfähigkeit die Auswirkungen auf die Umgebung und die nachhaltige Vitalität des Standorts im Auge hat. Damit fallen Auseinandersetzungen um städtebauliche Dichten in diesen Bereich, da die Steuerungsfähigkeitslogik wiederum die Verwertungszwänge des Einzelprojekts nur begrenzt zur Kenntnis nimmt. Der Ausgang des Konflikts ist häufig durch Moderation durch die Politik bestimmt, aber weiterhin auch durch die Verbreitung der Steuerungsfähigkeitslogik innerhalb der Verwaltung und den Grad der Verbreitung möglicherweise konkurrierender Denkansätze.

Wegen des Auftragsverhältnisses zwischen Investorin und Architektin scheinen Konflikte zwischen Tragfähigkeit und Gestaltung kaum öffentlich auf, doch bestimmen sie das Binnenverhältnis gravierend. Durch die Wahl des passenden Architekten werden diese antizipiert. Dennoch setzen Standardisierungs- und Finanzierungsüberlegungen der Investoren die Gestalter teilweise auch im Prozess noch unter Druck.

Tragfähigkeit und Vertretbarkeit verhalten sich ähnlich wie Tragfähigkeit und Steuerungsfähigkeit zueinander. Konflikte sind weniger wahrscheinlich. Sie können entstehen, wenn Vertretbarkeitsüberlegungen aus früheren Erfahrungen zur Dokumentation eigener Ziele der Legislative in qualitätssichernden Beschlüssen geführt haben, diese aber mit unvorhersehbaren Rahmenbedingungen und der Chance auf Investitionstätigkeit konfrontiert sind.

Steuerungsfähigkeit und Gestaltung treffen konfliktträchtig in der bekannten Auseinandersetzung zwischen „Planern“ und „Architekten“ aufeinander[175]. Sie soll hier nicht weiter vertieft werden. Typischerweise sind die beiden Positionen auf dem Spektrum von „Behut-

174 Vgl. die Fallstudie Bolle-Block , die auf eine Durchsetzung der Tragfähigkeit hindeutet.

175 Damit soll jedoch keineswegs ausgedrückt werden, dass sämtliche Architektinnen der einen und sämtliche Planerinnen der anderen Position zuneigen.

samkeit“ bis „verändernde Gestaltung“ sowie auf dem Spektrum von „gestalterisch bestimmte Definition von Zielen“ bis „nutzungsbestimmte Definition von Zielen“ unterschiedlich verortet.

Steuerungsfähigkeit und Benutzbarkeit zeigen sich in ihrem unterschiedlichen Zeithorizont und ihrem unterschiedlichen Anspruch an gesellschaftliche Veränderungen konfliktiv. Klassischen Beispiele sind die „Nachhaltigkeit“, der motorisierte Individualverkehr und großflächige Einkaufszentren. Aufgelöst werden Konflikte durch Kompromiss (städtebaulich-verkehrlich integrierte *shopping malls*), Moderation durch die Politik oder einzelfallbezogene Mechanismen.

Gestaltung und Vertretbarkeit sind einander zwar nicht grundsätzlich fremd, doch formuliert die Gestaltungslogik Angebote, während die Vertretbarkeit Ergebnisse prüfen muss. Erstere liefert die Durchsetzungsbedingungen ihrer Angebote nicht mit, so dass der Konflikt aufbricht, wenn die Beurteilung der Vertretbarkeit auf ein nicht realisierbares Angebot, beispielsweise eine verlockende architektonische Vision, ausgerichtet war. Die Dynamik von Entscheidungsprozessen bringt allerdings immer wieder ähnliche Situationen hervor.

Das Zusammentreffen von Gestaltungsfähigkeit und Benutzbarkeit resultiert typischerweise im Konflikt um die Rezeption moderner Architektur. Es wird deshalb nicht im Verfahren virulent, weil die Benutzbarkeitslogik nur mittelbar Eingang in die Betrachtung findet und von der Anerkennung der Gestaltungsdomäne der Architekten wie von erweiterten Handlungsfähigkeitsüberlegungen der Politiker in den Hintergrund gedrängt wird.

Für die erfolgreiche Durchsetzung von Zielen ist das Eingehen auf die absehbaren Konfrontationen der verschiedenen Logiken erforderlich. Bleiben Ziele „nackt“, d.h. ihrer Logik verhaftet, sind sie häufig nicht in der Lage, sich durchzusetzen. Operationalisierungsfähigkeit von Zielen bedeutet damit hier Weiterentwicklung im Angesicht der anstehenden Herausforderungen. Dies soll nur kurz am Beispiel des Stadtplatzes am Kant-Dreieck verdeutlicht werden. Das aus der Steuerungslogik geborene Ziel der Schaffung von Wegeverbindungen mit dem Stadtplatz ist als weitgehend abstrakte Forderung aufrecht erhalten worden, ohne dass über allgemeine Zuschreibungen wie „attraktiv“ u.ä. Konkretisierungen seiner Ausgestaltung aus Sicht der Vertreterinnen der Steuerungslogik stattgefunden hätten. Damit war das Ziel der Weiterentwicklung lange dem konkurrierenden Einsatz von Handlungsfähigkeitslogik (Durchsetzung eines Leitprojekts an der Kantstraße mit Reduzierung der Platzfläche), Gestaltungslogik (Durchsetzung der „Haifisch-Flosse“ von Kleihues mit Reduzierung der Platzfläche) und Tragfähigkeitslogik (stockender Aufwertungsprozess an den S-Bahn-Bögen und auf dem Vorplatz des Gebäudes wegen der Eigentumssituation — bei gleichzeitiger aktiver Gestaltung der von ähnlichen einschränkenden Rahmenbedingungen unabhängigen Hobrecht-Tasche durch den Investor!) ausgesetzt.

Akteure, Institutionen, ihre Funktionsweise und Schlüsselmomente der Zielanpassung

Für die öffentliche Hand zeigt sich als Haupthindernis bei der Durchsetzung eigener Ziele im weiteren Maßstab die eingeschränkte Verfügung über Grundstückseigentum. Dem gemäß werden Ziele bei landeseigenen Grundstücken autonom bestimmt, und erst in der Phase der Zielanpassung an die Realisierung erfolgen Zugeständnisse an inzwischen ausgewählte Investorinnen, die das grundsätzliche Konzept nicht mehr in Frage stellen können. Langfristig obliegt es der Wirkung von Leitbildwandelprozessen oder der Veränderung wirtschaftlicher Rahmenbedingungen, auch die öffentliche Hand dazu zu bewegen, ihreZiele neu zu bestimmen. Dies koppelt sich dann in der Regel an neue Akteure an der politischen Spitze der Exekutive, die sich von den möglicherweise umstrittenen Zielen ihrer Vorgängerinnen abgrenzen. Der Zielwandel — der in der Regel aus Sicht der handelnden Person gar keinen darstellt, sondern als verändertes Zielsystem der vertretenen Behörde wahrzunehmen ist — wird zumeist eingebunden in die Absicherung durch erneute Gutachten, die auf vermeintlich veränderte Rahmenbedingungen reagieren sollen. Wird das Zielsystem im Zusammenhang mit den Grundstückseigentümern entwickelt, so sind Veränderungen vor allem in der Genese, also der erweiterten Gutachter-/Wettbewerbsphase gängig, während sie danach nicht einmal unbedingt nach Rückzug eines Investors eintreten. Vor allem politischer Druck innerhalb der regierenden Koalition und die Möglichkeit weiterreichender Deals bewirkt solche Veränderungen, während öffentlicher Druck kaum Wirkung zeigt. Das Eingehen auf durch den Investor nachträglich ins Spiel gebrachte Konzeptvarianten ist bei Änderungen der Nutzungsart relativ großzügig, während erhebliche Abwandlungen der städtebaulichen Anordnung und Dichte nur schleichend und abgesichert durch neue gutachterliche Prozesse bei den Verwaltungsspitzen eingebracht werden können.

Veränderungen im Zielsystem der Developerin, Eigentümerin oder Investorin erklären sich in der Regel offensichtlich durch wirtschaftliche Notwendigkeiten oder durch Anpassung eines städtebaulichen Konzepts an die baulichen Anforderungen der gewonnenen Nutzer. In der Konzeptionsphase stellen die Vorstellungen der öffentlichen Hand über Nutzungsart und Dichte eine Vorgabe dar, so dass es für die Durchsetzung eigener Ziele darauf ankommt, die Verhandlungspartner frühzeitig damit zu konfrontieren, welche Mindestnutzungsfestlegungen für eine Investition Voraussetzung sind.

Die Überzeugungskraft der Investorinnen ist bei weitem nicht der ausschlaggebende Grund für die Durchsetzung eigener Ziele. Vielmehr spielt das Grundstückseigentum eine entscheidende Rolle, da die öffentliche Hand Entwicklung mit eigenem Qualitätsanspruch nur zusammen mit den Eigentümern/Investoren realisieren kann. Die Drohung mit einer aus Sicht der öffentlichen Hand suboptimalen Nutzung (temporäre Vermietung von Konversionsstandorten, weiterhin gewerblich-produzierende Nutzung, Abriss erhaltenswerter Bausubstanz, Verzögerung von Investitionstätigkeit, Abgabe der Fläche durch einen selbstnutzenden Eigentümer an einen spekulativ operierenden Developer) zwingt die öffentliche Hand in Verhandlungen. Können Investorinnen hierauf in einen Entscheidungsprozess eintreten, so bestehen gute Chancen, durch frühzeitige Demonstration der eigenen wirtschaftlichen Bindungen, weitgehend offene Ausgestaltung des zentralen Zielfindungsverfahrens (Wettbewerb usw.) und durch nachträgliche Verhandlungsversuche, die insbesondere Dichte und Nutzungsmix in Frage stellen, noch wenig stabile Zielsysteme der öffentlichen Hand in ihre eigene Richtung zu modifizieren. Somit sind auf Seiten des Eigentümers erhebliche Zielanpassungen im Prozess nur dann zu erwarten, wenn die ihre angebotene Verhandlungsgrundlage die Akzeptanzbreite der möglichen Verhandlungspartnerinnen auf Seiten des Senats und der Bezirke deutlich verlässt, während im Entscheidungsprozess die für die öffentliche Hand Zug um Zug steigende Verbindlichkeit und dessen Irreversibilität für die Einbringung weitergehender Forderungen in Richtung auf die eigenen Ziele genutzt werden kann.

Bürger und Fachöffentlichkeit sind zu einer Anpassung ihrer Ziele insofern nicht gezwungen, als eine Aufrechterhaltung einer Maximalposition ihre ohnehin periphere Verhandlungssituation nicht verändert. Dennoch stellt die Explizierung von eigenen Zielen zumeist eine Auseinandersetzung mit dem von den Verfahrenspromotorinnen eingeräumten Alternativenrahmen dar, die weitgehend reaktiv erfolgt. Eine Anpassung der Ziele wird also entweder durch die Verengung dieses Rahmens durch die Verfahrenslogik erzwungen, oder grundsätzlich aufrechterhaltene Kritik wird marginalisiert.

Aktives Handeln der Verfahrensbeteiligten mit Anpassung der Ziele an die jeweils verhandelten Teilentscheidungen hat damit die Herausbildung von „Domänen“ zur Folge, in denen die Beteiligten über starke Verhandlungsressourcen verfügen. Für die öffentliche Hand entstehen letztere aus der Bindung von Genehmigungen an gestalterische Detailforderungen oder zumindest symbolische Kerne eigener Qualitätsansprüche (Mindestanteil Wohnen u.ä.), auf Seiten der Investorinnen durch die Abwälzung oder Abwiegelung finanziell unvertretbarer Details, die als unrealistische Forderungen der Vorentscheidungsphase „abgestempelt“ werden können, auf Seiten der Öffentlichkeit aus der Verteidigung ihrer Lebenswelt. Abstimmungsprozesse, die Vorentscheidungen konsensfähig und realisierbar machen, erfüllen im Wesentlichen die Funktion, diese „Domänen“ gegeneinander abzugrenzen und in ihnen den Zielen der dort dominanten Akteursgruppe zum Durchbruch zu verhelfen. Kompromisse entstehen lediglich dann, wenn die Domänen sich ohnehin überlagern oder die städtebauliche Grundkonzeption keine getrennte Befriedigung erlaubt[176].

Zielkonjunkturen und exogene Einflüsse

Zielkonjunkturen und Leitbildwandel

Der Wandel planerischer Leitbilder ist in der Regel so langfristig angelegt, dass eine Rückwirkung auf ein einzelnes Projekt nicht wesentlich zur Veränderung des Zielsystems im Planungsprozess führt. Dennoch lassen sich Übergangszeiträume identifizieren, in denen das Ringen unterschiedlicher Grundauffassungen über die Angemessenheit planerischer Eckpunkte zu einer Veränderung im Prozess führt. In den Untersuchungszeitraum fallen mehrere von ihnen.

Zunächst ist die Neubestimmung der Rolle der Innenstadt in den 1980er Jahren in Überwindung der entdichteten Stadt der Moderne zu nennen, einhergehend mit der Rückbesinnung auf eine Verträglichkeit höherer städtebaulicher Dichten, aber gleichzeitig der noch tastenden Suche nach dem angemessenen Niederschlag von Stadt-Ökologie zwischen den möglichen Polen „Herausnahme von Flächen aus dem Siedlungskörper und Zuordnung

176 Die geringe Akzeptanz von Kompromissen wird so erklärbar: Die Erwartung der Bestellung eines Feldes von Teilzielen in der eigenen Domäne wird konterkariert, niemand erreicht Teil-Erfolge in dem Sinn, dass zwar das Konzept nicht den eigenen Vorstellungen entspricht, aber wenigstens für einen Teilaspekt der Eindruck aufkommt, man habe sich durchgesetzt.

zum ausgleichenden Bestand innerstädtischer Freiflächen“, „Einführung von baulich-gestalterischen Standards für eine ökologisch verträgliche Siedlungsform“, sowie schließlich die — in sich selbst umstrittene — Neubestimmung der Dichte[177].

Ausgelöst durch die Vereinigung der beiden Halbstädte überlagern sich die ökonomisch-politische Herausforderung, die in den frühen Metropolenträumen bis in die Kreise der Planerinnen und Architekten hinein gesehen wird, mit eher leitbildhaft fundierten und sowohl personell in der Person Hans Stimmanns als auch aufgabenspezifisch durch die städtebauliche Weiterentwicklung des Zentrums und die Suche nach einem „Dritten Weg“ zwischen überkommener kompakter „europäischer Stadt“ sowie Einfamilienhausperipherie verankerten Ansätzen, die eine Neubestimmung des Verständnisses von „Stadt“ zum Ziel haben. Sie lösen gewissermaßen die eher als „romantisch“ empfundene Vorstellung im West-Berlin der 1980er Jahre ab, die sich paradigmatisch im Begriff des „Biotops“ auf den Punkt bringen lässt, und setzen, nicht zuletzt unter Rückgriff auf den gänzlich anderen Entwicklungsweg der Fachwelt in der östlichen Halbstadt, gewissermaßen den Begriff der „Stadt als Maschine“ dagegen, die standortgebundene kleinteilige Ökologie in die Nachhaltigkeit des auf den Großraum bezogenen Flächennutzungssystems überführen will, sich dabei aber einer echten Bilanzierbarkeit noch weitgehend entzieht.

Die Rückbesinnung auf eine Bestandsorientierung in der Stadt in der zweiten Hälfte der 1990er Jahre, die zwar wiederum ausgelöst wurde durch wirtschaftliche Rahmenbedingungen, aber auf langjährige und sich stabilisierende Erfahrungen zurückgreifen kann, stellt zwar vermutlich einen erheblichen Paradigmenwechsel des Entwicklungsleitbilds dar, kann aber die untersuchten Projekte noch nicht wesentlich beeinflussen und bleibt noch ohne hinreichenden Einfluss auf die Schwerpunktsetzung der Stadtentwicklungspolitik. Derzeit wird eher der Versuch unternommen, die von ihm repräsentierten Leitziele in Koexistenz an die Seite einer von Strategien der Minimierung öffentlicher Investitionen bei gleichzeitiger Aufrechterhaltung eines investorenfreundlichen Klimas zu stellen.

Neben den schnell und mithin im Leitbildkonsens realisierten Projekten lässt sich als typisches Muster feststellen, dass ein Verfahrensschritt (z. B. Wettbewerbsverfahren) den Ausbruch aus dem vermeintlichen Konsens wagt. Die Weichenstellung wird von der Exekutive betrieben, die sich in Vorverhandlungen einer neu sortierten und gruppierten Akteurslandschaft bedient. Der Freiraum entsteht durch „Delegation“ bzw. „Externalisierung“ aus der Legislative, die sich zur Qualitätssicherung lediglich auf einen Verfahrensvorschlag geeinigt hat. Mit der Durchführung des Verfahrensschritts wird der lange vorbereitete Ausbruch erstmalig öffentlich. Der Test auf seine Wirkung verläuft dann erfolgreich, wenn im Vorfeld bis in das Wettbewerbsverfahren hinein ein Konsens aufrechterhalten werden kann, also mithin entweder die „Rekrutierung“ der Jury aus der „Fraktion“ erfolgt, die den Ausbruch betreibt, oder es gelingt, den Spielraum des Verfahrens so stark zu verengen, dass die Jurymitglieder selbst sich nicht für die Definition der bereits gegen das alte Leitbild gesetzten Vorgaben verantwortlich sehen[178]. Tendenziell steigt die Aufmerksamkeit und damit die

177 Auswirkungen ergeben sich beispielsweise am Kant-Dreieck, das — selbst abgesehen von der Höhendiskussion — als Kompromissversuch, nämlich zwischen Verdichtung und Herausnahme aus den bebauten Flächen, begriffen werden kann. Weitere Beispiele lassen sich ergänzen.

178 Besonders deutlich ist dieses Vorgehen beim Projekt Zoofenster.

„Gegenmobilmachung" mit dem Grad der „Leitbildverletzung". Durch Verschmelzung mit allgemein anerkannten Qualitätsindikatoren wird der „Tabubruch" schmackhaft gemacht, muss jedoch hinreichend gravierend sein, um in möglichen späteren Verhandlungen stark zu erscheinen. Ist der Tabubruch bereits vorbereitet oder gut über Vorgutachten abgesichert, kommt es zu einer anhaltenden Auseinandersetzung, in denen die „Definitionsmacht" der Verhandlungsführer schließlich mit einigen nachrangigen Konzessionen obsiegt. Kommt er unvermittelt und radikal, breitet sich bisweilen Unsicherheit bei den Promotoren aus, die sie zu einer Überprüfung und Kompromissfindung bewegt. Dieser strategische Moment und die Fähigkeit der Vertreterinnen des alten Leitbilds entscheidet über die Durchsetzungschancen des Tabubruchs, die nun von Lobbyeinflüssen, der „Leidenschaftlichkeit" der politischen Spitze und dem Investitionsdruck abhängen.[179]

Zielkonjunkturen und politischer Rahmen

Die aus Veränderungen der politischen Mehrheiten resultierenden Rückwirkungen auf Projekte hängen maßgeblich vom Zeitpunkt im Verfahren ab (vgl. unten). Die kontinuierliche Weiterführung eines umstrittenen Projekts nach einem Machtwechsel findet allerdings nur statt, wenn sich wesentliche Vorentscheidungen stabilisiert haben. Die Rolle der Legislative liegt ganz wesentlich darin, dass in laufenden Prozessen die ehemalige Opposition nach einem Machtwechsel unter Profilierungsdruck steht und ihre eigene Position nach Entsendung ihres Wortführers in die Exekutive (neue politische Spitze der Verwaltung) umzusetzen versucht[180]. Erst bei späteren Projekten, die bereits in der neuen Ära begonnen werden, fällt die Politik zurück in eine Position, die von einer Verschmelzung langfristiger architektonisch-städtebaulicher Leitbilder und dem sich vermittelnden Investitionsklima mit seinen projektbezogenen Auswirkungen geprägt ist. Nach einem Machtwechsel stellt die starke Rolle der Ressortchefs durch die Berliner Verfassung also indirekt „politischen" Einfluss sicher, wenngleich die Bedeutung des Politikfeldes Stadtentwicklung nur äußerst mittelbar in das Wählerinnenverhalten eingehen dürfte[181].

179 Leitbildwandel in diesem Sinne zeigt sich insbesondere an den Projekten, die die Sprengung der Berliner Traufhöhe wagen. Ihre Legitimation versuchen sie nahezu ausschließlich über die Qualität der Freiräume, die über eine Umdeutung bestandsentwicklungspolitischer und ökologischer Ziele der 1980er Jahre hin zu einem aktiv-gestalterischen Begriff von Urbanität erfolgt. Dabei wird versucht, die Fraktion der Traufhöhenvertreter, an architektonischer Qualität interessiert und durch die späte Moderne „traumatisiert", durch Hinweis auf architektonische Qualität oder auch nur Einzigartigkeit der durchzusetzenden Projekte zu spalten. „Geködert" wird derjenige Teil, der ohnehin optimistisch und entwicklungsorientiert bereit ist, sich auf „Wagnisse" einzulassen.

180 Als Beispiele lassen sich das Kranzler-Eck und das Zoofenster anführen.

181 Es erscheint kurios, dass sich Stadtentwicklungspolitiker häufig auf Legitimation durch ein Wählermandat berufen, ohne dass Wähler sie effektiv kontrollieren könnten. Die Kontrolle der Stadtentwicklungspolitik ist zusätzlich dadurch geschwächt, dass sich die *policy* erst aus vielen Einzelentscheidungen herausbildet, während in vielen anderen Politikfeldern wichtige Leitentscheidungen klar als „die ...-Politik" zurechenbar werden. Dagegen scheint eine „indirekte Kontrolle" über die antizipierende Herausbildung einer latent auf Mehrheitsfähigkeit orientierten und tendenziell „Entscheidungsfähigkeit" und „wirtschaftliche Prosperität" zu einem Hauptanliegen zumindest der Selbstdarstellung machenden Politik relativ stark zu sein.

Aufgrund des Wahlrechts ist zu unterscheiden zwischen Senats- und Bezirksebene. Die lange Zeit herrschende Große Koalition auf Landesebene macht dort Veränderungen im politischen Kurs tendenziell unwahrscheinlich. Dennoch bringen die Koalitionsverhandlungen eine Reihe von Akzentverschiebungen mit sich, die sich in häufig wechselnden Amtsinhabern des Bau- und des Stadtentwicklungsressorts niederschlagen. Obwohl beispielsweise die CDU im Untersuchungszeitraum bis auf knapp zwei Jahre (1989/90) stets an der Landesregierung beteiligt ist, finden sich im Bauressort eine Vielzahl wechselnder Amtsinhaber der CDU und die sechsjährige Amtszeit von Nagel (SPD) während des Vereinigungsbooms und in der Mitte des Untersuchungszeitraums. Die Stadtentwicklungsverwaltung weist Amtsinhaber aus CDU, SPD, AL, FDP sowie einen Parteilosen auf. Mithin ist eine Eigenprofilierung naheliegend, die sich immer wieder auf Projekte niederschlägt.

Überraschenderweise zeigt sich in den Bezirken demgegenüber eine größere Stabilität, obwohl das Wahlrecht häufig wechselnde Amtsinhaber des Bauressorts vermuten lässt. Von den untersuchten Projekten ist allerdings kaum eines wirklich ernsthaft betroffen. Hierfür sind mehrere Gründe maßgeblich: die in einigen Bezirken stabile Situation (Friedrichshain, Treptow, Tiergarten), die vorrangige Bedeutung eines Projekts in einer kleinen Entwicklungskoalition aus CDU und SPD (Treptow) und das tatsächliche oder angedrohte Eintrittsrecht des Senats (Charlottenburg, Mitte).

Die politischen Rahmenbedingungen werden über die Mehrheitsverhältnisse hinaus zum wichtigen, aber mitunter übersehenen Faktor für einen Entscheidungsprozess. Der Aufbau der Verwaltung und die Rolle der verschiedenen Senats- und Bezirksdienststellen bei einer Überlagerung wirtschaftsfördernder und flächennutzungssteuernder Kompetenzen wurde bereits im Kapitel über die Akteure deutlich gemacht. Dabei hat sich insbesondere die Senatsverwaltung für Stadtentwicklung und Umweltschutz bzw. für Technologie als Schlüsselverwaltung beispielsweise für die Realisierung von Hochhäusern herausgestellt, da von der Bauverwaltung hier ohnehin eine entwicklungsoffenere Haltung zu erwarten ist und die Bezirke eine eher vorsichtige Haltung einnehmen. Die politische Führung der eigentlich landläufig als weniger einflussreich eingeschätzten und auf planerische Steuerung und damit tendenziell Vermeidung von Hochhäusern ausgerichtet scheinenden Verwaltung wird zum entscheidenden Bündnispartner in tendenziell umstrittenen Projekten und betreibt an bestimmten Orten diese Entwicklung aktiv mit.

Mit dem Begriff „Legislaturperiodenparadox“ soll ein Phänomen bezeichnet werden, das die Stadtentwicklungspolitik von anderen Politikfeldern unterscheidet. In anderen Politikfeldern werden *policies* weitgehend in Regie der öffentlichen Hand und in großen Reformprojekten in einem Zug erarbeitet, die dann häufig vorzugsweise zu Anfang einer Legislaturperiode umgesetzt werden, um ihre schmerzlichen Wirkungen für einige Betroffene bis zur nächsten Wahl inzwischen vergessen machen zu können und die Wiederwahlchancen nicht zu schmälern — eine Konstellation, die zu Anfang der Legislaturperiode Verhandlungspartner der öffentlichen Hand tendenziell schwächt und zum Ende hin im Sinne der Verteilung von Wahlkampfgeschenken stärkt. Im Gegensatz dazu bringt die geringe Aufmerksamkeit für die Stadtentwicklungspolitik und die hohe Fluktuation der Amtsinhaberinnen in der Exekutive zumindest im Berliner Senat und den Bezirksämtern im Zusammenhang mit der Entstehung der *policy* aus vielen Einzelprojekten unter dem Dach allgemeinerer Vorentscheidungen eine tendenzielle Stärkung der Investoren zu Beginn einer Legislaturperiode, in der der Amtsinhaber noch nicht so gut eingearbeitet ist, während zu deren Ende wegen der Ungewissheit über die Wiederwahl noch Projekte so weit als möglich zu ihrem Abschluss gebracht werden sollen und Beschlüsse der Legislative wie der Exekutive unter einer Reihe von Gesichtspunkten fernab von Wahlkampfgeschenken entstehen.

Der Begriff „Detailbefassungsparadox" soll zum Ausdruck bringen, dass die Spitze der Verwaltung als Schlichtungsinstitution häufig mit Details befasst wird, bei denen keine Einigung auf niedrigerer Ebene zu erreichen ist, obwohl die hohe Hierarchieebene eigentlich einen Einfluss auf wesentliche Leitentscheidungen und eine Vernachlässigung von Details erwarten lässt. Es ist auffällig, dass gerade der mittleren Hierarchieebene ein wesentlicher fachlicher Einfluss zukommt, während „oben" zwar Leitprojekte und politische Richtungen beeinflusst werden und „unten" lediglich Einfluss auf Details besteht, es aber von der Anzahl der zu bearbeitenden Projekte abhängt, ob die politische Spitze im Einzelfall überhaupt noch bis unten „durchregiert". In Zeiten geringer Investitionsaktivität wird, wie bereits an anderer Stelle deutlich gemacht, von der politischen Spitze stark auf einzelne Projekte Einfluss genommen, obwohl dies für die Entwicklung der Stadt nur von vergleichsweise geringer Bedeutung ist.

Zielkonjunkturen und wirtschaftlicher Rahmen

Die wirtschaftlichen Rahmenbedingungen beeinflussen nicht nur die Ziele der Investorinnen, sondern insbesondere die der öffentlichen Hand. Dabei zeichnen sich zunächst unerwartete Konstellationen ab. Während die Eigentümer und Investoren ihre Ziele bei abflauender Konjunktur oder innerbetrieblichen Problemen formal nicht preisgeben, um Verwertungsrechte nicht zu gefährden —, ist die öffentliche Hand intensiv darauf bedacht, Baurechte gegebenenfalls „nachzurüsten", so dass Entwicklung auch in Zeiten der Flaute stattfindet.

Grundstückseigentümer bzw. Eigennutzerinnen achten periodisch darauf, dass das umgebende Quartier aufgewertet wird und der Wert ihrer Immobilie nicht durch Umstrukturierungs- oder Verfallsprozesse sinkt. Diese Entwicklung veranlasst Eigentümer zu Nachverdichtungs- oder Sanierungsanstrengungen[182]. Der in den USA häufig gewählte Weg bedarf allerdings einer Zusammenarbeit der Eigentümer, die in der Überproduktionskonkurrenz der ersten Vereinigungsjahre mit dem Eindringen externer Akteure kaum aufrecht zu halten und erst wieder in den Stabilisierungsversuchen der City-West etwa ab Mitte der 1990er Jahre wahrnehmbar war. Dementsprechend spielt für die in ihren *cities* „untergenutzte" Stadt eher die grundstücksbezogene Verfügbarkeit über ein durchsetzbares und dann erfolgsträchtiges Investorinnenkonzept eine Rolle. Demnach schlägt sich das Vorhandensein von Investoren bzw. eigener Standortüberlegungen direkt in der Zielformulierung der Eigentümerin nieder. Das Abspringen von Investoren oder veränderte eigene Standortkonzepte frieren zwar die Aktivitäten ein, doch werden dann tendenziell die Ziele lediglich in der

182 Sie lässt sich in Berlin vor allem an der Standortkonkurrenz zwischen Berlin-Mitte, dem Potsdamer Platz, dem Breitscheidplatz und den neuen Nebenzentren beobachten.

Vermarktungsstrategie abgewandelt. Aus einem Eigennutzer mit eventuellem Einzelinvestor wird wegen der erbrachten planerischen Vorleistungen schließlich ein Developer, der versucht, sein Projekt am spekulativen Markt unterzubringen bzw. das Objekt zu veräußern[183]. Mitunter wird sogar versucht, in einer zweiten Phase einen weiteren Verdichtungsschub durchzusetzen, so dass gerade bei längeren Planungsprozessen tendenziell mit einer Infragestellung der vereinbarten Dichtewerte zu rechnen ist.

Developerinnen richten dagegen ihre Ziele direkt an ihren Erwartungen an die Marktentwicklung aus. Bei nachlassender Konjunktur bleiben ihnen nur drei Auswege, eine Aufgabe des Projekts, eine Reduzierung des Ausführungsstandards oder eine Flucht in andere Vermarktungsstrategien bzw. Nutzungen. Damit deutet sich eine Auseinandersetzung über Qualitätsstandards an, die durch städtebauliche Verträge zumindest ansatzweise kontrollierbar ist. Die stadtentwicklungspolitische Bedeutung von einzelnen Projekten entscheidet, inwieweit die öffentliche Hand sinkende Qualitätsstandards zu akzeptieren bereit ist, wenn die Aufgabe eines Projekts droht. Irreversible Veränderungen im öffentlich wirksamen Freiraum werden dabei regelmäßig nicht hingenommen. Aus der Einführung neuer baulicher Konzepte durch den Developer kann die öffentliche Hand angesichts der „Labilität" des betreffenden Projekts offenbar keine Stärkung ihrer Verhandlungsposition ableiten.

Die durch veränderte konjunkturelle Rahmenbedingungen abgewandelten Realisierungsstrategien der Investorinnen und Developerinnen werden vermutlich nicht unterschätzt, doch erlaubt das städtebauliche Instrumentarium, das in weiten Teilen auf die Einräumung von Baurechten, aber selbst in der Praxis der städtebaulichen Verträge nur eingeschränkt auf die Sicherstellung der Realisierung eines Konzepts ausgerichtet ist[184], nur ansatzweise eine „Stabilisierung" langfristiger Ordnungsideen. Gerade die Größe der Stadtumbauprojekte in der Epoche umfassender Tertiärisierung von Kernstädten räumt dem Realisierungsprozess einen Stellenwert als nachgeordneter Teil des planerischen Entscheidungsprozesses ein, für den dann entsprechende Ressourcen in Form von Wettbewerbsverfahren, Gutachten usw. bereitzustellen sind. Grundsätzlich ist dies im Rahmen der Konkretisierung von Ideenwettbewerben der Fall[185], doch geht dieses Vorgehen nach wie vor von der „klassischen" Situation aus, in der mit der Investorin eine Konkretisierung der Vorläuferplanung vorgenommen wird. Können diese aus wirtschaftlichen Gründen nicht umgesetzt werden, schließen sich häufig in der Fachöffentlichkeit als fragwürdig angesehene Neuauflagen des Entscheidungsprozesses mit bisweilen unvorhersehbaren Akteurskonstellationen an. Wegen der Überfrachtung der vorauslaufenden Entscheidungsprozesse bringen

183 Vgl. das Handeln der Victoria am Kranzler-Eck.

184 Vgl. dazu die Fallstudie Treptowers. Trotz der im Hinblick auf die Investitionssumme beachtlichen Realisierungsleistung und der noch immer weitgehend erkennbaren Stringenz in der Umsetzung des Wettbewerbskonzepts hat es auch die enge Bindung des Developers an die städtebaulichen Ziele über städtebauliche Vertragslösungen nicht vermocht, eine „Torso-Wirkung" am Spreeufer für eine kaum absehbare Zeitspanne zu vermeiden. Diese mag zwar angesichts der Gesamtwirkung ein vernachlässigbares Detail darstellen, doch wirft sie ein deutliches Licht auf noch in Realisierung befindliche Vorhaben wie die Bebauung des Alexanderplatzes und erzwingt die grundsätzliche Infragestellung durch ihre stringente „totale" Komposition bestechender Entwurfslösungen.

185 Vgl. die Planungsprozesse zum Ostbahnhofs-Umfeld, dem Potsdamer Platz usw.

sie Einbußen an Zielvereinbarungen mit sich, die nicht kalkulierbar sind und auf Kosten von fragilen Qualitätsvereinbarungen zwar die Verwertungsmöglichkeiten für Investoren beibehalten, doch die von der öffentlichen Hand im Gegenzug eingehandelten Qualitätsmerkmale aufgeben[186].

In Zeiten der Krise am Arbeitsmarkt geht die Politik scheinbar kurioserweise relativ unabhängig von der Investitionsneigung mit Investoren um. Eine besonders „harte" Verhandlungsführung in Zeiten großer Investitionsneigung kann kaum nachgewiesen werden, ebenso wenig wie eine besonders „weiche" Verhandlungsführung in Zeiten einer Flaute am Büroflächenmarkt[187]. Ein Ansatz zur Erklärung dieses Paradoxons lässt sich u. U. aus der Beobachtung gewinnen, dass in Zeiten der großen Nachfrage über die steigenden Bodenpreise der Druck auf schnelle Entscheidungen durch die Investorinnen steigt, und das Risiko besteht, Chancen auf wirtschaftliche Erholung leichtfertig zu vergeben, während in Zeiten der Krise zwangsläufig die Aufmerksamkeit für jedes einzelne Projekt steigt, weil die vorhandenen Personalressourcen nun die Möglichkeit dazu stärker als in Zeiten des Booms einräumen, und durch dieses „genauere Hinsehen" quasi automatisch die aufgemachten Ansprüche der öffentlichen Hand in den Verhandlungen steigen.

Es ist weiter darauf hinzuweisen, dass Politikerinnen bei Einzelentscheidungen kaum Interesse an der Wirtschaftlichkeit aufbringen. Hinweise auf eine ungünstige Marktsituation, eine abzusehende Steigerung von Leerständen oder die geringe Arbeitsplatzwirkung der Schaffung von Büroflächenangeboten verpuffen weitgehend, da sie im Rahmen von Handlungsfähigkeitslogik und Vertretbarkeitslogik der Politiker nur einen nachrangigen Stellenwert besitzen — Alternativen bestehen kaum, und so muss sich die Politik mit den überhaupt möglichen Erfolgsmeldungen begnügen. Erst im Gesamtzusammenhang der Stadtentwicklungspolitik gewinnt die Wirtschaftlichkeit und die Marktsituation an Bedeutung in der politischen Wahrnehmung. Das Arbeitsplatzargument entschärft Widerstände in Abgeordnetenhaus und Bezirksverordnetenversammlungen, so dass die Exekutive einen Freiraum für dort politisch entstehende oder fachlich gebundene Entscheidungen erhält. Damit wird das stadtentwicklungspolitische Dichtemodell standortpolitisch bestimmt, und aus der Politik sind keine wesentlichen Zielbekundungen gegenüber den Investorinnen zu erwarten, die vom Bodenpreismechanismus und damit zusammenhängenden Fragen wie dem berüchtigten „Domino-Effekt" einer schleichenden Dichte- und Höhensteigerung ausgehen.

186 Dies zeigt sich bei der Verwässerung des Zoofenster-Projekts — wie immer man den Rogers-Entwurf beurteilen mag, zumindest gibt der Mäckler-Entwurf die von der öffentlichen Hand als Qualität des Zoofensters begriffene Übergangszone zwischen öffentlichem Straßenland, U-Bahn und Gebäudeerschließung weitgehend auf, steigert die bauliche Dichte aber weiter — und ansatzweise beim Spree-Sinus-Projekt. Befürchtungen in der gleichen Richtung sind bei weiteren gescheiterten oder noch ungewissen Projekten angebracht.

187 Letztere ist noch eher erkennbar, wenn sich die Möglichkeit zu einer Investition in Zeiten der Krise zeigt, die aber nur unter Abschwächung oder Aufgabe der eigenen Ziele zu erreichen ist. Vgl. dazu die Fallstudie zum Ostbahnhof-Umfeld.

Verfahrensdauer und Wandel der Ziele — eine bilanzierende Einschätzung

Die Verfahrensdauer spielt für das Grundstückseigentum eine überragende Rolle, die für die Bewertung von Entscheidungsprozessen noch stärker als bislang zu gewichten sein dürfte. In den untersuchten Fallstudien werden mit oder nach Grundstücksgeschäften einsetzende Entscheidungsprozesse mit hoher Geschwindigkeit durchgeführt und meist nur durch komplizierte Abstimmungsvorgänge aufgehalten, wobei im Detail durch hartnäckige Einzelakteure auftretende Verzögerungen zwar unangemessen zu sein scheinen, aber dennoch auch nicht überbewertet werden dürfen[188].

Lange währende Entscheidungsprozesse werden keineswegs allein von der öffentlichen Hand produziert. Grundstücke im öffentlichen Eigentum werden auf die neue Nutzung vorbereitet, wobei der Abstimmungsprozess innerhalb der öffentlichen Hand großzügig mit der Einbeziehung konkurrierender Sichtweisen umgeht und sich dabei häufig auch der Fachöffentlichkeit stellt. Der entfallende Verweis auf die vermeintlichen Sachzwänge, die durch eine private Eigentümerin geltend gemacht werden, zwingt die öffentliche Hand zu einer stärkeren Rechtfertigung ihres eigenen Handelns gegenüber Kritik. „Einmalige Chancen“ bei der Entwicklung öffentlicher Grundstücke sollen nicht vergeben werden. Demnach ist das zögerliche und ausgleichende Handeln der Akteure verständlich und funktional, solange der Entscheidungsprozess noch keine Ermüdungserscheinungen und scheinbar unauflösbaren Blockaden hervorgebracht hat und die öffentliche Aufmerksamkeit für das Grundstück mangels konkreter Nutzungsabsichten oder einer Lage im Brennpunkt öffentlichen Interesses für eine Überwindung städtebaulicher „Missstände“ gering ist. Konzepte für öffentliche Grundstücke lassen sich politisch in Stellvertreterauseinandersetzungen zur Profilierung nutzen, wenn das Eingreifen in die Nutzungsrechte von Privaten ausscheidet.

Doch auch private Langzeit-Eigentümerinnen gehen vorsichtig in Entscheidungsprozesse. Dies mag an der Chance liegen, die sich für eine schleichende Verdichtung in langanhaltenden Prozessen durch allmählich kumulierende Zugeständnisse der öffentlichen Hand bieten, wenn diese gerne Entwicklungserfolge vorweisen und damit Handlungsfähigkeit demonstrieren möchte. Ausschlaggebend dürfte überdies die unterschiedlich große Erfahrung von Konzernen aus den unterschiedlichsten Branchen mit größeren Immobilienprojekten und die Einschätzung der damit verbundenen Risiken sein. Vergleicht man die für stringente Entscheidungs- und Entwicklungsprozesse üblicherweise erforderlichen Zeiträume, die sich in dieser Untersuchung zwischen etwa zwei und drei Jahren für den wesentlichen Planungszeitraum bewegen und bei fünf bis sechs Jahren einschließlich der Realisierung liegen, mit der Dauer von Konjunkturzyklen, und berücksichtigt man zusätzlich die steuerlichen Rahmenbedingungen von Investitionen, dann wird deutlich, dass eine Verschiebung von Investitionen und die Spekulation auf ein günstigeres Investitionsumfeld lohnen kann, insbesondere wenn mit einer Veräußerung oder Fremdvermietung gerechnet wird. Ohne (vereinigungsbedingte) Sonderregelungen sind daher bei ungewissen konjunkturellen Ent-

188 Als Beispiele seien das Kant-Dreieck, das Kranzler-Eck, das Zoofenster-Grundstück, das Schimmelpfenghaus-Grundstück, das Post-Areal am Ostbahnhof und die auf der südlichen Straßenseite der Hoffmannstraße liegenden Grundstücke im Projekt Treptowers in Erinnerung gerufen.

wicklungen längere Verzögerungen bei der Entwicklung eigengenutzter Grundstücke nicht auszuschließen. Der wesentliche Unterschied in der Wahrnehmung der öffentlichen und privaten Entwicklungsprozesse besteht neben der Abweichung in den Hauptentwicklungszielen in der unterschiedlichen Transparenz der jeweiligen Ziele für die Öffentlichkeit.

Ziele wandeln sich auf Seiten der Investoren in Zeiten betriebswirtschaftlicher Schwäche insofern, als Projekte ruhen, aber Rechtspositionen nicht aufgegeben werden. Auch wenn wesentliche Verfahrensschritte noch nicht vollzogen sind, die als Realisierungshindernisse betrachtet werden können, sind diese weniger ausschlaggebend für das Stocken des Projekts als die Herabstufung der Priorität auf Seiten der Investorinnen. Mit Risiken oder schwer abschätzbaren finanziellen Zusatzbelastungen behaftete Schritte werden dann zeitweise überhaupt nicht eingeleitet bzw. forciert. Bei problematischen Marktsituationen werden Projekte ebenfalls zurückgestellt, auch wenn das betreffende Unternehmen keine innerbetrieblichen Probleme aufweist. Projekte an der Grenzertragsschwelle, die hiervon betroffen sind, finden sich in zwei Marktsegmenten, nämlich an weniger begünstigten Standorten und unter den besonders optimistisch kalkulierten opulenten Vorzeigeprojekten. Die von außen als lang empfundenen Entwicklungszeiträume für bestimmte — in ihrer Marktgunst benachteiligte — Standorte sind dabei Ergebnis der Konzentration mehrerer von Zurückstellung betroffenen Projekte in einem räumlich zusammengehörigen Bereich. Nachträglich werden hier projektübergreifende Entwicklungsstandards aufgeweicht und in die fieberhafte Suche nach dem besonderen Marktsegment oder „Vermarktungsgag" ausgewichen. An günstigeren Standorten werden opulente durch zurückhaltendere Projekte ersetzt[189].

Auch politische Instabilität lässt sich nur dann in eine Veränderung des Zielsystems der öffentlichen Hand ummünzen, wenn sich die Rechts- oder Verhandlungsposition von Investoren noch nicht so weit verfestigt hat, dass diese massiv gegen eine politische Profilierung eingesetzt werden kann. „Investitionsdruck" steht einer Verlängerung des Zielfindungsprozesses aufgrund der Eigenwahrnehmung der öffentlichen Hand entgegen, die sich — angetrieben von der politischen Opposition und dem Zwang der Darstellung von Handlungsfähigkeit — ein Aufrollen eines vorentschiedenen Prozesses nur in absoluten Ausnahmefällen erlaubt. Größere Bedeutung hat die längerfristige Offenhaltung von Entscheidungen auf landeseigenen Grundstücken, im Falle des Strebens nach einer grundlegenden Neubestimmung tradierter Ziele (Neubestimmung einer Nutzung aufgrund von Veränderungen im Standortgefüge oder nach Aufgabe einer Nutzung) und bei geringer Investitionsneigung beobachtet werden kann. Sie liegt in den meisten Fällen offenbar beinahe in der Natur der Sache. Eine über schwerfällige Detailabstimmungen in einer von Kompetenzzersplitterung geprägten Landespolitik hinausgehende längerfristige Entscheidungsschwäche kann im Untersuchungszeitraum für das Land Berlin lediglich für tieferliegende Konflikte konstatiert und vom Autor nicht als Negativum bewertet werden. Jedenfalls ist der umgekehrte Fall — Durchsetzung von Vorentscheidungen mit fragwürdiger legitimatorischer Basis aufgrund der Dequalifizierung anderer Argumente als weniger triftig — häufiger anzutreffen.

189 Dies könnte ansatzweise die — isoliert voneinander — paradox anmutenden Prozesse am Zoofenster und im Ostbahnhofumfeld erklären.

Interaktionsformen der Beteiligten

Der Schwerpunkt dieses Kapitels liegt darauf, deutlich zu machen, welche Rolle hierarchischen Interaktionsformen zukommt, inwieweit in Konfliktsituationen zwischen verschiedenen, nicht hierarchisch aneinander gebundenen Akteursgruppen offene, gleichberechtigte Verhandlungen stattfinden und wie Einwände verhandlungsschwächerer Akteursgruppen überwunden werden.

Skizzenhaft lässt sich das Verhältnis der Akteure wie folgt zusammenfassen. Aufgrund der enormen Bedeutung wirtschaftlicher Entwicklung als Impulsgeber in Zeiten von Dauerarbeitslosigkeit und Strukturwandel und als Bestätigung des eigenen politischen Handelns in Zeiten wirtschaftlicher Blüte gelingt es in der Regel der politischen Spitze der Exekutive, den Verhandlungsspielraum mit Investoren breit zu stecken und die Definitionsmacht über sinnvolle Entwicklungsalternativen auszuüben. Den Investoren und Grundstückseigentümern gelingt es wiederum, unter Berücksichtigung der elementarsten stabilisierten und tradierten planerischen Grundpositionen des Gemeinwesens und Vorvereinbarungen als Verhandlungspartner bis zur Herstellung eines projektbezogenen Konsenses mit der Exekutive im Gespräch zu bleiben. Die Rolle des Parlaments ist dabei die des Kontrollorgans, das die ihr von der Exekutive zur Entscheidung vorgelegte Lösung „absegnet", sofern erkennbar ist, dass die Spielregeln des Verhältnisses zwischen Legislative und Exekutive eingehalten werden. Diese sind erstens die Etablierung einer vertretbaren Rechtsauffassung im rechtlich umstrittenen Raum der Einzelfallentscheidungen, zweitens die Sicherstellung und Einhaltung von Verfahrensstandards, die die Berücksichtigung eines weiten Spektrums möglicher Auffassungen und Belange sicherstellen sollen, und drittens die Absicherung des beschrittenen Wegs durch Plausibilitätsprüfungen mit häufig legitimativem Charakter. Eine solche Skizze mag für eine grundsätzliche Einschätzung des Politikfelds ausreichen, verkennt aber die Mechanismen, die sich in der Produktion gerade der genannten Einzelfallentscheidungen herausbilden. Sie sollen im Folgenden näher erfasst werden.

Mindestens vier Grundkonstellationen spielen dabei eine Rolle. Die erste bezieht sich auf die Logik des Apparats der Exekutive und kann mit Hierarchie zusammengefasst werden. Die zweite ist die zwischen Politik und Investoren, die sich häufig mit den Attributen „verschiedenartige, aber gleichwertige"[190] Partner charakterisieren lässt. Die dritte ist die zwischen Politik und Außenwelt (i. e. Medien, Fachöffentlichkeit und „Bürgerinnen"), die mit dem Spannungsfeld „Handlungsfähigkeit und mittelbare Rechenschaftspflicht" umrissen werden soll. Hierbei wird der Spielraum der Exekutive ständig neu austariert. Aufgrund der wechselnden Aufmerksamkeiten und Bedeutung des Politikfelds für die Exekutive bestehen gute Möglichkeiten, selbst mitzubestimmen, inwiefern von ihr überhaupt rechen-

190 Dies gilt zumindest dann, wenn die Politik sich grundsätzlich zu einer Befürwortung einer Baumaßnahme bekannt hat. Im Falle einer Ablehnung treten weitere Faktoren hinzu, die bereits im Kapitel über die Akteure und ihre Verhandlungspositionen angeklungen sind. Bedeutsam ist insbesondere der allerdings nicht selten anzutreffende Fall, in dem die Investorin darauf abzielt, den Rahmen des geltenden Planungsrechts zu verlassen und für die Vertretbarkeit eines solchen Vorgehens bei der öffentlichen Hand zunächst werben muss, da diese für die Genehmigungsfähigkeit des beabsichtigten Vorhabens dann von zentraler Bedeutung ist.

schaftlich Verantwortung für das Gemeinwesen abgefordert wird. Die vierte bezieht sich auf das Verhältnis zwischen Hauptakteurinnen und ihren Dienstleistern (Planerinnen, Architektinnen), für das das Spannungsfeld „Delegation und Werbung" stehen soll: Der Spielraum der Fachdienstleister wird durch den latenten Missbrauch als Legitimationsbeschaffer eingeschränkt (Delegation), während sie durch die Qualifizierung ihrer eigenen Position den fachlichen Standard der Entscheidung zu heben suchen (Werbung).

Neben den vier Konstellationen verdient das Verhältnis zwischen Legislative und Exekutive nähere Beachtung, wenngleich eine im Einzelfall manifeste Kontrolle der Exekutive über die latente Drohung mit Zustimmungsverweigerung hinaus praktisch nicht vorkommt. Besondere Beachtung verdienen dabei die Bezirksverordnetenversammlungen und ihre Rolle bei der Themendefinition, die in gesamtstädtisch bedeutsamen Vorhaben aber häufig machtlos sind. Die aus den Grundkonstellationen resultierenden Interaktionsformen der Akteure sollen nun systematisch vorgestellt werden.

Hierarchische Interaktion

Auch im Falle der Stadtentwicklungspolitik steht eine politische Spitze einer „unpolitischer" oder zumindest „fachlicher" Logik folgenden Verwaltung vor. Einige Fragen sind dabei auf das behandelte Politikfeld zuzuspitzen und verdienen nähere Betrachtung. Zunächst gilt dies für die Auslotung des „politischen" und des „fachlichen" Anteils an Einzelentscheidungen und die dafür verantwortlichen Gründe. Weiter ist herauszuarbeiten, auf welcher Ebene welches Rollenverständnis vorherrscht und warum. Hierfür sind nicht zuletzt Entwicklungsoffenheit bzw. Finalprogrammcharakter der Stadtentwicklungspolitik verantwortlich, die eine andere Implementationsstruktur als „streng hierarchisch" funktionierende Behörden ohne größeren Ermessensspielraum in ihrem Handeln aufweisen.

„Politische" und „fachliche" Entscheidungsanteile und zugehörige Interaktionsformen

Die Führung von Verwaltungen durch politische Amtsträgerinnen ist mit ausschlaggebend für einen Mechanismus „neoelitistischer"[191] Einflussnahme im Konfliktfall. Die Staatssekretärs- und Senatorinnenebene beschränkt sich in ihrem Eingreifen auf die Schlichtung bei unterschiedlichen Auffassungen verschiedener Senatsverwaltungen oder verschiedener Abteilungen ein und derselben Verwaltung. Auf indirekte Weise entfaltet die politische Ebene Einfluss durch Ausgabe einer „Generallinie", nach der zu verfahren ist und die den Spielraum fachlicher Entscheidungen einschränkt, durch die Strukturierung des jeweiligen Entscheidungsprozesses bzw. Vorgabe des Verfahrenstyps, durch die Anbindung der Entscheidungsfindung an die politische Spitze, durch das punktuelle Eingreifen im Falle abzusehender oder getroffener Entscheidungen eines politisch untergeordneten Gremiums oder

191 Die Politikwissenschaften bezeichnen damit eine Konstellation, in der wenige Schlüsselakteure die Entscheidungsarena dominieren, allerdings ohne ihren Einfluss permanent geltend machen zu müssen. Die relativ unangefochtene Machtstellung dieser Eliten wird lediglich – und dann massiv — explizit, wenn ihr Einfluss in Frage gestellt wird (Bachrach/Baratz 1962, 1963).

einer Person sowie durch die Aufrechterhaltung der Drohung einer Konzentration der Entscheidung an der politischen Spitze (Weisung und Eintritt ins Verfahren). Sämtliche erwähnten Mechanismen sind hierarchisch-bürokratisch organisierten Verwaltungen eigen[192], doch im Folgenden sollen die Rahmenbedingungen bei der Anwendung der Mechanismen im Mittelpunkt stehen.

Eine *Generallinie* spielt dann eine Rolle, wenn Vorentscheidungen bereits auf politischer Ebene gefallen sind. Diese können die stadtentwicklungspolitische Initiative für einen Standort beinhalten, die politischen Ziele bei der Realisierung eines Projekts betreffen oder eine Vorentscheidung für ein Projekt hierarchisch absichern. Eine stadtentwicklungspolitische Initiative für einen Standort verbindet politische wie fachliche Vorgaben und ist daher in der Regel ein Konglomerat vielfältiger Teilziele und weniger eindeutig politisch-hierarchisch geprägt. Allerdings schlägt die politische Verortung der Verwaltungsspitze durch, die sich anbahnende privatwirtschaftliche Initiativen bündelt und in Standortpolitik umformt. Dabei zeigt sich eine nicht zu unterschätzende Bandbreite von Strategien, die alle fachlich untermauerbar sind und sich damit der verwaltungsinternen Vorarbeit bedienen, sich aber an politischen und nicht an fachlichen Differenzen separieren[193].

Hierarchisch definierte Einzelziele bei der Realisierung eines Projekts spiegeln den stadtentwicklungspolitischen Konsens wider und transportieren dementsprechend indirekt politische Ausrichtungen, die aber stark von den ökonomischen Rahmenbedingungen überprägt werden. Vorentscheidungen für ein Projekt auf oberster politischer Ebene fallen in umstrittenen Fällen und drücken den Willen aus, Handlungsfähigkeit zu beweisen, oder werden bewusst in der Anfangsphase eines Projekts strategisch getroffen, um vollendete Tatsachen zu schaffen.

Die *Vorgabe eines Verfahrenstyps* erfolgt teilweise hierarchisch und soll nicht zuletzt die schnelle Realisierbarkeit absichern (Bsp. beschränkter Wettbewerb). Dieses Metaziel geht mit einer büroflächenbezogenen Entwicklungsorientierung einher, während andere Profilierungsbedürfnisse andere Verfahrensformen mit sich bringen. Lediglich im Falle einer Wachstumskoalition lässt sich plausibel mit einer hierarchischen Entscheidung über den Verfahrenstyp rechnen, da ansonsten Plausibilitätsüberlegungen hinreichen[194].

192 Dies erklärt die auch heute noch vorhandene Bedeutung neoelitistischer Ansätze. Insbesondere in Umbruchzeiten oder bei sich wandelnden Eliten haben zwar bedeutende Politikerinnen durchaus Zugriff auf die Entscheidungsfindung, doch gelingt es anderen Akteuren, sich Spielräume zu erstreiten, die gewissermaßen neben der Hierarchie her laufen.

193 Größtmögliche Entwicklungsoffenheit zur Attraktivierung eines Standortes für Investorinnen ist dabei einem „Modernisierungsflügel" der CDU zuzuordnen, eine Lancierung von strategischen, klar konzeptionell umrissenen Standortkonzepten „profilorientierten" Kräften der SPD, bewahrend-restriktive Konzepte den Grünen und mit ihnen sympathisierenden Kräften der SPD, während historistisch-bewahrende Ansätze bei einem „konservativen" Flügel der CDU zu beobachten sind und sich aufgrund der inneren Bandbreite der Partei kaum als Generallinie durchsetzen. Die PDS erscheint als breite Sammlungsbewegung, bei der sich zwischen Profilorientierung und Bewahrung in der Praxis der Stadtproduktion in Zusammenarbeit mit anderen Parteien im Bezirk hierarchisch eher entwicklungsorientierte Kräfte durchsetzen. Vgl. das Kapitel über die Akteure.

194 Der Ausgleich lokaler Belange bei der Einordnung von Projekten in eine Nachbarschaft oder die hohe Komplexität bei großen Flächen ohne überörtliche Aufmerksamkeit lassen werkstattähnliche Verfahren

Eine *direkte Anbindung der Entscheidungsfindung an die politische Spitze* bei Eingrenzung der verwaltungsinternen Beteiligung ist nur notwendig, wenn innerhalb der Verwaltung bei der Durchsetzung Widerstände zu erwarten sind. Der Ausbau der Investorenbetreuung bei der Senatsbauverwaltung und der KOAI können hier als zweckmäßige Reaktion auf den Arbeitsbedarf und Professionalisierung der Verfahrenswege einerseits und als selektive Förderung der Investorinneninteressen andererseits interpretiert werden.

Der bedeutendste Effekt hierarchischer Steuerung ist der einer Stabilisierung von Wachstumsorientierung über formale Entscheidungsmacht. Die Erarbeitung eines Entscheidungsspielraums auf unterer Hierarchieebene, in der im verwaltungsinternen Konfliktfall eine Beschränkung von Entwicklung stattfinden kann, ist von Investoren leicht durch das Ausweichen in die nächsthöhere Ebene auszuhebeln. Um nicht eigene Mitwirkungsmöglichkeiten aufzugeben, muss daher eine niedrigere Ebene „im Gespräch bleiben" und die Ziele der höheren Ebene antizipieren. Die Entscheidung wird schließlich (tendenziell) auf der Ebene getroffen, die die Entwicklungsorientierung als erste mitträgt. Lediglich wenn es der unteren Ebene gelingt, die Geschlossenheit der Position auf der höheren Ebene zu unterminieren, behält sie weitergehenden Einfluss.

Die Verwaltung als Apparat der politischen Spitze

Im Gegensatz zum Finalprogrammcharakter der Stadtentwicklung, der große Freiheitsgrade der Verwaltung in der Entscheidungsvorbereitung nahe legt, wird die Verwaltung stark zur Schaffung der Rechtsvoraussetzungen für die Genehmigung von Projekten eingesetzt. Die strategisch orientierte Planung spielt durch die Aufgabenorganisation innerhalb des Senats projektbezogen nur eine geringe Rolle. Die gewissermaßen „auf Vorrat" betriebene" Zielbestimmung wird überlagert von einer Betreuung planerischer Verfahren. Im Falle der Büroflächenentwicklung werden absehbare Entwicklungen durch die Vergabe von Gutachten und die Einleitung von Wettbewerben aufgefangen. Eine direkte Auseinandersetzung mit einzelnen Investoren findet im Senat ab der Ebene der Referatsleiter statt, im Bezirk meist durch Amtsleiter und Stadträte. Den Mitarbeitern bleibt lediglich eine Ausführungsrolle bei der Herstellung von Planungsrecht. In der Regel wird die Verwaltung als „Apparat der politischen Spitze" eingesetzt. Eigeninitiativen der Verwaltung können Detaillösungen bringen oder zur Durchsetzung von Entscheidungen beitragen, eine eigenständige Erarbeitung des Zielsystems in Vorbereitung der exekutiven Zielbestimmung findet kaum statt.

Von einer hierarchischen Interaktion zu sprechen, ist allerdings deshalb problematisch, weil die Ziele nicht ausschließlich durch die Verwaltungsspitze vorgegeben werden. Dennoch ist augenfällig, wie stark insbesondere die bezirklichen Ämter auf die Managementfunktion in Bebauungsplanverfahren reduziert sind. Ziele bilden sich schubweise in einem Anreicherungsprozess heraus, in dem zu den „traditionellen" Zielen gutachterliche Ideen, Wettbewerbsergebnisse, Initiativen von Einzelpersonen in der Verwaltung sowie des Investors treten und miteinander abgeglichen werden. Findet eine kurzfristige politische Einigung bei Schlüsselprojekten statt, bleibt für die Verwaltung kaum noch ein nennenswerter Handlungsspielraum. Die Verengung des Alternativenrahmens wird dann hierarchisch

sinnvoll erscheinen, die Nutzung eines Verfahrens als Vermarktungsinstrument offene internationale Wettbewerbe.

durchgestellt und ist nur äußerst mühsam und ohnehin nur im Falle einer zögerlichen Realisierungsplanung auf Seiten der Investoren aufzuweichen.

Die Bedeutung der hierarchischen Interaktion — eine Einschätzung

Die hierarchische Interaktion durchzieht die Entscheidungsfindung im Berliner Vereinigungsboom auf allen Ebenen und dient auf der politischen Ebene dazu, Handlungsfähigkeit vor dem Hintergrund erheblicher stadtentwicklungspolitischer Unsicherheit im Detail (und formal durch die noch in Diskussion befindlichen gesamtstädtischen Pläne) herzustellen sowie gegen die planerische Tradition und die in Zeiten geringer wirtschaftlicher Dynamik aufgebaute Konvention Investitionsvorhaben zum Durchbruch zu verhelfen[195]. Diese Hierarchie funktioniert allerdings nicht ohne Mitstreiterinnen in Schlüsselfunktionen der Verwaltung. Sie bewirkt eine Schwerpunktverschiebung des gängigen stadtentwicklungspolitischen Konsenses insofern, als sie anderen, offenbar besser auf die neue Situation passenden planerischen Ansätzen den Vorzug gibt, die in der Akteursstruktur der Verwaltung abrufbar gehalten worden waren. Anfang der 1990er Jahre stehen die „Macher" in den Senatsverwaltungen bereit, die aus dem wenig dynamischen Korsett der politisch initiierten West-Berliner Vorwendeentwicklung gestalterisch ausbrechen wollen. Die immer wieder beklagte Langsamkeit der übergreifenden Planvorhaben dient auch als Legitimation für eine projektorientierte Stadtentwicklung, die lediglich durch informelle Konzepte und Abstimmungen auf oberster Ebene abgesichert wird und dann von den Verwaltungen zu exekutieren ist, dabei aber innerhalb der Senatsverwaltung wachstumsorientierte Kräfte stärkt, also der Schlüsselakteurinnen, deren Mitwirkung bei der Umsetzung des dynamischen Stadtentwicklungsmodells erforderlich ist, und denen aus den Reihen der übrigen Mitarbeiter kaum wirksam entgegengetreten wird[196]. Die sich ausdifferenzierende Stadtkronenpolitik, die von Seiten des Senats Vorzugsstandorte der Entwicklung definiert, dabei einem Verdichtungstrend grundstücksbezogen sehr eingeschränkt entgegentritt und mithin innerstädtische Ausgleichsräume selektiv sichert, ist also als gesamtstädtisches Konzept im engsten Kreis um die Senatoren mit Unterstützung wachstumsorientierter Fachkräfte aus dem Apparat und der Gutachterszene auf den Weg gebracht worden. Sie hat spätere Handlungs- und Entscheidungsspielräume deutlich eingeschränkt.

Verhandlungen

Verhandlungen finden in der Regel zwischen etwa gleichberechtigten Partnern statt und treten dann an die Stelle von hierarchischer Koordination. Die Besonderheit ressortübergreifender Koordination einerseits und der Konsensfindung zwischen der öffentlichen Hand und Investorinnen als Entwicklungsmotoren andererseits besteht darin, dass die vermeintliche Gleichberechtigung hier nicht a priori gegeben ist.

Im ersten Fall besteht eine erhebliche Querverflechtung zur hierarchischen Koordination: Verhandlungsführer aus der Verwaltung vertreten nicht zwangsläufig eine „Hausmei-

195 Beispiele sind in der City-West, aber indirekt auch am Potsdamer Platz und am Alexanderplatz zu finden.

196 Vgl. dazu die City-West, den Alexanderplatz oder die Treptowers.

nung" (z. B. wenn diese überhaupt nicht hergestellt worden ist, weil die betreffende Person lediglich grobe Verhandlungsvorgaben hat). Erstens muss nämlich bei Konflikten zwischen Vertreterinnen verschiedener Verwaltungseinrichtungen eine Einigung über Verhandlungen gar nicht sofort stattfinden (die Verwaltungsspitzen lassen sich als letztmögliche Konfliktbewältigungsinstitutionen einsetzen). Zweitens stellt sich teilweise erst durch Rückgriff auf die politische Ebene der für die Regierungsposition verantwortliche(n) Partei(en) die Gleichberechtigung oder die unterschiedliche Verhandlungsposition der Ressorts im Lauf der Verhandlungen heraus.

Im zweiten Fall treffen unterschiedliche Druckmittel aufeinander. Sowohl die öffentliche Hand als auch die Investoren können ohne den jeweils anderen Partner praktisch keine größeren Entwicklungsvorhaben durchführen, wenn diese den Rahmen des geltenden Planungsrechts verlassen (Stone 1989). Doch sind die Einflussmöglichkeiten unterschiedlich verteilt. Die Investorin kann mit Verweigerung oder Rückgriff auf bestehende Rechtspositionen drohen, darüber hinaus mit dem politischen Imagegewinn werben, den ihre Investition verspricht. Die öffentliche Hand verfügt allein über die Mechanismen zur Veränderung der (Planungs-) Rechtsposition. Der Investor kann als einheitlich strukturiertes Gebilde mit klaren Zielvorstellungen begriffen werden, wohingegen die öffentliche Hand innerlich vielfältig strukturiert und von Konflikten gekennzeichnet ist.

Dennoch kommt es in der Praxis zu Verhandlungen zwischen den Vertreterinnen der beiden Akteure. Deren Auftreten ist keineswegs selbstverständlich — eine Reihe von Bedingungen muss zunächst erfüllt sein. Nichtsdestoweniger treten ähnlich strukturierte Konstellationen zwischen ungleichen Partnern auf, die an dieser Stelle mit dem Begriff „Quasi-Verhandlungen" bezeichnet werden sollen.

Bedingungen für das Auftreten von Verhandlungen

Voraussetzung ist zunächst ein noch ungeklärter oder umstrittener Verhandlungsgegenstand. Zudem muss eine Einigung darüber herstellbar sein — andernfalls finden lediglich Verhandlungen über die Ausgestaltung des Einigungsverfahrens statt. Kommunikationsbereitschaft kann dann vorausgesetzt werden, wenn beide Seiten gegenseitige „Blockademacht" aufbringen können. Diese liegt vor, wenn für einen Verhandlungspartner Verhandlungen sinnvoller erscheinen, als Verzögerungen, Imageverluste oder Veränderungen der strategischen Position durch Aktivitäten des Partners zu riskieren. Blockademacht ist also immer ein relativer und von den Handlungsalternativen abhängiger Begriff. Die Ausstattung mit Erfahrungen aus früheren Verfahren kann entscheidend sein, weil sie Informationen über mögliche Alternativen, ihre Eintrittswahrscheinlichkeiten und ihre Folgen liefern.

Schwer objektiv zu erfassen sind Persönlichkeitsmerkmale der Akteurinnen, doch werden von Interviewpartnern regelmäßig Aussagen über Selbstverständnis und Kommunikationsfähigkeit gemacht. Die Marktsituation in Berlin im Untersuchungszeitraum macht den Aufbau von „Vertrauen" zwischen potentiellen Verhandlungspartnern über eine Vielzahl von Entscheidungsverfahren unwahrscheinlich: Die in den 1980er Jahren herausgebildeten überschaubaren Konstellationen zwischen Investoren und Vertretern der öffentlichen Hand betreffen häufig Senatsvertreter, da damals bereits kleinere Projekte stark von der Senatsebene mit entschieden wurden und über traditionelle Karrieremuster Bezirkspolitiker in diese nachrücken. Bei der Vielzahl von Projekten in der ersten Hälfte der 1990er Jahre ist zumindest außerhalb des historischen Zentrums auch die Bezirkspolitik stark eingebunden, und zahlreiche in Berlin kaum bekannte Unternehmen drängen in den Büroflächensektor.

Auf der Seite der öffentlichen Hand besteht also Raum für ein Akteursprofil, das einen vertrauensvollen Ausgleich zwischen den Prozessbeteiligten schaffen soll, gerade wenn mit einer aktiven Öffentlichkeit zu rechnen ist. Auf der Investorenseite müssen die noch kaum existierenden Beziehungen zur Lokalpolitik im Verlauf des Planungsprozesses effektiv ausgebildet werden. In der Boomphase nach der Vereinigung tritt die Konkurrenz um Standorte hinzu. Neben einem möglichst schnellen Grundstückserwerb und der Auslotung von Entwicklungskoalitionen auf Senatsebene wird die Offenheit gegenüber der Bezirkspolitik zur ergänzenden Markteintrittsstrategie von Externen.

Die Umstrittenheit des Verhandlungsgegenstands macht die Wahrscheinlichkeit von Verhandlungen abhängig vom Verfahrenseintritt des Investors. Eigentümerinnen besitzen eine stärkere Position, weil sie die öffentliche Hand mit neuen Entwicklungszielen konfrontieren können, die aufgrund veränderter betrieblicher Rahmenbedingungen entstehen und dann eine unerwünschte Unternutzung zur Folge haben können sowie neuen Einigungsbedarf innerhalb der öffentlichen Hand auslösen. Weichen die Nutzungsvorstellungen des Eigentümers stark vom geltenden Planungsrecht ab, baut er durch die Berufung auf wirtschaftlich begründete Mindestnutzungsvorstellungen wegen neuer ökonomischer Rahmenbedingungen Blockademacht auf. Bei ihrer Nicht-Erfüllung wird mit Abwanderung oder Verhinderung von Planungszielen der öffentlichen Hand gedroht. Erscheinen sie städtebaulich grundsätzlich vertretbar, führen Verhandlungen zu einer Einigung über den Verfahrensweg (Wettbewerb, Werkstattverfahren), der eine verträgliche Einordnung des Projekts sicherstellen soll. Andernfalls finden Verhandlungen über die städtebaulichen Eckdaten statt. Die Einschätzung der städtebaulichen Vertretbarkeit obliegt dem Verhandlungsführer der öffentlichen Hand und ist damit abhängig von der politischen Ebene wie der politisch-planerischen Konstellation vor Ort.

Developer und Investoren werden durch vorgeklärte städtebauliche Rahmenbedingungen vorgefiltert. Kommt es zu einem Engagement, haben sie weniger Blockademacht und versuchen, abweichende Nutzungsvorstellungen über Gegenangebote an die öffentliche Hand argumentativ zu befördern. Ihr Erfolg in Verhandlungen hängt dann davon ab, ob sich die öffentliche Hand spalten lässt, also insbesondere bei umstrittenen Vorentscheidungen, nach einem politischem Wechsel, bei Fragen, die breite Kreise der Politik zu einer Einmischung mobilisieren, oder wenn eine Vorentscheidung nur mühevoll realisierbar ist.

Die Investorinnenseite entfaltet Quasi-Blockademacht durch die Denunzierung von Entscheidungsschwächen auf Seiten der öffentlichen Hand, die mit Hinweis auf eigene Vorleistungen und bei einer Verzögerung entstehende finanzielle Verluste thematisiert werden. Sie sichert sich gewissermaßen Vertrauensschutz, der die öffentliche Hand in Verhandlungen zwingt, wenn in der Realisierung Abweichungen von Vorentscheidungen auftreten, und kann sich dann wie die Alt-Eigentümerinnen auf wirtschaftliche Notwendigkeiten berufen.

Entscheidungsbereiche von Verhandlungen

Bereits erwähnt wurden Verhandlungen über die Alternativenproduktion in Wettbewerbs- oder Werkstattverfahren. In der Regel spielt dabei weniger ein Dissens über die Art des Verfahrens eine Rolle, sondern über die Rahmenbedingungen. Die Investorenseite ist bereit, ein Verfahrensergebnis anzuerkennen und es ggf. sogar zu finanzieren, wenn die öffentliche Hand zu Gunsten des Investors Änderungen im Planungsrecht vornimmt. Ein solches Verfahren ist für beide Seiten von Nutzen, da beide Seiten ihre Qualitätsansprüche über die Benennung von Alternativenproduzenten und Jurymitgliedern weiter aufrecht erhalten können. Verhandlungen finden nur im Detail statt, während Freiräume für die autonome Benennung von Vertreterinnen auf beiden Seiten gewahrt bleiben.

Neben finanziellen Verhandlungen im Vorfeld von städtebaulichen Verträgen und bei der Veräußerung von Grundstücken im öffentlichen Eigentum kommt es zu Verhandlungen über städtebauliche Kennwerte, dort aber zumeist nur über die Art der Nutzung, städtebauliche Dichtewerte und den ruhenden Verkehr. Anforderungen an die städtebauliche Komposition lassen sich kaum mit hinreichender Stabilität unwidersprochen aufrecht erhalten (vgl. Externalisierung unten). Die genannten Gegenstände von Verhandlungen sind umstritten, da sie sich direkt auf die Verwertung durch den Investor niederschlagen. Die öffentlichen Hand stabilisiert ihre Position dann oft durch Vergleiche, die nach innen stabilisierend und legitimierend wirken und dem Verhandlungspartner signalisieren, dass gleiche Bedingungen für alle herrschen. Mithin wird der Investor dann gestärkt, wenn die Herausgehobenheit oder Initialwirkung des verhandelten Projekts einen Vergleich argumentativ schwächen bzw. wenn Bezugsgrößen nicht sinnvoll herstellbar sind[197]. Die Methode des Vergleichs lässt Veränderungen gegenüber den bisher in der Umgebung vorgefundenen Werten in einem gewissen Rahmen zu, während er weniger Flexibilität bzgl. konzeptioneller Normierungen erlaubt[198]. Für den Investor ergibt sich ein Verhandlungsspielraum, da die Vertreterinnen der öffentlichen Hand die in der Umgebung vorgefundenen Vergleichswerte kaum als zwangsläufig ansehen. Damit wird die öffentliche Hand bereits im Zielfindungsprozess reaktiv und für eine Heraufsetzung von Dichtewerten anfällig. Überdies gelingt es ihr im Rahmen des Bezugs auf relativ unbestimmte Strukturmuster der Stadtentwicklungsplanung (Dichtegefälle Zentrum-Peripherie, tendenzielle Wohnnutzungsanteilssteigerung abseits der Citybereiche) nur eingeschränkt, sich in eine konzeptionelle „Normierung" „einzuklinken"[199]. Eine Normierung gelingt im Bereich des ruhenden Verkehrs auch wegen der Unübersichtlichkeit und Veränderlichkeit der Positionen innerhalb der öffentlichen Hand praktisch nicht, so dass hier häufig Verhandlungen auftreten.

Darüber hinausgehende Verhandlungen betreffen häufig Sonderlösungen für die nicht überbauten Grundstücksflächen und städtebauliche Details. Typischerweise treffen bei letzteren harte Verhandlungspositionen aufeinander, nämlich die Herrschaft über das Baugenehmigungsverfahren auf Seiten der öffentlichen Hand und die Herrschaft über den Fortgang des Entwurfsverfahren auf Seiten des den Architekten beauftragenden Investors[200]. Während der Investor versuchen kann, Probleme „auszusitzen", bestimmen das Verhältnis

197 Als Beispiel können das Kranzler-Eck oder das Umfeld des Ostbahnhofs genannt werden.

198 Dies erklärt beispielsweise die tendenzielle Inflexibilität der Stimmannschen Prinzipien der Kritischen Rekonstruktion.

199 Daher sind Dichtewerte und Nutzungsanteile außerhalb der von Stimmann definierten Bereiche in der Friedrichstadt nur schwer durchsetzbar, auch wenn oder gerade weil diese aufgrund des anderen stadtstrukturellen Zusammenhangs von der strengen Stimmann-Vorgabe abweichen.

200 Dies ist beispielsweise bei den Twin-Towers im Projekt Treptowers zu beobachten.

zwischen Exekutive und Investorin sowie der rechtliche Stellenwert des behandelten Problems die Verhandlungschancen der beiden Seiten. Der Ausgang von Detailauseinandersetzungen ist dann wegen der bisweilen großzügigen Auslegung des Bauordnungsrechts durch die Senatsbauverwaltung kaum voraussehbar. Dagegen sind die nicht überbauten Grundstücksflächen ein Ort erheblicher Leidenschaftlichkeit auf Seiten der öffentlichen Hand, die hier ihre Ziele vielfach stringent, aktiv und stabil einzubringen in der Lage ist und sie in städtebaulichen Verträgen absichert[201]. Häufiger als vielleicht durch Außenstehende zu vermuten ist, scheitern Ziele hier an Divergenzen innerhalb der öffentlichen Hand, die eine rechtzeitige Absicherung verhindern. Verhandlungen über die Fassadengestaltung werden in Fortsetzung der West-Berliner Tradition im für Investoren unübersehbaren Terrain von Baugenehmigung und Befreiungstatbeständen geführt. Sie bieten der öffentlichen Hand erhebliche Einflussmöglichkeiten, wenn die städtebaulichen Kennwerte (Art, Maß der baulichen Nutzung) nicht über Externalisierung abgesichert (und dann einer potentiellen Infragestellung weniger leicht zugänglich) sind, da praktisch diese allein Gegenstand des Genehmigungsrechts sind.

Nur in Ausnahmefällen werden weitergehende Forderungen an die Investorin gestellt. Einer Verkopplung der Schaffung von Planungsrecht und im weitesten Sinne sozialpolitischen Zielen wie der Bevorzugung von lokalen Arbeitskräften, der Finanzierung von Kinder- und Jugendeinrichtungen, der Schaffung von preiswertem Wohnraum o. ä. sind rechtlich enge Grenzen gesetzt. Investoren gehen auf sie ein, wenn sie als Betreiber der zu errichtenden Gebäude mittelfristig vernünftige Arbeitsbeziehungen zur öffentlichen Hand anstreben, sich einen Imagegewinn versprechen, inhaltlich gegenüber den Forderungen leidenschaftslos sind oder wenn „nachbarschaftliche Beziehungen" z. B. zur Öffentlichkeit gefährdet sind (also ein Imageverlust droht)[202]. Durch die Thematisierung von solchen Verkopplungen besteht für die öffentliche Hand ein Spielraum zur Einleitung von Verhandlungen, der aber auf der Investorenseite zum einen fast immer mit einer monetarisierbaren Gegenforderung verbunden ist und zum anderen dann auf erheblichen Widerstand stößt, wenn bei unscharfen Abmachungen die ursprünglich von der öffentlichen Hand eingebrachten Begründungen erodieren oder argumentativ ausgehöhlt werden können[203].

Quasi-Verhandlungen und ihr Wirkungsbereich

Im stadtentwicklungspolitischen Entscheidungsprozess sind sowohl die Durchschlagskraft der Hierarchie als auch die Machtressourcen mit erheblichen Ungewissheiten behaftet[204]. Treten sich Akteurinnen der öffentlichen Hand „aus der zweiten Reihe" und Investoren gegenüber oder werden gar noch Bürgerinnen in Prozesse direkt einbezogen, stehen die vorhandenen Entscheidungsspielräume der Teilnehmer stets unter dem Vorbehalt der Neu-

201 Beispiele sind der Bolle-Block oder die Treptowers.

202 Siehe die Fallstudie zum Bolle-Block.

203 Siehe die Auseinandersetzung um die Kindertagesstätten an den Treptowers oder den Nutzungsmix am Kant-Dreieck.

204 Wie oben erläutert, bildet sich die „Hausmeinung" teilweise erst durch den Prozess heraus, und zeigen sich auch Machtressourcen erst in einer Ex-post-Betrachtung.

bestimmung im unauflösbaren Konflikt. Quasi-Verhandlungen innerhalb der öffentlichen Hand werden dann hierarchisch aufgelöst, solche unter Beteiligung von Investorinnen und Bürgern enden u. U. mit der Ausgrenzung letzterer oder mit dem Abbruch durch den Investor, der sich an höhere Verwaltungsebenen wendet. Dennoch produzieren die Quasi-Verhandlungen zumeist Einigungen.

Die typische Konstellation ist dabei die klare hierarchische Definition von Entscheidungsspielräumen für nachfolgende Quasi-Verhandlungen. Hier hat die politische Spitze der Verwaltung über die Festlegung des Spielraums einen erheblichen und häufig unterschätzten – politischen – Einfluss: Fachliche Auseinandersetzungen werden durch Fachleute innerhalb eines schmalen Alternativenraums geführt. Die Politik regiert also in fachliche Entscheidungen hinein.

Quasi-Verhandlungen sind eher reversibel als Verhandlungen, äußerst pragmatische Kommunikationszusammenhänge, aus denen ein Ausbruch mit hohem und nur schwer kalkulierbarem Aufwand verbunden sind[205] und die ihre eigene Legitimation in der Regel mitproduzieren, wenn die verschiedenen Beteiligten aufeinander zu gehen. Erstere sind stärker unter Vorbehalte gestellt und bleiben eher intern. Ihr Erfolg lässt sich u. a. darauf zurückführen, dass die Beteiligten sämtlich über „Ausbruchsperspektiven" verfügen, deren Folgen für die anderen Seiten unbequem sein können. Die Einschätzung dieser Perspektiven entscheidet über die jeweilige Verhandlungsposition.

Die Öffentlichkeit und ihr Zugang zu Verhandlungen bzw. Quasi-Verhandlungen

Durch Informationsdefizite gelingt es der (Fach-)Öffentlichkeit nur selten, frühzeitig Zugang zu Verhandlungen zu erhalten. In Quasi-Verhandlungen werden sie dann einbezogen, wenn *goodwill* auf der Seite der öffentlichen Hand und des Investors herrscht. Dies ist insbesondere im Umfeld des ersten Öffentlichwerdens eines Projekts der Fall, wenn der Investor unnötige Widerstände antizipiert und durch Zusicherungen auffängt sowie die Zugangschancen der Öffentlichkeit zur Politik nicht hinreichend einschätzen kann und das Projekt sich noch nicht hinreichend verfestigt hat, um argumentativ auf Sachzwänge und bereits angefallene Planungskosten zu verweisen. In späteren Phasen kann durch Mobilisierung der Öffentlichkeit eine Quasi-Verhandlung entstehen, wenn negative Auswirkungen auf das Image drohen, die für Eigentümerin und Betreiberin, weniger für Developer ausschlaggebend sind. Änderungen werden allerdings dann nur noch insofern vorgenommen, als sie nicht Verwertungsprobleme aufwerfen oder andere Widerstände produzieren[206]. Die Erfolgschancen hängen davon ab, ob auf Seiten der Verfahrenspromotoren die von der Öffentlichkeit vertretenen Positionen auf Zustimmung stoßen. Frühere Verengungen von Verhandlungsspielräumen durch umfangreiche Prozesse oder klare Einigungen trüben die Chancen stark. Zugang zu echten Verhandlungen erreicht die breite Öffentlichkeit nicht.

205 Beispielsweise ist dies zu beobachten im Falle einer Anrufung der Legislative bei Scheitern der Verhandlungen zwischen Exekutivspitze und Investor.

206 Hierfür kommen Architekten in Frage. Ein aufschlussreiches Beispiel für die beschriebene Konstellation ist das Verfahren zum Bolle-Block.

Kompromisse und Deals

Ein Kompromiss ist eine Einigung zwischen klar formulierten und voneinander abweichenden Positionen der Verfahrensbeteiligten. Ein Deal ist ein Kompromiss, bei dem unterschiedliche Positionen nicht in Bezug auf eine Entscheidungsgröße vorliegen, sondern mehrere Größen miteinander verkoppelt werden. Ein Deal wird insbesondere dann gesucht, wenn Zwischenwerte von Entscheidungsgrößen gar nicht existieren, also beispielsweise beim Abriss eines Gebäudes, bei der Schaffung einer Verkehrsanbindung o. ä.

In Verhandlungen treten Kompromisse hinsichtlich von zahlenmäßigen Größen zwar häufig auf, aber weniger bei Büroflächenprojekten. Die indirekte Meßgröße im Bürosektor, die Bruttogeschossfläche, ist eng mit der baulichen Dichte gekoppelt und mithin Gegenstand der aktiven Stadtentwicklungspolitik der öffentlichen Hand. Zu erwarten wäre ihre starke Einflussnahme, der die Investorenseite entweder wenig entgegenzusetzen hat oder die von ihr im Sinne von stadtentwicklungspolitischen Angeboten beeinflusst wird. Dagegen sind echte Kompromisse über die Dichte selten; vielmehr wird im Rahmen einer Ausdifferenzierung von Entwürfen von Investorinnenseite versucht, den Dichterahmen interpretatorisch auszudehnen, was bei der Einhaltung der städtebaulichen Gestalt (Höhe, Proportionen) kaum auf Widerstand der öffentlichen Hand stößt[207]. Die mangelnde Objektivierbarkeit von städtebaulichen Kennwerten führt dann auch zu deren Entwertung in der Entscheidungsfindung gegenüber der städtebaulichen Komposition oder einer Einigung auf prägnante Größen, die weniger durch ihre methodische Ableitung als durch ihre Plakativität bestechen. Bei der Art der baulichen Nutzung ist die öffentliche Hand allerdings bei größeren und heterogenen Standorten häufig schwach und gefangen zwischen dem Bestreben, planerische Festlegungen möglichst flexibel zu halten, und der Notwendigkeit, unterschiedliche Eignungsprofile für Wohnen, Büroflächen, Einzelhandel usw. auch grundstücksbezogen in Einzelprojekten durchsetzen zu wollen. Kompromisse müssen zu Lasten des Anteils weniger lukrativer Nutzungen (meist Wohnen) in Kauf genommen werden.

Echte Deals werden in städtebaulichen Verträgen fixiert, wo über einen reduzierten Grundstückskaufpreis zusätzliche Verpflichtungen des Investors oder der Developerin ermöglicht werden. Die dabei entstandenen Lösungen sind immer wieder Gegenstand öffentlicher Kritik und aufgrund der erheblichen Bodenpreisdynamik nach der Vereinigung auch nur schwer einzuschätzen. Auch im Senat selbst treten Deals auf, die sich auf die Koalitionslogik zwischen CDU und SPD zurückführen lassen. Sie zeigen, wie fachliche Positionen mit steigender Hierarchiestufe zunehmend einer Handlungsfähigkeitslogik weichen.

Die Grenzen von Verhandlungen

Die genannten systemischen Leistungsgrenzen von Verhandlungen (Zugangseinschränkungen, Legitimationsprobleme, Abbruchdrohungen) sollen nicht vertieft werden. Interessanter ist ein Blick auf die im Einzelfall zu beobachtenden inhaltlichen Grenzen. Aufällig ist, dass die Definition des Verhandlungsrahmens nicht hinreichend strategisch vorgenommen werden kann und gleichzeitig Abbruchdrohungen in der zersplitterten Berliner Politik eine

207 Vgl. die Fallstudie Kranzler-Eck oder das Zoofenster.

große Rolle spielen (Transfer der Entscheidung von der Bezirks- auf die Senatsebene). Damit wird der Stellenwert „älterer“ Vereinbarungen verringert: Rahmenpläne werden im Einzelfall von der Dynamik der Projektidee überrollt, bezirkliche Bereichsentwicklungspläne entfalten kaum Verbindlichkeit[208]. Tatsächliche oder scheinbare Rechtspositionen der Investorinnen verengen den Verhandlungsrahmen, und die Geschichte eines Projekts übt großen Einfluss auf Verhandlungen unter veränderten Rahmenbedingungen aus. Positionen der öffentlichen Hand arbeiten sich häufig durch Selektionsmechanismen aus einem breiten und konfliktiven Spektrum von Optionen unter legitimatorischem Einfluss der übergeordneten Rahmenbedingungen heraus, ohne dass letztere tatsächlich für die Nutzungsdauer des zu realisierenden Projekts zuverlässig eingeschätzt werden können.

Externalisierung

Eine Externalisierung von Entscheidungsbestandteilen ist die komplementäre Strategie zu Verhandlungen. Sie kann als Delegation inhaltlicher Positionsbestimmung oder als Verlagerung der Konfliktaustragung auf eine als neutral erachtete Instanz erfolgen. Die Delegation ist der Normalfall der Vergabe planerischer Dienstleistungen und verdient daher lediglich in der Konfliktvorbeugung Beachtung. Bedeutender ist die Externalisierung in der Konfliktaustragung.

Konfliktvorbeugung durch externe inhaltliche Positionsbestimmung?

Die externe Positionsbestimmung wird nach innen zur Herausbildung einer Position der öffentlichen Hand „koordinativ“ eingesetzt, wenn sich durch Einzelprojekte unabgestimmte Entwicklungen abzeichnen, „initiativ“, wenn ein bedeutsamer Standort von Entwicklungshemmnissen befreit oder mit einem veränderten Image versehen werden soll, und „explorativ“, wenn erhebliche Unsicherheit über die Standortentwicklung besteht.

Konfliktvorbeugung ist durch sie nach außen ansatzweise möglich, wenn sie sich auf städtebauliche Kennwerte sowie klare Vorgaben für öffentliche Ziele beschränkt und nicht mit den Entscheidungsdomänen anderer Akteurskomplexe (Gestaltungsziele der Architektinnen, Tragfähigkeitsüberlegungen der Investorinnen, Sicherheitsforderungen von Regierungseinrichtungen) überlappt. Auch im Überlappungsfall wird Konflikten vorgebeugt, sofern die betroffenen Akteursgruppen keine zumindest für Teile der öffentlichen Hand vielversprechende Alternative vehement vortragen oder umgekehrt die Realisierbarkeit der extern erarbeiteten Position nicht deutlich anzweifeln.

Nach innen wirkt sie konfliktvorbeugend, wenn unbestimmte Felder neu mit Zielen aus einem konventionellen Kanon belegt werden oder wenn an der Auftragsdefinition der Externalisierung potentielle Konfliktparteien beteiligt sind. Wird jedoch versucht, umstrittenen Zielen auf diese Weise zu stärkerer Legitimation zu verhelfen, so entfällt in der Regel die konfliktvorbeugende Wirkung, wenngleich im Konflikt die Durchsetzungschancen durch die Initiative eines legitimatorisch abgesicherten Prozesses steigen.

208 Dies zeigt sich in den Fallstudien am Beispiel der Bezirke Charlottenburg, Tiergarten, Mitte und Friedrichshain.

Konfliktlösung durch parallele oder nachträgliche Externalisierung?

Die parallele Positionsbestimmung im Verfahren, die beispielsweise die Erarbeitung der städtebaulichen Lösung einem Wettbewerb überlässt, dient der Absicherung der Exekutive gegenüber der Legislative und der Öffentlichkeit oder der Überwindung von Blockaden. Sie antizipiert mögliche Konflikte und überlässt sie der moderierenden Wirkung des Verfahrens. Eine Einigung zwischen Exekutive und Investor findet meist allein durch die Preisvergabe statt, während Konflikte mit Außenstehenden tendenziell übergangen werden.

Umstrittene Einigungen der Verfahrenspromotoren benötigen eine Absicherung nach außen, die in ihrer Funktion der parallelen Positionsbestimmung ähnelt. Gutachterliche Prüfung und ggf. geringfügige Anpassung im Detail bringt Verfahrenssicherheit und weicht Widerstände auf. Durch nachträgliche Externalisierung findet keine echte Konfliktbewältigung statt. Sie vereint Elemente der Kompromissfindung mit der Stärkung der dominanten Konfliktposition. Die auf Verfahrenskorrektheit ausgerichtete Legislative wird im Ansatz integriert, während die Öffentlichkeit ihren Einfluss kaum steigern kann.[209]

Kopplung und Fragmentierung

Eine Kopplung liegt dann vor, wenn verschiedene Teilentscheidungen in einem Prozess im Paket verhandelt und gefällt werden. Kopplungen können bewusst vorgenommen werden, wenn voneinander unabhängige Größen von einem Akteur als Satz von Mindestforderungen formuliert werden, oder Verfahrenspromotoren nach interner Einigung die Durchsetzung außerhalb ihres Vorentscheidungsrahmens umstrittener Teilentscheidungen nur im Zusammenhang mit einem Gesamtkonzept zur Diskussion stellen. Darüber hinaus entstehen Kopplungen aber auch aus der Logik städtebaulicher Zielbestimmung, da baulich-räumliche Konzepte erst ab einer gewissen „inhaltlichen Dichte“ entscheidungsreif werden.

Im Gegensatz dazu stellen Fragmentierungen Abspaltungen von Teilentscheidungspaketen dar, deren Behandlung im Zusammenhang nicht zwangsläufig ist. Sie treten bei zeitlich nacheinander gestaffelter Entscheidungsfindung oder Bauabschnitten auf und sind für eine detailliertere Ausarbeitung von Grobkonzepten ein zweckmäßiges und übliches Instrument der Komplexitätsreduktion. Daneben existieren Fragmentierungen aus pragmatischen oder taktischen Gründen, wenn sich formal getrennte Vorentscheidungsgremien parallel über unabhängige Projektteile auseinandersetzen.

209 Vgl. die Ausführungen in Selle 1996, S. 70 ff, insbesondere S. 71 f, zur „Prozeduralisierung“, die dort bewusst als Chance der Kooperation verstanden wird, und – in Anlehnung an Daele (1991, S. 26) als „Schnittstelle zum Normadressaten“. Eine Definition der Rahmenbedingungen von Externalisierung bringt Verfahrenspromotoren offenbar in die Position, diese Schnittstelle selektiv zu thematisieren und als Legitimationsbeschaffungsmechanismus einzusetzen. Eine tatsächliche Herausverlagerung aus dem politisch-administrativen System in dessen Umfeld, wie sie Selle beschreibt, bleibt begrenzt.

Kopplungen als zwangsläufige Folge der Entscheidungsökonomie oder strategisches Instrument zur Durchsetzung umstrittener Teilentscheidungen?

Üblicherweise werden Entscheidungen über baulich-räumliche Lösungsansätze durch Testentwürfe vorbereitet, denen ihre Autorinnen eine hohe Anschaulichkeit verleihen. Überarbeitungen nicht umsetzbarer oder zweckmäßiger Details schließen sich an, häufig veranlasst im Rahmen informeller Gutachter- oder Werkstattverfahren. Realisierungswettbewerbe lassen dagegen mit der Prämierung eines Wettbewerbssiegers problematische Teilentscheidungen schwer angreifbar bis sakrosankt werden. Eine Infragestellung ihrer Ergebnisse würde den gesamten Entscheidungsprozess torpedieren. Dagegen sprechen häufig der vom Investor angeführte Zeitdruck, die Legitimation von Wettbewerbsverfahren durch die Unabhängigkeit und fachliche Korrektheit einer Juryentscheidung sowie die konzeptionelle Geschlossenheit, die Entwürfe mit sich bringen, und die durch Aufbrechen der Kopplung von Einzelmerkmalen aneinander an innerer Stimmigkeit verlieren. Mit der Einigung auf ein Wettbewerbsverfahren muss damit noch keine strategische Absicht zur Kopplung von Teilentscheidungen verbunden sein, doch setzen sich die Verfahrenspromotoren selbst unter Druck. Das Verfahren kann aber eine strategische Vorgehensweise darstellen, die anders nicht oder nur schwer durchsetzbaren Teilentscheidungen zum Durchbruch verhelfen soll. Es obliegt den peripher Verfahrensbeteiligten wie beispielsweise der Legislative, sich hier frühzeitig einzuschalten und zumindest die Verfahrensform deutlich über die scheinbar qualitätssichernde Schwelle des Wettbewerbs hinaus zu befördern.

Eine Kopplung von Zielen durch Einzelakteure, die damit eine Mindestposition formulieren, stellt sich in der Regel im Verfahren als hinreichend flexibel dar. Sie kann dem Aufbau von Verhandlungsmasse dienen, von der in Verbindung mit einem Zugeständnis anderer Akteure auf einen Kompromiss hin abgegangen wird. Eine solche Vorgehensweise erscheint dann funktional, wenn Verhandlungsführer über hinreichend klare Spielräume und Prioritäten der von ihnen vertretenen Akteursgruppe verfügen. Der in weiten Teilen des Verfahrens interne Charakter von Entscheidungsprozessen stellt hier ein strukturelles Problem für Kontrolle und Transparenz von Entscheidungsfindung dar und ist eine Quelle für den breiten Handlungsspielraum der Exekutive gegenüber der Legislative.

Ist eine Absicherung von Mindestpositionen durch Realisierungsperspektiven nicht möglich, weil die dazu erforderlichen Schritte erst in einer späteren Phase des Prozesses ergriffen werden können oder sollen, bleibt die Durchsetzung natürlich offen. Der Aufbau von Kopplungen kann dann von Akteurinnen missbraucht werden, wenn sie Zugeständnisse des Verhandlungspartners mit eigenen Zugeständnissen beantworten, diese aber später nicht einhalten müssen, da Absicherungen noch nicht erfolgt sind. Eine solche *Bargaining*-Kopplung empfiehlt sich also zumindest dann nicht, wenn sie den Kernbestand eigener Forderungen betrifft.

Zeitliche Fragmentierungen als zweckmäßiger Detaillierungsprozess oder Durchsetzungsinstrument?

Eine zeitliche Fragmentierung ist ab einer gewissen Standortgröße beinahe unvermeidlich. In der Regel sind Vorab-Einigungen auf Konzepte elastisch genug, um spätere Veränderungen aufgreifen zu können und einen hinreichenden Bestand an Konsens über den Detaillierungsprozess zu retten. Beruht die Stimmigkeit einer Lösung allerdings auch auf den bereits bei ihrer Entstehung erkennbaren Details, so tragen diese zwar zur Stärkung der Argumentation gegenüber Aufweichungen bei, sind aber offenbar aufgrund der Definitionsmacht von Investoren über die Realisierungsdetails im Zweifelsfall kaum zu halten.

Die beiden denkbaren Sonderfälle, einerseits der, in dem Details über Gebühr an Gewicht beibehalten und Anpassungen der städtebaulichen Lösung dort erschweren, sowie andererseits eine erhebliche Auflösung eines Plankonsenses, sind in der Realität tatsächlich ansatzweise zu beobachten. Die Flexibilität von Details gibt zwar einerseits die Konfliktträchtigkeit des Prozesses wieder, lässt sich aber unschwer dadurch erklären, ob eine gutachterlich tätige Architektin oder Planerin später noch maßgeblich beteiligt ist oder nicht. Neben Plausibilitätsüberlegungen sind es allerdings auch die Rahmenbedingungen des weiteren Verfahrens, die hier mit entscheiden[210].

Das Verhältnis zwischen Detailbearbeitung und Gesamtentwurf scheint dann aus dem Gleichgewicht zu geraten, wenn sich in einem konkurrierenden Verfahren ein Konzept durchsetzt, das ungeahnte Chancen aufzeigt, also durch „Leckerbissen" schnell überzeugt, die sich später als problematisch oder kaum finanzierbar herausstellen. Der Leckerbissen entkleidet, stellt sich das Konzept möglicherweise nur als zweitbeste Lösung heraus, die hinter bereits verworfene Alternativen zurückfällt. Die besonderen Chancen können auch dadurch wirksam werden, dass sich wegen der Details verschiedenste Akteure hinter einen Entwurf stellen, die der städtebaulichen Gesamtlösung an sich kritisch gegenüberstehen. Insbesondere aufwendige architektonische Lösungen[211] sind hier symptomatisch und dienen nicht zuletzt durch Kopplung der Herstellung von Konsens für später kaum reversible bauliche Rechtsansprüche. Die Verfahrenspromotoren sollten vorbeugend das Verhältnis zwischen Details und Gesamtlösung im Verfahren angemessen steuern.

Parallele Fragmentierung in Projektteile

Sie dient Einzelakteuren zur Sicherung von reduzierten Positionen, wenn die Durchsetzung von Maximalforderungen aufgrund von Differenzen zu anderen Akteuren ausgeschlossen scheint und die Fragmentierung als Mechanismus der Komplexitätsreduktion auch für jene zweckmäßig erscheint. „Weniger mächtige" Akteure können durch Fragmentierung Handlungsspielräume schaffen. Die Konzentration auf Teilentscheidungen sichert ihnen hier Definitionsmacht, da sie aktiv Optionen entwickeln und vorgeben, während sich die Rolle anderer Akteure auf eine Kontroll- und Abwandlungsfunktion beschränkt. In der Teilentscheidungsdomäne können die dort stark positionierten Akteure beinahe Maximalforderungen durchsetzen, während sie sich an anderer Stelle frühzeitig zurückziehen. Ob eine solche

210 Zu nennen sind ein unmittelbar anschließendes Bebauungsplanverfahren zur Realisierung, die Koordination vieler Einzelprojekte oder Umsetzung eines einzigen, ein eigener Gestaltungsanspruch des Entscheidungsträgers der öffentlichen Hand oder der Typ des Verfahrens, das den Ursprungsplan hervorgebracht hat.

211 Beispiele sind ein ungünstiges Verhältnis Hauptnutzfläche — Bruttogeschossfläche, spektakuläre Fassadengestaltung, Angebot von „öffentlichen" Nutzungen auf privaten Flächen, kostenaufwendige Gebäudetypen, schwer vermarktbare Gebäude mit aus dem Entwurf abgeleiteter scheinbarer Attraktivität usw.

Vorgehensweise vorteilhaft ist, hängt von der Bewertung der Alternativen ab, die sich bei einer Mitwirkung aller Akteure an allen Teilentscheidungen ergeben können: zweifelhaftee Kompromissen, stark abgespeckte eigene Positionen oder gar die Unkenntlichkeit eigenen Einflusses bei Dominanz der Entscheidungen durch andere Akteure.

Einschätzung der Bedeutung von Kopplungen und Fragmentierungen

Die Kopplung in Gestalt einer Selbstvermarktung von Konzepten durch Bilder einerseits und durch die Suggestivkraft der von ihnen aufgebauten Scheinwirklichkeit durchzieht auf breiter Front die stadtentwicklungspolitische Entscheidungsfindung. Ihr die Legitimation abzusprechen hieße nicht nur, realitätsferne Forderungen aufzustellen, sondern die kommunikative Wirkung von Bildern zu verschenken (Sieverts 1999 a, 1999 b). Den Entscheidungsträgern bleibt lediglich aufgetragen, die Definitionsmacht von Bildern sinnvoll zu begrenzen und sinnvolle Alternativen auf vergleichbare Weise zur Diskussion zu stellen. Die obigen Ausführungen deuten darauf hin, dass dennoch eine getrennte Debatte über unabhängige Teilentscheidungen möglich bleiben sollte. Dies spricht gegen den Wettbewerbsbetrieb, in dem es Entwürfen gegenüber den Werkstattverfahren erheblich an interaktiver Weiterentwicklungsfähigkeit gebricht.

Parallele Fragmentierungen stellen, wenngleich sie offenbar nicht sehr häufig auftreten, eine Chance dar, der Problematik von allen Beteiligten als unbefriedigend empfundener Kompromisse auszuweichen. Die dann erreichten Teilerfolge stärken die Identifikation mit Projekten und lassen ein Zurückstecken an anderer Stelle leichter verträglich erscheinen. Entscheidend für eine Akzeptanz der Ergebnisse ist dabei die Absicherung von Mindestzielen in der nicht beeinflussten Domäne durch die Verfahrenspromotoren[212]. Die parallele Fragmentierung produziert implizit einen neuen städtebaulichen Typus aus Höhenakzent mit öffentlich nutzbarer Freifläche, der nicht nur in Berlin eine baulich-räumliche Ausprägung öffentlich-privater Partnerschaft darstellt. Sie geht fast immer einher mit einer räumlichen Teilung des Projektgebiets. Hieraus lassen sich auch die Grenzen der Strategie ablesen. Ist die verfügbar Fläche nicht hinreichend, um den Verfahrensbeteiligten zufriedenstellende Teillösungen in ihren Domänen zu erlauben, oder setzen sich wegen des Investitionsdrucks „extreme" Dichten durch, kann sie nicht mehr sinnvoll angewendet werden[213].

212 Das Beispiel Bolle-Block ist hier trotz vieler Einschränkungen paradigmatisch: Von Osten nach Westen lässt sich mindestens eine Vierteilung der Verfahrensdomänen nachweisen, die entscheidend zur Akzeptanz des Projekts ohne zu starken Eindruck der „konzeptionellen Verwässerung" beigetragen haben dürfte. Die Bebauung an der Kirchstraße sichert die „lokalen" Ziele wie Verträglichkeit für die Bewohner und Herstellung eines traditionellen Straßenraums, der Spree-Bogen bleibt der Selbstdarstellung des Investors überlassen — wobei durch die Höhenbegrenzung Mindestforderungen der anderen Akteure berücksichtigt wurden —, die Meierei erlaubt der Denkmalpflege eine relativ weitreichende Umsetzung ihrer Ziele am wichtigsten historischen Gebäude mit positivem Image-Effekt und die Abschlussbebauung zum Nachbargrundstück entschärft den Grenzkonflikt und schafft einen Übergang zwischen den völlig unterschiedlichen Raumkonzepten im Block.

213 Interessant ist in diesem Zusammenhang die Kritik von Sewing (1995) am Potsdamer Platz, der für ihn einen „Themenpark" darstellt und keine wirklich „urbane" Situation. In der Bewertung des Konzepts drückt sich aus, dass in einem Fragmentierungsprozess wichtige Gegner zumindest ansatzweise zufriedengestellt

Marginalisierung

Eine Marginalisierung liegt vor, wenn es einer Entscheidungsträgerin gelingt, die Argumentationsweise eines anderen Prozessbeteiligten ohne eingehende argumentative Auseinandersetzung als irrig zu diskreditieren. Dabei setzt er auf die Gemeinsamkeit mit weiteren Beteiligten, die entweder von vorneherein auf seiner Seite waren und durch den Akt der Marginalisierung auch die übrigen Argumente des Marginalisierten tendenziell in ihrer Bedeutung herunterstufen oder aber vorher indifferent eingestellt waren und sich nun zumindest in diesem Fall hinter den Marginalisierer stellen.

Einsatzbereich und Verbreitungsgrad

Marginalisierung findet insbesondere in öffentlichen Veranstaltungen und Sitzungen als taktisches Instrument bei der Darstellung der eigenen Position statt. In internen Runden ist die Marginalisierung nur in Einzelfällen nachzuweisen, dürfte aber angesichts des weniger taktisch geprägten Charakters der Abstimmungen zwischen Akteuren eine geringere Rolle spielen.[214]

Die Wirkung von Marginalisierungsversuchen in öffentlichen Sitzungen muss als umstritten angesehen werden. Handelt es sich um öffentliche Informationsveranstaltungen, dienen sie der Beschwichtigung der Kritik von Außenstehenden oder der Strukturierung einer von Zeitknappheit geprägten Debatte, während sie in politischen Gremien zur rigiden Abschottung nichtöffentlich gefällter Entscheidungen gegenüber der politischen Gegnerin oder zur Beeinflussung der Geschäftsordnung genutzt werden. Marginalisierungsversuche stecken also eher Positionen gegeneinander ab und verfestigen sie, als dass sie meinungsbildend wären. Mithin kommt ihnen u. a. die Funktion der Verfahrensökonomisierung in für die demokratische Transparenz erforderlichen Scheingefechten zu.

In internen Runden beginnt Marginalisierung bereits bei der Delegation von Aufgaben und der Beteiligung. Wirkungsvoll ist sie insbesondere dann, wenn Einzelpositionen von bestimmten Akteursgruppen oder Teileinheiten der Verwaltung ausgegrenzt werden. Es kann beobachtet werden, dass Positionen zumindest teilweise Berücksichtigung finden — gewissermaßen ein „Kooptationsgeschäft" stattfindet, bei dem Widerstand gegen das Verfahren gegen eine symbolische oder kompromissorientierte Aufnahme eines Belangs aufgegeben wird —, und durch die Ausgrenzung formal nicht mit Vetomacht ausgestatteter Vertreter Entscheidungsrichtungen anders vorstrukturiert werden. Diese Form der Marginalisierung wird insbesondere hierarchisch umgesetzt, vordergründig zur beschleunigten Einigung, aber mithin als Instrument, das die herrschende stadtentwicklungspolitische Linie abstützt — in der ersten Hälfte der 1990er Jahre den Projektboom.

wurden. In der Prozesslogik ist damit das Konzept ein Erfolg. Die negative Karikierung des Ergebnisses wiederum zeigt, dass wichtige Ansprüche an den Ort (öffentliche Zugänglichkeit und demokratische Verfügung über ihn) nicht hinreichend verankert waren und mithin gar nicht erst am Fragmentierungsprozess teilhaben konnten. Für eine aufschlussreiche Gegenposition zu Sewing vgl. Sichter 2000.

214 Bekannt sind überdies subtile Formen wie die Interpretation von Beschlüssen in protokollarisch vermerkten Vereinbarungen und die bewusste Eingrenzung des Kreises der Abstimmungsteilnehmer.

Definitionsspielraum und Argumentationskultur

Interessant ist im Rahmen der Marginalisierung, wie es gelingt, „unbequeme“ Akteure argumentativ zu überwinden. Dabei wird unter dem Primat der Verfahrensbeschleunigung Kontrolle über entscheidungsrelevante Details nicht inhaltlich, sondern nur formal ausgeübt und mithin Vertretern abweichender Einschätzungen eine Infragestellung von Begründungslinien erschwert, die bei formal korrektem Verfahren zunächst Informationszugang erstreiten müssen. Wird eine Gegenposition aufgebaut, muss diese sich häufig auf gängige Argumentationslinien stützen, die allerdings im Einzelfall gewissermaßen nur „Stellvertretercharakter“ besitzen. Sind die Vertreterinnen einer solchen Gegenposition nicht mit Vetomacht ausgestattet, bleibt die Auseinandersetzung auf der inhaltlichen „Stellvertreterebene“. Eine Widerlegung der Stellvertreterargumente gelingt auch dann, wenn die eigentliche inhaltliche Differenz nicht debattiert wird[215]. Überdies findet eine Marginalisierung von Einzelbelangen dann statt, wenn eine konkret formulierte Gegenposition als formalistisch, unflexibel oder Maximalforderung gebrandmarkt werden kann. Die Verfahrenspromotoren schließen sich dann in einem Konsens über die Vertretbarkeit von Alternativen zusammen.

Einschätzung der Bedeutung

Obwohl die Marginalisierung überzogene Ansprüche im Verfahren auf ein sinnvolles Maß zu reduzieren scheint und ihr dabei eine wichtige Funktion der Komplexitätsreduktion und der Begrenzung ausufernder Debatten zukommt, steckt in ihrer tendenziell die Gefahr eines selektiven Informationszugangs und der einseitigen Entscheidung. Konflikte müssen nicht wirklich zügiger abgearbeitet werden — was ein sinnvolles Ziel wäre —, sondern können mit der Definitionsmacht über die Berücksichtigung von Gegenargumenten „ausgesessen“ werden. Beteiligung reduziert sich so auf eine Austarierung von potentieller Vetomacht und entfernt sich von einer gleichwertigen Einbeziehung vielfältiger Positionen und Belange.

Dethematisierung

Von einer Dethematisierung soll gesprochen werden, wenn eine relevante Teilentscheidung im Entscheidungsprozess nicht oder nur am Rande diskutiert wird. Dabei soll es sich um ein bewusstes Vorgehen handeln, um von einer Interaktionsform sprechen zu können. Wird eine Teilentscheidung implizit getroffen, stillschweigend von allen Beteiligten getragen oder taucht sie aus Mangel an Interesse der Akteure nicht im Prozess auf, soll von einem impliziten Konsens gesprochen werden.

Einsatzbereich und Verbreitungsgrad

Die Thematisierung von Belangen im Vorfeld von Teilentscheidungen ist erheblich von der Kompetenzverteilung geprägt. Eine Argumentation aus der Logik der eigenen Ziele und

215 Ein Beispiel ist die Hochhausbebauung mit politischer Differenz über die anzustrebende Höhe und dann folgender Reduzierung der Auseinandersetzung auf den Stellvertreter-Indikator „Verschattung“. Vgl. auch den Abschnitt über die Argumentationsweisen.

mithin des Belangs, der vertreten wird, ist augenfällig. Damit werden ein impliziter Konsens und eine Dethematisierung überhaupt erst möglich, indem in Vorentscheidungsphasen selektive Zugänge zu Abstimmungen eingeräumt werden. Es obliegt insbesondere der öffentlichen Hand, die verfolgten Ziele früh zusammenzuführen und zu gewichten. Formale Beteiligungsverfahren, die sich später anschließen und in denen tendenziell alle Belange institutionell verankert sind, entfalten hier kaum konstitutive Wirkung, sondern modifizieren die Vorentscheidungen lediglich.

Dethematisiert werden im City-Bereich durch die gesetzliche Lage und den stillschweigenden Konsens über die Verwertung von Grundstücken landschaftsplanerische und ökologische Belange. Deren Vertreter spielen in den Vorentscheidungsphasen nur eine geringe Rolle. Ins Verfahren dringen die Belange über das Landschaftsprogramm und städtebauliche Interpretationen der möglichen Funktionen von Freiräumen. Es bleibt der beruflichen Sozialisation der Verfahrensbetreuerinnen anheimgestellt, weitergehende Belange einzubringen. In Verhandlungen mit Investoren sind sie allerdings kaum von Gewicht. Im Falle von Wettbewerbsverfahren findet eine Dethematisierung der Freiflächenproblematik über die Kopplung der Auslobung an baulich-räumliche Vorgaben statt. Verhandlungen mit Investoren im Vorfeld definieren freiflächenbezogene Vorgaben als Residualgröße unter dem Sammelbegriff der Forderung nach „hoher Qualität“. Die Chance einer Thematisierung steigt mit der Entfernung von der City, entfaltet aber kaum eigenständiges Gewicht.

Die Projektlogik der Stadtentwicklungspolitik zieht tendenziell eine Bewertung von Projekten aus sich heraus nach sich. Längerfristige Folgen wie die Wirkung von Entscheidungen für die Rechtsposition des Eigentümers oder Investors auch nach Scheitern eines Projekts unterliegen häufig einer Dethematisierung. Folgen für das Bodenpreisgefüge sind fast nie explizites Thema in der Entscheidungsvorbereitung. Ebenso gelingt es den Promotorinnen häufig, im Zusammenhang mit anderen Projekten möglicherweise problematische Wirkungen in der isolierten Betrachtung des Einzelprojekts klein zu arbeiten. Die durchgeführten Recherchen legen es nahe, innerhalb der Verwaltung ein Desinteresse und eine Fixierung auf die stadträumliche Wirkung von Projekten zu vermuten.

Dethematisierung und bewusste Thematisierung

Eine bewusste Thematisierung dient der Fokussierung der Konfliktaustragung auf ein Nebenthema, so dass andere Konflikte in den Hintergrund treten. Der Erfolg dieser Strategie beruht darauf, dass städtebauliche Merkmale von Projekten unterschiedlich starke Wirkung auf die Beteiligten erzielen. Die unmittelbarste Wirkung kommt dabei tendenziell der „Benutzeroberfläche“ zu, also der Fassade und der Höhenentwicklung an der Grenze zum öffentlichen Raum. Bereits nachgeordnet sind die städtebauliche Komposition und die Ausgestaltung des Blockinnenbereichs, wohingegen verkehrliche Belange, die Ausbildung des Erdgeschossbereichs und der Nutzungsmix weniger starke Reaktionen auszulösen pflegen. Durch Thematisierung eines in seiner Wirkung unmittelbareren Konflikts oder Aspekts rückt der mittelbarere in den Hintergrund. Dies begründet die Durchschlagskraft der Bildproduktion, die insbesondere in der Diskussion um die Berliner Innenstadt stark hervorgehoben worden ist (Sewing 1995). Darüber hinaus lässt sich wohl die Dethematisierung der Investorinnenauswahl durch den Architekturstreit über die Friedrichstadt, die Dethematisierung der städtebaulichen Dichte in der Innenstadt durch die baulich-räumliche Fokussierung auf die Prinzipien der „Kritischen Rekonstruktion", und diejenige der künftigen Organisation von öffentlichem und privatem Raum im Umfeld von Bürohochhäusern durch die Betonung der gestalterischen Qualitäten von Einzelbauwerken erklären.

Die erwähnte Überschaubarkeit der zu erwartenden Folgen und der Grad der „Betroffenheit" findet bekanntlich ihre Zuspitzung dann, wenn das direkte Wohnumfeld von Bewohnern tangiert ist. Investorenprojekte rufen dann Widerstände hervor, wenn sie Wohngebiete mit überplanen oder unmittelbar an sie grenzen. Die bisweilen scharfe Thematisierung von Folgen für die Bewohner ermöglicht mithin durch die Befriedung eines daraus resultierenden Widerstandes die Dethematisierung oder niedrigschwellige Aufmerksamkeit für künftig zu schaffende Quartiere oder den öffentlichen Raum im Umfeld der Büronutzung[216].

Einschätzung der Bedeutung

Bei der Konzentration von Vorentscheidungsmacht auf einen engen Kreis um Investorin und politische Verwaltungsspitze können Dethematisierung und einseitige Thematisierung im Rahmen der Veröffentlichungsschritte eines Verfahrens zielgerichtet Konflikte aus der öffentlichen Debatte halten oder diese entschärfen. Implizite Konsense sind dagegen angesichts der Vielzahl zu treffender Teilentscheidungen unvermeidlich und stellen einen funktionalen Selektionsmechanismus dar. Sie sind nur dann problematisch, wenn sie durch Kopplungen entstehen und die Abarbeitung eines Teilkonflikts unter Berufung auf ein Vorentscheidungspaket (z. B. Wettbewerbsentscheidung) verhindert wird. Die beleuchteten Facetten der Dethematisierung tragen dazu bei, dem städtebaulichen Qualitätsverständnis der Verfahrenspromotorinnen zum Durchbruch zu verhelfen. Einflussnahme insbesondere auf die Details der Vorentscheidungsphase durch politische Kontrolle findet nur ansatzweise statt. Eine Verbreiterung der Entscheidungsgrundlagen ist wohl nur über die Installierung aktiver Thematisierungsmechanismen zur Einschätzung zu erwartender Projektfolgen zu erzielen. Es soll jedoch hier dem Eindruck vorgebeugt werden, Entscheidungen würden durch die Dethematisierung irrational oder unvertretbar. Sie gewichten lediglich das Kriterienraster um, mit dem die öffentliche Debatte Projekte bewertet[217].

216 So lässt sich das anfangs große Interesse am Projekt der „Treptowers" mit der Gefährdung der Wohnhäuser Hoffmannstraße erklären, das nach der Zusicherung eines Baus von erschwinglichen Ersatzwohnungen erlahmt. Weitere Beispiele sind die Aktivitäten von Bewohnern gegen die Alexanderplatz-Planung, die aber stark von der Fachöffentlichkeit durchwirkt sind, sowie die Schaffung eines inoffiziellen „Entwicklungsschwerpunkts" nach Befriedung der benachbarten kaiserzeitlichen Wohngebiete und der Widerstand am Bolle-Block bei vergleichsweise moderater Gebäudehöhe.

217 Insbesondere die häufig kritisierte Fixierung auf die „Bildproduktion" ist dabei umstritten (Sewing 1995, Sieverts 1999b, Becker/Jessen/Sander 1999a). So lange allerdings die Gegner von bildkatalysierten Prozessen gar nicht versuchen, ob sie selbst mit der Produktion von Gegen-Bildern ihre Positionen erfolgreicher lancieren können als ohne, kann die Kritik nur als Einwand gegen die strukturelle Dominanz der Gestaltung in der Entscheidungsfindung gewertet werden, nicht aber als grundsätzliches Machtungleichgewicht. Wichtiger erscheint der Verweis auf die Vernachlässigung langfristiger Wirkungen durch die Fixierung auf scheinbar „fertige" Konzepte, die mit Bildern transportiert werden. Bilder werden also dann in der Prozesslogik zum Problem, wenn sie die Ebene der Darstellungshilfe verlassen und bei der Durchsetzung von De-

Konflikte: Entstehung, Bewältigung und Vermeidung

Konfliktentstehung

Eine große Vielzahl von Entscheidungen wird ohne merkliche Konflikte gefällt. Selbst bei Zielabweichungen zu Beginn eines Prozesses erfolgt häufig schnell eine Einigung auf ein Verfahren, das eine für alle Seiten faire Einigung verspricht[218]. Im Folgenden wird versucht, eine Systematisierung von Ausgangspunkten der Konflikteskalation vorzunehmen und diese in Beziehung zur Stadtentwicklungspolitik zu setzen. Im Wesentlichen sind dabei drei Typen der Konfliktentstehung zu nennen, die als „zielbedingt", „verständigungsbedingt" und „verfahrensbedingt" bezeichnet werden sollen. Die zielbedingten bilden dabei die klassische Form. Die hier gemachte Differenzierung soll verdeutlichen, dass die Entstehung von Konflikten wesentlich subtiler erfolgen kann als vielleicht von außen vermutet.

Zielbedingte Formen treten in zwei Varianten auf. Im ersten, sehr häufigen Fall kommt es zu einer Überlagerung schwer vereinbarer oder unvereinbarer Ziele. Sind die Ziele beispielsweise noch relativ grob und unbestimmt, kann über das Alternativenauswahlverfahren (z. B. Gutachterverfahren) ein Abgleich und eine Konkretisierung erfolgen. Eine Eskalation ist nicht zwingend, wenn die *essentials* der Beteiligten miteinander kompatibel sind. Schließen sie sich gegenseitig zumindest teilweise in ihrer Realisierung aus, dann ist zumindest ein Modus zu finden, der die Teilnehmerinnen des Alternativenauswahlverfahrens leitet — wenn es überhaupt zustande kommt. Der interessantere zweite Fall ist der inkonsistenter Zielsysteme. Dabei prallen nicht unterschiedliche Vorstellungen zu ein und derselben Fragestellung auf, die sich bei einem Minimum an gutem Willen der Beteiligten durch Kompromiss o. ä. auflösen lassen. Vielmehr besteht das Zielsystem eines jeden Beteiligten aus mehreren miteinander zusammenhängenden Zielen, die nicht alle gemeinsam erreichbar sind, da einzelne von ihnen mit denen der anderen Beteiligten nicht übereinstimmen (Bsp.: Interesse der öffentlichen Hand an einem Investitionsvorhaben und „hoher Architekturqualität" bei privatem Grundstückseigentümer, der bereits einen Architekten seiner Wahl hat). In diesem Fall sind häufig intensive Auseinandersetzungen zu erwarten. Inkonsistente Zielsysteme sind nicht auf die Stadtentwicklungspolitik beschränkt. Wegen der Komplexität der Einzelprojekte ist ihr Auftreten aber gerade hier naheliegend. Zielbedingte Formen betreffen vielfach grundsätzliche Fragen der städtebaulichen Konfiguration, den Typ der Nachnutzung und die Einfügung, aber auch die Gebäudehöhe. Sie sind typisch für das Aufeinandertreffen von öffentlicher Hand und Investorinnen.

Verständigungsbedingte Formen treten sehr häufig auf und betreffen unterschiedliche Auslegungen und Konkretisierungen von Leitbildern, Vorentscheidungen und ein unterschiedliches Maß an Bereitschaft zu experimentellen Verfahren mit ungewissem Ausgang. Zu ihnen zählen zunächst Interpretationsdifferenzen in Experimentierphasen. An dieser

tails lediglich auf das Vorkommen in einem früher beschlossenen Bild verwiesen wird (vgl. Wettbewerbssiegerentwürfe).

218 Es soll an dieser Stelle nicht mehr vertiefend auf die Stellung die Prozessbeteiligten und ihre Hoffnung auf Durchsetzung eigener Ziele hingewiesen werden. Die Machtressourcen werden an anderer Stelle dieser Untersuchung vertiefend behandelt, insbesondere im Kapitel über die Akteure, aber auch in den vorangehenden Abschnitten dieses Kapitels.

Stelle wirken Brüche im politischen oder wirtschaftlichen Rahmen konflikttreibend. Routinisierung begrenzt nach der Sammlung von Erfahrungen mit einigen Projekten oder Rückzug von Vertreterinnen mehrfach unterlegener Interpretationen allmählich wieder die Interpretationsdifferenzen. Interpretationsdifferenzen in Konkretisierungsphasen spiegeln unterschiedliche Erwartungen an die Ausgestaltung von Teilentscheidungen, die auf anerkannten Vorentscheidungen aufbauen. Sie sind konfliktträchtig, weil sie bei den Unterlegenen den Eindruck von Machtlosigkeit und eines Missbrauchs ihrer Kooperationsbereitschaft hinterlassen können. Experimentierphasen sind insbesondere für die markanten städtebaulichen Merkmale Konfiguration, Höhe und evtl. Dichte und Nutzungsart ausschlaggebend, während die Differenzen in der Konkretisierung sämtliche Details des Prozesses erfassen können. Bei Interpretationsdifferenzen existieren nicht von vorneherein stabile Zielsysteme, sondern diese schälen sich erst allmählich aus einer Ableitung von fachlichen Konsensen und Leitbildern heraus. Damit sind sie eher typisch für das Aufeinandertreffen verschiedener Teile der Fachwelt bzw. der Exekutive. Für die Stadtentwicklungspolitik sind Interpretationsdifferenzen typisch, weil Leitbilder und Ziele wenig eindeutig sind und im Einzelfall von zahlreichen standortbedingten Rahmenbedingungen variiert und überprägt werden.

Verfahrensbedingte Formen sind bedingt durch die Komplexität des Entscheidungsprozesses, der erst allmählich Vorentscheidungen in eine Vielzahl von festgezurrten Teilentscheidungen überführt und dessen Rahmenbedingungen sich vielfach verändern können. Der erste Fall ist die Erosion von Vereinbarungen durch veränderte Rahmenbedingungen. Er betrifft vorrangig die harten investorenbedingten Erfolgskriterien wie Dichte und Selbstdarstellung, wird aber vom Investor initiiert innerhalb der öffentlichen Hand ausgetragen. Die aktive Leistung des Investors bei der Zuspitzung eines solchen Konflikts variiert. Er geht dabei stets das Risiko ein, „den Bogen zu überspannen“ und Blockaden auszulösen. Der zweite Fall taucht v. a. zwischen öffentlicher Hand und Bürgerinnen auf, wenn abweichende Positionen ausgegrenzt werden, sich aber in einer späteren Phase des Prozesses doch noch Zugang verschaffen. Er ist eskalationsträchtig, wenn die Verhandlungs- oder Antizipationsleistung der öffentlichen Hand für ihre Klientel nicht deutlich wird. Polarisierungen innerhalb der Exekutive oder Legislative können verschärfend wirken. Öffentliche Thematisierbarkeit des latenten Konflikts ist Voraussetzung für die Eskalation. Betroffen sind damit nur bestimmte, für die jeweilige Teilöffentlichkeit auffällige Projekte, wobei jedoch unterschiedlichste städtebauliche Teilbereiche Gegenstand sein können. Der dritte zu erwähnende Fall ist der Einfluss von „Sachzwängen“ auf später fallende Teilentscheidungen, mit denen sich ein Teil der Akteurinnen nicht zufrieden geben will, die aber nur unter großem Veränderungsaufwand „nachgebessert“ werden können. Dies betrifft nachgeordnete Teilentscheidungsbereiche, die jedoch für die Benutzbarkeit eines Stadtraums von eminenter Bedeutung sein können. Die vergleichsweise selten auftretenden verfahrensbedingten Formen sind typisch für die Stadtentwicklungspolitik, da sich Entscheidungsprozesse häufig aufgrund der Größe von Projekten über längere Zeiträume hinziehen und Detailanforderungen nicht sämtlich vorausgesehen werden können.

Konfliktbewältigung

Konfliktbewältigung soll hier in einem umfassenden Sinn verstanden werden als sämtliche Aktivitäten und Prozesse, die zu einer Herstellung von zumindest vorübergehend als verbindlich geltenden Vorentscheidungen führen — ganz gleich, ob sich dabei eine Partei als die „Unterlegene" fühlt oder alle Beteiligten zufrieden sind. Dabei steht das Auftreten von verschiedenen Typen der Konfliktbewältigung im Hinblick auf das erreichte Ergebnis im Mittelpunkt. Ohne durch den jeweiligen Begriff die Erfolgsträchtigkeit oder Akzeptanz vorwegnehmen zu wollen, sind „detaillierungsorientierte", „kompromissorientierte", „polarisierende" und „pragmatische" Herangehensweisen zu unterscheiden[219].

Detaillierungsorientiert ist ein Vorgehen, bei dem ein sich offenbarender Konflikt über die weitere Bearbeitung und Konkretisierung der vorgelegten Alternativen Kritikpunkte aufgreift und die gefundene Lösung dadurch vertretbarer erscheint. Mit ihm wird Kritik inkorporiert, wenn sie durch kleinere Anpassungen zur Entschärfung beitragen kann. Insbesondere bei verständigungsbedingten Formen der Konfliktentstehung trägt es dazu bei, den Stellenwert des Konfliktgegenstands für die einzelnen Akteure zu ermitteln und damit eine weiterentwickelte Lösung zu erarbeiten, die tendenziell denjenigen Akteurinnen stärker entgegen kommt, für die der Stellenwert höher liegt und dies im Prozess kreativ deutlich machen können. Akteurinnen, die keinen Beitrag zur Weiterentwicklung leisten können oder sich auf eine bloße allgemeine Äußerung einer Gegenposition beschränken, unterliegen oder werden nur begrenzt berücksichtigt. Die Fähigkeit zur Thematisierung und Ausdifferenzierung sowie der Zugang zum Kern der Entscheidungsträger tragen wesentlich zu einer erfolgreichen Durchsetzung von Zielen bei.

Verfügen beide Seiten eines Konflikts über Machtressourcen, wird zunächst auf eine zugespitzte Auseinandersetzung verzichtet und *kompromissorientiert* vorgegangen. Dies lässt sich häufig implizit in der Exekutive bei zielbedingten Konfliktformen nachweisen, kann aber die Kontrahenten nicht immer besänftigen. Im Gegensatz zu den detaillierungsorientierten Vorgehensweisen wird von einem hohen Stellenwert für die Konfliktbeteiligten auf allen Seiten ausgegangen. Eine Sonderform lässt sich bei verfahrensbedingten Formen nachweisen, wenn symbolische Kompromisse die Auseinandersetzung entschärfen sollen.

Im Falle einseitig verfügbarer Machtressourcen bei zielbedingten Formen *polarisierende* Vorgehensweisen gewählt, die eine Weiterentwicklung von Vorentscheidungen blockieren und eine Beendigung des Konflikts ohne problemlösende Auseinandersetzung in Kauf nehmen. Tauschend-polarisierendes Vorgehen (*logrolling*) kann bei inkonsistenten Zielsystemen und bei beidseitig verfügbaren Machtressourcen nachgewiesen werden.

Pragmatische Vorgehensweisen eignen sich offenbar insbesondere für die öffentliche Hand, wenn diese im Verlauf des Entscheidungsprozesses ohnehin zu einer Auseinandersetzung mit sich verändernden Rahmenbedingungen oder Vorschlägen bestimmter Akteurinnen gezwungen wird und eine nachgiebige Haltung aus Gründen beschleunigter Entscheidungsfindung oder zur Vermeidung des Eindringens in die „Domäne" eines anderen

219 Dies stellt gewissermaßen eine Abwandlung der konflikttheoretischen Typologie in „problemlösende" (i. e. kompromissorientierte, detaillierungsorientierte), „beharrende" (i. e. polarisierende), „nachgebende" und „konfliktvermeidende" Vorgehensweisen dar, vgl. Rubin/Pruitt/Kim 1994.

Akteurs eher der Profilierung dienen kann als eine beharrliche Haltung. Eine solche Haltung unterwirft sich Lösungsvorschlägen mehr oder minder freiwillig, die von anderen Beteiligten vorgebracht werden. Funktionierende Abstimmungsverfahren können sich durch die Produktion opportun erscheinender Lösungsvorschläge im Detaillierungsprozess ohne Einfordern konfliktentschärfender Weiterentwicklungen auszeichnen.

Wenngleich pragmatische Vorgehensweisen weniger häufig anzutreffen sind, da der Fokus auf den ausbrechenden Konflikten liegt, erscheint überraschend, dass eine Reihe von Konflikten ohne solide inhaltliche Fundierung ausgetragen wird. Entscheidungsträger werden durch „Plausibilität“ überzeugt. Dies ist in der größten Zahl der Auseinandersetzungen auch hinreichend und erklärt, warum im Konfliktfall erst allmählich eine Fundierung stattfindet, wenn sie aufgrund der Mobilisierungsfähigkeit der Gegnerinnen erforderlich wird. Der Grad der „problemlösenden“ Qualität von Auseinandersetzungen scheint dadurch nicht zwangsläufig eingeschränkt zu werden. Die geschilderten Beobachtungen treffen auf nachgeordnete Konflikte in besonderem Maße zu, aber auch ernster zu nehmende Konflikte lassen sich ohne eine tiefergehende Auseinandersetzung abarbeiten. Insbesondere die schwer in „objektivierbare“ Kriterien zu überführende Bewertung von städtebaulichen Entwürfen trägt hierzu bei.[220]

Konfliktvermeidung

Aktive Konfliktvermeidung geschieht durch „antizipierende Einbeziehung“, „antizipierende Beteiligung“ und durch „Ausgrenzung“. Bei einer antizipierenden Einbeziehung werden mögliche Widerstände der gegnerischen Seite durch die Verfahrenspromotorinnen berücksichtigt, ohne die gegnerische Seite maßgeblich zu beteiligen. Problematischerweise kann diese Kompromissorientierung Gegnerinnen kaum vermittelt werden und die konfliktvermeidenden Wirkungen bleiben gering. Bei Ausbruch des Konflikts ist eine polarisierende Bewältigung dann wahrscheinlich, da der handelnde Akteur meint, bereits in hinreichendem Maße „nachgegeben“ zu haben.

Antizipierende Beteiligung versucht die Entschärfung von Konflikten durch den Abgleich von absehbaren Konflikten im Vorfeld. Sie ist häufig selektiv und spiegelt die Einschätzung der Machtressourcen durch die Verfahrenspromotoren wider.

Ausgrenzung zeigt sich an einer restriktiven Informationspolitik und findet statt, wenn von einer Erweiterung des Kreises von Entscheidungsbeteiligten lediglich verfahrenshemmende Wirkungen erwartet werden. Gegner einer bestimmten Leitentscheidung melden Bedenken an, ohne zur Problemlösung beizutragen. Sowohl die selektive antizipierende Beteiligung als auch die Ausgrenzung werden unter „demokratischen“ Gesichtspunkten scharf kritisiert (u. a. Lenhart 1998), doch stellen sie gängige Mechanismen der Komplexitätsreduktion dar, auf die in „hyperpluralistischen“ Gemeinwesen wohl kaum gänzlich zu verzichten ist. Problematisch sind sie, wenn sie problemlösende Verfahren in ihrer Wirkung einschränken. Dies ist im Zusammenhang mit der starken Stellung der Exekutive im Vereinigungsboom zu beobachten. Kurzfristig getroffene und später kaum noch hinterfragte

220 Die Beobachtung ist im Einklang mit theoretischen Ausführungen zur Ökonomie der „Komplexitätsreduktion“, vgl. Luhmann 1983.

Teilentscheidungen wie die Stimmannschen 20 %-Anteilsregel für Wohnen verselbständigten sich projektübergreifend.[221]

Die Rolle argumentativer Auseinandersetzungen für die Beeinflussung von Zielen

Die Fallstudien haben einen Einblick in die interpretationsbedingte Relativität, den zuweilen legitimatorischen Charakter von Begründungen und schließlich in die Begrenztheit der Wirkung städtebaulich-planerischer Argumente im Konflikt gegeben. Dennoch spielen im Bereich der städtebaulichen Entscheidungsprozesse Argumente als Verständigungsinstrumente zwischen den Akteuren und Prüfkriterien der Tragfähigkeit vorliegender Ideen eine beachtliche Rolle. Sie ist von einer Reihe von Rahmenbedingungen abhängig, die Argumente aus der Sicht des Außenbeobachters als extrem wirkungsarm erscheinen lassen.

Rahmenbedingungen für die Wirkung von Argumenten

Die für die Wirkungsweise von Argumenten wesentlichen Rahmenbedingungen sind ihre Herkunft, ihre ressourcenbezogene Untermauerungsfähigkeit, ihre Antizipationsfähigkeit, ihr wahrgenommener[222] Interpretationsgrad und ihre Einbindungsfähigkeit. Bei der Herkunft eines Arguments wirken frühere Erfahrungen mit Quellen von Argumenten stabilisierend für den Entscheidungsprozess. Die Vergabe von Gutachten an Büros, die bereits früher plausibel erscheinende Analysen durchgeführt haben, bildet Vertrauen, die Äußerung eines Arguments durch die politische Opposition macht tendenziell skeptisch usw. Eine Veränderung des „Quellenreservoirs" durch Fluktuation bei den Verfahrensbeteiligten, Neuwahlen usw. oder des Argumentationsgegenstands durch neue planerische Aufgabenfelder, die neue Expertinnen oder neue Denkzugänge fordern, schwächen tendenziell diese projektübergreifende Stabilisierung. Die mannigfachen Veränderungen dieser Art bilden ein Gegengewicht zur konsensbildenden Funktion von „Leitbildern" oder „Szenen", die Einzelentscheidungen vorgreifend durch Verständigung auf einen Kanon von Zielen erfolgen[223].

221 Ähnliche Anzeichen selektiver antizipierender Beteiligungen und Ausgrenzungen sind immer wieder bei der Entwicklung des Breitscheidplatzes zu beobachten und konnten dort bis heute keine nachvollziehbare Linie der Stadtentwicklungspolitik produzieren. Für die erste Hälfte der 1990er Jahre ist dabei der „Workshop City-West" der Senatsverwaltung für Stadtentwicklung und Umweltschutz paradigmatisch (vgl. Fallstudie Zoofenster-Block), der aufgrund der selektiven antizipierenden Beteiligung nur äußerst bescheidene Ergebnissen produziert hat, die anders einfacher und wirkungsvoller zu erzielen gewesen wären.

222 Ein tatsächlicher Interpretationsgrad ist wohl kaum jemals festzustellen/feststellbar oder gar ausschlaggebend für die Einschätzung des Arguments. Analog kann es — vgl. den folgenden Satz der obigen Abhandlung — keine echte, sondern nur eine zugeschriebene Plausibilität von Argumenten geben. Für die Bedeutung der wechselseitigen Anerkennung von Argumenten oder Intentionen vgl. Rubin/Pruitt/Kim 1994.

223 Beispielsweise versucht sich Hassemer durch seine Brandmarkung von „Denkverboten" ganz explizit einer solchen Stabilisierung zu entziehen und damit projektbezogen vor schablonenhaften Ansätzen zu hüten sowie projektübergreifend Innovationen nicht unnötig zu erschweren. Er ist damit für Argumente zunächst of-

Die ressourcenbezogene Untermauerungsfähigkeit äußert sich in der Einschätzung der Folgewirkungen nach Verwerfen eines Arguments. Besteht z. B. das Risiko einer gerichtlichen Auseinandersetzung mit ungewissem Ausgang, muss Rücksicht auf ein Argument genommen werden, auch wenn es nicht zwangsläufig erscheint. Ähnliches gilt für den Fall extremen politischen Gesichtsverlusts, der insbesondere im Hinblick auf vermutete Reaktion der eigenen Klientel von Bedeutung ist. Der Erfolg von massiv auftretenden Bürgerinnen kann mit der zumindest groben Zugehörigkeit zur eigenen Klientel erklärt werden. Die im Vergleich zum Senat engere Bindung von Bezirkspolitikern an eine Klientel könnte den größeren Erfolg von Bürgerargumenten in Bezirken auch unabhängig von möglichen Unterschieden in der inhaltlichen Position zwischen Bezirk und Senat erklären. Isolierte oder marginalisierbare Positionen können dagegen geradezu vernachlässigt werden, ohne Risiken einzugehen.

Antizipationsfähig wird ein Argument dann, wenn es bereits durch die Erfahrung und das Handeln der Administration im Vorentscheidungsprozess auftaucht. Nicht oder schwer antizipationsfähige Argumente tauchen selten auf, doch wenn sie tatsächlich — häufig durch Fehleinschätzung der „Leidenschaftlichkeit“ oder „Wachsamkeit“ von Bürgerinnen — erst bei der Öffentlichmachung eines Projekts zu Tage treten, lösen sie eher (symbolische) Veränderungen aus als bei ihrer Einbeziehung in den Vorentscheidungsprozess.

Der wahrgenommene Interpretationsgrad eines Arguments äußert sich darin, inwieweit Verfahrenspromotoren dem Akteur, der es vorbringt, eine subjektive und damit auf einen begrenzten Kreis von Anhängerinnen beschränkte Sicht des Sachverhalts unterstellen. Dies gilt v. a. für lediglich formale Begründungen wie z. B. leicht veränderbare Richtlinien, vermeintlich konsensfähige, aber tatsächlich nur vorgeschobene Ersatzargumente oder für berufsständische und „geschmäcklerische“ Motive.

Ein Arguments ist einbindungsfähig, wenn es zwanglos in eine Argumentationskette oder ein leitbildartiges Gebäude integriert werden kann. Die Zurückführung von Positionen auf vermeintlich unumstößliche oder allgemein anerkannte Konsense erklärt die Wirkungsmacht von historischen Vorbilder und Traditionen. Hiervon zeugen Selbstverständigungen wie die auf die „im Werden befindliche Stadt“, die spätestens seit Schinkel und erst recht seit Wagner auf kontrastierende Innovation gepolte Stadt, aber auch diejenige auf die Legitimität einer Traufhöhe — ohne anzugeben, welche jeweils gültig sei.

Argumentative Auseinandersetzungen unterliegen mithin einer Vielzahl von Filtern, die Positionen von Verfahrensbeteiligten früher und nachhaltiger festigen, als Außenstehende denken. Damit verlieren öffentlich geäußerte Argumente und geführte Auseinandersetzungen erheblich an Bedeutung. Ähnlich dem öffentlichen Nachvollzug von politischen Meinungsbildungsprozessen durch die öffentliche Parlamentsdebatte spiegelt der formale Entscheidungsprozess bereits zuvor vorliegende Argumente. Sowohl die vorausgehende interne wie die parallele oder gar nachgelagerte öffentliche Auseinandersetzung stellen lediglich ein — überdies verzerrtes — Abbild eines Meinungsbildes in der Fachwelt, der Öffentlichkeit oder der Summe aller Grundstückseigentümer dar. Die Omnipräsenz dieser Verzerrungen, die Relativität jeglicher Einschätzung von Zuspruch zu oder Ablehnung von politi-

fen, setzt aber selber Akzente im Hinblick auf die anstehenden planerischen Aufgabenfelder im oben erwähnten Sinne und schottet sich auf diese Weise gegen Argumente u. a. über Antizipationsfähigkeit (vgl. unten) wiederum ab.

schem Handeln durch die Öffentlichkeit oder eine bestimmte Klientel, zwingt die Entscheidungsträger offenbar zu einer erheblichen Relativierung der vorgebrachten Argumente und insbesondere dann, wenn diese nicht aus dem eigenen fachlichen Umfeld kommen.

Einsatz von Argumenten und Veränderung von Zielen

Argumente werden offenbar in einer Vielfalt von Zusammenhängen und mit einer großen Zahl unterschiedlicher strategischer und taktischer Absichten eingesetzt. Erst vor diesem Hintergrund wird deutlich, warum ein so hohes Maß von legitimatorisch oder vorgeschoben erscheinender Argumente anzutreffen ist. Dabei lassen sich mindestens zwölf Arten des Einsatzes von Argumenten nachweisen[224]. Die Einsatzformen lassen sich in explorative, mobilisierende, legitimatorische, und kontrastierende gliedern.

Explorative Formen: Sie bezeichnen solche, die bei einer ersten planerischen Positionsbestimmung aus Erfahrungen mit vergleichbaren Aufgaben, planerischen Oberzielen, fachlichen Überlegungen, politischen Beschlüssen und zu erwartenden Reaktionen anderer Akteure abgeleitet und miteinander abgeglichen werden. Hierbei sind zu nennen

- evolutionär-experimentelle Formen und
- evolutionär-antizipierende Formen.

Erstere stellen die „klassische" suchende, häufig „gutachterliche" Erarbeitung von Positionen dar, in der durch testende Gegenüberstellung von alternativen Zielen und zu ihnen gehörenden Zielen Ungewissheit über die angemessene planerische Lösung überwunden werden soll. Evolutionär sollen sie heißen, weil sie in einem allmählichen Suchprozess zu einer Produktion verschiedener Alternativen und einer Selektion der „angemesseneren" führt. In der frühen Phase der Ungewissheit besitzen Argumente ein vergleichsweise hohes Gewicht, weil die Bindungen an Gegenargumente oder vermeintliche Sachzwänge relativ gering sind. Nicht jeder gutachterliche Prozess erfüllt eine solche Funktion — vgl. dazu insbesondere die legitimatorischen Formen, die gerade nicht bei Unsicherheit genutzt werden. Die Verlagerung des Prozesses in einen Gutachtensauftrag schränkt bereits häufig die Auseinandersetzung mit den Argumenten innerhalb der planenden Verwaltung ein. In einem solchen Fall können Argumente eine Veränderung der Verwaltungsposition bewirken, wenn der Gutachtensauftrag die anfängliche Ungewissheit noch nicht beseitigt hat.

Evolutionär-antizipierende Formen treten im internen Planungsvorgang auf, den die planende Verwaltung (oder andere Akteure) im Vorentscheidungsprozess zur Zielbestimmung durchführt. Unter fachlichen Gesichtspunkten wird bereits im Flächennutzungsplanungsprozess eruiert, welche Nutzerinnengruppen von der Planung betroffen sein könnten und wie deren erwartete Bedürfnisse mit fachlich-projektübergreifenden Zielen in Einklang zu bringen sind. Antizipierende Argumente werden dort immer wieder an übergreifenden, nicht bestimmten Nutzerinnengruppen zuzuordnenden Zielen und daraus abgeleiteten Ar-

224 Die Zuordnung ist unter analytischen Gesichtspunkten zwangsläufig sowohl vergröbert als auch künstlich zuspitzend, während in der Realität Argumente beispielsweise mehrere der in den folgenden Typen aufgezeigten Funktionen gleichzeitig erfüllen können.

gumenten gemessen. Diese frühe und umfassende Auseinandersetzung ist ein wesentlicher Ort der Integration konkreter Bedürfnisse, die jedoch eine gewisse Immunisierung der Exekutive gegenüber später aus der Öffentlichkeit erneut herangetragenen oder ähnlich lautenden Argumenten bewirken, ohne das Ergebnis der antizipierenden Prüfung — beispielsweise interne Kompromisse — jeweils explizit zu machen.[225]

Mobilisierende Formen: Sie sollen Argumenten aus der Richtung einer Akteursgruppe über einen öffentlichen Verständigungsprozess zu größerer Verbreitung verhelfen sollen bzw. sondieren, welche Akteurinnen sich aus unterschiedlichsten – auch taktischen — Motiven hinter diese Argumente scharen. Ihr gezielter Einsatz kann dann entweder zusätzliche Unterstützer durch Überzeugung oder weitere Anhänger verwandter Positionen durch deren Verbreitung mobilisieren. Zu nennen sind dabei insbesondere

- werbend-antizipierende Formen,
- werbend-mobilisierende Formen,
- verständigend-mobilisierende Formen und
- lobbyistische Formen.

Werbend-antizipierende Formen werden beispielsweise genutzt, um unkonventionelle Lösungsvorschläge „hoffähig" zu machen. Befürchteten negativen Reaktionen und Gegenargumenten wird durch sie antizipierend vorgebeugt. Sie machen sich Interpretationsmuster argumentativ zueigen, die bei anderen Akteuren möglicherweise auf positives Echo stoßen. Im Kern geht es damit um die Bereitstellung eines bestimmten positiv besetzten Interpretationsmusters, das an die eigene Position oder das Ziel gekoppelt wird.

Die Folge ist keine grundsätzliche Zustimmung, doch der Appell an die bei anderen Akteurinnen vorhandenen latentne, „nicht aktivierten" Ziele zwingt diese tendenziell zu einer abwägenden Auseinandersetzung und Prioritätenprüfung, die ohne den Argumenteneinsatz gar nicht erforderlich geworden wäre. Er macht weniger leidenschaftliche Gegner oder indifferente Akteurinnen zu Verbündeten, wenn eine schwelende Auseinandersetzung einer Einigung zugeführt werden soll, und mildert dann den Widerstand der eigentlichen Gegner ab.[226]

225 Der hier besprochene Typ lässt sich außerdem beispielsweise in Entscheidungen des Bezirksamts Tiergarten gegen Hochhäuser nachweisen, die sich indirekt auf die Wahl des „Kompromissansatzes" des Büros KBB auswirkten. Ähnliche Argumente und Überlegungen dürften auch Ernst Freiberger bei der Auswahl der vorgeschlagenen Teilnehmer am Gutachterverfahren geleitet haben. Inwieweit beispielsweise Wolfgang Nagel bei seinem Amtsantritt im Hinblick auf den Stopp des Gutachterverfahrens zum Victoria-Areal von ähnlichen Argumenten beeinflusst war, lässt sich nachträglich nicht mehr belegen, doch liegt eine dementsprechende Vermutung nahe. Im engeren Sinne antizipierend können die Argumente aber dort nur noch eingeschränkt genannt werden. Die Vorsicht gegenüber der Vernichtung von Wohnraum im Projekt Treptowers lässt ebenfalls auf antizipierende Einsatzformen von Argumenten im Bezirksamt schließen.

226 Ein wichtiges Beispiel ist das Projekt Spree-Sinus. Hier zeigt sich, inwiefern dem Typus eine produktive Rolle zukommt: Er kann zwar nicht durchweg überzeugen, öffnet und entideologisiert aber Debatten. Welchen Ausgang diese dann nehmen, ist wiederum von anderen Faktoren abhängig. Den werbend-antizipierenden Argumenteneinsatz ob seiner begrenzten Überzeugungskraft zu diskreditieren, wäre dem-

Werbend-mobilisierende Formen versuchen, für unkonventionelle Positionen durch beharrlichen Einsatz zu werben. Sie bedienen sich nicht der Antizipation und Kopplung, sondern testen ähnlich wie die evolutionär-experimentellen Formen die Wirkung auf andere Akteure, allerdings deutlicher selektiv. Sie variieren nicht wie die obengenannten Formen die Positionen, zu denen sie die jeweils den gleichen Aspekt betreffenden Argumente miteinander vergleichen (Bsp. unterschiedliche Dichten einer Baumaßnahme in einem Quartier — Vergleich der erwarteten Verträglichkeit der jeweils entstehenden zusätzlichen Verkehrsbelastung). Vielmehr variieren sie bei gleichbleibender Position die Aspekte und die zugehörigen Positionen je nach Zielgruppe, Prozessdynamik und konkurrierenden Positionen, um schließlich ein umfassendes Konglomerat von stützenden Argumenten zu versammeln, die in ihrer Überzeugungskraft jeweils völlig unterschiedlich sind, aber in ihrer gegenseitigen Ergänzung Gegenpositionen argumentativ schwächen.[227]

Verständigend-mobilisierende Formen werden genutzt, um die eigene Position zunächst ohne präzises strategisches Vorgehen „in die Debatte zu werfen", wenn zu befürchten ist, nicht hinreichend berücksichtigt zu werden. Sieht die Akteurin eine hinreichende Legitimität in ihrer Position und eine realistische Möglichkeit der Einflussnahme und/oder eine grobe argumentative Verkürzung des Entscheidungsprozesses, dient die öffentliche oder teilöffentliche Manifestation eines geschlossenen Gebäudes von Argumenten der Dokumentation eigener Seriosität.

Diese Manifestation ist Voraussetzung für eine Verständigung mit anderen Akteurinnen und damit für einen mobilisierenden Effekt. Nichtsdestoweniger beschränkt sich jener auf Gleichgesinnte und evtl. indifferente andere Akteure. Aufgrund der oben angedeuteten antizipatorischen Mechanismen ist es weniger wahrscheinlich, dass durch verständigend-mobilisierende Formen zunächst nicht in den Prozess einbezogene Akteure überzeugen. Es ist allerdings denkbar, dass die Eigendarstellung zu einer stabilisierenden Manifestation und darauf folgende Verständigungsprozesse zu einer funktionalen Stärkung der Position führen, wenn die Prozessbeteiligten die bemerkbaren Irritationen durch symbolische oder auch kompromissorientierte Feinjustierungen des erreichten Abstimmungsstandes inkorporieren und klein arbeiten.[228]

Lobbyistische Formen sollen der eigenen „Domäne" Gewicht verleihen und deutlich machen, warum Schwerpunktsetzungen vorgenommen worden sind, oder dass Verfahrensstandards zur hinreichenden Berücksichtigung abstrakter Belange, nicht etwa konkreter Ziele und Positionen, einzuhalten seien. Entscheidend ist eine partialanalytische Beurtei-

nach unfair. Wohl ist aber Wachsamkeit angezeigt, was die weitere Dynamik der Auseinandersetzung anbetrifft, damit diese nicht auf unvorhergesehene Weise verkürzend verläuft.

227 Als Beispiel sei die Vorgehensweise Langhofs im Hinblick auf einen möglichen Abriß des Schimmelpfenghauses genannt.

228 Die Fallstudien liefern mehrere Beispiele in der nachlaufenden Beteiligung, z. B. die Formierung der Bürgerinitiative Karnickelberg im Fall Bolle-Block, die durch den frühen Zeitpunkt eine gewisse Relevanz erlangt — ohne die anderen Akteure tatsächlich argumentativ zu überzeugen —, und die Formierung der Fachöffentlichkeit im Falle des Kranzler-Ecks, die wegen der bereits eingegangenen Bindungen des Senats erfolglos bleibt. Evtl. ist auch der Eintritt der ITAG in den Planungsprozess im Zoofenster-Block ähnlich zu interpretieren, zumal Senator Hassemer die Argumente von Herr im Hinblick auf eine mögliche Verdichtung des Grundstücks ja offenbar scharf zurückweist (vgl. Fallstudie).

lung des Prozesses durch die Akteursgruppe, die sich zur Vertretung eines gewissen Anliegens Akteuren berufen fühlt und es gewissermaßen als ihre „Domäne" betrachten darf. Hieraus erklärt sich die Legitimität zur bewusst selektiven Vertretung eines Anliegens — ohne denjenigen, der „Hier schreit", droht das Anliegen vernachlässigt zu werden. Um die Abstraktheit der betreffenden Anliegen deutlich zu machen, seien die wichtigsten genannt, z. B. „Baukultur", „Demokratie" oder „Wirtschaftsförderung", also äußerst vielfältig interpretierbare und operationalisierbare Anliegen[229]. Die verfahrensbezogenen Forderungen, die aufgestellt werden, und die Unschärfe der Anliegen sind Gründe für die geringe Überzeugungskraft der Argumente. Reaktionen auf den lobbyistischen Einsatz sind weniger ein Eingehen auf Forderungen als häufig die Prüfung des eigenen Vorgehens auf Indizien, die eine bereits erfolgte Berücksichtigung des jeweiligen Anliegens belegen sollen.[230]

Legitimatorische Formen: Sie sollen die eigene Position absichern und gegenüber abweichenden Positionen und Argumenten immunisieren. In der Regel werden sie also eingesetzt, wenn die eigene Position aufgrund von eingegangenen Bindungen oder aufgrund einer stabilen Einbettung in das eigene Argumentationsgerüst hinreichend gefestigt ist, das sich abweichenden Positionen bereits wegen unterschiedlicher Grundauffassungen nicht öffnet. Legitimatorische Formen sind insbesondere dann erforderlich, wenn zu den eingegangenen Bindungen Alternativen bestanden hätten bzw. wenn die angewandten Leitvorstellungen usw. im Prozess hinterfragt werden, sich also im Verfahren nicht als breiter Konsens herausstellen und überdies der Dissens thematisiert wird. Obwohl die verwendeten Argumente kaum überzeugen, machen sie den Rahmen deutlich, in dem die Abwägungsüberlegungen gelaufen sind. Dabei treten insbesondere auf

- legitimatorisch-öffentliche Formen,
- abwehrend-selektive Formen und
- ideologische Formen.

Legitimatorisch-öffentliche Formen liefern den offiziellen Begründungskontext für eine Vorentscheidung unter den oben angegebenen Rahmenbedingungen. Dabei ist unerheblich, inwieweit die Argumente von ihren Befürworterinnen selbst „geglaubt" werden. Die abwehrende Funktion macht sie zu legitimatorischen Argumenten, wenn ein Kompromissversuch nicht ersichtlich ist und die Umstrittenheit der gewählten Lösung bis weit in die Exekutive oder gar die Mehrheitsfraktionen der Legislative hineinreicht. Eine Vielfalt alternativer Interpretationsangebote für den zu entscheidenden Sachverhalt befördert diese Spal-

229 „Ökologie" wurde bewusst nicht genannt — sie kann nicht als „Domäne" einer bestimmten Akteursgruppe betrachtet werden.

230 In dieser Untersuchung lassen sich insbesondere die Forderungen von Architekten nach der Durchführung von Wettbewerben nennen. Die Diskussion um ein vermeintliches „Architektenkartell" offenbart dabei sowohl die Grenzen des lobbyistischen Argumenteneinsatzes (Wettbewerbe allein führen nicht zur gewünschten architektonischen Vielfalt, obwohl sie gerade im Sinne von „Baukultur" eingefordert werden) als auch die Mechanismen, mit denen auf ihn eingegangen wird (Stimmann als Vertreter „steinerner" Architektur stellt heraus, dass Helmut Jahn und eine Reihe anderer Architekten im Berliner Zentrum bauen, was Gegenindizien zur These vom „Architektenkartell" liefern soll).

tung, die durch die strategische Ausgrenzung von Vertretern wesentlicher Interpretationsangebote aus den wesentlichen Vorentscheidungsprozessen in der Außenwahrnehmung eines Prozesses durch Beobachter verschärft wird. Insbesondere neue Aufgabenfelder, in denen noch kaum Erfahrungen bestehen, legen eine besondere Sensibilität der Beobachter im Hinblick auf Entscheidungen zwischen Lösungen mit erheblich voneinander abweichenden Folgen nahe, in der es zu der genannten Vielfalt kommt. Kennzeichen legitimatorisch-öffentlicher Formen ist mithin die Ausgrenzung oder Beschneidung des Prozesses auf eine formale Auseinandersetzung mit konkurrierenden Auffassungen. Der Ausgrenzung steht die Herstellung von Intersubjektivität über die eigene Position über anerkannte Alternativengenerierungsmechanismen gegenüber. Der Rahmen dieser Alternativen bewegt sich aber von vorneherein innerhalb eines begrenzten Spielraums.[231]

Abwehrend-selektive Formen nutzen die Vielfalt möglicher Begründungskontexte für eine bestimmte Position, indem sie einen Teil von ihnen besonders herausheben und als maßgebliche, unverrückbare Größe darstellen. Selektiv sind diese Formen erstens, weil sie zur Stabilisierung der eigenen Position einen bewusst gewählten Teil der erwähnten Begründungskontexte nutzen, der gerade passt, und diesen stärker als andere gewichten. Noch spezifischer ist jedoch zweitens die Selektivität, wenn die Unüberwindbarkeit einer Rahmenbedingung für die jeweilige Entscheidung konstruiert wird, während in anderen Fällen Wege gesucht wurden, genau diese Rahmenbedingung problemlösend zu überwinden. Damit wird sie zu einem vorgeschobenen Grund. Stadtentwicklungspolitik bietet wegen des hohen Anteils von Leitbildern und Leitvorstellungen, des geringen Stellenwerts von anerkannten Methoden in der Entscheidungsfindung sowie schließlich der argumentativen Vielschichtigkeit rechtlicher Überprüfungen von Entscheidungen zahlreiche Ansatzpunkte für abwehrend-selektive Formen. Typischerweise lassen sie sich in der selektiven Bereitschaft zur Gewährung von Befreiungen von Rechtsvorschriften und mithin dem selektiven Engagement bei der Zusammenstellung von Befreiungsbegründungen nachweisen.

Ideologische Formen bilden das Gegenstück zu den abwehrend-selektiven Formen und sind eher bei den Befürwortern einer Entscheidungn zu finden. Sie lassen die Bereitschaft zur Infragestellung einer bestimmten Rahmenbedingung oder Position nicht erkennen, auch wenn diese nur sehr eingeschränkt oder symbolisch eine Rolle spielen. Mit der Aufgabe der Position ist das Risiko verbunden, in einem späteren Verfahren, in dem sie eine größere Rolle spielt, an Überzeugungskraft und Stringenz zu verlieren, wenn bereits früher von ihr abgewichen wurde. Daher ist das Vorgehen durchaus nachvollziehbar. Dennoch erscheint es bisweilen unverständlich, wenn Positionen nur strategisch im Hinblick auf den Ausgang späterer Entscheidungen vertreten werden. Ideologische Formen sind offenbar unerlässlich, wenn sich die eigentliche Position aufgrund der bestehenden Konstellation nur schwer untermauern lässt — sei es, weil Vorentscheidungen in eine andere Richtung gefallen sind, sei es, weil üblicherweise kein Verfahren angewandt wird, in dem der eigene „echte" Begründungskontext relevant wird.[232]

231 Die Auseinandersetzung um den Zoofenster-Block bietet augenscheinlich Beispiele für ein legitimatorisch-öffentliches Vorgehen. Vgl. dazu die Fallstudie und dort insbesondere die Konstruktion des ersten Gutachterverfahrens zum Zoofenster sowie die „Verträglichkeitsstudie".

232 Als Beispiele lassen sich Auseinandersetzungen um Hochhäuser wie das Verfahren zum Alexanderplatz

Kontrastierende Formen: Sie gehen insofern weiter, als sie sich mit den abweichenden Positionen und Argumenten tatsächlich auseinandersetzen, und zwar taktisch, durch die Logik des Prozesses erzwungen oder aus dem Selbstverständnis der betreffenden Akteurin heraus. In der Auseinandersetzung wird den Argumenten der Gegenpartei ein eigener Begründungszusammenhang entgegengestellt, ohne die Argumente der Gegenpartei explizit erwähnen zu müssen. Ziel ist die Entkräftung der Gegenargumente ohne direkte Widerlegung, vielmehr durch den Versuch, ihnen bereits vorausgehende Grundannahmen in ihrer Gültigkeit anzuzweifeln. Dies findet statt durch

- kontrastierend-abwägende Formen,
- kontrastierend-verschleiernde Formen und
- polarisierende Formen.

Kontrastierend-abwägende Formen sind hierbei der „mildeste" und gängigste Typ. Sie tauchen üblicherweise als die Umsetzung des vom Gesetzgeber im Planungsverfahren geforderten Abwägungsgebots auf und begleiten mithin sämtliche formellen Verfahren[233]. Inhaltlich geht es dabei um die Herstellung von „Gerechtigkeit" bei der Abwägung. Ihre Durchsetzungsfunktion im Konfliktfall bei bereits verfestigten Positionen besteht dagegen in einer Absicherung der Entscheidungen gegen mögliche gerichtliche Anfechtungen. Diese Absicherung kann durch kontrastierende Mechanismen sicherstellt werden, indem die Beweggründe für die eigene Vorentscheidung neben die Gegenargumente in einen plausiblen und konsistenten Argumentationszusammenhang gestellt werden. Problematisch erscheint

nennen. Die abweichende Stadtvorstellung der Kritiker ist aufgrund der Konstruktion des Wettbewerbs mit seinen Vorentscheidungen zugunsten einer hohen Baumasse in keinem Verfahren mehr erfolgversprechend einsetzbar. Damit gehen einige von ihnen zu einem „ideologischen" Vorgehen über, wenn sie Argumente wie die Auswirkungen auf die benachbarte Spandauer Vorstadt selektiv einsetzen, die nur schwer nachzuweisen sind, aber in der bestehenden Konstellation ein stärkeres Echo zu versprechen scheinen. Ähnlich ist das Vorgehen der Bündnisgrünen zu betrachten, die sich — anstatt die abweichende Stadtvorstellung plastisch in Form von Gegenentwürfen o. ä. deutlich zu machen — auf eine kategorische Ablehnung des Kollhoff-Entwurfs bei gleichzeitiger Vorlage von Nachbesserungsvorschlägen in Details im Rahmen der Bürgerbeteiligung beschränken. Als ideologisch wird die Position aufgefasst, da ihr eine grundsätzliche Ablehnung von Hochhäusern ohne differenzierte Auseinandersetzung mit den Möglichkeiten des Orts unterstellt werden kann. Stimmanns Position zum Breitscheidplatz oder dem Ostbahnhof-Umfeld wird deswegen von Gegnern aus CDU, SPD und PDS implizit oder explizit als ideologisch begriffen, weil sie kompositorische Möglichkeiten und die bewusste Planung von Hochhäusern in einem bescheidenen Umfang zur Begrenzung einer ansonsten zufälligen und nur schwer steuerbaren Entwicklung vergebe. Die in der Praxis leicht auszuhebelnde Argumentation von Kritikerinnen von Hochhäusern, diese führten zu Verschattung, wird ebenfalls als ideologischer Ausdruck von Hochhausfeindschaft gewertet. Tatsächlich erlaubt das Einzelverfahren offenbar keine Abwägung sämtlicher bekannter Argumente gegen Hochhäuser, die jedoch wesentlich weiter reichen. Die dominierende Wirkung im umliegenden öffentlichen Raum und der Einfluss auf seine Aufenthaltsqualität durch ein Hochhaus steht eigentlich hinter dem Verschattungsargument, das lediglich den Versuch einer Operationalisierung in der Entscheidungspraxis darstellt.

233 Durch die Rechtsprechung sind umfangreiche Kriterien zur Abwägung entwickelt worden, die an dieser Stelle nicht aufgeführt werden müssen und sich im Wesentlichen auf die verfahrensmäßig vollständige und aktive Berücksichtigung aller auftretenden Belange und mithin Argumente beziehen.

dieses Verfahren dann, wenn es „Argumente einfach wegwägt“, also dabei ein inhaltlich fragwürdiges Ergebnis produziert. Diese Reduktion der Abwägung auf einen formalen Akt bildet einen bedeutenden Teil in der Geschichte umstrittener Bauleitplanverfahren.[234]

Kontrastierend-verschleiernde Formen stellen sich nicht explizit ihren Gegenargumenten, wenngleich sie gerade diese Funktion erfüllen sollen. Sie richten sich gegen allzu leicht im impliziten Konsens tradierte Ziele und Positionen und hinterfragen diese, indem sie gerade den Argumenten der Gegenseite jeweils empirische Resultate entgegenstellen, die diesen fundamental widersprechen. Dazu ist es erforderlich, selektiv vorzugehen, bestimmte Sonderfälle herauszuheben, Rahmenbedingungen neu zu definieren und schließlich abweichende Interpretationen von Sachverhalten bereitzustellen, deren Einschätzung bei der Herausbildung der „gängigen“ Gegenargumente sich durch starke Subjektivität auszeichnet.

Im Bereich von Städtebau und Stadtplanung lassen sie sich häufig finden, da eine Reihe von planerischen Auffassungen gesamtgesellschaftlich umstritten oder gar „Geschmackssache“ ist, auch wenn teilweise „handfeste“ wissenschaftliche Erkenntnisse zugrunde liegen (Hochhäuser als Gestaltungsinstrument, Gegensatz MIV-ÖPNV, Block- vs. Zeilenbauweise). Die Hegemonie der alten Argumente kann evtl. gebrochen werden und ein Entscheidungsträger muss sich dann tendenziell nicht mehr gegen einen breiten fachlichen Konsens stellen, sondern kann darauf verweisen, dass sich die Fachwelt ja selbst nicht einig sei oder es eben auch andere Auffassungen gebe. Dabei spielt es keine wesentliche Rolle, ob die entstehenden „Lager“ annähernd gleich stark sind, sondern vielmehr, ob die jeweiligen Positionen ohne größeren Gesichtsverlust vertreten werden können.[235]

Polarisierende Formen bilden die taktische Zuspitzung von kontrastierenden Formen. Ziel ist die Durchsetzung der eigenen Position durch unmittelbare Diskreditierung der gegnerischen Position, auch wenn die herangezogenen Argumente schwach sind. Die Zusammenfassung allen Materials, das sich zur Entwertung einer Position heranziehen lässt, in einen Argumentation, die gar nicht unbedingt die eigenen Motive und Positionen widerspiegeln muss, wird in der rechtlichen oder politischen Auseinandersetzung genutzt.[236]

234 Nichtsdestoweniger findet er auch heute noch Anwendung und ist damit ein deutliches Indiz zur Differenzierung der in Teil A zitierten These von der Weiterentwicklung von Beteiligungskulturen (Treutner 1982), die stark vom Grad der Zurechnung des Planungsgegenstands zum Lebensumfeld von Mitgliedern „gewachsener“ sozialer Zusammenhänge abhängt — wie der Vergleich der Beteiligungskulturen im Falle der Stadterneuerung von Altbauquartieren einerseits und der Neuausweisung von vorstädtischen Gewerbegebieten andererseits unmittelbar veranschaulichen dürfte. In der vorliegenden Studie können die Abwägungsverfahren als Beispiele für den kontrastierend-abwägenden Argumenteneinsatz genannt werden, wobei die Reduzierung zum rein formalen Akt mit dem Grad der Immunisierung der Vorentscheidungen gegenüber den Bedenken und Anregungen wächst und sich dabei — vgl. den Verweis auf das Wettbewerbsergebnis — im Falle der Treptowers bereits als nachweisbar erwiesen hat, aber im Falle des Kranzler-Ecks eine zugespitzte Form erlangt.

235 Als Beispiel kann wohl die Auseinandersetzung um Hochhäuser in der City-West genannt werden. Die interessanteste Auseinandersetzung betrifft dabei wohl die Haltung zu shopping malls und die in diesem Zuge von den Akteurinnen unterschiedlich eingesetzten und interpretierten Wünsche der Konsumenten.

236 Beispiele sind die im Widerspruchsverfahren zum Zoofenster aufscheinenden Vorgehensweisen auf der einen Seite und Versuche der politischen Opposition in Parlamenten, die Position der Mehrheit zu schwächen, auf der anderen.

Durchsetzung und Scheitern von Argumenten

Argumente werden also völlig unterschiedlich eingesetzt und „überzeugen" dabei viel seltener als möglicherweise vermutet. Sie wirken mobilisierend innerhalb der eigenen Anhängerschaft, absichernd gegenüber Angriffen, bisweilen verunsichernd auf Außenstehende und Schwankende, ansatzweise neutralisierend auf die gegnerischen Argumente und schließlich überzeugend, sofern Meinungsbildung erst stattfindet. Diese Funktionen erfüllen ihren spezifischen Zweck, bilden aber häufig lediglich einen Versuch, der eigenen machtlosen Position „vielleicht doch noch" zum Durchbruch zu verhelfen. Wenngleich Argumente also häufig gar keine Zielanpassung nach sich ziehen, ist ihre Wirkung im Zusammenhang mit dem Entscheidungsumfeld nicht zu unterschätzen. Sie können langfristige Wirkungen entfalten, wenn sich Rahmenbedingungen verändern, Akteure ausgetauscht werden, Unsicherheiten in einer Akteursgruppe nicht ausgeräumt werden können. Mittelfristig stärken bzw. schwächen sie die auf anderen Machtressourcen basierenden Stellenwerte, die den Zielen der Akteurinnen zukommen und sind nur mit diesen im Zusammenhang zu verstehen. Kurzfristig erhärten sie die Notwendigkeit von Kompromissen. Sie bewegen Gegnerinnen ohne Zielanpassung zum Nachgeben, wenn die rationale Entscheidungsökonomie der Akteure davon geprägt ist, zunächst Einigungen zu finden sowie Konflikteskalationen zu vermeiden und erst dann unverrückbar auf ihren Positionen zu beharren, wenn Zielanpassungen erhebliche Verluste beispielsweise finanzieller oder imagebezogener Art nach sich ziehen würden.

Damit lässt sich das exakte „Gewicht" von Argumenten nicht bestimmen. Dennoch soll im Folgenden kurz für einige Beispiele aus den Fallstudien (Kranzler-Eck-Neubau, Zoofenster, Schimmelpfenghaus, Freiflächen an den Treptowers) die Wirkungsweise der dort bereits auf ihre Plausibilität analysierten Argumente jenseits der Notwendigkeit von echten Zielanpassungen zu skizzieren.

Im Fall des Neubaus von Helmut Jahn am Kranzler-Eck lässt sich die Verunsicherung über das Gutachterverfahren 1988 offensichtlich nur durch den Koalitionswechsel erklären. Er erlaubt das Abgehen von einer Weiterentwicklung in einer zweiten Stufe. Dabei wird die Gegenposition aufbauend auf dem Scheitern des evolutionär-experimentellen Vorgehens zwar polarisierend eingefädelt, doch hat die polarisierende Argumentation, ihres Gegners beraubt, ihre Funktion erfüllt und kann eine Entscheidung nicht alleine herbeiführen. Die inzwischen lange Vorgeschichte des Verfahrens erlaubt keine neue experimentelle Herangehensweise, so dass mit dem Benzmüller-Wörner-Gutachten evolutionär-antizipierende Argumente die Oberhand gewinnen. Die Zuspitzung mit dem Bezirk zeigt, dass der weiterentwickelte Entwurf kein hinreichendes werbend-antizipierendes Potential aufweist. Werbend-mobilisierend wird dennoch vor dem Hintergrund der Nähe zu den Vorgängerentwürfen mit den Senatoren eine Einigung erzielt, in der evolutionär-antizipierende Elemente innerhalb der Verwaltung den Umgang mit dem Denkmalschutz kennzeichnen. Der Widerstand der Fachöffentlichkeit und der Bürger kommt so spät in Gang, dass der Senat seine Einigung mit legitimatorisch-öffentlichen Argumenten absichert. Verständigend-mobilisierende Argumente der Bürgerinnen und der Fachöffentlichkeit führen zwar zu einer Verbreiterung des Widerstandes, doch bleibt er angesichts der eingegangenen Bindungen erfolglos und kann teilweise als lobbyistisch diffamiert werden. Die Abwägung im Beteiligungsverfahren bewegt sich angesichts der starken Widerstände auf ein kontrastierendverschleierndes Vorgehen zu. Polarisierungsversuche im Abgeordnetenhaus scheitern. Früh sind jedoch die Ziele und Positionen — bei einigen Akteurinnen nur latent — klar, und eine Anpassung der Ziele findet fast ausschließlich in der frühen Phase der eigenen Unsicherheit der Entscheidungsträgerinnen statt. Als das Verfahren öffentlich wird, ereignet sich eine Eskalation ohne Veränderung der jeweiligen Ziele, so dass die argumentativen Vorgehensweisen abgewandelt werden müssen.

Im Falle des Zoofensters verdeckt eine evolutionär-experimentelle Vorgehensweise die von Anfang an äußerste Begrenzung der Verfahrens, die schnell legitimatorisch-öffentliche Argumente zur Durchsetzung des Projekts heranzieht. Zwischen dem Bezirk und dem Investor findet augenscheinlich eine Polarisierung statt, die aber ohne Folgen für die Zielanpassung bleibt und lediglich in einer Ausdehnung der verständigend-mobilisierenden Aktivitäten der Gegnerinnen resultiert, die ansatzweise kontrastierend-verschleiernd aufgefangen werden. Zielanpassungen sind erst nach dem vorläufigen Scheitern des Projekts und dem Wechsel an der Spitze der Bauverwaltung möglich, wo der öffentliche Unmut über das Projekt polarisierend kanalisiert und in Details evolutionär-antizipierend aufgegriffen wird. Grundsätzliche Änderungen verbieten sich aufgrund der eingegangenen Bindungen, so dass die Polarisierung lediglich für die Verträglichkeitsstudie genutzt wird. Der Widerstand ist wegen der nun aufkommenden Hochhausdiskussion in den unterschiedlichsten Weisen zu erkennen, umfasst aber auch ideologische Merkmale. Kontrastierend-verschleiernde Mechanismen stabilisieren die neue Position ohne größere weitere Zielanpassungen.

Im Falle des Schimmelpfenghauses versteht es Langhof, durch werbend-mobilisierendes Vorgehen allmählich die Unsicherheit in den verschiedensten Entscheidungsträgergruppen und deren unterschiedliche Motive — bei zunächst nur zwei verschiedenen Zielen (Abriss vs. Erhalt) — für seine eigene Position zu nutzen. Zielanpassungen finden ansatzweise statt, aber lediglich aufgrund der Unsicherheit der eigenen Position und äußerst vorsichtig. Erst die Einigung mit Außenstehenden (Strieder), die selbst als weniger leidenschaftlich einzuschätzen sind, ermöglicht eine Veränderung der Lage. Die werbend-mobilisierenden Argumente wirken allmählich überzeugend auf einen Teil der Akteurinnen, während sie für einen anderen Teil kontrastierend-verschleiernd eine Abrissentscheidung mit begrenztem Gesichtsverlust ermöglichen, bei einem dritten Teil aber keine Veränderung der Position bewirken. Eine gewisse Bedeutung kommt dabei sicherlich der kontrastierend-verschleiernden Expertise zum Denkmalschutz von Schäche zu.

Die Freiflächenversorgung an den Treptowers wird mit dem Hinweis auf Defizite zum Konflikt. Die eingegangenen Bindungen, das geringe öffentliche Interesse und der bereits relativ späte Zeitpunkt dieses Hinweises lassen eine verständigende Mobilisierung nicht zu und beschränken die Möglichkeiten der Gegner auf werbend-mobilisierende Aktivitäten, die jedoch von den Befürworterinnen als ideologisch aufgefasst werden. Abwehrend-selektive Strategien und teilweise auch legitimatorisch-öffentliche sind die Antwort und genügen, um den moderaten Widerstand kontrastierend-abwägend abzuwehren. Die Zielanpassung ereignet sich bei der Investorin, geht aber schließlich nicht von der Wirkung der Argumente, sondern von der Veränderung von Rahmenbedingungen aus.

Die Entscheidung über die städtebaulichen Merkmale

Städtebauliche Konfiguration

Die städtebauliche Konfiguration bildet gewissermaßen die Synthese der unten im Einzelnen analysierten Teilaspekte eines Bauvorhabens. Die Anordnung und Komposition der Baumassen usw. bringt allerdings einen zusätzlichen, dort nicht behandelten Komplex in die Debatte, der hier für größere wie kleinere Bauvorhaben behandelt werden soll.

Rechtliche Grundlagen und ihre Wirkung

Für die städtebauliche Konfiguration im engeren Sinne gibt es kaum wirksame rechtliche Vorgaben. Als Eingangsgrößen in die Entwurfstätigkeit sind ansatzweise bauordnungsrechtliche Aspekte (Abstandsflächen) zu berücksichtigen, wenngleich meist nur mittelbar[237]. Für den Entscheidungsprozess stellt in zahlreichen Fällen das Wettbewerbsrecht einen Rahmen bereit, das sich aber eher prozessual als materiell auswirkt. Die Möglichkeit der Umsetzung von Entscheidungen beispielsweise städtebaulicher Wettbewerbe in Bauplanungsrecht regeln das Baugesetzbuch und die Baunutzungsverordnung im Rahmen der Festsetzung des Bebauungsplans.

Da Wettbewerbsergebnisse eine gewisse Selbstbindung darstellen, kommt der Formulierung der Wettbewerbsziele, der Auswahl der Teilnehmer und der Jurymitglieder sowie der Art des Verfahrens eine Schlüsselrolle für die entwurfliche Freiheit der Architekten und damit für den Städtebau zu. Hat der Investor keinen Anspruch auf eine Baugenehmigung (Flächenkonversion mit Ausdifferenzierung der Art der Nutzung, Vorhaben auf einer von der öffentlichen Hand zu erwerbenden Fläche, Wunsch nach erheblicher Erhöhung der baulichen Dichte), kann ihm ein Wettbewerbsverfahren aufgezwungen werden. Die Umsetzung von Entscheidungen in Planungsrecht mit oder ohne städtebaulichen Vertrag schließt spätere Änderungen im Detail nicht aus. Das Ausmaß dieses Veränderungsspielraums ist kaum vorhersehbar, nimmt aber in wirtschaftlich problematischen Zeiten erheblich zu.

237 Hierfür spielt die Hauptnutzung „Büros“ eine wesentliche Rolle: Die Entscheidungsträger sind wesentlich eher bereit als im Falle von Wohnflächen, eine Unterschreitung von Mindestabständen städtebaulich zu sanktionieren. Bei der Einordnung in den Bestand sind eher Abstimmungen mit Nachbarn von Bedeutung als hoheitliche Eingriffe in bauliche Konzepte. Abstandsunterschreitungen sind auch hier üblich.

Thematisierungsgrad und -art

Zusammen mit der „Höhe“ wird die „Städtebauliche Konfiguration“ von den Akteuren am häufigsten thematisiert[238]. Die unten nachgewiesene phänomenologische Vielfalt der in den Verfahren auftretenden Debatten erhärtet dieses Teilresultat hinsichtlich der großen Bedeutung der städtebaulichen Konfiguration. Im Rahmen des Entscheidungsprozesses selbst wird sie offenbar intensiv diskutiert und explizit zum Gegenstand gemacht. Hierbei ist auf folgende „Thematisierungstypen“ einzugehen:

- Konflikt zwischen Turmhaus, Zeile und Blockrandbebauung bzw. um die städtebauliche Typologie zwischen „Europäischer Stadt“ (Blockrand / Korridorstraße), „moderner Stadt“ (Zeilenbauten) und „Amerikanischer Stadt“ (Auflösung der vormodernen Formen und Höhenbetonung),
- Konflikt zwischen „Scheiben“, Großkomplexen und „Fingern“ bzw. um die „Filigranität“ der Bebauung, Gebäudeformen und Proportionen,
- Konflikt um die Wiederherstellung eines früheren oder die Ausbildung eines neuen Erschließungsrasters,
- Konflikt zwischen innerer Logik des städtebaulichen Entwurfs und Bezug zum Umfeld und
- Konflikt zwischen der Integration städtebaulicher Muster aus der Umgebung und ihrer Kontrastierung.

Gebäudetyp und Stadttyp

Sowohl auf der Ebene des Einzelgebäudes als auch auf der des städtebaulichen Zusammenhangs bildet sich an Bürobauvorhaben ein *Policy*-Typ heraus, der aus dem Zusammentreffen von Entwicklungs- und Bewahrungsimpulsen gespeist ist. Im West-Berlin der Vorwendezeit schien der Bewahrungstrend hegemonial zu sein, wenn man auf die Tabuisierung von Hochhausbebauung in den 1980er Jahren blickt. Bei genauerer Betrachtung zeigt sich aber, dass dieser Trend lediglich einem Zusammentreffen einer Phase geringer Investitionstätigkeit im Büroflächenbereich und einer weitestgehenden Rehabilitierung der kaiserzeitlichen Blockstruktur geschuldet ist, die nicht zuletzt dem Unbehagen an der späten Moderne im Großsiedlungsbau zu verdanken ist[239].

In den 1980er Jahren zeichnet sich bereits eine neue Welle von Entwicklungsimpulsen ab, die erst in den 1990er Jahren zum Tragen kommt. Im Umgang der Akteure aus dem Ostteil – die sich noch lange zur städtebaulichen Moderne bekennen — mit der städtebaulichen Struktur zeigt sich nach der Vereinigung trotz einer Ablehnung des industrialisierten

238 Diese und analoge Einschätzungen der anderen städtebaulichen Merkmale sind aus den etwa 130 im Rahmen dieser Untersuchung geführten Interviews mit Verfahrensbeteiligten abgeleitet.

239 Bis in die späten 1970er Jahre sind vereinzelte Entwicklungsimpulse, teilweise ohne echten ökonomischen Bedarf, durch die Stadtpolitik versucht worden, die „stadtzerstörend“ wie am Steglitzer Kreisel oder aber auch in ansatzweiser Berücksichtigung der bestehenden Struktur wie am Kudamm-Karree wirken.

Städtebaus ein „unbefangeneres" Verhältnis zu wirtschaftlichen Entwicklungsimpulsen in städtebaulich heterogenen Bereichen.

Mit der Vereinigung und dem nachfolgenden Boom auf dem Büroflächenmarkt wird mithin keineswegs eine neue *policy* im Städtebau eingeleitet, sondern vielmehr das vorher ansatzweise vorhandene Muster anhand der gewandelten Standortbedingungen neu justiert. Für den städtebaulichen Verdichtungstrend ist bereits vor der Vereinigung eine breite Saat gelegt, die von den Entscheidungsträgern der öffentlichen Hand fast bruchlos in eine durchgängige Verdichtungspolitik gebündelt wird. Flächenansprüche der rot-grünen Ökologisierungspolitik wirken sich nur in Einzelfällen auf die städtebauliche Form aus. Selbst in tendenziell wachstumskritischen Bezirken entstehen Entwicklungsspielräume aus der Eigendynamik der Flächenverwertung durch Investoren, aus dem Wissen um die Bedeutung der Büroflächenentwicklung für den Arbeitsmarkt in einer sich deindustrialisierenden Stadt und aus dem Ziel der „Stadtreparatur" durch ergänzende Neubauten.

Entsprechend der Dualität von Entwicklungs- und Bewahrungsimpulsen stehen sich auf der Ebene des Einzelprojektes höhendominantenorientierte und traufhöhenorientierte Ansätze gegenüber. Die lange Vorherrschaft des letzteren betrifft dabei vor allem Flächen, deren grundsätzliche Wiederbebauung fraglich scheint, und die zwanglose Stadtreparatur auf Brachflächen innerhalb der kaiserzeitlichen Struktur. Kleinere Höhenakzente werden hier zwar genehmigt, doch sie stellen die Grundstruktur nicht in Frage. Vorhaben erreichen dennoch beachtliche Dichtewerte wie der Neubau der Grundkreditbank am Olof-Palme-Platz Ende der 1980er Jahre.

Auf ehemaligen Gewerbeflächen wie dem Gelände der ehemaligen Kampffmeyer-Mühlen in Moabit wird ein Ensemble von funktional ausgebildeten Solitärbauten abgelöst durch eine Neuinterpretation von Zeilenbauten, die eine moderate innere Verdichtung durch Verringerung der vormals anerkannten Gebäudeabstände auf Kosten einer hohen Grundflächenüberbauung erreichen. Diese „Testläufe für eine innere Verdichtung" stehen in der öffentlichen Wahrnehmung im Schatten der Internationalen Bauaustellung, die die 1980er Jahre prägt und ihrerseits Verdichtungsansätze erprobt.

Nichtsdestoweniger sind unter den entwerfenden und begutachtenden Architekten höhendominantenorientierte Ansätze stets vorhanden[240]. Sie kommen nur dann entwurflich zum Tragen, wenn entweder in einem städtebaulichen Umfeld der Moderne eine andere Form der Grundstücksverwertung städtebaulich nicht sinnvoll erscheint oder wenn sich Höhendominanten für andere Ziele instrumentalisieren lassen. Hierbei sind vor allem die Schaffung oder Bewahrung von unbebauten Aufenthaltsbereichen bei gleichzeitiger Möglichkeit von baulicher Verwertung eines Grundstücksteils und die Produktion von Signalen für vermeintliche wirtschaftliche Dynamik zu erwähnen. Die Heterogenität der wiederaufgebauten Innenstadt hält also über eine Zeit geringer Investitionsneigung ein Flächenreservoir für diese höhendominantenorientierten Ansätze bereit, die zur Aufrechterhaltung von Verwertungsansprüchen durch die anhaltende Entwurfsproduktion beiträgt, ohne von Eigentümern umgesetzt zu werden. Die politischen Entscheidungsträger gehen zwiespältig mit diesen Ansätzen um. In der City-West und am S-Bahn-Ring werden die Höhendomi-

240 Dies gilt beispielsweise für nie realisierte Entwürfe für den „Zentralen Bereich" sowie Studien für die City-West und einzelne IBA-Bauten, die an die Idee der italienischen „Geschlechtertürme" anknüpfen.

nanten von Fachpolitikern vertreten, wenngleich sich die Entscheidungsträger auf höchster Ebene leisten können, angesichts der massiven Kritik die Umsetzung umstrittener Konzepte auszusetzen.

Vor diesem Hintergrund bringt die Vereinigung gravierende Veränderungen bei Investitionsneigung, Bodenpreisniveau, Größe der Projekte, zu berücksichtigenden Stadtquartieren im Umfeld und Geschwindigkeit, die die Investoren von den Entscheidungsträgern einfordern. Der Gestaltungsspielraum für städtebauliche Konfigurationen steigt, und die im Hintergrund und an wenigen Einzelprojekten ausgetragene Kontroverse um Höhendominante, Traufhöhe und Zeilen wird um die Auseinandersetzung um „Stadtphilosophien" wie die „Kritische Rekonstruktion", die „Europäische" oder die „Amerikanische" Stadt ergänzt. Der Schwerpunkt innerstädtischen Entwerfens und Bauens verschiebt sich vom Wohnungsbau zum Bürobau. Die Vertreter der verschiedenen Auffassungen stehen bereits zur Verfügung, als die Nachfrage noch gar nicht manifest ist. Sie rekrutieren sich auf der Seite der Architekten sowohl aus den Lokalgrößen der 1980er wie aus den zu IBA-Zeiten in Berlin aktiven auswärtigen Architekten, ergänzt um diejenigen, die einen neuen Schub von Internationalität bewirken sollen und von Vertretern der öffentlichen Hand als Ideengeber in die Stadt geladen werden. Sie verbindet zumindest die Möglichkeit, in großem Ausmaß Städtebau zu betreiben und damit das entwurflich-kompositorische Handwerkszeug einzusetzen, das sich in den davor liegenden Jahren aufgrund der geringen Projektgrößen stärker auf Details beziehen musste. Auf Seiten der Politiker und der Verwaltung sind weiterhin die Verfechter von Signalen für Entwicklungsdynamik und behutsame Kräfte aktiv, die sich lediglich auf der veränderten Bühne den anstehenden Projekten neu zusortieren. Für einen kurzen Zeitraum ist beinahe jedes städtebauliche Denken möglich, da die Stadtpolitik noch damit beschäftigt ist, Modelle für die gesamtstädtische Entwicklung zu diskutieren. Der Vielfalt von Gedankenspielen wird durch die Flächenverfügbarkeit einerseits und die allmählich wiedererstarkende Einfügungslogik kanalisiert. Städtebaulich „intakte" Bereiche werden in der Planung in ihrem Charakter überhöht oder repariert. In heterogenen Bereichen wird ein Konsens über mögliche Entwicklungspfade wegen zu unterschiedlicher Auffassungen dagegen nie erreicht und Einzelprojekte brechen sich aufgrund der normativen Kraft des Faktischen Bahn. Die ererbte Akteursstruktur reproduziert also ihre alte Meinungspluralität, die in der auf die Phase der Gedankenspiele folgenden Welle ein vielschichtiges Konglomerat von planerischen Modellen, Durchsetzung von akzentsetzenden Einzelakteuren und Anwendung von städtebaulichen Prinzipien für zu entwickelnde Standorte herstellt. So verfestigen sich beinahe zeitgleich akzentsetzende Ansätze in Verbindung mit dem Modell des „Tellerrandes" am S-Bahn-Ring, die umgedeutete „Kritische Rekonstruktion" für die Friedrichstadt in Verbindung mit der Einfügungslogik und der Wertschätzung überkommener Substanz, das Bekenntnis zur „Europäischen Stadt" am neu zu entwickelnden Standort Potsdamer / Leipziger Platz, die Anwendung des städtebaulichen Handwerkszeugs vom differenzierten Einsatz der dritten Dimension als Bedeutungstransporteur und der kontrastierende Ansatz des „Zoofensters"[241]. Alle bilden eine mehr oder minder

241 Wie das für die Idee der „Europäischen Stadt" häufig als typisch angesehene Element der geschlossenen Blockrand- oder Blockbebauung inkorporiert und mit anderen Elementen zu einem neuen Satz von städtebaulichen Grundformen verschmolzen wird, schildert Sewing (1995) eindrucksvoll mit Blick auf die jeweils

„logisch begründbare" städtebauliche Konfiguration in ihrem Umfeld, werden nichtsdestoweniger aber jeweils von einer Reihe von Akteuren abgelehnt.

In späteren Wellen werden diese Ansätze von weiteren Argumentationslinien der gleichen oder auch neu hinzugekommenen Akteuren überlagert, so dass eine noch größere Zahl von Modellen an verschiedenen Standorten koexistiert. Für Großstandorte wie den Alexanderplatz setzt sich mit dem Hintergrund der Schaffung eines weiteren Gegengewichts in der Zentrenstruktur im Ostteil der Stadt eine Synthese aus „Amerikanischer Stadt" mit beachtlichen Höhendominanten und „Europäischer Stadt" mit Traufhöhenbebauung und Straßenfluchten sowie dem Anspruch nach städtebauliche Komposition der Hochhäuser durch. Die Wiederherstellung stark verdichteter „erlebbarer Stadträume" anstelle von großräumigen sozialistischen Baustrukturen macht sich die breite Ablehnung der sozialistischen Stadt durch die Entscheidungsträger und die geringe Aufenthaltsqualität für den Fußgänger zunutze. Gleichzeitig wirken die herausgehobenen Bauwerke des Fernsehturms und des Hotelturms am Alexanderplatz als Legitimationsbeschaffer für einen Höhensprung im städtebaulichen Wettbewerb. Der Kreis der Teilnehmer garantiert dabei die Pluralität der angebotenen Stadtmodelle, und der Einfluss der Investoren in der Jury rettet den kritisierten Hochhausentwurf über kritische Zwischentöne hinweg. Auch abseits des Innenstadtkerns findet das erklärte stadtplanerische Ziel der Nachverdichtung von Stadträumen an weitläufigen Magistralen seine Umsetzung in traufhöhenorientierte ergänzende Strukturen, die sich mit in den gesamtstädtischen Zusammenhang eingeordneten Höhenakzenten abwechseln, ihrerseits ohne kleinräumige Bezugspunkte, die sich ihnen wie im „intakten" kaiserzeitlichen Charlottenburg in den Weg stellen. So bilden sich an Landsberger und Frankfurter Allee Muster aus, die zwar einerseits Stadt morphologisch „reparieren" oder ihr die scheinbar unstrukturierte Monumentalität nehmen, aber andererseits den Maßstab insofern anerkennen, als sie die Höhenakzente in einen überörtlichen Zusammenhang einordnen. Mit der Vielfalt der vorhandenen städtebaulichen Muster im Bestand besteht die Möglichkeit, eine große Bandbreite von städtebaulichen Konfigurationsansätzen unter Einbeziehung der jeweiligen Standortqualität zu berücksichtigen, so dass sich kein eindeutiges städtebauliches Prinzip durchsetzt.

Mit der Krise auf dem Büroflächenmarkt verlegen Investoren nun ihre Prioritäten offenbar von der schnellen Realisierung auf die Prägnanz des Konzepts, um sich überhaupt Vermarktungschancen ausrechnen zu können. Dies schlägt sich auch in der Ausdifferenzierung der städtebaulichen Leitvorstellungen für Einzelstandorte nieder. Prägnanz soll entweder durch eine Ausrichtung auf besondere Anforderungen einer Branche oder eines bestimmten Marktsegments entstehen, die „unter einem Dach" erfüllt werden sollen. Daraus resultieren spezialisierte Gebäudetypologien und Themenprojekte, die konsensfähig werden, wenn ihre Wirkung im öffentlichen Raum von der Verwaltung vertretbar scheint. Ein wesentlicher Baustein für Prägnanz wird in Höhenakzenten gesehen, die überdies bei

dahinterstehenden Akteure. Es ist zu ergänzen, dass der Block vorrangig für Wohnungsbau oder die „Kritische Rekonstruktion" eingesetzt wird, die Vereinigung durch die Beplanung großer Konversionsstandorte aber der gewissermaßen bereits „klassischen" Kombination von Turm, Zeile und Block der reifen Moderne zu neuer Bedeutung verhilft. Der Entwurf von Spangenberg für die Treptowers, der insbesondere von Akteuren als paradigmatisch angesehen wird, die selbst bereits vor dem „Übergang zur Nachmoderne" in den 1970er Jahren professionell geprägt wurden (G089, G110), ist hier an erster Stelle zu nennen.

gleichbleibender Dichte die Möglichkeit der Schaffung von Aufenthaltsbereichen auf dem Grundstück bieten. Die öffentliche Hand geht auf dieses sich etablierende städtebauliche Muster von Höhenentwicklung mit öffentlich zugänglichem Freiraum ein, wenn sie an einer Vergrößerung des Freiflächenbestandes interessiert ist, der Höhenakzent in der Struktur der Umgebung angesichts der Abwesenheit „intakter" Strukturen oder des Vorhandenseins von ähnlichen Höhenakzenten vertretbar scheint und die Investitionsmaßnahme der Aufwertung eines Gebiets dient, das im Schatten der Entwicklung liegt und ansonsten mittel- bis langfristig in Vergessenheit zu geraten droht.

Filigranität und Proportionen

Die Debatte um die Proportionen von Neubaukomplexen ist ohne das städtebauliche Erbe der 1950er und der 1980er Jahre nicht hinreichend zu verstehen. Die Durchsetzung der Moderne im Städtebau brachte die Realisierung relativ zahlreicher scheibenförmiger Hochhäuser mit sich (Interbau 1957 im Wohnungsbau, Neubebauung Breitscheidplatz im Bürobau fanden, Alexanderplatzbebauung im Büro- und Hotelbau, Wohnungsbauten in der östlichen Innenstadt bis in die 1980er Jahre). Die Architektenschaft kritisiert Scheibenhäuser wegen ihrer flächenhaften Barrierenwirkung massiv, während die Ausbildung einzelner, wohlgesetzter Akzente unter Berufung auf die Tradition von Turmbauten in der Städtebaugeschichte stets Anhänger findet. West-Berliner Nachverdichtungsprojekte der 1980er Jahre im Büroflächenbereich finden Potentiale in „untergenutzten" 1950er-Jahre-Komplexen und auf Brachen vor. Ihre Nähe zum symbolträchtigen Kurfürstendamm gibt Überlegungen für radikale Hochhausbebauungen zunächst wenig Raum. Angesichts des drohenden Weiterbaus von Scheibenhäusern werden Punkthäuser von Architekten als Alternative angeboten. Das „schlanke", „filigrane" Hochhaus findet Anhänger bis in die öffentliche Verwaltung, die ihrerseits bauliche Verdichtungen nicht vermeiden kann und will. Schlanke, elegante Hochhäuser scheinen sogar geeignet, eine Attraktivitätssteigerung des Citybereiches zu unterstützen, dem schon in der Vorwendezeit eine Schlüsselfunktion bei der baulichen Umsetzung von Tertiärisierungsbestrebungen zukommt. Nur allmählich wird dabei eine Vergrößerung der unwirtschaftlichen Grundrisse zugelassen.

Nach der Vereinigung bleibt in der City-West die Idee des schlanken Hochhauses weiter von Bedeutung, als im Zuge einer höheren Grundstücksverwertung erheblich größere Grundflächen erforderlich scheinen und andere Versuche einer Attraktivitätssteigerung von Einzelstandorten durch auffällige, zeitgenössische Architektur internationaler Prägung von den einheimischen Architekten als „banal" und „unmaßstäblich" kritisiert werden. Schlanke Hochhäuser werden außer mit ihrer ästhetischen Wirkung auch damit begründet, dass sie gleichzeitig eine (Wieder-) Herstellung des traditionellen Berliner Straßenprofils zulassen, das durch die Neubauten der 1950er Jahre städtebaulich negativ verändert worden sei, und im Blockinnenbereich überdies nutzbare Freiflächen unbebaut belassen. Die Argumentation richtet sich explizit gegen das Erbe der 1950er Jahre.

Ähnlich wie in der City-West zeichnen sich auch am Potsdamer Platz und im Ostteil der Stadt Konzepte ab, die auf eine „zweite Traufhöhe" setzen, also aus einer traufhöhenorientierten Bebauung vergleichsweise schlanke Hochhäuser gleichsam „herauswachsen" lassen. Der andere Maßstab der baulichen Entwicklung, der dort weniger auf Bestandsstrukturen Rücksicht nehmen muss, bringt allerdings andere Grundrisse mit sich. Proportionen dienen in diesen Fällen auch anderen Zwecken. Sie stellen die Bebauung in einen Gesamtzusammenhang, der die innere Logik des Entwurfs stützt, oder tragen zur „optischen Verträglichkeit" eines Gebäudes bei, das nur aus einer Richtung schlank wirkt und auf Verschattungs- und Windeffekte hin optimiert ist.

Neben filigranen Hochhäusern tragen unkonventionelle Gebäudeanordnungen zur bereits oben erwähnten Prägnanzsteigerung bei. Dabei sind Höhenakzente bisweilen auf eine Massivität der Gebäude angewiesen, um die entwurfliche Vorstellung umzusetzen. Die Wiederherstellung der „Filigranität" durch die Fassadenausformung trägt dann zur Realisierbarkeit gegen Widerstände von Entscheidungsträgern bei.

Im Lauf des Verfahrens ergeben sich bisweilen Änderungen am Nutzungskonzept, die sich nur unwesentlich auf die nach oben begrenzte Höhe niederschlagen. Damit bleibt nur ein Ausweichen in die Breite, das von den beteiligten Vertretern der Filigranität zwar bekämpft wird, doch schrittweise unterhöhlt werden kann, wenn die Tragfähigkeit des Baukörpers in seiner ursprünglichen Form gefährdet ist oder sich starker grundsätzlicher Widerstand gegen ein Projekt abzeichnet. Hier spielt sich die Thematisierung des städtebaulichen Ziels „Filigranität" auf einer anderen Bühne ab und muss sich gegen nichtstädtebauliche Ziele behaupten. Im Ergebnis bringen die Anpassungen vorher unerwünschte „Fußbebauungen", breitere Turmhäuser oder die Veränderung von deren Proportionen mit sich.

Wiederherstellung Erschließungsraster

Das Erschließungsraster hat sich in der Wiederaufbauphase nach dem II. Weltkrieg als das stabilste „Gedächtnis" der Stadt erwiesen, das strukturell überdauert, wenn einzelne Gebäude oder sogar Parzellen längst überformt worden sind[242]. Insbesondere für die Wiederbebauung von Flächen, die durch Krieg und Teilung unbebaut geblieben sind und den Stadtumbau auf Flächen, die im Rahmen des Tertiärisierungsprozesses einer Neubebauung zur Verfügung gestellt werden, ist daher von Interesse, inwieweit aus städtebaulichen Gründen an vorhandene Erschließungsmuster angeknüpft wird.

Mit der städtebaulichen Renaissance der Korridorstraße wird diese im Städtebau ab den späten 1970er Jahren wieder verstärkt ausgebildet und später auch im Neubau dominant. Der Rückgriff auf das Straßenraster scheint daher in der Innenstadt naheliegend, gerät aber mit größer werdender Nutzungseinheiten in Konflikt. Nichtsdestoweniger ist es für die Auseinandersetzung um das historische Erbe der Stadtstruktur in der Friedrichstadt so dominant, dass sogar platzartige Straßenerweiterungen aus der DDR-Zeit auch gegen Kritik wieder rückgebaut werden. Versuche der Investoren, öffentliches Straßenland für Bebauung zu gewinnen, werden von der Verwaltung unter Berufung auf die historische Struktur abgewehrt[243].

242 Für die folgenden Ausführungen vgl. die Fallstudien zum Zoofenster-Block und zum Ostbahnhof-Umfeld.

243 Der Straßenquerschnitt der Friedrichstraße wird aber an einigen Stellen in Anlehnung an Zeiten weit vor dem 20. Jahrhundert stark verengt, obwohl Höhen aus der Zwischenkriegszeit zugelassen werden. Die Politik bedient sich hier selektiv der Ressource Vergangenheit, um eine zusätzliche Verdichtung argumentativ zu stützen und – unter Berufung auf die Vergangenheit — völlig neue Straßenquerschnitte zu produzieren.

Fällt die Symbolkraft des ursprünglichen Rasters weg oder kann seine Wiederherstellung nicht als „Stadtreparatur“ ausgelegt werden, bleibt zwar die Argumentationsgrundlage zunächst erhalten, kann sich aber in Einzelvorhaben nur schwer durchsetzen. Übergeordnete breite Verkehrsschneisen wirken in die gleiche Richtung. Die Berufung auf eine Neuinterpretation kleinteiliger innerstädtischer Parzellen- und Erschließungsstrukturen kollidiert hierbei mit neu definierten Planungszielen, die aus veränderten planerischen und ökonomischen Rahmenbedingungen neu entwickelt werden und tatsächlich eine Überwindung des ursprünglichen Rasters im Zuge der Stadtreparatur (wie am Ostbahnhof oder in der City-West) mit sich bringen.

Innere Logik, Integration und Kontrast

Erst wo Städtebau im größeren Zusammenhang betrieben werden kann, bringen städtebauliche Konzepte Entwurfslösungen hervor, die aus sich heraus einer eigenen Entwurfslogik gehorchen. Dabei steht sie entweder im Einklang mit der städtebaulichen Umgebung oder wird von den Akteuren als Qualitätsmerkmal anerkannt, obwohl sie nicht aus dem Zusammenhang abgeleitet werden kann. Wichtige Beispiele sind hierbei der Versuch der Schaffung eines Hochhausensembles am Alexanderplatz und weniger öffentlichkeitswirksam der Entwurf für das Projekt Treptowers oder die Beplanung der Ost-Berliner Ausfallstraßen. Gerade in heterogenen Bereichen, denen es an anerkannten[244] städtebaulichen Prinzipien gebricht, werden neue Entwurfsprinzipien stabilisiert, und Konflikte gehen von ihnen nur ansatzweise aus. Häufig werden die neuen Prinzipien in diesem Zusammenhang dazu genutzt, weniger spektakulären Lösungen ihre Sensibilität abzusprechen.

Übergeordnete und vorbereitende Planungen, beispielsweise Gutachten und Ideenwettbewerbe, geben häufig wegen ihres noch wenig ausgeprägten Bezugs zu den projektbezogenen Anforderungen den „städtebaulichen Zeitgeist“ wieder. Damit thematisieren und transportieren sie am direktesten die bereits mehrfach erwähnten Stigmatisierungen städtebaulicher Bestände durch ihre Aufnahme (positive Stigmatisierung) oder durch eine Negierung (negative Stigmatisierung). Entwurfsprozesse für realisierbare Einzelprojekte bringen zwangsläufig häufiger Kompromisslösungen hervor, die gerade dann konfliktträchtig sind, wenn sie in stigmatisierten Beständen von der einen Seite als „unverträglich“ und von der anderen Seite als „halbherzig“ qualifiziert werden. Die Intensität der Auseinandersetzung um neue städtebauliche Lösungen ist also nicht zuletzt Ausdruck der Breite des Spektrums von Einschätzungen des Bestands, in den sie implantiert werden. Dies gilt für das Victoria-Projekt ebenso wie für das Schimmelpfenghaus oder den Alexanderplatz.

Akteure und Ziele

Erwartungsgemäß äußern sich Architekten, Städtebauer und Stadtplaner am häufigsten zur städtebaulichen Konfiguration. Interessanterweise werden aber auch von Politikern aus Legislative wie Exekutive hierzu klare Aussagen gemacht, während Mitarbeiter der Ver-

244 Nicht anerkannt sind in der Regel gerade stigmatisierte Entwurfsprinzipien wie in den 1990er Jahren der sozialistische Großsiedlungsbau der 1960er bis 1980er Jahre.

waltung mehr oder weniger deutlich eine „Hausmeinung“ wiedergeben. Als ursprünglich auf die Konfiguration bezogene Teilthemen spielen die Rolle formaler Entwurfskriterien, der Anspruch an Gestaltung und die Standortvoraussetzungen als Entwurfsmotivation eine Rolle. Stärkere Bedeutung haben in der Auseinandersetzung über die Konfiguration allerdings Teilthemen, die mit der Höhe und der Einfügung in das Umfeld verwandt sind, nämlich der Komplex Sichtbarkeit/Räumlichkeit, die Dominanz und Maßstäblichkeit des Neubaukomplexes im Verhältnis zum Bestand, die Rolle von Türmen und die Nutzung des Umfelds als Ideenreservoir. Letztere sollen daher zunächst behandelt werden.

Die meisten einheimischen Architekten und Bezirkspolitker kritisieren als Anwälte des Bestands Maßstabssprünge und dominante Neubauproportionen[245]. So wird der Jahn-Entwurf von 1988 für das Kranzler-Eck als „grotesk“ und „schrecklich“ bezeichnet, der mit seinem pompösen Auftreten nicht in die Gegend passe, „alles andere ging in die Knie“ (G038, G053). „Maßlose“ Investoren werden „bekämpft“, sogar von CDU-Bezirkspolitikern (G091). Der Rogers-Entwurf für das Zoofenster wird als „autistisch“ und „technoid“ bezeichnet, und „was in Kuala Lumpur möglich ist, geht hier [am Ring-Center] nicht“ (G058). Aus der genannten Sensibilität ergeben sich als Entwurfstechniken die Aufnahme von Blockstrukturen, Höhenstaffelungen, Abstimmungen von Höhe und Freiflächen, Öffnungen zum Wasser und Dichtedifferenzierungen.

Die Orientierung am Stadtgrundriss wird von zahlreichen Akteuren herausgestellt, doch kann diese auf unterschiedliche Weise erfolgen und bietet nur lose Anhaltspunkte für die Gebäudeanordnung und Ausbildung der Proportionen. Sind „intakte“ Strukturen im Umfeld nicht vorhanden, versuchen Investoren kompromisslos, eigene Strukturen zu definieren und diese aus der Strukturarmut zu legitimieren. Auch behutsame Akteure der öffentlichen Hand scheinen für derartige Argumente offen zu sein. Tendenziell wird an dieser Stelle vermutet, dass Investoren mit steigender Etabliertheit auf diese Art der Selbstdarstellung eher verzichten können, Architekten dagegen stärker auf kontrastierende Ideen setzen. Letztere beurteilen städtebauliche Konfigurationen im Hinblick auf Dominanz und Maßstäblichkeit völlig anders als Bürger. Während ein Architekt zum Ausdruck bringt, sein Ziel sei die „Einfügung großformatiger Bürohäuser in die Stadtstruktur“ gewesen (A02), lassen sich bei den Bürgern Hinweise auf eine grundsätzliche Ablehnung großformatiger Bauten finden. Damit stoßen ein „pragmatischer“, „bauherrenorientierter“ Blick des Entwurfsarchitekten und der „grundsätzliche“ Blick der Bürger aufeinander. Interessant ist in diesem Zusammenhang, dass gerade in der Senatsbauverwaltung Kritik an unsensiblen Entwürfen tendenziell stärker in architektonischen Kategorien geäußert wird[246].

Die Vielschichtigkeit verlorener Vorgängerbebauung als Anknüpfungspunkt für eine Neubebauung oder bauliche Ergänzung spiegelt sich in einer Vielfältigkeit von Forderungen der Akteure, die an das historische Erbe anerkennende Entscheidungen herangetragen werden. Die Verwertungsabsicht der Investoren und die Aufmerksamkeit für den Standort in der Bevölkerung modulieren die nur scheinbar entscheidende Fachdebatte maßgeblich. Weiterhin relevant für das Verhältnis zum Bestand ist die Frage danach, wie „eindrucks-

245 Die folgenden Aussagen stützen sich auf die Interviews des Autors mit Verfahrensbeteiligten.

246 Hierauf deutet beispielsweise die Bezeichnung des Rogers-Entwurfs als „unruhig“ oder „technoid“, „als Architektur hier schwierig“ hin. (G089)

voll" Neubauten sein sollten. Spielraum dafür besteht gerade unter Politikern dann, wenn kein intakter Stadtgrundriss in der Umgebung erkennbar ist. So wird der von einem Architekten als „irre Spirale" bezeichnete „schon ganz witzige", mit einer „Stange von Problemen" behaftete Entwurf von Jahn für das Kranzler-Eck 1988 (P04) von Politikern als „um Längen besser als das, was er heute macht" bezeichnet. Das Zoofenster habe mit „High-Tech überzeugt", so dass selbst der Kritiker Dyckhoff gespalten gewesen sei (G022). Weitere Beispiele „bestechender" Entwürfe mit „Qualität" ließen sich anführen. Die Gegenpositionen sind bekannt. Durch die Verwaltung und die Gutachter werden extreme Lösungsvorschläge mit dem Hinweis auf ihre grundsätzlichen Abweichungen von übergreifenden Planungsüberlegungen und ihren Charakter als Solitäre kritisiert.

Interessant ist, dass offenbar die Investoren nicht eindeutig in die gleiche Richtung argumentieren wie die Spitze der Exekutive und die Preisrichter in den relevanten Verfahren, dabei aber deutlich machen, dass die Kategorie „eindrucksvolles Gebäude" bisweilen sogar für die Verwertung von zentraler Bedeutung sein kann: Die Höhe und die BGF sei nicht wichtig gewesen, sonst hätte ein anderer Entwurf gewinnen müssen (I08), das Unternehmen habe für eine Reduzierung der Ausnutzung gerungen (I05), und wegen des erbitterten Widerstands der Senatsbauverwaltung sei ein weniger dichter Entwurf nicht durchsetzbar gewesen (I09). Es bleibt ungewiss, inwieweit Investoren tatsächlich zu einer Reduzierung von Ausnutzungen bereit wären, aber offenbar bestehen zumindest mehr Verhandlungsspielräume und Vorentscheidungsbedarf als gemeinhin angenommen[247]. Versucht man, die bisherigen Aussagen zur Kategorie „eindrucksvolles Gebäude" zu ordnen, zeigt sich wiederum ein Interpretationsspielraum, der die Konfliktivität der Entwürfe erklärt. Ein und dieselbe Eigenschaft des spektakulären Entwurfs wird von der einen Seite als positive innere Logik, von der anderen dagegen negativ als „autistisch" bewertet.

Die „Wiedererfindung des Städtebaus", auf die oben bereits hingewiesen worden ist, zielt auf den Komplex Sichtbarkeit/Räumlichkeit ab. Es muss zwar davon ausgegangen werden, dass die städtebauliche Konfiguration zu einem hohen Maß aus der Gebäudeanordnung heraus entwickelt und bewertet wird. Doch spielt die Wirkung dieser Gebäude auf den öffentlichen Raum gerade auch bei den Politikern offenbar eine große Rolle. Die Logik städtebaulicher Akzente, die von weitem erkennbar sein sollen, als Hochhäuser nicht mehr in zweiter Reihe stehen und „städtebauliche Gelenkstellen" markieren, ist weit verbreitet.

Interessant ist dabei, auf welche Weise sich städtebauliche Strukturierung durch Akzente allmählich vervielfältigt. Eine aktive planerische Steuerung durch „Hochhaus-Pläne" bleibt beispielsweise in einem Klima der Projektorientierung ohne Bedeutung und wird entweder als zu restriktiv oder als zu riskant („schlafende Hunde wecken") angesehen. Projekte, die gegen abgestimmte übergeordnete Strukturziele mit Definition städtebaulicher Akzente verstoßen, geraten erst dann in Schwierigkeiten, wenn sie außerdem noch als städtebaulich sperrig angesehen werden. So hatte das Spree-Sinus-Projekt, das wegen seiner Höhe im Widerspruch zum Rahmenplan stand, erst durch seine Massivität Durchsetzungsschwierigkeiten.

247 Alle Aussagen der Investoren deuten allerdings darauf, dass bei ihnen dann sofort abrupt die Verhandlungsbereitschaft endet, wenn gewissermaßen die grundsätzlichen Rahmenbedingungen der Verwertbarkeit von Grundstücken in Frage stehen.

Das kaum hinterfragte und häufig legitimatorische Ziel des „schlanken Turms"[248] konkretisiert das Ziel Sichtbarkeit / Akzentsetzung und wird außer von Architekten auch von Verwaltungsmitarbeitern und pragmatischen Politikern vertreten. Die Höhenentwicklung geht dabei eher von Architekten und Investoren aus, wird von Politikern unterschiedlich positiv weiterbehandelt — in der CDU und SPD allerdings relativ pragmatisch —, dagegen von Verwaltungsmitarbeitern bisweilen als Abwehrstrategie genutzt. Sie versuchen, wenigstens unförmig breite Gebäude zu vermeiden, wofür sie eine größere Höhe akzeptieren. Die Baumasse kann dabei meist schon gar nicht mehr beeinflusst werden. Auffälligerweise werden schlanke Hochhäuser ohne Auseinandersetzung über die Wirtschaftlichkeit von Gebäudetypen aus städtebaulichen Überlegungen entwickelt. „Füße" und „dicke Hochhäuser" entstehen dann im Überarbeitungsprozess, wenn die Grundentscheidung für ein Hochhaus bereits gefallen ist. Aus Sicht der Befürworter schlanker Türme ist nicht zu erkennen, wie sie diesen Überarbeitungsprozessen zu entgehen versuchen.

Formale Entwurfskriterien wie die Bezugnahme auf den „Goldenen Schnitt", den modularen Aufbau von Gebäuden oder die „Konsequenz" einer Entwurfshaltung werden offensichtlich von Architekten und Städtebauern vertreten, finden aber Widerhall in der Senatsbauverwaltung. Sie verkoppeln sich mit funktionalen Anforderungen und produzieren so teilweise konsensuale Lösungen, die zugleich „elegant" erscheinen. Die negative Seite formal konsequenter Entwürfe, die Monotonie, wird vor allem in den Bezirksverwaltungen gesehen, aber erst im Extremfall als problematisch erachtet. Hier ist die Verwaltung bürgernah: Von der „Teppichbebauung", da „hat der Bürger nichts davon" (G075).

Hieraus lässt sich ansatzweise erklären, warum Entscheidungsprozesse die Frustration der Bürger über die Monotonie von Neubauten kaum berücksichtigen: Offenbar spielen wiederum unterschiedliche Interpretationen städtebaulicher Strukturen eine Rolle. Während die fachliche Position tendenziell erst gebäudeübergreifende Reihungen unter gewissen Umständen als monoton zu begreifen scheint — wie die Zeilenbauten des FOCUS Teleports —, wird gebäudebezogene Monotonie kaum wahrgenommen, die sich wegen der funktionalen Anforderungen an Bürobauten mit gereihten gleichartigen Büros viel schwerer vermeiden lässt. Fachlich wird Monotonie also gewissermaßen als städtebauliches Problem begriffen. Dagegen stellt sie aus Sicht der Fachfremden häufig ein bauliches Problem dar, das durch Reihung gleichartiger Elemente in ein und demselben Gebäude entsteht bzw. deren deutlichere Differenzierung eingefordert wird.[249]

Gestaltungsanspruch an ein Neubauvorhaben und formale Entwurfskriterien sind nicht immer vermittelbar. Ihr Konfliktpotential liegt darin, dass die oft sehr subtile Einfügung, die nur von den Entwurfsverfassern gesehen wird, für den außenstehenden Betrachter gar nicht wahrnehmbar ist. Auch hier liegen wieder unterschiedliche Ansprüche an die gestalterische Einfügung zwischen Entwerfern und Benutzern von Stadt vor. Die Debatte unter den

248 Interessanterweise konnte innerhalb der Recherchen zu dieser Untersuchung kein Hinweis auf eine Proportionsregel für „schlanke Hochhäuser" ausgemacht werden. Offenbar besteht hier ein Freiraum für Entscheidungen durch die „fachgebundene Anschauung".

249 Die sich hieran anschließenden gebäudebezogenen Fragen werden im Abschnitt über die „Fassade" vertieft. Erhärtet wird die hier aufgemachte These zusätzlich durch die — tendenziell — differenziertere Entwurfshaltung der Architekten zu Wohngebäuden.

Entscheidungsträgern verläuft weitgehend innerhalb der Bandbreite bereits durch Entwurfsverfasser vorgefilterter fachlicher Alternativen. Zwar wird von ihnen dann bisweilen gegen „Minimalarchitektur" optiert, doch kommt keine grundsätzliche Ablehnung zustande. Selten spielen für die Akteure Standortbedingungen bei der Bestimmung der städtebaulichen Konfiguration eine Rolle. Sie werden meist von den Investoren im Detail formuliert.

Rahmenbedingungen und Durchsetzungsmechanismen

Wesentliche Rahmenbedingungen resultieren aus der Attraktivität Berlins für auswärtige Investoren und damit dem Stellenwert alternativer Leitbilder, die den weitreichenden städtebaulichen Konsens der 1980er Jahre in Frage stellen. Weiterhin beeinflusst das ansatzweise herrschende professionelle Einverständnis zwischen einheimischen Entwurfsarchitekten sowie Architekten und Städtebauern in Verwaltung und Politik die Entscheidungsfindung, vor allem im Hinblick auf die Alternativenproduktion, die häufig von vorneherein keine Varianten einschließt, mit denen sich beispielsweise engagierte Bürger im Beteiligungsverfahren anfreunden könnten. Von Seiten der Nutzungsanforderungen sind im Bürohausbau Dichten möglich, die die im Wohnungsbau in Berlin weit überschreiten und von daher städtebauliche Konfigurationen denkbar machen, die für Fachfremde per se etwas massives und maßstäblich problematisches an sich haben. Von Bedeutung für den Entscheidungsprozess ist also der Grad der Einbindung von Fachfremden. Dieser ist zwar grundsätzlich in der Innenstadt als vergleichsweise hoch einzuschätzen, doch im Vereinigungsboom findet eine Konzentration der Wahrnehmung auf die herausragenden Projekte und die von symbolischer Bedeutung statt, so dass die übrigen Projekte fast vollständig in der Fachwelt verhandelt werden. Die im Vergleich zur West-Berliner Zeit steigende Projektgröße und im Vergleich zur späten Ost-Berliner Zeit größere Rolle des Bauherrn und Entwurfsarchitekten machen die Bestimmung von städtebaulichen Strukturen durch Testentwürfe zunehmend unpraktikabel und bringen kurzzeitig die Vorherrschaft von städtebaulichen Ideenwettbewerben mit hervor, ohne in weitgehend bebauten Gebieten entsprechende Instrumente der projektübergreifenden Abstimmung zu produzieren. Ein großer Freiraum für die Weiterentwicklung der Konfiguration in Einzelprojekten entsteht.

In diesem Umfeld wird Stadtentwicklungspolitik als Städtebaupolitik betrieben. Der gezielte frühzeitige und legitimierende Einsatz von Wettbewerben, informelle Vorfeldentscheidungen über Dichtewerte und deren Dethematisierung gegenüber der städtebaulichen Konfiguration und die Dethematisierung der Standortbedingungen prägen eine Gestaltungspolitik, die sich von außerhalb des Kommunikationszusammenhangs aus Exekutive und Investor/Entwurfsarchitekt kaum wirkungsvoll beeinflussen lässt. Das Instrument Wettbewerb trägt zusätzlich dazu bei, indem es die Jurymitglieder ausdrücklich der Verantwortung über die Durchsetzbarkeit enthebt und sie ausschließlich nach städtebaulichen Kriterien entscheiden lässt, so dass die grundsätzliche Frage nach der städtebaulichen Verträglichkeit nicht mehr gestellt werden muss — und selten gestellt wird. Die Aushebelung von Begrenzungsmechanismen in Wettbewerben wie am Alexanderplatz führt zwar zu Kritik, doch wird das Ergebnis dennoch weitgehend intern stabilisiert. Städtebaupolitik wirkt an den bedeutendsten Zentrenstandorten als Plattform für die Vorbereitung einer neuen städtebaulichen Umbauwelle, die bei späteren Verfahren als Referenzobjekt herangezogen werden kann. Im Herunterbrechen auf das Einzelprojekt gelingt es den Investoren und dem Senat, Argumente für eine weitere städtebauliche Akzentuierungspolitik zu finden, die in einer Art selbstbezüglichen Ausdifferenzierung die ursprünglichen rahmenplanerischen Vereinbarungen aushebelt, die dann wiederum ihrerseits als zu abstrakt und zu wenig auf das Einzelvorhaben bezogen angesehen werden. In ähnlicher Weise gelingt es den Investoren, Grundflächen von Turmhäusern allmählich zu erhöhen und Fußbebauungen hinzuzufügen, wenn sie Schritt für Schritt auf die wirtschaftliche Tragfähigkeit ihres Projekts hinweisen und sich dabei der Dethematisierung der Standortbedingungen in früheren Prozessphasen bedienen. Es gibt dafür einen Begriff: Salamitaktik. Doch obgleich dieser bis in den Volksmund bekannt ist, wird insbesondere bei den „schlanken Turmhäusern" unter einigen Architekten die Illusion verbreitet, man könne städtebaulich-gestalterische Ziele bis zum Schluss weitgehend unbeeinträchtigt durchhalten. Die Motivation mag redlich sein, und daher kann die Durchsetzung von unbeliebten „dicken" Hochhäusern mit Fußbebauung auch keinem Akteur allein vorgeworfen werden, sondern einer Konstellation des Zusammenwirkens von Architekten, Akteuren aus der Exekutive und Investoren, die keine hinreichenden Koordinationsinstrumente entwickelt haben, um essentielle Gestaltungsziele in einer Gestaltungspolitik durchzusetzen. Von daher ist ein grundsätzlicher Zweifel an der Sinnhaftigkeit von Stadtentwicklungspolitik als Städtebaupolitik erlaubt.

Zusammenfassende Einschätzung und Veränderungsspielraum

Eine „Wiederentdeckung des Städtebaus" durch die Exekutive infolge der Vereinigung immunisiert zusammen mit dem Instrument des städtebaulichen Wettbewerbs die Entscheidungsfindung gegen alternative Visionen von außen. Es hängt dabei von der fachlichen Kompetenz und der ausgewogenen Berücksichtigung außerfachlicher Belange wie der städtebaulichen „Benutzbarkeit" durch die Mitarbeiter der Exekutive ab, ob die erzielten Ergebnisse mehr sind als der Spiegel der investorenbezogenen Durchsetzung und Weiterbearbeitung städtebaulicher Leitbilder von Städtebauern. Einige Indizien verschiedener Projekte dieser Untersuchung deuten darauf hin, dass der antizipierenden Berücksichtigung solcher Belange durch Entwurfsarchitekten und Verwaltung als die direkte Partizipation der Bevölkerung ist. Letztere kann Detailveränderungen bewirken und ansonsten die Entscheidungskriterien von Verwaltung und Politik in deren zukünftigem Handeln mitprägen. Die Bestimmung der städtebaulichen Konfiguration ist ein weitgehend abgeschlossener fachlicher Prozess ohne harte Entscheidungskriterien und damit für persönliche Einflüsse, Moden und Irrationalitäten offen. Als grundsätzliche Faustregel kann festgehalten werden: Der Maßstab bestimmt das Ergebnis. Wahrnehmungsgewohnheiten und Kommunikationsmechanismen bei großen Projekten lösen im Wesentlichen großmaßstäbige Diskussionsprozesse aus, während bei kleinen Projekten viel eher Details in Frage gestellt werden. Dies gibt einen wichtigen Erklärungshinweis für die Durchsetzung von Hochhäusern nach der Vereinigung jenseits der platten These von der „Dominanz der Ökonomie". Mit dem Steigen der Projektgrößen nach der Vereinigung werden einzelne Hochhäuser in großen städtebaulichen Zusammenhängen als einzelne Akzente viel eher als opportun erkannt als in den 1980er Jahren die für Projekte „konstitutiven" Hochhäuser in der City-West. Ähnliches gilt für standortübergreifende politische Ziele wie das Ringstadt-Konzept, die wiederum einen

Beitrag zur Immunisierung der einzelnen Hochhäuser wie am Ring-Center gegen Hochhauskritik leisten. In der Konkretisierung der Einzelprojekte lassen sich in der Regel weitere Akzente durch die immer noch hinreichende Projektgröße rechtfertigen (Ostbahnhof, Breitscheidplatz). Analog verläuft die Prägung des Ergebnisses durch den Maßstab auch auf anderen Feldern, teilweise durch weitere Phänomene konfliktreich moduliert.

Betrachtet man die Natur der Konflikte über die städtebauliche Konfiguration, könnte man für eine Diskussion über „Abfederung" oder Kontrast von Bürokomplexen gegenüber ihrer Nachbarschaft plädieren. Dabei ist grundsätzlich zu thematisieren, was „City" jenseits der Konzentration von Büro- und Einzelhandelsnutzungen bedeuten soll und wie der großen Konzentration von Benutzern dort auch im Hinblick auf Aufenthaltsqualität Rechnung getragen werden kann. In diesem Zusammenhang ist zu prüfen, ob schließlich sowohl die Selbstdarstellung der Investoren als auch die Benutzbarkeit von Innenstadt ihren Platz bekommen oder sogar miteinander in Einklang gebracht werden können. Hohe Risiken wie am Alexanderplatz sind dabei zu vermeiden, wo heute noch kaum jemand sagen kann, ob ein beliebter Platz für eine urbane Metropolengesellschaft oder ein steriles Kunstprodukt entstehen wird. Frühzeitige öffentliche Diskussionen über Nutzungen und ihre städtebaulichen Anforderungen könnten hier über die knappen Statements auf Veranstaltungen mit quotiert anwesenden Investorenvertretern hinausgelangen. Auf diese Weise ließe sich möglicherweise mittelfristig ein Kanon städtebaulicher Elemente entwickeln, der das Auseinanderfallen leitbildhafter Träume und wirtschaftlicher Realitäten – siehe Verdickung und Fußausbildung von Hochhäusern — überwinden helfen könnte. Sollte Stadtentwicklungspolitik überdies daran interessiert sein, die Interpretationsdifferenzen produktiv zu bearbeiten, die oben im Hinblick auf die Erklärung der Frustration von Bürgern über den Umbau und die Modernisierung der Innenstadt angeführt wurden, dann könnte sie sich klarmachen, welchen Stellenwert die „Benutzeroberfläche" von Stadt für die Bürger hat. Fassadendetails und projektimmanente Differenzierungen rücken dann in den Mittelpunkt der Aufmerksamkeit, um Konflikte zu entschärfen, die derzeit die Durchsetzung von Bürobauprojekten prägen und zur Entfremdung zwischen Entscheidungsträgern und Bürgern beitragen.

Beim Blick auf einzelne Akteursgruppen könnten Investoren über die Berücksichtigung der Benutzeroberfläche unnötige und möglicherweise verzögerungsrelevante Konflikte mit Bürgern aus der Nachbarschaft entschärfen — Stichwort „helle Fassaden" und Höhenstaffelung im Projekt Bolle-Block. An Standortsteuerung und Beeinflussung der Investorenkonzepte interessierte Politiker der Exekutive müssen maßgebliche Verbündete im Kreis der Fachöffentlichkeit finden, die ihr Handeln von außen derart argumentativ stützen, dass eine einfache Diffamierung als „Verhinderungs"- oder „Behinderungs"-Politik nicht verfängt. Für Politiker der Legislative bietet die städtebauliche Konfiguration aufgrund der analysierten Konstellation nur begrenzte Einflussmöglichkeiten. Sie können allerdings frühzeitig darauf beharren, weitergehende fachliche Kriterien und Mindestanforderungen an Alternativenproduktionsverfahren zu stellen und Entscheidungen für eine Lösung argumentativ transparent zu machen, um einfache Legitimationsstrategien zu entlarven. Gegen die normative Kraft der Bildproduktion in einem Entscheidungsverfahren werden sie durch verbale Argumente nichts entgegensetzen können. Kritik an städtebaulicher Unverträglichkeit eines Konzepts perlt ohne eigene Machtressourcen an den Entscheidungsträgern ab oder wird durch andere Interpretationen des gleichen Sachverhalts entkräftet. Nur die Entgegensetzung eigener städtebaulicher Visionen wird den Nachweis liefern können, dass eine Alternative verträglicher und machbar zugleich ist. Die Legislative wird wohl eher als Katalysator denn als Produzent solcher Visionen auftreten können. Ähnliches gilt auch für mobilisierungsfähige Bürger bei der Thematisierung der Verträglichkeitsgrenzen von Entwürfen.

Art der Nutzung

Nicht zuletzt wegen der Mehrschichtigkeit der Nutzungszuschreibung im Stadtentwicklungsprozess über die zweistufige Bauleitplanung sowie stadtentwicklungsplanerische und rahmenplanerische Selbstbindungen des Planungsträgers sowie die Kontinuität des Grundeigentums und die Stabilität von Nutzungsrechten steht die Art der Nutzung im Entscheidungsprozess weniger im Mittelpunkt, als vielleicht vermutet werden könnte.

Rechtliche Grundlagen und ihre Wirkung

Wegen der Verwertungslogik des Grundeigentums und der Kontinuität von Nutzungsrechten kommen für die Realisierung von Freiflächen oder sozialer Infrastruktur in Zeiten angespannter Haushaltslage vorwiegend Grundstücke im Eigentum der öffentlichen Hand in Frage. Hieraus folgt ein völlig unterschiedlicher Umgang in der Nutzungszuschreibung zwischen privaten und öffentlichen Grundstücken. Das Konfliktpotential ist dann am größten, wenn durch die öffentliche Hand eine gemeinwesenorientierte Nachnutzung auf einem privaten Grundstück angestrebt wird, dessen Vorgängernutzung aufgegeben wurde. Das alte Nutzungsrecht stellt für die öffentliche Hand eine gravierende Einschränkung ihres planerischen Spielraums dar.[250] In der Praxis entfalten überkommene Nutzungsrechte eine weiterreichende Stabilität als im Baurecht verankert. Unter Berufung auf alte, möglicherweise sogar obsolete Nutzungsrechte verzichtet die planende Verwaltung häufig auf den Versuch, die Art der Grundstücksnutzung durch Bebauungsplanung deutlicher zu verändern.

Eine Standortsteuerung findet über den Flächennutzungsplan (und Stadtentwicklungspläne) nur ansatzweise statt, da auf gewerblichen, Misch- und Wohnbauflächen Büroflächenprojekte „entwickelbar" sind[251]. Nach der Vereinigung läuft die Projektplanung dem Flächennutzungsplan voraus, so dass im Ostteil der Stadt über informelle Einigungen im Vorfeld (z. B. KOAI, vgl. Lenhart 2000) bzw. über die Anpassung des Planungsrechts an Einzelprojekte erfolgt.

250 Die Wirkung auf die Thematisierung der Art der Nutzung in Abhängigkeit vom Eigentum soll unten näher behandelt werden.

251 Lediglich in Industriegebieten nach dem „Industrieflächensicherungskonzept" des Senats ist vorübergehend ein deutlicherer Widerstand gegen die Verwertungslogik der privaten Investoren zu beobachten gewesen.

Thematisierungsgrad und -art

Die Art der Nutzung wird in der Regel in der Frühphase eines Projekts thematisiert, da dann noch eine hinreichende Offenheit über die grundlegenden Nutzungsvorstellungen besteht[252]. Die Nutzungsart wird in der Verfahren typischerweise in den folgenden Zusammenhängen konfliktiv diskutiert:

- Bestimmung der Nachnutzung eines brachgefallenen oder untergenutzten Grundstücks auf der Ebene der vorbereitenden Planung (Konflikt „gemeinwesenorientierte" Umnutzung — intensivierende Innenentwicklung),
- intensivierende Weiternutzung eines untergenutzten Grundstücks (Konflikt gemeinwesenorientierte Umnutzung — intensivierende Innenentwicklung),
- Nutzungsdifferenzierung eines Projekts (Konflikt marktgerechtes Verwertungskonzept — differenziertes „stadtverträgliches" Nutzungskonzept) und
- Nutzungsausdifferenzierung im Entscheidungsverlauf (Detailkonflikte über Einzelnutzungen und deren Anordnung).

Nachnutzungsbestimmung in der vorbereitenden Planung

Die Nachnutzung eines brachgefallenen oder untergenutzten Grundstücks wird nicht selten von der öffentlichen Hand initiiert, die die stabile Weiterentwicklung von Stadtteilen und -zentren sowie die Verbesserung der Lebensqualität für die Bewohner der Innenstadt oder eine sparsame Flächeninanspruchnahme zum Ziel hat. Zur Attraktivitätssteigerung tritt die Sicherung der Wirtschaftskraft, die Steigerung oder Stabilisierung des Preisniveaus auf dem Immobilienmarkt und die Vermeidung von Verödung (Ziel „Vitalität") bzw. die Nachbesserung des Wohnumfelds oder eine Vermeidung von Wohnsuburbanisierung (Ziel „Lebensqualität") hinzu. Innenentwicklung und Verdichtung konfligieren dabei tendenziell mit dem Ziel einer Vermehrung der unbebauten Flächen in der Stadt. In der Regel kommt das erste Ziel in den Zentren und in Gewerbe- und Industriegebieten zur Anwendung, das zweite dagegen in den wohngeprägten Quartieren der Stadt. Ein großer Teil der öffentlichkeitswirksamen stadtentwicklungspolitischen Konflikte lässt sich über die Notwendigkeit erklären, die Nahtstelle zwischen den Herrschaftsgebieten der beiden Strategien zu definieren, und über die Absicht der Vertreter, die Wirkungsregion ihrer jeweiligen Strategie zu erweitern (vgl. Breitscheidplatz). Die beschriebene Dualität wird zunehmend überlagert von einer scheinbaren Synthese der beiden Ansätze in einer Strategie der Schaffung von „Urbanität". Die Vertreter bedienen sich dabei der Rhetorik ökologischer Stadtplanung, die Zersiedlung vermeiden will und dafür eine innerstädtische Verdichtung anstrebt. Tatsächlich legt die Verehrung des „Städtischen" und der hohen Dichte einen anderen Attraktivitätsbe-

252 Im Rahmen der Interviews dieser Untersuchung liegt die Nutzungsart mit etwas über 80 Erwähnungen im oberen Mittelfeld. Dies kann neben der überschätzten Rolle des Themas und seinem geringen Thematisierungsgrad auf eine Begrenzung der an der Entscheidung über die Art der Nutzung beteiligten Personen, eine geringe Komplexität der Auseinandersetzung oder ein geringes Maß an Konfliktträchtigkeit deuten.

griff zugrunde, der sich an der Beliebtheit von Städten wie New York, Hong Kong und Paris orientiert. Er paart sich mit den Verwertungsinteressen der Vereinigungszeit.

Zwei wesentliche Thematisierungswellen „gemeinwesenorientierter" Nachnutzungsalternativen sind im Untersuchungszeitraum auszumachen. Die erste geht auf den ökologischen Stadtumbau im West-Berlin der 1980er Jahre zurück, der einen späten Höhepunkt in der Vorbereitung der Bundesgartenschau 1995 hat. Zur Schaffung attraktiver innerstädtischer Grün- und Freiflächen, zur Reparatur von Folgen nicht realisierter Planungsträume der 1960er Jahre und im Rahmen festivalisierter Stadtpolitik definiert er Flächenansprüche, die im Detail zwar zu potentiellen Verwertungsinteressen von Grundstückseigentümern im Widerspruch stehen, aber aufgrund der geringen ökonomischen Dynamik der westlichen Teilstadt auf keinen nennenswerten Widerstand stoßen.

Der zweite ist auf die Vereinigungszeit zu datieren, fällt aber kurioserweise im Hinblick auf den „Bedarf" an sozialer Infrastruktur zusammen mit der Umsetzung der teilweise unerwarteten Ergebnisse der Volkszählung von 1987 (Bevölkerungswachstum). Ihre Ergebnisse sind gering, da sie von der Vereinigung gleichsam überrollt wird. Zu ihnen zählen der Erhalt der innerstädtischen Leerräume als markantes Zeichen der West-Berliner Nachkriegszeit, Ideen für einen Freiflächengürtel am Mauerstreifen und der Erhalt der Mauer selbst als Baudenkmal.

Die Verdichtungslogik bricht sich dagegen in der Vorwendezeit lediglich grundstücksweise Bahn, während sich nach der Vereinigung ausgelöst durch die notorischen Prognosen aus dem Jahre 1991 im Gegensatz zu frühen Potentialanalysen die Thematisierung von baulichen Nutzungsintensivierungen von drei Seiten zu einem beinahe hegemonialen Vorgehen bündelt. Der Zugriff auf vermeintlich leicht verfügbare Innenstadtgrundstücke durch Investoren stellt dabei nur eine Facette dar. Die zweite bilden die von der öffentlichen Hand definierten „Entlastungsstandorte" für die Innenstadt, die hinzutreten. Auch nach der Vereinigung versucht die Stadtpolitik, dieses Mal mit der Olympia-Bewerbung, einen Ansatz der Festivalisierung, der auf ein erhebliches Maß von Flächen zugreift, allerdings ohne bemerkenswerte Wirkungen im Büroflächensektor bleibt. Diese dreifache Thematisierung von Nutzungsintensivierungen bietet in einer Zeit hoher Flächennachfrage Legitimation für eine Verdichtung auf den verschiedensten Standorttypen der Stadt.

Für den Innenstadtbereich erklärt sich hieraus die Konkurrenz verschiedenster stadtentwicklungspolitischer Ansätze der Zentrenbildung, wenn man das Nebeneinander der beiden Senatsverwaltungen für Stadtentwicklung und Umweltschutz bzw. für Bau- und Wohnungswesen in die Analyse einbezieht. Während sich die Bauverwaltung im Wesentlichen auf die barocke Innenstadt konzentriert, versucht die gesamtstädtischer strukturell arbeitende Stadtentwicklungsverwaltung, mit den Zentren am S-Bahn-Ring Entlastungsstandorte vorzubereiten, doch eine hinreichende Nachfrage nach den weniger attraktiven Flächen stellt sich zunächst beinahe nur im Hinblick auf die Einzelhandelsfläche ein, die vor allem im Ostteil der Stadt, aber auch an anderen Kreuzungspunkten der S-Bahn erheblich vergrößert werden soll und dabei Raum für die in Berlin in beiden Teilstädten im deutschen Vergleich unterrepräsentierten *Mall-* und *Center*-Konzepte gibt[253]. Neben den beiden

253 Die Ansätze zu einem Ringstadtkonzept in West-Berlin vor der Wende stellen einen Ausdruck einer vergleichbaren Thematisierungswelle dar und zeigen überdies, wie langfristig Vorläufe von projektübergreifen-

Senatsverwaltungen versuchen aktive Bezirksämter vor allem im Ostteil der Stadt Investitionen an den jeweiligen Bezirk zu binden und fördern dabei mangels schneller Alternativen die Produktion von Büroflächen entlang von bedeutenden Ausfallstraßen und an Knotenpunkten. Die Schaffung von Arbeitsplätzen dient als legitimatorischer Hintergrund, während die konkrete Ausgestaltung der Nutzungskonzepte sich aufgrund der gesamtstädtischen Bedeutung der Standorte und der strategischen Bedeutung der Treuhandanstalt auf dem Grundstücksmarkt dem Zugriff der Bezirke zunächst weitgehend entzieht. Von Investoren kurz nach der Wende ins Spiel gebrachte Versuche, gemeinwesenorientiert genutzte Flächen wie Parks für eine Bebauung vorzuschlagen, scheitern zunächst schnell. Erst über stadtentwicklungspolitische Verdichtungsansätze der zweiten Hälfte der 1990er Jahre wie das Planwerk Innenstadt wird eine Umnutzung von kleineren Freiflächen und über die Grundstücksverwertungsansätze der Bahn eine Infragestellung nicht mehr bahnnotwendiger Bahnflächen vorgenommen, die bereits als Freiflächen vorgesehen sind.

Intensivierende Weiternutzung

Die intensivierende Weiternutzung eines untergenutzten Grundstücks wird in mehreren Wellen thematisiert, die mit einer Überarbeitung von Bedarfsschätzungen korrelieren. Dies bedeutet vor der Vereinigung vor allem die Suche nach zu intensivierenden Wohn- und Gewerbegrundstücken. Die Ergebnisse werden in einer letzten Welle ab der Volkszählung 1987 direkt bis in die Nachwendesituation der frühen 1990er Jahre überführt, als das Thema Büroflächen erstmals ernsthaft in der vorbereitenden Bauleitplanung auftaucht und an projektbezogenen Überlegungen vom Ende der 1980er Jahre zur Vorbereitung der Stadt und ihres Dienstleistungssektors auf den Europäischen Binnenmarkt 1993 anknüpfen[254].

Versuche einer Attraktivierung des Zentrums auf untergenutzten Flächen sind eher Resultat einer Hinwendung zur Stadtreparatur als Ausdruck von Flächennachfrage. So hat der Wettbewerb Fasanenstraße Anfang der 1980er Jahre eine Aufwertung des Straßenraums zum Ziel, der in den vorausgegangenen Jahren durch eine innerstädtische Hauptverkehrsstraße planbefangen gewesen ist. Im Sinne dieser Aufwertungsstrategie erscheint es folgerichtig, wenn das Abgeordnetenhaus für landeseigene Grundstücke die Durchführung von Investorenwettbewerben und auf dem Kant-Dreieck das später gescheiterte ehrgeiziges Konzept einer hohen geschossweisen Nutzungsdifferenzierung verlangt. Der Traum vom schlanken Hochhaus mit lebendigem Nutzungsmix bis ins oberste Geschoss lässt sich nur in der Thematisierungsgeschichte erklären, die ein Zusammentreffen von Stadtreparatur und dem Wunsch nach starker Nutzungsausdifferenzierung mit sich bringt.

Eine an einigen Standorten zu beobachtende Tertiärisierung von Gewerbeflächen (vgl.

den Konzepten sind. Auch hier hatte es sich vor der Vereinigung um Überlegungen zu Nutzungsintensivierung gehandelt, doch die geringe unmittelbare Flächennachfrage hatte das Konzept kaum über theoretische und vorbereitende Überlegungen hinaus reifen lassen, dessen konkreteste Folge die Wittwerschen Überlegungen zu einer Überbauung des Halenseegrabens wurden.

254 Die Versuche in der Ära von Bausenator Wittwer bringen angesichts der geringen realen Nachfrage nur wenige bauliche Resultate, die kaum überregionale Ausstrahlung haben und deshalb im Rahmen von baulichen Ergänzungen und Lückenschließungen bewältigt werden können. Das bekannteste Beispiel dürfte der Neubau der Grundkreditbank am Olof-Palme-Platz am südlichen Ausgang des Zoologischen Gartens sein.

FOCUS Teleport im Bolle-Block), vollzieht sich im Rahmen einer intensivierenden Weiternutzung von Industriestandorten und wird zunächst nicht als durchgreifende Tertiärisierung wahrgenommen. Die Grenzlinie zwischen Produktion und Dienstleistung verschwimmt angesichts der Orientierung auf „Forschung und Entwicklung" und der Förderung von Gründerzentren. Der Umbauprozess erlaubt auch dort keine Spielräume für eine „Rückgewinnung" von gewerblich genutzten Flächen für gemeinwesenorientierte Nutzungen. Stadtentwicklungspolitik und Wirtschaftsförderung treten als initiierend auf. Vor diesem Hintergrund sind Konflikte um die intensivierende Weiternutzung vor der Vereinigung angesichts des eher großen Flächenangebots selten.

Nach der Vereinigung konzentriert sich das Interesse der Büroflächeninvestitionen auf schnell verwertbare Grundstücke. Konflikte mit gemeinwesenorientierten Nutzungen wie am Bolle-Block mit der Schulplanung sind selten, da über die Grundstückskaufverhandlungen für die Investoren deutlich wird, ob eine Chance auf Nutzungsveränderung besteht. Betrachtet man die Umnutzung von niedergehenden Produktionsstandorten wie NARVA oder EAW als Beispiel für den Versuch einer „gemeinwesenorientierte" Rettung der Produktion und der damit in Zusammenhang stehenden Arbeitsplätze, lassen sich einige heftige Auseinandersetzungen benennen. In ihnen muss die öffentliche Hand aufgrund des Niedergangs der DDR-Kombinate und der Konstruktion der Kaufverträge der Treuhandanstalt in den grundstücksbezogenen Nachnutzungsüberlegungen im innerstädtischen Kontext praktisch immer nachgeben und sich darauf beschränken, städtebauliche Ziele für den Umbauprozess zu formulieren. Neben dem seltenen Fall des Konflikts über eine schulische Nutzung (Bolle-Block) werden innerstädtische Flächendefizite beispielsweise bei Sportflächen politisch durch einige Leitprojekte aufgefangen, ohne Einfluss auf die projektbezogene Planung von größeren Büroflächenstandorten zu nehmen[255]. Die in Frage kommenden Flächen gelten traditionell als gewerbliche oder Zentrumsstandorte und scheinen sich gar nicht für eine wohnungsbezogene Infrastruktur zu eignen.

Nutzungsdifferenzierung eines Projekts

Die erfolgreiche Formulierung der Forderung nach einer internen Nutzungsdifferenzierung setzt voraus, dass entweder eine kleinräumige Verträglichkeit verschiedener Nutzungen realisierbar[256] ist, oder ein Projekt eine hinreichende Fläche beansprucht, so dass eine solche Verträglichkeit „organisiert" werden kann. Eine projektimmanente Nutzungsdifferenzierung weist allerdings für den Betreiber eines Bürogebäudes bekanntermaßen Probleme auf[257].

255 Vgl. dazu beispielsweise die Geschichte des ehemaligen Stadions der Weltjugend.

256 Dies gilt ab den 1980er Jahren immer mehr für eine Verzahnung von Wohnen und Büroflächen, die ihren Ausdruck z. B. in der Novellierung der BauNVO in bezug auf die Zulässigkeit von Wohnen in Kerngebieten findet. Nicht nur die Fallstudien Kant-Dreieck, Zoofenster und Kranzler-Eck machen deutlich, dass projektbezogen und in Abhängigkeit von den jeweiligen lokalen Rahmenbedingungen nur begrenzt vorhersehbare Interpretationen einer solchen Verträglichkeit bzw. Unverträglichkeit in den Entscheidungsprozessen argumentativ genutzt werden.

257 Hier soll die Mischung von Wohnen und Büroflächen im Mittelpunkt stehen. Bei deren Verkopplung innerhalb eines Gebäudes im Sinne einer vertikalen Mischung treten Sicherheits- und Attraktivitätsprobleme auf,

Erdgeschosse werden in der Regel wegen der erzielbaren Mieten für Einzelhandel reserviert. Darüber hinaus hängt das Eigeninteresse eines Investors offensichtlich von der Vermarktungsfähigkeit gewisser Nutzungen in Relation zum Bodenpreis und der realisierbaren Dichte ab. Auf diese Weise entstehen „Wellen“ von Investitionsinteresse, die sich in den 1980er Jahren weitgehend auf Wohnen und Hotelbauten beschränkten. Erst nach Abebben des Vereinigungsbooms erlebten Wohnen und freizeitorientierte Nutzungen einen kurzen Aufschwung, der mit der Einschränkung des geförderten Wohnungsbaus und einer Sättigung beispielsweise im Bereich Kinobauten wieder zurückging und einem verstärkten Interesse für Hotelbauten in der zweiten Hälfte der 1990er Jahre und spezialisierteren Nutzungskonzepten wich.

Vor dem Hintergrund dieser massiv vorgetragenen Nutzungsabsichten der Investoren ist für die öffentliche Hand die Durchsetzung anderer, wirtschaftlich weniger attraktiver Nutzungen schwierig. Unmittelbar nach seinem Amtsantritt wurde Senatsbaudirektor Stimmann mit der Forderung nach einem Wohnanteil von 20 % in Kerngebieten bekannt. Diese Forderung wird teilweise implizit von Bezirksämtern übernommen oder in abgewandelter Form selbst entwickelt. Standortbezogen erhöht sich der geforderte Wohnanteil in weniger prominenten Lagen und nach unzufriedenstellenden Erfahrungen mit dem Wert von 20 % bisweilen auf bis zu 30 % oder mehr. Der Konflikt mit den Verwertungsabsichten der Investoren wird über die Einzelprojekte hinaus prominent für ganze Standorte oder Stadtteile thematisiert und ausgetragen. Mit dem Wert von 20 % soll die Tragfähigkeit der Wohnnutzungen in Obergeschossen sichergestellt werden, doch Investoren reagieren bisweilen mit der Entwicklung von Mischformen zwischen Hotel-, Büro- und Wohnnutzung, die das Ziel einer „urbanen“ Durchmischung und Belebung von Citybereichen durch Dauerbewohner nur eingeschränkt zu erreichen scheinen. Nur die Nachnutzung größerer Areale lässt eine Anordnung von Wohnquartieren relativ zwanglos zu.

Veränderungen von Nutzungskonzepten mit einer Reduzierung des Büroflächenanteils nach der ersten Boomphase in den 1990er Jahren werden weniger konfliktiv thematisiert und eher im Zusammenhang mit dem Standortgefüge der angestrebten weiteren Nutzungen verhandelt. Die Herausbildung von Zentrumslagen wird angesichts des großen Nachholbedarfs an Einzelhandelsflächen im Ostteil der Stadt und aufgrund der veränderten Zentralität von Standorten in der ehemaligen innerstädtischen Peripherie an ausgewählten Standorten im relativ weitreichenden Konsens zwischen öffentlicher Hand und Investoren als echter

die bei Schichtung des Wohnens über Büroflächen durch die Nutzung eines gemeinsamen Aufgangs zu erwarten sind, während bei Trennung der Aufgänge für Wohnen und für Büros eine hinreichende Bruttogeschoßfläche für beide Nutzungen erreicht werden muss, um das Gebäude wirtschaftlich betreiben zu können. Die Grundrißzuschnitte können im Falle größerer Büroeinheiten den Wohnungserschließungstyp mitbestimmen (Laubenganghaus o. ä.). Handelt es sich um geförderten Wohnungsbau, so stehen Förderrichtlinien u. U. einer Mischung im Wege. Bei einer horizontalen Mischung innerhalb eines Gebäudes resultieren de facto unabhängige Einzelgebäude auf einem Grundstück, die sich problemlos betreiben lassen, aber bei etwaiger gemeinsamer Nutzung von Hofflächen die Attraktivität des Wohnens mindern können. Konflikte bei Büronutzungen mit erheblichem Publikumsverkehr oder Andienungsverkehr sind selbst für unabhängige, aber in unmittelbarer Nähe liegende Wohnungen zu befürchten. Neben den Attraktivitätsproblemen stehen die Vermarktungsprobleme für Investoren im Mittelpunkt, da unterschiedliche Mieten für Wohnen und für Büroflächen zu erwarten sind.

Mischstandort von Büros und Einzelhandel geplant (z. B. Gesundbrunnen-Center, Ring-Center, Storkower Bogen, Potsdamer Platz), aber bisweilen unvollständig realisiert.

Nutzungsausdifferenzierung im Entscheidungsprozess

Im Rahmen der Ausdifferenzierung hängt die Durchsetzbarkeit von Wohnen davon ab, ob das städtebauliche Konzept attraktive Gebäude oder Gebäudeteile aufweist oder dahingehend verändert wird. Die Absicherung von Entwurfslösungen durch hochrangige Entscheidungen oder konsensbildende Verfahren wie Wettbewerbe o. ä. erschwert allerdings nachträgliche Veränderungen. Vorher thematisierte, aber nicht hinreichend auf ihre Realisierbarkeit geprüfte Forderungen nach Wohnnutzung werden dann nur unter Schwierigkeiten in das Konzept integriert. Insbesondere absehbare Nutzungskonflikte mit benacharten Nutzungen (z. B. Verkehrseinrichtungen) führen in der Ausdifferenzierung noch zur Umwidmung von Randbereichen des Entwurfs für Puffernutzungen. Zu einer diesbezüglichen Umplanung kommt es dann nicht, wenn diese den Büroflächenumfang reduzieren würde.

Neben der Wohnnutzung werden soziale Infrastruktur, Einzelhandel, Stellplatzlösungen und Freiflächenkonzepte zum Gegenstand der Ausdifferenzierung. Die Veränderungen im Bereich der sozialen Infrastruktur sind der Anzahl der zu realisierenden Wohnungen nachgeordnet und nur an größeren Standorten relevant. Die Anordnung und der Anteil der Einzelhandelsflächen wird thematisiert, wenn die öffentliche Hand auch in weniger prominenten Lagen eines Standorts eine Belebung der Erdgeschosszone beabsichtigt oder eine innere Umorganisation des Einzelhandelskonzepts für einen Standort in Konkretisierung des Projekts stattfindet. Hierbei ist die gewählte städtebauliche Lösung stark determinierend, so dass besondere Forderungen der öffentlichen Hand zurückgewiesen werden.

Ein wichtiger Motor für die Ausdifferenzierung ist die Veränderung der ökonomischen Rahmenbedingungen im Laufe der Projektrealisierung, wenn sie auf ein gefestigtes städtebauliches Konzept trifft. Es finden dann zwar Anpassungen statt, wenn der Investor sich dadurch verbesserte Vermarktungschancen verspricht und die Grundstücksverwertung nicht gefährdet ist. Steht die Vermarktbarkeit planungsrechtlich gesicherter Baumassen in Frage, so wird deren Realisierung zurückgestellt, was bei Großstandorten de facto einer Nutzungsausdifferenzierung gleichkommen kann.

Akteure und Ziele

Bei der Art der Nutzung ist zunächst eine deutliche Zieldivergenz zwischen öffentlicher Hand und Bürgern auf der einen Seite und den Investoren auf der anderen Seite zu erkennen. Die Architekten äußern sich kaum zur Frage einer angemessenen Nutzungsmischung,. Sie sind so für die Investoren geeignete Partner bei der Entwicklung ihrer Konzepte, die die Entwurfsaufgabe nicht in Frage stellen, sondern interpretierend umsetzen[258]. Von der Le-

258 Sogar das wohl wichtigste Beispiel für eine Veränderung des Nutzungsspektrums durch einen Architektenentwurf, die Konzeption eines — später vom Investor übernommenen — Musical-Theaters im Realisierungswettbewerb für debis am Potsdamer Platz, kann begriffen werden als eine Attraktivierung des Standorts, die dem Investor insofern entgegenkommt, als sie dem innerstädtisch nicht als „Ort“ etablierten Quar-

gislative und der politischen Exekutive werden zahlreiche Stellungnahmen zur Art der Nutzung abgegeben, obwohl sie auf Detailentscheidungen weniger Einfluss nehmen. Über Parteien und Positionen hinweg zeichnet sich ein breiter Konsens hinsichtlich einer Anerkennung des Leitbilds der Nutzungsmischung (hier: Büros und Wohnen) ab. So bekunden Politiker in einem breiten parteiübergreifenden Konsens, Wohnen schaffe „Urbanität" und sei auch in der City zu begrüßen (E03, E07, E08, E09, E11, L01, L16). In der Verwaltung zeigt sich ohnehin eine Befürwortung dieses Kurses, wenngleich eine Überführung in politische Strategien (vgl. Stimmann / 20 % Wohnanteil) bis in die 1990er Jahre selten ist – wohl mit eine Spätfolge des modernen Erbes der Funktionstrennung. Mithin wird die vage formulierte Durchmischungsidee eher aus den vor Ort vorfindlichen Bedingungen heraus in Vereinbarungen mit den Investoren umgesetzt (G007, G014, G029, G030, G047, G075, G087, G098, G101) — die Wohnungszielzahl ist dabei „einfach mal so angedacht gewesen" (G030). Die prägnante und häufig kritisierte Formulierung eines Wohnanteils durch Stimmann hatte eine erhebliche Thematisierungswirkung, wenngleich er die Chancen auf wesentliche höhere Anteile in späteren Projekten verringert, da sich der Wert von 20 % gewissermaßen „festgezurrt" hat (G053, G102, G 106, G108, G110). Bisweilen erlangt der Wohnanteil legitimatorischen Charakter zur Durchsetzung von hohen Dichtewerten wie am Zoofenster, wo in einer ungewöhnlichen Verkehrung der zu erwartenden parteipolitischen Positionen die CDU Wohnen — insbesondere für Reiche — befürwortet, die Grünen dagegen den Standort für weniger geeignet erachten (G112, G118).

Damit ist bereits ein Hinweis gegeben darauf, wie der zunächst bestehende leitbildhafte Konsens durch die differenzierte Standorteinschätzung aufgebrochen wird, die in den Vorüberlegungen der Akteure „geeignete" von „ungeeigneten" Nutzungen trennt und unterschiedliche Interpretationen über den angemessenen Wohnanteil in einem Quartier zulässt. So stützt sich die Ablehnung von Wohnen durch die Investoren zunächst ebenfalls auf die Argumentation, der jeweilige Standort eigne sich nicht für einen hohen Wohnanteil. Die Behauptungen, ein hoher Wohnanteil sei nicht allein tragfähig, Wohnen in der Umgebung nicht vorhanden oder aufgrund der Standortvoraussetzungen nicht vermarktbar (I08, I09, P15), wirken in der Projektrealisierung im Zweifelsfall gegen eine Durchsetzung differenzierter städtebaulicher Vorstellungen der öffentlichen Hand (G007, G046, G064, G013, G109). Als positive Standortvoraussetzungen für die sinnvolle Integrationsfähigkeit von Wohnen werden Wasserlagen und in Südorientierung genannt (G075, G107, G108), während gewerbliche Standorte sämtliche Akteure zur Zurückhaltung bewegen (G019, G029, G033, G040, G053, G102). Die öffentliche Hand wird von einem gewissen städtischen Strukturbild geleitet, das Standorte höchster Zentralität von Betrachtungen über Wohnen ausnimmt (G041, G087). In den Bezirken herrscht aufgrund der kleinräumigen Perspektive ein vom Senat abweichendes Zentralitätsverständnis, das jedem Bezirk eine gewisse Ausstattung mit Kerngebieten sicherstellen, aber auf der anderen Seite eine Überforderung der

tier eine wichtige Ankernutzung verleiht und damit einen zentralen Baustein zur Profilierung des Potsdamer Platzes als kommerzielles Kulturzentrum leistet. Der Daimler-Konzern zieht in der Büroflächenflaute mit der Umplanung und Integration mehrerer Tausend Kinobesucherplätze in eine ähnliche Richtung nach. Die von Renzo Piano vorgenommene Antizipation der Weiterentwicklung des Investorenkonzepts war sicherlich eine konstitutive Voraussetzung für die Durchsetzung seiner Veränderung des ursprünglichen Nutzungskonzepts.

Quartiere durch zu starken überörtlichen Besatz an zentralen Einrichtungen vermeiden will. Demnach kämpfen die Bezirke im Flächennutzungsplanaufstellungsverfahren in der Innenstadt gegen M1-Flächen, während Randbezirke mehr solche Darstellungen fordern (G003). Es wird insbesondere auf eine Kleinteiligkeit der Nutzungen und die Vermeidung der Verdrängung bestehender Nutzer über das Wohnen hinaus geachtet (G042, G105, G114, G124), während detaillierte proaktive Nutzungsvorstellungen selten sind (G007, G029, G084, G016).

Auffallend häufig wird die Eignung von Standorten für den Einzelhandel gerade in den östlichen Bezirken thematisiert, wobei sich wiederum die Sorge der Bezirke vor einer Gefährdung ihrer etablierten Standorte zeigt und relativ häufig über Gutachten die Verträglichkeit der neuen, in der Regel großen Einzelhandelskonzentrationen nachgewiesen wird (G077, G090, G091, G103, G105, G108, G111). Bei der Belebung von Standorten über kulturelle und gastronomische Nutzungen scheint zumeist ein weitgehender Konsens zwischen den Akteuren zu bestehen (G014, G042, G054, G074, G103, G105, G108).

Rahmenbedingungen und Durchsetzungsmechanismen

Das Eigentumsrecht der Investoren und der geringe Spielraum der öffentlichen Hand für eigene Investitionen ist eine wesentliche Rahmenbedingung für die Stadtentwicklungspolitik der vereinigten Stadt. Die hinsichtlich des Nutzungskonzepts ehrgeizigen Ansätze der 1980er Jahre nicht nur im Büroflächenbereich weichen der ernüchternden Realität der Marktgesetze. Erst viele Jahre nach Ende des Vereinigungsbooms wird der Einfluss des öffentlichen Planungsrechts auf den Bodenpreis und damit indirekt die Möglichkeiten, andere Nutzungsarten und Dichten in innerstädtischen Lagen durchzusetzen, im Rahmen der Durchsetzungsüberlegungen zum Planwerk Innenstadt wieder öffentlich thematisiert (Tagesspiegel vom 29.09.2000). Die auch von der Senatspolitik angestrebten hohen Dichten schließen eine Reihe von Wohnnutzungstypen frühzeitig aus, während der Verzicht auf eine differenzierte grundstücksbezogene Nutzungszuschreibung in der Innenstadt die Möglichkeiten einer Durchsetzung von quartiersbezogenen Mischnutzungskonzepte auf projektbezogene Verhandlungen reduziert. Das abflauende Interesse der Investoren an Berlin fordert Zugeständnisse an diese auf Standorten, die eigentlich erst „für die Stadt wiedergewonnen" werden sollen. Projektbezogen erodieren so die standortbezogenen Mischnutzungsziele wie die angestrebten Wohnanteile in der Entscheidungsvorbereitung. Die verkehrspolitische Blockade in der Großen Koalition und die Schwierigkeiten städtischer Flächenkonversion betroffen, stellen Wohnkonzepte in Frage, die auf eine Überwindung der isolierten Lage oder der Beeinträchtigung durch Hauptverkehrsstraßen angewiesen wären. Schlüsselinvestoren, die von der Politik aufgrund ihrer traditionellen Bindung an Berlin, ihrer Größe und damit den von ihnen potentiell zu schaffenden Arbeitsplätzen oder ihrer Verfügung über Grundstücke an stadtentwicklungspolitisch bedeutenden Orten als wichtig erachtet werden, können angestrebte Wohnanteile in Projekten herunterhandeln.

Für die öffentliche Hand bestehen je nach Größe des Projekts unterschiedliche Durchsetzungsstrategien. Während die verhandlungsbezogene Politik in der Friedrichstadt, die von einer Genehmigungsfähigkeit nach § 34 BauGB ausgeht und diese nicht durch Bebauungsplanverfahren in Frage stellt (G126), allein mit einer Verzögerung des Baugenehmigungsverfahrens drohen kann, werden ansonsten häufig Bebauungsplanverfahren eingeleitet. Die Möglichkeit der öffentlichen Hand, die Art der Nutzung und den Wohnanteil über das formelle Verfahren zu steuern, ist in Kerngebieten eingeschränkt. Die vorgelagerten Entscheidungsschritte, in denen die Ziele der öffentlichen Hand formuliert und gegebenenfalls in ein Wettbewerbs- oder Gutachterverfahren eingespeist werden, sind in der Praxis aufgrund der stabilisierenden Wirkung der legitimationsstiftenden Zwischenschritte entscheidend. Folge ist hierbei eine klare Dominanz der Exekutive. Die Senatsverwaltungen nehmen z. B. über Wettbewerbe maßgeblichen Einfluss auf das Schicksal bezirklicher Ziele. Die Einflussmöglichkeiten der Bezirke hängen ganz entscheidend von der Einschätzung ihrer materiellen Verhandlungspositionen und ihrer Aktivität in Vorverhandlungen ab. Für die Bürger bleiben nur marginale Einwirkungsmöglichkeiten, da ihre Beteiligung zu einem späten Zeitpunkt stattfindet.

Zusammenfassende Einschätzung und Veränderungsspielraum

Die Art der Nutzung gehört zu den Themen, die meist in den frühesten Phasen des Entscheidungsprozesses zumindest ansatzweise definiert werden. In frühen Vorentscheidung en ist ein Ausschluss der Legislative und der Öffentlichkeit leicht möglich und findet häufig statt. Transparenz über die Entscheidungsgründe und die tatsächliche Verhandlungsposition der öffentlichen Hand bzw. des Investors wird dabei kaum erreicht, so dass eine Bewertung des erzielten Verhandlungsergebnisses für Außenstehende schwierig ist. Obwohl die Art der Nutzung als Grundsatzentscheidung über die weitere Entwicklung eines Quartiers dessen Charakter maßgeblich prägt, ist eine offene politische Debatte über sie nicht selbstverständlich. An dieser Stelle zeigt sich der Übergang von einer integrativen, vorausschauenden Planungstradition zu einer projektbezogenen, reaktiven Vorgehensweise, der in Berlin durch die Rahmenbedingungen der Vereinigung, den ohnehin geringen Stellenwert der als schwerfällig empfundenen Bereichsentwicklungsplanung, die aus Praktikabilitätsgründen immer weiter abgebaute Regelungsdichte des Flächennutzungsplans und das plötzliche Aufkommen der Büroflächenpolitik als einem zuvor kaum systematisch betriebenen Planungsthema zusätzlich an Relevanz gewinnt. Nun bringt diese Veränderung keine komplette Umwälzung der planerischen Inhalte und Leitbilder mit sich, doch stärkt sie die Durchsetzungsfähigkeit des Grundstückseigentümers und die städtebaulich orientierte Vorgehensweise der Verwaltung. Der Thematisierung grundsätzlicher gemeinwesenorientierter Planungsziele durch die Verwaltung unabhängig von der Konstellation des Einzelfalls kommt mithin eine verstärkte Bedeutung zu. Die Erfahrung der Verwaltung mit den Beteiligungsansätzen der 1980er Jahre wirkt zumindest in den Bezirken weiter, antizipiert teilweise die Ziele der Bürger und rekombiniert diese mit dem professionellen Hintergrund der Verwaltungsmitarbeiter und der sich entwickelnden Fachdebatte. Eine Ableitung von Nutzungsanteilen aus der Einschätzung von bestehenden Standortqualitäten und -problemen sowie der beharrliche Widerstand der Investoren gegen die Beschneidung ihrer projektbezogenen Büroflächenmaximierungsziele modulieren den bestehenden Urbanitätskonsens innerhalb der öffentlichen Hand beträchtlich.

Die zentrale Bedeutung, die die Art der Nutzung in der Stadtentwicklung spielt, wird offenbar nur teilweise und unsystematisch im Planungsalltag berücksichtigt. Die Forderung nach forumsartigen Institutionen auf der Ebene der vergrößerten Bezirke liegt nahe, in denen informelle Verständigungen über grundsätzliche Entwicklungsrichtungen erreicht werden und dennoch konkretere Wirkungen als im Stadtforum entfaltet werden können[259]. Darüber hinaus ist eine grundsätzliche Verständigung über die lokalen Entwicklungsziele zwischen Legislative, Bürger und Exekutive sinnvoll, um auf sich verändernde Rahmenbedingungen und absehbare Investitionsvorhaben vorbereitet zu sein. Diese Verständigung könnte insbesondere die Mindestanforderungen an Wohnanteile in bestimmten Quartieren einschließen, ebenso wie die zu verfolgende Strategie hinsichtlich ihrer Durchführung, die über den Einsatz einfacher Bebauungspläne ansatzweise steuerbar wäre. Dies erfordert, um mit einem Appell von Senatsbaudirektor Stimmann zu sprechen, „Planungskultur" (Gespräch Stimmann), und ist von der Bezirkspolitik nicht durchgehend zu erwarten, insbesondere vor dem Hintergrund der Angst vor Restriktionen gegenüber möglichen Investoren. Die bezirklichen Stadtplanungsämter sind angesichts ihrer strategischen Rolle die geeignete Instanz dafür, eine proaktive Verhandlungsposition auf Bezirksebene einzunehmen. Die Abstimmung im Bezirk frühzeitig entwickelter Alternativen in der Öffentlichkeit und der Legislative bietet den Betroffenen eine echte Chance auf Gehör. Dabei könnte ausgeleuchtet werden, inwiefern bei laufenden Veränderungsprozessen mit einer Überforderung des Bestands zu rechnen ist und ob Veränderungen tatsächlich zu unerwünschten Verdrängungsprozessen führen.

Dabei sind weitere Ziele erreichbar, wie die strategische und realisierbare Verteilung von Nutzungsanteilen innerhalb eines Quartiers, um der Gefahr einer späteren Erosion von zu allgemein formulierten quartiersbezogenen Zielen zu entgehen. Insbesondere sollte dabei berücksichtigt werden, unter welchen Voraussetzungen welche Nutzungsanteile auf welchen Grundstücken im Hinblick auf die Eigentumssituation realistisch sind, und ob nicht möglicherweise andere Mischungsformen standortbezogen sinnvoller sind als ein durchgehender pauschal festgelegter Wohnanteil. Um hier also eine grundstücksscharfe Detailplanung durchführen zu können, ist der Einsatz von Planverfahren und eventuellen Ausgleichsmechanismen zwischen den verschiedenen Eigentümern unerlässlich.

Für die Bürger verbleiben vermutlich nur beschränkte Perspektiven der Beteiligung. In einer frühen Phase wird sie nur dann möglich sein, wenn entweder Elemente des angelsächsischen Planungssystems mit Beteiligung im Genehmigungsverfahren angewendet werden (G036), allerdings wiederum mit der Gefahr stark projektorientierter Planung, oder wenn z. B. aufgrund der Planungskultur im betreffenden Bezirk eine freiwillige frühe Einbeziehung der Bürger durch die Politik stattfindet. Ohne eine Beteiligung an der tatsächlichen Erstformulierung von Planungszielen verpuffen solche Versuche aber weitgehend.

259 Ansätze dazu bestehen bereits. Vgl. beispielsweise die „Plattform Marzahn", die bereits Anfang der 1990er Jahre eingerichtet wurde.

Dichte

Die Dichte eines städtebaulichen Projekts stellt insofern eine Schlüsselgröße der Auseinandersetzungen zwischen den Akteuren dar, als sich in ihr das Verhältnis der öffentlichen Hand als Plangeber und dem Investor als privatwirtschaftlichem Verwerter widerspiegelt. Dabei ist insbesondere der Zusammenhang von Bodenpreis und zulässiger Ausnutzung von Interesse. Es ist zu klären, ob Überlegungen zum Bodenpreisgefüge eine Rolle in der Entscheidungsfindung spielen, nicht zuletzt, da über den Bodenpreismechanismus hohe Ausnutzungen Folgewirkungen auslösen können, die mittel- bis langfristig das Erscheinungsbild und die Nutzung städtischer Zentren nachhaltig verändern.

Rechtliche Grundlagen und ihre Wirkung

Die Öffnungsklauseln des § 17 BauNVO reduzieren das Gewicht der Dichtebestimmung im Bebauungsplanverfahren im Falle von Kerngebieten, in denen innerstädtische Büroflächen zumeist liegen, erheblich. Auch das Maß der Nutzung unterliegt Vorentscheidungsprozessen, die teilweise rechtlich verankert sind. Der Flächennutzungsplan sortiert in Berlin Standorte auch nach deren angepeilter Dichte. Überdies bringt der Voruntersuchungsprozess zum Flächennutzungsplan (Stadtentwicklungsplanuntersuchungen, Gutachten zur Tragfähigkeit von Standorten) bereits eine wirksame Vorsortierung von Standorten mit Nachverdichtungspotentialen (vgl. SenStadtUm 1992b). Über den Flächennutzungsplan hinausgehende Vorentscheidungsprozesse, die rechtlich determinierend wirken, sind die Bereichsentwicklungspläne, die zumindest in den Westbezirken der Stadt durch BVV-Beschlüsse eine gewisse Bindungskraft erlangt haben, aber auch wegen ihres zeitaufwendigen Erarbeitungsprozesses kaum in die Steuerung des Nachwendebooms eingreifen konnten.

Im Resultat ergeben sich für die Zentrenbereiche nur geringe rechtliche Restriktionen. Die Mobilisierungsfähigkeit der Akteure zur Überwindung bzw. Änderung von geltenden ortsbezogenen Maßvorschriften ist ausschlaggebend für deren Steuerungsfähigkeit, gerade wenn ein Abweichen von geltendem Recht oder der Einfügungssystematik konfliktträchtig oder zeitraubend erscheint.

Thematisierungsgrad und -art

Die Dichte eines Projekts wird in der Regel in der Frühphase eines Projekts thematisiert und ist teilweise mit ausschlaggebend für Grundstücksverkaufsverhandlungen, da der Grundstückspreis von der später realisierbaren Dichte abhängt. Dennoch ist sie häufig einer Bestimmung der städtebaulichen Konfiguration explizit nachgeordnet[260]. Die Thematisierung tritt konfliktiv bzw. mit dem Ziel einer vom geltenden standortbezogenen Recht abweichenden Dichtefestlegung vor allem in den folgenden Zusammenhängen auf:

260 Dies spiegelt sich in den Interviews dieser Untersuchung wider, in denen die Dichte mit etwa 80 Erwähnungen nur im unteren Mittelfeld liegt.

- indirekte Bestimmung der Dichte ohne explizite Thematisierung über die Definition des städtebaulichen Erscheinungsbildes im öffentlichen Raum durch Orientierungspunkte oder -werte in der Umgebung,
- indirekte Bestimmung der Dichte ohne explizite Thematisierung über die Festlegung der städtebaulichen Gesamtkonfiguration,
- direkte Bestimmung der Dichte durch Festlegung eines Grundstücksverwertungsmaßstabs und
- prozesshafte Festlegung der Dichte.

Orientierungspunkte in der Umgebung (Kritische Rekonstruktion, Traufhöhenfestlegung, Gestaltungsorientierte Gutachten)

Vor allem im Rahmen der Kritischen Rekonstruktion in der Friedrichstadt, aber auch bei der Festlegung von städtebaulichen Dominanten spielt die Dichte keine echte Rolle bei der Festlegung von städtebaulichen Rahmenvorgaben. Dabei wird nicht nur der Schwerpunkt der Betrachtung von der Dichte auf das städtebauliche Erscheinungsbild und die Höhe verlegt, sondern vielmehr bewusst ein Verzicht auf eine Dichtefestlegung formuliert, da sie als untaugliches Mittel zur Regulierung erachtet wird[261]. Die Dichte ist mithin grundstücksbezogen Resultat der baulichen Verwertung eines Grundstücks. Auch bei späteren Bestrebungen, diese Werte zu verändern, beispielsweise durch eine Vergrößerung der Freiflächen bzw. von Hofbereichen, bleibt die Dichte mittelbares Resultat anderer Entscheidungen.

Diese Festlegungen sind fast durchweg im engsten Sinne städtebaulicher Natur. Sie dienen der Definition der Abmessungen des öffentlichen Raumes durch die angrenzenden Baulichkeiten auf Privatgrundstücken. Die Herangehensweise ist gekoppelt an die städtebauliche Strömung der „Nachmoderne“. Für den Innenbereich des Grundstücks treffen sie keine Aussage. Sie sind damit für größere Standorte ungeeignet. Die privatwirtschaftliche Verwertung nicht darüber hinaus zu reglementieren, stellt ein Zugeständnis an die Boom-

261 Hans Stimmann als wesentlicher Akteur der öffentlichen Hand beruft sich dabei stets auf die Dichte, die sich indirekt aus den städtebaulichen Festlegungen ergibt. Die Begrenzung der Zahl der Staffelgeschosse kann nicht darüber hinwegtäuschen, dass durch die Senkung der Geschosshöhen und durch eine Steigerung der Anzahl von Tiefgeschossen die Ausnutzung der Grundstücke erheblich gesteigert wird. Die Grundstückspreise als Motor oder Resultat der Entwicklung scheinen keine wesentliche Rolle für das Handeln Berlins zu spielen, wenngleich das Bodenpreisgefälle durchaus aufmerksam beobachtet wird. Für die Treuhandanstalt ergibt sich allerdings bekanntlich ein anderes Bild. Interessant an der Zulassung von Staffelgeschossen, gewissermaßen als „Ventil“ für die Verdichtungsbestrebungen der Investoren und in der doppelten Tradition sowohl der städtebaulichen Moderne als auch der West-Berliner Befreiungsmodalitäten, ist die Tatsache, dass sie wegen ihrer begrenzten Wirtschaftlichkeit und der Reduzierung der Geschossgrundfläche in möglicherweise folgenden Verdichtungswellen evtl. geeignet ist, das städtebauliche Erscheinungsbild der Friedrichstadt zu konservieren, und damit im Sinne der Städtebaupolitik Stimmanns ein konsequentes Instrument darstellt. Auf der anderen Seite muss ihr stadtgestalterischer Beitrag durch die bisweilen überdimensioniert wirkenden Proportionen und zur Monotonie der Gebäudefassade trotz der Rücksprünge in der Regel stärker als beispielsweise ein Schrägdach beitragenden Fensteraufteilungen skeptisch betrachtet werden.

phase der Nachwendezeit dar, in der bereits die Festlegung der Traufhöhe als Zumutung erachtet wurde. In den Vorgaben spiegelt sich die Strategie für einen Zentrumsbereich wider, der von einer klaren Trennung von privatem und öffentlichem Raum geprägt ist.

Die Festlegungen stellen eine selektive Weiterentwicklung des § 34 BauGB bzw. eine eigenständige Interpretation des Prinzips der „Einfügung“ dar. Während die Art der Nutzung durch die Grundstücksvergabeprinzipien in der Friedrichstadt ein sich in die Umgebung einfügendes Muster produziert und die Höhe aufgrund der Traufhöhenfestlegung im Einklang mit der Umgebung ist, gilt dies nur eingeschränkt für die überbauten Grundstücksflächen und die Grundflächenzahl, und kaum mehr für die Geschossflächenzahl.

Neben der „Kritischen Rekonstruktion“ finden sich im Westteil der Stadtähnliche Vorgehensweisen, um die kaiserzeitliche Struktur in Charlottenburg und im Umfeld des Kurfürstendamms zu stabilisieren. Die als erhaltenswerte „Charlottenburger Mischung“ angesehene vielfältige Nutzungsstruktur, die in der westlichen City über die gesamte Mauer-Zeit einen hohen Wohnanteil konservieren konnte, wird gegenüber einer Invasion von Bürobauten im Rahmen einer Orientierung an Einfügungsprinzipien im Konsens unter den Planern verteidigt. Die Dichte ergibt sich wieder mittelbar aus der Kombination von städtebaulichen Vorgaben (Traufhöhe), ökonomischen (Attraktivität von Bruttogeschossflächen) und bautechnischen (Tiefgeschosse, Hofgröße usw.) Rahmenbedingungen.

In der Nachkriegszeit bebaute Standorte und weniger „intakte“ städtebauliche Zusammenhänge werden dagegen kaum „verteidigt“. Der Städtebau der 1950er Jahre in der West-City oder des Bereich um den Alexanderplatz ruft eher Fürsprecher von Veränderungen auf den Plan, die nicht zuletzt die geringe Dichte kritisieren, die es im Rahmen einer Vermeidung von Zersiedlung und von Citybildung zu erhöhen gelte.

Festlegung der Gesamtkonfiguration (Wettbewerbe, Gutachten)

Die indirekte Bestimmung der Dichte über eine Neufestlegung der städtebaulichen Gesamtkonfiguration, also in Abweichung von möglichen Bestandsstrukturen, ist typischerweise Gegenstand von Gutachten, die die „Verträglichkeit“ von Veränderungen erst durch Planungsalternativen aufzeigen sollen. Daneben finden sich eine Reihe von Wettbewerbsverfahren, die über die Auswahl einer städtebaulichen Gesamtlösung indirekt die Dichte bestimmen und bewusst auf Vorstudien zu verträglichen Dichten verzichten[262].

Während in weniger konfliktträchtigen Bereichen häufig die anvisierte Dichte lediglich revidierbare Residualgröße eines Bebauungsvorschlags ist, versuchen Gutachten für Schlüsselbereiche eine Darstellung von alternativen Verdichtungsmodellen als Entscheidungsvorbereitung für die politische Ebene. Sie bleiben in der Regel ohne größere Wirkung, da Vorfestlegungen auf ein Verdichtungsmodell ohne nähere Kenntnis möglicher Investoren politisch nicht getroffen werden (G051, G068).

Die Bestimmung von Dichten über Wettbewerbe findet in der Regel dann statt, wenn die Größe und Unübersichtlichkeit eines Standorts eine verbindliche Festlegung über Gutachten nicht als sinnvoll erscheinen lässt, wenn die Vorfestlegung einer Dichte angesichts der stadtentwicklungspolitischen Ziele nicht beabsichtigt ist oder wenn große Unsicherheit

262 Der Alexanderplatz und die Entwicklung am Breitscheidplatz sind hier die auffälligsten Beispiele.

über die sinnvolle städtebauliche Konfiguration für die Nachnutzung eines Grundstücks herrscht und deshalb der Wettbewerb diese zunächst grundsätzlich bestimmen soll. Die Nichtthematisierung der Dichte im Vorfeld lässt Spielraum für die entwurfliche Umsetzung von Investoreninteressen, falls diese bereits ansatzweise feststehen. Ist die Entwicklungsperspektive des Standorts noch unklar, schlägt sich im Wettbewerb antizipierend die Einschätzung der Standortqualität durch die Verwaltungen, die sich mit Stadtentwicklungspolitik beschäftigen, und der im Fachpreisrichtergremium vertretenen städtebaulichen Leitvorstellungen nieder, die von einer Grobeinschätzung der Standortqualität mitbestimmt sind.

Festlegung eines Verwertungsmaßstabs (Wettbewerbe, Gutachten und KOAI)

Eine direkte Festlegung eines Verwertungsmaßstabs findet vorwiegend in Gutachten, Wettbewerben und in Vorverhandlungen mit direktem Bezug zu Verkaufsverhandlungen öffentlicher Grundstücke statt. Wettbewerbsvorbereitende Gutachten legen allerdings selten Dichten für die Auslobung fest. Im Gegensatz zu den indirekten Festlegungen von Dichten in Wettbewerben über die Fixierung der städtebaulichen Konfiguration kommt es in Einzelfällen aufgrund von politischen Drucks oder aufgrund der übereinstimmenden Einschätzung der Jurymitglieder über die Unverträglichkeit von Elementen des jeweiligen Entwurfs zu einem relativ präzisen Bekenntnis zu einer dann gegenüber dem Wettbewerbsentwurf reduzierten Dichte im gesamten Gebiet oder in Teilen. Hier dient die Dichte tatsächlich als schnell fassbarer städtebaulicher Kennwert, der als Orientierung für Wettbewerbsüberarbeitungen transportiert wird[263].

Festlegung im Entscheidungsprozess (Schleppende Prozesse mit wechselnden planerischen Zielen, Dichteerhöhung durch den Investor im Entwurfsprozess, Interessenausgleich in konfliktiven Situationen)

Während einige der bisher beschriebenen Mechanismen im Nachgang von einer Modifikation der Dichte überlagert werden, muss bei stärker konfliktiven Entscheidungsprozessen sowie bei der Konkretisierung von Dichtevorstellungen auf Grundstücken ohne kurzfristigen Verwertungsdruck und an Großstandorten mit dem Eintreten von Investoren ins Geschehen geradezu von einer prozesshaften Herausbildung der städtebaulichen Dichte gesprochen werden (im Westteil der Stadt in den 1980er Jahren, in der West-City, am Pariser Platz und am Alexanderplatz), wenn eine Neubestimmung der Dichte aufgrund nur ansatzweise vorhandener oder für die Entwicklung akzeptierter Orientierungspunkte aus dem Bestand erforderlich scheint.

Eine prozesshafte Bestimmung der Dichte in Konfliktkonstellationen wird in der Regel durch ein Wechselspiel von Initiative (Investor oder Stadt) einerseits und Scheitern (abflau-

263 Die Festlegung in Vorverhandlungen stellt allerdings ein bedeutenderes Instrument insbesondere für den Ostteil der Stadt dar, das über die Bestimmung eines Dichtemaßes in Zusammenhang mit der Art der Nutzung den Kaufpreis im Rahmen beispielsweise von Treuhandverkäufen beeinflusst.

endes Investoreninteresse oder Verwerfen eines Prozessstandes durch die Stadt) andererseits thematisiert, wobei zwischen den einzelnen Initiativen bisweilen Jahre liegen können. Politische Konstellationen und Akteure ändern sich erheblich, und gleichermaßen unterliegt die Marktsituation großen Veränderungen in bezug auf Flächennutzungstypen, so dass ein Aufbauen auf zuvor erzielten Teilergebnissen keineswegs die Regel ist. Dichtesteigerungen und, wenngleich selten, Dichtereduzierungen kommen vor[264].

Akteure und Ziele

Hinsichtlich der Dichte und ihrer Thematisierung sind sämtliche Akteursgruppen gespalten. Die dominierenden Ansätze der Dichtebestimmung, der Primat des Städtebaus vor der abstrakten Dichtefestlegung einerseits und der Konsens über eine innere Verdichtung des Stadtzentrums zumindest in moderater Hinsicht andererseits, machen die Dichtebestimmung im Einzelfall zum Interpretationsgegenstand, bei dem die Obergrenze des § 17 BauNVO für Kerngebiete (GFZ 3,0) als grob normierend wirkt. Insbesondere die Architekten und die Spitzen der Exekutive sanktionieren den Primat von Städtebau und Gestaltung positiv, der ihnen einen Freiraum und Legitimationsmechanismen in einem neoelitistischen Entscheidungsparadigma einräumt (G089, G103, G106, G108, G111). Für die Mitarbeiter der planenden Verwaltung erlaubt er eine Mitwirkung und die Absicherung des Stellenwerts ihrer fachlichen Kompetenz (G075, G087, G017, G108). Dabei ist für die Verwaltung die Kopplung eines Zugeständnisses höherer Dichte an die Erreichung anderer Ziele (Bsp. moderate Dichte im Wohnbereich) attraktiv. Die Kommunikationszugänge „künstlerisch-konzeptioneller Ansätze" (G010) von Entwurfsarchitekten und Gutachtern sowie die gestalterischen Ziele von Wettbewerbsreferaten wirken dabei entscheidend mit. Kommt es schließlich in der fachlichen Einschätzung zu durch die hohe Dichte das jeweilige Gebiet „infragestellenden Strukturen" (G089), die diese „überfrachten", kann die Verwaltung auf keine echten Bündnispartner in der verwaltungsinternen Abstimmung mit der Spitze zählen. Insbesondere in der Fachwelt der Planer und Architekten wird anerkannt, dass das Zentrum weitere Verdichtung verträgt, insbesondere vor dem Hintergrund der Vermeidung von Zersiedlung (G019, G030, G033, G038, G045, G050, G053, G056). Die Professionen sind allerdings hinsichtlich des Wegs der Verdichtung gespalten zwischen „Manhattanisierung" (A03, P13) und der Ablehnung einer Stadtkronen-Argumentation (Ö09, P07, S10). Die Verdichtungsfraktion führt dabei Bezüge zu Vergleichsbeispielen an, die ihre Argumentation aufgrund der generellen Tendenz, städtebauliche Strukturen aus der Umgebung zu entwickeln, erleichtern (A03, P13):

> „Wenn man sich als extremes Beispiel Manhattan anguckt, mit einer ganz anderen Dichte, welche Verkehrssysteme, welche Straßenprofile da sind, welche Bürgersteigsbreiten, das kann eigentlich nach diesen Vorstellungen nicht funktionieren. Und es funktioniert sehr wohl. ... Die Abläufe der Menschen reagieren ja auch auf eine bestimmte Stadtsituation. Wenn dann hier eben ... die Frage der Bürgersteigsbreiten, geben die das überhaupt noch her, wenn da so eine hohe Verdichtung stattfindet: Klar geben sie das her. Weil, es wird nie dazu kommen, dass die Leute dann so dicht aufeinander laufen, dass sie dann auf der Straße laufen müssen. Das regelt sich eben einfach dann durch die Abläufe, wie man an Manhattan sieht." (P13)

264 Vgl. den Prozess am Kranzler-Eck für die im Prozess steigenden und sinkenden Dichten.

Parallel zur fachlichen Debatte, die auch in der Verwaltung geführt wird, stehen sich die politischen Fraktionen gegenüber, bei denen die Bündnisgrünen mit einer Ablehnung von Überdimensionierung bei Anerkennung der Notwendigkeit eines „neuen Dichteprofils" beispielsweise in der City-West (G035, G121) und die CDU mit einer eher indifferenten Haltung gegenüber Dichteüberschreitungen (G112) die Extreme bilden. Mögliche Überlastungserscheinungen werden in der Regel nur von politisch „linken" oder von lokalbezogenen Akteuren ohne hinreichenden Zugang zum Kern der Verfahrenspromotoren geäußert (G032, G042, G113). Die im Hintergrund der fachlichen Dichtedebatte stehende Abhängigkeit der Wirtschaftlichkeit einer Investition von der jeweiligen Dichte wird nur ansatzweise expliziert (G007, G111). Die von den Investoren insbesondere auf die Büroflächen (G016, G094, G103, G115, G127) bezogenen Mindestforderungen können trotz der Gegnerschaft in Teilen der Verwaltung über die politische Spitze durchgesetzt werden. Dabei werden direkte politische Zugeständnisse als Teil einer Wirtschaftsförderpolitik bzw. der jeweiligen Verhandlungsstrategie nicht verhohlen (G087, G106). Sie lassen sich produktiv koppeln mit einer tendenziellen Großzügigkeit der Interpretation von Dichtebegrenzungen und werden in der Vereinigungszeit bewusst eingesetzt (G007, G019, G067, G087, G090, G103, G105, G107, G108, G110, G124).

Rahmenbedingungen und Durchsetzungsmechanismen

In der Vereinigungszeit erhöht sich der Verwertungsdruck erheblich gegenüber den Orten und Zeiten, bei denen langjährige Eigentümer das Geschehen dominieren. Für die Aushebelung der BauNVO-Obergrenzen ist eine Weiterentwicklung der Gebäudetechnologie mit Voraussetzung, die über eine Überdachung von Höfen sowie weiterentwickelte Klima- und Beleuchtungstechnik dazu beiträgt, derart hohe Dichten opportun und vermarktungsfähig werden lassen, wenngleich hier offenbar Grenzen existieren. Die Abstraktheit der Dichtewerte macht sie in der öffentlichen Debatte und sogar in der Verwaltung schwer thematisierbar. Für den Innenstadtbereich ist, abgeleitet von der in einigen Bereichen noch vorhandenen kaiserzeitlichen Struktur, die Ausbildung von enormen „Regeldichten" auch als Instrument der bodenpolitischen Steuerung zu beobachten, die das Handeln der Senatsbauverwaltung leiten. Der verwaltungsinterne Konsens weicht hier bereits von den Begründungszusammenhängen der BauNVO ab (Tagesspiegel 29.09.2000).

Tendenziell müssen Spitzenpolitiker Verhandlungsmasse in die Investorengespräche bringen. Planer versuchen, begrenzte Dichtewerte gegen eine damit drohende Dehnung zu verteidigen, lassen sich aber nicht selten über vermeintliche Sachzwänge oder andere Zugeständnisse zu einer Heraufsetzung bewegen. In Kenntnis dieser planerischen Verteidigungshaltung versucht die Politik der großen Koalition in der Vereinigungszeit, Dichtewerte teilweise bewusst zu dethematisieren und damit einer frühen Begrenzung des Diskussionsspielraums entgegenzuwirken. In einem neoelitistischen Umfeld arbeitet die Anerkenntnis der Freiheit von Juryentscheidungen der Durchsetzung von hohen Dichten in die Hände. Die Verunklarung und scheinbare Verfachlichung des Entscheidungsprozesses grenzt Gegner einer übermäßigen Verdichtung aus und legitimiert erhöhte Dichten. Der Primat der Gestaltung flankiert Verdichtung durch städtebauliche Qualität und Innovativität und macht sie durchsetzbar. Wettbewerbsverfahren ohne Dichtebegrenzung produzieren ein Dichtespektrum, das nach oben offen scheint und damit die Verhandlungsposition der Verdichter stärkt. Die Großzügigkeit der alltäglichen Weiterbearbeitung von Vorentscheidungsergebnissen ermöglicht den Investoren eine allmähliche Dichteerhöhung, der die öffentliche Hand keine einheitlich vertretene Gegenposition entgegensetzen kann, die sie überdies argumentativ häufig kaum stabilisieren könnte und die einige Verhandlungsführer ohnehin kaum in aller Härte vertreten wollen. Zugesicherte Rechtspositionen verschärfen tendenziell Verdichtungstrends, da das Risiko einer gerichtlichen Auseinandersetzung mit Investoren fast immer gescheut wird.

Als Instrumente zur Begrenzung der Dichte dienen der öffentlichen Hand, falls eine solche beabsichtigt ist, planungsrechtliche Festlegungen und die Anwendung des § 34 BauGB. Diese lassen sich in Verhandlungsprozessen bis zu einem gewissen Grad nutzen, insbesondere, wenn sie aufgrund ihrer prägnanten GFZ-Zahl leicht zu kommunizieren sind und über den begrenzten Grad an Verbindlichkeit anderer Festlegungen hinweghelfen.

Zusammenfassende Einschätzung und Veränderungsspielraum

Die Anwendung von Versuchen, allmählich unter Berufung auf die wirtschaftliche Tragfähigkeit Dichteerhöhungen zu erhandeln, die Delegation von Dichtebestimmungsverfahren auf die städtebauliche Konfigurationsbestimmung im Alternativenbewertungsprozess (Wettbewerb, Gutachterverfahren) und die Berufung auf Regeldichten aus der BauNVO, der Anwendung des § 34 BauGB oder eine herrschende Befreiungspraxis bilden die drei augenfälligsten Phänomene in der Praxis der städtebaulichen Dichtebestimmung für Bürokomplexe. Das Bündnis aus metropolenorientierten Kräften der Politik und Investoren an hochzentralen Standorten wird durch Wettbewerbsjurys und bedeutende Verwaltungsmitarbeiter auf überzogen erscheinende Dichtewerte kontrolliert. Auf diese Weise sorgt eine freiwillige Selbstbindung der politischen Spitzen der Exekutive an halbformalisierte Beratungsleistungen für eine Abwehr von augenscheinlichen Fehlentwicklungen, bremst aber keineswegs die Implementierung des städtebaulichen Verdichtungsleitbilds des ausgehenden 20. Jahrhunderts. Es wird nur eingeschränkt durch die abstrakten Dichtevorgaben in gutachterlichen Voruntersuchungen gebremst, die über die projektbezogenen Entscheidungsprozesse Zug um Zug ausgehebelt werden. Neben dieser leitbildhaften Verdichtungslogik lässt sich angesichts des überragenden Ziels der Investitionsförderung nur eine begrenzte Leidenschaftlichkeit der Verwaltung gegenüber schrittweisen Dichteerhöhungen im Prozess feststellen. Die langfristigen bodenpolitischen Wirkungen, die von Kritikern dieses Phänomens ins Feld geführt werden, lassen sich nicht angemessen in eine Warnung vor Verdichtungsfolgen im Einzelfall überführen. Der öffentlichen Hand kann dabei im Einzelfall nicht abgesprochen werden, sorgfältig und bewusst über Dichten zu entscheiden[265].

Die wohl viel wesentlichere Dichtebegrenzungsstrategie als der Versuch, an einer bestimmten Dichte auf noch unbebauten Grundstücken über Jahre festzuhalten, bildet die

265 Die Dichtebestimmung muss nicht durchweg pessimistisch als investorengetriebener schleichender Prozess begriffen werden. An dieser Stelle ging es um eine Darstellung, wie sich der Verdichtungsdruck durch die Investoren und das städtebauliche Verdichtungsleitbild in Einzelentscheidungen übersetzen lassen und welche Schlüsselphänomene dafür verantwortlich sind.

Vorsortierung von Standorten. Hier liegt offenbar eine wesentliche Chance auf Erhaltung von innerstädtischer Attraktivität für die Benutzer[266]. Die im ersten Jahrzehnt der wiedervereinigten Stadt erhebliche Unterschätzung der Verdichtungspotentiale in der Innenstadt lässt eine kritische Hinterfragung der projektbezogenen Dichtewerte und des Zugriffs auf innerstädtische Freiflächen sinnvoll erscheinen.

Für den projektbezogenen Entscheidungsprozess bleibt lediglich an die Adresse der Stadtbenutzer zu formulieren, dass Druck auf die öffentliche Verwaltung und die Politik mittelfristig das einzige erfolgversprechende Mittel sein wird, um in dem schwer überschaubaren allmählichen weiteren Verdichtungsprozess immer wieder deutlich zu machen, welche Bedürfnisse von der Bevölkerung an die Innenstadt formuliert werden, einen Bereich, der — Richtwerte hin oder her — ein erhebliches Defizit an öffentlich zugänglichen Freiflächen besitzt und Überlastungserscheinungen in einer verdichteten Innenstadt zu befürchten hat. Ob diese Bedürfnisse dann leichter über die Stabilisierung oder gar Ausdehnung des Freiflächenangebots oder über die Begrenzung von Dichten und damit die Beschränkung der Nutzungsintensität in bestimmten Innenstadtbereichen zu gewährleisten sind, muss sich je nach den Bedingungen vor Ort zeigen. Voraussetzung für eine transparentere Debatte über die innerstädtische Büroflächenpolitik ist jedenfalls die Neuthematisierung der abstrakt erscheinenden Dichtewerte, die bislang aussteht.

Höhe — Die Illusion von den neuen „Geschlechtertürmen“

Die Höhe wird hier wegen der Bedeutung städtebaulicher Akzentsetzung gesondert berücksichtigt. Die „Höhe eines Projekts“, das aus mehreren Bauwerken bestehen soll, lässt sich dabei nicht eindeutig zumessen. Ab einer gewissen Größe ist vielmehr von einer Höhenverteilung oder einer Silhouette zu sprechen. Im Folgenden stehen hierfür Trauf- und Firsthöhen als Maße im Vordergrund.

Rechtliche Grundlagen und ihre Wirkung

Eine Obergrenze der Gebäudehöhe ist rechtlich für bestimmte Gebietstypen der Baunutzungsverordnung nicht vorgesehen. Auch in der vorbereitenden Bauleitplanung und in

266 An dieser Stelle sei die Auseinandersetzung zwischen dem Bezirk Mitte und der Senatsverwaltung über die Bebauung des legendären Turmhausgrundstücks von Mies van der Rohe, des Dreiecks zwischen S-Bahnhof Friedrichstraße, Spree und Friedrichstraße, genannt. Dort ist zwar von der Idee einer Turmhausbebauung längst Abstand genommen worden, aber die Chance auf die Herstellung einer innerstädtischen Freifläche wird vergeben. Dabei könnte dieser Raum den Übergang und Abschluss des Bereichs erheblicher Verdichtung in der Friedrichstadt — aus Gründen der Zentralität und Erreichbarkeit mit dem öffentlichen Verkehr wohl trotz aller Kritik stadtplanerisch gut vertretbar — zum traditionell völlig anders strukturierten Bereich der Spandauer Vorstadt und der Friedrich-Wilhelm-Stadt nördlich der Spree deutlich markieren und dabei einen wesentlichen Beitrag zur Attraktivität des Stadtraums für Bewohner wie für Touristen leisten. Ähnliche Beispiele ließen sich ergänzen (Schlossplatz, Marx-Engels-Forum, ehemaliges Stadion der Weltjugend, Nordbahnhof-Umfeld usw.).

stadtentwicklungsplanerischen Verfahren werden keine rechtsverbindlichen Aussagen getroffen, wenn dort auch unverbindliche Vorfestlegungen z. B. für Hochhausstandorte stattfinden. Für einige Standorte existieren allerdings rechtsverbindliche Bebauungspläne, die nur über Befreiungen oder Änderungsverfahren modifizierbar sind. Dies gilt vor allem für den Westteil der Stadt, der mit dem Baunutzungsplan teilweise rechtsverbindliche Geschosszahlobergrenzen erhalten hat. Für die Kerngebiete des Baunutzungsplans existieren diese aber nicht. Damit steht im Rahmen der einschränkenden Anmerkungen, die für die Dichte oben gemacht worden sind, die Höhe weitgehend einer projektbezogenen Festlegung im Vorentscheidungsprozess offen, die durch die verbindliche Bauleitplanung oder eine Genehmigung nach § 34 BauGB abgesichert wird.

Thematisierungsgrad und -art

Angesichts der Umstrittenheit von Hochhausbauten und der offensichtlichen Bedeutung von Hochhäusern für die Erkennbarkeit von Standorten im Stadtraum muss nach der Vereinigung Berlins die Konfliktbewältigung über Hochhausentwürfe als einer der Brennpunkte in der stadtentwicklungspolitischen Debatte angesehen werden[267]. Die Thematisierung der widerstreitenden Auffassungen im Einzelfall trägt auch hier zu einer Weichenstellung bei, die auf den Ausgang der Konfliktbewältigung bedeutenden Einfluss hat. Dabei kommt es zu folgenden wesentlichen Konstellationen bei den städtebaulichen Dominanten:

- Bestimmung der Höhe in Relation zu Orientierungswerten aus der Stadtsilhouette,
- Bestimmung der Höhe aus der städtebaulichen Konfiguration und
- Aushandlung einer Kompromisshöhe[268].

Für die Festlegung der „Quartiershöhe“, die neben den Dominanten das Erscheinungsbild wesentlich prägt, gelten andere Bedingungen, die sich in folgenden Konstellationen niederschlagen:

- Bestimmung der Höhe in Relation zu Orientierungswerten aus der Umgebung,
- Bestimmung einer neuen Höhe anhand allgemeiner Verträglichkeitsüberlegungen und
- Erschließung eines durchsetzbaren Erhöhungsspielraums durch den Investor.

Stadtsilhouette

Orientierungshöhen aus der Stadtsilhouette werden bei fast allen Projekten, die städtebauliche Dominanten aufweisen und damit aus der „üblichen“ Höhenentwicklung ausbrechen,

267 Die Höhe liegt in den Interviews dieser Untersuchung mit über 160 Erwähnungen noch knapp vor der städtebaulichen Konfiguration und deutlich vor den anderen Charakteristika. Dafür ist u. a. der Untersuchungsansatz verantwortlich.

268 Dieser Punkt wird hier gesondert betrachtet, da er sich von den beiden vorausgehenden dahingehend unterscheidet, als dort die Einigung über die Höhe wesentlich unproblematischer und schneller erfolgt, also ein spürbar unterschiedlicher Verlauf des Entscheidungsprozesses festzustellen ist.

zu Hilfe genommen. Es handelt sich hierbei um eine Teilübertragung der Einfügungssystematik auf eine größere Umgebung, in die sich die Dominante auf einem anderen Höhenniveau einfügen soll. Obwohl von einer systematisch ablesbaren Stadtsilhouette praktisch an keinem Ort der Stadt gesprochen werden kann, stellen die bereits existierenden Dominanten für die meisten Akteure ein implizites Kalibrierungsraster dar, das in realen oder drohenden Konflikten expliziert wird. Dabei bringt es die Heterogenität der Stadt mit sich, dass ein überragender Bezugspunkt wie die Frauenkirche in München nicht ausgebildet worden ist.

Der Bezug auf bestehende Gebäude in der weiteren Umgebung wird nur selten nach § 34 BauGB herangezogen, zumal ein solches Vorgehen häufig rechtlich problematisch ist. Er dient dagegen sowohl im Vorentscheidungsprozess zur erstmaligen Höhenfestlegung als auch zur Konfliktbewältigung bei stark divergierenden Zielen verschiedener Akteure, die beispielsweise im Nachgang einer Wettbewerbsentscheidung aufbrechen können.

Konfiguration

Im Gegensatz zur obigen Vorgehensweise entwickeln insbesondere Architekten in Wettbewerbsverfahren die Höhe ihrer Dominanten aus der städtebaulichen Konfiguration[269]. Finden sie Bündnispartner für ihre gestalterische Ableitung, können sie auf diese Weise durch die Thematisierung ihrer Höhenvorstellung die Alternativendiskussion entscheidend mitprägen, die sich gegen eine funktionale oder aufenthaltsqualitätsorientierte Betrachtungsweise durch Berufung auf ästhetische Maßstäbe (z. B. der Goldene Schnitt) oder projektimmanente Bedeutungsvernetzungen (z. B. modularer Aufbau) zu immunisieren versucht. Die städtebauliche Notwendigkeit einer Dominante leitet sich durchweg aus dem Ziel einer Akzentuierung eines bedeutenden Punktes im Stadtgefüge ab. Dabei beziehen die Dominanten ihre Bedeutung aus dem jeweiligen Projektzusammenhang: Kleine Entwurfsgebiete werden — in grober Tendenzbetrachtung — ähnlich viele Dominanten produzieren wie große, da unabhängig von der Größe des Gebiets nach einigen wenigen bedeutenden Punkten gesucht wird, die es zu akzentuieren gelte.[270]

Kompromisshöhe

Die Aushandlung einer Kompromisshöhe stellt für keinen der Beteiligten eine zufriedenstellende Lösung dar[271]. Wenngleich sie von ihrer Wirkung hinter eine höhere Dominante weit zurückfällt, wird sie stark wahrgenommen und häufig als Indikator für die Qualität der in der Stadt produzierten Entscheidungen herangezogen. Voraussetzung für das Nachdenken über einen Kompromiss ist eine konzeptionelle Unsicherheit der Entscheidungsträger,

269 Als Beispiele können die Treptowers, der Alexanderplatz und ansatzweise das Zoofenster-Projekt genannt werden.

270 Genauer zu betrachten ist die Situation bei mehrstufigen Entscheidungsprozessen, die zunächst Dominanten in größeren städtebaulichen Zusammenhängen produzieren, und dann je nach Wirkungsmacht des zugrunde liegenden Wettbewerbsergebnisses oder Rahmenplans in der Konkretisierung einzelner Teilstandorte durch Realisierungswettbewerbe u. U. weitere Dominanten produzieren. Die hier beobachtete Tendenz ist analytisch überspitzt formuliert.

271 Beispiele sind der Bolle-Block, das Kant-Dreieck und das Kranzler-Eck.

die missbilligend als Entscheidungsschwäche oder wohlwollend als Interessenausgleichsbereitschaft interpretiert werden könnte.

Kompromisse sind in der Regel Ergebnis langwieriger Prozesse und damit nicht mehr einer eindeutigen Entscheidungssituation zuzuordnen, oder sie werden geschlossen, wenn eine hohe Aufmerksamkeit der Akteure mit einer besonderen Sensibilität des Umfelds zusammentrifft. Kompromissen sind also lediglich dann möglich, wenn Projekte an herausgehobenen Orten für die beteiligten Akteure liegen und sich hinreichend Betroffenheit durch potentielle Nutzer dieses Orts äußert. Ob ein Kompromiss thematisiert wird, hängt also nicht zuletzt davon ab, ob über das Projekt im Bezirk oder in der Zentralverwaltung entschieden wird und ob es in der Nähe von Wohngebieten oder positiv stigmatisierten Orten liegt[272].

Umgebung

„Quartiershöhen" genügen anderen Kriterien. Da sie die Gestalt von Straßen- und Platzräumen erheblich beeinflussen und bei Verzicht auf Hochhäusern auch bis zum obersten Geschoss stärker als prägende Höhen wahrgenommen werden, gerät die Bemessung an Maßstäben der Aufenthaltsqualität stärker ins Blickfeld. Grenzen die baulichen Strukturen an den öffentlichen Raum oder bestimmen sie ihn in seiner Gestalt deutlich mit, fallen Höhensprünge als Kontraste ins Auge. Demnach liegt eine Orientierung an der Höhe der Umgebung nahe. Die Traufhöhendiskussion in Berlin verweist darauf, dass das Erleben städtischer Räume stark von der kaiserzeitlichen Substanz und ihrer wiederentdeckten Qualität geprägt ist. Nichtsdestoweniger orientiert sich die Quartiershöhe bei vorhandenem Bestand auch dann an diesem, wenn er aus einer Epoche mit ähnlicher städtebaulicher Qualitätszuschreibung stammt[273]. Größere Quartiershöhen können also zur Durchsetzung größerer Dichten nicht beliebig herangezogen werden, so dass Investoren andere Argumentationslinien finden müssen, um Bündnispartner in der öffentlichen Hand zu gewinnen[274].

Verträglichkeitsüberlegungen

Die Thematisierung von Verträglichkeitsüberlegungen[275] findet nicht zuletzt in Teilquartieren von Projekten Berücksichtigung, die stärker dem Wohnen dienen, wird aber teilweise von anderen Betrachtungsweisen überlagert wie der der städtebaulichen Konfiguration o. ä. Auch Verträglichkeitsüberlegungen finden vorwiegend dann Anwendung, wenn die Quartiershöhen den öffentlichen Raum mitbestimmen. Die Herausbildung einer neuen Traufhö-

272 Inhaltlich bezieht er sich häufig auf die Eigenart der näheren Umgebung, die bereits häufig als handlungsleitend identifiziert wurde, und die „Geschichte" (kulturelles Erbe, Traditionen usw.).

273 Dies betrifft insbesondere die Bauten der Zwanziger Jahre, die teilweise größere Traufhöhen aufweisen.

274 Diese Argumentationslinien sollen an anderer Stelle näher beleuchtet werden. Es handelt sich u. a. um die Schaffung einer Stadtkrone (Alexanderplatz), die Berufung auf den Bodenpreis und den Metropolencharakter einer City, den Vergleich mit anderen Metropolen wie New York, Paris, Mailand und Hongkong, die Notwendigkeit eines Kontrastes zu baulichen Zeugnissen aus ungeliebten Epochen wie der des industrialisierten Städtebaus der DDR-Zeit.

275 Beispiele sind der Potsdamer Platz und die Treptowers.

he bzw. eines neuen Straßenquerschnitts wird unter Berufung auf Situationen in anderen Städten gerechtfertigt[276] und verbindet sich über Dichtewerte und Attraktivitätsüberlegungen mit der Einschätzung des Standorts durch die Akteure, so dass in Wohngebieten strengere Maßstäbe angelegt werden.

Erhöhungsspielraum

Die Erschließung eines Erhöhungsspielraumes setzt auf drei Faktoren[277]. Erstens hat die Problematik im Umgang mit dem Baunutzungsplan im West-Berlin der Vorwendezeit Befreiungsregelungen mit geringfügigen Überschreitungen der Traufhöhen in der Umgebung ein erhebliches Ausmaß angenommen[278], das Anknüpfungspunkt für Investorenhandeln geworden sein dürfte. Zweitens wird bei der detaillierten Ausarbeitung eines Projekts in der Regel eine Intensität der Zusammenarbeit zwischen Investorenseite und öffentlicher Hand erreicht, die einen harten Umgang mit kleineren Höhenzunahmen als unangemessen erscheinen lassen. Drittens liefern technische Gegebenheiten Anlässe, nachträglich Anlagen und Baulichkeiten von vergleichsweise untergeordneter Bedeutung über die vorher festgelegte Gebäudehöhe hinausragen zu lassen (z. B. Technikgeschosse). Konflikte treten lediglich auf, wenn eine ursprünglich bestimmte Höhe in einen Begründungskontext eingebunden ist, der durch die Erhöhung aufzubrechen droht. Im Normalfall werden die Änderungen jedoch konfliktfrei als neue Details in die Planung eingearbeitet.

Akteure und Ziele

Bei den geäußerten Motiven der Akteure dominieren ganz deutlich die städtebaulichen Begründungszusammenhänge, in weitem Abstand gefolgt von betriebswirtschaftlichen, technischen und rechtlichen. Dies deutet auf den Stellenwert der städtebaulich-gestalterischen Debatte, aber auch auf die geringe Notwendigkeit, die anderen Aspekte als „Sachzwänge" stärker zu hinterfragen, während die wenig objektivierbare städtebauliche Höhendebatte ausgiebig geführt wird.

Bei den städtebaulichen Argumenten für oder gegen Hochhäuser stehen sich zwei Fraktionen gegenüber, die der dogmatischen Hochhausgegner und die der Hochhausbefürworter, zwischen denen eine schwer durchschaubare, relativ breite mittlere Gruppe — häufig in der Verwaltung – zwar nicht genereller Hochhausgegner, aber mit durchaus kritischen Positionen zu konkreten Entwürfen, angesiedelt ist. Die städtebaulichen Argumente zu Hochhäusern lassen sich in umfeldbezogene und gebäudebezogene gliedern. Erstere dominieren zahlenmäßig ganz eindeutig über letztere.

Beim Bezug zum Umfeld finden sich die Gesichtspunkte „Orientierung an anderen Höhen", „Standortbestimmung von Höhenakzenten" sowie „Neudefinition Höhenprofil und Begrenzung von Höhen". Zur Orientierung wird von Hochhausbefürwortern jedes gerade mögliche Hochhaus der näheren und weiteren Umgebung herangezogen, um einen Entwurf

276 Vgl. beispielsweise den Verweis auf Mailand bei der Bestimmung der Höhe um den Potsdamer Platz.

277 Vgl. die Fallstudien Kranzler-Eck, Zoofenster-Block und Treptowers.

278 Vgl. dazu das Kapitel über die Rahmenbedingungen.

zu legitimieren. Ob die Hochhäuser im Bestand städtebauliche Bezüge zum Neubaustandort aufweisen oder selbst vorbildhaft sind, wird dagegen nicht thematisiert. Die Heterogenität der Berliner Silhouette erlaubt eine ganze Reihe von vermeintlichen Bezügen, wie der Vergleich der Extremfälle Kempinski-Bettenturm-Kantdreieck auf der einen Seite und Hotelhochhaus-Alexanderplatz-Treptowers bei einem Blick auf den Stadtplan sofort belegt. Von Seiten der Investoren werden kaum inhaltliche Versuche gemacht, die Orientierung an Nachbarn zu erklären. Sie begnügen sich, wenn sie sich überhaupt äußern, mit der Nennung der jeweiligen Nachbargebäude (A05, I06). Die Hochhausgegner bilden eine informelle Koalition aus „konservativen" Politikern, Bürgern, Gutachtern und teilweise Verwaltungsmitarbeitern. Steht ein Hochhausdiskurs an, so wird insbesondere durch den Bezug auf öffentliche historische Gebäude versucht, die Höhe nach dem Muster der Münchener Frauenkirche zu begrenzen — das anerkannte Bestandsgebäude soll durch zu hohe Neubauten nicht entwertet werden (G008, G016, G029, G090, G111, G112), oder bereits bestehende Hochhäuser werden als Negativbeispiele dargestellt (G050). Dabei gestehen die Gegner teilweise selbst ein, dass diese Orientierung emotional erfolgt (Ö02). Kritik an der Bezugnahme auf entferntere Nachbarn wird als abwegig kritisiert, bringt aber gegen die Befürworter, übergreifende stadtstrukturelle Ideen des Senats und die Unterstützung der Investoren keine hinreichende Argumentationsgrundlage (G041, G067, G110). Mehr Erfolg verspricht die Beziehung zu übergreifenden Höhenprofilen wie die Friedrichshainer Maximalhöhe von 65 m (WBS-70-Punkthochhäuser), die aber außerhalb kaiserzeitlicher Gebiete schwerer herzustellen ist (G037, G103, G105, G108). Es wird deutlich, dass aus der Stadtplanung heraus definierte Bezüge stärkere Verbindlichkeit aufweisen, sich dabei aber auf Hochhäuser bewusst einlassen und trotz ihrer scheinbaren übergreifenden Gültigkeit für den Standort nicht zwangsläufig hilfreich sein müssen. So wird der höhenbegrenzende Bezug bisweilen scharf von Architekten sowie investorennahen Akteuren angegriffen, wenngleich auch diese sich einer Legitimation für ihre Höhenvorstellung aus der Umgebung suchen und bei absehbaren Konflikten mit hochhauskritischen Politikern Sensibilität zu entwickeln in der Lage sind. Dass so eine Höhenbestimmung auf keine hinreichende Entscheidungsgrundlage gestellt wird, zeigt der Fall Kantdreieck, bei dem verschiedene Höhen im Gespräch waren und die späte Einigung breit kritisiert wird.

Da offenbar die Orientierungs-Debatte wenig zur Konsensbildung beiträgt und von ihr kaum projektübergreifende nachvollziehbare Überlegungen zur Bestimmung des Höhenprofils inspiriert werden[279], ist ein Blick auf die Standortbestimmung sinnvoll. Hier findet sich das gesammelte Arsenal der Legitimationsbeschaffung durch stadtstrukturelle Gründe für einen Hochhaus-Akzent aus den verschiedensten Akteursgruppen. Konsensual als „besondere Orte" begriffene Grundstücke können dabei mit der Unterstützung der öffentlichen Hand für Höhenakzente deutlich eher rechnen (G030, G040, G067, G070, G090, G110, G119). Nähere Hinweise für die eigentliche Höhenbestimmung folgen daraus nicht, auch wenn Projekte mit geringen Auswirkungen wie Verschattung usw. leichter durchsetzbar sind. Kaum ein Hochhaus stürtz aber wirklich über dieses Kriterium (G046, G064, G123). Die stadträumlichen Interpretationen verschiedener Akteure hinsichtlich der Standortbe-

279 Vgl. hierzu die Umstrittenheit und Einseitigkeit der Argumentation bei einem der wenigen diesbezüglichen Versuche, dem „Verträglichkeitsgutachten" zum Breitscheidplatz.

stimmung widersprechen sich, insbesondere bei der mittleren Gruppe der verhalten eingestellten Akteure wie den folgenden: Der eine sei kein Freund von Hochhäusern, hätte sie sich aber am Moabiter Werder vorstellen können, dagegen nicht am Alexanderplatz, während der andere — selbst kein expliziter Hochhausbefürworter — sie beispielsweise am Alexanderplatz sinnvoll findet, dagegen nicht am Wittenbergplatz (G030, G068). Interpretiert der jeweilige Akteur den Standort als „städtebaulich strukturiert", wird er tendenziell hochhausskeptisch agieren, bei vermeintlichen städtischen Leerräumen und heterogenen Strukturen eher großzügig sein (G068, G101, G124). Weiterhin ist unter den Gestaltern umstritten, inwieweit Stadtreparatur sich auf die Wiederherstellung der Traufhöhe beziehen sollte, was insbesondere in Übergangsbereichen der Stadtstruktur wie im östlichen Charlottenburg virulent wird (G040, G063, G066).

Die mangelnde Alternativendiskussion und die geringe Verbindlichkeit struktureller Argumente für die Standortbestimmung von Hochhäusern sind augenfällig, so dass auch hier nur eingeschränkt von einer aktiven planerischen Zielfindung und vielfach von einer begleitenden argumentativen Untermauerung von Einzelideen gesprochen werden kann. Durch welche Kräfte in der Akteurslandschaft diese Ideen entstehen, zeigt ansatzweise ein Blick auf den Themenkreis der Neudefinition von Höhenprofilen. Es ist nur eine kleine Minderheit von Akteuren aus dem Spektrum der Architekten, ohne explizite Äußerung auch der Investoren und schließlich der hochhausbefürwortenden Mitglieder der öffentlichen Hand — vorzugsweise der Exekutive —, die sich offen zu einer Neudefinition von Höhen ohne Bezug zu bereits vorfindbaren Höhen bekennen. Teilweise erarbeiten diese eigenständige Positionen, die im Ergebnis moderat sind. Häufiger sind allerdings polarisierende Positionen wie ein Plädoyer für „Natur und Landschaftsschutz durch Stadt" — ohne auf Attraktivitätsprobleme und Dichtegrenzen bei Hochhäusern einzugehen (Ö07). Nur durch eine „Expansion in die Vertikale" sei Veränderungsdruck unter Bewahrung geschichtlicher Struktur zu bewältigen (G055) oder bisweilen eine Attraktivitätssteigerung herbeizuführen: „Warum nicht auch einen Akzent akzeptieren, der nicht abgeleitet ist, wenn er für das Gebiet wichtig ist?" (G103). Städtebauliche Strukturargumente sind hier selten mit Nachdruck entgegenzusetzen, wenn der betreffende Ort einer höchster Zentralität oder Bedeutung ist, oder sprechen sogar gegen eine Höhenbegrenzung (G037, G063, G091, G106, G125).

Auf Seiten der gebäudebezogenen Höhendiskussion sind definierende und legitimierende Begründungszusammenhänge zu erkennen. Die definierenden verweisen darauf, dass Hochhäuser in der Berliner Tradition im Gegensatz beispielsweise zu den USA ein Gestaltungsmittel seien (G038) und ihre Höhe sich aus Maßen und Proportionen ableiten lassen, die diese wiederum nach oben begrenzen (G046). Der Einsatz für eine gewisse Höhe wird von gestalterisch orientierten Akteuren mit architektonischem Hintergrund aus den Proportionen abgeleitet, auch wenn sich der dominierende Terminus des „schlanken Hochhauses" kaum als nachvollziehbare städtebauliche Position festmachen lässt und eher als Generalformel in den Verhandlungen für eine größere Höhe und eine geringere Grundrissfläche begreifen lässt, die den von den Rahmenbedingungen auf dem Grundstück beeinflussten Entwurfsprozess noch etwas moduliert (G007, G035, G038, G053, G075, G079, G086, G112). Architekten und Politiker entwickeln hierbei gestalterisch eine gemeinsame Position pro „graziles" Hochhaus (G079, G090, G091, G110, G112, G124). Dabei fällt auf, dass diese Argumentationslinie durchaus auch in der vermeintlich hochhausfeindlichen Senatsverwaltung für Stadtentwicklung und Umweltschutz auf Verwaltungsebene einige Fürsprecher findet (S10, S16, S17, S25, S29).[280]

Noch stärker werden die Positionen polarisiert, wenn planerische Argumente hinzutreten. Bisweilen werden gerade von Architekten Legitimationsangebote gemacht, die die allgemeine Hochhauskritik projektbezogen oder generell antizipieren und dabei nachzuweisen versuchen, dass Hochhäuser energetisch günstige Werte aufweisen können (A02) oder gar sämtliche ökonomische und ökologische Argumente der Hochhausgegner zu revidieren seien (A03). Sie finden ihr Echo in weiteren Befürwortern, die beispielsweise die Attraktivität von Wohnen im Hochhaus bereits als hinreichend nachgewiesen erachten (G106). Alle diese Argumente deuten auf den Grad an Differenziertheit, den der Entscheidungsprozess standort- und projektbezogen erreicht. Sie „begründen“ kein Hochhaus oder eine Höhe, zeigen aber auf, dass angesichts der Umstrittenheit von Hochhäusern zumindest gewisse Qualitätsanforderungen bei ihrer Realisierung Berücksichtigung finden. Ihr bisweilen rein legitimatorischer Charakter ist allerdings nicht von der Hand zu weisen. Die technischen Rahmenbedingungen, die von den Akteuren angeführt werden, lassen sich ebenfalls durch erhöhte Qualitätsanforderungen auffangen und bringen keine erkennbare Höhenreduzierung (G044, G064, G084, G091, G106). Die betriebswirtschaftlichen Gründe für Hochhäuser, die im Wesentlichen von den Investoren ins Spiel gebracht werden, sind „Eingangsgrößen“ und kaum expliziter Gegenstand des Entscheidungsverfahrens (G106, G109, G115), tragen aber wesentlich zur bereits angedeuteten Vergrößerung von Grundrissflächen von Hochhäusern bei (G031). Die die öffentliche Hand schwächende Entscheidungsunsicherheit über die betriebswirtschaftliche Rentabilität gewisser Höhen und Grundrisse wird geschürt durch die in der Architektenszene geführte Auseinandersetzung um nutzflächenbezogene Baukosten. Es ist zu vermuten, dass darin von Vertretern verschiedener städtebaulicher Auffassungen lobbyistisch agiert wird (G055, G056, G061).

Doch auch nach der Betrachtung dieser ergänzenden Aspekte sind die Bestimmungsgründe für die Höhe von Gebäuden noch nicht vollständig ergründet. Dazu sind der jeweilige Diskussionsstand in der Hochhausdebatte und davon abgeleitet die Leidenschaftlichkeit der Akteure sowie die Höhenfestlegung im Prozess nochmals aufzurufen: Mitte der 1980er Jahre wurde gewissermaßen ein „Probierprozess“ eingeleitet, bei dem die Politik noch äußerst vorsichtig agiert und mögliche Widerstände insbesondere aus der CDU hoch gewichtet werden. In den Bezirken ist anfangs zumeist eine klare Linie gegen Hochhäuser zu erkennen. Während in den östlichen Bezirken die Herangehensweise an Hochhäuser weniger dogmatisch ist und zum Zeitpunkt der Vereinigung bereits erste Erfahrungen mit der Durchsetzbarkeit von Hochhäusern gemacht sind, werden weitere Probierprozesse eingeleitet, die vorsichtig-tastend an einzelnen Stellen die Traufhöhe überschreiten (G019).

280 Insbesondere die rein morphologisch gewählten und sich in ihrer bisweilen sarkastischen Wortwahl leidenschaftlich gegen andere Überlegungen stellenden Beurteilungen des Kantdreiecks weisen darauf hin, dass die Debatte stark städtebaulich geführt wird und dabei Behauptungen widerlegt, die präzise Höhe eines Gebäudes werde ohnehin kaum beachtet: Es sei „viel zu kurz“, „gekappt“, „von den Proportionen eine Katastrophe“, ein „abgehackter Propfen“, ein „abgebrochener Riese“, und „absägen ist mit die schlechteste Lösung“. (G035, G053, G079, G086)

Aufbauend auf diesen Erfahrungen werden die Widerstände in späteren Entscheidungsverfahren tendenziell geringer, da sich politisch durchsetzungsfähige Konstellationen herausgebildet haben, die Erfahrungen mit Hochhäusern einschätzbarer werden, vom Senat Vorgaben für eine Höhenentwicklung kommen und die beplanten Standorte tendenziell weniger durch umliegende Traufhöhenbebauung geprägt sind (G007, G016, G027, G029, G039, G050, G060, G068, G075, G099, G101, G105, G112, G119). Der Streit durchzog alle Parteien, so dass auch der erneuerungswillige Hassemer in der CDU auf Traufhöhenbefürworter stieß, wobei zunächst noch die Einigung auf ein „neues Höhenprofil" am Kantdreieck möglich war (G035). Die „Leute, die für die Traufhöhe plädieren, werden immer weniger, Berlin soll angeblich dann international werden" (G050), und die Parteien und Kräfte, die ein Hochhaus von Anfang an ablehnen oder einen Dominoeffekt befürchten, geraten in die Minderheit oder werden marginalisiert (G023, G077). Interessanterweise akzeptiert gerade die SPD „den Paradigmenwechsel zu Hochhäusern" (G029).

Rahmenbedingungen und Durchsetzungsmechanismen

Es ist also nicht die bereits vor der Vereinigung vorhandene Initiativkraft der Hochhausbefürworter und Modernisierer (G038, G055), die eine Trendwende einleitet, sondern eine geringfügige Veränderung von politischen „Stellgrößen" infolge größerer Nachfrage nach Büroflächen und der oben geschilderten Begleiterscheinungen nach der Vereinigung, die in der Metropoleneuphorie zur Ausdifferenzierung der Traufhöhenpolitik und schließlich dem gezielten Einsatz von Hochhäusern führt. Den Befürwortern von Hochhäusern kommt die pragmatische Haltung zahlreicher Gutachter und Akteure der öffentlichen Hand entgegen, die eine Höhenfestlegung nicht in jedem Detail für wichtig erachten (G058), und teilweise — insbesondere in den östlichen Bezirken, wo klare Entscheidungen aus Angst vor und Unverständnis gegenüber zähen Diskussionsprozessen befürwortet zu werden scheinen (G105, G106, G108, G111, G124, informelle Gespräche) — die Haltung vertreten wird, „wenn schon ein hohes Haus, dann auch richtig" (G108, G111, G124). Trotz der festen Haltung von Senatsbaudirektor Stimmann ist es immer wieder die tendenziell für Veränderung und Metropolenbildung aktivierbare Position von Teilen der SPD und deren abwägende Haltung in der politischen Mitte, die in projektbezogenen Kompromissen allmählich die überschäumende Ideenvielfalt der ersten Tage nach der Vereinigung in ein zunehmendes Reservoir von planungs- und baurechtlich gesicherten Hochhausstandorten überführt, während die Bündnisgrünen sich wesentlich beharrlicher gegen Hochhäuser positionieren, die CDU ohnehin in Neubaustandorten zu wirtschaftsfördernder, restriktionsarmer Politik bereit ist und die PDS als unentschiedene und mithin tendenziell reaktive und Entscheidungen mittragende Kraft wirkt. Es ist auch für diese Untersuchung zu betonen, dass aus Sicht der Investoren Hochhäuser häufig nur als Akzentsetzer und damit einmal pro Projekt notwendig erachtet werden, wobei in der kleinteiligen Innenstadt die durch das Zoofenster provozierten Dichten angesichts des vorhandenen Bestands teilweise nur durch Hochhäuser zu erreichen scheinen. Die Sensibilität des Themas nicht nur in Berlin ist auch den Investoren bewusst, und teilweise sind sie nicht in der Lage, ihre eigenen spekulativen Hoffnungen einzulösen, oder aufgrund der Bodenpreise gar nicht auf Hochhäuser angewiesen.

Daraus lässt sich ein größerer Spielraum der öffentlichen Hand für eine eigenständige

Zielfindung ableiten, doch wurde bereits auf deren Verunsicherung und innere Zersplitterung hingewiesen, die von Seiten der Befürworter von Hochhäusern in der prozessualen Durchsetzung von Hochhäusern ausgenutzt werden können (G037, G041, G108, G127). Die Generierung von Hochhausalternativen trägt bisweilen überhaupt erst zur Öffnung der Debatte bei (G019, G041, G074, G099), die zunächst gar keine Hochhäuser vorgesehen hatte. Die Offenheit des Senats für Hochhausakzente an gewissen Orten, ohne diese in Höhe oder Standort ganz präzise zu bestimmen (G041, G067, G068, G124), verfestigt eine Debatte auf die Höhe des Alexanderplatz-Hochhauses, als diese unvorsichtigerweise einmal genannt wird (G044, G058). Die Möglichkeit der feinsinnigen Einpassung der Höhe eines Gebäudes in seine Umgebung durch eine längere Abstimmung fällt im Vereinigungsboom bald aus (G019, G021, G028, G031, G039). Es wird deutlich, dass es eine städtebauliche „Verfachlichung" ist, die die Höhenfestlegung oberhalb der Traufhöhe häufig erst ermöglicht und dabei Legislative und Bürger als nicht fachlich kompetente Akteure auszugrenzen imstande ist. Schließlich bringt die Einräumung von Akzenten in Vorentscheidungsprozessen eine deutliche Verschiebung in die Richtung von Hochhäusern, bei der die Vorentscheidungen im Nachhinein Zug um Zug durch Verfahrensschritte legitimiert werden, in denen die grundsätzliche Alternative zwischen Hochhaus und Traufhöhenbebauung gar nicht mehr zur Debatte steht. Der Einfluss des Maßstabs auf die Durchsetzung von Hochhäusern ist offensichtlich. Liegt eine kleinmaßstäbliche Situation vor, so gelingt aufgrund der vielfältigen Bezüge zur Umgebung die Durchsetzung eher durch bewusste Ausgrenzung der Hochhausgegner und kann sich nicht mehr ausreichend auf die dethematisierende Wirkung der vergleichsweise viel geringeren Bedeutung eines Hochhauses in einem flächenhaft ausgedehnten Areal stützen.

Zusammenfassende Einschätzung und Veränderungsspielraum

Nirgends in der Städtebaupolitik lässt sich eine gewisse Parallelität von allgemeinpolitischer Ausrichtung eines Akteurs bzw. einer Person und seiner / ihrer Einstellung zu städtebaulichen Positionen so deutlich feststellen wie bei der Gebäudehöhe und insbesondere der Einstellung zu Hochhäusern. Während „Bewahrer", also grundsätzlich eher konservative, veränderungsskeptische Personen einem erkennbaren städtebaulichen Bruch durch eine neue Gebäudehöhe kritisch gegenüberstehen, zeigen „Modernisierer" eine viel größere Offenheit. Zwar gibt diese Zuordnung nur eine Tendenz wieder und lässt sich tatsächlich auch in den einzelnen politischen Parteien eine gewisse Vielschichtigkeit ausmachen[281],

281 Z. B. „Traditionalisten" und „Wirtschaftsnahen" in der CDU, wie bereits oben mehrfach deutlich wurde, „Metropolenorientierte", „differenziert Veränderungsbereite" und „Rot-Grüne" in der SPD, zahlreiche „Kiezbezogene" und einige „Städtebauer" bei den Bündnisgrünen sowie „Arbeitsplatzorientierte", „Kiezbezogene" und „Kapitalkritische" bei der PDS. Tendenziell setzen sich in der CDU die Wirtschaftsnahen durch, außer wenn symbolische Werte zu verteidigen sind, in der SPD auf Bezirksebene je nach Verortung des Baustadtrats die jeweilige Gruppe, auf Senatsebene in der Großen Koalition zwangsläufig die differenziert Veränderungsbereiten, nachdem von den Metropolenorientierte lange Zeit starker Druck ausging, bei den Bündnisgrünen die dominanten Kiezbezogenen und bei der PDS wegen ihrer Sondersituation im Ostteil der Stadt letztlich die Arbeitsplatzorientierten.

doch ist der Zusammenhang dennoch viel enger als bei abstrakteren städtebaulichen Themen. Unter den Akteuren lässt sich dementsprechend ein breites Spektrum von Positionen hinsichtlich der Höhe feststellen, das im Widerspruch zu der häufig kolportierten Traufhöhenorientierung der Berliner Politik steht. Dies hängt mit dem steigenden Stellenwert der Bürobauten und dem sinkenden des Wohnungsbaus in der stadtentwicklungspolitischen Debatte, der tendenziell veränderten Standorttypologie und der zunehmenden Bereitschaft zunächst skeptischer Akteure zusammen, von einer vergleichsweise strengen Durchsetzung der Traufhöhe abzugehen. Die Debatte um die Gebäudehöhe wird aber stark von professionellen Akteuren bestimmt; breite hochhauskritische Kreise sind praktisch ausgeschlossen. Es war ein Ziel der voranstehenden Ausführungen, deutlich zu machen, wie stark eine große „mittlere" Gruppe von Akteuren, die sich nicht als Ideologen für oder gegen Hochhäuser abstempeln lassen will, bereit ist, differenzierte und standortbezogene Entscheidungen zu treffen, dabei aber Gefahr läuft, von der exogenen Thematisierung von Hochhäusern instrumentalisiert zu werden und auf die an einem bestimmten Standort gar keinen Einfluss mehr zu nehmen. Die „Verselbstverständlichung" von Hochhauskonzepten durch die permanente Einspeisung hochhausbeladener städtebaulicher Vorschläge in die Stadtentwicklungspolitik ist positiv als ein Stück „Entdogmatisierung" anzuerkennen, abstrahiert aber angesichts vieler planungsrechtlich gesicherter, aber auf mittlere oder gar auf längere Sicht ökonomisch oder aufgrund standortbezogener Sonderbedingungen gar nicht absehbar realisierbarer Hochhausstandorte von einer Reihe weiterer stadträumlicher, verkehrlicher sowie nutzerbezogener und nicht zuletzt ökonomischer Rahmenbedingungen von Bürohochhäusern.

Der „Paradigmenwechsel" von der Traufhöhe zu mehr Hochhäusern ist nur unter Berücksichtigung all dieser Faktoren erklärbar, insbesondere vor dem Hintergrund des angedeuteten Pragmatismus in der Spitze einiger Verwaltungen. Nicht zu vernachlässigen ist allerdings der vorentscheidende Impuls, der von Seiten des Senats in die Entscheidungsfindung eingeht. Die Durchsetzung eines veränderten Höhenprofils folgt dabei — überlagert von anderen Gesetzlichkeiten[282] — einem Muster, das dem aus der Stadtsoziologie bekannten Phänomen der „Invasion und Sukzession" ähnelt — ohne mit diesem mehr als nur indirekt zu tun zu haben. Offenbar werden nämlich Gebäudehöhen implizit in gewissen „Stufen" gedacht und begriffen. Neben der Traufhöhe, deren Stufe einen Bereich von der klassischen Berliner Traufhöhe bis zu dem in der Friedrichstadt verfolgten Profil mit bis zu zwei Staffelgeschossen — formal ohnehin bei unveränderter Traufhöhe — reicht, existiert die eine erste Hochhausstufe, zu der Gebäude in einem Höhenbereich von etwa 40 — 65 m reichen und der seine Referenzpunkte in den Hochhäusern der 1950er Jahre und den Punkthochhäusern des komplexen Wohnungsbaus hat. Über dieser Stufe folgt die „eigentliche

282 Diese erklären z. B. die Treptowers, die man im Sinne der folgenden Ausführungen einerseits als Teil des „Pseudo-Standorts" S-Bahn-Ring (im Sinne eines standortübergreifenden Denkzusammenhangs von Standorten und Quartieren, die ein Merkmal im Hinblick auf ihre Standortbedingungen teilen, nämlich gerade die Lage am S-Bahn-Ring, und daher bis zu einem gewissen Grad auch im Entscheidungsprozess im Zusammenhang behandelt werden) mit dessen städtebaulicher Prägung, andererseits als ansatzweise traufhöhengeprägt begreifen muss, wobei die bei der städtebaulichen Konfiguration erläuterte Faustregel „Der Maßstab bestimmt das Ergebnis" die herausgehobene Durchsetzbarkeit eines einzelnen Turmhochhauses mit erklärt.

Hochhausstufe der 1990er Jahre", der Bereich zwischen etwa 100 und 130 m Gebäudehöhe, und darüber gewissermaßen die „extreme Hochhausstufe" ab etwa 150 m. Liegt in einem Gebiet eine „Prägung" durch eine bestimmte Stufe vor, so lässt sich aufgrund der Sensibilität der handelnden Akteure, der Überarbeitung von als hypertroph begriffenen Entwürfen usw. lediglich ein Sprung um eine Stufe durchsetzen, während in der Regel ein Überspringen einer Stufe als unangemessen begriffen wird. Lediglich in den Orten allerhöchster Zentralität, die vom Senat als solche aus der Stadtentwicklungsdiskussion herausgehoben sind und gegen starke Widerstände abgeschottet werden, ist es überhaupt möglich, eine Höhe durchzusetzen, die noch gar nicht vorhanden ist, nämlich der Sprung in die extreme Hochhausstufe. Auf diese Weise erfolgt Invasion[283]. In den Nebenzentren findet gewissermaßen Sukzession statt, indem ein Höhensprung um eine Stufe stattfindet. Auf diese Weise wird allmählich das Höhenprofil um eine Stufe heraufgesetzt, und Zentralitäten reproduzieren sich grob. In einer neuen Welle wäre dann das Erreichen einer weiteren Stufe denkbar. Die Realisierungsbedingungen der Hochhäuser und die Marktsituation bestimmen, wie lange eine solche Welle dauert und ob sich dabei Orte bestimmter städtebaulich zugemessener Zentralität durchsetzen oder nicht. Der beschriebene Mechanismus stellt einen plausiblen Erklärungsrahmen dar, der der politischen Exekutive einen realen, systematischen Einfluss zuschreibt, die selbstverständlich nicht komplett autonom entscheidet.

Entgegen einer Verengung der Hochhausdebatte auf städtebauliche Gestaltungsüberlegungen sollte in Zukunft die erwähnte Frage nach der Definition von City und ihren Nutzern wieder aufgegriffen werden. Wie „schick" oder vordergründig metropolenhaft mit allen Konsequenzen die City sein sollte, welche Rolle den nicht bebauten Frei- und Verkehrsräumen in ihr für Aufenthalt, Fußgängerverkehr und Pkw-Dauerbelastung zukommen, inwieweit die City über mehrere Jahre oder gar Jahrzehnte als transitorischer Ort zu begreifen sein soll, der aus bestehenden Gebäuden, bestandssprengenden Neubauten und Brachen in Erwartung einer Neubebauung besteht, ist dabei zu thematisieren. Daran schließt sich ein Dialog mit Bürgern und Benutzern über die Frage von Sichtbarkeit und Straßenwirksamkeit von Hochhäusern an, wenn angesichts der leitbildhaften Hegemonie, Hochhäuser dürften nicht versteckt werden, die alte „Versöhnungsstrategie" nicht mehr anwendbar scheint, Hochhäuser zwar bisweilen zuzulassen, aber im Blockinneren zu plazieren.

Sollte sich tatsächlich das Ziel einer dauerhaften Höhenbegrenzung (und Standortdefinition von Hochhäusern) durchsetzen, dann ist über die hierzu erforderlichen tragfähigen Instrumente in einer Zeit der projektorientierten Stadtentwicklungspolitik an den Orten eigentümerarmer Großparzellenkonglomerate nachzudenken, an denen sich kein einzelnes Grundstück und seine Bebauung tatsächlich einer übergreifenden Ordnung unterzuordnen scheint. Hierzu könnten bodenpolitische Strategien einen bisher viel zu wenig wahrgenommenen Beitrag leisten[284]. Für eine Abstimmung der Stadtentwicklungspolitik über die Citystandorte hinaus verspricht die enorme Größe Berlins wenigstens ansatzweise eine

283 Invasion ist offenbar auch von dem Wunsch von Investoren getrieben, die Höhe bestehender Gebäude zu übertreffen. In Berlin tritt aufgrund der geringen Bedeutung von Einzelinvestoren und der noch frühen Phase, in der sich die Hochhausdiskussion befindet, diese Triebfeder gegenüber den Mechanismen in der Politik etwas in den Hintergrund.

284 Für das Vergleichsbeispiel München und den Stand der Diskussion vgl. Schäfer/Specovius/Lau 2000.

Versöhnung[285] unterschiedlicher städtebaulicher Leitbilder, wenn die Reservierung von Orten dynamischer Veränderung für Hochhauskonzepte politisch verkoppelt wird mit der Anerkennung von „Tabuorten", in denen der Respekt vor der lebenswerten Urbanität der „Europäischen Stadt" im Sinne des Städtebaus des 19. Jahrhunderts und der Traufhöhe im Vordergrund steht[286]. Dies erfordert: erstens die baurechtliche Flankierung, die diese Kopplung sanktioniert, stabilisiert und mittelfristig nicht über den Bodenpreismechanismus wieder in Frage stellt, und zweitens einen sensiblen Umgang mit den definierten „Nahtstellen" zwischen den Orten verschiedener Prägung (wie um das Kranzler-Eck).

Bei der Definition der erwähnten „Spielregeln" ist ein Blick auf die Überlegungen hilfreich, die unter Gutachtern, Verwaltungsmitarbeitern und Architekten zum Thema einer möglichen „zweiten Traufhöhe" angestellt wurden und bereits Eingang in Entscheidungsprozesse gefunden haben. Diese kann praktisch nicht stadträumlich wirksam werden, da sie sich nicht als geschlossene Kante von einzelstehenden Punkthochhäusern zeigt und wahrscheinlich auch nicht einheitlich herstellen lassen wird. Es verwundert daher, dass gerade diejenigen Akteure, die den Benutzern von Stadt nur eine Wahrnehmung der Erdgeschosszone zubilligen wollen, gleichzeitig Überlegungen zu einer zweiten Traufhöhe anstellen (G055). Sollte diese jedoch lediglich dazu dienen, einen Beitrag zur Vereinheitlichung der rechtlichen Bedingungen für Investoren herzustellen, dann ist bisher nicht hinreichend deutlich geworden, welche Argumente für die ins Gespräch gebrachten Höhen sprechen und in welcher Beziehung dazu Zwischenlösungen wie die neue Traufhöhe in geschlossener Bebauung stehen sollen, wie sie am Potsdamer Platz zu finden ist. Möglicherweise sind die Hinweise von Investoren und Architekten ernst zu nehmen, die angesichts der ökonomischen Rahmenbedingungen von Hochhäusern darauf verweisen, dass sich lediglich eine Höhe von um 120 m eigne, da bei einer weiteren Höhenzunahme die Erstellungskosten offenbar erneut sprunghaft steigen, und der Glaube, Stadtplaner in die investorenbedingte Höhenbegrenzung eingreifen könnten, unrealistisch seien (G056, G115, Mäckler auf der IHK-Veranstaltung zur City-West, 27.09.1999). Dann wäre zum einen zu klären, ob eine Hochhauspolitik nicht mehr oder minder zwangsläufig auf eine Förderung von etwa 120 m hinausläuft und ob diese Höhe in der Stadt konsensfähig ist oder ggf. an welchen Standorten, aber zum anderen auch, ob nicht technologische Veränderungen im Hochhausbau zu erwarten sind, die eine Fixierung auf diese Höhe schneller obsolet machen würden, als erste

285 Dem Autor ist an dieser Stelle bewusst, dass die vorgeschlagene Strategie sich den politischen Rahmenbedingungen unterwirft und hier nicht erneut prüft, ob ein weitgehender Verzicht auf Hochhäuser durchsetzbar und realistisch wäre. Die Ergebnisse der Recherchen zu dieser Untersuchung haben allerdings starke Hinweise darauf gebracht, dass dieser Verzicht nicht realistisch wäre oder zu einer unkontrollierten und nur wenig verzögerten Durchsetzung von Hochhäusern führen würde — eine Nachfrage nach zusätzlichen Büroflächen immer voraussetzend. Für ein Porträt der beteiligten Akteure, deren Auffassungsspektrum und Zusammenwirken vgl. das Kapitel über die Akteure. Eine normative Aussage zu Hochhäusern soll mit dieser Erkenntnis nicht verbunden werden (der Autor steht Hochhäusern nach wie vor skeptisch gegenüber).

286 Die hier suggerierte Dichotomie lässt sich ausdifferenzieren in eine bewusste Definition von unterschiedlichen Stadträumen unterschiedlicher Höhentypen, die eine gewisse Vielfalt herstellen, eine Strategie, die in Wohnquartieren durch die unterschiedlichen Wohnformen längst gängige Praxis ist, sich aber im Bürohausbau zumindest in Berlin erst allmählich einstellt, dabei aber nur begrenzt systematisch verfolgt wird.

stadtbildprägende Ergebnisse überhaupt zu erwarten sind. Für Projekte wie den Alexanderplatz stellt sich die Frage, ob an dieser Stelle der Zusammenhang von Gebäudehöhe und Realisierungswahrscheinlichkeit hinreichend im Vorfeld gewürdigt worden ist, nicht zuletzt deshalb, weil städtebauliche Verträge zur Durchsetzung derart großer Bauvolumen kaum wirksam sind (G096).

Auf andere Projekte angewendet ist die Forderung zu stellen, Stadtentwicklungspolitik gerade als Projektpolitik viel stärker im Zusammenhang mit immobilienwirtschaftlichen Rahmenbedingungen zu diskutieren und nicht durch eine städtebauliche Gestaltungsdiskussion dethematisierend zu überlagern. Diese Forderung ist nicht neu, stünde aber der neu gebildeten „Senatsverwaltung für Stadtentwicklung" als Kompetenzzentrum im betreffenden Bereich gut zu Gesicht.

Einigt man sich darauf, dass z. B. eine Höhe von 120 m das Stadtbild an mehreren Stellen im Sinne einer „Traufhöhe" prägen soll, ist zwar zunächst fraglich, ob diese dann noch in einen Argumentationszusammenhang der „Akzentuierung" passt, der auch von den Akteuren der öffentlichen Hand mitgetragen wird. Wichtiger noch scheint dann aber zu sein, wie eine „Grazilität" bzw. „Schlankheit" dieser Gebäude zu erreichen ist. Alle Versuche von Architekten, sich auf toskanische Geschlechtertürme oder andere mittelalterlich geprägte Stadtsilhouetten zu beziehen, müssen eingestehen, dass die wirtschaftliche Nutzung eines Büroturms eine gewisse Mindest-Grundrißgröße erfordert und mithin die Analogie weit hergeholt ist — ganz zu schweigen davon, ob Höhendominanten einer Reihe anonymer Fondsgesellschaften und privaten Großkonzernen überlassen werden sollten. Beschränkt man sich aber zwangsläufig darauf, turmartige Gebäude so schlank wie jeweils möglich zu machen, lassen sich ganz neue Instrumente denken, die eine städtebauliche Gestaltungspolitik zumindest konsequent ergänzen würden: Das „Höhenprofil" als die Hüllkurve der maximal möglichen Gebäudehöhen wäre keineswegs mehr zwingend und könnte frei und u. U. in öffentlicher Debatte bestimmt werden. Statt einer Trennung von städtebaulichem Wettbewerb und Investorenwettbewerb für öffentliche Grundstücke wären Ausschreibungsformen denkbar, bei denen der Investor den Zuschlag erhält, der den in Bezug auf die Höhe kleinsten Geschossgrundriss anbietet. Auf privaten Grundstücken, wo die rechtlich fragwürdige Befreiungspraxis Blüten treibt, könnten diese außer an „architektonische Qualität" an die Einhaltung von „Schlankheitsvorgaben" aus früheren Entscheidungsphasen gekoppelt werden.[287]

Betrachtet man die einzelnen Akteure und deren Möglichkeiten, ihre eigenen Ziele stärker ins Gespräch zu bringen, so wird man feststellen, dass Investoren durch einen geschickten Einsatz von Architekten in der Lage sind, steigende Höhen durchzusetzen. Es besteht also kein Anlass, Empfehlungen für die Durchsetzung ihrer Positionen zu formulieren. Vielmehr scheint es auch für Investoren im Sinne der Herstellung attraktiver Stadträume sinnvoll, sich für die oben erwähnten bodenpolitischen Maßnahmen auszusprechen und sich weniger von kurzfristigen Renditeerwartungen blenden zu lassen, die aufwendige und später nicht finanzierbare Entwürfe produzieren. Die öffentliche Hand ist bereits mit der

287 Es bleibt an dieser Stelle zu vermerken, dass bei einer konsequenten, frühen und öffentlichen Erörterung der immobilienwirtschaftlichen Rahmenbedingungen der Griff zu derart ungewöhnlichen Instrumenten unterbleiben könnte, da Klarheit über die Tragfähigkeit von Hochhauslösungen herrschen würde.

Ausarbeitung eines Dienstleistungskonzepts, den Büroflächenberichten und dem Versuch, Investoren über städtebauliche Verträge an Entscheidungen zu binden, auf dem Weg, rationalere Investitionsentscheidungen zu ermöglichen. Für die hochhauskritischen Akteure stellt sich die Frage, wie die eigene Position angesichts der starken Aufweichung der Traufhöhe überhaupt noch durchsetzbar sein kann. Dort, wo sich kein Höhenakzent befindet, ist zunächst massiv für die Schaffung attraktiver Aufenthaltsbereiche einzutreten, was u. a. mit dem Höhenprofil zu tun haben wird. Dabei ist es weiterhin von Bedeutung, den Trend zu Großparzellen kritisch zu hinterfragen, die von einem Investor/Developer entwickelt werden, der dann eine entsprechend starke Verhandlungsposition bei der Durchsetzung höherer Regelhöhen aufbauen kann. Überdies gilt es, die öffentliche Hand zu einer frühen Übermittlung von vorentscheidungsrelevanten Informationen zu bewegen. Gerade in den Bezirken erscheint dies realistisch. Aufbauend auf diesen Informationen obliegt es den Hochhauskritikern, deutlich zu machen, inwiefern angestrebte Baumaßnahmen stadtraumunverträglich sind und welche Alternativen bestehen — die, um Erfolg zu versprechen, ihrerseits in Form von Entwurfszeichnungen in die Debatte zu bringen sind. Insbesondere die Bezirksverordnetenversammlungen sind die geeignete Plattform, die ihre Entscheidungsfindung in einer frühen Diskussion von Alternativen qualifizieren kann, dafür aber auch konkrete und stetige Rückmeldungen aus der Bevölkerung braucht. Für eine grundsätzliche Verhinderung von Hochhäusern an bestimmten Standorten scheint die hochhauskritische Fraktion nur eingeschränkt bündnisfähig.

Einordnung in das Umfeld

Oben wurde bereits mehrfach auf das Prinzip der Einfügung hingewiesen, das sich im Baugesetzbuch in § 34 wiederfindet, aber unabhängig von rechtlichen Vorgaben handlungsleitend wirkt. Im Folgenden soll versucht werden, Prinzipien zu analysieren, die bei der Bewertung von Entwürfen eine Rolle spielen und dabei aus der Einschätzung des Bestands im Umfeld gespeist werden. Beachtenswert ist dabei, dass es von den verschiedensten Akteuren für wichtig erachtet wird, sich zur Umgebung „zu verhalten", dass diese Auseinandersetzung aber teilweise einander diametral entgegengesetzten Denkprinzipien gehorcht.

Rechtliche Grundlagen und ihre Wirkung

Neben dem Planungsrecht im engeren Sinne behandelt eine Reihe weiterer Rechtsvorschriften das Verhältnis zwischen Bestand und Entwurf (Denkmalrecht, Erhaltungssatzungen, Gestaltungssatzungen). Die Wirkung dieser Vorschriften soll allerdings im Zusammenhang vollständig im Abschnitt „Umgang mit dem Bestand" behandelt werden. Weitere Schutzgebietsvorschriften spielen im Innenstadtbereich praktisch keine Rolle (Naturschutz-, Landschaftsschutz, Wasserschutzgebiete usw.). Den Freiraum betreffende Rechtsnormen und ihre Wirkungen sollen im diesbezüglichen Abschnitt behandelt werden.

Dieser Abschnitt soll sich auf die Orientierung am „genius loci" konzentrieren, also auf die Tatsache, dass Städtebau heute kaum noch bewusst „gegen" die bestehende Stadt betrieben wird[288].

Thematisierungsgrad und -art

Die Auseinandersetzung mit dem Umfeld weist sowohl graduell als auch qualitativ unterschiedene Strömungen auf:

- weitgehend bezuglose Entgegensetzung der neuen Struktur,
- kontrastierende Akzentuierung der neuen Struktur,
- komplementäre, zusammenfassende und an vereinzelt vorkommenden Merkmalen orientierte Schaffung eines neuen städtebaulichen Prinzips in Ergänzung zu bestehenden Prinzipien,
- einordnende Hinzufügung des Neuen mit selbstbetonender Akzentuierung,
- einordnende Hinzufügung des Neuen mit herausarbeitender Akzentuierung wenig wahrnehmbarer Prinzipien im Umfeld und
- einordnende Hinzufügung des Neuen in Weiterentwicklung der alten Struktur.

Bezuglose Entgegensetzung

Die bezuglose Entgegensetzung stellt die Grundstücksverwertung in den Mittelpunkt. Vor Ort implizit oder explizit konsensfähige Anforderungen werden mangels Kenntnis oder aufgrund der schwierigen räumlichen Ausgangsbedingungen vernachlässigt. Entsteht die Entgegensetzung in der Frühphase eines Entscheidungsprozesses meist in Testentwürfen aus einer oberflächlichen Auseinandersetzung mit dem Ort, so wird der Nutzungsvorschlag zugunsten einer Auseinandersetzung mit der Situation zurückgewiesen, ohne das Projekt vollständig zum Scheitern zu verurteilen. Entsteht die Entgegensetzung in einer deutlich späteren Phase, wenn andere entwurfliche Versuche bereits gescheitert sind, stehen Entscheidungsdruck und Entwurfsqualität gegen einander, und diejenigen Akteure, die an der Produktion von Entscheidungen gemessen werden oder sich daran selbst messen, tendieren dazu, die vorher benannten Anforderungen zugunsten einer Entscheidung schwächer zu gewichten (Spitze der Exekutive usw.), während die übrigen Akteure eine Überarbeitung fordern (Fachöffentlichkeit usw.). Die weitaus größte Zahl der bezuglosen Entgegensetzungen wird von außen nicht wahrgenommen, da sie im Vorentwurfsstadium ohne Beteiligung der Öffentlichkeit verworfen oder in Wettbewerben früh ausgesondert wird[289].

288 Eine gewisse Nähe zum folgenden Abschnitt über den „Umgang mit dem Bestand" ist dabei unvermeidbar, doch soll dort vorwiegend auf die Eingriffe in den Bestand selbst eingegangen werden.

289 Vgl. dazu z. B. Lampugnani/Mönninger 1991 oder Bauwelt 39/1991, S. 2092 ff.

Kontrastierende Akzentuierung

Eine kontrastierende Akzentuierung fügt sich zwar nicht durch Aufnahme von vorhandenen Elementen in die Umgebung ein, aber steht trotzdem nicht bezuglos neben dieser. Die beiden häufigsten Formen, eine weit über das übliche Maß hinausgehende Turmhaushöhe und die Hinzufügung von Bauten aus transparenten Materialien (hoher Glasanteil) zu steinernen Altbauten, verfolgen klare Ziele, die die Bedeutung des Umfelds nicht negieren. Extrem hohe Turmhausbauten versuchen, wichtige Blickbeziehungen zu betonen, die bereits vorhanden sind. Ob sie dem „genius loci" dienen, indem sie unauffällige Potentiale als Begründungsvorrat für den Bruch mit dem auffälligen Charakter der Umgebung nutzen, oder unangemessen im Kontrast zur wahrgenommenen Struktur des Bestands stehen, wird nur im Einzelfall und angesichts der Einschätzung dieser genutzten Potentiale zu beurteilen sein. Die Thematisierung von überhohen Turmhausbauten ist jedenfalls selten über den Status des Visionären hinausgekommen und hat in konkreteren Projektphasen eher herausarbeitenden Akzentuierungen Platz gemacht (vgl. unten). Dagegen hat sich die Hinzufügung transparenter Bauten inzwischen zu einem dadurch begründbaren Standard entwickelt, dass Ergänzungen mit transparenten Materialien als zurückhaltend und reversibel aufgefasst werden. Anders stellt sich die Situation bei Bauten dar, die im Verhältnis mit einer Struktur in der Umgebung über den Charakter von Ergänzungen hinausgehen. Ein durch Material, Formensprache und Proportionen hergestellter Kontrast wird als Belastung der „Ensemblewirkung"[290] in der Umgebung aufgenommen und konfliktiv verhandelt. Das Zusammentreffen der Interpretation als Ergänzung und der Interpretation als Entgegensetzung durch die verschiedenen Akteure spielt für das Auftreten solcher Konflikte eine wichtige Rolle.[291]

Komplementäre Neuschaffung eines Prinzips

Mit einer komplementären Neuschaffung wird in der Regel ein neuer Maßstab begründet. Während die Einfügungslogik beispielsweise Ergänzungsbauten fordern würde, die die Berliner Traufhöhe nicht überschreiten, wird versucht, aus einzelnen über die Traufhöhe hinausgehenden Bauten in der Umgebung oder anderen Merkmalen die Begründung für eine „zweite Traufhöhe" abzuleiten. Der Ansatz ist komplementär, da das vorhandene Merkmal aufgegriffen und weitergeführt, ihm aber ein weiteres kontrastierend zur Seite gestellt wird, nicht als Akzentuierung einer Einzelsituation, sondern als „zweite mögliche Regel". Außer für die Höhe wird der Ansatz auch für gestalterische Merkmale angewandt (Bsp. Materialwahl). Sein Konfliktpotential speist sich aus dem des Merkmals, auf das er

290 Dies gilt sowohl für Ensembles, die lediglich aufgrund ihrer gemeinsamen Merkmale als solche empfunden werden, als auch für solche, die aufgrund rechtlicher Instrumente wie Verordnungen über einen geschützten Baubereich oder eine Gestaltungssatzung formal zu Ensembles werden. Eine besondere Rolle für die Intensität des Konflikts spielt dabei die Stigmatisierung des Ensembles bzw. seiner Entstehungszeit (weitgehend positiv im Falle des Kurfürstendamms, weitgehend negativ im Falle der DDR-Plattenbauten).

291 Als weitere Form kann die dekonstruktivistische Methode eines strukturellen Bruchs in Formen und Grundrissen genannt werden, für die in Berlin beispielsweise der Neubau des Jüdischen Museums durch Libeskind steht.

Anwendung findet, da die komplementäre Neuschaffung von anderen Akteuren in der Regel nicht hingenommen wird, aber nicht bei allen Merkmalen auf gleich große Ablehnung stößt. Eine komplementäre Neuschaffung kann nur dann als solche thematisiert werden, wenn größere bauliche Zusammenhänge beplant werden. Sie wird daher von der Verwaltung und der Politik eingebracht, wenn einfache Regeln für die Weiterentwicklung eines Gebiets als erforderlich angesehen werden (Bsp. Wohnanteil und Staffelgeschosse in der Friedrichstadt), von Gutachtern und Wettbewerbsteilnehmern, wenn Veränderungsimpulse für einen Standort abgestimmt werden sollen (Bsp. Entwurf von Ungers für den Potsdamer Platz, Mäckler-Gutachten für den Breitscheidplatz), oder von städtebaulichen Vordenkern, wenn zu erwartende Veränderungen in den Rahmenbedingungen eine Neubewertung von Potentialen erfordern (Bsp. „Ringstadt-Konzept" von Edvard Jahn).

Selbstbetonende Akzentuierung

Sie akzeptiert die verbindende Kraft der städtebaulichen Merkmale in der Umgebung und nimmt diese einerseits auf, macht das Neubauvorhaben aber dennoch herausgehoben kenntlich (Bsp. Entwurf von léonwohlhage für das UCP). Neben dem Zweck, das Projekt in der Stadtsilhouette wahrnehmbar zu verankern und zu seiner Vermarktung beizutragen, soll auch städtebaulich-kompositorisch einer drohenden Gleichförmigkeit in der Umgebung entgegengewirkt werden. Die Akzente orientieren sich an funktionalen wie gestalterischen Standortbedingungen, wenn sie „wichtige Orte" markieren, also solche herausgehobener Zentralität oder symbolischer Bedeutung. Die innere Logik der Argumentation trägt damit zur Vermittlung ihrer Notwendigkeit bei. Der Stellenwert eines „wichtigen Ortes" hängt aber entscheidend von den vorzufindenden Rahmenbedingungen ab. Ein Geflecht von schwer nachvollziehbaren Akzentuierungen kann dabei aus einer Abfolge von im Detail angemessen erscheinenden Akzentuierungsentscheidungen resultieren.

Herausarbeitende Akzentuierung

Bei der Herausarbeitung steht der verstärkende Hinweis auf den Charakter der Umgebung im Mittelpunkt. Eine Forderung danach wird in der Regel von der Verwaltung erhoben, bisweilen Empfehlungen städtebaulicher Gutachter folgend. Im Ergebnis kann eine Akzentuierung als Kontrast oder als Selbstbetonung empfunden werden. Die Thematisierung im Vorfeld der Konkretisierung von Nachnutzungsüberlegungen für einen Standort prägt die Durchsetzbarkeit erheblich, insbesondere wenn sich Herausarbeitung als Motiv der öffentlichen Hand mit Selbstbetonung auf Seiten des Investors und des Architekten paaren. Gegenstand können funktionale Zusammenhänge wie die Zentralität eines Orts oder morphologische wie Bruchstellen zwischen unterschiedlichen stadträumlichen Strukturen sein.

Weiterentwicklung

Bei der Weiterentwicklung handelt es sich im engsten Sinne um eine Aufnahme der Umgebung. Um sich gegen die oben erwähnten Ausbruchsversuche zu erwehren, wird aus der besonderen Leistungsfähigkeit der überkommenen Struktur, aus dem Wert ihrer Geschlossenheit und aus ihrem historisch-kulturellen Wert heraus argumentiert. Die Leistungsfähigkeit des Bestands wird dabei in der Regel auf die „urbane Mischung" mit einem vergleichsweise hohen Wohnanteil in bestimmten Innenstadtquartieren zurückgeführt, die es zu erhalten und zu pflegen gelte. Die Geschlossenheit wirkt eher morphologisch und lässt sich nur dann erfolgversprechend ins Feld führen, wenn die Entstehungsbedingungen des Umfelds in sich keinen zu erheblichen Grad an morphologischer Heterogenität produziert haben. Die Entwicklung eines Quartiers „aus einem Guss" stabilisiert die Orientierung von späteren Bauvorhaben sonst nicht mehr hinreichend (Bsp. 1950er-Jahre-Bebauung um den Breitscheidplatz). Dagegen ist ein Ausbruch aus „intakter" kaiserzeitlicher Bebauung oder dem Straßenraster der Friedrichstadt konfliktträchtig. Fallen die genannten Argumentationsgrundlagen weg oder werden sie auf breiter Front in Frage gestellt, bleibt eine Weiterentwicklung marginalisiert. Dies gilt v. a. für Übergangsbereiche oder stark heterogene Quartiere.

Akteure und Ziele

Scheinbar herrscht ein Konsens unter den verschiedensten Akteuren darüber, dass die Bezugnahme auf den Bestand ein bedeutendes Element der Schaffung neuer baulicher Strukturen darstellt. Dies wird wohl am deutlichsten von einem Architektenvertreter zum Ausdruck gebracht: Man ist dankbar, wenn man Vorgaben hat, um sich einzuordnen (Ö09). Die Reichweite dieses abstrakten Prinzips ist umstritten. Obgleich „Freiheit des Entwurfs" in einem bestimmten Rahmen auf Einsicht fußen soll (Ö09), stellt sich die Frage, wie mit einer negativ stigmatisierten Struktur umgegangen werden soll. Auch beim Fehlen einer prägnanten städtebaulichen Struktur wird zunächst aus dem Umfeld eine möglichst „intakte" und unumstritten funktionsfähige Struktur für eine Neubebauung herangezogen und darauf verzichtet, große Standorte durch „objekthafte" Architektur allein zu definieren (G124, G125). Im Falle des Umfelds von Senatsbaudirektor Stimmann führt dies zu einer am Stadtgrundriss orientierten Herangehensweise, für die Architekten, Planer und Stadttheoretiker stehen (G025, G026, G040, G058). Zwar sollen zerstörte Strukturen nicht wiederhergestellt werden, doch „Grundspuren tradiert" werden (G058). Deshalb stoßen stark konfrontative Ansätze bei Planern und Politikern aus dem Spektrum der SPD, der Bündnisgrünen und der PDS auf Kritik (G057, G075, G090). Sprünge in der Maßstäblichkeit werden auf breiter Front angegriffen, v. a. wenn der Bestand als wertvoll erachtet wird (G038, G106, G112, G121). Bei „Strukturlosigkeit", komplexen Unklarheiten der künftigen Entwicklung und der Frage der Dominanz künftiger Bauten spielt allerdings der Blickwinkel eine stärkere Rolle. So ist die städtebauliche Sensibilität hinsichtlich der Zurücksetzung eines bedeutenden Bestandsgebäudes innerhalb der Fachwelt unterschiedlich ausgeprägt (G033, G055, G108) bis hin zu der Einschätzung, dass die Gedächtniskirche durch die in ihrem Umfeld geplanten bis zu 90 m hohen Gebäude „überhaupt nicht" leide (G055), wenngleich die Kritik an der geringen Leistungsfähigkeit von neuen Baustrukturen zur Überwindung heterogen-unklarer Situationen die Fachleute in das Lager der Bewahrer und der Veränderer zu spalten scheint (G035, G051, G069). Ähnlich geteilt ist die Politik und Verwaltung im Hinblick auf die Prägung, die ein Gebiet durch Nutzungen erhält. Während ein Bewahren und Anknüpfen aus dem „linken" „planerischen" Spektrum kommt (G037, G057, G110), ist ein Bekenntnis zur Aufwertung nur innerhalb der CDU offen (G007, G054, G112), das allerdings wiederum von der Einschätzung des Bestands abhängt.

Somit kommt dem Negativimage eines Gebiets eine wesentliche Bedeutung bei der Schaffung von Spielräumen für eine freie Neugestaltung zu. Aussagen hierzu werden zwar häufig gemacht (G010, G039, G045, G057, G060, G087, G090, G105, G108, G110, G111), doch ist zu unterscheiden zwischen der Nutzung negativer Zuschreibung als Erklärung oder Entschuldigung für die geringen strukturellen Möglichkeiten einer Neubebauung oder als Ansporn für die Überwindung des Imageproblems. Letztere gelingt offenbar zur Zufriedenheit durch Kontrast und Akzentuierung, wenn sie von allen Akteuren getragen wird, um Gleichförmigkeit zu vermeiden, und dennoch der Gegensatz von „Alt“ und „Neu“ als verträglich empfunden wird (G038, G059, G109, G114). Dabei wird insbesondere im Ostteil der Stadt das alte Stadtraster als nicht wiederherstellungsfähig betrachtet, städtebauliche Zeugnisse der DDR werden auch von Amtsträgern im Ostteil der Stadt als „Dreckecke“, „Ungegend“ oder „Meer der Plattenbauten“ entwertet (G010, G045, G090, G105, G111). Folge: „Die Neubebauung kann nicht schlimmer sein, als was vorher dort war“ (G060). Kritischere Einschätzungen gegenüber den Möglichkeiten der neuen Strukturierungsversuche sind vorrangig, aber nicht ausschließlich ex-post zu vernehmen (G087, G108, G110). Eine klarer Zusammenhang zwischen der Zugehörigkeit zu einer dieser beiden Fraktionen und anderen Akteursmerkmalen lässt sich aber nicht herstellen — die tatsächlichen Aufwertungsmöglichkeiten werden auch nur am Rande des Entscheidungsprozesses und vereinzelt-unsystematisch thematisiert.

Rahmenbedingungen und Durchsetzungsmechanismen

Eindeutig fassbare Rahmenbedingungen sind hier kaum auszumachen. Tendenziell ist mit der Überwindung ehrgeiziger Umbauansätze der späten Moderne und dem Aufkommen der „Behutsamkeit“ im Städtebau die Rolle der Beziehung von Entwürfen zum Bestand erheblich gestärkt worden, schwächt sich aber mit der Hinwendung zu heterogen strukturierten Konversionsstandorten und den baulichen Anforderungen von größeren Bürokomplexen wieder etwas ab. Die Veränderungen im Spektrum der handelnden Akteure wirken sich erheblich auf die Thematisierung des Bestands aus. Sie wird in einer fachlichen Debatte innerhalb der Architektur subtiler geführt und leuchtet Fachfremden nicht immer hinreichend ein[292]. Die Stärkung der Exekutive gegenüber der Legislative durch den Investitionsboom, bei dem die Legislative sich auf die Mitwirkung an Leitentscheidungen und absolut herausragenden Projekten beschränken muss, wird tendenziell den Profilierungsmöglichkeiten bietenden Aufwertungs- und Veränderungsansätzen Vorschub leisten.

Zur Durchsetzung ihrer Ziele nutzen die Verfahrenspromotoren das Spektrum der Legitimationsmechanismen, die sich durch Gutachten und Wettbewerbe bietet. Wird „Aufwertung“ im Sinne von Veränderung auf Kosten der Einordnung in das Umfeld verstanden, so

292 Vgl. dazu die Bevorzugung des Rogers-Entwurfs für das Zoofenster wegen dessen Orientierung auf den Hardenbergplatz im Gegensatz zu den Konkurrenten, während dabei durch die hohen Dichtevorgaben eine stärkere Beziehung zu den umliegenden Gebäuden im Sinne von städtebaulicher Verwandtschaft bereits früh weitgehend verunmöglicht worden ist. Sogar ein Jury-Mitglied mit explizit städtebaulichem Anspruch lässt sich hiermit instrumentalisieren und trägt die Entscheidung mit, um später die Wettbewerbslösung am Alexanderplatz als „hypertroph“ und „unsinnig“ zu bezeichnen. (G063)

zielt die Veränderungskoalition aus Politikern und Investoren auf eine frühe Setzung von städtebaulichen Mindestforderungen beispielsweise für die Dichte, die dann den Spielraum der Alternativendiskussion erheblich einengen.

Diese Strategie scheitert bei mangelnder Investitionsneigung oder Spannungen innerhalb der eigenen Fraktion. In Kenntnis des phasenweise problematischen wirtschaftlichen Umfelds und des breiten informellen Konsenses über die Rolle der Einordnung in den Bestand werden so von veränderungswilligen Kräften zahlreiche Versuche unternommen, von denen nur wenige gelingen, die aber wiederum Widerstände gegen neuere Ansätze brechen sollen. Die Einräumung von Rechtspositionen soll die eigene Position sichern und zieht sich dabei auf den Standpunkt zurück, es sei den Investoren überlassen, diese auszuschöpfen oder nicht. In den Beraterkreis werden bewusst Akteure einbezogen, die nicht in Berlin ansässig bzw. nicht in professionelle Netzwerke am Ort eingebunden sind und daher keinem informellen Druck unterliegen, sich dem Einfügungskonsens zu unterwerfen (z. B. Mäckler, Ingenhoven, Helmut Jahn). In der Darstellung ihrer eigenen Position nutzen die „Veränderer" die Argumentationsmuster der „Bewahrer". Kontraste werden als städtebaulich belebend, wirtschaftlich attraktiv und zur Vermeidung von Stillstand unerlässlich dargestellt. Entwurfsverfasser und Investoren, denen Veränderungen Betätigungsfelder und Verwertungsmöglichkeiten einräumen, gehen eine symbiotische Beziehung mit den Veränderern in der Akteursgruppe der öffentlichen Hand ein und versuchen bisweilen systematisch, die politischen Spitzen der Exekutive zu einer moderierenden und konfliktlösenden Haltung zu bewegen, wenn zwischen den Bewahrern in der Verwaltung und den Veränderern des kreativ-investiven Komplexes eine Annäherung nicht mehr möglich ist. Die Veränderer außerhalb der öffentlichen Hand sind also auf eine Nutzung ihrer Zugangsmöglichkeiten in die Politik angewiesen, wo sie seelenverwandte *counterparts* vorfinden, die allerdings teilweise in Beratungsnetzwerke eingebunden sind, aus denen sie zu diesem Zweck herausgelöst werden müssen, was insbesondere unter Verweis auf die Innovativität ihrer Veränderungen gelingen kann.

Zusammenfassende Einschätzung und Veränderungsspielraum

Konflikte über den Grad der Einordnung in das Umfeld stellen vor dem Hintergrund eines breiten Konsenses der Bewahrung und Fortentwicklung etablierter städtebaulicher Strukturen Interpretationskämpfe dar. Sie fallen umso stärker aus, je unterschiedlicher die Interpretationsmöglichkeiten des Umfelds im Hinblick auf seinen städtebaulichen Wert und seine Homogenität sind bzw. je größer die „Provokation" ausfällt, die durch eine Veränderung in einem homogen-intakten Umfeld stattfindet. Für die Durchsetzung von Veränderung ist daher die Zuschreibung von Strukturarmut, geringer Bestandsqualität und Entwicklungsfähigkeit, Erstarrung und negativer Stigmatisierung wesentlich. Dabei spielt der Maßstab der anstehenden Projekte eine wesentliche Rolle für die Wahrnehmung der jeweiligen Struktur und die Interpretation von deren Wert. Gestalter und wirtschaftsnahe Akteure brechen tendenziell stärker mit dem Vorgefundenen, entwerten das Umfeld stärker und zielen deutlicher auf eine „Aufwertung" durch bauliche Veränderung statt durch Qualifizierung des Bestands ab. Dominanz von Einzelgebäuden und das Prinzip der Kontrastierung werden uneinheitlich bewertet. Während ein theoretischer Konsens über die Einfügung als „Entwurfsprinzip" herrscht, gilt dies weder für die Einfügung als „Strukturprinzip" noch als „Nutzungsprinzip" oder städtebauliches „Unterordnungsprinzip".

Die Frage der Einordnung in das Umfeld wird sich nicht objektivieren lassen. Sie drückt aber einen breit getragenen Wunsch nach Anerkennung des alltäglichen Lebensumfelds und nach einer sorgfältigen Überprüfung der Verträglichkeit von Veränderungen aus. Dabei kann die gesellschaftliche Selbstvergewisserung über die Bewertung von Beständen eine bedeutende Rolle spielen. Eventuell könnten Foren, auch auf bezirklicher Ebene, einen diesbezüglichen Diskussionsprozess befruchten. Um sie aus einer Verengung auf die Fachdiskussion herauszuführen und die Legislative bei ihrer Entscheidungsfindung stärker einzubeziehen, wäre dafür eine kollektive Leitung durch die stadtentwicklungspolitischen Sprecher der Legislative denkbar, die eingehende Programmvorschläge und mögliche Positionen mit einem Lenkungsgremium gemeinsam abstimmen. Nicht mit einem größeren Apparat ausgestattete Parlamente wären so in der Lage, sich unabhängig von Verwaltung für die Entscheidungsfindung zu qualifizieren und „Alleingänge" der Exekutive zu erschweren. Eine aktive Auslotung von verträglichen Veränderungsspielräumen, die bisher die politische Opposition bei aller Kritik an der Unverträglichkeit der Senatspolitik (Bsp. Alexanderplatz, Breitscheidplatz) bisher kaum zuwege gebracht hat, durch Planungswerkstätten könnte eine wertvolle Ergänzung leisten, wenn letztere viel stärker als bisher zu Dienstleistern für die öffentliche Debatte werden.

Umgang mit dem Bestand

Der Umgang mit dem Bestand betrifft Nutzungsveränderungen, Um- und Anbauten, Abrissmaßnahmen sowie die Bezugnahme von Neubauten auf den Bestand in der Umgebung. Hier stehen die Bestandsgebäude selbst im Mittelpunkt. Gerade im Rahmen der gewerblichen Nachnutzung eines Grundstücks mit beachtlichem Bestand durch Bürokomplexe stehen Verwertungsaspekte im Gegensatz zu einer aufwendigen Pflege von Bestandsbauten. Insbesondere denkmalschützerische Belange bergen erheblichen Konfliktstoff. Die Öffentlichkeit ist selten in die Auseinandersetzungen eingebunden.

Rechtliche Grundlagen und ihre Wirkung

Die wichtigste Rechtsgrundlage stellt das Denkmalschutzgesetz mit dem Institut des „Baudenkmals" dar. Da bei Veränderungen an oder im unmittelbaren Umfeld eines Baudenkmals das Einvernehmen des Denkmalschutzes erforderlich ist, kommt deren Einbindung in den hierarchischen Aufbau der öffentlichen Verwaltung eine zentrale Bedeutung für die Bewältigung von Konflikten zu, in der der Stadtentwicklungssenator das „letzte Wort" hat. Eine „Entlassung aus dem Denkmalschutz" ist das weitestgehende Instrument, um eine Entscheidung gegen den Denkmalschutz zu forcieren. Die Schutzbegründung entfaltet aber ein Eigengewicht, das meist nicht leichtfertig übergangen werden kann. Im Einzelfall sind damit die Akteure Investor, politische Spitze und Verwaltung in eine schwer vorhersagbare Machtkonstellation eingebunden. Ähnlich gelagert ist die Situation im Fall des „Geschützten Baubereichs", der allerdings schwächere Anforderungen an die Neubebauung stellt.

Thematisierungsgrad und -art

Da Altbebauung eine Ressource für die attraktive Vermarktung eines Standorts bildet, stellt sich die Auseinandersetzung um den Bestand nicht durchgehend konfliktiv dar. Der Thematisierungsgrad ist allerdings fast durchweg hoch[293]. Dabei sind folgende Thematisierungsarten zu konstatieren, die sich teilweise bei ein und demselben Projekt überlagern[294]:

- Konsens über Erhalt denkmalwerter Substanz unter Einschränkung der Verwertungsmöglichkeiten für den Rest des Grundstücks,
- einmütiger Konsens über Erhalt und Neunutzung hervorragender denkmalwerter Substanz (bisweilen bei Wahrung von dazu im Widerspruch stehenden Rechtspositionen),
- Aufgabe von denkmalwerter Substanz und Wiederaufbau im Geist des Vorgängerbaus,
- Aufgabe von denkmalwerter Substanz, die mit den Nachnutzungsvorstellungen nicht in Einklang zu bringen scheint,
- Aufgabe von denkmalwerter Substanz, die einer Nutzungsintensivierung oder einer Aufwertung im Wege steht und
- Ableitung von gestalterischen Anforderungen an die Neubebauung aus der Denkmalqualität der Umgebung.

Einschränkung der Verwertung

Hier soll nur der Fall betrachtet werden, in dem die Forderung nach einer Berücksichtigung des Bestands auch die Realisierung einer Nutzungsintensivierung im Rahmen des rechtlich Zulässigen oder des zwischen öffentlicher Hand und Investor Vereinbarten verhindern würde oder verhindert. Hierbei handelt es sich insbesondere um Projekte, in denen der langjährige Eigentümer eines Grundstücks eine Nutzungsintensivierung plant und das Maß mit der öffentlichen Hand neu bestimmt wird.[295] Eine stärkere Rücksichtnahme auf den Bestand wird zumeist von der Fachöffentlichkeit oder Bürgern eingefordert, die die in Verhandlungen oder Wettbewerben erreichten Abstimmungen über das Verhältnis von Neu und Alt nicht akzeptieren. Solche Forderungen kommen meist in späteren Phasen eines Entscheidungsprozesses auf — in früheren Phasen wird intern nach Wegen gesucht, ein

293 Mit etwa 100 Erwähnungen in Interviews dieser Untersuchung liegt der Umgang mit dem Bestand beispielsweise sogar noch vor der Art der Nutzung oder der Dichte, wenngleich dieses Ergebnis durch das Untersuchungsdesign etwas verzerrt ist.

294 Der Begriff „Denkmal" soll hier aus Gründen der Lesbarkeit auch geschützte Baubereiche einschließen. Darüber hinaus wird im Folgenden von „Denkmalwert" und „denkmalschützerischen Überlegungen" usw. die Rede sein, wenn Akteure, die nicht zwingend aus der Denkmalschutzbehörde stammen müssen, über den Umgang mit (möglicherweise) denkmalwerter Substanz befinden. Dass dieser Umgang von Denkmalpflegern selbst bisweilen nicht mehr als vertretbar angesehen wird, soll damit nicht negiert werden.

295 Dagegen wird der Fall, dass eine Nutzungsintensivierung von vorneherein Denkmale als Rahmenbedingung kalkulieren muss (z. B., wenn ein Investor ein Grundstück mit denkmalwerter Substanz kauft und sich danach um ein Baurecht bemüht), im nachfolgenden Abschnitt behandelt.

erreichbares Nutzungsmaß festzulegen. Spielt das Nutzungsmaß keine herausragende Rolle, dann wird die Nutzungseinschränkung durch die Altsubstanz ohnehin kaum thematisiert. Bringen alternative Verwertungskonzepte aufgrund der Rahmenbedingungen vor Ort Realisierungsprobleme mit sich, dann wird der Konsens über den Erhalt der Altbausubstanz auch aus dem Innern der öffentlichen Hand torpediert.

Erhalt und Neunutzung

Der Erhalt bedeutender Denkmale kann über die Rechtsposition der öffentlichen Hand gegen Investoren durchgesetzt werden[296]. Dafür ist ein weitreichender Konsens innerhalb der öffentlichen Hand zu mobilisieren, wenn Verwertungsinteressen gefährdet sind und damit kulturelle Belange gegen ökonomische und arbeitsplatzbezogene stehen. Dieser Konsens wird entscheidend von der Stigmatisierung der Altbausubstanz mitgeprägt, die ihrerseits wieder stark von Mythen und dem Verständnis dessen beeinflusst ist, wo Berlin „vorzeigbares" aufweist. Kaiserzeitliche Bebauung, zwar im Wohnquartier als erhaltenswert anerkannt, wird im Industrie- und Bürobau häufig als so reichhaltig vorhanden angesehen, dass eine Mobilisierung nicht immer gelingt. Bauten der frühen Moderne und der Weimarer Zeit bieten wegen der Bedeutung Berlins auf diesem Feld gute Mobilisierungsvoraussetzungen. Nachkriegsbauten aus Ost und West kämpfen dagegen mit einem negativen Image, das auch den Erhalt denkmalwerter Substanz erschwert.

Aufgabe und Wiederaufbau

Ein Abriss wird kaum einen interpretierenden Neubau nach sich ziehen, wenn dem Selbstverständnis der Denkmalpflege gefolgt werden soll. Demnach kann eine diesbezügliche Strategie nur thematisiert werden, wenn die Denkmalpflege sich aufgrund strategischer Überlegungen prioritär nicht mit dem betreffenden Gebäude befasst[297]. Nichtsdestoweniger spielen Denkmalpfleger bei der Gestaltung der Neubebauung wieder eine Rolle, wenn sie sich mit dem Ziel der Identitätsstiftung des Investors identifizieren können und in die Planung eingreifen.

296 Vgl. als Beispiele die Fallstudien Bolle-Block (Meierei-Gebäude), die Treptowers (Ziesel-Bauten), das Ostbahnhof-Umfeld (Spreequartier-Altbauten) oder auch das ehemalige Esplanade im Sony-Center am Potsdamer Platz.

297 Dies wird dadurch ausgelöst, dass die Kapazitäten der Denkmalpflege gar nicht für das Grundstück reichen, es also intern als vergleichsweise weniger bedeutsam eingeschätzt wird, oder wenn aus strategischen Gründen, also um einen Teil der Substanz auf einem Grundstück retten zu können, ein anderer, weniger bedeutender Teil verloren gegeben wird. Beispiele bilden das Leutehaus im Projekt Bolle-Block oder die Wohngebäude Hoffmannstraße 17-18 im Projekt Treptowers.

Aufgabe wegen Nutzungskonzept

Auch wenn zwischen den Akteuren das Maß der Nutzung nicht den eigentlichen Konfliktpunkt darstellt, kann die Auslotung von — in der Regel verdichtenden — Nutzungskonzepten zu einer Aufgabe von denkmalwerter Substanz zumindest in Teilbereichen führen[298]. Die Grundstücksverwertung wird aus älteren Plänen, geltendem Recht in Anpassung an „heutige zeitgemäße Nutzungsanforderungen" oder aus den Interessen eines neuen Grundstückseigentümers abgeleitet, während die öffentliche Hand an einer zeitgemäßen Nutzung des Grundstücks und der damit verbundenen Investition interessiert ist. Obwohl der Denkmalwert einer baulichen Anlage nicht bestritten wird, steht diese u. U. einer ergänzenden Bebauung im Wege. Schwierige Entscheidungsprozesse tragen zu einer Ausbalancierung der Neubau- und Erhaltungsinteressen bei. Kompromisse werden offen thematisiert, bleiben aber stark konfliktträchtig, da die verschiedenen Akteure aus ihren Blickwinkeln die Kompromisse ganz unterschiedlich beurteilen. Im Ergebnis wird ein Teilabriss von denkmalwerter Substanz in Kauf genommen, um eine „wirtschaftliche Nutzung" des Grundstücks zu ermöglichen oder aufwendige Umbaumaßnahmen beispielsweise ehemals industriell genutzter Substanz zu vermeiden.

Aufgabe wegen Intensivierung

Im Gegensatz dazu stehen Grundstücke, deren Ausnutzung durch denkmalwerte Substanz so gering ist, dass eine Nutzungsintensivierung nur mit erheblichen Verlusten im Bestand möglich ist[299]. Entscheidungsträger aus dem Bereich der öffentlichen Hand oder Investoren treiben unter dem Motto der Notwendigkeit einer Weiterentwicklung baulicher Strukturen, die neuen sozialökonomischen Rahmenbedingungen gewachsen sein müssen, diese Vorhaben voran. Sie stoßen auf geringen Widerstand, wo eine solche Weiterentwicklung politischen Rückhalt hat und die aufzugebende Substanz auch im Sinne des Denkmalschutzes vergleichsweise unspektakulär ist oder einen untergeordneten Teil eines größeren Ensembles ausmacht, dessen Rest gehalten werden kann — je nach Betrachtungsweise als Ausdruck von symbolischer Politik oder als Beschränkung auf die wirklich erhaltenswerte Substanz. Denkmalpflegerische Kategorien werden dabei von Stigmatisierungen überlagert, da die Entscheidungen stärker politisch mitbestimmt sind. Erhebliche Widerstände auch innerhalb der öffentlichen Hand tauchen dagegen bei markanten Gebäuden auf, deren Aufgabe starke Veränderungen im Stadtraum zur Folge hätte, oder wenn die beabsichtigte städtebauliche Aufwertung selbst umstritten ist. Damit entzündet sich der Konflikt weniger an der Einschätzung über die Denkmalpflege als über die Einschätzung der städtebaulichen Potentiale, die sich aus der Aufgabe eines Denkmals ergeben.

298 Beispiele sind die abgerissene kaiserzeitliche Fabrik auf dem Gelände der Treptowers, teilweise das Kranzler-Eck sowie der abgerissene Speicher der Kampffmeyer-Mühlen auf dem ITAG-Gelände westlich des Bolle-Block-Projekts.

299 Beispiele sind der Abriss für das Zoofenster, auch der anvisierte Abriss des Schimmelpfeng-Hauses und die Neuordnung des Bolle-Blocks.

Gestalterische Anforderungen

In geschützten Baubereichen oder in der Umgebung besonders herausragender Denkmale werden gestalterische Anforderungen an die Neubebauung in der Nachbarschaft thematisiert, die im Normalfall angesichts der argumentativen Dynamik wirtschaftlicher Entwicklung und der Diffamierung von „Verzögerern" von Projekten nicht einmal von der Denkmalschutzbehörde selbst eingebracht werden. Gerade zur Verteidigung von identitätsstiftenden Bereichen oder Objekten und ihrem städtebaulichen Kontext gewinnt die Thematisierung durch Stimmen aus der Fachöffentlichkeit, Presse und der Öffentlichkeit an Schwung, bleibt allerdings angesichts des extrem zersplitterten Meinungsspektrums über die sinnvolle Einordnung von Neubauten in einen historischen Kontext stark konfliktiv. Jede Äußerung wird hier wegen des geringen Ausmaßes historischer Zeugnisse in der Stadt einerseits und der Berufung auf eine Berliner Tradition des Bekenntnisses zur architektonisch-städtebaulichen Modernisierung andererseits entweder als rückwärtsgewandt-provinziell oder als menschenfeindlich-kalt gebrandmarkt und dient der kulturpolitischen Identitätsstiftung der jeweiligen „Szene".

Akteure und Ziele

Wesentliche Konfliktpotentiale ergeben sich aus drei akteursbezogen unterschiedlichen Positionen und Motiven, nämlich erstens hinsichtlich der Bedeutung von Kompromissen bei denkmalrechtlichen Entscheidungen, zweitens bei der damit in Zusammenhang stehenden Gewichtung städtebaulich-stadtplanerischer Gesichtspunkte im Vergleich und drittens bei der Einschätzung von denkmalwerten Beständen ohne „anheimelnde" Wirkung — derzeit die negativ stigmatisierten Bestände der Nachkriegsmoderne. Während sämtliche Akteursgruppen Kompromisse als selbstverständlich auch bei der Denkmalpflege ansehen, variiert die Einschätzung über deren sinnvollen Anwendungsbereich und Reichweite beträchtlich. Typischerweise sehen die Denkmalpfleger selbst zunächst Details als sinnvollen Gegenstand von Kompromissen an (S06, S09, S12, S27). Im Hinblick auf das Gebäudeinnere ist die Denkmalpflege auf ein Bündnis mit Architekten angewiesen: „Wenn die Architekten keine Lösung für die Treppenhäuser gefunden haben, dann gibt es wohl keine" (A02, S09). Diese Autorität der Architekten endet allerdings an der Beurteilung des angemessenen Maßes an Konfrontation zwischen „Neu" und „Alt" im Außenbereich von Gebäuden. Mit dem Einsatz für gefährdete Ensembles gelingt es bisweilen der Denkmalpflege durch Thematisierung, wenigstens einen Teil von ihnen zu retten, der ansonsten u. U. verloren gegangen wäre, auch wenn sie angesichts der geringen „Ausbeute" ihres Einsatzes zunächst als Verlierer scheinen (S12).

Den Gegenpol zu den Denkmalpflegern bilden die politischen Spitzen der Exekutive, die aufgrund ihrer zentralen Entscheidungsposition und ihres Status als Verhandlungspartner der Investoren auch denkmalpflegerische Inhalte von vorneherein als verhandlungsfähig ansehen. Teilweise ist dabei ihre planerische Motivation mit ausschlaggebend, doch zeigt sich bis weit in die als „bestandsorientierten" Parteien Bündnis 90 / Die Grünen und PDS hinein eine gewisse Selektivität in der Problemwahrnehmung. So können sich Politiker der Exekutive das Opfern des Kranzler-Gebäudes vorstellen (E01, E02), halten die Integration „wesentlicher" Zeugnisse in die Neubebauung für wichtig (E11) und gehen auf Investorenargumente geringer wirtschaftlicher Nutzbarkeit ein, vor allem, wenn es sich nur um einen Teil des denkmalgeschützten Komplexes handelt (E07)[300]. Deutlicher wird die selektive Bereitschaft zu Kompromissen bei den Politikern der Legislative, wo sich eine deutliche Polarisierung insbesondere bei Nachkriegsbauten zwischen der CDU und FDP (Abrissposition in der City-West) und den Grünen (Erhaltsposition) ergibt und die SPD sich gewissermaßen in der Mitte befindet (G068, G086, G112, G121). Interessanterweise existieren hier auch im Bezirk unvereinbare Positionen.

Die Positionsbestimmung ist leichter zu verstehen, wenn man die Akteure aus der Verwaltung und die Architekten und Planer hinzuzieht. Während in der Fachverwaltung bewahrende Positionen Sicht existieren, lässt sich vor allem bei dem stärker mit Investoren kommunizierenden Leitungspersonal wiederum grundsätzliche Verhandlungsbereitschaft ausmachen[301]. Während aus Sicht der Investoren eine differenzierte Position durchaus ablesbar ist und sogar Entgegenkommen gegenüber der Denkmalpflege vorkommt (G013, G078, G109), werden unter strategischen Gesichtspunkten die derzeitige Denkmalpflege in Frage stellende Kompromisslinien nur subtil geäußert, während härtere Gegenpositionen eher von Kritikern des Erhalts von Nachkriegsarchitektur unter Architekten kommen (G023, G051, G056). Mitentscheidend für die Ausbildung einer erhaltsorientierten Position ist die Bereitschaft, fachliche Beratung im Hinblick auf den Denkmalschutz zuzulassen (G118). Diese ist bei den verschiedenen Parteien je nach Gewichtung der städtebaulich-stadtplanerischer Gesichtspunkte unterschiedlich ausgeprägt. Nur wenige Akteure sind offenbar zu einer Position fähig, die sich vergleichsweise frei von Vorerwägungen lediglich aus den vorgelegten Argumenten ergibt (G028, G051, G110), sich dann aber kaum in der entscheidungsrelevanten Debatte Raum verschaffen kann[302].

Planerische Argumente gegen den Erhalt von Bestandsgebäuden wie verkehrliche, erschließungsbezogene, nutzungskonfliktbezogene und vor allem städtebauliche Überlegungen stützen Abrisserwägungen und schwächen die Durchsetzungsfähigkeit der Denkmalpflege, da sie in den Verwaltungen, bei Gutachtern und Investoren im Konfliktfall nicht hinreichend bündnisfähig ist (G006, G039, G051, G060, G127)[303]. Die Ambivalenz, die Planer und Verwaltungsmitarbeiter gegenüber der Denkmalpflege hinsichtlich der städtebaulichen Strukturvorstellung entwickeln (G039, G051, G063), wird für das Schimmelpfenghaus durch die Aussage auf den Punkt gebracht, der Breitscheidplatz sei stadtpla-

300 In diese Reihe ist Strieders grundsätzliche Kompromissbereitschaft gegenüber dem Abriss des Schimmelpfenghauses zu stellen. (G100)

301 So wird dort ein Abriss aus Kostengründen akzeptiert und Bereitschaft auch für einen Abriss beispielsweise des Kranzler-Gebäudes deutlich (G075, G089), während vor allem in den unteren Hierarchiestufen beklagt wird, Entscheidungen seien „sehr von der Politik bestimmt“ und man sei für einen Erhalt bestimmter umstrittener Gebäude. (G033, G087, G105)

302 Dies stellt einen wichtigen Hinweis auf die geringe Transparenz von denkmalrelevanten Entscheidungen dar, obgleich deren Politisierung diese eigentlich fordern würde.

303 Die Zuspitzung im Schäche-Gutachten zum Schimmelpfenghaus gibt dem beredten Ausdruck, wenngleich, wie in der Fallstudie gezeigt, die planerische Position gar nicht hinreichend begründet sein muss, um die Position der Denkmalpflege entscheidend zu schwächen — nicht zuletzt, weil wiederum die denkmalpflegerische Position nicht hinreichend transparent ist. (G060)

nerisch „eine Katastrophe“ und weise ein „nicht korrigierbares Stadtgrundrissproblem“ auf (G051). Auch mit historisierenden Kreisen außerhalb der Verwaltung oder unter den Investoren ist die Denkmalpflege nur eingeschränkt bündnisfähig.

An der höchst umstrittenen und inhaltlich die Auseinandersetzung um den Bestand dominierenden Kontroverse um nicht anheimelnde Bestände (Nachkriegsmoderne), zeigt sich die Abhängigkeit von der Bereitschaft zum Erhalt von Denkmalen von deren imagebezogener Verwertbarkeit, die von den Investoren bis hin zu Politikern der Grünen eingestanden wird (G049, G061, G110, G118, G127). Die Bewertung der Nachkriegsmoderne korreliert hoch mit der politischen Verortung des jeweiligen Akteurs, wenngleich dennoch das Meinungsspektrum diffus ist und von den Akteuren unterschiedliche Bewertungskriterien herangezogen werden. Die fachliche Motivation, den Erhalt der 1950er-Jahre-Architektur als „regelrechtes Programm“ zu betreiben, hat inzwischen hinreichend Anerkennung gefunden. Neben der geschichtlichen Bedeutung des Wiederaufbaus wird von Denkmalpflegern, Architekten und Politikern ins Feld geführt, die Gebäude seien „gerade in [ihren] ... einfachen Formen“ wichtig, „nobel“ in ihrer Zurückhaltung und Bescheidenheit, städtebaulich ausgezeichnete Leistungen mit gut gefassten städtischen Räumen, zeichneten sich durch ihre Nutzungsmischung aus, seien gut benutzbar und würden von den Verantwortlichen „kaputtgeredet“ (G022, G027, G057, G066, G118). Tatsächlich kommt diese Unterstützung explizit aus den Kreisen der Grünen und ist dort wohl u. a. auf die grundsätzliche Offenheit gegenüber einer Bewahrung des Bestands zurückzuführen, die sich fachlichen Argumenten nicht verschließt. Die Gegenseite verschließt sich denn auch implizit der Argumentation der Denkmalpflege und interpretiert die auf die „Bescheidenheit“ aufbauende Argumentationsfigur der Befürworter im Sinne von „städtebaulich problematischem Provisorium“. Die 1950er-Jahre-Architektur sei „nach wie vor“ „etwas für Satellitenstädte“, eher ein „Nachkriegsprovisorium“ und die Dustmann-Planung schon damals ein „fataler Fehler“ (G023, G051, G063). Problematisch für den Stellenwert der Denkmalpflege ist hierbei die mangelnde Bündnisfähigkeit mit ansonsten auf Bewahrung orientierten Kreisen wie beispielsweise den Befürwortern der kaiserzeitlichen und vorindustriellen Stadt, die sich auch bei der Diskussion über die DDR-Moderne wiederfindet (G095). Exemplarisch zeigt sich die unterschiedliche Herangehensweise an die Bewertung der 1950er-Jahre-Architektur am Bilka-Kaufhaus auf dem Kranzler-Gelände. Während es von der Denkmalpflege als „einer der ersten fensterlosen Kaufhausbauten“ wegen seiner kubischen Form und seiner aufwendigen Fassadenmaterialien als unbedingt erhaltenswert herausgestellt wird, stellen andere Akteure es grundsätzlich und sogar fachlich begründet wegen seiner angeblich schlechten Nachnutzbarkeit in Frage: „Wie beliebig diese Kiste ist, sieht man schon daran, als Bilka war es ja noch witzig ... jetzt sind da Imbissdinge drin, ... und alles aufgerissen, also das kann man eigentlich vergessen“ (G040, G104). Ob ein Akteur sich dem einen oder anderen Lager zuordnet, hängt wesentlich davon ab, inwieweit er bereit ist, sich gewissermaßen auf den „Zweiten Blick“ einzulassen, der die Werte der Nachkriegsarchitektur zu würdigen weiß. Diese Bereitschaft ist entweder dann vorhanden, wenn der Akteur sich auf die fachliche Argumentation der Denkmalpflege einlässt und diese hinreichend öffentlich wird, oder wenn eine grundsätzlich veränderungskritische Position den Wert des Bestands höher schätzt als eine, die den Bestand aufgrund seiner geringen Repräsentativität, seiner städtebaulich „unbequemen“ Wirkungen oder seiner Entstehungsgeschichte stigmatisiert.

Im Hinblick auf die Bereitschaft, denkmalwerte Substanz auch tatsächlich zu erhalten, fällt die implizite Herausstellung ihrer geschichtlichen Bedeutung auf, die bisweilen die Notwendigkeit zum Erhalt als Teil von symbolischer Politik nach sich zieht, vor allem, wenn die Auseinandersetzung die Legislative erreicht (G027, G031, G046, G055, G076, G112). So wird dem Kranzler als dem Ort, „wo die ersten nach dem Krieg an der Sonne saßen", gegenüber dem Bilka-Kaufhaus Priorität eingeräumt, aber auch darauf verwiesen, dass die Bürger die Institution Café Kranzler erhalten wollten, nicht das Gebäude.

Im Umgang mit Umgebungsschutz fällt auf, dass aus der Denkmalpflege selbst heraus eine erhebliche Bereitschaft zur Überlagerung von verschiedenen baulichen Zeitschichten besteht. Dies könnte mit dem Themenspektrum dieser Untersuchung und der kunstgeschichtlichen wie architektonischen Prägung der Profession Denkmalpflege zusammenhängen, bei der eine „Anbiederung" von Ergänzungsbauten an bestehende Denkmale nicht befürwortet wird (G048, G059, G104). Die Überlagerungsbereitschaft wird in Politik und Verwaltung nicht eindeutig geteilt. Zwar wird städtebaulich in Höhe und Erscheinungsbild zumeist auf prägende Altbauten Rücksicht genommen (G071, G077, G084), doch fordert die Politik teilweise einen differenzierten gestalterischen Umgang mit den ergänzenden Neubauten (G068).

Rahmenbedingungen und Durchsetzungsmechanismen

Eine der bedeutendsten Rahmenbedingungen für die Denkmalpflege, die Einordnung in die Stadtentwicklungsverwaltung, wurde bereits oben angedeutet. Es bleibt zu ergänzen, dass in einer großen Koalition Zweckbündnisse zwischen den Senatoren notwendig werden, die die Denkmalpflege weiter schwächen können. Dabei spielt der Vereinigungsboom eine besondere Rolle, indem er lange währende Entscheidungsblockaden tendenziell nicht zulässt. Die Antizipation der denkmalpflegerischen Verträglichkeit eines Projekts wird zwar durch Voruntersuchungen und Wettbewerbsausschreibungen versucht, doch im Konfliktfall, z. B. bei Veränderungen des Nutzungskonzepts, ist der Denkmalschutz der Konzeptentwicklung eher nachgelagert. Da im Konfliktfall die politische Spitze nur nachträglich Argumente miteinander vergleicht, um eine Auflösung von Entscheidungsblockaden herbeizuführen, können neue Alternativen kaum noch eingebracht werden. Es hängt von der Vorgeschichte eines Projekts ab, inwiefern denkmalpflegerisch verträgliche Alternativen auf Seiten der Verwaltung verfügbar sind und die Argumentation stützen. Ähnliches gilt, wenn sogar noch die Legislative inhaltlich eingebunden ist.[304]

Damit wird erklärbar, dass die untersuchten Entscheidungsprozesse aufgrund der pragmatischen Haltung der beteiligten Schlüsselpersonen Kompromisse mit erheblichen Zugeständnissen aus denkmalpflegerischer Sicht produzieren. Die Investoren haben große Durchsetzungschancen, wenn sie auf einen Erhalt imageprägender und leicht nachnutzbarer Substanz setzen, aber eine Weiternutzung „schwieriger" Gebäude verweigern. Aus Sicht

304 Unabhängig von der Politisierung der Entscheidungsfindung ist der Stellenwert der Industriedenkmalpflege bei der Konversion von Gewerbe- und Industrieflächen zu berücksichtigen, der erst im Laufe der 1980er Jahre allmählich steigen konnte und weiterhin mit dem Problem geringen Wahrnehmbarkeit seines Gegenstands und dem Vorwurf der Arbeitsplatzfeindlichkeit kämpft.

der Denkmalpflege ist eine übergreifende Substanzsicherung im Sinne von großen Ensembles wegen ihrer Blockadewirkung für die Grundstücksverwertung chancenlos. Um mit diesem Dilemma produktiv umzugehen, bleiben ihr drei Wege, die von der Verwaltung teilweise mitgegangen werden. Erstens erreicht sie durch einen Verzicht auf Umgebungsschutz und Fokussierung auf die „eigentlich“ für sie entscheidende Substanz eine Entschärfung möglicher Konflikte, wenn es gelingt, die vermietungsrelevanten Flächen auf den übrigen Flächen des Grundstücks unterzubringen. Zweitens kann eine frühzeitige Alternativenproduktion unter Einschluss denkmalpflegerischer zeigen, dass mit intelligenten Entwurfslösungen wesentlich mehr denkmalgerechter Erhalt möglich ist als anfangs vermutet. Drittens kann versucht werden, eine Politisierung des Entscheidungsprozesses zu vermeiden und eine bilaterale Einigung mit dem Investor herzustellen. Der Versuch, über Bündnisse mit außenstehenden Akteuren die eigenen Ziele zu erreichen, scheitert offenbar an der geringen Bündnisfähigkeit eines in seiner differenzierten Argumentation schwer durchschaubaren Belangs sowie der Spaltung der Fachöffentlichkeit und der Bürger hinsichtlich der Einschätzung „unbequemer“ Bestände.

Zusammenfassende Einschätzung und Veränderungsspielraum

Entscheidungen über denkmalpflegerische Kompromisse leiden unter geringer Transparenz. Von außen ist kaum angemessen zu würdigen, ob die Entscheidung für oder gegen den Erhalt eines Gebäudes vertretbar ist, und selbst aus der politischen Warte möglicherweise „richtige“ Abrissentscheidungen sind nicht identifizierbar. Für außenstehende „Bewahrer“ bleibt die unterschwellige Frustration über den Verlust wertvoller und unwiederbringlicher Substanz, für Anhänger baulichen Veränderungen ist kaum der selektive Erhalt von einzelnen Gebäuden nachvollziehbar, wenn andere, scheinbar oder sogar tatsächlich erhaltenswertere Gebäude nicht erhalten werden. Die letztlich von der Politik getroffene Entscheidung entzieht sich weitgehend einer politischen Rechenschaftspflicht; die ihr zugrundeliegende Komplexität macht die Begrenztheit der zur Verfügung stehenden Alternativen fragwürdig. Entsteht eine in der Regel fachpolitisch gestützte Bewegung für den Erhalt eines Gebäudes, so kann diese nur noch als lobbyistische Kraft wahrgenommen werden, deren Erfolg dementsprechend eher von ihrer Mobilisierungsfähigkeit, dem Verhandlungsstand zum Zeitpunkt ihres Erscheinens und ihrer Intelligenz abhängt, auf wunde Punkte der Politik wie den Aufschrei der Bevölkerung bei Gebäuden mit sentimentaler Aura oder die vermeintliche kulturpolitische Provinzialität Berlins hinzuweisen und dafür bedeutende Bündnispartner mit überörtlicher Ausstrahlung zu gewinnen. Damit wird Bestandspolitik von sachfremden Phänomenen überlagert. Die geringe Transparenz der Entscheidungen führt so weit, dass offenbar unkorrigiert widersprüchliche Aussagen zu ein und derselben Thematik im Umlauf sind[305].

Aus Sicht der Investoren bietet zwar die direkte Verhandlung mit der Exekutive gute Möglichkeiten, die eigene Strategie durchzusetzen. Dennoch ist der Entscheidungsprozess

305 So z. B. die Behauptung, das Schimmelpfenghaus sei nicht nutzbar bzw. doch vernünftig nutzbar (G056) oder der damalige Landeskonservator Engel habe einem Abriss des Bilka zugestimmt (G053), während dieser selbst im Gespräch das Gegenteil behauptet.

hinsichtlich etwaiger Verzögerungen wegen Widerständen aus der Denkmalpflege problembehaftet. Für die Spitze der Exekutive besteht angesichts ihrer Einbindung in eine Vielzahl von Entscheidungen vermutlich kein echter Spielraum, sich tiefer mit denkmalpflegerischen Alternativen auseinander zu setzen, so dass sie auf die Rolle des Blockade-Entschärfers reduziert bleibt. Die frühzeitige Auslotung eines breiten Alternativenspielraums unter inhaltlicher Einbeziehung der Denkmalpflege scheint der einzig sinnvolle Weg zu sein, um solche Blockaden zu vermeiden, wenn sich keine bilaterale Konsensfindung zwischen Investor und Denkmalpflege abzeichnet. Dazu sind Werkstattverfahren ein geeignetes Instrument, während Wettbewerbe aufgrund ihrer geringen Interaktivität offenbar eher negative Ergebnisse bringen. Städtebauliche Verträge finden derzeit immer weitere Verbreitung für die Herstellung von Planungsrecht. Die formal starke Position der Denkmalpflege könnte häufiger von Seiten der öffentlichen Hand genutzt werden, um ein Testentwurfsverfahren oder eine immobilienwirtschaftliche Voruntersuchung zur Nachnutzungsmöglichkeit von Bestandsgebäuden im Rahmen eines städtebaulichen Vertrags durchzuführen. Es wäre zu erwägen, ob nicht durch die der Denkmalpflege übergeordnete Baupolitik von der Denkmalpflege eine stärker „diskursive", d. h. sich noch stärker auf die gemeinsame Erarbeitung von Lösungsalternativen einlassende Rolle eingefordert werden könnte, die sich aber dennoch des obrigkeitsstaatlichen Status des Denkmalrechts bedient (Notwendigkeit des Einvernehmens). Für weiterhin stattfindende Wettbewerbsverfahren ist zu prüfen, ob im Einzelfall nicht die Denkmalpflege aus der Rolle des Sachverständigen in die eines Jurymitglieds schlüpfen könnte.

Sämtliche bisher genannten Vorschläge erfordern letztlich die Zustimmung der Exekutive. Verfahrensmäßige Innovationen sind wohl kaum durchsetzbar, wenn die Baupolitik die Denkmalpflege als Behinderung von Investitionen ansieht oder der Investor sich massiv gegen eine diesbezügliche Stärkung des Denkmalschutzes sperrt. Aus Sicht der Bürger erscheinen die hier vorgestellten Überlegungen wenig zur Stärkung der eigenen Position zu versprechen. Obwohl die Denkmalpflege sich aufgrund der geltenden Rechtslage einer formellen Beteiligung der Legislative oder der Bevölkerung an der Entscheidung entzieht, kann angesichts der Entscheidungspraxis nichts gegen deren stärkere Vorfeldbeteiligung sprechen. Ein erster Schritt könnte die Darlegung von entscheidungsrelevanten Positionen — Denkmalbegründung, Investorenstellungnahme usw. — im Bauausschuss der BVV und dessen Zustimmung als Voraussetzung für die weitere Bearbeitung des Entscheidungsverfahrens durch die Exekutive sein.

Freiraum

Qualifizierte Freiräume, sowohl öffentlich als auch privat, sind für Nutzer wesentliche Bausteine städtischer Attraktivität. Ihre Zugänglichkeit ist aber neben „harten" Charakteristika wie Art und Maß der baulichen Nutzung ein Randbereich der Entscheidungsfindung. Daneben spielt auch ihre Nutzungsqualität selbst eine Rolle im Zielsystem der öffentlichen Hand, die erwartungsgemäß mit der Größe des Vorhabens und damit tendenziell dem Umfang der geschaffenen Freiflächen steigt. Konflikte durchziehen die gesamte Stadtöffentlichkeit latent in ihrem Verständnis von Freiraumqualität. Diese Auffassungsunterschiede werden vorwiegend innerhalb der öffentlichen Hand thematisiert und die Konflikte dort einer Einigung zugeführt.

Rechtliche Grundlagen und ihre Wirkung

Die Abgrenzung zwischen den eigentumsrechtlichen Kategorien „privat" und „öffentlich" wird durch Planung entscheidend beeinfluss Zwar kann der Bebauungsplan nur eigentumsrechtliche Akte vorbereiten, doch bietet er u. a. über Geh- und Fahrrechte Möglichkeiten, Zugänglichkeit für einen über den Grundstückseigentümer und seine Besucher hinausgehenden Kreis zu schaffen. Dies darf nicht darüber hinweg täuschen, dass der Erwerb von Grundstücken für öffentliche Nutzungen in der Innerstadt häufig die finanziellen Möglichkeiten der öffentlichen Hand übersteigt. Entsprechend wird die öffentliche Hand anstelle des Erwerbs einer Freifläche versuchen, Zugänglichkeit über die Festsetzung von Geh- und Fahrrechten zu sichern, falls der Eigentümer nicht aus eigenem Interesse eine Öffnung seines Grundstücks für die Allgemeinheit vorsieht und sicherstellt. Das Instrument des städtebaulichen Vertrags trägt dazu bei, detaillierte Vereinbarungen über die Rahmenbedingungen der Nutzung festzulegen.

Die Gestaltung der Freiflächen wird durch vorbereitende Pläne kaum rechtlich bindend beeinflusst. Dagegen hält der Bebauungsplan verbindliche Festsetzungsmöglichkeiten bereit, die im Rahmen einer Umsetzung von Entwurfszielen zum Einsatz kommen (Pflanzflächen, Pflanzpunkte für Bäume, Artenlisten für die Bepflanzung). Der Sinn einer hohen Festsetzungstiefe ist allerdings nicht nur unter Investoren, sondern auch unter den Planern selbst umstritten. Neben den grünplanerischen Festsetzungen des Bebauungsplans ist die Eingriffs-Ausgleichs-Regelung der Naturschutzgesetze von erheblicher Bedeutung für den Charakter der Freiräume, die allerdings in der Innenstadt nur geringe Auswirkungen auf die Gestaltung der Freiflächen selbst besitzt.

Thematisierungsgrad und -art

Dem Themenfeld „nicht gebauter Raum" (Gliederung der Freiräume, Zugänglichkeit, Außenraumgestaltung) kommt lediglich eine mittlere Aufmerksamkeit im Entscheidungsprozess zu. Entsprechend der bisher gemachten Ausführungen werden Forderungen zur Zugänglichkeit zumeist von der öffentlichen Hand eingebracht. Der Entwurf von Freiräumen wird im Hinblick auf seine gestalterischen, nutzungsbezogenen und ökologischen Qualitäten hin thematisiert, ohne starke Konflikte zu produzieren, die über die oben beschriebenen hinausgingen. Die Abgrenzung der Flächen und ihre Gestaltung werden vorwiegend wie folgt thematisiert:

- Festsetzung öffentlicher Parkanlagen bei der Umstrukturierung größerer Areale,
- Schaffung von öffentlich zugänglichen Uferwegen oder Grünverbindungen,
- Schaffung von halböffentlichen Hofbereichen und Durchwegungen,
- Festlegung von Platzräumen als Gestaltungsmittel und zur Attraktivitätssteigerung,

- Privatisierung von öffentlichen Räumen oder Gestaltung von Hofbereichen zu quasi-privatisierten Innenräumen,
- Auseinandersetzung um die Aufenthaltsqualität eines Grundstücks aufgrund seiner Freiflächenausstattung und
- Auseinandersetzung um „Naturnähe" bzw. „städtischen Charakter" einer Freifläche.

Parkanlagen

Die Schaffung von öffentlichen Parkanlagen kommt nur im Stadtumbau auf Großstandorten in Frage. Öffentliche Parkanlagen werden entweder in Ableitung aus übergeordneten Plänen von der öffentlichen Hand im Rahmen der Parzellierung von Standorten von vornherein aus den Bauflächen ausgesondert oder in Wettbewerbs- und Gutachterverfahren aus der Empfehlung des ausgewählten Entwurfs übernommen. Eine Ableitung der Größen aus Versorgungsrichtwerten o. ä. findet praktisch nicht statt. Im ersten angeführten Fall dienen sie der Qualitätssicherung und Attraktivität eines Standorts, werden dabei aber in der Konkretisierung der Bauvorhaben in ihrer Größe und ihrem Zuschnitt abgewandelt und dienen im Einzelfall bei steigenden Bruttogeschossflächen auch als Ventil, wenn diese nurmehr über eine Verkleinerung der Freiflächen realisierbar scheinen. Im zweiten Fall sind die Parks Residualgröße des baulichen Entwurfs, so dass ihre Größe und ihr Zuschnitt nur ansatzweise aus Qualitätsüberlegungen für Freiflächen resultiert. Zum stabilen Bestandteil des städtebaulichen Konzepts werden sie eher durch ihre prägnante Gestalt oder durch ihre stadträumliche Bedeutung als wegen ihrer Versorgungsfunktion. Sie können damit Teil der „Essentials" eines Entwurfs und zum Input für weitere Ausdifferenzierungsprozesse (Realisierungswettbewerbe usw.) werden. Ohne die Realisierungschancen zu kennen, wird mitunter versucht, bereits existierende private Grünflächen oder Teile von Umstrukturierungsflächen als öffentliche Grünflächen festzusetzen. Damit versuchen Akteure, die Freiflächenbilanz des Vorhabens zu verbessern. Lediglich im Falle von städtebaulichen Verträgen, in denen die Kopplung mit anderen Vertragsinhalten im Rahmen des Entscheidungsprozesses noch möglich ist, gelingt beim Scheitern des Flächenerwerbs durch die öffentliche Hand eine Sicherung von Flächen über die Festsetzung von Gehrechten hinaus.

Uferwege und Grünverbindungen

Die Schaffung von öffentlich zugänglichen Uferbereichen entlang der Berliner Gewässer, in der Innenstadt vorrangig der Spree, stellt ein wesentliches und Jahrzehnte altes Ziel der öffentlichen Hand dar. Mit dem FNP 1991/94 wurden praktisch sämtliche Uferbereiche mit der symbolischen Darstellung eines linearen Grünzugs versehen, was dem in den 1980er Jahren stark von Stadt- und Landschaftsplanung ins Gespräch gebrachten Gedanken der Vernetzung von Grünflächen folgt und mithin von einer Reihe weiterer verbindender Grünzüge abseits der Uferkanten begleitet wird. Der breite Konsens innerhalb der öffentlichen Hand über diese Grünzügesystematik verhilft ihnen zum Charakter von Rahmenbedingungen weiterer Entwicklung, über die nicht hinweggegangen werden kann. Gleichwohl wird die Interpretation der Flächennutzungsplandarstellung und ihre Überführung in konkrete Projekte konfliktiv verhandelt. Dabei setzt sich die öffentliche Hand mit ihren Forderungen einer öffentlichen Zugänglichkeit privater Flächen zwar durch, aber offenbar nur über Zugeständnisse bei anderen Festlegungen. Erfolg und Misserfolg im Hinblick auf die Herstellung durchgehender Abschnitte von Uferwegen hängen von der Verhandlungsbereitschaft weiterer Akteure (Grundstückseigentümer sowie Wasser- und Schiffahrtsamt) und den technischen Rahmenbedingungen vor Ort ab.

Hofbereiche und Durchwegungen

Ähnlich der Zugänglichkeit von Uferbereichen stellt häufig auch die Wegevernetzung durch große Baublöcke oder die Überwindung von Barrieren ein energisch von der öffentlichen Hand verfolgtes planerisches Ziel dar, das bereits auf die planerische Herangehensweise der Vorwendezeit in West-Berlin zurückgeht. Es geht in Wettbewerbsverfahren ein und entscheidet über die Auswahl von Entwürfen mit. Die Auseinandersetzung über solche Durchwegungen wird meist erst bei der Diskussion städtebaulicher Detaillösungen geführt. Bis zur baulichen Umsetzung können auf den privaten Flächen noch unvorhergesehene Realisierungshindernisse auftauchen (Verfügbarkeit von Grundstücken, Kollision mit Flächenbedarf für technische Infrastruktureinrichtungen). Von Seiten der Investoren und der Architekten werden öffentlich zugängliche private Freiräume mitunter in die Diskussion gebracht, um im Zusammenhang mit ihren erheblichen Dichtevorstellungen Rückzugsräume als Ersatz für nicht realisierbare öffentliche Freiflächen anzubieten. Wegen des Unterschieds in der Rechtsform der Fläche, der deutlich anderen Ausrichtung der städtebaulichen Konzeption („Amerikanisierung", „Privatisierung des öffentlichen Raums") und Zweifeln über die Qualität solcher Räume werden diese Vorschläge häufig konfliktiv zwischen öffentlicher Hand und Investoren behandelt.

Platzräume

Auch Platzräume auf öffentlichen — oder bei städtebaulichen Vertragsverhandlungen auch privaten — Flächen werden als Gestaltungsmittel und zur Attraktivitätssteigerung von der öffentlichen Verwaltung in die Diskussion eingebracht. Eine sinnvolle Grundstücksverwertung steht der Freihaltung von Bebauung entgegen, so dass lediglich bei größeren Umbauvorhaben konfliktarm öffentliche Plätze geschaffen werden können, die auch von den Investoren als attraktivitätssteigernd anerkannt werden. Auf kleineren Grundstücken gelingt es dagegen nur in sehr eingeschränkter Weise, Freihaltungsziele gegen ein schrittweises Übergreifen von baulichen Nutzungen auf einen immer größeren Teil der Grundstücksfläche zu verteidigen.

Privatisierung von Räumen

Das Gegenstück zur Schaffung von halböffentlichen Räumen auf Privatgrundstücken stellt die Teilprivatisierung von öffentlichen Räumen durch Investoren dar. Hierunter fällt der Versuch, öffentliches Straßenland für Einzelhandelsfläche zu privatisieren, städtebaulich erkennbar an der transparenten Überdachung der Verkehrsfläche, und der Versuch, Hofflächen durch transparente Überdachungen mehr oder weniger deutlich zum Innenraum zu machen. Während der erste Versuch aufgrund der effektiven Vergrößerung der resultierenden Baublöcke und dem möglichen selektiven Ausschluss einer Teilöffentlichkeit durch den Betreiber nur gegen Widerstände der planenden Verwaltung durchzusetzen ist, stößt der zweite praktisch nicht auf Kritik und zeugt damit von dem Einverständnis der öffentlichen Hand mit der Bildung einheitlich bewirtschafteter Großparzellen in der Innenstadt und dem Trend zu deren vollflächiger Überbauung.

Aufenthaltsqualität und Freiflächenausstattung

Die Aufenthaltsqualität eines Grundstücks unterliegt systematischen Einschränkungen durch die Betrachtungsebene, da Büroinvestitionen nicht primär für die Schaffung von Aufenthaltsqualität auf Freiflächen getätigt werden. Mit der Grundstücksgröße steigt demnach aber auch die Möglichkeit der Schaffung von Aufenthaltsbereichen. Auf kleinen oder wenig beachteten Grundstücken wird vor allem dann von Bürgern oder Gutachtern Aufenthaltsqualität eingefordert, wenn sie vor der Nutzungsintensivierung als Brachflächen einer öffentlichen Freiflächennutzung dienten, die durch das Projekt verloren geht, oder wenn ihnen als „Trittsteine“ im Rahmen einer Grünflächenvernetzungsstrategie eine Bedeutung zukommt. Im Rahmen einer Verdichtung müssen sich diese Ansprüche mit einer privatwirtschaftlich ausgerichteten Grundstücksaufteilungslogik verbinden und lassen sich daher meist nur im Rahmen der Privatisierung eines öffentlichen Grundstücks oder aufgrund von vertraglichen Vereinbarungen mit hohem Verhandlungsaufwand durchsetzen. Größere Stadtumbauprojekte profitieren von der Lage am Wasser oder an attraktiven verkehrlichen, kulturellen oder Versorgungseinrichtungen und schöpfen aus der Anordnung der Baumassen zu diesen Einrichtungen ihre Qualität, ohne dass die Entscheidungsträger der öffentlichen Hand zwangsläufig eine freiflächennutzungsbezogene Ausdifferenzierung der Gestaltung nachhaltig thematisieren.

Naturnähe und städtischer Charakter

Ausgehend von der Entdichtung der Stadt durch Krieg und modernen Städtebau hat sich spätestens in den 1980er Jahren ein Bekenntnis zum „Städtischen“ etabliert, das sich mit der ökologischen Forderung nach innerer Verdichtung verbunden hat. Neben der oben dokumentierten Auswirkung auf die zu realisierende bauliche Dichte wird dieses Bekenntnis von einem bedeutenden Teil der Architekten und Stadtplaner auch auf den Charakter der Freiflächen angewandt. Sowohl auf Seiten der öffentlichen Hand als auch auf der des Investors finden sich also bedeutende Akteure, die Qualität gerade in der Innenstadt in einer städtischen Ausformulierung der Freiflächengestaltung erkennen. Sie stehen einerseits Ansprüchen an zwanglosen Aufenthalt erlaubende Grünflächenbereiche und andererseits Ansprüchen an den Erhalt und die Weiterentwicklung innerstädtischer „Biotope“ gegenüber, die bisweilen von Bürgern oder aus der Fachwelt geäußert werden. Dagegen steht für den Investor selbst die Attraktivität des Standorts und schnelle Realisierbarkeit der vorgesehenen Bruttogeschossfläche im Mittelpunkt des Interesses, so dass er in der Regel weniger stark in die Ausgestaltung der Freiflächen eingreift. Der Konflikt zwischen „Naturnähe“ und städtischem Charakter manifestiert sich im Flächenanteil für begrünte bzw. versiegelte oder teilversiegelte Bereiche, in der Auswahl der zu pflanzenden Bäume und Sträucher und in der Zuordnung der Freiflächen zu den Gebäuden sowie den auf den Freiflächen möglichen Nutzungsformen. Der städtische Charakter wird wie im Falle der baulichen Nutzungen von dem zugeschriebenen Charakter der Umgebung abgeleitet. Er erlaubt die vorzugsweise Anordnung von künstlerischen Gestaltungselementen, die Stein als Material verwenden. Gestalterisch appelliert er an „Strenge“ und Reduzierung der Detailvielfalt bzw. Verspieltheit. Der Konflikt zwischen den beiden grundsätzlichen Herangehensweisen wird in der Regel durch Einzeläußerungen von Vertretern des Konzepts der „Naturnähe“ thematisiert, die zu einem vergleichsweise späten Zeitpunkt auftreten.

Akteure und Ziele

Die Durchsetzung von öffentlich zugänglichen Räumen verlangt eine strategische Herangehensweise, die bestehende, aber u. U. wenig attraktive Freiflächen erhält, neue Freiflächen im Rahmen von Umbauprojekten schafft und den Versuch unternimmt, private Flächen stärker als bisher für eine Durchwegung zu öffnen. Alle drei Elemente einer solchen Strategie gehen über die bloße Erhaltung von planungsrechtlich gesicherten öffentlichen Freiräumen hinaus. Die durch sie anvisierte Attraktivierung ist ein durchgehendes Ziel sowohl der öffentlichen Hand als auch der Bürger, so dass ein Grundkonflikt zwischen diesen auf der einen Seite und den Investoren bzw. Grundstückseigentümern auf der anderen Seite zu erwarten ist, der nur über verwertungsbezogene Konzessionen an die Eigentümer aufzulösen scheint, auf der anderen Seite wegen der ohnehin im Rahmen von Planungsverfahren in der Regel steigenden Dichtewerten eigentlich kein grundsätzliches Problem darstellen sollte. Tatsächlich sind die Ziele aber vielfältig gebrochen und aufgefächert. Diese Auffächerung der Ziele innerhalb der hier als tendenziell „zugänglichkeitsorientiert“ agierenden Akteursgruppen, die auf die fachliche Herkunft, die unterschiedlichen Ansprüche und Leitvorstellungen sowie auf die unterschiedliche Einschätzung von Durchsetzungsmöglichkeiten zurückzuführen ist, bildet schließlich eine wesentliche Quelle unterschiedlicher Bewertungen von realen Entscheidungsprozessen.

Zu den zugänglichkeitsorientierten Akteuren zählen offensichtlich die Bürger, die allerdings Verwertungszwänge der Eigentümer nicht in ihr Abwägungskalkül einbeziehen müssen — selbst ihre indirekte Abhängigkeit von Arbeitsplätzen und dafür bereitgestellten Flächen ist nicht derart standortbezogen, dass sie zu einem Eingehen auf die Vorstellungen des Investors sofort bereit sind. Die Ausrichtung auf „wohnumfeldbezogene“ und groß angelegte Umbauvorstellungen werden daher von der öffentlichen Hand nur beschränkt ernst genommen (G101), zumal diese in der Regel einen impliziten Vergleich mit der Vorgängernutzung anstellt und damit beispielsweise Qualitätsverbesserungen im gewerblich genutzten Bereich anstrebt, selten jedoch die Aufgabe einer generellen gewerblichen Orientierung der in Rede stehenden Flächennutzung. Damit versucht die öffentliche Hand, insbesondere die Exekutive bzw. die Fachverwaltung, in diesem eng gesteckten Verwertungsrahmen eine möglichst hohe Zugänglichkeit von Grundstücken zu erreichen. Dass sie sich dabei über Dichtewerte selbst in ihren Spielräumen einschränkt, wird kaum explizit in einen Zusammenhang gestellt, beeinflusst aber durchaus die Haltung zur städtebaulichen Konfiguration. In diesem generellen Rahmen tauchen unterschiedlich „innovative“ bzw. „reformorientierte“ Versuche auf, Plätze oder Durchwegungen zu sichern.

Hier zeigt sich eine starke Kopplung an die fachpolitische Herkunft der jeweiligen Akteure. Während insbesondere dem „rot-grünen“ Spektrum nahestehende Politiker und in ihrem Gefolge Gutachter projektübergreifende Sicherungsmaßnahmen vorschlagen, die dann im Entscheidungsprozess mit der Verwertungsrealität auf dem Grundstück konfrontiert werden, antizipieren konservativere Politiker stärker die Nutzungsansprüche der Eigentümer bzw. potentiellen Investoren und sind weniger bereit, Vorentscheidungen gegen diese zu fällen (G007, G051, G086). Unter den Gutachtern, Verwaltungsmitarbeitern wie Politikern lassen sich Strömungen ausmachen, die stärker pragmatisch orientiert sind und ohne starke Eingriffe in die Verwertungsmöglichkeiten dennoch die Sicherung von Freiflächen und Durchwegungen betreiben, dabei aber dann in der Regel nur geringe Flächenansprüche formulieren (G022, G060, G106, G119). Die Ressourcenverfügbarkeit im Entscheidungsprozess verhindert zumeist die Durchsetzung weitergehender Ansprüche von Planern oder Verwaltungsmitarbeitern, zumal diese auch von den pragmatischen Politikern im Sinne einer schnellen Realisierung kaum aktiv unterstützt werden (G084).

Ein besonders schwieriges Thema der Freiflächensicherung ist die projektübergreifende Bilanzierung. In der öffentlichen Verwaltung wird versucht, zum Ausgleich von hohen Dichten an zentralen Orten an anderen Stellen Flächen von Bebauung freizuhalten bzw. über die Genehmigung besonders hoher Dichten den Druck auf die Bebauung anderer Flächen zu reduzieren (G041, G089, G108, G124). Diese im engsten Sinne planerische Herangehensweise ist mit zwei wesentlichen Problemen behaftet. Erstens lassen sich die freigehaltenen Flächen häufig nicht hinreichend aufwerten und zugänglich machen. Zweitens kann die Bilanzierung in der Regel nur über informelle Planungsinstrumente wie die Bereichsentwicklungsplanung in den Zielkanon des Bezirks o. ä. eingehen und ist im Einzelfall leicht auszuhebeln. Aufgrund der Abstraktheit des Bilanzierungsansatzes wird dieser daher kaum aktiv eingesetzt. Innerhalb der öffentlichen Hand entstehen voraussehbare Zieldivergenzen. Die Bilanzierung ist einer anschaulichen städtebaulichen Argumentation zumeist untergeordnet, auch wenn sich wie im Planwerk Innenstadt bei einer über den Einzelfall hinausgehenden systematischen städtebaulich-freiflächenbedrohenden Argumentation Widerstand regt.

Über die Attraktivität von Freiflächen auf Privatgrundstücken herrscht eine gewisse Unsicherheit unter den Akteuren. Während aus der Sicht der Investoren deutlich wird, dass zumindest die Zugänglichkeit der Wasserlagen vermarktungsbezogen im Interesse der Investoren liegen kann (I08), stößt die Herstellung von größeren Freiflächen höchstens in Wohnquartieren auf positives Echo (G013, G113, G127). Demnach werden gerade städtebaulich fundierten Sicherungsansätzen von Freiflächen wie die Strategie der „Spreefenster“ Chancen auf Durchsetzung eingeräumt, während die bloße Sicherung von Zugänglichkeit über Gehrechte auf schmalen Uferstreifen nur Teilziele erreicht (G103, G113). Hinsichtlich der aktiven Einsetzbarkeit von Passagen und Durchwegungen als Attraktivierungselement auch für die Öffentlichkeit sind die Akteure skeptisch (G056, G083, G086).

Bei der Ausstattung der Freiflächen dominiert das Leitbild der Vielfalt die Debatte und legitimiert so die Zurückdrängung von Mindeststandards oder Richtwerten. Vielfalt oder Heterogenität werden in den verschiedensten Ebenen der Verwaltung und der Fachwelt als Qualität angesehen (G019, G046, G084, G089, G105, G106, G107, G113). Motive dafür finden sich in der Herausstellung eines gestalterischen Anspruchs (G046, G089, G119), der über die quantitative Flächenverfügbarkeit zu stellen sei und einer Uniformierung vorbeuge („keine Grünrennbahn“ mit „Autobahndimensionen“), der Orientierung an der vorgefundenen Vielfalt der Baustrukturen und Freiflächentypologien (G107, G113), den Anforderungen, die verschiedene Nutzungsangebote stellen (G084) und dem Vorhandensein städtebaulicher Brüche im Bestand (G105). Damit vereinigen sich die gestalterischen Ziele, mit planerischen Motiven zu dem breit getragenen abstrakten Leitbild, das im Konflikt über die Flächenausstattung im Einzelfall keine wirkliche Entscheidungshilfe bietet und gegen die Argumente der Verfahrenspromotoren gerichtete Überlegungen ins Leere laufen lässt. Insbesondere der auf Handlungsfähigkeit orientierten Ebene der Politik bietet es Anknüpfungspunkte und Legitimationsangebote. Differenzierende und gegen das Leitbild gerichtete Argumente sind in zahlreichen Akteursgruppen vorzufinden und wenden sich gegen eine Verschattung von Freiflächen durch zu hohe Gebäude (G110), die Produktion von Engstellen an Wegen oder deren schmale Ausbildung (G060) sowie die schlechte Benutzbarkeit von Flächen, die als Engstellen und durch die Materialwahl „Kapitalmacht" und „Privatheit" suggerierten (G016, G042, G113). Auffällig ist allerdings die Verortung dieser Argumente vorrangig unter den Benutzern von Stadtraum, die nur ansatzweise in den Planungsprozess eingebunden sind.

Das Leitbild der „städtischen" Gestaltung kann auf beinahe ebenso große Verbreitung zählen wie das der Vielfalt. Durch seine Dominanz in der Fachwelt prägt es auch weite Teile der Fachverwaltungen. Es stützt sich auf unterschiedliche Ausgangsmotive wie Denkmal- und Umgebungsschutz (G013), Berücksichtigung typologischer Elemente der Vorgängerbebauung und des Standorts auch durch die Landschaftsarchitektur (G105, G113), die Bereitstellung von großzügigen, durchgehenden Wegen (G079, G110), die Einbeziehbarkeit von Grün als lediglich ein Gestaltungselement (G030), aber auch Benutzbarkeitsgründe (G105). Es kann zwar zu einer Sicherung von Freiflächen beitragen, wendet sich aber gegen deren durchgehende Begrünung. Die Befürworter stärkerer Begrünung, hoher Freiflächenausstattung und naturnaher Gestaltungselemente, die insbesondere unter den Bündnisgrünen, in Naturschutz- und Grünflächenämtern sowie vereinzelt in Stadtplanungsämtern zu finden sind, sind mit ihren Argumenten im Verfahren marginalisiert. Sie versuchen, die Schaffung von Aufenthaltsqualität in den Mittelpunkt zu stellen und sehen die Freiraumqualität als ein Instrument (G029, G047, G057), das durch die Verfahrenspromotoren nicht hinreichend Berücksichtigung finde: „Da kann mir einer sagen, das war 100 pro versiegelt, na schön, aber die Standards für qualitätsvolles Wohnen wurden nicht erreicht ... Wenn ich natürlich die Blumentöpfe größerer und kleinerer Art mitrechne, dann komme ich auf die Zahl" (G047). Insbesondere die Einschätzung, Aufenthaltsqualität sei wegen der ungünstigen Ausgangsbedingungen (stark befahrene Straßen o. ä.) ohnehin nicht zu erreichen, bewirkt einen Rückzug in die Gestaltung oder den Verzicht auf die Thematisierung der Außenräume, die von den Stadtplanungsämtern hingenommen wird (G035, G041, G044, G063, G108). Im Sinne des „städtischen" wird aber ebenfalls gegen eine naturnähere Gestaltung argumentiert (G019, G030, G046).

Rahmenbedingungen und Durchsetzungsmechanismen

Die Projektorientierung der Durchsetzung von Freiflächen und ihrer Zugänglichkeit resultiert aus dem oben genannten ehrgeizigen, aber konsensualen Anspruch, auch auf privaten Grundstücken weitergehende Qualitätsforderungen zu stellen, der sich auf den nicht parzellenscharfen Flächennutzungsplan stützt. Der Mangel an übergreifenden Strategien für Freiflächen führt in den 1990er Jahren dazu, dass „bei jedem Projekt ... wieder bei Null angefangen" wird (G113). Eine selbstbewusste Verhandlungsführung der öffentlichen Hand bei städtebaulichen Verträgen ist zunächst selten, und erhebliche Zugeständnisse werden gemacht, um Essentials durchzusetzen[306]. Eine Erfolgsbewertung im Rahmen der Verhandlungsmaxime Höhe und Dichte für Freifläche ist nicht vorhanden, so dass völlig unterschiedliche Einschätzungen der erreichten Ergebnisse koexistieren. Das städtebauliche Erbe ist in zweierlei Hinsicht prägend für den durch den wirtschaftsstrukturellen Wandel angetriebenen innerstädtischen Umbauprozess. Erstens stellt die für heutige Verhältnisse geringe Freiflächenausstattung der kaiserzeitlichen Stadt in den einzelnen Quartieren sowie die Ausgliederung von großen Flächenarealen durch ihre Nutzung als Produktionsstätten aus dem öffentlich zugänglichen Stadtraum eine bis heute währende Antriebskraft für eine Verbesserung der Freiflächenausstattung dar. Zu ihr gegenläufig ist nicht nur die innerstädtische Verdichtungsideologie, die Zersiedlung vermeiden soll. Allein durch Kriegszerstörung und Teilungsfolgen weist die Stadt bis 1989 immer noch riesige Brachflächen und untergenutzte Räume auf, deren verdichtende Nachnutzung einzelflächenbezogen bestimmt wird. Diese gegenläufig wirkenden Kräfte der Ent- und Verdichtung produzieren je nach bezirklichen und standortbezogenen Rahmenbedingungen unterschiedliche Ergebnisse, doch bringen der Verzicht auf Dichteobergrenzen im Flächennutzungsplan, das Eigeninteresse der Eigentümer an einer hohen Grundstücksausnutzung, die Haushaltskrise der öffentlichen Hand und die über den Bodenpreismechanismus vermittelte standortqualitätsbezogene Imitationsimpulse bei intensiverer Grundstücksverwertung unabhängig von gerade gängigen städtebaulichen Leitbildern eine langfristig stabile latent wirkende Gewichtsverschiebung zugunsten der Verdichtung.

Für die Durchsetzung der Verwertung bzw. geringer Freiflächenausstattungsgrade reicht den Einzeleigentümern in der Regel die Anmeldung eines ernsthaften Verwertungsinteresses. Nur unter Bezug auf besondere Anknüpfungspunkte — neben einer stabilen rechtlichen Sicherung von Freiflächen auch der Erhalt bedeutender stadtkultureller Symbole oder Zeugnisse wie die East-Side-Gallery oder die ehemaligen Gleisanlagen des Potsdamer Bahnhofs — kann eine relativ unumstrittene Freihaltung von baulicher Verwertung durchgesetzt werden, während die Freihaltung kleinerer Flächen unter Berufung auf die Benutzbarkeit von Freiräumen erst über einen langwierigen Prozess zwischen den Akteuren austariert wird. Bei der Ausdifferenzierung der Freiflächen auf Privatgrundstücken gelingt es der Exekutive häufig nicht, der baulich-räumlichen Initiativkraft der Entwurfsarchitekten etwas entgegenzusetzen, die mit Rückendeckung des verwertungsorientierten Auftraggebers bei der Ausgestaltung im Detail beinahe vollendete Tatsachen schaffen. Ohne grundstücksübergreifende strukturelle Zielvorstellungen der öffentlichen Hand bestimmen damit die Dynamik des Entscheidungsprozesses und seine Detaillierungsmechanismen die Präzisierung des Freiflächengerüsts, das später aufgrund der scheinbaren Gleichwertigkeit der Argumente der verschiedenen Akteure kaum noch angepasst wird.

Die Durchsetzung der Außenraumgestaltungsziele ist wegen der Dominanz der Ent-

306 Diese Beobachtung gilt für zahlreiche der hier untersuchten Projekte, insbesondere den Bolle-Block, das Kranzler-Eck, das Kantdreieck und ansatzweise für das Hauptbahnhofs-Umfeld und die Treptowers.

wurfsverfasser und dem breit geknüpften informellen Netzwerk der Vertreter der skizzierten Leitbilder gar nicht auf besondere Strategien angewiesen, sondern kann häufig auf die eigene Definitionsmacht und die Möglichkeiten der Federführung im Verfahren setzen. So wird das „Motto" „Stadt am Wasser" durch das Leitbild abgesichert: „Das können Sie drehen und wenden, wie Sie wollen, Sie finden immer Argumente dafür." (G060) Die Gegner versuchen, Vetomacht aufzubauen, befördern sich dabei aber argumentativ häufig selbst ins Abseits. Die Stärke des Leitbilds liegt gerade darin, dass die vereinzelten Gegenargumente zersplittert sind und sich nicht zu einer Gegenstrategie bündeln lassen, da sie unterschiedlichsten Motiven und Konstellationen zuzurechnen sind. Hinzu kommt die Vetomacht der Investoren, die nicht direkt der Legislative rechenschaftspflichtig sind, so dass es über den Filter der Exekutive Detailfragen der Außenraumgestaltung gar nicht bis zu einer Thematisierung in der Legislative bringen (G029).

Zusammenfassende Einschätzung und Veränderungsspielraum

Die Definition der Grundstücksfreiflächen ist tendenziell der Definition des baulichen Gerüsts nachgelagert. Während eine präzise Aushandlung von Verwertungsmöglichkeiten und damit Bruttogeschossflächen nicht selten ist, wird die Abgrenzung von Freiflächen häufig nur indirekt über eine Kombination aus Zugänglichkeitsforderungen und Mindestwegebreiten o. ä. bestimmt. Zwar liegt mit dem Eingriffs-Ausgleichs-Mechanismus ein Instrument der Qualitätsbestimmung für Freiflächen vor, doch fehlt eine originär städtebaulich wirkende Herangehensweise. Es bleibt den Ansprüchen der öffentlichen Hand insbesondere an die Konversion großflächiger Standorte und der vermarktungswirksamen Gestaltung des Investors selbst überlassen, welche Qualitätsmaßstäbe für die Freiflächenausstattung selbst angelegt werden. Über eine Erhöhung der Grundstücksausnutzung wird indirekt die Freiflächenausstattung geschwächt oder mit Passagen und innenliegenden begrünten Räumen ein Ersatz geschaffen, der kaum noch Merkmale von Öffentlichkeit trägt. Die Aufsplittung eines Konversionsprozesses in zahlreiche grundstücksbezogene Einzelentscheidungen birgt die Gefahr einer Erosion von konsensual festgelegten Zielen, die sowohl Zugänglichkeit als auch Freiflächenausstattung verpflichtet sind und schließlich auf ein Mindestmaß an Zugänglichkeit „eingedampft" zu werden drohen. Bei der Realisierung der Potentiale von Wasserlagen sind einige Teilerfolge erzielt worden, doch konnten Widerstände von Investoren kaum überwunden werden, wenn die Realisierung mit ortsbezogen höheren Kosten verbunden gewesen wäre. Überdies droht sich Umstrukturierung der Wasserlagen einseitig auf eine Symbiose von spektakulärer Selbstdarstellung von Investoren und Durchsetzung von Uferpromenaden zu reduzieren, ohne eine breitere öffentliche Debatte über deren städtebauliche Voraussetzungen und Konsequenzen zu verständigen. Wo der jeweilige Standort im Verständnis der Verfahrenspromotoren endet, verbleiben aber typischerweise und insbesondere in Zeiten knapper öffentlicher Haushaltsmittel planerisch vernachlässigte Schlüsselorte — an denen beispielsweise das flächennutzungsplanerische Ziel der Herstellung einer Uferpromenade gerade nicht umgesetzt werden kann.

Für die Herausbildung und Stabilisierung von stadtentwicklungsplanerischen Standards gilt es mithin, an bereits im Ansatz vorhandene typologische Untersuchungen zu den Wasserlagen und anderen Freiflächenpotentialen anzuknüpfen und diese zu Planungsgrundsätzen weiterzuentwickeln, die bereits Eingang in die Vorentscheidungsphasen von Projekten finden können. Es ist nicht damit zu rechnen, dass von Seiten der Legislative oder der Bürger differenzierte Vorstellungen zu Details wie der Abgrenzung von privatem und (teil-) öffentlichem Raum mit Nachdruck verfolgt werden, wenn diese Akteure sich wesentlich auf die baulichen Strukturen beschränken oder weitgehend aus dem Detaillierungsprozess ausgegrenzt sind. Das hier behandelte Thema wird also weiterhin ein Aushandlungsgegenstand zwischen Fachverwaltung und Investoren bleiben. Die Formulierung von Planungsgrundsätzen kann insbesondere die erreichten Ergebnisse von der städtebaulichen Herkunft der dabei handelnden Personen unabhängig machen. Dabei sollten keineswegs innovative Lösungen im Keim erstickt werden. Ihre enge Kopplung an die Baumassendisposition erscheint allerdings nicht zwingend. Sollen Potentiale wie Wasserlagen oder Defizite wie die Nachbarschaft von stark befahrenen Straßen angemessen Berücksichtigung finden, ist über deren Behandlung in vorauslaufenden Testentwurfsprozessen beispielsweise als Vertiefung bereichsentwicklungsplanerischer Untersuchungen eine Verständigung der Akteure denkbar. Dafür könnte die Idee eines Akteurs aufgegriffen werden, der die Schaffung eines „Entwicklungsträgers Freiraum“ vorschlägt, dessen Tätigkeit das lediglich deklaratorische oder rein planbezogene Verhalten der öffentlichen Hand ergänzt und ein grundstücksübergreifendes Aufwertungsziel über längere Zeit aktiv im Blick behält (G113). Investoren und Developer haben die Notwendigkeit der Thematisierung von öffentlich zugänglichen Flächen auf ihren Grundstücken längst erkannt. Es gilt für die öffentliche Hand, insbesondere vermeintlich benachteiligte Flächen über die nachdrückliche Verfolgung freiflächenorientierter Ziele weiter zu qualifizieren und für Investoren attraktiv zu machen. Dies kann auch für Citylagen gelten, doch besteht bei ihnen sowohl bezogen auf die Attraktivität für Investoren als auch für die öffentliche Hand bzw. die Benutzer das Problem der Komplementarität: Treten die auf dem privaten Grundstück geschaffenen „Oasen“, Plätze oder Passagen in Konkurrenz zu öffentlichen Straßen und Plätzen, so sind sie aus sich heraus nur eingeschränkt attraktivierbar. Dieses Phänomen wird bei den zahlreichen gescheiterten Passagenlösungen in Berlin deutlich, die keine sinnvolle alternative Wegebeziehung anbieten und damit in Konkurrenz zum öffentlichen Raum treten, ohne ihn überzeugend zu ergänzen.[307]

307 Für Orte wie das Umfeld des Breitscheidplatzes bedeutet dies, dass die kleinen Blöcke und die teilweise barrierenartig wirkenden Straßen eher gegen eine Belebung der Blockinnenbereiche sprechen. Die von der öffentlichen Hand lange Zeit vertretene Stärkung der Nord-Süd-Wege-Beziehung (G120) durch den Victoria-Block mag gerade noch einen Attraktivitätsgewinn bringen, doch ist es äußerst fraglich, ob das Problem des letzten Kantstraßenabschnitts über die Schaffung von innenliegenden Attraktionen überhaupt zu lösen ist. Über die Rolle der Joachimstaler Straße als Barriere und mithin im jetzigen Zustand die westlich an den Breitscheidplatz angrenzenden in ihrer Vitalität einschränkende Verkehrsstraße ist offenbar im gesamten Citybildungsprozess West noch nicht intensiv nachgedacht worden. Dies bringt zum Ausdruck, dass Büroflächenpolitik bisher nur unzureichend als grundstücksübergreifende Managementaufgabe verstanden worden ist, und zwar sowohl in der öffentlichen Hand als auch unter den bereits ansatzweise kooperierenden Grundstückseigentümern der City-West. Würde von der öffentlichen Hand ein stärkerer Impuls für einen solchen Ansatz ausgehen, wäre u. U. der Druck auf die grundstücksbezogene Nutzungsintensivierung, der sich im Gefolge der Zoofenster-Entscheidung entwickelt hat, leichter auszuhalten bzw. zu kanalisieren.

Die Außenraumgestaltung, weitgehend ohne Einfluss auf Leitentscheidungen für oder gegen ein Projekt und stark von der Fachwelt inhaltlich bestimmt, ist von erheblicher Bedeutung für die Wahrnehmung eines Standorts und des Planungsprozesses durch die „Benutzer" von Stadt. Gerade vor diesem Hintergrund sollte die Entscheidungsrealität hinterfragt werden.

Es ist aber nicht zu erwarten, dass die öffentliche Hand, unter dem Druck der Investoren, ihre Aktivitäten nicht spät zu behindern, hier Veränderungen vornimmt. Investoren wiederum werden sich kaum zu stark von einer vorausgehenden Definition der Freiflächen abhängig machen. Nichtsdestoweniger ist in einer Zeit von Büroflächenüberkapazitäten die hochwertige Gestaltung des Außenraums eine weitere Chance für die Attraktivierung der eigenen Immobilie und über deren öffentliche „Bespielung" auch für die Eigenwerbung und Popularisierung des Standorts. Durch aktive „Einmischung" der Nachbarn und Bewohner besteht eine praktikable Möglichkeit, in direkten Gesprächen mit Investoren den Außenraum weiter zu qualifizieren. Wenn die Verwertungsmöglichkeiten ernsthaft durch umstrittene Teilentscheidungen tangiert werden, wird wohl weiter mit Auseinandersetzungen zwischen Stadtplanung und Investoren zu rechnen sein. Die Schaffung von Beratungsgremien oder Ausschüssen, die frühzeitig die Außenraumgestaltung thematisieren und sie explizit von der Gesamtentscheidung über ein Projekt bzw. den hierfür angestrebten rechtsgültigen Plan abtrennen, könnte in Zeiten geringer Flächennachfrage durchaus ein Profilierungsinstrument für die gestärkten Bezirksverordnetenversammlungen sein, die bisher in der Büroflächenpolitik äußerst reaktiv operiert haben.

Fassade

Während die Ausbildung der Fassade in ihren Details im Entscheidungsbereich des Bauherrn liegt, entfaltet sie eine Wirkung auf den Benutzer von Stadtraum, die die Wahrnehmung von Gebäuden entscheidend prägt. Sie ist darüber hinaus wesentlicher Ausdruck der realisierten Architektursprache und wird damit auch von der Fachöffentlichkeit aufmerksam verfolgt. Die Politik des Senatsbaudirektors wird mit den realisierten Fassaden weit über das Maß hinaus identifiziert, das für eine ausgewogene Beurteilung angemessen wäre. Die darüber im Berliner Fassadenstreit Mitte der 1990er Jahre geführte Debatte ist Ausdruck hiervon, doch tatsächlich sinkt der Einfluss Stimmanns und Jakubeits von deren Wirkungsschwerpunkten bis in die Bezirke deutlich ab.

Rechtliche Grundlagen und ihre Wirkung

Die Möglichkeiten der rechtlichen Einflussnahme auf die Fassadengestaltung sind begrenzt. Die Instrumente beschränken sich auf das Bauordnungsrecht und werden nur selten rigide angewandt. Gestaltungssatzungen als rechtlich bindende Vorschriften u. a. über die Fassadengestaltung beschränken sich in der Regel auf vergleichsweise homogene Altbauquartiere und deren Fortentwicklung und kommen nur ausnahmsweise im innerstädtischen Neubau zum Einsatz. Demnach bilden informelle Mechanismen die wichtigste Quelle der Einflussnahme, also z. B. die gesteuerte Auswahl des Architekten, die im Rahmen von Wettbewerbs- oder Investorenauswahlverfahren eine Rolle spielt, und Verhandlungsansätze, gerade wenn eine großzügige Genehmigungspraxis nach § 34 BauGB an eine architekturpolitisch konforme Fassade gekoppelt wird.

Thematisierungsgrad und -art

Einer Auseinandersetzung über die Fassade wird häufig frühzeitig vorgebeugt. Dabei wird die Fassade häufig als integraler Teil des gesamten Entwurfs betrachtet. Kritik an der Fassade führt vielfach nur über einen neuerlichen Entwurfsprozess oder einen Wechsel des Architekten zu nachhaltigen Ergebnissen. Die Diskussion über die Fassadengestaltung findet eher projektübergreifend und bezogen auf die Städtebaupolitik des Senats statt, führt aber weniger im Einzelfall zu Konflikten. Thematisiert wird die Fassade im Entscheidungsprozess auf folgende Weisen:

- Steuerung der Fassadengestaltung über rechtsverbindliche Instrumentarien,
- Weiterentwicklung von Wettbewerbsentwürfen im Rahmen der Überarbeitung,
- Weiterentwicklung von Architektenentwürfen in direkten Verhandlungen zwischen Verwaltung und Bauherren/Architekten und
- Neuentwurf.

Rechtsverbindliche Instrumentarien

Die Steuerung der Fassade durch eine Gestaltungssatzung lässt sich z. B. am Pariser Platz studieren. Das Instrument wird nur deshalb im Neubau eingesetzt, weil ein klarer historischer Bezug zur Friedrichstadt (und der Straße Unter den Linden) besteht und eine Vielzahl hochrangiger Architekten sich offenbar nicht mit anderen Mitteln „bändigen" lässt. Die öffentliche Wirkungsabschätzung des Instruments wird dabei zum „vielstimmigen Chor", der schließlich die Legitimation seines Einsatzes erheblich unterminiert. Die Abwehr von übermäßiger Heterogenität in den Platzfassaden und die Orientierung an historischen Vorbildern mit moderner Architektur stehen dabei auf der einen Seite, auf der anderen das Streben nach architektonischer Qualität durch Verwirklichung lupenreiner und unbeeinflusster Architektenentwürfe als vorzeigbare Bausteine einer Stadt der modernen Architektur. Für die Politik der Exekutive ergibt sich aufgrund der widersprüchlichen und alle Fraktionen durchziehenden Kritik ein gewisser Handlungsspielraum, doch muss sie die geringe Zielgenauigkeit des Instruments eingestehen, die sich in dem Schlagwort „Eine Satzung hat noch nie für architektonische Qualität gesorgt" plakativ zusammenfassen lässt.

Überarbeitung von Wettbewerbsentwürfen

In Einzelfällen wird von Wettbewerbsjurys in ihren Empfehlungen auf die Fassade hingewiesen. Diese Hinweise sind dabei architekturimmanent und drücken sich beispielsweise am Kantdreieck in dem Streben nach einer Abwehr modischer und funktional unbegründeter Details aus. Es wird deutlich, dass mit dem allmählichen Eindringen von Architektursprachen in die Wettbewerbssiegergruppen, die in der spätmodernistischen Berliner Szene der frühen 1980er Jahre als Fremdkörper erscheinen (Postmoderne, Dekonstruktivismus, Glas- und Stahlfassaden der internationalen Investoren- sowie der High-Tech-Architektur), bewusste Einzelentscheidungen für die jeweilige Architektur getroffen werden, so dass eine Kritik an den jeweiligen Fassaden durch die Verfahrenspromotoren unterbleibt. Zumeist kann der Verfahrensablauf Wettbewerb / Detailkonzept sogar als fassadenbezogen dethematisierend und legitimationsstiftend auch für die Details des prämierten Entwurfs angesehen werden. Eine Weiterentwicklung von Entwürfen bleibt dann auch vorrangig Verhandlungen infolge späterer Kritik vorbehalten und ist bei Entwürfen häufiger, die nicht aus Wettbewerben hervorgegangen sind.

Weiterentwicklung von Architektenentwürfen in Verhandlungen

Fassaden stoßen zwar auf öffentliche Kritik, doch werden sie zu einem Zeitpunkt detailliert entworfen, an dem das Entscheidungsverfahren bereits fortgeschritten ist. Ein aufwendiges Überarbeitungsverfahren kann in drei Fälle eingeleitet werden. Im ersten Fall versucht ein politischer Entscheidungsträger, alte Vorentscheidungen zu revidieren, ist dabei aber auf Blockademacht und seine Zugehörigkeit zum engsten Kreis der Entscheider angewiesen. Im zweiten Fall verfügt die öffentliche Hand über entscheidungsrelevante Eingriffsmöglichkeiten, die die Entwurfsarchitekten zur Vorlage mehrerer Varianten oder Alternativen zwingen, wenn die investorenbezogene oder architektonische Ideallösung weiter optimiert werden soll. Im dritten Fall erfolgt im Rahmen der Detaillierung des Entwurfs eine Formulierung und Durchsetzung von Qualitätsansprüchen, die in den Fassadenentwurf eingewoben werden.

Die Revidierung von Vorentscheidungen kommt unmittelbar nach Wahlen mit Wechsel der Entscheidungsträger zum Zug, insbesondere dann, wenn ein Vorhaben nicht mehr zu stoppen ist und sich über die Veränderung von Fassaden Nachbesserungen für die eigene Klientel erreichen lassen[308]. Eine Revision von Vorentscheidungen aufgrund von Druck aus der Öffentlichkeit ohne Veränderung des Kreises der Entscheidungsträger kommt kaum vor, da zumeist durch die Verwaltung entweder die Reaktion der Öffentlichkeit antizipiert wird, über eingeleitete Verfahrensschritte eine Legitimation der Vorentscheidung erfolgt oder geäußerte Ziele der Öffentlichkeit bereits in den Vorentscheidungsprozess eingearbeitet werden.

Die Optimierung über eine breite Alternativendiskussion erfordert ein Kräfteverhältnis, das der öffentlichen Hand überhaupt erst Spielräume für eine Zurückweisung von Entwürfen einräumt. Damit kommen vor allem Verfahren in Frage, die nicht über einen Wettbewerb oder ein Gutachterverfahren vorentschieden worden sind, bei denen der Architekt sich nicht auf die Qualität seines Werks berufen kann und bei denen z. B. Senatsbaudirektion und gestaltungsorientiert agierende Bezirksvertreter gemeinsam hohe Qualitätsmaßstäbe an

308 Die Einflussnahme der Senatsbaudirektion bzw. der Architekturwerkstatt auf fassadenbezogene Details verläuft nach einem ähnlichen Muster, wenngleich sie eine fachliche Position ohne die Berufung auf eine breite Klientel in der Öffentlichkeit vertritt und daher weniger an einer breiten öffentlichen Debatte interessiert sein kann.

in den öffentlichen Raum wirksame Fassaden anlegen. Die hier genannten Voraussetzungen liegen in der genannten Konstellation selten vor. Sie sind z. B. aber bei Überschreitung baurechtlich zulässiger Dichtewerte durch kleinere Einzelprojekten im Zusammenhang mit einem „informellen vorgezogenen Widerspruchsverfahren" anzutreffen.

Häufiger ist die allmähliche Detaillierung von Fassadenentwürfen, in denen Farbe, Ornamentierung, Gliederung und Materialwahl im Verhandlungsprozess in ihrer endgültigen Form entstehen. Dabei setzen sich für die Grundstücksverwertung irrelevante Aspekte relativ schnell durch, und über Gutachten abgesicherte Anforderungen an die Genehmigungsfähigkeit werden von den Investoren zwangsläufig hingenommen. Ist die Grundstücksverwertung dagegen von der geforderten Veränderung betroffen, können sich spät geäußerte gestaltungspolitische Argumente nur schwer durchsetzen[309].

Neuentwurf

Zwar wird eine umstrittene Fassade nicht zum Ausgangspunkt der Ablehnung eines gesamten Vorhabens, doch grenzen sich die Entscheidungsträger im Falle eines grundlegend überarbeiteten Konzepts auch unter Berufung auf die Fassade gegenüber dem Vorgängerentwurf ab.

Akteure und Ziele

Die Fassade ist weitgehend die Domäne der Architekten, was aufgrund ihrer professionellen Ausrichtung nahe liegt und bei Hinzurechnung der zahlreichen Architekten in Verwaltung, Politik und Gutachterwesen noch stärker deutlich wird. Die Investoren äußern sich praktisch nicht zur Fassade, was auf ihr schwerpunktmäßiges Interesse an im engeren Sinne vermarktungsrelevanten Faktoren hindeutet. Die vermeintliche Alleinzuständigkeit der Architekten und des Senats wird von der Legislative und den Bürgern in Frage gestellt. Dabei ist ein deutliches Aufmerksamkeitsgefälle festzustellen. In den bezirklichen Stadtverwaltungen spielt die Fassade offenbar nicht durchgehend eine Rolle, ebenso bei den übrigen Teilen der öffentlichen Verwaltung. Die Auswahl von Entwurfsarchitekten in Wettbewerben präjudiziert zwar die Fassadengestaltung durch die Festlegung der „Architektursprache", aber es kann nur ansatzweise auf sie Einfluss genommen werden.

Ergründet man die Motive für die Ausbildung einer Fassade, so fallen als Hauptkategorien „Innere Logik", „Abstimmung und Funktionalität" sowie „Differenzierungsgrad" ins Blickfeld, zu denen gewissermaßen als „Metakategorien" der Anspruch an Modernität und an Qualität treten. Zu allen Kategorien äußern sich die unterschiedlichsten Akteure, doch ist die „Innere Logik" praktisch ausschließlich den Angehörigen der Architekturprofession (A01, A06, A07, B05, E03, P02, P05, P11, P18, S20, S27) vorbehalten, während im Hinblick auf den Differenzierungsgrad die fachfremden Äußerungen stark vertreten sind (G025, G038, G056, G066, G076, G082, G089, G095, G110, G119). Innere Logik stellt ein Erklärungsmuster dar, das sich auf die Korrespondenz zwischen formalen und inhaltlichen

309 Der hier zugrundeliegende Mechanismus gilt nicht nur für Fassaden. Er ist mit ausschlaggebend für die Durchsetzungschancen zahlreicher Detailziele.

Elementen bezieht, nämlich die Erkennbarkeit der Proportionen in der Fassade (G024, G082), die Andeutung von Nutzungen durch besondere Fassadenelemente (G1041) und der Bezug zu klassischen Formen (G034). Das Kriterium steht im Zusammenhang mit Anknüpfungspunkten aus der räumlichen oder zeitlichen Umgebung des Bauvorhabens, die stark variieren (G024, G025, G030, G055, G057, G068). Obgleich eine unmittelbare Übertragung von Erinnerungselementen in „sprechende Architektur" in Berlin abgelehnt wird, bedient sich die Profession unterschiedlichster Anknüpfungselemente, die bis zu relativ konkreten Anleihen reichen, aber in der Regel abstrakt-formal sind. Erst wenn sie üblichen Seherwartungen widersprechen oder die Einfügung von Gebäuden in die Umgebung erheblich erschweren, stoßen sie auf Widerstand.

Die Steuerbarkeit der inneren Logik durch den Entscheidungsprozess ist nicht zuletzt deswegen gering, weil Entwurfsarchitekten eigene Begründungen für ihre Entscheidungen liefern, deren Legitimität hoch scheint. Auf den Punkt gebracht wird diese Hyperkomplexität von Entwurfsbegründungen durch den Glaserker des Jahn-Gebäudes auf dem Kranzler-Eck am Kurfürstendamm. Die Einschätzungen hierzu reichen von hoher Wichtigkeit wegen der Signetfunktion mit Aufforderung, ins Blockinnere zu gehen (G104), über die Einschätzung, wenn schon Jahn baue, dann solle man ihn nicht „verkrüppeln" (G089) und die Haltung, eine solche Detailfrage spiele für die Senatsverwaltung für Stadtentwicklung und Umweltschutz keine Rolle (S29) bis hin zur Bewertung als „banal" (G039) oder der Meinung, außer einer Verewigung des Architekten gebe es keine Begründung für den Glaserker (G022).

Weniger konfliktiv präsentiert sich dagegen die Kategorie „Abstimmung und Funktionalität". Zahlreiche Änderungen an Fassaden werden im Konsens unter Verarbeitung unterschiedlicher Erwartungen vorgenommen. Dies betrifft die Abschirmung monotoner Fassadenabschnitte, Anpassungen an technische Anforderungen, die Aufgabe funktional entleerter historisch begründeter Fassadenelemente und die Abstimmung formaler Elemente eines Ensembles aufeinander (G021, G024, G025, G061, G064, G071, G076, G089, G107, G119). Kompromisse sind dann schwer erreichbar, wenn in die Gestaltungsfreiheit des Entwerfers übermäßig eingegriffen wird oder wiederum formal unterschiedliche Erwartungen an die Fassade gehegt werden.

Während die abstrakte „Qualität" einer Fassade vorwiegend von der Architekturwerkstatt eingefordert wird und sich die Legislative auf die Abwehr von befürchteten Fehlentwicklungen beschränkt (G058, G068, G071, G084, G089, G094), bricht die eigentliche Hauptkontroverse über Fassaden an den unterschiedlichen Ansprüchen an den Grad der Differenzierung aus. Diese durchzieht bereits den Berliner „Fassadenstreit", verschärft sich aber weiter, wenn man die nicht-fachlichen Akteure hinzuzieht. Die Ablehnung von Schmuckelementen, die „ja eigentlich nicht in unsere Zeit" gehörten (G082), und die indirekte Gliederung von Fassaden durch funktional bedingte Gebäudeteile geht bereits auf die Überwindung des Historismus an der Schwelle zum 20. Jahrhundert zurück und findet ihren Höhepunkt in den 1920er Jahren, auf die sich noch zahlreiche Berliner Architekten berufen.

Sie finden ihr Gegenüber in den Standardisierungserfordernissen der Investorenkonzepte und den multi-neo-klassizistischen[310] Traditionen der Berliner Fachöffentlichkeit und der Senatsbauverwaltung. Der Übergang zur Bürohausarchitektur der 1990er Jahre vereinigt zahlreiche Motive in sich, die in der vielkritisierten neuen Berlinischen Architektur verschmelzen: die Abkehr von den städtebaulich-architektonischen — „fordistischen" — Ergebnissen der industrialisierten, gestaltfernen Spätmoderne, die Reduzierung des administrativen Steuerungskanons auf städtebauliche Grundformen durch Senatsbaudirektor Stimmann, die Wiederentdeckung der „Tektonik", der Versuch der Begründung einer ideologisch vertretbaren Traditionslinie. Fachlich ist dabei klar, von was sich diese Architektur absetzen muss: von der gescheitert-brutalen Spätmoderne, von der Architektur der Diktatur, von der fachlich gesehen hohlen Periode des Historismus. Es bleiben Schinkel, die Frühmodernen und die Modernen.

Diese fachliche Richtung geht dennoch an der außerfachlichen Wahrnehmung offenbar völlig vorbei. Architekten halten dem Monotonievorwurf entgegen, dass Proportionen und Gebäudestrukturen ihren Reiz entwickelten und die Subtilität von Achsenrhythmen und unauffällig variierenden Fensterformaten eine eigene Textur hervorbrächten (A06) und man „nicht jeden Montag eine neue Architektur erfinden" möchte (A02), wo die Differenzierungsleistung des Kleihuesschen „Poetischen Realismus" als „steril, abweisend, kalt, geistlos" (G095) aufgefasst wird. Lediglich der Klassizismus scheint zunächst konsensfähige Angebote zu machen — ist er für die Bürger durch seine historische Aura differenziert und würdig genug, stößt er in der Fachwelt wegen seiner Klarheit auf positives Echo. Er wird allerdings durch den Ruf nach architektonischer Moderne — auch von der Architekturkritik — stark herausgefordert (G034, G067, G110).

Interessant sind die die Fachwelt dominierenden Haltungen, die sich auch in der Architekturwerkstatt wiederfinden. Hier ist eine Ablehnung übermäßig spielerischer Gestaltungselemente deutlich, doch findet beispielsweise die reduzierte Fassade des Spangenbergschen Hochhauses an den Treptowers keine ungeteilte Zustimmung (G089, G126). Die vom vermeintlichen Mainstream des „Architektenkartells" abweichenden Haltungen der radikalen Modernen und ihres Unterstützerumfelds lösen die außerfachlichen Erwartungen ebenfalls nur teilweise ein. Als Antwort auf ihre Kritik an „der Dominanz des Quadrats" (G056) bringen sie freiere Gebäudeformen ins Gespräch, die im Extremfall des Dekonstruktivismus die Grenzen des wirtschaftlich Realisierbaren hart strapazieren. Sie bleiben aber fast ausnahmslos in der professionsimmanenten Denkfigur der Differenzierung über Proportion und Gebäudestruktur. Die zur Abwehr von Monotonie außerfachlich eingeforderten Differenzierungen von Fassadendetails leisten sie kaum.

Damit ist der Grundstein gelegt für eine Ablehnungskoalition, die sich im Zuge der Realisierung von Gebäuden wie dem neuen „Lindencorso" von Mäckler formieren konnte: übermäßige Wuchtigkeit verschreckt Gegner der auf dem barocken Straßenraster aufbauenden innerstädtischen Verdichtung (Ost-Berliner Anhänger von Plätzen in der Friedrichstadt, West-Berliner „grüne" Gegner einer steinernen Stadt), die als monoton empfundene Fenstergliederung den eher unbedarften „Bürger" (intuitive Gegner einer investorendominierten

310 Gemeint ist eine Berufung auf klassische Elemente, die wegen ihres periodisch wiederkehrenden Auftretens durch den Zusatz „neo" nicht mehr angemessen begrifflich erfaßt werden kann, wenn bereits eine der Vorgängerepochen ein „neo" im Namen trägt.

Innenstadt-Architektur), die Konventionalität der Gebäudeform die Anhänger von architektonischer Innovation (Gegner von Steinfassaden, Anhänger stärker spielerischer und weniger auf dem rechten Winkel aufbauenden Architekturformen). Ein irgendwie gearteter Konsens über mögliche Alternativen ist angesichts dieser vielschichtigen Auffassungen nicht in Sicht, schon gar nicht für den betreffenden Standort.

Rahmenbedingungen und Durchsetzungsmechanismen

Im Hinblick auf die Fassadengestaltung ist die normierende Kraft des architektonischen Zeitgeists wohl mit entscheidend. Die Beharrungskräfte einer architektonischen Szene sind mit ausschlaggebend, die über eine Schöpfung legitimatorischen Potentials aus der vermeintlichen baulichen Tradition und dem „Genius loci" sowie durch die informellen Verbindungen zu den Entscheidungsträgern und ihrem Umfeld ihre Stellung gegen alternative Positionen zu behaupten weiß. In einem theoriearmen Metier, das seine Selbstvergewisserung zu einem großen Teil aus dem Bezug auf früher dominante Erscheinungsformen und die Einforderung einer der jeweiligen Funktion adäquaten Formensprache schöpft, kommt der Definition der dabei ausschlaggebenden Funktionen und der Art der Erzählung von Baugeschichte eine entscheidende Bedeutung zu (Wines 2000). Demzufolge ist die Begrenzung von Strömungen wie der Postmoderne oder des Dekonstruktivismus auf Experimente keine große Überraschung. Macht man sich klar, wie stark die praktizierenden Architekten das Prinzip von „Reihung" und „Monotonie" als Ausdruck der wirtschaftlichen Anforderungen an Bürohäuser akzeptieren, wird deutlich, dass der Ausweg des Entwerfers in der kognitiven Dissonanzminderung durch fachlich differenziertes Schauen auf die begrenzten Möglichkeiten der Gestaltung im engen Korsett der auftragsbedingten Rahmenbedingungen und mithin in der Abgrenzung der eigenen Profession gegen Fachfremde liegen muss. Pikanterweise herrscht dennoch an klaren Bekenntnissen gegen „Investorenarchitektur" kein Mangel. Auch auswärtige Architektursprachen werden partiell abgewehrt, die nach der Vereinigung auf den sich öffnenden und sprunghaft vergrößernden Markt drängen: Das fein aufeinander abgestimmte Leitbild, das zu seinen Ressourcen auch die Lochfassade der historischen Innenstadt zählt, verfügt nur in eng begrenzten Räumen über Dominanz, während die Symbolik des Neuen sich über andere Konstellationen aus veränderungs- und experimentierbereiten Politikern und Verwaltungsmitarbeitern, an Internationalität interessierten Investoren und auswärtigen Architekten mit großem Namen Bahn bricht. Die Rahmenbedingungen von Reihung und Monotonie der Bürohausfassade werden nicht aufgebrochen, doch unter Verwendung anderer Materialien und einem Abgehen von der Strenge der Rechtwinkligkeit variiert.

Insbesondere bei informellen Verfahrensschritten bestehen für die Verwaltung Möglichkeiten, die Genehmigung von einer Überarbeitung von Fassadendetails abhängig zu machen, sehr selten für die Legislative. Dies ist aber bei renommierten Architekten deutlich erschwert und in der Regel von kooperationsbereiten Investoren abhängig. Üblicherweise bildet die Auswahl des Architekten durch ein Wettbewerbs- oder Gutachterverfahren das eigentliche Instrument zur Durchsetzung einer bestimmten Vorstellung von Fassadengestaltung. Für die Investoren besteht durch die zweistufige Verwaltung die Möglichkeit, erst im Bezirk und im Falle des Scheiterns im Senat ihre Fassaden durchzusetzen. Die Debatte ist dann meist mit der über die städtebauliche Konfiguration, Art der Nutzung und Dichte gekoppelt.

Zusammenfassende Einschätzung und Veränderungsspielraum

Obgleich die Fassadengestaltung in der ersten Hälfte der 1990er Jahre den notorischen Berliner Architekturstreit mit heraufbeschworen hat, spielt diese außerhalb der symbolisch bedeutsamen historischen Orte eine wesentlich geringere Rolle als vielleicht angenommen. Als „Benutzeroberfläche der Stadt" ist sie jedoch für die Bevölkerung von enormer Bedeutung, die sie ganz anders als die Fachwelt begreift und bewertet. Der wesentliche Teil des Erscheinungsbilds von privater Architektur im öffentlichen Raum wird aber der öffentlichen Diskussion und der überfachlichen Thematisierung entzogen. Zwar ist es über die Weiterentwicklung städtebaulicher Leitbilder zu einem guten Teil gelungen, Standards für die öffentliche Benutzbarkeit von Erdgeschosszonen herauszubilden oder implizit zu verankern, die den am unmittelbarsten auf den Benutzer ausgerichteten Bereich eines Gebäudes zumeist sinnvoll an den öffentlichen Raum anbinden, doch gilt dies für die darüber liegenden Bereiche nur sehr eingeschränkt.

Seinen ikonenhaften Ausdruck findet dieses Problem in einem Bürohaus des Berliner Architekten Jürgen Sawade am Autobahnkreuz Schöneberg (vgl. Abbildung). An seiner Fassade lässt sich der abstrakte Anspruch des Entwerfers unmittelbar ablesen, eine möglichst einheitliche und reduzierte Gestaltung auszubilden, die lediglich durch die Höhenstaffelung des Gebäudes wirkt. Durch ihren Materialeinsatz und durch die auf die Spitze getriebene Entfremdung von der Funktion einer Fassade als vermittelnde Grenzebene zwischen öffentlichem und privatem Raum — üblicherweise versinnbildlicht durch die Erkennbarkeit von Fenstern — bildet sie den Inbegriff montononer Investorenarchitektur, ganz gleich welche Begründungszusammenhänge für sie ins Feld geführt werden mögen. Die Durchsetzung dieser Fassade in einer Stadt, die unmittelbar zuvor lange Kontroversen um die Problematik der modernen Architektur durchlebt und sich intensiv mit den Möglichkeiten und Grenzen der architektonisch-städtebaulichen Postmoderne auseinandergesetzt hat, verdeutlicht den geringen Stellenwert einer öffentlichen Auseinandersetzung über Fassaden und die Schwäche der Instrumente, die die öffentliche Hand zu ihrer Regulierung besitzt.

Dabei wird sich eine Integration der unterschiedlichen geäußerten Ansprüche an Fassaden nicht vollziehen lassen. Um nicht eine Neuauflage der kulturkritischen Klagen über gesichtslose Stadtperipherien und monotone Quartiere erleben zu müssen, wie sie mit dem Abgesang auf die architektonische Moderne üblich waren, ist es zwar ein beachtlicher Beitrag, doch wohl keineswegs ein hinreichender, wenn die Stadtpolitik die Individualität des Entwurfsprozesses auch für Zweckbauten sicherstellt. In Zukunft wird es daher um zweierlei gehen. Zum einen ist in der stadtentwicklungspolitischen Debatte eine Neuverständigung über sinnvolle räumliche Einsatzbereiche von Architektursprachen durchzuführen. Zum anderen ist über eine Neubelebung und Weiterentwicklung einer entwerferischen Differenzierung von Fassaden, die sich architekturtheoretisch im Bürohausbau sowie angesichts des Stands der baulichen Technologien rechtfertigen lässt und damit auch von deren Erschaffern aufgegriffen wird, das Problem drohender Monotonie auf eine neue Art und

Weise zu überwinden. Diese sollte nicht im Neotraditionalismus enden, kann aber von diesem zumindest lernen, dass bei der Wahrnehmung einer Fassade Fachleute und Fachfremde in der Regel das Bedürfnis nach prägnanter Detailausbildung trennt[311]. Die „Berlinische Architektur" ist insofern willkürlich, als sie Boomzeiten der Vergangenheit im Bürohausbau künstlich heroisiert. Sie taugt damit nur als ein Impuls für die Weiterentwicklung von Bürohausfassaden und darf sich nicht, geleitet von dem Ziel, neue Traditionen aufzubauen, in Monumentalisierung der Gestaltungselemente einiger weniger dominierender Architekten oder der wiederum mit missionarischem Antrieb vertretenen „ehrlichen Architektur" des gestalterischen Minimalismus erschöpfen. Im Rückblick auf den Berliner Fassadenstreit kommt der Verdacht auf, dass verschiedene gestalterische „Schulen" und ihre Anhänger die Kritik an der Senatsbauverwaltung dazu missbrauchten, um damit um einen größeren Anteil am Berliner Bauauftragsvolumen zu buhlen[312]. Die „Berlinische Architektur" leistet überdies das gerade nicht, was in den obenstehenden Ausführungen gefordert worden war. In der Subtilität ihrer Art von Detaillierung bleibt sie seltsam spröde und unnötig fachlich entrückt. Auch die technikorientierte oder die dekonstruktivistische Fassadensprache von Rogers oder Libeskind werden aus unterschiedlichen Gründen nur begrenzt in der Lage sein, den Formenkanon in konsensualer Weise zu erweitern. Auswege bieten sich einerseits durch eine Erweiterung der Rückgriffe auf formale Ressourcen, die einer anderen Tradition als beispielsweise der eines Kollhoffschen Traditionalismus mit seinem Rückgriff auf die 1930er und die 1960er Jahre entspringen und andererseits durch eine konsequente Neuanwendung der modernen Methode (Fehl 1995) im Sinne des Einsatzes neuartiger Technologien für die Entwicklung von formalen Lösungen, wie sie beispielsweise von Vertretern einer „Grünen Architektur" gefordert werden (Wines 2000). Wegen ihres Einflusses auf die städtische Lebenswelt wird die Fassadengestaltung dennoch weiterhin Gegenstand hitziger Debatten bleiben. Die Akteure der Stadtentwicklungspolitik sollten sich jedoch darüber im Klaren sein, dass die „Gefahren" der „Berlinischen Architektur" erst in Zukunft wirklich drohen: wenn der Ansatz droht, schöpferisch zu erstarren und mittelmäßige Resultate produziert.

Für die Stadtpolitik ist eine stärkere Thematisierung der Fassaden auch im Sinne einer Technik der Konfliktvermeidung mit den Benutzern von Stadt anzustreben, Sicherung des Einflusses auf die Fassadengestaltung nicht im Sinne einer Einschränkung der architektonischen Kreativität, sondern einer Abwehr unerwünschter Sonderwege. Das könnte bei Wett-

311 Adolf Loos im Hinterkopf, muss sofort nachgeschoben werden, um Missverständnissen vorzubeugen: Detailausbildung bedeutet gerade nicht hohles, zweckfreies Ornament.

312 Dies legen die beleidigten Äußerungen beispielsweise der Architekten Behnisch, Rogers und Libeskind nahe, die aus den verschiedensten Gründen nur einen vergleichsweise geringen Anteil der Berliner Aufträge erhielten. Die Ursache dafür ist nicht immer in der Politik des Berliner Senats zu suchen: Behnisch erschwerte den Streit um die Akademiefassade am Pariser Platz durch seinen beharrlichen Widerstand unnötig, Rogers wurde am Zoofenster Opfer des strauchelnden Brau-und-Brunnen-Konzerns und ließ sich am Potsdamer Platz für eine Provokation einspannen, die der Berliner Senat vor dem Hintergrund der Beibehaltung eigener Handlungsfähigkeit — Stichwort „den Tiger reiten" — nicht tatenlos hinnehmen konnte, und dabei durch seine Bauaufträge schließlich noch gut bedacht wurde, während Libeskind mit dem Neubau des Jüdischen Museums geradezu seinen Durchbruch feierte — in dem von ihm so vehement kritisierten Berlin.

bewerbs- und Gutachterverfahren, die vorrangig einer Auswahl des Architekten für die nächsten Konkretisierungsschritte des Entwurfs dienen, schon auf der Ebene des städtebaulichen Entwurfs und im Übergang zum Gebäudeentwurf die zwingende Darstellung von beispielhaften Schlüsselfassaden oder Details von ihnen bedeuten, intensive öffentliche Diskussion auch von Fassaden als Entscheidungshilfe für die Verwaltung, aber auch eine Fortsetzung und Stärkung der auf Vielfalt setzenden Politik, die bereits vielerorts betrieben wird. Projektunabhängig sollte die Leistungsfähigkeit des Ansatzes einer Konfrontation von „Alt" und „Neu" auch im Hinblick auf Fassaden grundsätzlich und aus den verschiedensten Richtungen evaluativ zur Debatte gestellt werden.

Folgerungen und Empfehlungen

Ansätze zu einer grundsätzlichen Reform der Entscheidungspraxis scheitern entweder aus naheliegenden Gründen an ihrer Durchsetzbarkeit oder werden in ihren Wirkungsmöglichkeiten überschätzt. Dies ist insofern naheliegend, als die Entscheidungswirklichkeit stets von den Beteiligten und Beobachterinnen kritisch auf Veränderungspotentiale hin überprüft und Reformversuchen unterzogen wird, mithin Reformideen permanent über evolutionäre Prozesse die Entscheidungswirklichkeit weiterentwickeln. Daher sollen im Folgenden eher punktuelle Empfehlungen zu einer Weiterentwicklung des Entscheidungsprozesses gegeben werden. Sie stellen eine Zusammenschau der in dieser Untersuchung an verschiedenen Stellen bereits angedeuteten Empfehlungen dar. Eine systematische Vertiefung muss unterbleiben, da die vorliegende Untersuchung ihren Schwerpunkt auf die Analyse legt.

Kritik an der Entscheidungswirklichkeit – Indiz für unsensible Politik?

Die Vielstimmigkeit der Kritik an der Berliner Stadtentwicklungspolitik deutet darauf hin, dass eine Unzufriedenheit mit der Entscheidungswirklichkeit weit verbreitet ist. Ein Teil dieser Kritik lässt sich allerdings als interessengebunden oder zumindest zu kurz greifend identifizieren. *Lobbyistische Kritik* wird beispielsweise von Investoren geäußert, die beispielsweise die Dauer der Entscheidungsfindung grundsätzlich als fragwürdig darstellen, ohne die von ihnen aufgemachten Ansprüche gleichermaßen konsequent an privatwirtschaftliche Entscheidungen anzulegen, wie die Verzögerung von Verfahren durch die Investoren selbst nach langen Verhandlungen mit der öffentlichen Hand zeigt. *Partialanalytische Kritik* wird laut von unzufriedenen Entwurfsverfassern, die eine Verwässerung ihrer Idee in der Auseinandersetzung mit realen Rahmenbedingungen beklagen, oder von Anhängern einer fachlich untermauerten Entwicklungsrichtung, die einen hegemonialen Anspruch auf die planerische Zukunft eines Orts formulieren. *Politisch oppositionelle Kritik* dient der eigenen Profilierung gegen die verfolgte Entwicklungslinie, kann sich dabei aber nicht auf Mehrheiten stützen, auch wenn sie sich auf fachliche Argumente stützt – wie die Ablehnung von Hochhäusern aufgrund von planerischen Argumenten, die von der Mehrheit zwar zur Kenntnis genommen, aber gegenüber gestalterischen Argumenten häufig schwächer gewichtet werden. *Fachlich oppositionelle Kritik* kommt beispielsweise aus Architektenkreisen, die die Qualität der Architektur oder städtebaulich-gestalterischer Prinzipien bei Neubauvorhaben kritisieren, und sich dabei nicht zwangsläufig auf

Neubauvorhaben kritisieren, und sich dabei nicht zwangsläufig auf richtigere, sondern zunächst lediglich auf andere Bewertungskriterien als die bei den Bauvorhaben angewandten stützen. In einem von den politischen Akteuren *abweichenden Konfliktverständnis wurzelnde Kritik* wendet sich gegen die Art der öffentlichen politischen Auseinandersetzung über stadtentwicklungspolitische Entscheidungen, die im Falle länger währender Auseinandersetzungen von der einen Seite als Handlungsschwäche, im Falle rigider und die Öffentlichkeit ausschließender Entscheidungen als autoritärer Führungsstil kritisiert wird. *Unklarheit über Entscheidungsspielräume* entsteht in der repräsentativen Demokratie dann, wenn weitreichende Entscheidungen de facto durch einen kleinen Kreis von Vertretern der Exekutive gefällt werden und Außenstehende die Kräfteverhältnisse in den vorausgehenden Verhandlungen mit Investoren nicht einschätzen können.

Alle bisher erwähnten Typen von Kritik sind Ausdruck fachpolitischer Pluralität und tauchen unabhängig vom eigentlichen materiellen Entscheidungsinhalt auf. Auch wenn sie rational begründet und jeweils berechtigt sein mögen, stellen sie die Entscheidungsprozesse nicht grundsätzlich in Frage. Die Hoffnung auf deren grundlegende Veränderung verkennt die Tatsache, dass ein politischer Prozess nur selten das Optimum der an ihn gestellten Rationalitätsvoraussetzungen erreichen wird – genauso wie im Alltag nicht permanent Höchstleistungen produziert werden können. Die folgenden Überlegungen zu einer Weiterentwicklung des Entscheidungssystems sind vor diesem Hintergrund zu verstehen. Sie richten sich daher nicht an Politiker oder „die da oben", sondern an verschiedenste Beteiligte im Prozess.

Es verbleiben allerdings strukturelle Unzulänglichkeiten der Entscheidungsprozesse, die keineswegs zwingend sind und daher eine nähere Betrachtung verdienen. Auch wenn in einer repräsentativen Demokratie mit starker Exekutive die politische Führung immer an einem Bündel von Politiken gemessen werden muss, erscheinen die in dieser Untersuchung nachgewiesenen Spielräume der Exekutive für autonomes Handeln, das sich *kaum einer ernstzunehmenden Rechenschaftsablegung für Einzelentscheidungen* unterziehen muss, und die eingesetzten Strategien der Stabilisierung von Vorentscheidungen weit überzogen. Weiterhin wird *unter Berufung auf kaum belegbare Prognosen oder Perspektiven Handeln mit weitreichenden Folgen* gegründet, das Alternativen aufgrund irreversibler Entscheidungen ausschließt. Völlig unabhängig von der Einschätzung der Investoren, die sich zwischen „legitimem und unverzichtbarem Partner im Rahmen der Stadtproduktion" und „kurzsichtig und auf Kosten der Benutzbarkeit von Stadt handelndem Profitmaximierer" bewegen kann, ist kaum einzusehen, warum in erheblichem Umfang durch die Entscheidungspraxis Rechtspositionen geschaffen werden, die nicht wieder zurückgenommen werden können, selbst wenn sie sich aus Sicht der städtischen Öffentlichkeit als überholt herausstellen und unter Umständen nicht einmal auf ein ernsthaftes Verwertungsinteresse des Grundstückseigentümers berufen können. Schließlich zeigt die Langfristigkeit der stadtentwicklungspolitischen Auseinandersetzung, dass eine *strategische Verkürzung von Debatten auf sich verhärtende ideologische Positionen* aus Sicht einzelner Akteure erforderlich ist, um die eigene Verhandlungsbasis nicht mittelfristig zu schwächen. Die in einer Art abgewandeltem Gefangenendilemma verhedderten Akteure produzieren im Ergebnis suboptimale Entscheidungen, wofür die Dethematisierung von Hochhäusern und der Berliner Fassadenstreit in der Friedrichstadt die augenfälligsten Beispiele darstellen. Demzufolge muss eine Einschätzung der Entscheidungswirklichkeit trotz der Bedeutung der Herstellung von Handlungsfähigkeit und der Subjektivität von Kritik auch im immer streitfreudigen Berlin ambivalent bleiben.

Allgemeine Empfehlungen zum Entscheidungsprozess, der Konfliktbewältigung und den Instrumenten

Strategische Ausrichtung der Stadtentwicklungspolitik

Proaktive Stadtentwicklungspolitik insbesondere auf Bezirksebene

Gerade vor dem Hintergrund der Zersplitterung der Akteure innerhalb der öffentlichen Hand ist eine reaktive Stadtentwicklungspolitik als problematisch zu erachten. Die vielfältigen Abstimmungsnotwendigkeiten bringen bei einer vorrangig projektorientierten Stadtentwicklungspolitik eine „Erosion" der Steuerungsziele innerhalb der öffentlichen Hand mit sich, und langfristig schwer kontrollierbare Entwicklungen entstehen genau hierdurch. Eine grundsätzliche Verständigung über die lokalen Entwicklungsziele zwischen Legislative, Bürger und Exekutive ist daher sinnvoll, um auf Investitionsvorhaben vorbereitet zu sein. Diese Verständigung könnte Mindestanforderungen an Wohnanteile einschließen und Durchführungsstrategien beinhalten. Trotz oder gerade wegen der schwachen Position der Bezirke in Verhandlungen erscheint es sinnvoll, „mit einer Stimme zu sprechen". Die bezirklichen Stadtplanungsämter sind angesichts ihrer strategischen Rolle die geeignete Instanz dafür, den hier beschriebenen Verständigungsprozess einzuleiten, und sollten unter Heranziehung ihres eigenen Sachverstands und ihrer Erfahrungen Vorschläge erarbeiten. In der Vorabstimmung haben die Beteiligten wegen der Unabhängigkeit von bereits begonnenen projektbezogenen Entscheidungsprozessen eine echte Chance auf Gehör. Ein „angemessenes Aufwertungstempo", das ein Quartier oder seine Umgebung verträgt, ließe sich auf diese Weise überhaupt erst thematisieren und schließlich in einem politischen Prozess bestimmen.

Verantwortungsvolle projektorientierte Planung

Die Schwerfälligkeit des deutschen Planungssystems und die geringe Bedeutung, die in der etablierten Praxis Beteiligungsansätzen zukommt, lässt sich auch in der Berliner Büroflächenpolitik vielfach und in teilweise ernüchternder Weise beobachten. Der Ruf nach der Stärkung von projektorientierten Planungsinstrumenten und –verfahren scheint zunächst im Widerspruch zu den oben genannten aktiven stadtentwicklungspolitischen Strategien zu stehen. Sollten diese jedoch greifen, erscheint eine vorsichtige Annäherung an britische Verfahren vielversprechend, bei denen in einem kurzen Verfahren die Genehmigungsfähigkeit eines Projekts hergestellt wird.

In diesem Zusammenhang ist die Beteiligung der Bürgerinnen weiterentwicklungsfähig. Eine verantwortungsvolle projektorientierte Planung wird offenbar auch von Investorinnen respektiert. Sie muss dafür Sorge tragen, dass im Rahmen des verkürzten Planungs- bzw. Genehmigungsverfahrens die Beteiligung tatsächlich noch Chancen auf Veränderung von

Projekten insofern birgt, als sie Alternativenauswahlverfahren vorgelagert werden oder an sie gekoppelt werden sollte[313].

Vorsortierung von Standorten

Angesichts der Vielzahl von parallel ablaufenden Planungsprozessen ist es offenbar nicht möglich, Verdichtungswünsche auf Einzelgrundstücken und die dauerhafte Sicherung von innerstädtischen Freiflächen so aufeinander abzustimmen, dass die angestrebten Dichtewerte für ein Gesamtquartier aktiv gesteuert werden könnten. Für die Bewohnerinnen und Benutzer der Innenstadt bilden Ausgleichsräume einen wichtigen Baustein innerstädtischer Attraktivität. Über den Verweis auf teilweise überlastete Großgrünflächen wie den Tiergarten hinaus sollte über eine aktive und vorausschauende Vorsortierung von Standorten im Hinblick auf deren Dichte und Freiflächenanteil versucht werden, einen „Stadtentwicklungsplan Öffentlicher Raum" zu erarbeiten und das Spektrum der von Dichterestriktionen im Flächennutzungsplan zunächst freien Mischbauflächen „M1" weiter zu differenzieren.

Bodenpolitik als ergänzende Strategie der Dichten- und Höhenstabilisierung

Das Ziel einer dauerhaften Höhenbegrenzung (und Standortdefinition von Hochhäusern) erscheint angesichts der politischen, prozessbezogenen und ökonomischen Gegebenheiten in Berlin sinnvoll, die trotz der Fragwürdigkeit der Tragfähigkeit von Hochhäusern auf eine allmähliche und projektübergreifend-langfristig schwer steuerbare Bereitstellung von Baurechten für Hochhäuser hindeuten. Als Instrument erscheinen dabei bodenpolitische Strategien vielversprechend, da sie über die tendenzielle Senkung der Bodenpreise die vermeintlichen Verwertungsnotwendigkeiten auf hochzentralen Grundstücken begrenzen und die bereits zu Beginn der 1990er Jahre begonnenen Überlegungen zu „Entlastungsstandorten" für die Innenstadt wiederbeleben bzw. stützen könnten. Vor dem Hintergrund der erst allmählich wahrnehmbaren Re-Zentralisierung, die die Tertiärisierung auch in Berlin mit sich bringt, erscheint vorausschauendes Handeln hier deshalb wichtig, weil verkehrliche Belastungen die Attraktivität der Innenstadt einschränken sowie die politisch-planerischen Bemühungen um einen Rückbau groß dimensionierter Straßentrassen konterkarieren könnten.

Auslotung angemessener Parzellierungsstrategien

Die Hinterfragung der Parzellierungsmuster und der Großparzellen wie am Potsdamer Platz ist weiter fortzuführen. Sie bewegt sich in einem Spannungsfeld zwischen dem scheinbaren

313 Der Vergleich zwischen dem Verfahren auf dem Bolle-Block und am Kranzler-Eck macht deutlich, welche konfliktentschärfende Wirkung einer Kooperation bereits in frühen Prozessphasen zukommt, auch wenn das Gutachterverfahren für den Bolle-Block die Bürgerinnen noch nicht in einer Weise einbezogen hat, die den hier skizzierten Vorschlägen entspricht.

und „planungsromantisch“ verklärten Anspruch nach *small is beautiful* einerseits sowie der Schwächung von Verhandlungspositionen der öffentlichen Hand durch die Konfrontation mit international bedeutsamen Wirtschaftsunternehmen als Eigentümerinnen von ganzen Stadtquartieren andererseits. Weder das eine noch das andere Extrem wird ein vitales und wirtschaftlich tragfähiges Büroflächenangebot im Zusammenhang mit Stadtverträglichkeit sicherstellen können. Ein im Hinblick auf Einheitengrößen vielfältiges Angebot an Büroflächen gebietet bereits die wirtschaftsförderpolitische Vernunft.

Die Beplanung von Schlüsselstandorten durch potente Investoren und die Ausschöpfung von möglichen Synergien einer Entwicklung in einem Zug beispielsweise in Bezug auf Energieversorgung und Andienungsverkehre hat beispielsweise bereits das Planverfahren zum Potsdamer Platz deutlich gemacht, dem unabhängig von Kritik aus den verschiedensten Richtungen zugute gehalten werden muss, dass es solche Potentiale weitgehend ausgeschöpft hat – möglicherweise stärker als eine individuell-mittelständisch betriebene Entwicklungsalternative – und trotz erheblicher begleitender konjunktureller Probleme auf dem Büroflächenmarkt zügig baulich umgesetzt werden konnte. Der „mobilisierende“ Aspekt, der sich beispielsweise auch im Falle der Treptowers zeigt, darf also nicht unterschätzt werden. Dennoch sind die städtebaulichen Ergebnisse einer allein durch Großinvestoren durchgeführten Stadtentwicklung weder befriedigend noch marktadäquat. Mittelstandspolitik und urbane Vielfalt erfordern ein bestimmtes Maß an Kleinteiligkeit. Welche „Managementstrategien“ zur Sicherstellung dieser Vielfalt angemessen sind, lässt sich nicht eindeutig beantworten[314]. Durch eine intensivere Kopplung von Aktivitäten der Wirtschaftsförderung, der Stadtentwicklungspolitik und der Liegenschaftspolitik lassen sich möglicherweise zielgerichtet Parzellierung, Planungsrecht und Vermarktungsstrategie koppeln und damit tragfähige Angebote schaffen, die Vielfalt dennoch sicherstellen sowie auf der anderen Seite schleppende Entwicklungen vermeiden helfen.

Weiterentwicklung der stadtentwicklungspolitischen Methodik und Konsensbildung

„Abfederung“ städtebaulicher Quartiere

Das Nebeneinander von *City*-Nutzungen und Wohnquartieren ist in Berlin gewollt und aufgrund der historischen Entwicklung unvermeidbar. Ob hierdurch Verdrängung, ungewollte Aufwertungseffekte und Belastungserscheinungen entstehen, die die Attraktivität des Wohnens in der Innenstadt einschränken, ist vielfach diskutiert worden. Die Natur der politischen Konfliktbewältigung kann in Berlin als weiterentwicklungsfähig angesehen werden: Die Notwendigkeit einer „Abfederung“ von Bürokomplexen gegenüber ihrer Nachbarschaft sollte wesentlich stärker projektübergreifend thematisiert werden. Dies betrifft Fragen der Nutzungsanordnung, der Aufenthaltsqualität und der Gestaltung des öf-

314 Dies zeigen bereits die beinahe nur im Rahmen einer Mischkalkulation eines Großinvestors wie der ECE möglichen Erfolge bei der Unterbringung weniger zahlungsfähiger Bäckereien o. ä. in shopping malls, die aber einhergehen mit Monotonie und Verflachung des Angebots im Vergleich zwischen verschiedenen centers ein und desselben Konzerns.

fentlichen Raums. Angesichts der Entfremdung, die viele Benutzerinnen von Stadt durch die *City*-Entwicklung spüren, steht dabei „Risikovermeidung" im Mittelpunkt, auch wenn der Selbstdarstellung von Investoren ein legitimer Platz eingeräumt werden sollte. Insbesondere durch eine Öffnung von fachöffentlichen und öffentlichen Diskussionsveranstaltungen über die inszenierten Kurzstatements der beteiligten Schlüsselakteure hinaus ließe sich möglicherweise mittelfristig ein Kanon städtebaulicher Elemente entwickeln, der das Dilemma des Auseinanderfallens leitbildhafter Träume und wirtschaftlicher Realitäten überwinden helfen könnte[315].

Aktivere Thematisierung der „Benutzeroberfläche" von Stadt

Die sehr „unmittelbare" Wahrnehmung von Stadt außerhalb der Fachwelt lehnt teilweise moderne Architektur schroff ab. Bei genauerem Hinsehen wird deutlich, dass diese Ablehnung sich auf einige wenige Schlüsselindikatoren zurückführen lässt. Bei intensiver Auseinandersetzung lassen sie sich ohne den Verzicht auf moderne Architektur entschärfen. Insbesondere die Benutzbarkeit von öffentlichen Räumen, eine Vermeidung von Monotonie und die Gestaltung von Fassaden spielen hierbei eine Rolle. Die Thematisierung der „Benutzeroberfläche von Stadt" könnte zukünftig Konflikte vermeiden helfen, die zur Entfremdung zwischen Entscheidungsträgern und Bürgern beitragen. Da hierbei der öffentlichen Hand kaum Instrumente zur Verfügung stehen, ist für eine Öffnung von Institutionen wie der Architekturwerkstatt zu plädieren, die trotz der großen Zahl von Veranstaltungen und Debatten über Architektur in Berlin gegen äußere Einflüsse relativ abgeschottet und wenig interaktiv mit der weiteren „Außenwelt" operiert. Ziel einer solchen Öffnung wäre eine Neuverständigung über sinnvolle räumliche Einsatzbereiche von Architektursprachen sowie die Weiterentwicklung einer entwerferischen Differenzierung von Fassaden, um das Problem drohender Monotonie auf eine neue Art und Weise zu überwinden. Die „Berlinische Architektur" leistet dies bisher nur eingeschränkt. In der Subtilität ihrer Art von Detaillierung bleibt sie seltsam spröde und unnötig fachlich entrückt. Die Akteure der Stadtentwicklungspolitik sollten sich darüber im Klaren sein, dass die „Gefahren" der „Berlinischen Architektur" erst in Zukunft wirklich virulent werden: wenn der Ansatz droht, schöpferisch zu erstarren und mittelmäßige Resultate produziert.

Alternative Bildproduktion

Aufgrund der Handlungszwänge einer unter Durchsetzungszwängen stehenden Exekutive droht bisweilen eine Verselbständigung städtebaulich fragwürdiger Resultate von Vorent-

315 Auch hier bietet der Vergleich zwischen den Projekten Bolle-Block und Kranzler-Eck bereits erste Anknüpfungspunkte. Man mag die Tatsache der Entwicklung von Hochhäusern in Moabit grundsätzlich kritisieren, doch muss man eingestehen, dass das Freiberger-Projekt sowohl zur „Moabiter Seite" optisch abgeschirmt ist als auch auf der Spreeseite die Möglichkeit der städtebaulichen Inszenierung mit vergleichsweise vertretbaren Folgen für die Nachbarschaft bietet, während die Integration des Jahn-Baus für den Kurfürstendamm bei aller Spektakularität der im Block liegenden halböffentlichen Räume städtebaulich problematisch erscheint.

scheidungsprozessen im Rahmen fortgesetzt angewandter Legitimationsbeschaffungsstrategien und eine Immunisierung gegen — möglicherweise produktive — Kritik. Das Ziel einer frühzeitigen Bereitstellung diskussionsfähiger Alternativen ist aus Sicht der Legislative essentiell, um gegen die normative Kraft der „Bildproduktion" in einem Entscheidungsverfahren anzukommen. Nur die Entgegensetzung eigener städtebaulicher Visionen wird dabei den Nachweis liefern können, dass eine Alternative verträglicher und machbar zugleich ist. Die Bereitstellung dieser Visionen ist durch die Legislative und die Bürgerinnen nur durch die Moderation einer alternativen Bildproduktion möglich, nicht durch Beschränkung auf verbale Einwände oder eigene Gegenbilder.

Aktiver Einsatz von „Kopplung" und „Fragmentierung"

Konflikte werden durch die Intransparenz von Entscheidungsspielräumen und Alternativen für Außenstehende verschärft. Ein offensiverer Einsatz von Kopplungsmechanismen durch die öffentliche Hand könnte einer Eskalation an dieser Stelle entgegenwirken. Die Problematik „fauler Kompromisse" kann so ansatzweise umgangen werden. Anstatt für alle Seiten unbefriedigende Lösungen „in der Mitte" zu suchen, wären Orte in der Stadt zu benennen, an denen die eine Seite in der Auseinandersetzung (beispielsweise Vertreter „moderner Architektur") und solche, an denen die andere Seite (beispielsweise Vertreter „traditionalistischer Architektur") mit einer Verwirklichung ihrer Vorstellungen rechnen kann. Diese „Garantie" kann von der öffentlichen Verwaltung aktiv dafür eingesetzt werden, Gegner zu einer Aufgabe von Widerständen gegen bestimmte Lösungen selbst nach Vermeidung von unverträglichen Extremen zu bewegen und somit tendenziell Verfahren zu beschleunigen. Eine sorgfältige Auswahl passender Orte im obigen Sinne und eine größere Transparenz über Verhandlungsalternativen bilden die Voraussetzungen. In ähnlicher Weise könnten durch die gezielte Identifikation von Fragmentierungsmechanismen von allen Beteiligten als unbefriedigend empfundene Kompromisse umgangen werden.[316]

Einsatz für eine transparentere Informationspolitik

Nur durch einen beharrlichen Einsatz für eine größere Transparenz vor allem in Vorentscheidungsphasen wird es gelingen, eine sinnvolle Beteiligung von Legislative und Bürgerinnen sicherzustellen, die nicht aufgrund geringer Einwirkungsmöglichkeiten und vermeintlicher Sachzwänge in sich zusammenfällt. Dabei sind insbesondere die Bezirksverordnetenversammlungen in gestärkten Bezirken zu einer kritischeren Politik aufgerufen. Der schnell entstehende Eindruck der „Verhinderungspolitik" ist nur dann zu vermeiden, wenn sich die Vorentscheidungen noch nicht durchweg verfestigt haben und mithin Spielräume für Veränderungen bestehen. Überdies dürfte es sich gerade für die Fachöffentlichkeit lohnen, frühzeitig und anhaltend den Kontakt in die Senatsverwaltung zu suchen.

316 Auch hier ist der Vergleich zwischen Bolle-Block und Kranzler-Eck aufschlussreich. Die größere Zufriedenheit der Projektbeteiligten mit dem Prozess am Bolle-Block trotz der teilweise frustrierenden Niederlagen beispielsweise für die Bürger lässt sich ansatzweise mit der Möglichkeit erklären, die dieses Projekt im Gegensatz zum Kranzler-Eck zum Einsatz von Fragmentierungsmechanismen bot.

Einsatz von formellen und informellen Planungsinstrumenten

Bezirkliche Foren

Die Bereichsentwicklungsplanung ist nur begrenzt in der Lage, die vernachlässigte Debatte über die Art der Nutzung breit zu führen. Damit liegt die Forderung nach forumsartigen Institutionen nahe, in denen informelle Verständigungen über grundsätzliche Entwicklungsrichtungen erreicht werden. Die Größe Berlins begrenzt zusammen mit der Konstruktion den Einfluss eines Stadtforums auf die Entscheidungsfindung und die Einbeziehung der Legislative oder gar der Öffentlichkeit in die Debatte. Daher sollten Foren eher auf der Ebene der vergrößerten Bezirke eingerichtet werden.

Kritische Prüfung des Einsatzes von Wettbewerbsverfahren

Die erheblichen Defizite von Wettbewerbsverfahren, die in ihrer verkürzenden Legitimationsbeschaffung und ihrer Verengung auf städtebauliche Aspekte eines Entscheidungsprozesses liegen, sind mit ausschlaggebend für bestimmte Realisierungsprobleme. Stärker als bisher ist dafür zu werben, dass einem Wettbewerb eine intensive Zielfindungsphase der öffentlichen Hand über alternative Testentwürfe usw. vorausgeht und präzise Vorgaben hinsichtlich der städtebaulichen Rahmenbedingungen gemacht werden.

Gestaltungsbeirat

Leistungsfähige Rechtsinstrumente für gestalterische Fragen sind offenbar für die Praxis nicht zu erwarten. Da auf der anderen Seite aber die Relevanz gestalterischer Fragen für die Akzeptanz von Stadtumbaumaßnahmen erheblich ist, sollte durch die Schaffung von Beratungsgremien oder Ausschüssen, die sich diesen Fragen zuwenden und sie explizit von der Gesamtentscheidung über ein Projekt bzw. den hierfür angestrebten rechtsgültigen Plan abtrennen, die Auseinandersetzung mit gestalterischen Fragen bei Büroflächenprojekten intensiviert werden. Hierfür kommen insbesondere bezirkliche Gestaltungsbeiräte in Frage.

Neubelebung der Bereichsentwicklungsplanung

Um eine aktive Stadtentwicklungspolitik betreiben zu können, ist eine Neubelebung der Bereichsentwicklungsplanung unter veränderten Vorzeichen sinnvoll. Vor allem eine Thematisierung von langfristigen Steuerungszielen kann über sie erfolgen. Dabei wird in Zukunft die Flächenvorsorge für Infrastruktureinrichtungen gegenüber der Zuschreibung von Nutzungsspektren und städtebaulichen Dichten wie auch der Sicherung von Freiflächenzielen zurücktreten, ebenso wie die Rolle der BEP als schwerfälliges und wenig wirksames Planwerk tendenziell von der informellen Beratungsfunktion der beteiligten Planerinnen abgelöst wird.

Ausdehnung des Auftrags von Planungswerkstätten

Eine aktive Auslotung von verträglichen Veränderungsspielräumen kann durch erweiterte Planungswerkstätten befördert werden. Diese müssten sich aber noch wesentlich stärker der öffentlichen Debatte stellen als beispielsweise die Senatsverwaltung für Stadtentwicklung im Planwerksprozess. Die Verwaltung kommt als Trägerin eines solchermaßen veränderten Ansatzes deshalb in Frage, weil sie damit einerseits ihr Profil als Dienstleisterin und Moderatorin in einer öffentlichen Zielbestimmung schärfen, andererseits aber federführend bleiben könnte und fast alleine über die erforderlichen fachlichen Ressourcen verfügt.

Empfehlungen im Hinblick auf die Entscheidung über bestimmte städtebauliche Merkmale

Art der Nutzung

Immobilienökonomische Qualifizierung einer strategischen Bodennutzungsplanung

Die städtebaulich geprägte Stadtentwicklungspolitik hat in Berlin eine Reihe von überzogenen Zielen der öffentlichen Hand produziert, die sich im späteren Verlauf nicht realisieren ließen, da sie für Investoren kaum wirtschaftlich schienen. Im Ergebnis zeigen sich „Verwässerungen" von Konzepten sowohl im Hinblick auf ihre Nutzungsart als auch auf ihre städtebauliche Gestalt, die für Außenstehende als „Fehlplanungen" diagnostiziert werden. Tatsächlich liegt die Wurzel der unbefriedigenden Ergebnisse des Planungs- und Realisierungsprozesses häufig nicht in der „gut gemeinten" Planung, sondern in deren Umsetzungsproblemen. Die einfache Antwort scheint eine Einbeziehung von Investorinnen in den Planungsprozess zu sein. Als *stakeholder* sind sie jedoch befangen. Damit bleibt als Ausweg lediglich eine frühzeitige und vorausschauende Verzahnung von Bodennutzungsplanung und Immobilienökonomie vor der Einleitung von Projekten. Insbesondere sollte berücksichtigt werden, unter welchen Voraussetzungen welche Nutzungsanteile auf welchen Grundstücken im Hinblick auf die Eigentumssituation realistisch sind, und ob nicht möglicherweise andere Mischungsformen standortbezogen sinnvoller sind als ein durchgehender pauschal festgelegter Wohnanteil, der aufgrund der unterschiedlichen Nutzungsanforderungen insbesondere für Wohnen und Büros bei der Kombination beider Nutzungen in ein und demselben Gebäude immer wieder zu Widerstand bei den Investoren führt. Dies wird nur unter Einsatz von Planverfahren und eventuellen Ausgleichsmechanismen zwischen den verschiedenen Eigentümern möglich sein. Die bisherige Praxis, über städtebauliche Ideenwettbewerbe zunächst die räumliche Ordnung eines Gebiets festzulegen, ist insbesondere dann problematisch, wenn die Entwicklung des betreffenden Gebiets nicht durch einen Developer, sondern durch mehrere verschiedene erfolgt.

Hinterfragung innerstädtischer Nutzungszuschreibungen und Angebotsformen

In Zeiten großer Ungewissheit über die Nachfrage insbesondere nach Wohnungen in der Innenstadt erscheint eine Hinterfragung der innerstädtischen Dichtevorstellungen und Angebotsformen sinnvoll. Dies hat bereits in den vergangenen Jahren in Berlin zur Herausbildung eines neuen Marktsegments geführt, der Luxuswohnungen in den Obergeschossen hochzentraler Lagen wie am Potsdamer oder dem Pariser Platz. Doch weitere Angebotsformen sind ebenfalls innenstadtaffin. Dies gilt insbesondere für autoverkehrsreduzierte Konzepte, innerstädtische Genossenschaften und Eigentumsformen sowie für hochverdichtete Wohnformen mit Freiraumanbindung. Für die Realisierung von politisch opportunen Mischnutzungsanteilen erscheinen sie nur bei Senkung des Bodenpreisniveaus über veränderte Flächennutzungszuweisungen und im Rahmen von größeren Büroflächenprojekten realistisch, die eine Einordnung beachtlicher Wohnanteile auch in eigenständigen Wohngebäuden auf dem zu beplanenden Areal erlauben.

Dichte

Rückkopplung von Verdichtungstendenzen mit mittelfristigen Strategien

In einem immer noch weitgehend projektbezogenen Entscheidungsumfeld wird vermutlich nur Druck auf die öffentliche Verwaltung und die Politik mittelfristig deutlich machen können, welche Bedürfnisse von der Bevölkerung an die Innenstadt und ihre öffentlich zugänglichen Freiflächen herangetragen werden. Ob diese Bedürfnisse leichter über die Stabilisierung oder gar Ausdehnung des Freiflächenangebots oder über die Begrenzung von Dichten und damit die Beschränkung der Nutzungsintensität in bestimmten Innenstadtbereichen zu gewährleisten sind, muss sich je nach den Bedingungen vor Ort zeigen. Voraussetzung für eine transparentere Debatte über die innerstädtische Büroflächenpolitik ist jedenfalls die Neuthematisierung der abstrakt erscheinenden Dichtewerte, da negative Begleiterscheinungen von innerstädtischer Verdichtung wegen der *time lags* zwischen baulicher Fertigstellung und Vollbelegung von Büroquartieren kaum den für die planerischen Entscheidungen verantwortlichen Politikern zurechenbar sind. Der scheinbar ungesteuerte Verdichtungsprozess bietet die Chance einer Eindämmung von Zersiedlung, doch muss das Gemeinwesen sich ständig neu vergewissern, ob es den eingeschlagenen Kurs weiter gehen will und welche Bindungen durch einmal gefällte Entscheidungen für spätere Planungsverfahren entstehen.

Höhe

Breite Debatte über Nutzeranforderungen an die city *und deren Kopplung mit der Hochhausdebatte*

Die nachhaltige Wirkung der Veränderungen im Stadtbild, die vom Bau von Hochhäusern ausgehen, ist lediglich ein Motiv für die Forderung nach einer breiten Debatte über Nutzeranforderungen an die *city* und Hochhäuser. Offenbar ist es in Berlin bislang nicht gelungen, ein konsensfähiges Muster des Umgangs mit Hochhäusern zu finden, das überdies langfristige Konsistenz aufweist. Die Fallstudie zum Zoofenster-Block hat deutlich gemacht, dass eine Verengung der Hochhausdebatte auf städtebauliche Gestaltungsüberlegungen wesentliche stadtentwicklungspolitische Fragen offen lässt. Die Innenstadt als der Ort, der potentiell für alle Stadtbewohner eine bedeutende Rolle spielt, verdient nach wie vor das besondere Augenmerk der Stadtentwicklungspolitik. Künftige Debatten sollten aber die Frage danach einschließen, wie „schick" oder „metropolenhaft" mit allen Konsequenzen die *city* sein sollte und inwieweit sie über mehrere Jahre oder gar Jahrzehnte als transitorischer Ort zu begreifen sein soll, der aus einem Konglomerat von älteren Bestandsgebäuden, vorübergehenden Brachen, Großbaustellen und zumindest vorübergehend als maßstabsprengend empfundenen Hochhäusern besteht. Die Frage nach den Stadtvorstellungen für die „Übergangszeit“ wird dabei bisher vor dem Hintergrund von verlockenden Bildern einer Zukunft „nach dem Umstrukturierungsprozess“ noch kaum gestellt, obwohl angesichts der inzwischen riesigen Investitionssummen ganze Quartiere von ihm über lange Zeit betroffen sind und die Erfahrungen anderer Großstädte im wirtschaftlich fragilen Umstrukturierungsprozess (Glasgow, Detroit) zur Vorsicht gemahnen.

Immobilienökonomische Fundierung der Hochhausdebatte

Es stellt sich offenbar heraus, dass eine bestimmte Höhe von Hochhäusern für Investoren angesichts des Stands der Bautechnik, der Standortbedingungen in Berlin und anderer Faktoren besonders attraktiv ist bzw. dass Höhen über etwa 120 m ohnehin kaum gebaut werden. Da sich die Entwicklung von Hochhausstandorten aber als Projekt für Jahrzehnte herausstellt (vgl. Alexanderplatz) ist dringend eine immobilienökonomische Fundierung der Hochhausdebatte anzuraten. Zu klären ist darin, ob in naher Zukunft technologische Veränderungen zu erwarten sind, die die heute üblichen Höhen und „Dicken“ schneller obsolet machen würden, als erste stadtbildprägende Ergebnisse überhaupt zu erwarten sind. Durch die Kenntnis immobilienwirtschaftlicher Rahmenbedingungen ließen sich die städtebaulich-gestalterischen Möglichkeiten des Hochhausbaus — so er denn gewünscht wird —, kompetenter und realitätsnäher neu erschließen. Diese Forderung ist nicht neu, stünde aber der „Senatsverwaltung für Stadtentwicklung“ als Kompetenzzentrum im betreffenden Bereich gut zu Gesicht.

Definition von Tabu- und Verdichtungsbereichen

Aufbauend auf der oben beschriebenen Vorsortierung von Standorten ist über die Reservierung von Orten dynamischer Veränderung für Hochhauskonzepte und als eine eingehegte sowie mit gewissen Spielregeln versehene „Spielwiese“ für ihre Befürworter politisch verkoppelt mit der Anerkennung von „Tabuorten“ nachzudenken, in denen der Respekt vor der lebenswerten Urbanität der „Europäischen Stadt“ im Sinne des Städtebaus des 19. Jahrhunderts und der Traufhöhe im Vordergrund steht. Entscheidet man sich für ein solches Vorgehen, sind eine baurechtliche Flankierung, die diese Kopplung stabilisiert, und ein sensibler Umgang mit den definierten „Nahtstellen“ zwischen den Orten verschiedener Prägung erforderlich.

Öffentliche Debatte um die Sichtbarkeit von Hochhäusern o. ä.

Da die Nachvollziehbarkeit von Ideen wie der einer „zweiten Traufhöhe“ in der Wirklichkeit kaum möglich sein wird, bleibt für Hochhäuser städtebaulich lediglich das Argument einer Akzentuierung eines einzelnen Orts. Eine inflationäre Freigabe von untergeordneten Punkten innerstädtischer Akzentsetzung für Hochhäuser schwächt die Akzentuierungsfunktion und widerspricht damit tendenziell der Idee, mit Hochhäusern städtebaulich zu gestalten. Ob eine solche Gestaltung angemessen ist, sollte in einem Dialog mit den eher hochhausskeptischen Bürgern und Benutzern über die Frage von Sichtbarkeit und Straßenwirksamkeit von Hochhäusern ermittelt werden, wenn bestimmte Vertreter der Politik, Architektur und der Investoren Hochhäuser nicht mehr „verstecken“ wollen.

Instrumenteneinsatz für „schlanke Türme“

Sollen turmartige Gebäude so schlank wie jeweils möglich werden, dann müssen neue Instrumente im Entscheidungsprozess entwickelt werden, damit wirtschaftliche Zwänge nicht die Hochhausgrundfläche erheblich vergrößern. Dabei könnte im Rahmen von Investorenauswahlverfahren das Angebot besonders „schlanker“ Türme bei vorher festgelegter Gesamt-BGF Kriterium sein.

Umgang mit dem Bestand

Öffnung der Diskussion über die Denkmalpflege

Angesichts der Entscheidungspraxis und der schwachen Stellung der Denkmalpflege sollte diese stärker im Vorfeld beteiligt werden. Dies könnte über die Darlegung von entscheidungsrelevanten Positionen im Bauausschuss der BVV und dessen Zustimmung als Voraussetzung für die weitere Bearbeitung des Entscheidungsverfahrens durch die Exekutive erfolgen.

Diskursive Denkmalpflege

Die formal starke Position der Denkmalpflege könnte häufiger von Seiten der öffentlichen Hand genutzt werden, um ein Testentwurfsverfahren oder eine immobilienwirtschaftliche Voruntersuchung zur Nachnutzungsmöglichkeit von Bestandsgebäuden im Rahmen eines städtebaulichen Vertrags durchzuführen. Ziele sind eine bessere Durchschaubarkeit der möglichen Alternativen sowie eine Stärkung der Legitimation getroffener Entscheidungen. Dazu sollte die Denkmalpflege eine stärker „diskursive“, d. h. sich noch stärker auf die gemeinsame Erarbeitung von Lösungsalternativen einlassende Rolle spielen. Für etwaige weiterhin stattfindende Wettbewerbsverfahren ist zu prüfen, ob im Einzelfall nicht die Denkmalpflege aus der Rolle des Sachverständigen in die eines Jurymitglieds schlüpfen könnte.

Strategische Thematisierung vor Stigmatisierung

Die Umstrittenheit des Denkmalschutzes für Nachkriegsbauten hat in den vergangenen Jahren in Berlin zu großen Konflikten geführt. Die geringe Wertschätzung für Bauten der 1950er und 1960er Jahre außerhalb der Fachwelt kann nicht darüber hinwegtäuschen, dass unter den Bauten dieser Epoche hochrangige Denkmale zu finden sind. Deren pauschale Stigmatisierung wurde bisher durch die geringe Sicherheit der Denkmalpflege selbst im Umgang mit der Nachkriegsarchitektur erleichtert. Um den leichtfertigen Umgang mit der Nachkriegsmoderne durch qualifiziertere Urteile abzulösen – und dabei auf der anderen Seite eine mögliche Blockade durch eine Denkmalpflege abzuwenden, die aus Verlustangst vorsorglich jedes gefährdete Gebäude unter Schutz zu stellen beginnt, wie das von Gegnerinnen der Denkmalpflege bisweilen befürchtet wird –, ist eine intensive und über Berlin hinausgehende denkmalpflegerische Auseinandersetzung mit der Nachkriegsmoderne erforderlich. Eine solche Auseinandersetzung sollte in Zusammenarbeit der Denkmalpfleger verschiedener deutscher Städte und Länder sowie der Baupolitik erfolgen und kann durch ihre thematisierende Wirkung möglicherweise sogar neue Ideen für eine wirtschaftliche Nachnutzbarkeit der technologisch überholungsbedürftigen Gebäude bringen.

Öffentlicher und privater Freiraum

Definition von Planungsgrundsätzen

Untersuchungen zu Wasserlagen (inzwischen in Berlin geschehen) und anderen Freiflächenpotentialen sollten zu Planungsgrundsätzen weiterentwickelt werden, die bereits Eingang in die Vorentscheidungsphasen von Projekten finden können. Bei einer Stärkung der Bezirke im Planungsprozess können so die erreichten Ergebnisse von der städtebaulichen Herkunft der dabei handelnden Personen unabhängiger werden. Sollen Potentiale wie Wasserlagen oder Defizite wie die Nachbarschaft von stark befahrenen Straßen angemessen Berücksichtigung finden, ist über deren Behandlung in vorauslaufenden Testentwurfsprozessen eine Verständigung der Akteure denkbar. Sie kann u. U. sogar organisatorische und finanzielle Modelle hervorbringen, wie neuralgische Punkte bei grundstücksübergreifenden Zielen auch über das Einzelprojekt hinaus durch Kooperation der verschiedenen Beteiligten bewältigt werden können.

Entwicklungsträger Freiraum

Mit der Schaffung eines „Entwicklungsträgers Freiraum“ können das lediglich deklaratorische oder rein planbezogene Verhalten der öffentlichen Hand ergänzt und grundstücksübergreifende Aufwertungsziele für den Freiraum über längere Zeit aktiv im Blick behalten werden. Vermeintlich benachteiligte Flächen können über die nachdrückliche Verfolgung freiflächenorientierter Ziele weiter qualifiziert und damit für Investoren attraktiv gemacht werden. Büroflächenpolitik ist hier bisher nur unzureichend als grundstücksübergreifende Managementaufgabe verstanden worden, die gerade bei der vom Planwerk angestrebten Rückgewinnung öffentlichen Straßenlands für die Bildung von Grundstücken an Bedeutung gewinnen dürfte und für in ihrer Vitalität dauerhaft eingeschränkte Räume neue Perspektiven bieten könnte.

Fassade

Antizipation von Konflikten über Fassaden durch kommunikative Ansätze

Stärker als bisher könnte bei Wettbewerbs- und Gutachterverfahren, die vorrangig einer Auswahl des Architekten für die Konkretisierungs des Entwurfs dienen, schon auf der Ebene des städtebaulichen Entwurfs und im Übergang zum Gebäudeentwurf die Darstellung von beispielhaften Schlüsselfassaden oder Details von ihnen gefordert werden. Durch eine intensive öffentliche Diskussion auch von Fassaden als Entscheidungshilfe für die Verwaltung bei der Entscheidung über Fassaden als vernachlässigter Schnittebene zwischen öffentlichem und privatem Raum sind alle Akteure gefordert, aufeinander zu zu gehen.

Strategische Identifikation von Forderungen und Konfliktbereichen für Erdgeschossbereiche

Erschließungserfordernisse besitzen einen großen Einfluss auf die Ausgestaltung der Erdgeschosszonen, wobei die Möglichkeiten, entstehende Konflikte mit Aufenthaltszonen zu entschärfen, je nach Grundstückszuschnitt nur begrenzt vorhanden sind. Über typologische Lösungen, frühe Testentwürfe, die Formulierung konkreter Ziele in einer frühen Projektphase durch die Stadtplanungsämter sowie eine strategische Identifizierung potentiell konfliktträchtiger Grundstücke vor deren Nutzungskonversion können potentielle Konflikte u. U. antizipiert werden. Die Integration der Benutzbarkeit des öffentlichen Raums an der Grundstücksgrenze in die Optimierung der betrieblichen Abläufe und die Nutzungsorganisation liegt dabei im Interesse der Investorinnen.

Empfehlungen für einzelne Akteursgruppen

Die folgenden Empfehlungen sind lediglich solche, die keine Partei für eine Akteursgruppe ergreifen. Wohl werden hier Empfehlungen aufgeführt, die als konfliktentschärfend in einem „fairen" Sinne betrachtet werden können, wohingegen im engeren Sinne lobbyistische oder auf die einseitige Durchsetzung der Interessen einer Akteursgruppe hin orientierte Ideen ausgespart bleiben.

Akteursgruppe Politiker der Exekutive und Verwaltung

Überwindung der Gleichsetzung von „Wachstumsmanagement" und „Verhinderungspolitik"

Für Politiker ist eine Profilierung der eigenen politischen Ansätze über „Wachstumsmanagement", also dem differenzierten Umgang mit baulichen Investitionen und deren Steuerung, viel schwieriger als „Projektpolitik"[317]. Der Erfolg einer weitergehenden Besetzung von Themen und der Beweis von Handlungsfähigkeit im Hinblick auf konsequente Standortsteuerung sowie Beeinflussung von Investorenkonzepten werden davon abhängen, ob Bündnisse mit maßgeblichen Verbündeten im Kreis der Fachöffentlichkeit in einer Weise gelingen, dass eine einfache Diffamierung als „Verhinderungs"- oder „Behinderungs"-Politik nicht verfängt. Die Begrenzung der Politik auf die Funktionen von Schlichtung zwischen Verwaltung und Investorinnen einerseits und die Aufrechterhaltung eines positiven Investitionsklimas andererseits sollte allerdings zugunsten eines solchen differenzierten Wachstumsmanagements überwunden werden, um eine schleichende Erosion eigener Steuerungsansprüche wie beispielsweise bei der Standortverteilung von Büroflächeninvestitionen zu vermeiden.

317 In der Verwaltung klingen wachstumsmanagende Ansätze bisweilen beispielsweise in den Äußerungen von Senatsbaudirektor Stimmann in der Forderung durch, Neubauten müssten „für die Stadt" entworfen werden.

Strategische interne Positionsbestimmung der öffentlichen Hand

Um in Zukunft eine klarere und verhandlungsfähigere Position der öffentlichen Hand gegenüber Eigentümerinnen und Investorinnen anbieten zu können, ist auf eine klare Trennung der internen Abstimmungen der öffentlichen Hand und solcher mit den Investoren zu achten. Dabei sollten Verhandlungsspielräume der Verfahrenspromotoren klar benannt werden. Die Logik der Trägerbeteiligung ordnet die interne Abstimmung der öffentlichen Hand Vorabeinigungen im Kernbereich der Entscheidungsträgerinnen nach. Eine erste Beteiligung maßgeblicher verwaltungsinterner stadtentwicklungspolitischer „Interessenvertreter" sollte durch die Legislative als Voraussetzung für eine Auseinandersetzung mit Einzelprojekten in den relevanten Ausschüssen eingefordert werden.

Akteursgruppe Politiker der Legislative

Neudefinition des Stadtforums

Wenn die inszenatorisch-legitimatorische Funktion des Stadtforums alter Prägung für die Absicherung der Politik der Exekutive überwunden werden und ihm eine echte Wirkung für die Entscheidungsfindung und Konsensbildung zukommen soll, ist es sinnvoller bei der Legislative angesiedelt. Eine kollektive Führung durch die stadtentwicklungspolitischen Sprecher der Abgeordnetenhausfraktionen wäre denkbar, die eingehende Programmvorschläge und mögliche Positionen mit einem Lenkungsgremium gemeinsam abstimmen. Das nicht mit einem größeren Apparat ausgestattete Abgeordnetenhaus könnte sich auf diese Weise überdies unabhängig von den Senatsverwaltungen für die Entscheidungsfindung qualifizieren und Alleingänge von Politikern der Exekutive erschweren.

Integration von Partiallösungen

Von der Legislative kann nicht gefordert werden, dass sie städtebauliche Konzepte und operationale Ziele produziert. Dennoch kommt ihr eine Art „Wächter-Funktion" zu. Insbesondere bei längerfristigen Entwicklungsprozessen mit wechselnden Amtsinhabern in der Exekutive ist damit zu rechnen, dass sich wandelnde Teilstrategien und konsensfähige Teilziele im Zusammenhang mit der jeweils bevorzugten „Stadtidee" umgesetzt werden, aber eben nicht notwendigerweise zueinander passende[318]. Die Legislative könnte hier Mindestanforderungen und –ziele für die Verhandlungsführer der Exekutive formulieren und auf ihrer Berücksichtigung bestehen. Dies geschieht häufig im Vorfeld von Entscheidungsprozessen, wenn beispielsweise Wettbewerbsvorgaben beschlossen werden, allerdings nur unzureichend im Falle sich weiterentwickelnder Konzepte[319].

318 So ist die Veränderung des Zoofenster-Konzepts, wie auch immer man dazu stehen mag, möglicherweise in der Lage, das konsensfähige Ziel einer Attraktivierung des Erdgeschossbereichs in der Kantstraße durch Arkaden zu erreichen, allerdings auf Kosten anderer Ziele, die mit alternativen Entwürfen erreichbar gewesen wären. Welche Zusammenstellung von Nebenzielen sich jeweils durchsetzen lässt, hängt dann davon ab, wann die Baumaßnahme beginnen kann.

319 Der Fall der „Spreefenster" am Ostbahnhof zeigt hier zweierlei: Erstens ist es durchaus möglich, essentielle

Akteursgruppe Investoren

Konfliktentschärfung durch Berücksichtigung von „Benutzeroberflächen-Anforderungen“

Auch Investoren können durch die oben erwähnte Berücksichtigung der Benutzeroberflächen-Logik unnötige und möglicherweise verzögerungsrelevante Konflikte mit Bürgern aus der Nachbarschaft entschärfen. Dies gilt insbesondere in Bereichen, in denen die Investoren als wenig „leidenschaftlich“ angesehen werden müssen, wie typischerweise bei der Forderung nach einer „hellen Farbe“ von Fassaden.

Stabilisierung der Investitionsbedingungen durch Kooperation in der Bodenpolitik

Auch für Investoren erscheint es im Sinne der Herstellung attraktiver Stadträume sinnvoll, sich für die oben erwähnten bodenpolitischen Maßnahmen auszusprechen und sich weniger von kurzfristigen Renditeerwartungen blenden zu lassen, die aufwendige und später nicht finanzierbare Entwürfe produzieren. Zwar scheint die Zeit der Euphorie in Berlin auf mittlere Zeit vorbei zu sein, doch verlangt auch in Zukunft das Engagement in Berlin eine intensivere Ortskenntnis, als sie durch oberflächliche Analysen vermittelt wird.

Akteursgruppe Öffentlichkeit

Einsatz für strategische Beteiligung

Die Öffentlichkeit kann eine strategische Beteiligung nur durch aktive Teilnahme an Prozessen erreichen. Durch die Kopplung von Erörterungsveranstaltungen mit einer tatsächlichen Erstformulierung von Planungszielen könnte u. U. Beteiligung sinnvoller und aussichtsreicher gestalten und andererseits Projekten in der Implementierungsphase zusätzliche Legitimation verleihen. Hält man sich die ungünstige Relation Kosten-Nutzen-Relation von intensiven Beteiligungsformen und die konfrontative Stimmung von konventionellen Erörterungsveranstaltungen vor Augen, dann ist zu erwägen, ob nicht kurze öffentliche Ideenwerkstätten einen Mittelweg bieten könnten, der weder am hohen Aufwand scheitert noch die Gestaltungsfreiheit der Grundstückseigentümerinnen übermäßig beschränkt, aber zumindest die *essentials* der mobilisierbaren Nachbarschaft ermittelt und Anregungen zu einem Zeitpunkt integriert, da noch keine Verfestigungen von Vorentscheidungen stattgefunden haben. Die dabei zu erzielenden Einigungen können sich durchaus auf die obengenannten Aspekte des „verträglichen Übergangs“ zu Wohnquartieren oder die Nutzbarkeit von Einrichtungen auf dem zu bebauenden Grundstück erstrecken.

Ziele auch bei wechselnden Konzepten zu konservieren. Zweitens ist jeweils auszuloten, ob die Verwaltung ihrerseits einen Beitrag hierzu leisten kann. Die obengenannte Empfehlung ist dennoch der Legislative zugeordnet worden, da die Verwaltung in ihrer Weisungsgebundenheit nur über eingeschränkte Durchsetzungsmöglichkeiten verfügt und davon auszugehen ist, dass sie die bestehenden Spielräume auch bisher zu nutzen versucht hat.

Benennung von Nutzungszielen für den Außenraum

In direkten Gesprächen und Verhandlungen mit den Investoren bestehen im vorgenannten Sinne Chancen, insbesondere den Außenraum eines privaten Grundstücks weiter zu qualifizieren. Geht man davon aus, dass das — rechnerische — Freiflächendefizit in der Innenstadt nicht abgebaut werden kann und für Investoren ein Interesse an der Attraktivität ihrer Flächen für die Nachbarn besteht, aber auf der anderen Seite Investoren sich nur eingeschränkt mit der Gestaltung ihrer Außenräume auseinandersetzen, dann besteht ein Spielraum für die Integration von Benutzbarkeitsüberlegungen, die für beide Seiten Potentiale bieten[320].

Strategische Kopplung möglicher Belastungen in der Debatte

Die in dieser Untersuchung verdeutlichten Argumentationslinien von Befürwortern und Gegnerinnen eines Projekts sind in ihrer Widersprüchlichkeit dazu geeignet, eine präzise Benennung von Folgewirkungen und Belastungen zu erschweren. Die strategische Kopplung der Diskussion über die städtebauliche Einfügung in das Umfeld über rein gestalterische Aspekte hinaus mit den zu erwartenden verkehrlichen Wirkungen könnte sozialräumliche Analysen stützen. Dies ist gerade dann von Nutzen, wenn sie, wie häufig anzutreffen, das Manko aufweisen, mit dem Hinweis auf vermeintlich drohende „Verdrängung" implizit ein unhinterfragtes Bekenntnis gegen die Aufwertung eines Quartiers auszusprechen, aber eine Diskussion über Nutzen und Gefahren von Aufwertung bzw. den stadtentwicklungspolitischen Umgang damit erst noch zu führen wäre. Durch die strategische Kopplung ist vermutlich kein Projekt zu stoppen – doch das sollte gar nicht ihre Aufgabe sein. Vielmehr geht es darum, eine faire und vorurteilsfreie Debatte über die Folgewirkung von Projekten zu führen und darin die Promotorinnen dazu zu zwingen, sich von verkürzenden Argumenten zu lösen und einer Diskreditierung von Einwänden als dem Werk von „Verhinderern" vorzubauen[321].

320 Dies kommt der von Langhof eingebrachten Logik der „Win-win-Situationen" nahe, doch mit einem entscheidenden Unterschied. Während er für City-Projekte fordert, die Gewährung einer höheren Ausnutzung mit der Forderung nach der Schaffung von „Oasen", also Rückzugsräumen innerhalb privater Flächen, teilweise auch innerhalb von Gebäuden, zu verbinden, wird hier postuliert, dass bei Vorhandensein von Freiflächen auf dem Grundstück ohnehin Gestaltungsbedarf besteht und mithin die „Oasenfunktion" mit Einschränkungen auch ohne die Gewährung von zusätzlichen Bauflächen im Konsens für realisierbar gehalten wird. Kurioserweise ist die DIFA als neue Eigentümerin des Kranzler-Ecks von alleine einen Schritt genau in diese Richtung gegangen – nachdem die Auseinandersetzung um die adäquate Grundstücksverwertung bereits vor dem Grundstücksgeschäft zwischen Senat und Victoria-Versicherung geführt wurde —, indem sie eine möglicherweise belächelte, aber im Sinne gewöhnlicher Passantinnen potentiell attraktive Volière in ihrem Hof aufgestellt hat, der zunächst durch die Massivität des Neubaus von Helmut Jahn eine noch begrenztere Aufenthaltsqualität zu versprechen schien.

321 Dies kann auch dazu führen, dass eine Thematisierung von Einwänden gegen Projekte deren Präzisierung erfordert und damit vorschnelle und reflexhafte Ablehnungsreaktionen von Gegnern entlarvt bzw. in der qualifizierenden Auseinandersetzung entkräftet werden.

Zusammenfassung der Kernthesen

Im Folgenden werden die wesentlichen Ergebnisse der vorliegenden Untersuchung nochmals in knapper Form zusammengestellt. Damit soll ein Überblick über die diskutierten Fragestellungen unabhängig von den fallstudienbezogenen Analysen und den themenbezogenen Ausführungen ermöglicht werden.

Politische Rahmenbedingungen und Entscheidungsprozesse

City-Politik und Planungsinstitutionen

City-Politik ist in Berlin vor allem ureigene Senatspolitik. Als zumindest in ihrer Dimension neues Arbeitsfeld kann sie nicht auf lange erprobte Institutionen der Konfliktlösung zurückgreifen und baut unter dem Druck auf die Herstellung partnerschaftlicher Ansätze Externalisierungsmechanismen in der Entscheidungsfindung aus, die gewissermaßen an die Stelle von kaum ausgebildeten formalen Organisationen für die *City*-Entwicklung treten und der Herausbildung von Entscheidungsroutinen in der Zusammenarbeit mit Investoren im Büroflächenbereich dienen. Ausgehend von der Schwäche der vor Ort ansässigen Unternehmen und dem Ziel der Politik, Berlin für Investoren durch die aktive Initiierung von *City*-Politik zusätzlich attraktiv erscheinen zu lassen, ist das gewählte Vorgehen naheliegend, insbesondere angesichts des Stellenwerts einiger neu hinzutretender Investoren, aber auch des städtebaulichen Gestaltungsanspruchs in einer Stadt, die die in ihrem Westteil in den 1980er Jahren erarbeiteten planerischen Traditionen nicht aufgeben will, sie aber nun unter einem wesentlich höheren Legitimationsdruck gestellt sieht.

Büroflächenprojekte als „Zwitter" der Thematisierung zwischen Gewerbe und Wohnumfeld

Die Büroflächenpolitik bedingt eine Rezentrierung der Arbeitsstättenpolitik sowohl im Hinblick auf die Standorte im Stadtraum als auch im Hinblick auf die Überlagerung der Standorte mit den Aktionsräumen der Benutzer von Stadt. Damit weist das Politikfeld trotz seiner gegenüber der „konventionellen", auf den sekundären Sektor bezogenen Spielart weitaus geringeren Konfliktivität im Hinblick auf Emissionen wegen der potentiell unmittelbareren Wahrnehmbarkeit ihrer Ergebnisse im Stadtraum neue Ansatzpunkte für Grundsatzkonflikte auf. Diese resultieren daraus, dass von Investoren und einem Teil der Politik vertretene wirtschaftsförderungsbezogene Ansätze, die städtebauliche Ziele tendenziell durch Investoren definieren lassen, auf eine gänzlich neue Weise mit vergrößerten Definitionsansprüchen anderer Akteure hinsichtlich des Stadtraums konfrontiert sind und sich Muster des Abgleichs unterschiedlichster, sich überlagernder legitimer Definitionsansprüche für Zentrumsbereiche der Stadt erst neu herausbilden und bewähren müssen. Die Nutzer von Stadt machen dennoch im Vergleich zu ihrem Wohnumfeld wesentlich geringere Definitionsansprüche geltend, so dass die Büroflächenpolitik stadtentwicklungspolitisch gewissermaßen eine Zwischenstellung zwischen Wohnumfeld- und Gewerbeflächenpolitik einnimmt. Bezogen auf den Hauptgegenstand der Wirtschaftsförderpolitik lösen Bürostandorte tendenziell die Industriegebiete ab, in die städtebaulich kaum eingegriffen wird.

Begrenzte Konfliktwahrnehmung und selektiver Einsatz von Problemlösungsstrategien

Die Beurteilung der Problemlösungsstrategien ist ganz wesentlich eine Frage der Interpretation von Prozessen. Wesentlich häufiger als in der Hypothese angenommen, können Problemlösungsstrategien identifiziert werden. Diese sind teilweise integrativ von ihrem Typus her, integrieren aber wegen des selektiven Einsatzes nicht im Sinne der Konflikttheorie. Die Verfahrenspromotoren können es sich aufgrund ihrer Verfügung über Ressourcen häufig leisten, Konflikte nicht als solche zu begreifen und lediglich unmittelbar in ihrem Umfeld absehbare Widerstände durch Problemlösung zu „befrieden". Die konfliktlösende „Qualität" des Entscheidungsprozesses wird dann kaum nach außen transparent gemacht und kann lediglich ex post notiert werden. Der Integrationserfolg muss in solchen Fällen zwangsläufig ausbleiben. Selektiv ist der Einsatz von Problemlösungsstrategien überdies im Hinblick auf die wesentliche determinierende Funktion der Vorentscheidung über die Verwertbarkeit von Grundstücken, wo kein entscheidender Konflikt der in dieser Prozessphase beteiligten Akteure wahrgenommen wird. Die Blockade von aktiven Konfliktbewältigungsstrategien kann im Falle der öffentlichen Hand eine Folge von *entrapment* sein, die nicht zuletzt auf die Zersplitterung der Akteursgruppe und die Pfadabhängigkeit von Entscheidungen (vgl. Rechtsrahmen, Legitimation von politischen Entscheidungen) zurückgeht.

Tertiärisierung, Büroflächenpolitik und die Veränderung von Entscheidungsprozessen

Selektive Thematisierung und Externalisierung

Bei einer präzisen Analyse der einzelnen Teilziele der Akteure in den Entscheidungsprozessen lässt sich die Hypothese ansatzweise bestätigen. Insbesondere lassen sich die gegenüber Produktionsstandorten bessere „Integrierbarkeit" von Büroflächennutzungen in bestehende Stadtquartiere und das Interesse der Investoren an einer Nutzung ihrer Flächen durch die Öffentlichkeit als Ausgangspunkt für eine tendenzielle Übereinstimmung von Teilzielen zwischen den Akteuren nennen. Gegenstand der Thematisierung und der Aushandelbarkeit von Kompromissen werden allerdings lediglich Aspekte, bei denen *perceived common ground* im Sinne einer Parallelität von Zielen grundsätzlich besteht oder eine der beiden Seiten „leidenschaftslos" ist. Dagegen bleiben Kernbereiche städtebaulicher Zielsysteme von einer Thematisierung ausgespart bzw. werden in einer frühen Vorentscheidungsphase als Filter darüber genutzt, ob überhaupt eine Projektidee entsteht. Die selektive Thematisierung von Teilzielen führt dazu, dass städtebauliche Dichten häufig für die öffentliche Hand flexibel erscheinen und Gegenstand des oben erwähnten Externalisierungsprozesses werden können. Freiraumbezogene Qualitätsziele, die stark auf private Grundstücke zugreifen, haben Chancen auf eine Thematisierung, die allerdings im obigen Sinne selektiv dann genutzt werden, wenn eine grundsätzliche Zielübereinstimmung zwischen öffentlicher Hand und Investoren besteht, während die Übereinstimmungen offenbar nur sehr eingeschränkte Mobilisierungspotentiale zu einer Bewältigung „unbequemer" Teilthemen (Anschlussstellen von Grünzügen, Verträglichkeit von Tiefgarageneinfahrten usw.) bieten. Weitere Beispiele für eine Herausbildung von Kompromisslinien aufgrund von sich lediglich teilweise überlappender Zielsystemen wie im Falle der Begrenzung von Stellplatzzahlen lassen sich ergänzen.

Kompromissunzufriedenheitsparadox

In diesem Sinne kann beobachtet werden, dass Kompromisse, d. h. Entscheidungen, bei denen eine städtebauliche Lösung zwischen zwei diskutierten Extremvarianten gefunden wird, für eine Bewältigung von Konflikten nur eingeschränkt leistungsfähig sind. Sie stoßen bei den Vertretern von Extrempositionen häufig dann nicht auf ein positives Echo, wenn die Natur des Kompromisses am realisierten Projekt ablesbar ist (also beispielsweise in bezug auf die Höhe oder die Fassadengestalt), da der Unterschied zwischen Ziel und Ergebnis die Aufgabe der ursprünglich vertretenen städtebaulichen Leitvorstellung vor Augen führt. Dagegen sind Kompromisse aussichtsreicher in Bezug auf ihre Akzeptanz, wenn sich die Kompromisshaftigkeit nicht unmittelbar am Ergebnis ablesen lässt (Dichtewerte, Stellplatzzahlen usw.). Die Zufriedenheit der beteiligten Akteure wird stark überlagert von den zur Verfügung stehenden Ressourcen, der Rolle des Projekts für den eigenen Aktions- oder Wirkungsraum und dem Grad der „Pufferung“ der umstrittenen Lösung durch städtebauliche Übergänge, Abschirmungen u. ä.. Für die Akzeptanz von Kompromissen ist weiter die Transparenz über den im Prozess zugrunde liegenden Alternativenrahmen erforderlich. Erst hierdurch kann für Außenstehende überhaupt evaluiert werden, ob ein Kompromiss als „fair“ anzusehen ist. Typischerweise dringen durch die Konstruktion des Verfahrens jedoch nur begrenzte Informationen über den Umgang mit dem Alternativenrahmen in der Vorentscheidungsphase nach außen.

Dominanz der Verwaltung?

Exekutivspielraum und Rolle der politischen Spitze

Trotz einer beobachteten Schwäche der Legislative kann eine erhebliche Wirkung der Politik über die Spitze der Exekutive festgestellt werden, vor allem im stärker parteipolitisch geprägten Senat, aber auch in den Bezirken. Politische Grundsatzentscheidungen der Legislative und der politischen Spitze der Exekutive lassen sich durch den zielgerichteten Einsatz des Verwaltungsapparats und der fachlichen Alternativenreservoirs stützen. Mittelfristig zeigen von der Politik initiierte Konzepte Wirkung, auch wenn sie von Leitbildentwicklungen und der Investorennachfrage stark überlagert werden. Zwar bestehen große Freiräume für die Verwaltung im Hinblick auf wenig profilierungswirksame Teilentscheidungen wie im Flächennutzungsplanungsprozess, doch lässt sich bereits der Einfluss der des CDU/FDP-Senats in der zweiten Hälfte der 1980er Jahre auf eine Umorientierung der *City*-Politik und eine Vorbereitung der stärker auf Hochhäuser orientierten Politik der 1990er Jahre nachweisen. Die in diesem Zeitraum liegende Boomphase stärkt die Exekutive zusätzlich gegenüber der Legislative, bringt aber überdies eine Neuausrichtung der Beratungszusammenhänge, die in ihrer Wirkung auf Einzelprojekte häufig die Mehrheitsverhältnisse in der Legislative widerspiegelt und sich über scheinbar weitreichende planerisch-fachliche Konsense hinwegsetzt.

Eigener Policy-Typ

Die Spezifik des Politikfeldes liegt dabei in seiner Herausbildung aus einer Summe von Einzelentscheidungen, die für sich genommen nur begrenzte Folgewirkungen haben, sich aber in der Regel durch einen hohen Grad von Irreversibilität auszeichnen und durch das tendenzielle Auseinanderklaffen von politischen und fachlichen Handlungslogiken. Hierdurch wird der Einfluss der Fachwelt auf Details relativ groß, die unterhalb der Relevanzschwelle der Politik liegen. Das Konzept „politisch" gefällter Entscheidungen, die von der Fachwelt immer wieder angeprangert werden, ist dennoch wenig aussagekräftig, da häufig eine klare Abgrenzung der fachlichen Entscheidungskriterien nicht möglich ist, sich Politik und Fachwelt vielfältig personell verzahnen und aus der Fachwelt selbst vielfältige Entscheidungsangebote kommen. Die Kritik an „politisch" gefällten Entscheidungen drückt häufig das Unbehagen an der Kompromissfindung aus, deren Spezifika oben angedeutet wurden.

Diskussionsunschärfe

Die Besonderheit des Politikfelds wird weiter durch die Unschärfe der verwendeten Begrifflichkeiten und die vielfältigen Interpretationsmöglichkeiten geprägt, die sie bieten. Sie bildet für die Entscheidungsträger Ansatzpunkte einer neuen Verkopplung von wirtschaftsförderungsorientierten und stadtentwicklungspolitischen Motiven und Leitbildelementen, während die Befürworter einer eher veränderungsoffenen *City*-Politik in der Fachwelt in der Lage sind, ihre Position vor ihren für eine stärker „behutsam" geprägte *City*-Politik eintretenden Gegnern sogar unter Berufung auf einen breiten gemeinsamen fachlichen Konsens zu legitimieren.

Neoelitistische Verfahrensnormierung

Institutionelle Arrangements wie die Kompetenzverteilung der entscheidungsbeteiligten Teile der öffentlichen Hand, die Verfahrenslogik, die Rekrutierungsmechanismen der stadtentwicklungspolitisch relevanten Teile der Verwaltung und der sich mit dem Verantwortungsbereich verändernde Blickwinkel der Entscheidungsträger bedingt eine neoelitistische Verfahrensnormierung, die unter den sozioökonomischen und politischen Ausgangsbedingungen in Berlin zu einer erheblichen Investorenorientierung führen und nur geringe Spielräume für wachstumskritische Ansätze bieten. Dabei ist die Wirkung der Größe einer Stadt zu beachten, in der der Senat kommunale Aufgaben in der Stadtentwicklung wahrnimmt. Hierarchisch nach oben steigt der Abstand vom Detail, von den Bürgern und von der lokalen Verantwortung, während die Bedeutung von Verdichtung und Entwicklungsorientierung ebenfalls zu steigen scheinen. Legitimation für die verfolgte Politik wird durch die fachliche Antizipation von lokalen Bedürfnissen versucht, deren Scheitern oder Vernachlässigung eine große Zahl der Konflikte mit Außenstehenden erklärt. Sie resultieren also im Umkehrschluss offenbar nicht zuletzt daraus, dass die Strategie einer begrenzten Antizipation in einem Umfeld geringer Thematisierung von Stadtentwicklungspolitik in den allermeisten Fällen hinreichend ist.

Legitimatorischer Grundkonflikt und unterschiedliche Denklogiken

Das Aufeinandertreffen der „Handlungsfähigkeitsorientierung“ der Politiker der Exekutive mit der „Steuerungsfähigkeitsorientierung“ der planenden Verwaltung ist von einer schwer überbrückbaren Kommunikationsbarriere geprägt. Sie ist Ausgangspunkt für die Etikettierung von umstrittenen Entscheidungen als „politisch“ im Sinne von „nicht fachlich“ und damit entgegen rationaler professioneller Kriterien. Die Herstellung von Handlungsfähigkeit baut auf konstitutionellen, persönlichen und von den Umständen der Vereinigungszeit beeinflussten Mechanismen auf, die diese Entscheidungen ohne unmittelbare Legitimation ermöglichen. Das Auftreten eines „Urbanen Regimes“ ist damit für die „Leistungsfähigkeit“ des Entscheidungssystems in Berlin nicht erforderlich. Selbst in zersplitterten hyperpluralistischen Entscheidungsumfeldern stellen die Handlungsfähigkeit der einzelnen Akteure, deren Eingehen auf vermeintliche wirtschaftspolitische Erfordernisse, die Verfügbarkeit von Umstrukturierungsflächen im Tertiärisierungsprozess und der geringe Thematisierungsgrad der Büroflächenentwicklung in der breiten Öffentlichkeit die wesentlichen Voraussetzungen für eine wachstumsorientierte Stadtentwicklungspolitik bereit.

Planungskultureller Lerneffekt

Planungskultur und neue Aufgaben

Zwar können die 1980er Jahre als der Schauplatz von ausgedehnten Beteiligungsverfahren insbesondere in der Stadterneuerung als prägend für eine bestimmte „Planungskultur“ gelten. Sie ist – teilweise modifiziert und durch Routinisierung sowie Ernüchterung erstarrt – noch heute in der Stadterneuerung vorzufinden und dort weitgehend unbestritten. Dagegen ist es der Öffentlichkeit und beteiligungsorientierten Akteurinnen in der Akteursgruppe der öffentlichen Hand nicht gelungen, einen Anspruch der Öffentlichkeit auf intensive und konstitutive Beteiligung an der Gestaltung der Innenstadt durchzusetzen. Verantwortlich sind die radikal gewandelte Akteursstruktur, in der die privaten Investoren gegenüber den früher in Berlin bedeutenden Wohnungsbaugesellschaften einen Privatisierungsschub in der Stadtproduktion ausgelöst haben, der zunächst ein Eingehen der Politik auf die legitimen Interessen der Grundstückseigentümerinnen an Entwicklung erforderte, dabei aber die Definition von öffentlichen Ansprüchen an die Gestaltung der Innenstadt stark verengten Diskussionszirkeln wie dem „Stadtforum“ überließ und politisch befürwortete *City*-Projekte wie in den wichtigen Zentren Breitscheidplatz, Potsdamer Platz, Alexanderplatz und Friedrichstraße unter Verweis auf die Notwendigkeit einer vorausschauenden Schaffung von Büroflächenangeboten auch gegen Widerstände durchsetzte. Weiter ist das Aufmerksamkeitsgefälle zu nennen, das außerhalb des Wohnumfelds von Bürgerinnen zu einer Reduzierung der Beteiligung führt, indirekt wieder eine Bestätigung für einen politischen Weg an lokalen Interessen vorbei. Gegnern der *City*-Politik ist es allerdings kaum gelungen, alternative Entwicklungspfade breitenwirksam und politisch konsensfähig in die Debatte zu bringen, so dass allmählich mediale Erfolgsmeldungen wie die öffentliche Wahrnehmung des Potsdamer Platzes Kritikerinnen weiter marginalisiert haben. Nicht zuletzt kann die Überwindung der stark bestandsorientierten Planungskultur an eine fragwürdige West-Berliner Planungsrechtstradition anknüpfen, die vor dem Hintergrund des planungsrechtlichen Vakuums im Ostteil der Stadt eine breit gestreute Bereitschaft zum großzügigen Umgang mit Planungsrechtsnormen im Zuge des Strukturwandels in Ost-Berlin insbesondere durch Politiker und Verwaltungsmitarbeiterinnen auslöste, der entwicklungsskeptische Kräfte häufig nur ein formalistisches Beharren auf schwerfälligen Rechtsvorschriften entgegensetzen konnten.

Allmähliche Anpassung der Entscheidungsmechanismen

Trotz langjähriger Erfahrungen mit Entscheidungsprozessen, die unter den Vorzeichen von Bürgerbeteiligung ein gewandeltes Verständnis von „Planungskultur" hervorbrachten, bewirken die veränderte Akteursstruktur mit der gestiegenen Bedeutung von privaten Unternehmen, die neuen Planungsaufgaben und die durch den Vereinigungsboom mit verursachte projektorientierte Planungspolitik einen Bewusstseinswandel selbst von Vertretern der öffentlichen Hand, die eine intensive Steuerung des Stadtentwicklungsgeschehens befürworten. Die anstehenden Entscheidungen unterscheiden sich aufgrund ihrer veränderten Rahmenbedingungen offenbar so stark von denen der vorausgehenden Jahrzehnte, dass sie als Lernprozesse empfunden werden, in denen neue Entscheidungsmechanismen erprobt und erst allmählich auf ihre Tauglichkeit geprüft werden können. Dabei bringt die Notwendigkeit verhandlungsorientierter Lösungen für die schnelle Genehmigungsfähigkeit von Investitionen im Büroflächenbereich offenbar eine Stärkung der städtebaulich-gestalterischen Ausrichtung von Stadtentwicklungspolitik deshalb mit sich, weil projektübergreifend nur wenige grobe planerische Festlegungen getroffen werden können, dagegen aufgrund der politischen, rechtlichen und ökonomischen Konstellation verhandlungsorientierte Nachbesserungen auf der Entwurfsebene noch möglich sind und gewissermaßen Zuflucht und Anwendungsfeld der Steuerungslogik auf höchster Ebene in der öffentlichen Hand werden. Trotz einer Kontinuität in der Fachwelt ist auf Senatoren- und Staatssekretärsebene um das Vereinigungsjahr herum ein stärkerer personeller Wandel eingetreten, mit dem ein neues Selbstverständnis einhergeht, das eine mögliche Beratungskontinuität aus der Fachwelt einschränkt, neue Verfahrensroutinen erprobt, alte Leitprojekte umdefiniert und bewusst eine Ablösung der mindestens teilweise aus gestalterischen und ökonomischen Gründen als überholt erachteten Stadtentwicklungspolitik der 1980er Jahre propagiert.

Argumentationshärtegradient

In einer wie oben skizzierten Umbruchsituation der Entscheidungsroutinen beruht die Herstellung von Handlungsfähigkeit in der Politik auf einer differenzierten Einbeziehung inhaltlicher Positionen je nach der Bedeutung der Ressourcen, auf die sich ihre Vertreter stützen können. Dies führt tendenziell dazu, dass im Konfliktfall vor Gericht durchsetzbare Positionen am stärksten Berücksichtigung finden, gefolgt von finanziellen Zwängen, der Meinungsbildung im Senat, der Mehrheitsmeinung in der Legislative und erst zuletzt Positionen der Öffentlichkeit. Positionen werden ansatzweise antizipiert und integriert, wobei durch eine Art intuitives „Probierverfahren" versucht wird, diese Positionen formal „aufzubewahren", ohne sie originär zum Ausgangspunkt der Entscheidung zu machen. Damit wird versucht, mögliche Auseinandersetzung mit Gegnern überstehen, die in ihrer Mobilisierungsfähigkeit geschwächt werden, wenn ihr Ziel zumindest im System der Teilentscheidungen „aufbewahrt“ ist. Je schwächer die Ressourcen, auf die sich eine Position stützen kann, desto stärker wird dieser lediglich intuitiv-formale Einbeziehungsversuch sein. Komplexitätsreduktion und Konfliktentschärfung im Entscheidungsverfahren erfolgt also bisweilen durch Herausbildung eines auf Durchsetzbarkeit zugespitzten Kompromisses, der zwar formal ein breites Spektrum von Positionen bedient, doch diese selektiv-gewichtend verknüpft.

Umbruchsituation und Regimewandel

Vorentscheidungsvakuum und „Neusortierung“ von Einflüssen

Tatsächlich kann ein prägendes „Vorentscheidungsvakuum“ der Vereinigungszeit insofern ausgemacht werden, als der Schwerpunkt der künftigen Stadtentwicklungspolitik sich erst herausbilden muss und – gefördert durch das schnelle Aufeinanderfolgen einer grünen Stadtentwicklungssenatorin und eines CDU-Nachfolgers bei Führung des Bauressorts durch die SPD — Raum für öffentliche Diskussionen mit den verschiedensten thematischen Schwerpunkten besteht. Während zunächst noch die Stadt-Umland-Zusammenarbeit und die Problematik der Suburbanisierung im Mittelpunkt der Hoffnungen und Befürchtungen der Fachwelt zu stehen scheinen, treten bald Verkehrspolitik und City-Politik hinzu, doch lösen nicht zuletzt das vielfältige und zunächst schwer überschaubare Investitionsinteresse und die Hoffnung auf eine Neudefinition der Berliner Stadtentwicklungspolitik unter Architekten, Projektentwicklern, Politikern und Planern eine große Vielfalt unbefangen vorgetragener Ideen aus, die durch ihre Bildkraft Öffentlichkeitswirksamkeit erlangen und sich teilweise radikal von den Traditionen der 1980er Jahre unterscheiden oder dort zaghaft eingebrachte und kaum durchsetzbare Konzepte nun mit neuem Nachdruck wieder aufgreifen. Dies gilt insbesondere für die Hochhausdebatte, die in der Orientierungsphase der Vereinigungszeit ihre buntesten Blüten treibt – stellvertretend sei der städtebaulich-gestalterisch motivierte übermütige Vorschlag eines 400 m hohen Gebäudes auf dem vergleichsweise peripher gelegenen Gelände des ehemaligen Schlachthofs an der Eldenaer Straße genannt, für den auch der Investorenbetreuer des Senats, Hanno Klein, verantwortlich zeichnet. Der Niedergang des „Urbanen Regimes“ der West-Berliner Zeit – so man denn den Begriff für die 1980er Jahre benutzen möchte — ist mithin trotz vielerlei personeller Kontinuitäten und der bekanntermaßen nur begrenzten Einbindung Ost-Berliner Eliten in den engsten Kreis maßgeblicher Entscheidungsträger unübersehbar, vor allen Dingen deshalb, weil eine weitreichende Bereitschaft der politischen und fachlichen Eliten zur Neuausrichtung der Stadtentwicklungspolitik besteht, wenngleich selbstverständlich unter Beibehaltung bestimmter sinnvoller und bewährter Routinen. Diese Bereitschaft bietet den Spielraum für eine „Neusortierung“ von Beraterkreisen sowie eine allmähliche Veränderung des Spektrums einflussreicher Architekten, ohne dass sich jedoch aufgrund der Vielzahl beteiligter und um Einfluss ringender Akteure zügig ein neues „Regime“ herausbilden könnte.

Bezirkliche Entscheidungsspielräume durch Projektvielfalt

Die Vielfalt von städtebaulichen Konzepten hängt nicht nur direkt über die Nachfrage nach Flächen von der Zahl der in Planung befindlichen Projekte ab, sondern insbesondere auch indirekt darüber, dass mit einer Zunahme der Projekte der normierende Einfluss der Senatsverwaltungen gegenüber dem aufgrund der v. a. politischen Vielfalt in den Bezirken vielfältigen Entscheidungsverhalten der Akteure in diesen sinkt. Dabei greifen im Konfliktfall Bezirke und Senat auf unterschiedliche Machtressourcen zurück und werten das unmittelbare Umfeld des jeweiligen Projekts unterschiedlich. Die Rolle eines Standorts im Zentrengefüge der Gesamtstadt bzw. des Bezirks beeinflusst dabei stark die Aufmerksamkeit, die der Senat bzw. das Bezirksamt dem dort laufenden Entscheidungsprozess zubilligt und damit die Hierarchieebene, die sich in der jeweiligen Verwaltung mit ihm befasst, so dass wegen der teilweise unterschiedlichen stadtentwicklungspolitischen Auffassungsprofile auf den verschiedenen Hierarchieebenen eine Vielzahl von Kombinationen beteiligter Akteure der öffentlichen Hand möglich ist, die eine neoelitistische Verfahrensnormierung ansatzweise moduliert.

Verteidigung gegen Eindringlinge

Konflikte über Architektur und Städtebau sind zu bedeutenden Teilen zu interpretieren als eine Verteidigung etablierter Akteure gegen Eindringlinge, und zwar sowohl hinsichtlich der einheimischen handelnden Akteure gegenüber den Fremden als auch hinsichtlich der etablierten und der neu aufkommenden Verwertungsformen von Grund und Boden. Dies betrifft sogar die Wahrnehmung des Politikfelds der Büroflächenpolitik, das erstmals in größerem Umfang für Berlin wieder relevant wird und von Außenstehenden in seiner Legitimität hinterfragt wird, insbesondere wenn seine Ergebnisse nur begrenzt mit den Kriterien der vorher herrschenden Planungskultur zu fassen sind. Augenfälligste Beispiele sind dabei die Beurteilung der Legitimität des als „Schweinezyklus" bekannten Phänomens (möglicherweise) temporärer Überproduktion auf dem Büroflächenmarkt und die Angemessenheit der Überprägung der Berliner Innenstadt durch städtebaulich-gestalterische Formen einer internationalen Moderne. Die genannten Konflikte werden je unterschiedlich aufgelöst, so dass gewisse Spielräume für die Durchsetzung einer gewissen Breite von Positionen bestehen.

Selektivität der Wahrnehmung

Konflikte lassen sich teilweise erklären durch selektive Wahrnehmung bei den Akteuren, seien sie nun Laien, die ihr Wohnumfeld als wichtiger erachten denn als weit entfernte Gebiete, seien sie Fachleute, die sich gegen Identitätsgefährdungen wehren, die durch Teilnahme an bestimmten Planungsprozessen in der Vergangenheit oder der selektiven Stigmatisierung bestimmter städtebaulicher Bestände entstanden sind. Die Unterschiedlichkeit der identitätsstiftenden Reservoire, die in der Entscheidungsfindung aufeinander und auf die Konzepte von Investoren treffen, bildet einen Ausgangspunkt für kontroverse Prozesse, die andernorts u. U. ganz anders verlaufen würden — nicht zuletzt, aber keineswegs ausschließlich wegen des Zusammentreffens von „West" und „Ost" in einer Stadt.

Wachstumskoalition und Regime

Punktuelle Wachstumskoalitionen

In Anbetracht der zuvor gemachten Anmerkung ist die Hypothese erheblich zu differenzieren. Ein Regime wird in Berlin offenbar zur Herstellung von Handlungsfähigkeit nicht gebraucht, auch wenn dies von vielen Kritikern der schwerfälligen und blockadeträchtigen Stadtentwicklungspolitik in Berlin suggeriert wird. Ganz gleich, wie man die Überproduktion von Büroflächen insbesondere in der ersten Hälfte der 1990er Jahre bewerten mag, zeigt sie ganz deutlich, dass eine flexible Anpassung der Stadtentwicklungspolitik an einen konstatierten Entscheidungsbedarf und ein hohes Maß an Entscheidungsproduktion möglich gewesen ist. Urbane Regime spielen in der zersplitterten Landschaft kaum eine Rolle. Bedeutsamer erscheint die informelle Große Koalition zwischen CDU, SPD, teilweise der PDS und einigen Baustadträten, die sich der wirtschaftlichen Misere in Berlin durch ein offensives Bekenntnis zu einer „Ersatzhandlung“ stellt: der Förderung eines Flächenangebots in der Hoffnung auf die nachfolgende Herausbildung eines Arbeitsplatzangebots. Der Begriff „Wachstumskoalition“ scheint daher zunächst durchaus angebracht, muss aber mit äußerster Vorsicht gebraucht werden, da vielerlei Akteursgruppen in ihren Auffassungen zersplittert oder zumindest geteilt sind und damit die „Reichweite“ der ansatzweise vorhandenen Wachstumskoalition sowohl standortbezogen als auch inhaltlich entscheidend begrenzt ist und eher von „punktuellen Wachstumskoalitionen“ gesprochen werden sollte, insbesondere dahingehend, als die Berliner Stadtentwicklungspolitik über die Büroflächenpolitik hinaus keineswegs konsistente Merkmale wachstumsorientierter *governance* aufweist.

Städtebauliches Regime

Der in Berlin vorherrschende, über längere Zeit stabile informelle Kern von Entscheidungsbeteiligten rekrutiert sich — nicht zuletzt wegen der geringen Bedeutung der einheimischen Unternehmerschaft — aus der Architektenschaft und stabilisiert städtebauliche Leitlinien wesentlich in bezug auf die Wirkung privater Bauvorhaben auf den öffentlichen Raum. Vor diesem Hintergrund ist am ehesten von einem „städtebaulichen“ oder einem „städtischen“ Regime zu sprechen, das sich stark auf fachliche Leitbildelemente in neuer Interpretation stützt und gerade hier Kontinuitäten aufweist, ohne dass die Akteursgruppen der Architekten und der Planer personell eindeutig in den Kreis der Entscheidungsträger einbezogen würden. Die Zunahme der Bedeutung „städtebaulicher“ gegenüber „planerischen“ Entscheidungskategorien in den oberen Rängen der Berliner Verwaltungshierarchie ist allerdings unübersehbar und lässt sich auf eine Reihe von Gründen zurückführen (Rekrutierung, Generationenfrage, Selbstverständnis der Verwaltungen, Projektorientierung, Pragmatismus der Stadtentwicklung als Wirtschaftsförderpolitik). Das städtebauliche Regime zeigt sich bei der von Stimmann propagierten Politik für die Friedrichstadt deutlich, doch wird der Begriff in seiner Leistungsfähigkeit durch die verkehrspolitischen Ansätze und die Wohnungsbaupolitik für die Innenstadt teilweise eingeschränkt.

Reaktivität und städtebauliche Gestaltungspolitik

Die stadtentwicklungspolitische Konstellation der Vereinigungszeit und die Zusammensetzung der öffentlichen Hand hinsichtlich der für sie stadtentwicklungspolitisch tätigen Akteure haben starken Einfluss auf die tendenzielle Verengung von Stadtentwicklungspolitik auf städtebauliche Gestaltungspolitik, die wiederum für die im Zusammenwirken mit der Reaktivität der stadtentwicklungspolitischen Steuerungsinstrumente zu einer Aufgabe von Steuerungsfähigkeit der planenden Verwaltung führen. Diese verringerte Steuerungsfähigkeit betrifft die Standortpolitik ebenso wie die Ausbildung von städtebaulichen Lösungen, die vorrangig an von Definitionskämpfen betroffenen Standorten des Übergangs städtebaulich prägender Bestandsstrukturen wahrgenommen wird, da ansonsten entweder ein geringerer Steuerungsbedarf für die städtebauliche Lösung gesehen wird oder Konflikte erst gar nicht aufbrechen. Zwar wird die städtebaulich ausgerichtete Projektpolitik wird von ihren Promotoren in der öffentlichen Hand mit hohem Steuerungsanspruch eingeleitet. Sie verfolgt mehrere relativ klar definierte Ziele, doch bewirkt der Charakter des stadtentwicklungspolitischen Umfelds, dass sie nur mit Einschränkungen erreicht werden können. Das städtebauliche Ordnungsziel wird auf größeren Standorten oder Quartieren mit verschiedenen Eigentümern durch die Vielfalt konkurrierender Ordnungsvorstellungen, die parallel und nacheinander verfolgt werden, in Frage gestellt, vor allem dann, wenn der Entwicklungsprozess vor Ort viele Jahre andauert. Das Ziel der Attraktivierung von Standorten wird durch das langanhaltende Nebeneinander von Entwicklung und Stillstand in Quartieren ohne herausragende Standortqualität beeinträchtigt, so dass zu hinterfragen ist, ob die standortbezogenen Entwicklungskonzepte angemessen auf diese unterschiedlichen Standortqualitäten eingehen. Der Einsatz „für die Stadt“ ist respektabel, insbesondere vor dem Hintergrund von dessen geringer Eignung für die Eigenprofilierung von hochrangigen Akteuren der öffentlichen Hand, doch sind neben gestalterischen Forderungen die formulierten Ansprüche in bezug auf *linkages* sehr niedrig oder nur mit erheblichen Zugeständnissen umsetzbar.

Wirtschaftsstrukturelles Paradoxon

Die wirtschaftlichen Rahmenbedingungen sind für die Verhandlungsposition der öffentlichen Hand bei der Entscheidungsfindung von geringerer Bedeutung. In wirtschaftlichen Krisen spielt die Schaffung von Arbeitsplätzen eine besondere Rolle, die die Verhandlungsmacht der Investoren zu stärken scheint. In Zeiten wirtschaftlichen Booms dagegen bewirken der Bodenpreismechanismus und hohe Finanzierungskosten von Projekten einen hohen Druck auf die öffentliche Hand, Entscheidungen zu produzieren und dabei eine angemessene Verwertbarkeit von Flächen sicherzustellen. Sowohl in Krisen- als auch in Boomzeiten bestehen also strukturelle Mechanismen, die auf eine Stabilisierung des Einflusses von Investoren hindeuten und ernsthaft betriebenes „Wachstumsmanagement“ offenbar für Phasen und Orte reservieren, in denen Vollbeschäftigung herrscht. Das Auftreten unterschiedlichster Akteurstypen in der Gruppe der Investoren mit unterschiedlichen Verhandlungspositionen relativiert allerdings im konkreten Fall die Aussage dahingehend, dass projektbezogene Spielräume im Detail zu differenzieren sind.

Leitbildeffekt

Oben wurde die Büroflächenpolitik bereits als „Zwitter zwischen Industrie- und Wohnflächenpolitik" charakterisiert. Hierauf aufbauend lässt sich erklären, dass die leitbildartigen Schlagworte Ökologisierung, Behutsamkeit und Nachhaltigkeit, die ihre Erprobung hauptsächlich in der Wohnumfeld- und Stadterneuerungspolitik erfahren haben, anders ausgedeutet werden. Die oben skizzierte „Diskussionsunschärfe" wird insbesondere am Begriff der „Nachhaltigkeit" deutlich, der auf abstrakter Ebene bereits ein beinahe beliebiges Spektrum möglicher „Versöhnungsstrategien" von „Ökonomie" und „Ökologie" bedient bzw. inkorporiert, und in der praktischen Anwendung sich weniger für eine Ableitung von Handlungsmaximen denn als Legitimationsmechanismus eignet. Die Hypothese kann daher als bestätigt angesehen werden. Aus ihr lassen sich massive Zweifel an der Praktikabilität des Begriffs von „Nachhaltigkeit" für die fachliche Debatte ableiten. Die Verdichtung der Innenstadt stellt einen beachtlichen und respektwürdigen Ansatz zur Vermeidung von Zersiedlung dar. Ob er in der projektbezogenen Stadtentwicklungspolitik abgetrennt von handlungsfähiger Verkehrspolitik und Einfluss auf die Suburbanisierung im Wohnflächenbereich eine konsistente Strategie darstellt, muss jedoch bezweifelt werden. Die Rückwirkungen der Strategie auf die Attraktivität der Innenstadt für die Wohnnutzung stellen eine Frage dar, die vor dem Hintergrund möglicher Erfolge und Spielräume zersiedlungshemmender Politikansätze einer dringenden Thematisierung bedarf und nicht zuletzt angesichts der ehrgeizigen Ziele beispielsweise des Planwerks im Hinblick auf die Wohnnutzung von praktischer Bedeutung ist, auch wenn man anerkennt, dass die Berliner Innenstadt an zahlreichen Orten Verdichtung verträgt.

Durchsetzung von Einzelelementen „nachmoderner" Leitbilder

Erweiterte Einfügungsregel

Der städtebauliche Bestand und die Baugeschichte eines Standorts sind für den Entscheidungsprozess prägend. Aufgrund der methodischen Schwäche städtebaulicher Verträglichkeitsuntersuchungen lässt sich ein Umstrukturierungsprozess am konfliktärmsten über eine Orientierung an der Umgebung bewältigen. Dabei wirken städtebaulich „intakte" Strukturen mit hoher Dichte und vormoderner Konfiguration konsensbildend, während bei geringen Dichten und offeneren Strukturen der Entscheidungsprozess die städtebauliche Konfiguration nicht komplett neu definiert, sondern in Anlehnung an einen Einfügungsrahmen aus einer größeren Umgebung weiterentwickelt. Zur Orientierung an umgebenden Strukturen tritt legitimatorisch maßgeblich diejenige am Grad der städtebaulichen Stabilität, so dass Gebiete, die stets für ihre „städtebauliche Dynamik" bekannt waren, auch weiterhin für einschneidende Umstrukturierungen zur Verfügung stehen.

Konflikt als Definitionskampf

Konflikte entstehen zu einem wesentlichen Teil in städtebaulich unklar zu fassenden Übergangsbereichen als Definitionskämpfe über den angemessenen Bezugsrahmen der erweiterten Einfügungsregel. Dort wird die „Bedrohung" von Bestandsbereichen durch Umstrukturierungsbereiche am intensivsten wahrgenommen und thematisiert, und die Sensibilisierung der Entscheidungsträger für diese Bedrohung führt überdies zu einer Unsicherheit unter ihnen, die Raum für chancenreiche Kritik durch bestimmte Akteure bieten.

Maßstabsgebundenheit der städtebaulichen Entscheidungen

Städtebauliche Entscheidungen sind wesentlich von der zugrundeliegenden Maßstäblichkeit geprägt. Denkrichtungen des Städtebaus und implizite Konsense über Qualitätsvorstellungen in der Fachwelt führen dazu, dass bei einer Splittung von Entscheidungsprozessen in mehrere Konkretisierungsstufen an selbstähnliche Prozesse erinnernde „Wiederholungen" von Entscheidungen im kleineren Maßstab möglich sind, die schließlich Strukturbilder der ersten Entscheidungsstufe aushebeln können, ohne dass dies vom Kern der Entscheidungsbeteiligten stark kritisiert würde. Einstufige Entscheidungsprozesse sind damit bei kleinen Projekten auch deshalb konfliktträchtig, weil sie nicht wie großflächige Projekte die Gelegenheit bieten, auf einer ausgedehnten Gesamtfläche umstrittene Teilentscheidungen als im Gesamtzusammenhang wenig bedeutsam erscheinen zu lassen.

„Invasion" und Gewöhnung an neue städtebauliche Muster

Umstrittene städtebauliche Leitbilder werden auf Schlüsselflächen durchgesetzt. Von dort aus kann über einen Gewöhnungseffekt und einen Resignationseffekt ihre Verbreitung organisiert werden. Ein Gewöhnungseffekt kann eintreten durch die Minderung kognitiver Dissonanzen bzw. die Abgewichtung der Bedeutung als „falsch" eingeschätzter Entscheidungen durch einzelne Akteure, die durch eine Verschiebung der Themen öffentlicher Debatten, die Einordnung von planerischen Phänomenen in die Vielfalt der in der Stadt vorfindlichen Muster, die schrittweise Realisierung und teilweise die Bewährung der umgesetzten Lösung gefördert wird. Resignation stellt sich ein, wenn ein als negativ eingeschätztes Phänomen zunehmende Verbreitung erlangt und wegen der Niederlage in Schlüssel-Entscheidungsprozessen eine Mobilisierung der Gleichgesinnten später nicht mehr erreicht werden kann.

Hochhaustabu und Hochhauseuphorie

Das scheinbare „Hochhaustabu" im West-Berlin der 1980er Jahre lässt sich nicht vollständig aufrechterhalten. Es bezieht sich im Wesentlichen auf Wohnbebauung, doch werden selbst dort und erst recht im Bereich der in der zweiten Hälfte der 1980er Jahre aufkommenden Büroflächenpolitik aus gestalterischer Sicht in der Architektenschaft, aus „stadtökonomischer" Sicht vereinzelt unter Planern durch Vorläufer des Ringstadtkonzepts und aus politischer Sicht allmählich durch zaghafte Kompromissversuche und die Erprobung der Durchsetzbarkeit von Leitprojekten allmählich die Vorbereitungen für die Durchsetzung von Hochhäusern geschaffen, an denen die 1990er Jahre anknüpfen können[322]. Wäh-

322 Zur Erhärtung der Argumentation sollen hier über die Fallstudien hinausgehend nochmals einige Indizien zusammengestellt werden. Ein Berater des Bausenators in den 1980er Jahren behauptet, man habe bereits Senator Franke geraten, eine größere Höhe dann zu genehmigen, wenn sich ein Entwurf durch herausragende architektonische Qualität auszeichnet (G038). Faskels Suche nach City-Standorten ist relativ unbefangen

rend das Leitbild der 1980er Jahre Hochhäuser kaum vorsieht und diese politisch äußerst umstritten sind, gelingt es durch „Invasion" den Promotoren von Hochhäusern aus den verschiedensten Akteursgruppen allmählich, den Einsatz von Hochhäusern ausgehend von der Euphorie in der unmittelbaren Vereinigungszeit und unter Rekurs u. a. auf städtebauliche Gestaltungsparadigmen der „Moderne" in ein vor dem Hintergrund der Stimmannschen Hochhausskepsis etabliertes Instrument der städtebaulichen Akzentsetzung zu stabilisieren.

„Sukzession" und Durchsetzbarkeit von Hochhäusern

Dabei ist zu beachten, dass Hochhäuser keineswegs in beliebiger Höhe an beliebigen Standorten durchsetzbar werden. Zu vielfältig sind die Auffassungen und zu umstritten ist die Sinnfälligkeit von Hochhäusern. Das Zusammenwirken der Akteure bringt dabei — tendenziell und stark vergröbert — ein Muster von räumlicher „Invasion und Sukzession" hervor, nach dem die maximal durchsetzbare Höhe von Gebäuden in der Stadt nur in den absoluten Zentren gegenüber dem Bestand zu steigern ist, weil dort die Senatspolitik in der Lage ist, Kritik nachhaltig abzuwehren. Offenbar lässt sich dabei lediglich eine Erhöhung um „eine Höhenstufe" erreichen. Als „Sukzession" breitet sich das Muster aus, indem auch an weniger zentralen Standorten die Erhöhung um eine Stufe unter Verweis auf das in den Zentren vorhandene Höhenprofil durchsetzbar ist, die Ausgangshöhe dort aber geringer ist. Das Muster ist von der Definition des jeweiligen Standorts abhängig, der in einem quartiersübergreifenden Zusammenhang als zugehörig zu einem Typus von Zentrum betrachtet werden kann. Von dieser Definition ausgehend wird auf Höhenstufen Bezug genommen, die in der unmittelbaren Umgebung nicht vorkommen müssen, aber zumindest im Umfeld anderer Vertreter des gleichen Zentrumstyps.

im Umgang mit Hochhäusern. Flierl (1990) und Peters (1988) nennen die Ausstellung „Berlin – Denkmal oder Denkmodell" aus dem Jahre 1988 als einen Vorboten der Hochhausentwicklung, der von Architekten zur Darstellung hypertropher Konzepte – wie z. B. die Errichtung 751 m hoher Türme, da Berlin 751 Jahre alt sei — genutzt wurde, von denen einige nach der Vereinigung wieder ins Gespräch gebracht wurden. Sewing (1995) und Flierl (1990) verweisen auf die Vorboten von Hochhäusern in den 1980er Jahren wie einen Entwurf von Ungers für den Potsdamer Platz aus dem Jahre 1983, der bereits Hochhäuser vorstellt. Wettbewerbe für den „Zentralen Bereich" am östlichen Rand der westlichen Teilstadt bringen in den 1980er Jahren mehrere Hochhauskonzepte hervor. Im Zusammenhang mit der Untersuchung von Standorten am S-Bahn-Ring bestehen geringere Probleme für eine Einordnung von Hochhäusern als in kaiserzeitlich geprägten Quartieren (G032). Dass die Hochhäuser offenbar nicht durchsetzbar sind, liegt an der politischen Konstellation. Erneut sei hier die Vermutung geäußert, dass das Scheitern des Stobbe-Senats im Zusammenhang mit der Errichtung eines Hochhauses zu dieser Vorsicht der nunmehr erst seit wenigen Jahren regierenden und bereits ihrerseits in einen Bauskandal verwickelten CDU beigetragen haben mag. In den 1980er Jahren herrschte also offenbar kein Hochhaus-Denkverbot, aber wohl eine aus geringer wirtschaftlicher Dynamik und schwerpunktmäßiger Ausrichtung der Baupolitik auf den Wohnungsbau gespeiste politische Zurückhaltung.

Partnerschaftliche Kopplung von Höhenentwicklung und Freiflächensicherung

Das Zusammenwirken der öffentlichen Hand und der Investoren bei der Büroflächenpolitik, die, wie oben geschildert, in ihren Merkmalen zwischen der Industrieflächen- und der Wohnflächenpolitik liegt, bringt eine Kopplung von höhenbezogener Akzentsetzung und Freiflächensicherung hervor, die beiden Akteursgruppen und schließlich indirekt den Benutzerinnen von Stadt zu dienen scheint. Mit der Genehmigung von Hochhäusern bei gleichzeitiger Zugänglichkeit von unbebauten Freiflächen auf privaten Grundstücken entsteht aus der Motivation der öffentlichen Hand, im Sinne der überlieferten Leitbilder in der verdichteten Innenstadt die Freiflächenversorgung zu verbessern, unter den Rahmenbedingungen der Büroflächenpolitik ansatzweise ein neuer Bebauungstyp, der bereits andernorts erprobt ist, aber eine eher unerwartete Umsetzung der „nachmodernen" Leitbilder darstellt.

Wandel von Leitbildern und die Rolle der Professionen

Advocacy-Koalitionen

In Berlin haben sich zwei konkurrierende *Advocacy*-Koalitionen (Sabatier 1993) herausgebildet, die sich einerseits um die Leitbegriffe „Verdichtung, Stadt, Bürgertum" und andererseits um die Leitbegriffe „Begrünung, quartiersbezogene Lebensqualität, Partizipation" formieren. Sie spalten Akteursgruppen und übergreifen diese. Ihr Wettstreit um Einfluss auf die Stadtentwicklungspolitik bringt vorrangig einen Wandel in den sekundären Einstellungen mit sich. Die tendenzielle Durchsetzung der Verdichtungskoalition kann auf die exogenen Ereignisse der Vereinigung mit den gravierend veränderten Aufgaben der Stadtentwicklungspolitik zurückgeführt werden, ohne dass dafür die tieferen Kerne der „belief systems" in den einzelnen Koalitionen angetastet werden müssten. Kompromissunzufriedenheit, Merkmale des *Policy*-Typs, Diskussionsunschärfe, Wandel der Planungskultur, vermeintlicher Regimewandel, das Auftreten von punktuellen Wachstumskoalitionen, das Auftreten städtebaulicher Gestaltungspolitik und die selektive Durchsetzung von Leitbildelementen in ihrer Vielschichtigkeit können damit in einen sinnvollen Argumentationszusammenhang gebracht werden, der weiter trägt als die Übertragung von Regime- und *Governance*-Konzepten, die hierbei lediglich Teilaspekte darstellen.

Professionen und Domänen

Insbesondere die Profession der Architekten ist in der Lage, sich bis zu einem gewissen Grad eine Domäne abzusichern und gegen Einflüsse von außen zu verteidigen. Planerinnen und Architektinnen erfüllen aber lediglich teilweise die Kriterien von Professionen. Es gebricht ihnen an Reputation in einem Politikfeld, dessen Wirkungen anschaulich sind und daher Anknüpfungspunkte für Vertreter unterschiedlicher anderer Berufe, Politikerinnen und Bürgerinnen bieten, die ihre als legitim erachteten Interessen nicht zuletzt im Rahmen der genannten *Advocacy*-Koalitionen einzubringen versuchen. Die vielfältige Überschneidung und „Ausfransung" des um das Bauwesen gruppierten Berufsfelds bringt eine kontinuierliche Infragestellung der Paradigmen, stillschweigenden Konsense und Leitprinzipien, die ohnehin bereits innerhalb der engeren Berufsgruppe „Architekten" (weniger, aber dennoch vorhanden, auch bei Planern) „Zumutungen" durch konkurrierende, auf alternativen Wegen um Reputation ringenden Auffassungen ausgesetzt sind. Die Merkmale des *Policy*-Typs spielen dabei eine nicht unwesentliche Rolle, wenn es für Berufsgruppenvertreter aussichtsreich erscheint, durch „Mikro-Politik" im Sinne des Kampfes um einen Entwurfsauftrag und dessen Ausführung punktuell auch gegen den *mainstream* zum medienwirksamen Erfolg zu kommen, also aus den Schließungsmechanismen der Profession auszubrechen.

Kurzfassung der Arbeit

Diese Untersuchung beleuchtet an sechs Fallstudien die Büroflächenpolitik in Berlin in den 1980er und 1990er Jahren. Dabei steht die Vereinigungszeit und der mit ihr einhergehende Boom bei der Planung und Realisierung von Büroflächen im Mittelpunkt, doch werden Vergleiche mit der Situation in Berlin (West) vor der Vereinigung und der zweiten Hälfte der 1990er Jahre mit einer völlig veränderten Büroflächenkonjunktur hergestellt. Die Untersuchung wendet sich dennoch nicht den herausragenden und schwer vergleichbaren Vorzeigeprojekten des Senats (Potsdamer Platz, Friedrichstraße, Alexanderplatz) zu, sondern versucht, durch einen Fokus auf Projekte aus der „zweiten Reihe" das Verhältnis der Akteure untereinander unter Einschluss der Investoren, der Bürger, der Planer und insbesondere der Berliner Bezirke zu beleuchten. Weiter stehen Ziele, Argumentationsweisen, Konflikte und ihre Bewältigung, die Struktur des Entscheidungsprozesses und der Einfluss von Rahmenbedingungen, Rechtsinstrumenten und planerischen Strategien auf Entscheidungsfindung und Implementation im Mittelpunkt der Untersuchung. Über andere Studien aus dem Feld der lokalen Politikforschung hinausgehend, wird hier außerdem versucht, näher zu ergründen, welche Mechanismen bei der Planung und Durchsetzung der einzelnen städtebaulichen Merkmale von Projekten eine Rolle spielen. Die Arbeit schließt ab mit einem Ausblick auf mögliche Veränderungen und Empfehlungen für den Entscheidungsprozess und die an ihm beteiligten Akteure.

Die Fallstudien haben dabei insbesondere deutlich gemacht, dass die erzielten Einigungen der Entscheidungsprozesse die Mehrheitsverhältnisse in der Stadtentwicklungspolitik widerspiegeln und sich so Wachstumsorientierungen einer großen Koalition aus Vertretern verschiedener Parteien über die Spitze der Exekutive und unter Nutzung verschiedener Institutionen, zumeist im Zusammenhang mit der Berliner Stadtstaatenverfassung stehend, bis in das Einzelprojekt übersetzen. Damit ist die Herstellung politischer Handlungs- und Entscheidungsfähigkeit in einer „hyperpluralistischen" Stadt möglich.

Das starke Investoreninteresse aufgrund von Vereinigung und internationaler Büroflächenkonjunktur, die Unfähigkeit der Politik, in einer zersplitterten Akteursstruktur stringent zu steuern, die politischen Ideen einer Metropolenwerdung, der Einfluss der wirtschaftlichen Rahmenbedingungen auf die Normierung einer konfliktiv geführten Debatte, die Berufung auf die Normalität von „Schweinezyklen" auf dem Büroflächenmarkt und die großen Potentiale für Büroflächen im Zentrum der immer noch von Kriegs- und Nachkriegszerstörungen geprägten Stadt tragen in dieser Situation zu einer Überproduktionskrise am Büroflächenmarkt bei. Sie wird von der Politik zumindest billigend in Kauf genommen, was wiederum einen Ausdruck der gängigen und von gesellschaftlichen wie politischen

Mehrheiten vertretene Interpretationen von Wirtschaftsförderpolitik in einer Zeit der Tertiärisierung darstellt. Ein hohes Angebot an Flächen wirkt preisdämpfend, und so wird unter Zurkenntnisnahme der tendenziellen Überzeichnung von Konjunkturausschlägen auf dem Büroflächenmarkt eine erhebliche Nachverdichtung der Berliner Innenstadt einhergehend mit einer Rezentralisierung des Arbeitsplatzgefüges sanktioniert, in der Hoffnung auf eine mittelfristig wieder steigende Nachfrage nach Büroflächen, bei der das hohe Angebot als positiver Standortfaktor für die Stadt angesehen werden kann.

Ob dabei die durch die Tertiärisierung erhofften Arbeitsplätze tatsächlich entstehen, spielt zunächst keine entscheidende Rolle, da argumentativ die in der Öffentlichkeit fälschliche Gleichsetzung von Büroflächenproduktion und Arbeitsplatzschaffung kaum hinterfragt wird und der Politik andere Instrumente für eine Überwindung des extremen Niedergangs im sekundären Sektor nicht zur Verfügung zu stehen scheinen. Die Chancen einer konsequenten Standortsteuerung müssen vor dem Hintergrund dieser vorrangigen Angebotsschaffung zurückstehen. Die Politik verknüpft sich mit einer Interpretation des Leitbilds der nachhaltigen Stadt, das, ausgehend von der Forderung nach einer Begrenzung des Siedlungsflächenverbrauchs in der Debatte über die ökologische Stadt in den 1980er Jahren, eine hinreichende Legitimation für eine grundstücksbezogen vehemente und durch den Druck von Investoren beförderte Verdichtungspolitik darstellt, die vor der Vereinigung in West-Berlin nicht zuletzt wegen des Schwerpunkts der Stadtentwicklungstätigkeit auf dem Wohnungsbau, der Nachwirkungen städtebaulicher Leitbilder der Moderne, eines Schwerpunktes auf einer Attraktivitätssteigerung der Innenstadt für die Bewohner und des geringen privaten Investitionsdrucks nicht denkbar gewesen wäre.

Der erhebliche Wandel der Stadtentwicklungspolitik ist also – bei starker Kontinuität innerhalb der Fachwelt und der Akteursgruppe der öffentlichen Hand – durch die neuen Aufgabenfelder und Rahmenbedingungen in Verbindung mit der strategischen Neuausrichtung einiger Institutionen der Stadtentwicklungspolitik wie Beratergremien und Verfahrenstypen möglich. Die durch die Planungsgeschichte West-Berlins etablierte planungsrechtliche „Befreiungstradition" in Verbindung mit einer tendenziellen Immunisierung von Senatsverwaltungen gegenüber der Außenwelt bildet dabei ein neoelitistisches Muster von Stadtentwicklungspolitik heraus, das über teilweise inszenierte Öffnungen in die Außenwelt Legitimation herstellt, aber ihre Beteiligungsschwerpunkte ganz deutlich im Bereich der Stadterneuerung besitzt und die Neudefinition des Zentrums mit erheblichen Baumaßnahmen einem kleinen Kreis von gestalterisch-städtebaulich orientierten Politikern, Architekten und anderen Fachleuten überlässt, in dem die Investoren eine wichtige, aber keine herausragende Rolle spielen.

Konflikte sind dabei insofern selten, als die große Zahl von Planungsverfahren im Boom die mit einem leistungsfähigen Planungsapparat ausgestattete Verwaltung insbesondere gegenüber der in ihrer Rolle in einem Stadtstaat zwischen Landesparlament und Stadtrat verunsicherten Legislative stärkt und im Einzelfall die politische Spitze der Exekutive über eine Reihe von Mechanismen verfügt, um Widerstand aus den Bezirken, der Fachwelt oder der Reihe der Bürgerinnen zu überwinden. Widerstand wird dabei bisweilen antizipiert und quasi-pluralistisch in die Prozesse integriert, was zur Einschätzung des Prozesses als Ausdruck der Mehrheitsverhältnisse beiträgt. Eine Auseinandersetzung mit „Wachstumsmanagement"-Ansätzen wird dagegen nur von einer Minderheit gefordert und bleibt vor dem Hintergrund der eher reaktiven Stadtentwicklungspolitik auf Nachbesserungen im Detail beschränkt, während massive Veränderungen an einmal politisch sanktionierten Projekten vorwiegend durch den Rückzug von Investoren aufgrund wirtschaftlicher Schwierigkeiten stattfinden. Die Konfliktbewältigung bedient sich dabei argumentativ der besonderen Merkmale der Stadtentwicklungspolitik, die kaum auf wissenschaftlich abgesicherte Untersuchungen zurückgreifen kann und Raum für vielfältige Interpretationsmöglichkeiten und unterschiedlichste Stadtvorstellungen bietet.

Für die Weiterentwicklung von Entscheidungsprozessen lassen sich aus dieser Untersuchung einige Schlussfolgerungen ziehen. Sie gehen davon aus, dass durch eine intensivierte Thematisierung in bestimmten Bereichen, eine frühzeitige Einbeziehung von Bedürfnissen der Benutzer von Stadt, eine aktive Stadtentwicklungspolitik, die Förderung von Planungskultur durch Qualifizierung der Akteure sowie Stärkung der Diskursfähigkeit der Legislative und der Bürger und schließlich durch die Herstellung einer fairen Balance zwischen Beschleunigungs- und Beteiligungsansprüchen Verbesserungen der Problemlösungs- und Konfliktbewältigungsfähigkeit des Entscheidungssystems herstellen lassen. Dagegen wird vor einer einseitigen Orientierung auf das Beschleunigungsziel ebenso gewarnt wie vor einer Überfrachtung der Ansprüche an den Beteiligungsprozess, solange dieser sich durch einen Mangel an adäquater Verhandlungsmacht der Bürgerinnen auszeichnet.

Anhang

Literaturverzeichnis

Monographien, Sammelwerke, Artikel in Fachzeitschriften, Gutachten

Acker 1995: Heike Acker: Bürobetriebe und Stadtentwicklung in Berlin. Berlin 1995

AG Zentrum Berlin 1997: AG Zentrum Berlin: „City-West"? Ku-Damm is almost alright!. In: Architektenkammer Berlin (Hrsg:), Architektur in Berlin, Jahrbuch 1997, Berlin 1997, S. 22-27

AGS 1992: Arbeitsgruppe für Stadtplanung (Hrsg.): Städtebauliches Gutachten - Hauptbahnhof - Berlin Friedrichshain. Berlin/München 1992

Altrock 1997: Uwe Altrock: Metropole Berlin - Visionen und Realitäten. In: RaumPlanung, Nr. 76 (März 1997), S. 13-19

Architektenkammer Berlin 1996: Architektenkammer Berlin (Hrsg.): Architektur in Berlin. Jahrbuch 1996. Berlin 1996

Bachrach/Baratz 1962: P. Bachrach / M. S. Baratz: Two faces of power. In: American Political Science Review, Vol. 56 (1962), S. 947-952

Bachrach/Baratz 1963: Peter Bachrach / Morton Baratz: Decisions and Nondecisions: An Analytical Framework. In: American Political Science Review, Vol. 57 (1963), S. 632-642

Bachrach/Baratz 1970: P. Bachrach / M.S. Baratz: Power and poverty: Theory and practice. New York 1970

Becker/Jessen/Sander 1999a: Heidede Becker / Johann Jessen / Robert Sander (Hrsg.): Ohne Leitbild? Städtebau in Deutschland und Europa. Stuttgart/Zürich 1999, 2. Auflage

Becker/Jessen/Sander 1999b: Heidede Becker / Johann Jessen / Robert Sander: Auf der Suche nach Orientierung - das Wiederaufleben der Leitbildfrage im Städtebau. In: Heidede Becker / Johann Jessen / Robert Sander (Hrsg:), Ohne Leitbild? Städtebau in Deutschland und Europa, Stuttgart/Zürich 1999, S. 10-17

Berlinische Galerie 1991: Berlinische Galerie (Hrsg.): Berlin heute. Berlin 1991

Böhm/Glaab/Sandler 1993: Böhm/Glaab/Sandler Architektur und Stadtplanung: Städtebaulicher Wettbewerb Elektroapparatewerke Treptow, Vorprüfungsbericht (Ms.). Berlin 1993

Braun 1993: Dietmar Braun: Akteurtheoretische Sichtweisen funktionaler Differenzierung moderner Gesellschaften. In: Adrienne Héritier (Hrsg:), Policy-Analyse. Kritik und Neuorientierung. Politische Vierteljahresschrift Sonderheft 24, 1993, S. 199-222

Brindley/Rydin/Stoker 1989: Tim Brindley / Yvonne Rydin / Gerry Stoker: Remaking planning: the politics of urban change in the Thatcher years. London 1989

Daele 1991: Wolfgang van den Daele: Umweltverträglichkeit und Sozialverträglichkeit. Beitrag zur Werkstatt „Sozialverträglichkeit der EXPO 2000". Berlin/Hannover 1991 (Ms.)

Dubach/Kohlbrenner 1982: Hannes Dubach / Urs Kohlbrenner: Bereichsentwicklungsplanung Charlottenburg, Arbeitspapier. Berlin 1982

Dubrau 1997: Dorothee Dubrau: Verbauen wir uns die Zukunft?. In: Uwe Altrock (Hrsg:), Plansoll erfüllt? Fünf Jahre Planung im vereinigten Berlin, Berlin 1997, S. 50-57

Eichstädt 1993: Wulf Eichstädt: Das „Zoo-Fenster" und die Entwicklung West. In: Foyer, Nr. III / September 1993, S. 26-27

Einem 1991: Eberhard von Einem: Berlin Szenario 2010 - Flächen und Standorte. Berlin 1991

Einem/Fassbinder 1992: Eberhard von Einem / Helga Fassbinder: Stadtforum Berlin. In: Martin Wentz (Hrsg:), Planungskulturen, Frankfurt/Main 1992, S. 114-119

empirica 1991: empirica - Gesellschaft für Struktur- und Stadtforschung (Hrsg.): Entwicklungsszenarien für den tertiären Sektor in Berlin. Bonn 1991

Engel/Koop 1995: Helmut Engel / Volker Koop (Hrsg.): Der Spree-Bogen. Berlin 1995

Fassbinder 1993: Helga Fassbinder: Das Berliner Stadtforum. Herausforderung in der Stadtentwicklung. In: Joachim Brech (Hrsg:), Wohnbund: Neue Wege der Planungskultur, Darmstadt 1993, S. 29-31

Fassbinder 1996: Helga Fassbinder: Das Stadtforum Berlin als Lehrstück. Hamburg 1996

Fehl 1995: Gerhard Fehl: Kleinstadt, Steildach, Volksgemeinschaft. Braunschweig / Wiesbaden 1995

FfH 1991a: Forschungsstelle für den Handel: Bedarf an Flächen für Einzelhandel und Dienstleistungen im Wettbewerbsgebiet Hauptbahnhof. Berlin 1991

Flecken 2000: Ursula Flecken: Zur Genese der Nachmoderne im Städtebau. Die Entwicklung städtebaulicher Entwürfe zwischen 1960 und 1975 in Westdeutschland. Berlin 2000

Flick 1995: Uwe Flick: Qualitative Forschung. Reinbek 1995

Flierl 1989: Bruno Flierl: Hoch hinaus?. In: Bauwelt, Heft 12/1989 (Stadtbauwelt 109), S. 614-616

Freiberger 1995: Ernst Freiberger: Anspruch - Dialog - Lösung. In: Helmut Engel / Volker Koop (Hrsg:), Der Spree-Bogen. Carl Bolle und sein Vermächtnis, Berlin 1995, S. 90-93

Greif/Holling/Nicholson 1989: S. Greif / H. Holling / N. Nicholson (Hrsg.): Arbeits- und Organisationspsychologie. Internationales Handbuch in Schlüsselbegriffen. München 1989

Häußermann/Siebel 1993: Hartmut Häußermann / Walter Siebel (Hrsg.): Festivalisierung der Stadtpolitik. Leviathan Sonderheft 13/1993

Hemprich/Tophof 1993: Norbert Hemprich / Julia Tophof: Städtebaulicher Rahmenplan Hauptbahnhof/Spreeufer. Berlin 1993

Hertling 1995: Cornelius Hertling: Vorwort. In: Architektenkammer Berlin (Hrsg:), Architektur in Berlin. Jahrbuch 1995, Berlin 1995, S. 6-7

KapHag 1995: KapHag Projektentwicklung (Hrsg.): (Broschüre zum Bauvorhaben Holzmarktstraße). Berlin 1995

KapHag o. J.: KapHag Projektentwicklung (Hrsg.): Spree-Sinus. Berlin o. J.

Kirsch 1997: Daniela Kirsch: Public Private Partnership. Köln 1997

Kleger 1995: Heinz Kleger: Politische Urbanität. In: PlanerIn, Heft 4/1995, S. 41-50

Kleger 1996a: Heinz Kleger: Metropolitane Transformation durch urbane Regime. Amsterdam 1996

Kleger 1996b: Heinz Kleger: Kooperativer Staat - kooperative Stadt. In: Heinz Kleger / Andreas Fiedler / Holger Kuhle (Hrsg:), Vom Stadtforum zum Forum der Stadt, Amsterdam 1996, S. 9-24

Kleger/Fiedler/Kuhle 1996: Heinz Kleger / Andreas Fiedler / Holger Kuhle (Hrsg.): Vom Stadtforum zum Forum der Stadt. Amsterdam 1996

Klein 1991: Hanno Klein: Anmerkungen zu Berlins neuem Weg. In: Berlinische Galerie (Hrsg:), Berlin heute, Berlin 1991, S. 9-14

Kleining 1982: Gerhard Kleining: Umriß zu einer Methodologie qualitativer Sozialforschung. In: Kölner Zeitschrift für Soziologie und Sozialpsychologie, 34/1982, S. 224-253

Kleining 1995: Gerhard Kleining: Lehrbuch entdeckende Sozialforschung, Band I: Von der Hermeneutik zur qualitativen Heuristik. Weinheim 1995

Klemann 1996: Jürgen Klemann: Die Chance zur Wiedergewinnung der historischen Mitte. In: Foyer, Heft I/1996, S. 34-35

Konter/Altrock 1999: Erich Konter / Uwe Altrock: Studiengang Stadt- und Regionalplanung an der TU Berlin. In: Karl Schwarz (Hrsg:), Von der Bauakademie zur Technischen Universität Berlin. Geschichte und Zukunft, Berlin 1999, S. 250-263

Koop 1995: Volker Koop: Der Spree-Bogen. Das Büro-Centrum mit dem außergewöhnlichen Drumherum. In: Helmut Engel / Volker Koop (Hrsg:), Der Spree-Bogen. Carl Bolle und sein Vermächtnis, Berlin 1995, S. 111-138

Lampugnani/Mönninger 1991: Vittorio Magnago Lampugnani / Michael Mönninger (Hrsg.): Berlin morgen. Ideen für das Herz einer Großstadt. Stuttgart 1991

Langhof 1995: Christoph Langhof: Gutachten über die städtebauliche Situation am Schimmelpfenghaus. Berlin 1995 (Ms.)

Lautenschläger 1999: Rolf Lautenschläger: Neuanfang in Höhenluft. In: Foyer, Heft IV/1999, S. 20-21

Lenhart 1998: Karin Lenhart: „Bubble-politics“ in Berlin. In: Prokla, Vol. 28, No. 1 (1998), Heft 110, S. 41-66

Lenhart 2000: Karin Lenhart: Wem gehört die Mitte Berlins?. Stadtentwicklungspolitik in Berlin-Mitte nach der Wende. Berlin 2000 (Diss.)

Luhmann 1983: Niklas Luhmann: Politische Planung. Opladen 1983, 3. Auflage

Luther 1992: Ulla Luther: Victoria-Areal. In: Bauwelt, Heft 17/1992, S. 964-965

March 1990: James G. March (Hrsg.): Entscheidung und Organisation: kritische und konstruktive Beiträge, Entwicklungen und Perspektiven. Wiesbaden 1990

Mayntz 1985: Renate Mayntz: Soziologie der öffentlichen Verwaltung.

Heidelberg 1985, 3. Auflage

Menges 1996: Alexander Menges: Josef Paul Kleihues im Gespräch. Tübingen/Berlin 1996

Müller 1985: Günter F. Müller: Prozesse sozialer Interaktion. Göttingen 1985

Painter 1997: Joe Painter: Regulation, Regime, and Practice in Urban Politics. In: Mickey Lauria (Hrsg:), Reconstructing Urban Regime Theory, Thousand Oaks / London / New Delhi 1997, S. 122-143

Peters 1988: Paulhans Peters: Berlin - Denkmal oder Denkmodell. Zu einer Ausstellung, die zur Show verkam. In: Baumeister, Heft 11/1988, S. 11-12

Rittel 1992: Horst W.J. Rittel: Planen, Entwerfen, Design. Stuttgart/Berlin/Köln 1992

Roland Ernst 1993a: Roland Ernst (Hrsg.): Städtebaulicher Wettbewerb Elektroapparatewerke Treptow, Auslobung (Ms.). Berlin 1993

Roland Ernst 1993b: Roland Ernst (Hrsg.): Städtebaulicher Wettbewerb Elektroapparatewerke Treptow, Preisgerichtsprotokoll (Ms.). Berlin 1993

Rosinus 1997: Ralf Rosinus: Landschaftsplanerischer Fachbeitrag (Eckbebauung Schillingbrücke Friedrichshain). Berlin 1997

Rubin/Pruitt/Kim 1994: Jeffrey Z. Rubin / Dean G. Pruitt /Sung Hee Kim: Social Conflict. New York 1994, 2. Auflage

Sabatier 1993: Paul A. Sabatier: Advocacy-Koalitionen, Policy-Wandel und Policy-Lernen. In: Adrienne Héritier (Hrsg:), Policy-Analyse. Kritik und Neuorientierung. Politische Vierteljahresschrift Sonderheft 24, 1993, S. 116-148

Scarpa 1991: Ludovica Scarpa: Städtebaulicher Wettbewerb Hauptbahnhof Berlin. Historisches Gutachten. Berlin 1991

Schäche 1995: Wolfgang Schäche / Norbert Szymanski: Das Schimmelpfeng-Haus und der Stadtraum um den Breitscheidplatz. Berlin 1995 (Ms.)

Schäfer / Lau / Specovius 2000: Rudolf Schäfer, Petra Lau, Christina Specovius: Baulanderschließung und Baulandbereitstellung und deren Finanzierung in der kommunalen Praxis. In: Uwe Altrock (Hrsg:), Das Schöne im Notwendigen finden, Berlin 2000, S. 33-55

Schultes 1997: Axel Schultes: Holzmarktstraße Berlin-Friedrichshain, Antrag auf Vorbescheid. Berlin 1997 (Ms.)

Schumaker 1993: Paul Schumaker: Estimating the First and (Some of the) Third Faces of Community Power. In: Urban Affairs Quarterly, Vol. 28, No. 3 (1993), S. 441-461

Schumann 1975: Hans-Joachim Schumann: Entscheidungstheoretische Implikationen und deren Voraussetzungen bei Stadtsanierung und Stadtentwicklungsplanung. In: O. Kiessler / H. Korte (Hrsg.) (Hrsg:), Soziale Stadtplanungng: das Städtebauförderungsgesetz, Düsseldorf 1975, S. 219-238

SenBauWohn 1995: Senatsverwaltung für Bau- und Wohnungswesen (Hrsg.): City-Projekte. Berlin 1995, 2. Auflage

SenBauWohnVerk 1998a: Senatsverwaltung für Bauen, Wohnen und Verkehr (Hrsg.): Breitscheidplatz. Verträglichkeitsstudie zum Platz und seiner Umgebung. Berlin 1998

SenStadtUm 1983a: Senatsverwaltung für Stadtentwicklung und Umweltschutz (Hrsg.): Städtebaulicher Wettbewerb Fasanenstraße, Ausschreibungsheft 1. Berlin 1983

SenStadtUm 1983b: Senatsverwaltung für Stadtentwicklung und Umweltschutz (Hrsg.): Städtebaulicher Wettbewerb Fasanenstraße, Ausschreibungsheft 2. Berlin 1983

SenStadtUm 1983c: Senatsverwaltung für Stadtentwicklung und Umweltschutz (Hrsg.): Städtebaulicher Wettbewerb Fasanenstraße, Bericht der Vorprüfung. Berlin 1983

SenStadtUm 1983d: Senatsverwaltung für Stadtentwicklung und Umweltschutz (Hrsg.): Städtebaulicher Wettbewerb Fasanenstraße, Ergebnisprotokoll. Berlin 1983

SenStadtUm 1984a: Senatsverwaltung für Stadtentwicklung und Umweltschutz (Hrsg.): Engerer Bauwettbewerb Fasanenstraße II. Stufe, Auslobung. Berlin 1984

SenStadtUm 1984b: Senatsverwaltung für Stadtentwicklung und Umweltschutz (Hrsg.): Engerer Bauwettbewerb Fasanenstraße II. Stufe, Bericht der Vorprüfung. Berlin 1984

SenStadtUm 1984c: Senatsverwaltung für Stadtentwicklung und Umweltschutz (Hrsg.): Engerer Bauwettbewerb Fasanenstraße II. Stufe, Protokoll der Preisgerichtssitzung. Berlin 1984

SenStadtUm 1988: Senatsverwaltung für Stadtentwicklung und Umweltschutz (Hrsg.): Ideen für Berlin. Berlin 1988

SenStadtUm 1991a: Senatsverwaltung für Stadtentwicklung und Umweltschutz: Metropole Berlin - mehr als Markt!. Berlin 1991

SenStadtUm 1991b: Senatsverwaltung für Stadtentwicklung und Umweltschutz (Hrsg.): Potsdamer und Leipziger Platz. Internationaler engerer Wettbewerb. Auslobung. Berlin 1991

SenStadtUm 1992a: Senatsverwaltung für Stadtentwicklung und Umweltschutz (Hrsg.): Räumliches Strukturkonzept. Grundlagen für die Flächennutzungsplanung. Berlin 1992

SenStadtUm 1992b: Senatsverwaltung für Stadtentwicklung und Umweltschutz (Hrsg.): Sektorale Entwicklungskonzepte. Stadträumliches Konzept für die Entwicklung Berlins zum Dienstleistungszentrum. Berlin 1992

SenStadtUm 1992c: Senatsverwaltung für Stadtentwicklung und Umweltschutz (Hrsg.): Städtebaulicher Ideenwettbewerb Hauptbahnhof Berlin / Spreeufer, Auslobung. Berlin 1992

SenStadtUm 1992d: Senatsverwaltung für Stadtentwicklung und Umweltschutz (Hrsg.): Städtebaulicher Ideenwettbewerb Hauptbahnhof Berlin / Spreeufer, Ergebnisprotokoll. Berlin 1992

SenStadtUm 1993a: Senatsverwaltung für Stadtentwicklung und Umweltschutz (Hrsg.): Projekte der räumlichen Planung. Berlin 1993

SenStadtUm 1993b: Senatsverwaltung für Stadtentwicklung und Umweltschutz (Hrsg.): Büroflächenentwicklung Bericht 1991/92. Berlin 1993

SenStadtUm 1994: Senatsverwaltung für Stadtentwicklung und Umweltschutz (Hrsg.): Flächennutzungsplan Berlin. Erläuterungsbericht. Berlin 1994

SenStadtUm 1995: Senatsverwaltung für Stadtentwicklung und Umweltschutz (Hrsg.): Freiraumgestaltung an der Inneren Stadtspree. Berlin 1995

SenStadtUm/IHK 1995: Senatsverwaltung für Stadtentwicklung und Umweltschutz / IHK Berlin (Hrsg.): Büroflächenbericht Berlin 1994/95. Berlin 1995

SenSUT 1997: Senatsverwaltung für Stadtentwicklung, Umweltschutz und Technologie (Hrsg.): Planwerk Innenstadt Berlin. Ein erster Entwurf. Berlin 1997

SenSUT 1999: Senatsverwaltung für Stadtentwicklung, Umweltschutz und Technologie (Hrsg.): Planwerk Innenstadt Berlin. Ergebnis, Prozess, Sektorale Planungen und Werkstätten. Berlin 1999

SenSUT/IHK 1996: Senatsverwaltung für Stadtentwicklung, Umweltschutz und Technologie /IHK (Hrsg.): Büroflächenmarkt Berlin. Tendenzen von Nachfrage und Angebot bis zum Jahr 2005. Berlin 1996

SenSUT/IHK 1998: Senatsverwaltung für Stadtentwicklung, Umweltschutz und Technologie / IHK (Hrsg.): Dienstleistungsstandort Berlin.

Vierter Büroflächenbericht 1998. Berlin 1998

SenSUT/IHK 2000: Senatsverwaltung für Stadtentwicklung, Umweltschutz und Technologie / IHK Berlin: Stadtentwicklungsplan Gewerbe. Berlin 2000

SenWiTech 2000: Senatsverwaltung für Wirtschaft und Technologie (Hrsg.): Wirtschaftsbericht Berlin 2000. Berlin 2000

Sewing 1994: Werner Sewing: Berlinische Architektur. In: ARCH+, Heft 122/1994, S. 60-69

Sewing 1995: Werner Sewing: Politik der Architektur. Berlin 1995

Sewing 1996: Werner Sewing: Docklands oder Charlottenburg?. In: Architektenkammer Berlin (Hrsg:), Architektur in Berlin. Jahrbuch 1996, Hamburg 1996, S. 86-91

Sichter 2000: Joachim Sichter: Die Bebauungspläne für das städtebauliche Großprojekt „Potsdamer und Leipziger Platz" - Erfahrungen und Einschätzungen. In: Uwe Altrock (Hrsg:), Das Schöne im Notwendigen finden, Berlin 2000, S. 109-125

Sieverts 1999a: Thomas Sieverts: Zwischenstadt. Braunschweig/Wiesbaden 1999, 3. Auflage

Sieverts 1999b: Thomas Sieverts: Was leisten städtebauliche Leitbilder?. In: Heidede Becker / Johann Jessen / Robert Sander (Hrsg:), Ohne Leitbild? Städtebau in Deutschland und Europa, Stuttgart/Zürich 1999, S. 21-40, 2. Auflage

Stegers 1991: Rudolf Stegers: Von Tagträumen und Schnellschützen - das Stadtforum ohne Stadtbewußtsein. In: Bauwelt, Heft 36/1991, S. 1860-1862

Stegers 1996: Rudolf Stegers: Stellt euch ein vor dem Tor!. In: Architektenkammer Berlin (Hrsg:), Architektur in Berlin. Jahrbuch 1996, Hamburg 1996, S. 62-71

Stegers 1997: Rudolf Stegers: Riegel, Linse, Mauer. In: Architektenkammer Berlin (Hrsg:), Architektur in Berlin. Jahrbuch 1997, Berlin 1997, S. 90-95

Stimmann 1993: Hans Stimmann: Leitbild Vorstadt. In: Foyer, Heft II/1993, S. 4-8

Stone 1989: Clarence N. Stone: Regime politics: governing Atlanta 1946-1988. Lawrence 1989

Strauch 1996: Volkmar Strauch: Zur Entwicklung des Stadtforums Berlin. In: Heinz Kleger / Andreas Fiedler / Holger Kuhle (Hrsg:), Vom Stadtforum zum Forum der Stadt, Amsterdam 1996, S. 85-98

Strauss 1998: Anselm L. Strauss: Grundlagen qualitativer Sozialforschung. München 1998, 2. Auflage

Strom 1996: Elizabeth Strom: In Search of the Growth Coalition. In: Urban Affairs Review, Vol. 31, No. 4 (1996), S. 455-481

Treutner 1982: Eberhard Treutner: Planende Verwaltung zwischen Recht und Bürgern. Zur Interdependenz von Bürger- und Verwaltungshandeln. Frankfurt/Main 1982

Weber 1972: Max Weber: Wirtschaft und Gesellschaft. Tübingen 1972

Wékel/Schlusche 1996: Julian Wékel / Günther Schlusche: Stadtforum und Verwaltung. Zur Notwendigkeit und zu den Ergebnissen neuer Kooperationsformen in der planenden Verwaltung. In: Heinz Kleger / Andreas Fiedler / Holger Kuhle (Hrsg:), Vom Stadtforum zum Forum der Stadt, Amsterdam 1996, S. 71-84

Wines 2000: James Wines: Grüne Architektur. Köln 2000

Wolman/Ford 1996: Harold L. Wolman / Coit Cook Ford III: The Assumptive World of Local Political Elites. In: Urban Affairs Review, Vol. 32, No. 1 (Sept. 1996), S. 87-108

Verfolgte Periodika

Zeitungen und Magazine

Berliner Morgenpost
Berliner Kurier
Berliner Zeitung
Neues Deutschland
Der Spiegel
Der Tagesspiegel
tageszeitung
TIP

Fachzeitschriften und Periodika wissenschaftlicher Einrichtungen

Baumeister
Bauwelt
Das Grundeigentum
DIW-Wochenberichte
Foyer
Stadtbauwelt
Stadtforum Journal
Statistische Jahresbericht des Statistischen Landesamts Berlin
Statistische Jahresberichte des Statistischen Bundesamts
Wettbewerbe aktuell

Abbildungs- und Tabellennachweis

Auf ein Abbildungs- und Tabellenverzeichnis wird verzichtet, da die jeweiligen Abbildungen und Tabellen unmittelbar dem Textabschnitt zugeordnet sind, der sich auf sie bezieht bzw. den sie illustrieren. Sofern in der Abbildungs- bzw. Tabellenunterschrift keine Quelle angegeben ist, handelt es sich um Fotos bzw. Tabellenentwürfe des Autors.

Abkürzungsverzeichnis

ABau	Ausschuss für Bauwesen
Abgh.	Abgeordnetenhaus von Berlin
ABauWohn	Ausschuss für Bau- und Wohnungswesen
ABauWohnV	Ausschuss für Bauen, Wohnen und Verkehr
AGS	Arbeitsgruppe für Stadtplanung
AStadt	Ausschuss für Stadtentwicklung

BA	Bezirksamt
BAB	Bundesautobahn
BauGB	Baugesetzbuch
BauNVO	Baunutzungsverordnung
BEP	Bereichsentwicklungsplanung
BfA	Bundesversicherungsanstalt für Angestellte
BGB	Bürgerliches Gesetzbuch
BGF	Bruttogeschossfläche
BI	Bürgerinitiative
BIP	Bruttoinlandsprodukt
BMZ	Baumassenzahl
B-Plan	Bebauungsplan
BUGA	Bundesgartenschau
BVV	Bezirksverordnetenversammlung
BWA	Bau- und Wohnungsaufsichtsamt
Cha	Charlottenburg
DDR	Deutsche Demokratische Republik
DHM	Deutsches Historisches Museum
DIW	Deutsches Institut für Wirtschaftsforschung
Drs.	Drucksache
EAW	Elektroapparatewerk
EG	Europäische Gemeinschaft
EW	Einwohner
F+E	Forschung und Entwicklung
FfH	Forschungsstelle für den Handel
FNP	Flächennutzungsplan
FPB	Freie Planungsgruppe Berlin
Fri	Friedrichshain
GFZ	Geschossflächenzahl
gmp	Gerkan, Marg und Partner Architekten
GRZ	Grundflächenzahl
GSW	Gesellschaft für sozialen Wohnungsbau
HNF	Hauptnutzfläche
HPP	Hentrich, Petschnigg & Partner
Lic	Lichtenberg
MdB	Mitglied des Bundestags
MIV	Motorisierter Individualverkehr
NGA	Naturschutz- und Grünflächenamt
OFD	Oberfinanzdirektion
ÖPNV	Öffentlicher Personennahverkehr
SenBauWohn	Senatsverwaltung für Bau- und Wohnungswesen
SenBauWohnVerk	Senatsverwaltung für Bauen, Wohnen und Verkehr
SenBWV	Senatsverwaltung für Bauen, Wohnen und Verkehr
SenFin	Senatsverwaltung für Finanzen

SenStadtUm	Senatsverwaltung für Stadtentwicklung und Umweltschutz
SenSUT	Senatsverwaltung für Stadtentwicklung, Umweltschutz und Technologie
SenVuB	Senatsverwaltung für Verkehr und Betriebe
SenWiTech	Senatsverwaltung für Wirtschaft und Technologie
SOM	Skidmore, Owings & Merrill Architekten
Stapl	Stadtplanungsamt
THA	Treuhandanstalt
Tie	Tiergarten
TLG	Treuhand-Liegenschaftsgesellschaft
Tre	Treptow
TÖB	Träger öffentlicher Belange
UCP	Urban Center Postbahnhof
WFG	Wirtschaftsfördergesellschaft Berlin

Index

Personen und Institutionen

Orte, Gebäude und Vorhaben

Sachregister

Anmerkung: Begriffe, die entweder im Inhaltsverzeichnis enthalten sind oder Rechtsgrundlagen betreffen, haben keinen Eingang in das Sachregister gefunden, ebenso wenig gängige Planungsbegriffe.

Der Autor

Dr.-Ing. Uwe Altrock lebt in Berlin; Juniorprofessor für Stadterneuerung an der BTU Cottbus; lehrt und forscht dort am Institut für Städtebau und Landschaftsplanung; Forschungsschwerpunkte: Planungspolitik und Planungstheorie sowie Instrumente und Verfahren der Stadtplanung; zahlreiche Veröffentlichungen

REIMER

Matthias Pabsch
Zweimal Weltstadt
Architektur und Städtebau am Potsdamer Platz
135 Seiten mit 105 Abbildungen. 1998
Broschiert / ISBN 3-496-01191-2

Matthias Pabsch,
Pariser Platz – Architektur und Technik
Vom manuellen zum digitalen Zeitalter
248 Seiten mit 135 Abbildungen, Personen-, Orts- und Sachregister. 2002
Gebunden / ISBN 3-496-01259-5

Architekturführer Frankfurt am Main
An Architectural Guide
Von Wolf-Christian Setzepfandt
Deutsch / Englisch
Dritte, überarbeitete und erweiterte Auflage.
276 Seiten mit 409 Objekten, 792 Abbildungen, Grund- und Aufrisse, 5 Lagepläne, Schnellbahn- und Straßenbahnplan, Architekten-, Baugattungs-, Straßen- und Objektregister. 2002
Broschiert / ISBN 3-496-01236-6

Köln. Ein Architekturführer
An Architectural Guide
Von Alexander Kierdorf
Herausgegeben von Wolfram Hagspiel
Deutsch / Englisch
Übersetzt von Jean-Marie Clarke und Jeanne Haunschild
XXVIII mit 9 Abbildungen, und 237 Seiten mit 350 Objekten, 434 Abbildungen, 243 Grund- und Aufrisse und 10 Karten. Architekten-, Baugattungs-, Straßen- und historisches Register. 1999
Broschiert / ISBN 3-496-01181-5

Architekturführer Mannheim
Von Andreas Schenk
Herausgegeben von der Stadt Mannheim
XI und 297 Seiten mit 313 Objekten, 860 Abbildungen, Grund- und Aufrisse, Karten und Register. 1999
Broschiert / ISBN 3-496-01201-3

REIMER